民法典
总则编一本通

（第二版）

张新宝　编著

法律出版社
LAW PRESS·CHINA
——— 北京 ———

图书在版编目（CIP）数据

民法典总则编一本通 / 张新宝编著. -- 2 版.
北京 : 法律出版社, 2025. -- ISBN 978 -7 -5197 -9873 -4
Ⅰ. D923.15
中国国家版本馆 CIP 数据核字第 2024SV3873 号

民法典总则编一本通(第二版)
MINFADIAN ZONGZEBIAN YIBENTONG
(DI - ER BAN)

张新宝 编著

责任编辑 黄倩倩
装帧设计 李 瞻

出版发行 法律出版社
编辑统筹 学术·对外出版分社
责任校对 王晓萍
责任印制 胡晓雅 宋万春
经 销 新华书店

开本 A5
印张 17.75 **字数** 558 千
版本 2025 年 1 月第 2 版
印次 2025 年 1 月第 1 次印刷
印刷 北京中科印刷有限公司

地址:北京市丰台区莲花池西里 7 号(100073)
网址:www.lawpress.com.cn
投稿邮箱:info@lawpress.com.cn
举报盗版邮箱:jbwq@lawpress.com.cn
销售电话:010 - 83938349
客服电话:010 - 83938350
咨询电话:010 - 63939796

书号:ISBN 978 -7 -5197 -9873 -4 **定价**:65.00 元

编 者 简 介

张新宝　中国人民大学法学院教授、博士生导师

教育部“长江学者”特聘教授

国家“万人计划”领军人才

全国政协、最高人民法院、最高人民检察院专家咨询委员

中国法学会法学期刊研究会会长、网络信息法学研究会副会长

第二版修订说明

近年来，涉及民法典总则编的法律法规制定和修改较多，如《个人信息保护法》《农村集体经济组织法》《市场主体登记条例》的颁布，《立法法》《民事诉讼法》《公司法》《未成年人保护法》《医疗机构管理条例》的修订。最高人民法院新出台的相关司法解释也比较多，如《民法典总则编若干问题的解释》《民法典合同编通则若干问题的解释》《民法典婚姻家庭编解释（一）》《侵权责任编解释（一）》等。此外，最高人民法院还发布了一些涉及民法典总则编的指导案例，发表了《全国法院破产审判工作会议纪要》等。

本书第二版全面反映与民法典总则编相关的立法、行政执法和司法发展状况，将相关的法律法规规定和司法解释规定、指导案例以合理的体系安排纳入其中，以便读者更好理解民法典相关条文的含义，把握其实践应用情况。

本书第二版的修订工作得到博士研究生毕坤阳同学的大力帮助，得到法律出版社黄倩倩编辑的专业指导，在此一并致谢！

2024 年 10 月 19 日

修订说明

《中华人民共和国民法典》已于2020年5月28日审议通过,并于2021年1月1日起正式施行。按照民法典编纂工作“两步走”的思路,原《民法总则》作为总则编被编纂入民法典中。自《民法典》颁布以来,本书编著所涉及的规范性文件已发生了较为重大的变化,主要包括以下三个方面:第一,相较于原《民法总则》,《民法典》总则编根据法典编纂体系化要求对个别条款作了文字修改,并将“附则”部分移到整部民法典的最后。此外,《民法典》总则编结合此次疫情防控工作,新增一款规定,对监护制度作了进一步完善(《民法典》第34条第4款)。第二,部分与《民法典》总则编关系密切的法律法规已被立法机关修正、修订(如《宪法》《刑法》《公司法》《证券法》《著作权法》《专利法》《商标法》《劳动法》《未成年人保护法》《行政处罚法》等法律以及《医疗器械监督管理条例》等行政法规)或经立法机关审议通过后颁布实施(如《英雄烈士保护法》《电子商务法》《外商投资法》等)。第三,为确保统一正确适用民法典,最高人民法院对标民法典立法精神和法律规定,全面清理了司法解释及相关规范性文件,并修改制定了第一批与民法典配套的司法解释和规范性文件。

本次修订在保持原版篇幅和体例基本不变的基础上,对原版内容作出相应调整,与截至目前最新的规范性文件文本保持一致,同时删除已经失效的规范性文件的相关内容,增补部分新颁布的规范性文件的相关内容。关于“相关法律条文”栏目,本次修订主要删除了原《民法通则》《物权法》《担保法》《合同法》《婚姻法》《继承法》《收养法》《侵权责任法》的相关条文,同时新增《民法典》各分编的相关条文;“相关司法解释规定”则是本次修订变动较大的一个栏目。由于原版编著时筛选的部分相关司法解释(如《最高人民法院关于贯彻执行〈中华人民共和国民法通则〉若干问题的意见(试行)》)目前已失效或被修改,本次修订删除了这部分司法解释的相关规定,并着重对最高人民法院发布的新司法解释进行了归纳与整理。此外,近年来最高人民法院还发布了部分与《民法典》总则编关系密切的指导性案例(如"北雁云依"诉济南市公安局历下区分局燕山派出所公安行政登记案;张庆福、张殿凯诉朱振彪生命权纠纷案;葛长生诉洪振快名誉权、荣誉权纠纷案;等等),本次修订将这些案例收录到"相关指导性案例"栏目中。

《民法总则一本通》编写说明

编纂民法典是国家的大事件,是党的十八届四中全会提出的重大立法任务。编纂工作按照"两步走"的思路进行:第一步是编纂民法典总则编;第二步是编纂民法典各分编。目前,第一步编纂工作已经完成,《民法总则》已于2017年3月审议通过,并于2017年10月1日起施行。

本人作为中国法学会民法典编纂项目领导小组成员,受中国法学会领导的指派,作为工作人员全程参与了全国人大常委会三次审议民法总则草案的会议,参与了张德江委员长在京主持召开的民法总则草案座谈会,参与了全国人大宪法和法律委员会和全国人大常委会法制工作委员会召开的多次民法总则草案讨论会。这些深入参与立法的经历使得我对于《民法总则》的立法精神、相关制度和具体条文有了更为准确与丰富的理解。

2017年3月,我出版了《〈中华人民共和国民法总则〉释义》,对《民法总则》的每一个条文都作出了详细的学理阐述。在《民法总则》通过后不久,法律出版社学术分社社长孙东育女士即热情邀请我为该社的明星书系"一本通系列"编著《民法总则一本通》。孙社长的这一邀请与我个人的想法不谋而合。然而,要编著好一本详略得当、简明实用的《民法总则一本通》却并非易事。在编著的过程中,我再三衡量,最终形成了以下思路:

第一,仍然保留《民法通则》以及《最高人民法院关于贯彻执行〈中华人民共和国民法通则〉若干问题的意见(试行)》(以下简称《民通意见》)的相关规定。首先,虽然《民法总则》相较于《民法通则》在许多条文上都作了重大修改,但是,按照立法部门的安排,在《民法总则》通过后暂不废止《民法通则》,二者规定不一致的,根据新法优于旧法的原则,适用《民法总则》的规定。因此,《民法通则》仍然具有一定的适用价值。其次,《民通意见》的许多规定尚未被《民法总则》所吸收或改变,仍然具有较为重要的适用价值。最后,将《民法通则》与《民通意见》的相关条文一并列出也有利于更好地描绘法律条文的历史发展脉络,呈现更为完整的民事立法图景。基于以上考虑,本书对于相关内容予以了保留。

第二,要协调好《民法总则》与《合同法》《物权法》《侵权责任法》《担保法》等民事单行法的关系。《民法总则》是民法典的开篇之作,在民法典中将起统领性作用,其对于民事法律的各项制度几乎都作了框架性规定。因此,如果将《民法总则》所涉及的所有法律规定都纳入本书,在内容上会过于庞杂,而且也会和本系列丛书其他册别的内容相重叠。基于这样的考虑,本书在编著过程中尽量切实围绕法律条文的具体内容展开,与其有密切联系的规范性文件予以纳入,与其联系较为疏远的则不予纳入。对于这些未予纳入的内容,读者可以参阅本系列丛书的其他册别。

第三,关于汇编所涉规范性文件类别的择取。本书的编著主要着眼于法律实务,尤其是司法裁判实务。因此,在汇编所涉的规范性文件的类别上仅开列了以下栏目:(1)相关法律条文;(2)相关行政法规条文;(3)相关司法解释规定;(4)相关指导性案例。这些规范性文件都是司法裁判实务的规范依据,对于审判工作具有最为重要的意义。对于部门规章等其他规范性文件以及公报案例等非指导案例,本书原则上没有予以纳入。需要说明的是,全国人大常委会对于法律所作的解释属于立法解释,其与法律具有同等效力,属于广义的"法律"范畴。因此,相关立法解释纳入"相关法律条文"项下。

第四,打破部门法的樊篱,适当汇编经济法、民事诉讼法等部门法的内容。《民法总则》的许多规定都涉及其他部门法的内容,而且在法律的适用过程中也不会在各部门法之间予以绝对区隔。因此,将一些与《民法总则》条文规定联系密切的其他部门法的内容一并汇编纳入,有利于提高本书的实用性。

本书的编著得到了孙东育分社长的热情支持,责任编辑李峰沄女士、黄倩倩女士为本书的出版作出了大量的努力,在此一并致谢。

本书中部分重点法条前使用方括号标注条文主旨，其意在于帮助读者准确理解法条内容，这些“条文主旨”是为方便读者阅读而编写，不同于国家正式通过、颁布的法律文本，不具有法律效力。另外，为节省篇幅，编者对收录的法律条文、司法解释、指导案件等内容进行了节录处理，仅保留关联性强的部分，不再在书中单独标注“节录”字样。

为《民法总则》这样一部在一定意义上讲其裁判意义并不特别突出的法律编著一本《民法总则一本通》，是一个全新的尝试。在编著过程中虽然已极尽注意，但是疏漏之处在所难免，欢迎读者朋友们不吝指出。希望本书能够成为法律人有益的小助手。

目　录

中华人民共和国民法典总则编

中华人民共和国民法典总则编

（中华人民共和国第十三届全国人民代表大会第三次会议于2020年5月28日通过　自2021年1月1日起施行）

目　　录

第一章　基本规定

第一条　【立法目的和根据】为了保护民事主体的合法权益,调整民事关系,维护社会和经济秩序,适应中国特色社会主义发展要求,弘扬社会主义核心价值观,根据宪法,制定本法。

相关法律条文

《宪法》(2018年3月11日修正)

第五条　中华人民共和国实行依法治国,建设社会主义法治国家。

国家维护社会主义法制的统一和尊严。

一切法律、行政法规和地方性法规都不得同宪法相抵触。

一切国家机关和武装力量、各政党和各社会团体、各企业事业组织都必须遵守宪法和法律。一切违反宪法和法律的行为,必须予以追究。

任何组织或者个人都不得有超越宪法和法律的特权。

第二条　【调整范围】民法调整平等主体的自然人、法人和非法人组织之间的人身关系和财产关系。

相关法律条文

《民法典》(2021年1月1日起施行)

第五十七条　法人是具有民事权利能力和民事行为能力,依法独立享有民事权利和承担民事义务的组织。

第一百零二条　非法人组织是不具有法人资格,但是能够依法以自己的名义从事民事活动的组织。

非法人组织包括个人独资企业、合伙企业、不具有法人资格的专业服务机构等。

第三条　【民事权益受法律保护】民事主体的人身权利、财产权利以及其他合法权益受法律保护,任何组织或者个人不得侵犯。

相关法律条文

1.《宪法》(2018年3月11日修正)

第十三条　公民的合法的私有财产不受侵犯。

国家依照法律规定保护公民的私有财产权和继承权。

国家为了公共利益的需要,可以依照法律规定对公民的私有财产实行征收或者征用并给予补偿。

2.《民法典》(2021年1月1日起施行)

第二百零七条　国家、集体、私人的物权和其他权利人的物权受法律平等保护,任何组织或者个人不得侵犯。

第四条　【平等原则】民事主体在民事活动中的法律地位一律平等。

相关法律条文

《民法典》(2021年1月1日起施行)

第二百零七条　国家、集体、私人的物权和其他权利人的物权受法律平等保护,任何组织或者个人不得侵犯。

第一千零五十五条　夫妻在婚姻家庭中地位平等。

第一千一百二十六条　继承权男女平等。

第五条　【自愿原则】民事主体从事民事活动,应当遵循自愿原则,按照自己的意思设立、变更、终止民事法律关系。

相关法律条文

《民法典》(2021年1月1日起施行)

第一千零四十六条　结婚应当男女双方完全自愿,禁止任何一方对另一方加以强迫,禁止任何组织或者个人加以干涉。

第六条　【公平原则】民事主体从事民事活动,应当遵循公平原则,合理确定各方的权利和义务。

相关法律条文

1.《消费者权益保护法》（2013年10月25日修正）

第四条　经营者与消费者进行交易，应当遵循自愿、平等、公平、诚实信用的原则。

2.《劳动合同法》（2012年12月28日修正）

第三条　订立劳动合同，应当遵循合法、公平、平等自愿、协商一致、诚实信用的原则。

依法订立的劳动合同具有约束力，用人单位与劳动者应当履行劳动合同约定的义务。

第七条　【诚信原则】民事主体从事民事活动，应当遵循诚信原则，秉持诚实，恪守承诺。

一、相关法律条文

《民法典》（2021年1月1日起施行）

第五百条　当事人在订立合同过程中有下列情形之一，造成对方损失的，应当承担赔偿责任：

（一）假借订立合同，恶意进行磋商；

（二）故意隐瞒与订立合同有关的重要事实或者提供虚假情况；

（三）有其他违背诚信原则的行为。

二、相关指导性案例

1.指导案例113号：迈克尔·杰弗里·乔丹与国家工商行政管理总局商标评审委员会、乔丹体育股份有限公司“乔丹”商标争议行政纠纷案（最高人民法院审判委员会讨论通过　2019年12月24日发布）

【关键词】行政　商标争议　姓名权　诚实信用

【裁判要点】

1. 姓名权是自然人对其姓名享有的人身权，姓名权可以构成商标法规定的在先权利。外国自然人外文姓名的中文译名符合条件的，可以依法主张作为特定名称按照姓名权的有关规定予以保护。

2. 外国自然人就特定名称主张姓名权保护的，该特定名称应当符合以下三项条件：(1)该特定名称在我国具有一定的知名度，为相关公众所知悉;(2)相关公众使用该特定名称指代该自然人;(3)该特定名称已经与该自然人之间建立了稳定的对应关系。

3.使用是姓名权人享有的权利内容之一,并非姓名权人主张保护其姓名权的法定前提条件。特定名称按照姓名权受法律保护的,即使自然人并未主动使用,也不影响姓名权人按照商标法关于在先权利的规定主张权利。

4.违反诚实信用原则,恶意申请注册商标,侵犯他人现有在先权利的“商标权人”,以该商标的宣传、使用、获奖、被保护等情况形成了“市场秩序”或者“商业成功”为由,主张该注册商标合法有效的,人民法院不予支持。

【基本案情】

再审申请人迈克尔·杰弗里·乔丹(以下简称迈克尔·乔丹)与被申请人国家工商行政管理总局商标评审委员会(以下简称商标评审委员会)、一审第三人乔丹体育股份有限公司(以下简称乔丹公司)商标争议行政纠纷案中,涉及乔丹公司的第6020569号“乔丹”商标(即涉案商标),核定使用在国际分类第28类的体育活动器械、游泳池(娱乐用)、旱冰鞋、圣诞树装饰品(灯饰和糖果除外)。再审申请人主张该商标含有其英文姓名的中文译名“乔丹”,属于2001年修正的商标法第三十一条规定的“损害他人现有的在先权利”的情形,故向商标评审委员会提出撤销申请。

商标评审委员会认为,涉案商标“乔丹”与“Michael Jordan”及其中文译名“迈克尔·乔丹”存在一定区别,并且“乔丹”为英美普通姓氏,难以认定这一姓氏与迈克尔·乔丹之间存在当然的对应关系,故裁定维持涉案商标。再审申请人不服,向北京市第一中级人民法院提起行政诉讼。

【裁判结果】

北京市第一中级人民法院于2015年4月1日作出(2014)一中行(知)初字第9163号行政判决,驳回迈克尔·杰弗里·乔丹的诉讼请求。迈克尔·杰弗里·乔丹不服一审判决,提起上诉。北京市高级人民法院于2015年8月17日作出(2015)高行(知)终字第1915号行政判决,驳回迈克尔·杰弗里·乔丹上诉,维持原判。迈克尔·杰弗里·乔丹仍不服,向最高人民法院申请再审。最高人民法院提审后,于2016年12月7日作出(2016)最高法行再27号行政判决:一、撤销北京市第一中级人民法院(2014)一中行(知)初字第9163号行政判决;二、撤销北京市高级人民法院(2015)高行(知)终字第1915号行政判决;三、撤销国家工商行政管理总局商标评审委员会商评字〔2014〕第052058号关于第6020569号“乔丹”商标争议裁定;四、国家工商行政管理总局商标评审委员会对第6020569号“乔丹”商标重新作出裁定。

【裁判理由】

最高人民法院认为,本案争议焦点为争议商标的注册是否损害了再审申请人就“乔丹”主张的姓名权,违反2001年修正的商标法第三十一条关于“申请商标注册不得损害他人现有的在先权利”的规定。判决主要认定如下:

一、关于再审申请人主张保护姓名权的法律依据

商标法第三十一条规定:“申请商标注册不得损害他人现有的在先权利”。对于商标法已有特别规定的在先权利,应当根据商标法的特别规定予以保护。对于商标法虽无特别规定,但根据民法通则、侵权责任法和其他法律的规定应予保护,并且在争议商标申请日之前已由民事主体依法享有的民事权利或者民事权益,应当根据该概括性规定给予保护。《中华人民共和国民法通则》第九十九条第一款、《中华人民共和国侵权责任法》第二条第二款均明确规定,自然人依法享有姓名权。故姓名权可以构成商标法第三十一条规定的“在先权利”。争议商标的注册损害他人在先姓名权的,应当认定该争议商标的注册违反商标法第三十一条的规定。

姓名被用于指代、称呼、区分特定的自然人,姓名权是自然人对其姓名享有的重要人身权。随着我国社会主义市场经济不断发展,具有一定知名度的自然人将其姓名进行商业化利用,通过合同等方式为特定商品、服务代言并获得经济利益的现象已经日益普遍。在适用商标法第三十一条的规定对他人的在先姓名权予以保护时,不仅涉及对自然人人格尊严的保护,而且涉及对自然人姓名,尤其是知名人物姓名所蕴含的经济利益的保护。未经许可擅自将他人享有在先姓名权的姓名注册为商标,容易导致相关公众误认为标记有该商标的商品或者服务与该自然人存在代言、许可等特定联系的,应当认定该商标的注册损害他人的在先姓名权,违反商标法第三十一条的规定。

二、关于再审申请人主张的姓名权所保护的具体内容

自然人依据商标法第三十一条的规定,就特定名称主张姓名权保

护时，应当满足必要的条件。

其一，该特定名称应具有一定知名度、为相关公众所知悉，并用于指代该自然人。《最高人民法院关于审理不正当竞争民事案件应用法律若干问题的解释》第六条第二款是针对"擅自使用他人的姓名，引人误认为是他人的商品"的不正当竞争行为的认定作出的司法解释，该不正当竞争行为本质上也是损害他人姓名权的侵权行为。认定该行为时所涉及的"引人误认为是他人的商品"，与本案中认定争议商标的注册是否容易导致相关公众误认为存在代言、许可等特定联系是密切相关的。因此，在本案中可参照适用上述司法解释的规定，确定自然人姓名权保护的条件。

其二，该特定名称应与该自然人之间已建立稳定的对应关系。在解决本案涉及的在先姓名权与注册商标权的权利冲突时，应合理确定在先姓名权的保护标准，平衡在先姓名权人与商标权人的利益。既不能由于争议商标标志中使用或包含有仅为部分人所知悉或临时性使用的自然人"姓名"，即认定争议商标的注册损害该自然人的姓名权；也不能如商标评审委员会所主张的那样，以自然人主张的"姓名"与该自然人形成"唯一"对应为前提，对自然人主张姓名权的保护提出过苛的标准。自然人所主张的特定名称与该自然人已经建立稳定的对应关系时，即使该对应关系达不到"唯一"的程度，也可以依法获得姓名权的保护。综上，在适用商标法第三十一条关于"不得损害他人现有的在先权利"的规定时，自然人就特定名称主张姓名权保护的，该特定名称应当符合以下三项条件：一是该特定名称在我国具有一定的知名度、为相关公众所知悉；二是相关公众使用该特定名称指代该自然人；三是该特定名称已经与该自然人之间建立了稳定的对应关系。

在判断外国人能否就其外文姓名的部分中文译名主张姓名权保护时，需要考虑我国相关公众对外国人的称谓习惯。中文译名符合前述三项条件的，可以依法主张姓名权的保护。本案现有证据足以证明"乔丹"在我国具有较高的知名度、为相关公众所知悉，我国相关公众通常以"乔丹"指代再审申请人，并且"乔丹"已经与再审申请人之间形成了稳定的对应关系，故再审申请人就"乔丹"享有姓名权。

三、关于再审申请人及其授权的耐克公司是否主动使用"乔丹"，其是否主动使用的事实对于再审申请人在本案中主张的姓名权有何影响

首先，根据《中华人民共和国民法通则》第九十九条第一款的规定，

"使用"是姓名权人享有的权利内容之一,并非其承担的义务,更不是姓名权人"禁止他人干涉、盗用、假冒",主张保护其姓名权的法定前提条件。

其次,在适用商标法第三十一条的规定保护他人在先姓名权时,相关公众是否容易误认为标记有争议商标的商品或者服务与该自然人存在代言、许可等特定联系,是认定争议商标的注册是否损害该自然人姓名权的重要因素。因此,在符合前述有关姓名权保护的三项条件的情况下,自然人有权根据商标法第三十一条的规定,就其并未主动使用的特定名称获得姓名权的保护。

最后,对于在我国具有一定知名度的外国人,其本人或者利害关系人可能并未在我国境内主动使用其姓名;或者由于便于称呼、语言习惯、文化差异等原因,我国相关公众、新闻媒体所熟悉和使用的"姓名"与其主动使用的姓名并不完全相同。例如在本案中,我国相关公众、新闻媒体普遍以"乔丹"指代再审申请人,而再审申请人、耐克公司则主要使用"迈克尔·乔丹"。但不论是"迈克尔·乔丹"还是"乔丹",在相关公众中均具有较高的知名度,均被相关公众普遍用于指代再审申请人,且再审申请人并未提出异议或者反对。故商标评审委员会、乔丹公司关于再审申请人、耐克公司未主动使用"乔丹",再审申请人对"乔丹"不享有姓名权的主张,不予支持。

四、关于乔丹公司对于争议商标的注册是否存在明显的主观恶意

本案中,乔丹公司申请注册争议商标时是否存在主观恶意,是认定争议商标的注册是否损害再审申请人姓名权的重要考量因素。本案证据足以证明乔丹公司是在明知再审申请人及其姓名"乔丹"具有较高知名度的情况下,并未与再审申请人协商、谈判以获得其许可或授权,而是擅自注册了包括争议商标在内的大量与再审申请人密切相关的商标,放任相关公众误认为标记有争议商标的商品与再审申请人存在特定联系的损害结果,使得乔丹公司无需付出过多成本,即可实现由再审申请人为其"代言"等效果。乔丹公司的行为有违《中华人民共和国民法通则》第四条规定的诚实信用原则,其对于争议商标的注册具有明显的主观恶意。

五、关于乔丹公司的经营状况,以及乔丹公司对其企业名称、有关商标的宣传、使用、获奖、被保护等情况,对本案具有何种影响

乔丹公司的经营状况,以及乔丹公司对其企业名称、有关商标的宣

传、使用、获奖、被保护等情况，均不足以使争议商标的注册具有合法性。

其一，从权利的性质以及损害在先姓名权的构成要件来看，姓名被用于指代、称呼、区分特定的自然人，姓名权是自然人对其姓名享有的人身权。而商标的主要作用在于区分商品或者服务来源，属于财产权，与姓名权是性质不同的权利。在认定争议商标的注册是否损害他人在先姓名权时，关键在于是否容易导致相关公众误认为标记有争议商标的商品或者服务与姓名权人之间存在代言、许可等特定联系，其构成要件与侵害商标权的认定不同。因此，即使乔丹公司经过多年的经营、宣传和使用，使得乔丹公司及其“乔丹”商标在特定商品类别上具有较高知名度，相关公众能够认识到标记有“乔丹”商标的商品来源于乔丹公司，也不足以据此认定相关公众不容易误认为标记有“乔丹”商标的商品与再审申请人之间存在代言、许可等特定联系。

其二，乔丹公司恶意申请注册争议商标，损害再审申请人的在先姓名权，明显有悖于诚实信用原则。商标评审委员会、乔丹公司主张的市场秩序或者商业成功并不完全是乔丹公司诚信经营的合法成果，而是一定程度上建立于相关公众误认的基础之上。维护此种市场秩序或者商业成功，不仅不利于保护姓名权人的合法权益，而且不利于保障消费者的利益，更不利于净化商标注册和使用环境。

2. 指导性案例222号：广州德某水产设备科技有限公司诉广州宇某水产科技有限公司、南某水产研究所财产损害赔偿纠纷案（最高人民法院审判委员会讨论通过　2023年12月15日发布）

【关键词】民事诉讼　财产损害赔偿　未缴纳专利年费　专利权终止　赔偿损失

【裁判要点】

登记的专利权人在专利权权属争议期间负有善意维护专利权效力的义务，因其过错致使专利权终止、无效或者丧失，损害真正权利人合法权益的，构成对真正权利人财产权的侵害，应当承担赔偿损失的民事责任。

【基本案情】

专利号为ZL200910192778.6、名称为“一种多功能循环水处理设备”发明专利（以下简称涉案专利）的专利权人为南某水产研究所、广州宇某水产科技有限公司（以下简称宇某公司），发明人为姜某平、李某厚、颉某勇。涉案专利申请日为2009年9月28日,授权日为2012年5月30日,因未及时缴费,涉案专利的专利权于2012年9月28日被终止。

广州德某水产设备科技有限公司(以下简称德某公司)认为,姜某平曾是德某公司员工,其离职后成为了宇某公司的股东,李某厚、颉某勇是南某水产研究所的员工。涉案专利是姜某平的职务发明,专利的申请权应该属于德某公司。德某公司曾分别于2010年、2011年就涉案专利申请权纠纷起诉南某水产研究所、宇某公司等,请求判令涉案专利申请权归德某公司所有。涉案专利权因未缴费而终止失效时,相关权属纠纷正在审理中。故德某公司以宇某公司和南某水产研究所故意未缴纳该专利年费,致使该专利权终止失效,给德某公司造成了无法挽回的损失为由诉至法院,请求判令各被告赔偿经济损失及维权合理开支共计150万元。

【裁判结果】

广州知识产权法院于2019年7月12日作出(2016)粤73民初803号民事判决:一、宇某公司、南某水产研究所应于本判决发生法律效力之日起十日内赔偿德某公司经济损失及合理维权费用共50万元;二、驳回德某公司的其他诉讼请求。宣判后,宇某公司、南某水产研究所向最高人民法院提起上诉。最高人民法院于2020年4月1日作出(2019)最高法知民终424号民事判决,在变更本案案由的基础上,驳回上诉,维持原判。

【裁判理由】

最高人民法院认为:

一、关于本案案由的确定

专利法第十一条第一款规定,发明和实用新型专利权被授予后,除本法另有规定的以外,任何单位或者个人未经专利权人许可,都不得实施其专利,即不得为生产经营目的制造、使用、许诺销售、销售、进口其专利产品,或者使用其专利方法以及使用、许诺销售、销售、进口依照该专利方法直接获得的产品。根据该规定,侵害发明专利权的行为仅限于以生产经营为目的的制造、使用、许诺销售、销售、进口专利产品的行为和使用专利方法以及使用、许诺销售、销售、进口依照该专利方法直接获得的产品的行为。也即,专利法实行专利侵权行为法定原则,除法律明确规定为侵害专利权的行为外,其他行为即使与专利权有关,也不属于侵害专利权的行为。在登记的专利权人不是专利技术所有人的情况下，如登记的专利权人故意不缴纳专利年费导致专利权终止失效而给专利技术所有人造成经济损失，那么该损失实际上是与该专利技术有关的财产损失。故意不缴纳专利年费导致专利权终止失效的行为应当属于一般侵权行为，该种案件案由可以确定为财产损害赔偿纠纷。本案中，根据德某公司的主张，其认为南某水产研究所、宇某公司将归其所有的职务发明申请专利，之后却故意不缴纳专利年费导致专利权终止失效，致使该技术进入公有领域，失去了专利权的保护，损害了其本应该基于涉案专利获得的市场独占利益，因此德某公司主张的侵权行为不是侵害专利权的行为，其主张的经济损失实际上是与该专利技术有关的财产损失，故本案应当属于财产损害赔偿纠纷，而非侵害发明专利权纠纷。原审判决将本案案由确定为侵害发明专利权纠纷，显属不当，应予纠正。

二、南某水产研究所、宇某公司是否应当对涉案专利权终止失效承担赔偿责任，应否赔偿德某公司50万元的经济损失与合理费用

诚实信用原则是民法的基本原则，它要求民事主体在民事活动中恪守诺言，诚实不欺，在不损害他人利益和社会利益的前提下追求自己的利益，从而在当事人之间的利益关系和当事人与社会之间的利益关系中实现平衡，并维持市场道德秩序。专利权是经国家行政审查后授予的有期限的知识产权，其在权利保护期内有效存续需要专利权人持续缴纳专利年费、不主动放弃等。当事人无论基于何种原因对专利申请权、专利权权属发生争议时，基于诚实信用原则，登记的专利权人通常应当负有使已经获得授权的专利权维持有效的善良管理责任，包括持续缴纳专利年费等，因为专利权一旦终止失效，专利技术通常情况下即会进入公有领域，从而使专利技术所有人丧失市场独占利益，损害到专利技术所有人的合法权益。登记的专利权人未尽到该善良管理责任，给专利技术所有人造成损失的，应当负有赔偿责任。本案中，在2010年、2011年德某公司已经两次以专利申请权权属纠纷为由起诉南某水产研究所、宇某公司，尤其是德某公司主张涉案发明是职务发明的第二次诉讼正在进行的情况下，作为登记的专利权人，南某水产研究所、宇某公司应当负有在涉案专利授权以后维持其持续有效的善良管理责任，包括持续缴纳专利年费，以避免可能给德某公司造成损害。但南某水产研究所、宇某公司却未缴纳专利年费，导致涉案专利权于2012年9月28日被终止失效，侵害了德某公司的合法权益，其显然未尽到

善良管理责任,违背了诚实信用原则,应当赔偿因此给德某公司造成的损失。对于赔偿损失的具体数额,本案应当根据涉案专利权终止失效时的市场价格确定具体赔偿数额。鉴于双方均未提供证据证明涉案专利权在终止失效时的市场价格,综合考虑到涉案专利为发明专利、涉案专利权在授权公告当年即被终止失效、南某水产研究所和宇某公司过错严重、德某公司历时较长的维权情况等,即便考虑德某公司也存在一定过失,原审判决确定的经济损失及合理费用共计50万元的赔偿也并无不妥。

第八条　【守法原则】民事主体从事民事活动,不得违反法律,不得违背公序良俗。

一、相关法律条文

1.《公司法》(2023年12月29日修订)

第十九条　公司从事经营活动,应当遵守法律法规,遵守社会公德、商业道德,诚实守信,接受政府和社会公众的监督。

2.《合伙企业法》(2006年8月27日修订)

第七条　合伙企业及其合伙人必须遵守法律、行政法规,遵守社会公德、商业道德,承担社会责任。

二、相关指导性案例

指导案例170号:饶国礼诉某物资供应站等房屋租赁合同纠纷案(最高人民法院审判委员会讨论通过　2021年11月9日发布)

【关键词】民事　房屋租赁合同　合同效力　行政规章　公序良俗　危房

【裁判要点】

违反行政规章一般不影响合同效力,但违反行政规章签订租赁合同,约定将经鉴定机构鉴定存在严重结构隐患,或将造成重大安全事故的应当尽快拆除的危房出租用于经营酒店,危及不特定公众人身及财产安全,属于损害社会公共利益、违背公序良俗的行为,应当依法认定租赁合同无效,按照合同双方的过错大小确定各自应当承担的法律责任。

【基本案情】

南昌市青山湖区晶品假日酒店(以下简称晶品酒店)组织形式为个人经营,经营者系饶国礼,经营范围及方式为宾馆服务。2011 年 7 月 27 日,晶品酒店通过公开招标的方式中标获得租赁某物资供应站所有的南昌市青山南路 1 号办公大楼的权利,并向物资供应站出具《承诺书》,承诺中标以后严格按照加固设计单位和江西省建设工程安全质量监督管理局等权威部门出具的加固改造方案,对青山南路 1 号办公大楼进行科学、安全的加固,并在取得具有法律效力的书面文件后,再使用该大楼。同年 8 月 29 日,晶品酒店与物资供应站签订《租赁合同》,约定:物资供应站将南昌市青山南路 1 号(包含房产证记载的南昌市东湖区青山南路 1 号和东湖区青山南路 3 号)办公楼 4120 平方米建筑出租给晶品酒店,用于经营商务宾馆。租赁期限为十五年,自 2011 年 9 月 1 日起至 2026 年 8 月 31 日止。除约定租金和其他费用标准、支付方式、违约赔偿责任外,还在第五条特别约定:1. 租赁物经有关部门鉴定为危楼,需加固后方能使用。晶品酒店对租赁物的前述问题及瑕疵已充分了解。晶品酒店承诺对租赁物进行加固,确保租赁物达到商业房产使用标准,晶品酒店承担全部费用。2. 加固工程方案的报批、建设、验收(验收部门为江西省建设工程安全质量监督管理局或同等资质的部门)均由晶品酒店负责,物资供应站根据需要提供协助。3. 晶品酒店如未经加固合格即擅自使用租赁物,应承担全部责任。合同签订后,物资供应站依照约定交付了租赁房屋。晶品酒店向物资供应站给付 20 万元履约保证金,1000 万元投标保证金。中标后物资供应站退还了 800 万元投标保证金。

2011 年 10 月 26 日,晶品酒店与上海永祥加固技术工程有限公司签订加固改造工程《协议书》,晶品酒店将租赁的房屋以包工包料一次包干(图纸内的全部土建部分)的方式发包给上海永祥加固技术工程有限公司加固改造,改造范围为主要承重柱、墙、梁板结构加固新增墙体全部内粉刷,图纸内的全部内容,图纸、电梯、热泵。开工时间 2011 年 10 月 26 日,竣工时间 2012 年 1 月 26 日。2012 年 1 月 3 日,在加固施工过程中,案涉建筑物大部分垮塌。

江西省建设业安全生产监督管理站于 2007 年 6 月 18 日出具《房屋安全鉴定意见》,鉴定结果和建议是:1. 该大楼主要结构受力构件设计与施工均不能满足现行国家设计和施工规范的要求,其强度不能满足上部结构承载力的要求,存在较严重的结构隐患。2. 该大楼未进行抗震设计,没有抗震构造措施,不符合《建筑抗震设计规范》(GB 50011—2001)的要求。遇有地震或其他意外情况发生,将造成重大安全事故。3. 根据《危险房屋鉴定标准》(GB 50292—1999),该大楼按房屋危险性等级划分,属D级危房,应予以拆除。4. 建议:(1)应立即对大楼进行减载,减少结构上的荷载。(2)对有问题的结构构件进行加固处理。(3)目前,应对大楼加强观察,并应采取措施,确保大楼安全过渡至拆除。如发现有异常现象,应立即撤出大楼的全部人员,并向有关部门报告。(4)建议尽快拆除全部结构。

饶国礼向一审法院提出诉请:一、解除其与物资供应站于2011年8月29日签订的《租赁合同》;二、物资供应站返还其保证金220万元;三、物资供应站赔偿其各项经济损失共计281万元;四、本案诉讼费用由物资供应站承担。

物资供应站向一审法院提出反诉诉请:一、判令饶国礼承担侵权责任,赔偿其2463.5万元;二、判令饶国礼承担全部诉讼费用。

再审中,饶国礼将其上述第一项诉讼请求变更为:确认案涉《租赁合同》无效。物资供应站亦将其诉讼请求变更为:饶国礼赔偿物资供应站损失418.7万元。

【裁判结果】

江西省南昌市中级人民法院于2017年9月1日作出(2013)洪民一初字第2号民事判决:一、解除饶国礼经营的晶品酒店与物资供应站2011年8月29日签订的《租赁合同》;二、物资供应站应返还饶国礼投标保证金200万元;三、饶国礼赔偿物资供应站804.3万元,抵扣本判决第二项物资供应站返还饶国礼的200万元保证金后,饶国礼还应于本判决生效后十五日内给付物资供应站604.3万元;四、驳回饶国礼其他诉讼请求;五、驳回物资供应站其他诉讼请求。一审判决后,饶国礼提出上诉。江西省高级人民法院于2018年4月24日作出(2018)赣民终173号民事判决:一、维持江西省南昌市中级人民法院(2013)洪民一初字第2号民事判决第一项、第二项;二、撤销江西省南昌市中级人民法院(2013)洪民一初字第2号民事判决第三项、第四项、第五项;三、物资供应站返还饶国礼履约保证金20万元;四、饶国礼赔偿物资供应站经济损失182.4万元;五、本判决第一项、第三项、第四项确定的金额相互抵扣后,物资供应站应返还饶国礼375.7万元,该款项限物资供应站于本判决生效后10日内支付；六、驳回饶国礼的其他诉讼请求；七、驳回物资供应站的其他诉讼请求。饶国礼、物资供应站均不服二审判决，向最高人民法院申请再审。最高人民法院于2018年9月27日作出(2018)最高法民申4268号民事裁定，裁定提审本案。2019年12月19日，最高人民法院作出(2019)最高法民再97号民事判决：一、撤销江西省高级人民法院(2018)赣民终173号民事判决、江西省南昌市中级人民法院(2013)洪民一初字第2号民事判决；二、确认饶国礼经营的晶品酒店与物资供应站签订的《租赁合同》无效；三、物资供应站自本判决发生法律效力之日起10日内向饶国礼返还保证金220万元；四、驳回饶国礼的其他诉讼请求；五、驳回物资供应站的诉讼请求。

【裁判理由】

最高人民法院认为：根据江西省建设业安全生产监督管理站于2007年6月18日出具的《房屋安全鉴定意见》，案涉《租赁合同》签订前，该合同项下的房屋存在以下安全隐患：一是主要结构受力构件设计与施工均不能满足现行国家设计和施工规范的要求，其强度不能满足上部结构承载力的要求，存在较严重的结构隐患；二是该房屋未进行抗震设计，没有抗震构造措施，不符合《建筑抗震设计规范》国家标准，遇有地震或其他意外情况发生，将造成重大安全事故。《房屋安全鉴定意见》同时就此前当地发生的地震对案涉房屋的结构造成了一定破坏、应引起业主及其上级部门足够重视等提出了警示。在上述认定基础上，江西省建设业安全生产监督管理站对案涉房屋的鉴定结果和建议是，案涉租赁房屋属于应尽快拆除全部结构的D级危房。据此，经有权鉴定机构鉴定，案涉房屋已被确定属于存在严重结构隐患、或将造成重大安全事故的应当尽快拆除的D级危房。根据中华人民共和国住房和城乡建设部《危险房屋鉴定标准》(2016年12月1日实施)第6.1条规定，房屋危险性鉴定属D级危房的，系指承重结构已不能满足安全使用要求，房屋整体处于危险状态，构成整幢危房。尽管《危险房屋鉴定标准》第7.0.5条规定，对评定为局部危房或整幢危房的房屋可按下列方式进行处理：1.观察使用；2.处理使用；3.停止使用；4.整体拆除；5.按相关规定处理。但本案中，有权鉴定机构已经明确案涉房屋应予拆除，并建议尽快拆除该危房的全部结构。因此，案涉危房并不具有可在加固后继续使用的情形。《商品房屋租赁管理办法》第六条规定，不符合安全、防灾等工程建设强制性标准的房屋不得出租。《商品房屋租赁管理办法》虽在效力等级上属部门规章,但是,该办法第六条规定体现的是对社会公共安全的保护以及对公序良俗的维护。结合本案事实,在案涉房屋已被确定属于存在严重结构隐患、或将造成重大安全事故、应当尽快拆除的D级危房的情形下,双方当事人仍签订《租赁合同》,约定将该房屋出租用于经营可能危及不特定公众人身及财产安全的商务酒店,明显损害了社会公共利益、违背了公序良俗。从维护公共安全及确立正确的社会价值导向的角度出发,对本案情形下合同效力的认定应从严把握,司法不应支持、鼓励这种为追求经济利益而忽视公共安全的有违社会公共利益和公序良俗的行为。故依照《中华人民共和国民法总则》第一百五十三条第二款关于违背公序良俗的民事法律行为无效的规定,以及《中华人民共和国合同法》第五十二条第四项关于损害社会公共利益的合同无效的规定,确认《租赁合同》无效。关于案涉房屋倒塌后物资供应站支付给他人的补偿费用问题,因物资供应站应对《租赁合同》的无效承担主要责任,根据《中华人民共和国合同法》第五十八条"合同无效后,双方都有过错的,应当各自承担相应的责任"的规定,上述费用应由物资供应站自行承担。因饶国礼对于《租赁合同》无效亦有过错,故对饶国礼的损失依照《中华人民共和国合同法》第五十八条的规定,亦应由其自行承担。饶国礼向物资供应站支付的220万元保证金,因《租赁合同》系无效合同,物资供应站基于该合同取得的该款项依法应当退还给饶国礼。

第九条　【绿色原则】民事主体从事民事活动,应当有利于节约资源、保护生态环境。

一、相关法律条文

1.《环境保护法》(2014年4月24日修订)

第六条　一切单位和个人都有保护环境的义务。

地方各级人民政府应当对本行政区域的环境质量负责。

企业事业单位和其他生产经营者应当防止、减少环境污染和生态破坏,对所造成的损害依法承担责任。

公民应当增强环境保护意识,采取低碳、节俭的生活方式,自觉履行环境保护义务。

第五十八条 对污染环境、破坏生态,损害社会公共利益的行为,符合下列条件的社会组织可以向人民法院提起诉讼:

(一)依法在设区的市级以上人民政府民政部门登记;

(二)专门从事环境保护公益活动连续五年以上且无违法记录。

符合前款规定的社会组织向人民法院提起诉讼,人民法院应当依法受理。

提起诉讼的社会组织不得通过诉讼牟取经济利益。

2.《民事诉讼法》(2023年9月1日修正)

第五十八条 对污染环境、侵害众多消费者合法权益等损害社会公共利益的行为,法律规定的机关和有关组织可以向人民法院提起诉讼。

人民检察院在履行职责中发现破坏生态环境和资源保护、食品药品安全领域侵害众多消费者合法权益等损害社会公共利益的行为,在没有前款规定的机关和组织或者前款规定的机关和组织不提起诉讼的情况下,可以向人民法院提起诉讼。前款规定的机关或者组织提起诉讼的,人民检察院可以支持起诉。

二、相关指导性案例

1. 指导案例75号:中国生物多样性保护与绿色发展基金会诉宁夏瑞泰科技股份有限公司环境污染公益诉讼案(最高人民法院审判委员会讨论通过 2016年12月28日发布)

【关键词】民事 环境污染公益诉讼 专门从事环境保护公益活动的社会组织

【裁判要点】

1. 社会组织的章程虽未载明维护环境公共利益,但工作内容属于保护环境要素及生态系统的,应认定符合《最高人民法院关于审理环境民事公益诉讼案件适用法律若干问题的解释》(以下简称《解释》)第四条关于"社会组织章程确定的宗旨和主要业务范围是维护社会公共利益"的规定。

2.《解释》第四条规定的"环境保护公益活动",既包括直接改善生态环境的行为,也包括与环境保护相关的有利于完善环境治理体系、提高环境治理能力、促进全社会形成环境保护广泛共识的活动。

3. 社会组织起诉的事项与其宗旨和业务范围具有对应关系,或者与其所保护的环境要素及生态系统具有一定联系的,应认定符合《解释》第四条关于“与其宗旨和业务范围具有关联性”的规定。

【基本案情】

2015年8月13日,中国环境保护与绿色发展基金会(以下简称绿发会)向宁夏回族自治区中卫市中级人民法院提起诉讼称:宁夏瑞泰科技股份有限公司(以下简称瑞泰公司)在生产过程中违规将超标废水直接排入蒸发池,造成腾格里沙漠严重污染,截至起诉时仍然没有整改完毕。请求判令瑞泰公司:(1)停止非法污染环境行为;(2)对造成环境污染的危险予以消除;(3)恢复生态环境或者成立沙漠环境修复专项基金并委托具有资质的第三方进行修复;(4)针对第二项和第三项诉讼请求,由法院组织原告、技术专家、法律专家、人大代表、政协委员共同验收;(5)赔偿环境修复前生态功能损失;(6)在全国性媒体上公开赔礼道歉等。

绿发会向法院提交了基金会法人登记证书,显示绿发会是在中华人民共和国民政部登记的基金会法人。绿发会提交的2010至2014年度检查证明材料,显示其在提起本案公益诉讼前五年年检合格。绿发会亦提交了五年内未因从事业务活动违反法律、法规的规定而受到行政、刑事处罚的无违法记录声明。此外,绿发会章程规定,其宗旨为“广泛动员全社会关心和支持生物多样性保护和绿色发展事业,保护国家战略资源,促进生态文明建设和人与自然和谐,构建人类美好家园”。在案件的一审、二审及再审期间,绿发会向法院提交了其自1985年成立至今,一直实际从事包括举办环境保护研讨会、组织生态考察、开展环境保护宣传教育、提起环境民事公益诉讼等活动的相关证据材料。

【裁判结果】

宁夏回族自治区中卫市中级人民法院于2015年8月19日作出(2015)卫民公立字第6号民事裁定,以绿发会不能认定为《中华人民共和国环境保护法》(以下简称《环境保护法》)第五十八条规定的“专门从事环境保护公益活动”的社会组织为由,裁定对绿发会的起诉不予受理。绿发会不服,向宁夏回族自治区高级人民法院提起上诉。该院于2015年11月6日作出(2015)宁民公立终字第6号民事裁定,驳回上诉,维持原裁定。绿发会又向最高人民法院申请再审。最高人民法院于2016年1月22日作出(2015)民申字第3377号民事裁定,裁定提审本案;并于2016年1月28日作出(2016)最高法民再47号民事裁定,裁定本案由宁夏回族自治区中卫市中级人民法院立案受理。

【裁判理由】

法院生效裁判认为:本案系社会组织提起的环境污染公益诉讼。本案的争议焦点是绿发会应否认定为专门从事环境保护公益活动的社会组织。

《中华人民共和国民事诉讼法》第五十五条规定了环境民事公益诉讼制度,明确法律规定的机关和有关组织可以提起环境公益诉讼。《环境保护法》第五十八条规定:"对污染环境、破坏生态,损害社会公共利益的行为,符合下列条件的社会组织可以向人民法院提起诉讼:(一)依法在设区的市级以上人民政府民政部门登记;(二)专门从事环境保护公益活动连续五年以上且无违法记录。符合前款规定的社会组织向人民法院提起诉讼,人民法院应当依法受理。"《解释》第四条进一步明确了对于社会组织"专门从事环境保护公益活动"的判断标准,即"社会组织章程确定的宗旨和主要业务范围是维护社会公共利益,且从事环境保护公益活动的,可以认定为《环境保护法》第五十八条规定的'专门从事环境保护公益活动'。社会组织提起的诉讼所涉及的社会公共利益,应与其宗旨和业务范围具有关联性"。有关本案绿发会是否可以作为"专门从事环境保护公益活动"的社会组织提起本案诉讼,应重点从其宗旨和业务范围是否包含维护环境公共利益,是否实际从事环境保护公益活动,以及所维护的环境公共利益是否与其宗旨和业务范围具有关联性等三个方面进行审查。

一、关于绿发会章程规定的宗旨和业务范围是否包含维护环境公共利益的问题。社会公众所享有的在健康、舒适、优美环境中生存和发展的共同利益,表现形式多样。对于社会组织宗旨和业务范围是否包含维护环境公共利益,应根据其内涵而非简单依据文字表述作出判断。社会组织章程即使未写明维护环境公共利益,但若其工作内容属于保护各种影响人类生存和发展的天然的和经过人工改造的自然因素的范畴,包括对大气、水、海洋、土地、矿藏、森林、草原、湿地、野生生物、自然遗迹、人文遗迹、自然保护区、风景名胜区、城市和乡村等环境要素及其生态系统的保护,均可以认定为宗旨和业务范围包含维护环境公共利益。

我国1992年签署的联合国《生物多样性公约》指出,生物多样性是指陆地、海洋和其他水生生态系统及其所构成的生态综合体,包括物种内部、物种之间和生态系统的多样性。《环境保护法》第三十条规定,

"开发利用自然资源,应当合理开发,保护生物多样性,保障生态安全,依法制定有关生态保护和恢复治理方案并予以实施。引进外来物种以及研究、开发和利用生物技术,应当采取措施,防止对生物多样性的破坏"。可见,生物多样性保护是环境保护的重要内容,亦属维护环境公共利益的重要组成部分。

绿发会章程中明确规定,其宗旨为"广泛动员全社会关心和支持生物多样性保护和绿色发展事业,保护国家战略资源,促进生态文明建设和人与自然和谐,构建人类美好家园",符合联合国《生物多样性公约》和《环境保护法》保护生物多样性的要求。同时,"促进生态文明建设""人与自然和谐""构建人类美好家园"等内容契合绿色发展理念,亦与环境保护密切相关,属于维护环境公共利益的范畴。故应认定绿发会的宗旨和业务范围包含维护环境公共利益内容。

二、关于绿发会是否实际从事环境保护公益活动的问题。环境保护公益活动,不仅包括植树造林、濒危物种保护、节能减排、环境修复等直接改善生态环境的行为,还包括与环境保护有关的宣传教育、研究培训、学术交流、法律援助、公益诉讼等有利于完善环境治理体系,提高环境治理能力,促进全社会形成环境保护广泛共识的活动。绿发会在本案一审、二审及再审期间提交的历史沿革、公益活动照片、环境公益诉讼立案受理通知书等相关证据材料,虽未经质证,但在立案审查阶段,足以显示绿发会自1985年成立以来长期实际从事包括举办环境保护研讨会、组织生态考察、开展环境保护宣传教育、提起环境民事公益诉讼等环境保护活动,符合《环境保护法》和《解释》的规定。同时,上述证据亦证明绿发会从事环境保护公益活动的时间已满五年,符合《环境保护法》第五十八条关于社会组织从事环境保护公益活动应五年以上的规定。

三、关于本案所涉及的社会公共利益与绿发会宗旨和业务范围是否具有关联性的问题。依据《解释》第四条的规定,社会组织提起的公益诉讼涉及的环境公共利益,应与社会组织的宗旨和业务范围具有一定关联。此项规定旨在促使社会组织所起诉的环境公共利益保护事项与其宗旨和业务范围具有对应或者关联关系,以保证社会组织具有相应的诉讼能力。因此,即使社会组织起诉事项与其宗旨和业务范围不具有对应关系,但若与其所保护的环境要素或者生态系统具有一定的联系,亦应基于关联性标准确认其主体资格。本案环境公益诉讼系针对腾格里沙漠污染提起。沙漠生物群落及其环境相互作用所形成的复杂而脆弱的沙漠生态系统，更加需要人类的珍惜利用和悉心呵护。绿发会起诉认为瑞泰公司将超标废水排入蒸发池，严重破坏了腾格里沙漠本已脆弱的生态系统，所涉及的环境公共利益之维护属于绿发会宗旨和业务范围。

此外，绿发会提交的基金会法人登记证书显示，绿发会是在中华人民共和国民政部登记的基金会法人。绿发会提交的2010至2014年度检查证明材料，显示其在提起本案公益诉讼前五年年检合格。绿发会还按照《解释》第五条的规定提交了其五年内未因从事业务活动违反法律、法规的规定而受到行政、刑事处罚的无违法记录声明。据此，绿发会亦符合《环境保护法》第五十八条，《解释》第二条、第三条、第五条对提起环境公益诉讼社会组织的其他要求，具备提起环境民事公益诉讼的主体资格。

2. 指导案例128号：李劲诉华润置地（重庆）有限公司环境污染责任纠纷案（最高人民法院审判委员会讨论通过　2019年12月26日发布）

【关键词】民事　环境污染责任　光污染　损害认定　可容忍度

【裁判要点】

由于光污染对人身的伤害具有潜在性、隐蔽性和个体差异性等特点，人民法院认定光污染损害，应当依据国家标准、地方标准、行业标准，是否干扰他人正常生活、工作和学习，以及是否超出公众可容忍度等进行综合认定。对于公众可容忍度，可以根据周边居民的反应情况、现场的实际感受及专家意见等判断。

【基本案情】

原告李劲购买位于重庆市九龙坡区谢家湾正街×小区×幢×－×－×的住宅一套，并从2005年入住至今。被告华润置地（重庆）有限公司开发建设的万象城购物中心与原告住宅相隔一条双向六车道的公路，双向六车道中间为轻轨线路。万象城购物中心与原告住宅之间无其他遮挡物。在正对原告住宅的万象城购物中心外墙上安装有一块LED显示屏用于播放广告等，该LED显示屏广告位从2014年建成后开始投入运营，每天播放宣传资料及视频广告等，其产生强光直射入原告住宅房间，给原告的正常生活造成影响。

2014 年 5 月,原告小区的业主向市政府公开信箱投诉反映:从 5 月 3 日开始,谢家湾华润二十四城的万象城的巨型 LED 屏幕开始工作,LED 巨屏的强光直射进其房间,造成严重的光污染,并且宣传片的音量巨大,影响了其日常生活,希望有关部门让万象城减小音量并且调低 LED 屏幕亮度。2014 年 9 月,黄杨路×小区居民向市政府公开信箱投诉反映:万象城有块巨型 LED 屏幕通宵播放资料广告,产生太强光线,导致夜间无法睡眠,无法正常休息。万象城大屏夜间光污染严重影响周边小区高层住户,请相关部门解决,禁止夜间播放,或者禁止通宵播放,只能在晚上八点前播放,并调低亮度。2018 年 2 月,原告小区的住户向市政府公开信箱投诉反映:万象城户外广告大屏就是住户的噩梦,该广告屏每天播放视频广告,光线极强还频繁闪动,住在对面的业主家里夜间如同白昼,严重影响老人和小孩的休息,希望相关部门尽快对其进行整改。

本案审理过程中,人民法院组织原、被告双方于 2018 年 8 月 11 日晚到现场进行了查看,正对原告住宅的一块 LED 显示屏正在播放广告视频,产生的光线较强,可直射入原告住宅居室,当晚该 LED 显示屏播放广告视频至 20 时 58 分关闭。被告公司员工称该 LED 显示屏面积为 $160m^2$。

就案涉光污染问题是否能进行环境监测的问题,人民法院向重庆市九龙坡区生态环境监测站进行了咨询,该站负责人表示,国家与重庆市均无光污染环境监测方面的规范及技术指标,所以监测站无法对光污染问题开展环境监测。重庆法院参与环境资源审判专家库专家、重庆市永川区生态环境监测站副站长也表示从环保方面光污染没有具体的标准,但从民事法律关系的角度,可以综合其余证据判断是否造成光污染。从本案原告提交的证据看,万象城电子显示屏对原告的损害客观存在,主要体现为影响原告的正常休息。就 LED 显示屏产生的光辐射相关问题,法院向重庆大学建筑城规学院教授、中国照明学会副理事长以及重庆大学建筑城规学院高级工程师、中国照明学会理事等专家作了咨询,专家表示,LED 的光辐射一是对人有视觉影响,其中失能眩光和不舒适眩光对人的眼睛有影响;另一方面是生物影响:人到晚上随着光照强度下降,渐渐入睡,是褪黑素和皮质醇两种激素发生作用的结果——褪黑素晚上上升、白天下降,皮质醇相反。如果光辐射太强,使人生物钟紊乱,长期就会有影响。另外 LED 的白光中有蓝光成分,蓝光对人的视网膜有损害，而且不可修复。但户外蓝光危害很难检测，时间、强度的标准是多少，有待标准出台确定。关于光照亮度对人的影响，有研究结论认为一般在400cd/m^2以下对人的影响会小一点，但动态广告屏很难适用。对于亮度的规范，不同部门编制的规范对亮度的限值不同，但LED显示屏与直射的照明灯光还是有区别，以LED显示屏的相关国家标准来认定比较合适。

【裁判结果】

重庆市江津区人民法院于2018年12月28日作出(2018)渝0116民初6093号判决：一、被告华润置地(重庆)有限公司从本判决生效之日起，立即停止其在运行重庆市九龙坡区谢家湾正街万象城购物中心正对原告李劲位于重庆市九龙坡区谢家湾正街×小区×幢住宅外墙上的一块LED显示屏时对原告李劲的光污染侵害：1. 前述LED显示屏在5月1日至9月30日开启时间应在8:30之后，关闭时间应在22:00之前；在10月1日至4月30日开启时间应在8:30之后，关闭时间应在21:50之前。2. 前述LED显示屏在每日19:00后的亮度值不得高于600cd/m^2。二、驳回原告李劲的其余诉讼请求。一审宣判后，双方当事人均未提出上诉，判决已发生法律效力。

【裁判理由】

法院生效裁判认为：保护环境是我国的基本国策，一切单位和个人都有保护环境的义务。《中华人民共和国民法总则》第九条规定："民事主体从事民事活动，应当有利于节约资源、保护生态环境。"《中华人民共和国物权法》第九十条规定："不动产权利人不得违反国家规定弃置固体废物，排放大气污染物、水污染物、噪声、光、电磁波辐射等有害物质。"《中华人民共和国环境保护法》第四十二条第一款规定："排放污染物的企业事业单位和其他生产经营者，应当采取措施，防治在生产建设或者其他活动中产生的废气、废水、废渣、医疗废物、粉尘、恶臭气体、放射性物质以及噪声、振动、光辐射、电磁辐射等对环境的污染和危害。"本案系环境污染责任纠纷，根据《中华人民共和国侵权责任法》第六十五条规定："因污染环境造成损害的，污染者应当承担侵权责任。"环境污染侵权责任属特殊侵权责任，其构成要件包括以下三个方面：一是污染者有污染环境的行为；二是被侵权人有损害事实；三是污染者污染环境的行为与被侵权人的损害之间有因果关系。

一、关于被告是否有污染环境的行为

被告华润置地(重庆)有限公司作为万象城购物中心的建设方和经营管理方,其在正对原告住宅的购物中心外墙上设置LED显示屏播放广告、宣传资料等,产生的强光直射进入原告的住宅居室。根据原告提供的照片、视频资料等证据,以及组织双方当事人到现场查看的情况,可以认定被告使用LED显屏播放广告、宣传资料等所产生的强光已超出了一般公众普遍可容忍的范围,就大众的认知规律和切身感受而言,该强光会严重影响相邻人群的正常工作和学习,干扰周围居民正常生活和休息,已构成由强光引起的光污染。被告使用LED显示屏播放广告、宣传资料等造成光污染的行为已构成污染环境的行为。

二、关于被侵权人的损害事实

环境污染的损害事实主要包含了污染环境的行为致使当事人的财产、人身受到损害以及环境受到损害的事实。环境污染侵权的损害后果不同于一般侵权的损害后果,不仅包括症状明显并可计量的损害结果,还包括那些症状不明显或者暂时无症状且暂时无法用计量方法反映的损害结果。本案系光污染纠纷,光污染对人身的伤害具有潜在性和隐蔽性等特点,被侵权人往往在开始受害时显露不出明显的受损害症状,其所遭受的损害往往暂时无法用精确的计量方法来反映。但随着时间的推移,损害会逐渐显露。参考本案专家意见,光污染对人的影响除了能够感知的对视觉的影响外,太强的光辐射会造成人生物钟紊乱,短时间看不出影响,但长期会带来影响。本案中,被告使用LED显示屏播放广告、宣传资料等所产生的强光,已超出了一般人可容忍的程度,影响了相邻居住的原告等居民的正常生活和休息。根据日常生活经验法则,被告运行LED显示屏产生的光污染势必会给原告等人的身心健康造成损害,这也为公众普遍认可。综上,被告运行LED显示屏产生的光污染已致使原告居住的环境权益受损,并导致原告的身心健康受到损害。

三、被告是否应承担污染环境的侵权责任

《中华人民共和国侵权责任法》第六十六条规定:"因污染环境发生纠纷,污染者应当就法律规定的不承担责任或者减轻责任的情形及其行为与损害之间不存在因果关系承担举证责任。"本案中,原告已举证证明被告有污染环境的行为及原告的损害事实。被告需对其在本案中存在法律规定的不承担责任或者减轻责任的情形,或被告污染行为与损害之间不存在因果关系承担举证责任。但被告并未提交证据对前述情形予以证实，对此被告应承担举证不能的不利后果，应承担污染环境的侵权责任。根据《最高人民法院关于审理环境侵权责任纠纷案件适用法律若干问题的解释》第十三条规定："人民法院应当根据被侵权人的诉讼请求以及具体案情，合理判定污染者承担停止侵害、排除妨碍、消除危险、恢复原状、赔礼道歉、赔偿损失等民事责任。"环境侵权的损害不同于一般的人身损害和财产损害，对侵权行为人承担的侵权责任有其独特的要求。由于环境侵权是通过环境这一媒介侵害到一定地区不特定的多数人的人身、财产权益，而且一旦出现可用计量方法反映的损害，其后果往往已无法弥补和消除。因此在环境侵权中，侵权行为人实施了污染环境的行为，即使还未出现可计量的损害后果，即应承担相应的侵权责任。本案中，从市民的投诉反映看，被告作为万象城购物中心的经营管理者，其在生产经营过程中，理应认识到使用LED显示屏播放广告、宣传资料等发出的强光会对居住在对面以及周围住宅小区的原告等人造成影响，并负有采取必要措施以减少对原告等人影响的义务。但被告仍然一直使用LED显示屏播放广告、宣传资料等，其产生的强光明显超出了一般人可容忍的程度，构成光污染，严重干扰了周边人群的正常生活，对原告等人的环境权益造成损害，进而损害了原告等人的身心健康。因此即使原告尚未出现明显症状，其生活受到光污染侵扰、环境权益受到损害也是客观存在的事实，故被告应承担停止侵害、排除妨碍等民事责任。

第十条　【法律适用】处理民事纠纷，应当依照法律；法律没有规定的，可以适用习惯，但是不得违背公序良俗。

一、相关法律条文

1.《民法典》(2021年1月1日起施行)

第二百八十九条　法律、法规对处理相邻关系有规定的，依照其规定；法律、法规没有规定的，可以按照当地习惯。

第五百零九条　当事人应当按照约定全面履行自己的义务。

当事人应当遵循诚信原则，根据合同的性质、目的和交易习惯履行通知、协助、保密等义务。

当事人在履行合同过程中,应当避免浪费资源、污染环境和破坏生态。

第五百一十条 合同生效后,当事人就质量、价款或者报酬、履行地点等内容没有约定或者约定不明确的,可以协议补充;不能达成补充协议的,按照合同相关条款或者交易习惯确定。

第五百五十八条 债权债务终止后,当事人应当遵循诚信等原则,根据交易习惯履行通知、协助、保密、旧物回收等义务。

第一千零一十五条 自然人应当随父姓或者母姓,但是有下列情形之一的,可以在父姓和母姓之外选取姓氏:

(一)选取其他直系长辈血亲的姓氏;

(二)因由法定扶养人以外的人扶养而选取扶养人姓氏;

(三)有不违背公序良俗的其他正当理由。

少数民族自然人的姓氏可以遵从本民族的文化传统和风俗习惯。

2.《民用航空法》(2021年4月29日修正)

第一百八十四条 中华人民共和国缔结或者参加的国际条约同本法有不同规定的,适用国际条约的规定;但是,中华人民共和国声明保留的条款除外。

中华人民共和国法律和中华人民共和国缔结或者参加的国际条约没有规定的,可以适用国际惯例。

第一百九十条 依照本章规定适用外国法律或者国际惯例,不得违背中华人民共和国的社会公共利益。

3.《票据法》(2004年8月28日修正)

第九十五条 中华人民共和国缔结或者参加的国际条约同本法有不同规定的,适用国际条约的规定。但是,中华人民共和国声明保留的条款除外。

本法和中华人民共和国缔结或者参加的国际条约没有规定的,可以适用国际惯例。

二、相关司法解释规定

《最高人民法院关于适用〈中华人民共和国民法典〉总则编若干问题的解释》(法释〔2022〕6号)

第一条 民法典第二编至第七编对民事关系有规定的,人民法院直接适用该规定;民法典第二编至第七编没有规定的,适用民法典第一编的规定,但是根据其性质不能适用的除外。

就同一民事关系，其他民事法律的规定属于对民法典相应规定的细化的，应当适用该民事法律的规定。民法典规定适用其他法律的，适用该法律的规定。

民法典及其他法律对民事关系没有具体规定的，可以遵循民法典关于基本原则的规定。

第二条 在一定地域、行业范围内长期为一般人从事民事活动时普遍遵守的民间习俗、惯常做法等，可以认定为民法典第十条规定的习惯。

当事人主张适用习惯的，应当就习惯及其具体内容提供相应证据；必要时，人民法院可以依职权查明。

适用习惯，不得违背社会主义核心价值观，不得违背公序良俗。

三、相关文件规定

《最高人民法院印发〈关于案例指导工作的规定〉的通知》（法发〔2010〕51号）

第七条 最高人民法院发布的指导性案例，各级人民法院审判类似案例时应当参照。

四、相关指导性案例

指导性案例229号：沙某某诉袁某某探望权纠纷案（最高人民法院审判委员会讨论通过 2024年5月30日发布）

【关键词】民事 探望权 未成年人 隔代探望 丧子老人

【裁判要点】

未成年人的父、母一方死亡，祖父母或者外祖父母向人民法院提起诉讼请求探望孙子女或者外孙子女的，人民法院应当坚持最有利于未成年人、有利于家庭和谐的原则，在不影响未成年人正常生活和身心健康的情况下，依法予以支持。

【基本案情】

沙某某系丁某某的母亲，其独生子丁某某与袁某某于2016年3月结婚，于2018年1月生育双胞胎男孩丁某甲、丁某乙。2018年7月丁某某因病去世。丁某甲、丁某乙一直与袁某某共同生活。沙某某多次联系袁某某想见孩子，均被袁某某拒绝。沙某某遂起诉请求每月1日、20日探望孩子，每次2小时。

【裁判结果】

陕西省西安市新城区人民法院于2021年6月18日作出民事判决：

原告沙某某每月第一个星期探望丁某甲、丁某乙一次,每次不超过两小时,袁某某应予配合。宣判后,袁某某不服,提起上诉。陕西省西安市中级人民法院于2021年9月28日作出民事判决:驳回上诉,维持原判。

【裁判理由】

沙某某系丁某甲、丁某乙的祖母,对两个孩子的探望属于隔代探望。虽然我国法律并未对祖父母或者外祖父母是否享有隔代探望权作出明确规定,但探望权系与人身关系密切相关的权利,通常基于血缘关系产生;孩子的父、母一方去世的,祖父母与孙子女的近亲属关系不因父或母去世而消灭。祖父母隔代探望属于父母子女关系的延伸,符合我国传统家庭伦理观念,符合社会主义核心价值观及公序良俗。隔代探望除满足成年亲属对未成年人的情感需求外,也是未成年人获得更多亲属关爱的一种途径。特别是在本案沙某某的独生子丁某某已经去世的情况下,丁某甲、丁某乙不仅是丁某某和袁某某的孩子,亦系沙某某的孙子,沙某某通过探望孙子,获得精神慰藉,延续祖孙亲情,也会给两个孩子多一份关爱,有利于未成年人健康成长,袁某某应予配合。同时,隔代探望应当在有利于未成年人成长和身心健康,不影响未成年人及其母亲袁某某正常生活的前提下进行,探望前应当做好沟通。

第十一条　【优先适用特别法】其他法律对民事关系有特别规定的,依照其规定。

一、相关法律条文

《立法法》(2023年3月13日修正)

第一百零三条　同一机关制定的法律、行政法规、地方性法规、自治条例和单行条例、规章,特别规定与一般规定不一致的,适用特别规定;新的规定与旧的规定不一致的,适用新的规定。

第一百零五条　法律之间对同一事项的新的一般规定与旧的特别规定不一致,不能确定如何适用时,由全国人民代表大会常务委员会裁决。

行政法规之间对同一事项的新的一般规定与旧的特别规定不一致,不能确定如何适用时,由国务院裁决。

二、相关司法解释规定

1.《最高人民法院关于适用〈中华人民共和国民法典〉总则编若干问题的解释》(法释〔2022〕6号)

第一条　民法典第二编至第七编对民事关系有规定的,人民法院直接适用该规定;民法典第二编至第七编没有规定的,适用民法典第一编的规定,但是根据其性质不能适用的除外。

就同一民事关系,其他民事法律的规定属于对民法典相应规定的细化的,应当适用该民事法律的规定。民法典规定适用其他法律的,适用该法律的规定。

民法典及其他法律对民事关系没有具体规定的,可以遵循民法典关于基本原则的规定。

2.《最高人民法院关于印发〈全国法院民商事审判工作会议纪要〉的通知》(法〔2019〕254号)

3.【民法总则与公司法的关系及其适用】民法总则与公司法的关系,是一般法与商事特别法的关系。民法总则第三章"法人"第一节"一般规定"和第二节"营利法人"基本上是根据公司法的有关规定提炼的,二者的精神大体一致。因此,涉及民法总则这一部分的内容,规定一致的,适用民法总则或者公司法皆可;规定不一致的,根据《民法总则》第11条有关"其他法律对民事关系有特别规定的,依照其规定"的规定,原则上应当适用公司法的规定。但应当注意也有例外情况,主要表现在两个方面:一是就同一事项,民法总则制定时有意修正公司法有关条款的,应当适用民法总则的规定。例如,《公司法》第32条第3款规定:"公司应当将股东的姓名或者名称及其出资额向公司登记机关登记;登记事项发生变更的,应当办理变更登记。未经登记或者变更登记的,不得对抗第三人。"而《民法总则》第65条的规定则把"不得对抗第三人"修正为"不得对抗善意相对人"。经查询有关立法理由,可以认为,此种情况应当适用民法总则的规定。二是民法总则在公司法规定基础上增加了新内容的,如《公司法》第22条第2款就公司决议的撤销问题进行了规定,《民法总则》第85条在该条基础上增加规定:"但是营利法人依据该决议与善意相对人形成的民事法律关系不受影响。"此时,也应当适用民法总则的规定。

第十二条 【效力范围】中华人民共和国领域内的民事活动,适用中华人民共和国法律。法律另有规定的,依照其规定。

一、相关法律条文

1.《涉外民事关系法律适用法》(2011年4月1日起施行)

第一章 一般规定

第一条 为了明确涉外民事关系的法律适用,合理解决涉外民事争议,维护当事人的合法权益,制定本法。

第二条 涉外民事关系适用的法律,依照本法确定。其他法律对涉外民事关系法律适用另有特别规定的,依照其规定。

本法和其他法律对涉外民事关系法律适用没有规定的,适用与该涉外民事关系有最密切联系的法律。

第三条 当事人依照法律规定可以明示选择涉外民事关系适用的法律。

第四条 中华人民共和国法律对涉外民事关系有强制性规定的,直接适用该强制性规定。

第五条 外国法律的适用将损害中华人民共和国社会公共利益的,适用中华人民共和国法律。

第六条 涉外民事关系适用外国法律,该国不同区域实施不同法律的,适用与该涉外民事关系有最密切联系区域的法律。

第七条 诉讼时效,适用相关涉外民事关系应当适用的法律。

第八条 涉外民事关系的定性,适用法院地法律。

第九条 涉外民事关系适用的外国法律,不包括该国的法律适用法。

第十条 涉外民事关系适用的外国法律,由人民法院、仲裁机构或者行政机关查明。当事人选择适用外国法律的,应当提供该国法律。

不能查明外国法律或者该国法律没有规定的,适用中华人民共和国法律。

第二章 民事主体

第十一条 自然人的民事权利能力,适用经常居所地法律。

第十二条 自然人的民事行为能力,适用经常居所地法律。

自然人从事民事活动，依照经常居所地法律为无民事行为能力，依照行为地法律为有民事行为能力的，适用行为地法律，但涉及婚姻家庭、继承的除外。

第十三条　宣告失踪或者宣告死亡，适用自然人经常居所地法律。

第十四条　法人及其分支机构的民事权利能力、民事行为能力、组织机构、股东权利义务等事项，适用登记地法律。

法人的主营业地与登记地不一致的，可以适用主营业地法律。法人的经常居所地，为其主营业地。

第十五条　人格权的内容，适用权利人经常居所地法律。

第十六条　代理适用代理行为地法律，但被代理人与代理人的民事关系，适用代理关系发生地法律。

当事人可以协议选择委托代理适用的法律。

第十七条　当事人可以协议选择信托适用的法律。当事人没有选择的，适用信托财产所在地法律或者信托关系发生地法律。

第十八条　当事人可以协议选择仲裁协议适用的法律。当事人没有选择的，适用仲裁机构所在地法律或者仲裁地法律。

第十九条　依照本法适用国籍国法律，自然人具有两个以上国籍的，适用有经常居所的国籍国法律；在所有国籍国均无经常居所的，适用与其有最密切联系的国籍国法律。自然人无国籍或者国籍不明的，适用其经常居所地法律。

第二十条　依照本法适用经常居所地法律，自然人经常居所地不明的，适用其现在居所地法律。

第三章　婚姻家庭

第二十一条　结婚条件，适用当事人共同经常居所地法律；没有共同经常居所地的，适用共同国籍国法律；没有共同国籍，在一方当事人经常居所地或者国籍国缔结婚姻的，适用婚姻缔结地法律。

第二十二条　结婚手续，符合婚姻缔结地法律、一方当事人经常居所地法律或者国籍国法律的，均为有效。

第二十三条　夫妻人身关系，适用共同经常居所地法律；没有共同经常居所地的，适用共同国籍国法律。

第二十四条　夫妻财产关系，当事人可以协议选择适用一方当事人经常居所地法律、国籍国法律或者主要财产所在地法律。当事人没有选择的,适用共同经常居所地法律;没有共同经常居所地的,适用共同国籍国法律。

第二十五条 父母子女人身、财产关系,适用共同经常居所地法律;没有共同经常居所地的,适用一方当事人经常居所地法律或者国籍国法律中有利于保护弱者权益的法律。

第二十六条 协议离婚,当事人可以协议选择适用一方当事人经常居所地法律或者国籍国法律。当事人没有选择的,适用共同经常居所地法律;没有共同经常居所地的,适用共同国籍国法律;没有共同国籍的,适用办理离婚手续机构所在地法律。

第二十七条 诉讼离婚,适用法院地法律。

第二十八条 收养的条件和手续,适用收养人和被收养人经常居所地法律。收养的效力,适用收养时收养人经常居所地法律。收养关系的解除,适用收养时被收养人经常居所地法律或者法院地法律。

第二十九条 扶养,适用一方当事人经常居所地法律、国籍国法律或者主要财产所在地法律中有利于保护被扶养人权益的法律。

第三十条 监护,适用一方当事人经常居所地法律或者国籍国法律中有利于保护被监护人权益的法律。

第四章 继　　承

第三十一条 法定继承,适用被继承人死亡时经常居所地法律,但不动产法定继承,适用不动产所在地法律。

第三十二条 遗嘱方式,符合遗嘱人立遗嘱时或者死亡时经常居所地法律、国籍国法律或者遗嘱行为地法律的,遗嘱均为成立。

第三十三条 遗嘱效力,适用遗嘱人立遗嘱时或者死亡时经常居所地法律或者国籍国法律。

第三十四条 遗产管理等事项,适用遗产所在地法律。

第三十五条 无人继承遗产的归属,适用被继承人死亡时遗产所在地法律。

第五章 物　　权

第三十六条 不动产物权,适用不动产所在地法律。

第三十七条 当事人可以协议选择动产物权适用的法律。当事人没有选择的,适用法律事实发生时动产所在地法律。

第三十八条　当事人可以协议选择运输中动产物权发生变更适用的法律。当事人没有选择的，适用运输目的地法律。

第三十九条　有价证券，适用有价证券权利实现地法律或者其他与该有价证券有最密切联系的法律。

第四十条　权利质权，适用质权设立地法律。

第六章　债　　权

第四十一条　当事人可以协议选择合同适用的法律。当事人没有选择的，适用履行义务最能体现该合同特征的一方当事人经常居所地法律或者其他与该合同有最密切联系的法律。

第四十二条　消费者合同，适用消费者经常居所地法律；消费者选择适用商品、服务提供地法律或者经营者在消费者经常居所地没有从事相关经营活动的，适用商品、服务提供地法律。

第四十三条　劳动合同，适用劳动者工作地法律；难以确定劳动者工作地的，适用用人单位主营业地法律。劳务派遣，可以适用劳务派出地法律。

第四十四条　侵权责任，适用侵权行为地法律，但当事人有共同经常居所地的，适用共同经常居所地法律。侵权行为发生后，当事人协议选择适用法律的，按照其协议。

第四十五条　产品责任，适用被侵权人经常居所地法律；被侵权人选择适用侵权人主营业地法律、损害发生地法律的，或者侵权人在被侵权人经常居所地没有从事相关经营活动的，适用侵权人主营业地法律或者损害发生地法律。

第四十六条　通过网络或者采用其他方式侵害姓名权、肖像权、名誉权、隐私权等人格权的，适用被侵权人经常居所地法律。

第四十七条　不当得利、无因管理，适用当事人协议选择适用的法律。当事人没有选择的，适用当事人共同经常居所地法律；没有共同经常居所地的，适用不当得利、无因管理发生地法律。

第七章　知识产权

第四十八条　知识产权的归属和内容，适用被请求保护地法律。

第四十九条　当事人可以协议选择知识产权转让和许可使用适用的法律。当事人没有选择的，适用本法对合同的有关规定。

第五十条 知识产权的侵权责任，适用被请求保护地法律，当事人也可以在侵权行为发生后协议选择适用法院地法律。

第八章 附 则

第五十一条 《中华人民共和国民法通则》第一百四十六条、第一百四十七条，《中华人民共和国继承法》第三十六条，与本法的规定不一致的，适用本法。

第五十二条 本法自2011年4月1日起施行。

2.《票据法》（2004年8月28日修正）

第九十六条 票据债务人的民事行为能力，适用其本国法律。

票据债务人的民事行为能力，依照其本国法律为无民事行为能力或者为限制民事行为能力而依照行为地法律为完全民事行为能力的，适用行为地法律。

3.《个人信息保护法》（2021年11月1日起施行）

第三条 在中华人民共和国境内处理自然人个人信息的活动，适用本法。

在中华人民共和国境外处理中华人民共和国境内自然人个人信息的活动，有下列情形之一的，也适用本法：

（一）以向境内自然人提供产品或者服务为目的；

（二）分析、评估境内自然人的行为；

（三）法律、行政法规规定的其他情形。

二、相关司法解释规定

《最高人民法院关于适用〈中华人民共和国涉外民事关系法律适用法〉若干问题的解释（一）》（法释〔2012〕24号）（2020年12月23日修正）

为正确审理涉外民事案件，根据《中华人民共和国涉外民事关系法律适用法》的规定，对人民法院适用该法的有关问题解释如下：

第一条 民事关系具有下列情形之一的，人民法院可以认定为涉外民事关系：

（一）当事人一方或双方是外国公民、外国法人或者其他组织、无国籍人；

（二）当事人一方或双方的经常居所地在中华人民共和国领域外；

（三）标的物在中华人民共和国领域外；

（四）产生、变更或者消灭民事关系的法律事实发生在中华人民共和国领域外；

（五）可以认定为涉外民事关系的其他情形。

第二条　涉外民事关系法律适用法实施以前发生的涉外民事关系，人民法院应当根据该涉外民事关系发生时的有关法律规定确定应当适用的法律；当时法律没有规定的，可以参照涉外民事关系法律适用法的规定确定。

第三条　涉外民事关系法律适用法与其他法律对同一涉外民事关系法律适用规定不一致的，适用涉外民事关系法律适用法的规定，但《中华人民共和国票据法》、《中华人民共和国海商法》、《中华人民共和国民用航空法》等商事领域法律的特别规定以及知识产权领域法律的特别规定除外。

涉外民事关系法律适用法对涉外民事关系的法律适用没有规定而其他法律有规定的，适用其他法律的规定。

第四条　中华人民共和国法律没有明确规定当事人可以选择涉外民事关系适用的法律，当事人选择适用法律的，人民法院应认定该选择无效。

第五条　一方当事人以双方协议选择的法律与系争的涉外民事关系没有实际联系为由主张选择无效的，人民法院不予支持。

第六条　当事人在一审法庭辩论终结前协议选择或者变更选择适用的法律的，人民法院应予准许。

各方当事人援引相同国家的法律且未提出法律适用异议的，人民法院可以认定当事人已经就涉外民事关系适用的法律做出了选择。

第七条　当事人在合同中援引尚未对中华人民共和国生效的国际条约的，人民法院可以根据该国际条约的内容确定当事人之间的权利义务，但违反中华人民共和国社会公共利益或中华人民共和国法律、行政法规强制性规定的除外。

第八条　有下列情形之一，涉及中华人民共和国社会公共利益、当事人不能通过约定排除适用、无需通过冲突规范指引而直接适用于涉外民事关系的法律、行政法规的规定，人民法院应当认定为涉外民事关系法律适用法第四条规定的强制性规定：

（一）涉及劳动者权益保护的；

（二）涉及食品或公共卫生安全的；

(三)涉及环境安全的;

(四)涉及外汇管制等金融安全的;

(五)涉及反垄断、反倾销的;

(六)应当认定为强制性规定的其他情形。

第九条 一方当事人故意制造涉外民事关系的连结点,规避中华人民共和国法律、行政法规的强制性规定的,人民法院应认定为不发生适用外国法律的效力。

第十条 涉外民事争议的解决须以另一涉外民事关系的确认为前提时,人民法院应当根据该先决问题自身的性质确定其应当适用的法律。

第十一条 案件涉及两个或者两个以上的涉外民事关系时,人民法院应当分别确定应当适用的法律。

第十二条 当事人没有选择涉外仲裁协议适用的法律,也没有约定仲裁机构或者仲裁地,或者约定不明的,人民法院可以适用中华人民共和国法律认定该仲裁协议的效力。

第十三条 自然人在涉外民事关系产生或者变更、终止时已经连续居住一年以上且作为其生活中心的地方,人民法院可以认定为涉外民事关系法律适用法规定的自然人的经常居所地,但就医、劳务派遣、公务等情形除外。

第十四条 人民法院应当将法人的设立登记地认定为涉外民事关系法律适用法规定的法人的登记地。

第十五条 人民法院通过由当事人提供、已对中华人民共和国生效的国际条约规定的途径、中外法律专家提供等合理途径仍不能获得外国法律的,可以认定为不能查明外国法律。

根据涉外民事关系法律适用法第十条第一款的规定,当事人应当提供外国法律,其在人民法院指定的合理期限内无正当理由未提供该外国法律的,可以认定为不能查明外国法律。

第十六条 人民法院应当听取各方当事人对应当适用的外国法律的内容及其理解与适用的意见,当事人对该外国法律的内容及其理解与适用均无异议的,人民法院可以予以确认;当事人有异议的,由人民法院审查认定。

第十七条 涉及香港特别行政区、澳门特别行政区的民事关系的法律适用问题,参照适用本规定。

第十八条　涉外民事关系法律适用法施行后发生的涉外民事纠纷案件,本解释施行后尚未终审的,适用本解释;本解释施行前已经终审,当事人申请再审或者按照审判监督程序决定再审的,不适用本解释。

第十九条　本院以前发布的司法解释与本解释不一致的,以本解释为准。

三、相关指导性案例

指导案例107号:中化国际(新加坡)有限公司诉蒂森克虏伯冶金产品有限责任公司国际货物买卖合同纠纷案(最高人民法院审判委员会讨论通过　2019年2月25日发布)

【关键词】民事　国际货物买卖合同　联合国国际货物销售合同公约　法律适用　根本违约

【裁判要点】

1.国际货物买卖合同的当事各方所在国为《联合国国际货物销售合同公约》的缔约国,应优先适用公约的规定,公约没有规定的内容,适用合同中约定适用的法律。国际货物买卖合同中当事人明确排除适用《联合国国际货物销售合同公约》的,则不应适用该公约。

2.在国际货物买卖合同中,卖方交付的货物虽然存在缺陷,但只要买方经过合理努力就能使用货物或转售货物,不应视为构成《联合国国际货物销售合同公约》规定的根本违约的情形。

【基本案情】

2008年4月11日,中化国际(新加坡)有限公司(以下简称中化新加坡公司)与蒂森克虏伯冶金产品有限责任公司(以下简称德国克虏伯公司)签订了购买石油焦的《采购合同》,约定本合同应当根据美国纽约州当时有效的法律订立、管辖和解释。中化新加坡公司按约支付了全部货款,但德国克虏伯公司交付的石油焦HGI指数仅为32,与合同中约定的HGI指数典型值为36—46不符。中化新加坡公司认为德国克虏伯公司构成根本违约,请求判令解除合同,要求德国克虏伯公司返还货款并赔偿损失。

【裁判结果】

江苏省高级人民法院一审认为,根据《联合国国际货物销售合同公约》的有关规定,德国克虏伯公司提供的石油焦HGI指数远低于合同约定标准,导致石油焦难以在国内市场销售,签订买卖合同时的预期目的无法实现,故德国克虏伯公司的行为构成根本违约。江苏省高级人民法院于2012年12月19日作出(2009)苏民三初字第0004号民事判决:一、宣告蒂森克虏伯冶金产品有限责任公司与中化国际(新加坡)有限公司于2008年4月11日签订的《采购合同》无效。二、蒂森克虏伯冶金产品有限责任公司于本判决生效之日起三十日内返还中化国际(新加坡)有限公司货款2684302.9美元并支付自2008年9月25日至本判决确定的给付之日的利息。三、蒂森克虏伯冶金产品有限责任公司于本判决生效之日起三十日内赔偿中化国际(新加坡)有限公司损失520339.77美元。

宣判后,德国克虏伯公司不服一审判决,向最高人民法院提起上诉,认为一审判决对本案适用法律认定错误。最高人民法院认为一审判决认定事实基本清楚,但部分法律适用错误,责任认定不当,应当予以纠正。最高人民法院于2014年6月30日作出(2013)民四终字第35号民事判决:一、撤销江苏省高级人民法院(2009)苏民三初字第0004号民事判决第一项。二、变更江苏省高级人民法院(2009)苏民三初字第0004号民事判决第二项为蒂森克虏伯冶金产品有限责任公司于本判决生效之日起三十日内赔偿中化国际(新加坡)有限公司货款损失1610581.74美元并支付自2008年9月25日至本判决确定的给付之日的利息。三、变更江苏省高级人民法院(2009)苏民三初字第0004号民事判决第三项为蒂森克虏伯冶金产品有限责任公司于本判决生效之日起三十日内赔偿中化国际(新加坡)有限公司堆存费损失98442.79美元。四、驳回中化国际(新加坡)有限公司的其他诉讼请求。

【裁判理由】

最高人民法院认为,本案为国际货物买卖合同纠纷,双方当事人均为外国公司,案件具有涉外因素。《最高人民法院关于适用〈中华人民共和国涉外民事关系法律适用法〉若干问题的解释(一)》第二条规定:"涉外民事关系法律适用法实施以前发生的涉外民事关系,人民法院应当根据该涉外民事关系发生时的有关法律规定确定应当适用的法律;当时法律没有规定的,可以参照涉外民事关系法律适用法的规定确定。"案涉《采购合同》签订于2008年4月11日,在《中华人民共和国涉外民事关系法律适用法》实施之前,当事人签订《采购合同》时的《中华人民共和国民法通则》第一百四十五条规定:"涉外合同的当事人可以选择处理合同争议所适用的法律,法律另有规定的除外。涉外合同的当事人没有选择的,适用与合同有最密切联系的国家的法律。"本案双方当事人在合同中约定应当根据美国纽约州当时有效的法律订立、管辖和解释，该约定不违反法律规定，应认定有效。由于本案当事人营业地所在国新加坡和德国均为《联合国国际货物销售合同公约》缔约国，美国亦为《联合国国际货物销售合同公约》缔约国，且在一审审理期间双方当事人一致选择适用《联合国国际货物销售合同公约》作为确定其权利义务的依据，并未排除《联合国国际货物销售合同公约》的适用，江苏省高级人民法院适用《联合国国际货物销售合同公约》审理本案是正确的。而对于审理案件中涉及的问题《联合国国际货物销售合同公约》没有规定的，应当适用当事人选择的美国纽约州法律。《〈联合国国际货物销售合同公约〉判例法摘要汇编》并非《联合国国际货物销售合同公约》的组成部分，其不能作为审理本案的法律依据。但在如何准确理解《联合国国际货物销售合同公约》相关条款的含义方面，其可以作为适当的参考资料。

双方当事人在《采购合同》中约定的石油焦 HGI 指数典型值在 36—46，而德国克虏伯公司实际交付的石油焦 HGI 指数为 32，低于双方约定的 HGI 指数典型值的最低值，不符合合同约定。江苏省高级人民法院认定德国克虏伯公司构成违约是正确的。

关于德国克虏伯公司的上述违约行为是否构成根本违约的问题。首先，从双方当事人在合同中对石油焦需符合的化学和物理特性规格约定的内容看，合同对石油焦的受潮率、硫含量、灰含量、挥发物含量、尺寸、热值、硬度（HGI 值）等七个方面作出了约定。而从目前事实看，对于德国克虏伯公司交付的石油焦，中化新加坡公司仅认为 HGI 指数一项不符合合同约定，而对于其他六项指标，中化新加坡公司并未提出异议。结合当事人提交的证人证言以及证人出庭的陈述，HGI 指数表示石油焦的研磨指数，指数越低，石油焦的硬度越大，研磨难度越大。但中化新加坡公司一方提交的上海大学材料科学与工程学院出具的说明亦不否认 HGI 指数为 32 的石油焦可以使用，只是认为其用途有限。故可以认定虽然案涉石油焦 HGI 指数与合同约定不符，但该批石油焦仍然具有使用价值。其次，本案一审审理期间，中化新加坡公司为减少损失，经过积极的努力将案涉石油焦予以转售，且其在就将相关问题致德国克虏伯公司的函件中明确表示该批石油焦转售的价格“未低于市场合理价格”。这一事实说明案涉石油焦是可以以合理价格予以销售的。最后，综合考量其他国家裁判对《联合国国际货物销售合同公约》

中关于根本违约条款的理解,只要买方经过合理努力就能使用货物或转售货物,甚至打些折扣,质量不符依然不是根本违约。故应当认为德国克虏伯公司交付HGI指数为32的石油焦的行为,并不构成根本违约。江苏省高级人民法院认定德国克虏伯公司构成根本违约并判决宣告《采购合同》无效,适用法律错误,应予以纠正。

第二章 自 然 人

第一节 民事权利能力和民事行为能力

第十三条 【自然人民事权利能力】 自然人从出生时起到死亡时止,具有民事权利能力,依法享有民事权利,承担民事义务。

相关法律条文

《涉外民事关系法律适用法》(2011年4月1日起施行)

第十一条 自然人的民事权利能力,适用经常居所地法律。

第十四条 【自然人民事权利能力平等】 自然人的民事权利能力一律平等。

相关法律条文

《宪法》(2018年3月11日修正)

第三十三条 凡具有中华人民共和国国籍的人都是中华人民共和国公民。

中华人民共和国公民在法律面前一律平等。

国家尊重和保障人权。

任何公民享有宪法和法律规定的权利,同时必须履行宪法和法律规定的义务。

第十五条 【自然人出生和死亡时间】 自然人的出生时间和死亡时间,以出生证明、死亡证明记载的时间为准;没有出生证明、死亡证明的,以户籍登记或者其他有效身份登记记载的时间为准。有其他证据足以推翻以上记载时间的,以该证据证明的时间为准。

一、相关法律条文

1.《母婴保健法》(2017 年 11 月 4 日修正)

第二十三条　医疗保健机构和从事家庭接生的人员按照国务院卫生行政部门的规定,出具统一制发的新生儿出生医学证明;有产妇和婴儿死亡以及新生儿出生缺陷情况的,应当向卫生行政部门报告。

2.《医师法》(2022 年 3 月 1 日起施行)

第二十二条　医师在执业活动中享有下列权利:

(一)在注册的执业范围内,按照有关规范进行医学诊查、疾病调查、医学处置、出具相应的医学证明文件,选择合理的医疗、预防、保健方案;

(二)获取劳动报酬,享受国家规定的福利待遇,按照规定参加社会保险并享受相应待遇;

(三)获得符合国家规定标准的执业基本条件和职业防护装备;

(四)从事医学教育、研究、学术交流;

(五)参加专业培训,接受继续医学教育;

(六)对所在医疗卫生机构和卫生健康主管部门的工作提出意见和建议,依法参与所在机构的民主管理;

(七)法律、法规规定的其他权利。

第二十四条　医师实施医疗、预防、保健措施,签署有关医学证明文件,必须亲自诊查、调查,并按照规定及时填写病历等医学文书,不得隐匿、伪造、篡改或者擅自销毁病历等医学文书及有关资料。

医师不得出具虚假医学证明文件以及与自己执业范围无关或者与执业类别不相符的医学证明文件。

第五十六条　违反本法规定,医师在执业活动中有下列行为之一的,由县级以上人民政府卫生健康主管部门责令改正,给予警告,没收违法所得,并处一万元以上三万元以下的罚款;情节严重的,责令暂停六个月以上一年以下执业活动直至吊销医师执业证书:

(一)泄露患者隐私或者个人信息;

(二)出具虚假医学证明文件,或者未经亲自诊查、调查,签署诊断、

治疗、流行病学等证明文件或者有关出生、死亡等证明文件;

(三)隐匿、伪造、篡改或者擅自销毁病历等医学文书及有关资料;

(四)未按照规定使用麻醉药品、医疗用毒性药品、精神药品、放射性药品等;

(五)利用职务之便,索要、非法收受财物或者牟取其他不正当利益,或者违反诊疗规范,对患者实施不必要的检查、治疗造成不良后果;

(六)开展禁止类医疗技术临床应用。

二、相关行政法规条文

《医疗机构管理条例》(2022年3月29日修订)

第三十一条 未经医师(士)亲自诊查病人,医疗机构不得出具疾病诊断书、健康证明书或者死亡证明书等证明文件;未经医师(士)、助产人员亲自接产,医疗机构不得出具出生证明书或者死产报告书。

第十六条 【胎儿利益保护】 涉及遗产继承、接受赠与等胎儿利益保护的,胎儿视为具有民事权利能力。但是,胎儿娩出时为死体的,其民事权利能力自始不存在。

一、相关法律条文

《民法典》(2021年1月1日起施行)

第一千一百五十五条 遗产分割时,应当保留胎儿的继承份额。胎儿娩出时是死体的,保留的份额按照法定继承办理。

二、相关司法解释规定

《最高人民法院关于适用〈中华人民共和国民法典〉总则编若干问题的解释》(法释〔2022〕6号)

第四条 涉及遗产继承、接受赠与等胎儿利益保护,父母在胎儿娩出前作为法定代理人主张相应权利的,人民法院依法予以支持。

三、相关指导性案例

指导案例50号:李某、郭某阳诉郭某和、童某某继承纠纷案(最高人民法院审判委员会讨论通过 2015年4月15日发布)

【关键词】民事 继承 人工授精 婚生子女

【裁判要点】

1. 夫妻关系存续期间,双方一致同意利用他人的精子进行人工授精并使女方受孕后,男方反悔,而女方坚持生出该子女的,不论该子女是否在夫妻关系存续期间出生,都应视为夫妻双方的婚生子女。

2. 如果夫妻一方所订立的遗嘱中没有为胎儿保留遗产份额,因违反《继承法》第十九条规定,该部分遗嘱内容无效。分割遗产时,应当依照《继承法》第二十八条规定,为胎儿保留继承份额。

【基本案情】

原告李某诉称:位于江苏省南京市某住宅小区的306室房屋,是其与被继承人郭某顺的夫妻共同财产。郭某顺因病死亡后,其儿子郭某阳出生。郭某顺的遗产,应当由妻子李某、儿子郭某阳与郭某顺的父母即被告郭某和、童某某等法定继承人共同继承。请求法院在析产继承时,考虑郭某和、童某某有自己房产和退休工资,而李某无固定收入还要抚养幼子的情况,对李某和郭某阳给予照顾。

被告郭某和、童某某辩称:儿子郭某顺生前留下遗嘱,明确将306室赠予二被告,故对该房产不适用法定继承。李某所生的孩子与郭某顺不存在血缘关系,郭某顺在遗嘱中声明他不要这个人工授精生下的孩子,他在得知自己患癌症后,已向李某表示过不要这个孩子,是李某自己坚持要生下孩子。因此,应该由李某对孩子负责,不能将孩子列为郭某顺的继承人。

法院经审理查明:1998年3月3日,原告李某与郭某顺登记结婚。2002年,郭某顺以自己的名义购买了涉案建筑面积为45.08平方米的306室房屋,并办理了房屋产权登记。2004年1月30日,李某和郭某顺共同与南京军区南京总医院生殖遗传中心签订了人工授精协议书,对李某实施了人工授精,后李某怀孕。2004年4月,郭某顺因病住院,其在得知自己患了癌症后,向李某表示不要这个孩子,但李某不同意人工流产,坚持要生下孩子。5月20日,郭某顺在医院立下自书遗嘱,在遗嘱中声明他不要这个人工授精生下的孩子,并将306室房屋赠与其父母郭某和、童某某。郭某顺于5月23日病故。李某于当年10月22日产下一子,取名郭某阳。原告李某无业,每月领取最低生活保障金,另有不固定的打工收入,并持有夫妻关系存续期间的共同存款18705.4元。被告郭某和、童某某系郭某顺的父母,居住在同一个住宅小区的305室,均有退休工资。2001年3月,郭某顺为开店,曾向童某某借款8500元。

南京大陆房地产估价师事务所有限责任公司受法院委托,于2006年3月对涉案306室房屋进行了评估,经评估房产价值为19.3万元。

【裁判结果】

江苏省南京市秦淮区人民法院于2006年4月20日作出一审判决:涉案的306室房屋归原告李某所有;李某于本判决生效之日起30日内,给付原告郭某阳33442.4元,该款由郭某阳的法定代理人李某保管;李某于本判决生效之日起30日内,给付被告郭某和33442.4元、给付被告童某某41942.4元。一审宣判后,双方当事人均未提出上诉,判决已发生法律效力。

【裁判理由】

法院生效裁判认为:本案争议焦点主要有两方面:一是郭某阳是否为郭某顺和李某的婚生子女?二是在郭某顺留有遗嘱的情况下,对306室房屋应如何析产继承?

关于争议焦点一。《最高人民法院关于夫妻离婚后人工授精所生子女的法律地位如何确定的复函》中指出:"在夫妻关系存续期间,双方一致同意进行人工授精,所生子女应视为夫妻双方的婚生子女,父母子女之间权利义务关系适用《中华人民共和国婚姻法》的有关规定。"郭某顺因无生育能力,签字同意医院为其妻子即原告李某施行人工授精手术,该行为表明郭某顺具有通过人工授精方法获得其与李某共同子女的意思表示。只要在夫妻关系存续期间,夫妻双方同意通过人工授精生育子女,所生子女均应视为夫妻双方的婚生子女。《中华人民共和国民法通则》第五十七条规定:"民事法律行为从成立时起具有法律约束力。行为人非依法律规定或者取得对方同意,不得擅自变更或者解除。"因此,郭某顺在遗嘱中否认其与李某所怀胎儿的亲子关系,是无效民事行为,应当认定郭某阳是郭某顺和李某的婚生子女。

关于争议焦点二。《中华人民共和国继承法》(以下简称《继承法》)第五条规定:"继承开始后,按照法定继承办理;有遗嘱的,按照遗嘱继承或者遗赠办理;有遗赠扶养协议的,按照协议办理。"被继承人郭某顺死亡后,继承开始。鉴于郭某顺留有遗嘱,本案应当按照遗嘱继承办理。《继承法》第二十六条规定:"夫妻在婚姻关系存续期间所得的共同所有的财产,除有约定的以外,如果分割遗产,应当先将共同所有的财产的一半分出为配偶所有,其余的为被继承人的遗产。"《最高人民法院关于贯彻执行〈中华人民共和国继承法〉若干问题的意见》第三十八条规定:“遗嘱人以遗嘱处分了属于国家、集体或他人所有的财产,遗嘱的这部分,应认定无效。”登记在被继承人郭某顺名下的306室房屋,已查明是郭某顺与原告李某夫妻关系存续期间取得的夫妻共同财产。郭某顺死亡后,该房屋的一半应归李某所有,另一半才能作为郭某顺的遗产。郭某顺在遗嘱中,将306室全部房产处分归其父母,侵害了李某的房产权,遗嘱的这部分应属无效。此外,《继承法》第十九条规定:“遗嘱应当对缺乏劳动能力又没有生活来源的继承人保留必要的遗产份额。”郭某顺在立遗嘱时,明知其妻子腹中的胎儿而没有在遗嘱中为胎儿保留必要的遗产份额,该部分遗嘱内容无效。《继承法》第二十八条规定:“遗产分割时,应当保留胎儿的继承份额。”因此,在分割遗产时,应当为该胎儿保留继承份额。综上,在扣除应当归李某所有的财产和应当为胎儿保留的继承份额之后,郭某顺遗产的剩余部分才可以按遗嘱确定的分配原则处理。

第十七条　【成年年龄标准】十八周岁以上的自然人为成年人。不满十八周岁的自然人为未成年人。

相关法律条文

《未成年人保护法》(2024年4月26日修正)

第二条　本法所称未成年人是指未满十八周岁的公民。

第十八条　【完全民事行为能力人】成年人为完全民事行为能力人,可以独立实施民事法律行为。

十六周岁以上的未成年人,以自己的劳动收入为主要生活来源的,视为完全民事行为能力人。

相关法律条文

1.《民法典》(2021年1月1日起施行)

第一千一百九十条　完全民事行为能力人对自己的行为暂时没有意识或者失去控制造成他人损害有过错的,应当承担侵权责任;没有过错的,根据行为人的经济状况对受害人适当补偿。

完全民事行为能力人因醉酒、滥用麻醉药品或者精神药品对自己的行为暂时没有意识或者失去控制造成他人损害的,应当承担侵权责任。

2.《劳动法》(2018年12月29日修正)

第十五条 禁止用人单位招用未满十六周岁的未成年人。

文艺、体育和特种工艺单位招用未满十六周岁的未成年人,必须遵守国家有关规定,并保障其接受义务教育的权利。

第十九条 【限制民事行为能力的未成年人】 八周岁以上的未成年人为限制民事行为能力人,实施民事法律行为由其法定代理人代理或者经其法定代理人同意、追认;但是,可以独立实施纯获利益的民事法律行为或者与其年龄、智力相适应的民事法律行为。

一、相关法律条文

1.《广告法》(2021年4月29日修正)

第三十三条 广告主或者广告经营者在广告中使用他人名义或者形象的,应当事先取得其书面同意;使用无民事行为能力人、限制民事行为能力人的名义或者形象的,应当事先取得其监护人的书面同意。

2.《公证法》(2017年9月1日修正)

第三十一条 有下列情形之一的,公证机构不予办理公证:

(一)无民事行为能力人或者限制民事行为能力人没有监护人代理申请办理公证的;

(二)当事人与申请公证的事项没有利害关系的;

(三)申请公证的事项属专业技术鉴定、评估事项的;

(四)当事人之间对申请公证的事项有争议的;

(五)当事人虚构、隐瞒事实,或者提供虚假证明材料的;

(六)当事人提供的证明材料不充分或者拒绝补充证明材料的;

(七)申请公证的事项不真实、不合法的;

(八)申请公证的事项违背社会公德的;

(九)当事人拒绝按照规定支付公证费的。

3.《保险法》(2015年4月24日修正)

第三十九条 人身保险的受益人由被保险人或者投保人指定。

投保人指定受益人时须经被保险人同意。投保人为与其有劳动关系的劳动者投保人身保险,不得指定被保险人及其近亲属以外的人为受益人。

被保险人为无民事行为能力人或者限制民事行为能力人的，可以由其监护人指定受益人。

4.《疫苗管理法》(2019年12月1日起施行)

第十八条　开展疫苗临床试验，应当取得受试者的书面知情同意；受试者为无民事行为能力人的，应当取得其监护人的书面知情同意；受试者为限制民事行为能力人的，应当取得本人及其监护人的书面知情同意。

二、相关行政法规条文

1.《婚姻登记条例》(2003年10月1日起施行)

第十二条　办理离婚登记的当事人有下列情形之一的，婚姻登记机关不予受理：

(一)未达成离婚协议的；

(二)属于无民事行为能力人或者限制民事行为能力人的；

(三)其结婚登记不是在中国内地办理的。

2.《医疗器械监督管理条例》(2021年2月9日修订)

第二十八条　开展医疗器械临床试验，应当按照规定进行伦理审查，向受试者告知试验目的、用途和可能产生的风险等详细情况，获得受试者的书面知情同意；受试者为无民事行为能力人或者限制民事行为能力人的，应当依法获得其监护人的书面知情同意。

开展临床试验，不得以任何形式向受试者收取与临床试验有关的费用。

第二十条　【不满八周岁的无民事行为能力人】不满八周岁的未成年人为无民事行为能力人，由其法定代理人代理实施民事法律行为。

一、相关法律条文

《民法典》(2021年1月1日起施行)

第一千一百八十八条　无民事行为能力人、限制民事行为能力人造成他人损害的，由监护人承担侵权责任。监护人尽到监护职责的，可以减轻其侵权责任。

有财产的无民事行为能力人、限制民事行为能力人造成他人损害的,从本人财产中支付赔偿费用;不足部分,由监护人赔偿。

二、相关司法解释规定

1.《最高人民法院关于审理票据纠纷案件若干问题的规定》(法释〔2000〕32号)(2020年12月23日修正)

第四十五条 票据的背书人、承兑人、保证人在票据上的签章不符合票据法以及《票据管理实施办法》规定的,或者无民事行为能力人、限制民事行为能力人在票据上签章的,其签章无效,但不影响人民法院对票据上其他签章效力的认定。

2.《最高人民法院关于适用〈中华人民共和国民事诉讼法〉执行程序若干问题的解释》(法释〔2008〕13号)(2020年12月23日修正)

第二十四条 被执行人为单位的,可以对其法定代表人、主要负责人或者影响债务履行的直接责任人员限制出境。

被执行人为无民事行为能力人或者限制民事行为能力人的,可以对其法定代理人限制出境。

第二十一条 【八周岁以上的无民事行为能力人】不能辨认自己行为的成年人为无民事行为能力人,由其法定代理人代理实施民事法律行为。

八周岁以上的未成年人不能辨认自己行为的,适用前款规定。

相关法律条文

《民法典》(2021年1月1日起施行)

第一千一百四十三条 无民事行为能力人或者限制民事行为能力人所立的遗嘱无效。

遗嘱必须表示遗嘱人的真实意思,受欺诈、胁迫所立的遗嘱无效。

伪造的遗嘱无效。

遗嘱被篡改的,篡改的内容无效。

第二十二条 【限制民事行为能力的成年人】不能完全辨认自己行为的成年人为限制民事行为能力人,实施民事法律行为由其法定代理人代理或者经其法定代理人同意、追认;但是,可以独立实施纯获利益的民事法律行为或者与其智力、精神健康状况相适应的民事法律行为。

相关司法解释规定

《最高人民法院关于适用〈中华人民共和国民法典〉继承编的解释（一）》（法释〔2020〕23号）

第二十八条　遗嘱人立遗嘱时必须具有完全民事行为能力。无民事行为能力人或者限制民事行为能力人所立的遗嘱，即使其本人后来具有完全民事行为能力，仍属无效遗嘱。遗嘱人立遗嘱时具有完全民事行为能力，后来成为无民事行为能力人或者限制民事行为能力人的，不影响遗嘱的效力。

第二十三条　【法定代理人】无民事行为能力人、限制民事行为能力人的监护人是其法定代理人。

相关法律条文

《民事诉讼法》（2023年9月1日修正）

第六十条　无诉讼行为能力人由他的监护人作为法定代理人代为诉讼。法定代理人之间互相推诿代理责任的，由人民法院指定其中一人代为诉讼。

第二十四条　【非完全民事行为能力人的认定与恢复】不能辨认或者不能完全辨认自己行为的成年人，其利害关系人或者有关组织，可以向人民法院申请认定该成年人为无民事行为能力人或者限制民事行为能力人。

被人民法院认定为无民事行为能力人或者限制民事行为能力人的，经本人、利害关系人或者有关组织申请，人民法院可以根据其智力、精神健康恢复的状况，认定该成年人恢复为限制民事行为能力人或者完全民事行为能力人。

本条规定的有关组织包括：居民委员会、村民委员会、学校、医疗机构、妇女联合会、残疾人联合会、依法设立的老年人组织、民政部门等。

一、相关法律条文

《民事诉讼法》(2023年9月1日修正)

第一百九十八条 申请认定公民无民事行为能力或者限制民事行为能力,由利害关系人或者有关组织向该公民住所地基层人民法院提出。

申请书应当写明该公民无民事行为能力或者限制民事行为能力的事实和根据。

第一百九十九条 人民法院受理申请后,必要时应当对被请求认定为无民事行为能力或者限制民事行为能力的公民进行鉴定。申请人已提供鉴定意见的,应当对鉴定意见进行审查。

第二百条 人民法院审理认定公民无民事行为能力或者限制民事行为能力的案件,应当由该公民的近亲属为代理人,但申请人除外。近亲属互相推诿的,由人民法院指定其中一人为代理人。该公民健康情况许可的,还应当询问本人的意见。

人民法院经审理认定申请有事实根据的,判决该公民为无民事行为能力或者限制民事行为能力人;认定申请没有事实根据的,应当判决予以驳回。

第二百零一条 人民法院根据被认定为无民事行为能力人、限制民事行为能力人本人、利害关系人或者有关组织的申请,证实该公民无民事行为能力或者限制民事行为能力的原因已经消除的,应当作出新判决,撤销原判决。

二、相关司法解释规定

1.《最高人民法院关于适用〈中华人民共和国民事诉讼法〉的解释》(法释〔2015〕5号)(2022年3月22日修正)

第三百四十七条 在诉讼中,当事人的利害关系人或者有关组织提出该当事人不能辨认或者不能完全辨认自己的行为,要求宣告该当事人无民事行为能力或者限制民事行为能力的,应由利害关系人或者有关组织向人民法院提出申请,由受诉人民法院按照特别程序立案审理,原诉讼中止。

第三百五十条 申请认定公民无民事行为能力或者限制民事行为能力的案件,被申请人没有近亲属的,人民法院可以指定经被申请人住所地的居民委员会、村民委员会或者民政部门同意,且愿意担任代理人的个人或者组织为代理人。

没有前款规定的代理人的，由被申请人住所地的居民委员会、村民委员会或者民政部门担任代理人。

代理人可以是一人，也可以是同一顺序中的两人。

2.《最高人民法院关于军事法院管辖民事案件若干问题的规定》（法释〔2012〕11号）（2020年12月23日修正）

第二条　下列民事案件，地方当事人向军事法院提起诉讼或者提出申请的，军事法院应当受理：

（一）军人或者军队单位执行职务过程中造成他人损害的侵权责任纠纷案件；

（二）当事人一方为军人或者军队单位，侵权行为发生在营区内的侵权责任纠纷案件；

（三）当事人一方为军人的婚姻家庭纠纷案件；

（四）民事诉讼法第三十三条规定的不动产所在地、港口所在地、被继承人死亡时住所地或者主要遗产所在地在营区内，且当事人一方为军人或者军队单位的案件；

（五）申请宣告军人失踪或者死亡的案件；

（六）申请认定军人无民事行为能力或者限制民事行为能力的案件。

第二十五条　【自然人住所】自然人以户籍登记或者其他有效身份登记记载的居所为住所；经常居所与住所不一致的，经常居所视为住所。

一、相关法律条文

1.《民事诉讼法》（2023年9月1日修正）

第二十二条　对公民提起的民事诉讼，由被告住所地人民法院管辖；被告住所地与经常居住地不一致的，由经常居住地人民法院管辖。

对法人或者其他组织提起的民事诉讼，由被告住所地人民法院管辖。

同一诉讼的几个被告住所地、经常居住地在两个以上人民法院辖区的，各该人民法院都有管辖权。

第二十三条　下列民事诉讼，由原告住所地人民法院管辖；原告住所地与经常居住地不一致的，由原告经常居住地人民法院管辖：

(一)对不在中华人民共和国领域内居住的人提起的有关身份关系的诉讼;

(二)对下落不明或者宣告失踪的人提起的有关身份关系的诉讼;

(三)对被采取强制性教育措施的人提起的诉讼;

(四)对被监禁的人提起的诉讼。

第二十四条 因合同纠纷提起的诉讼,由被告住所地或者合同履行地人民法院管辖。

第二十五条 因保险合同纠纷提起的诉讼,由被告住所地或者保险标的物所在地人民法院管辖。

第二十六条 因票据纠纷提起的诉讼,由票据支付地或者被告住所地人民法院管辖。

第二十七条 因公司设立、确认股东资格、分配利润、解散等纠纷提起的诉讼,由公司住所地人民法院管辖。

第二十八条 因铁路、公路、水上、航空运输和联合运输合同纠纷提起的诉讼,由运输始发地、目的地或者被告住所地人民法院管辖。

第二十九条 因侵权行为提起的诉讼,由侵权行为地或者被告住所地人民法院管辖。

第三十条 因铁路、公路、水上和航空事故请求损害赔偿提起的诉讼,由事故发生地或者车辆、船舶最先到达地、航空器最先降落地或者被告住所地人民法院管辖。

第三十一条 因船舶碰撞或者其他海事损害事故请求损害赔偿提起的诉讼,由碰撞发生地、碰撞船舶最先到达地、加害船舶被扣留地或者被告住所地人民法院管辖。

第三十四条 下列案件,由本条规定的人民法院专属管辖:

(一)因不动产纠纷提起的诉讼,由不动产所在地人民法院管辖;

(二)因港口作业中发生纠纷提起的诉讼,由港口所在地人民法院管辖;

(三)因继承遗产纠纷提起的诉讼,由被继承人死亡时住所地或者主要遗产所在地人民法院管辖。

第三十五条 合同或者其他财产权益纠纷的当事人可以书面协议选择被告住所地、合同履行地、合同签订地、原告住所地、标的物所在地等与争议有实际联系的地点的人民法院管辖,但不得违反本法对级别管辖和专属管辖的规定。

2.《反家庭暴力法》(2016年3月1日起施行)

第二十九条 人身安全保护令可以包括下列措施:

(一)禁止被申请人实施家庭暴力;

(二)禁止被申请人骚扰、跟踪、接触申请人及其相关近亲属;

(三)责令被申请人迁出申请人住所;

(四)保护申请人人身安全的其他措施。

二、相关司法解释规定

1.《最高人民法院印发〈关于进一步加强民事送达工作的若干意见〉的通知》(法发〔2017〕19号)

九、依第八条规定仍不能确认送达地址的,自然人以其户籍登记的住所或者在经常居住地登记的住址为送达地址,法人或者其他组织以其工商登记或其他依法登记、备案的住所地为送达地址。

2.《最高人民法院关于适用〈中华人民共和国民事诉讼法〉的解释》(法释〔2015〕5号)(2022年3月22日修正)

第三条 公民的住所地是指公民的户籍所在地,法人或者其他组织的住所地是指法人或者其他组织的主要办事机构所在地。

法人或者其他组织的主要办事机构所在地不能确定的,法人或者其他组织的注册地或者登记地为住所地。

第四条 公民的经常居住地是指公民离开住所地至起诉时已连续居住一年以上的地方,但公民住院就医的地方除外。

第二节 监 护

第二十六条 【父母子女间法律义务】父母对未成年子女负有抚养、教育和保护的义务。

成年子女对父母负有赡养、扶助和保护的义务。

一、相关法律条文

1.《民法典》(2021年1月1日起施行)

第一千零六十七条 父母不履行抚养义务的,未成年子女或者不能独立生活的成年子女,有要求父母给付抚养费的权利。

成年子女不履行赡养义务的,缺乏劳动能力或者生活困难的父母,有要求成年子女给付赡养费的权利。

第一千零六十八条 父母有教育、保护未成年子女的权利和义务。未成年子女造成他人损害的,父母应当依法承担民事责任。

第一千零六十九条 子女应当尊重父母的婚姻权利,不得干涉父母离婚、再婚以及婚后的生活。子女对父母的赡养义务,不因父母的婚姻关系变化而终止。

2.《未成年人保护法》(2024年4月26日修正)

第十五条 未成年人的父母或者其他监护人应当学习家庭教育知识,接受家庭教育指导,创造良好、和睦、文明的家庭环境。

共同生活的其他成年家庭成员应当协助未成年人的父母或者其他监护人抚养、教育和保护未成年人。

3.《教育法》(2021年4月29日修正)

第五十条 未成年人的父母或者其他监护人应当为其未成年子女或者其他被监护人受教育提供必要条件。

未成年人的父母或者其他监护人应当配合学校及其他教育机构,对其未成年子女或者其他被监护人进行教育。

学校、教师可以对学生家长提供家庭教育指导。

4.《老年人权益保障法》(2018年12月29日修正)

第十四条 赡养人应当履行对老年人经济上供养、生活上照料和精神上慰藉的义务,照顾老年人的特殊需要。

赡养人是指老年人的子女以及其他依法负有赡养义务的人。

赡养人的配偶应当协助赡养人履行赡养义务。

二、相关行政法规条文

《残疾人教育条例》(2017年1月11日修订)

第八条 残疾人家庭应当帮助残疾人接受教育。

残疾儿童、少年的父母或者其他监护人应当尊重和保障残疾儿童、少年接受教育的权利,积极开展家庭教育,使残疾儿童、少年及时接受康复训练和教育,并协助、参与有关教育机构的教育教学活动,为残疾儿童、少年接受教育提供支持。

第二十七条 【未成年人的监护】父母是未成年子女的监护人。

未成年人的父母已经死亡或者没有监护能力的，由下列有监护能力的人按顺序担任监护人：

（一）祖父母、外祖父母；

（二）兄、姐；

（三）其他愿意担任监护人的个人或者组织，但是须经未成年人住所地的居民委员会、村民委员会或者民政部门同意。

一、相关法律条文

《未成年人保护法》（2024年4月26日修正）

第七条 未成年人的父母或者其他监护人依法对未成年人承担监护职责。

国家采取措施指导、支持、帮助和监督未成年人的父母或者其他监护人履行监护职责。

二、相关司法解释规定

1.《最高人民法院关于适用〈中华人民共和国民法典〉总则编若干问题的解释》（法释〔2022〕6号）

第七条 担任监护人的被监护人父母通过遗嘱指定监护人，遗嘱生效时被指定的人不同意担任监护人的，人民法院应当适用民法典第二十七条、第二十八条的规定确定监护人。

未成年人由父母担任监护人，父母中的一方通过遗嘱指定监护人，另一方在遗嘱生效时有监护能力，有关当事人对监护人的确定有争议的，人民法院应当适用民法典第二十七条第一款的规定确定监护人。

第八条 未成年人的父母与其他依法具有监护资格的人订立协议，约定免除具有监护能力的父母的监护职责的，人民法院不予支持。协议约定在未成年人的父母丧失监护能力时由该具有监护资格的人担任监护人的，人民法院依法予以支持。

依法具有监护资格的人之间依据民法典第三十条的规定，约定由民法典第二十七条第二款、第二十八条规定的不同顺序的人共同担任监护人，或者由顺序在后的人担任监护人的，人民法院依法予以支持。

2.《最高人民法院关于适用〈中华人民共和国民法典〉侵权责任编的解释(一)》(法释〔2024〕12号)

第七条 未成年子女造成他人损害,被侵权人请求父母共同承担侵权责任的,人民法院依照民法典第二十七条第一款、第一千零六十八条以及第一千一百八十八条的规定予以支持。

第二十八条 【非完全民事行为能力成年人的监护人】 无民事行为能力或者限制民事行为能力的成年人,由下列有监护能力的人按顺序担任监护人:

(一)配偶;

(二)父母、子女;

(三)其他近亲属;

(四)其他愿意担任监护人的个人或者组织,但是须经被监护人住所地的居民委员会、村民委员会或者民政部门同意。

相关司法解释规定

1.《最高人民法院关于适用〈中华人民共和国民法典〉总则编若干问题的解释》(法释〔2022〕6号)

第六条 人民法院认定自然人的监护能力,应当根据其年龄、身心健康状况、经济条件等因素确定;认定有关组织的监护能力,应当根据其资质、信用、财产状况等因素确定。

第七条第一款 担任监护人的被监护人父母通过遗嘱指定监护人,遗嘱生效时被指定的人不同意担任监护人的,人民法院应当适用民法典第二十七条、第二十八条的规定确定监护人。

2.《最高人民法院民事审判庭关于监护责任两个问题的电话答复》(1990年5月4日)

吉林省高级人民法院:

你院(89)51号“关于监护责任两个问题的请示”收悉。

关于对患精神病的人,其监护人应从何时起承担监护责任的问题。经我们研究认为,此问题情况比较复杂,我国现行法律无明文规定,也不宜作统一规定。在处理这类案件时,可根据《民法通则》有关规定精神，结合案件具体情况，合情合理地妥善处理。

我们原则上认为：成年人丧失行为能力时，监护人即应承担其监护责任。监护人对精神病人的监护责任是基于法律规定而设立的，当成年人因患精神病，丧失行为能力时，监护人应按照法律规定的监护顺序承担监护责任。如果监护人确实不知被监护人患有精神病的，可根据具体情况，参照《民法通则》第一百三十三条规定精神，适当减轻民事责任。

精神病人在发病时给他人造成的经济损失，如行为人个人财产不足补偿或无个人财产的，其监护人应适当承担赔偿责任。这样处理，可促使监护人自觉履行监护责任，维护被监护人和其他公民的合法权益，也有利于社会安定。

关于侵权行为人在侵权时不满18周岁，在诉讼时已满18周岁，且本人无经济赔偿能力，其原监护人的诉讼法律地位应如何列的问题。

我们认为：原监护人应列为本案第三人，承担民事责任。因原监护人对本案的诉讼标的无独立请求权，只是案件处理结果同本人有法律上的利害关系，因此，系无独立请求权的第三人。

第二十九条 【遗嘱监护】 被监护人的父母担任监护人的，可以通过遗嘱指定监护人。

相关司法解释规定

《最高人民法院关于适用〈中华人民共和国民法典〉总则编若干问题的解释》（法释〔2022〕6号）

第七条 担任监护人的被监护人父母通过遗嘱指定监护人，遗嘱生效时被指定的人不同意担任监护人的，人民法院应当适用民法典第二十七条、第二十八条的规定确定监护人。

未成年人由父母担任监护人，父母中的一方通过遗嘱指定监护人，另一方在遗嘱生效时有监护能力，有关当事人对监护人的确定有争议的，人民法院应当适用民法典第二十七条第一款的规定确定监护人。

第三十条 【协议确定监护人】 依法具有监护资格的人之间可以协议确定监护人。协议确定监护人应当尊重被监护人的真实意愿。

相关司法解释规定

1.《最高人民法院关于适用〈中华人民共和国民法典〉总则编若干问题的解释》(法释〔2022〕6号)

第十二条第二款 被依法指定的监护人与其他具有监护资格的人之间协议变更监护人的,人民法院应当尊重被监护人的真实意愿,按照最有利于被监护人的原则作出裁判。

2.《最高人民法院关于适用〈中华人民共和国民事诉讼法〉的解释》(法释〔2015〕5号)(2022年3月22日修正)

第八十三条 在诉讼中,无民事行为能力人、限制民事行为能力人的监护人是他的法定代理人。事先没有确定监护人的,可以由有监护资格的人协商确定;协商不成的,由人民法院在他们之中指定诉讼中的法定代理人。当事人没有民法典第二十七条、第二十八条规定的监护人的,可以指定民法典第三十二条规定的有关组织担任诉讼中的法定代理人。

第三十一条 【监护争议解决程序】 对监护人的确定有争议的,由被监护人住所地的居民委员会、村民委员会或者民政部门指定监护人,有关当事人对指定不服的,可以向人民法院申请指定监护人;有关当事人也可以直接向人民法院申请指定监护人。

居民委员会、村民委员会、民政部门或者人民法院应当尊重被监护人的真实意愿,按照最有利于被监护人的原则在依法具有监护资格的人中指定监护人。

依据本条第一款规定指定监护人前,被监护人的人身权利、财产权利以及其他合法权益处于无人保护状态的,由被监护人住所地的居民委员会、村民委员会、法律规定的有关组织或者民政部门担任临时监护人。

监护人被指定后,不得擅自变更;擅自变更的,不免除被指定的监护人的责任。

相关司法解释规定

1.《最高人民法院关于适用〈中华人民共和国民法典〉总则编若干问题的解释》(法释〔2022〕6号)

第九条　人民法院依据民法典第三十一条第二款、第三十六条第一款的规定指定监护人时,应当尊重被监护人的真实意愿,按照最有利于被监护人的原则指定,具体参考以下因素:

(一)与被监护人生活、情感联系的密切程度;

(二)依法具有监护资格的人的监护顺序;

(三)是否有不利于履行监护职责的违法犯罪等情形;

(四)依法具有监护资格的人的监护能力、意愿、品行等。

人民法院依法指定的监护人一般应当是一人,由数人共同担任监护人更有利于保护被监护人利益的,也可以是数人。

第十条　有关当事人不服居民委员会、村民委员会或者民政部门的指定,在接到指定通知之日起三十日内向人民法院申请指定监护人的,人民法院经审理认为指定并无不当,依法裁定驳回申请;认为指定不当,依法判决撤销指定并另行指定监护人。

有关当事人在接到指定通知之日起三十日后提出申请的,人民法院应当按照变更监护关系处理。

2.《最高人民法院关于适用〈中华人民共和国民事诉讼法〉的解释》(法释〔2015〕5号)(2022年3月22日修正)

第三百四十九条　被指定的监护人不服居民委员会、村民委员会或者民政部门指定,应当自接到通知之日起三十日内向人民法院提出异议。经审理,认为指定并无不当的,裁定驳回异议;指定不当的,判决撤销指定,同时另行指定监护人。判决书应当送达异议人、原指定单位及判决指定的监护人。

有关当事人依照民法典第三十一条第一款规定直接向人民法院申请指定监护人的,适用特别程序审理,判决指定监护人。判决书应当送达申请人、判决指定的监护人。

3.《最高人民法院印发〈关于执行款物管理工作的规定〉的通知》(法发〔2017〕6号)

第十六条　有下列情形之一,不能在规定期限内发放执行款的,人民法院可以将执行款提存:

(一)申请执行人无正当理由拒绝领取的;

(二)申请执行人下落不明的;

(三)申请执行人死亡未确定继承人或者丧失民事行为能力未确定监护人的;

(四)按照申请执行人提供的联系方式无法通知其领取的;

(五)其他不能发放的情形。

第三十二条　【民政部门、居委会、村委会担任监护人】没有依法具有监护资格的人的,监护人由民政部门担任,也可以由具备履行监护职责条件的被监护人住所地的居民委员会、村民委员会担任。

相关法律条文

《反家庭暴力法》(2016年3月1日起施行)

第十五条　公安机关接到家庭暴力报案后应当及时出警,制止家庭暴力,按照有关规定调查取证,协助受害人就医、鉴定伤情。

无民事行为能力人、限制民事行为能力人因家庭暴力身体受到严重伤害、面临人身安全威胁或者处于无人照料等危险状态的,公安机关应当通知并协助民政部门将其安置到临时庇护场所、救助管理机构或者福利机构。

第三十三条　【意定监护】具有完全民事行为能力的成年人,可以与其近亲属、其他愿意担任监护人的个人或者组织事先协商,以书面形式确定自己的监护人,在自己丧失或者部分丧失民事行为能力时,由该监护人履行监护职责。

一、相关法律条文

《老年人权益保障法》(2018年12月29日修正)

第二十六条　具备完全民事行为能力的老年人,可以在近亲属或者其他与自己关系密切、愿意承担监护责任的个人、组织中协商确定自己的监护人。监护人在老年人丧失或者部分丧失民事行为能力时,依法承担监护责任。

老年人未事先确定监护人的,其丧失或者部分丧失民事行为能力时，依照有关法律的规定确定监护人。

二、相关司法解释规定

《最高人民法院关于适用〈中华人民共和国民法典〉总则编若干问题的解释》（法释〔2022〕6号）

第十一条 具有完全民事行为能力的成年人与他人依据民法典第三十三条的规定订立书面协议事先确定自己的监护人后，协议的任何一方在该成年人丧失或者部分丧失民事行为能力前请求解除协议的，人民法院依法予以支持。该成年人丧失或者部分丧失民事行为能力后，协议确定的监护人无正当理由请求解除协议的，人民法院不予支持。

该成年人丧失或者部分丧失民事行为能力后，协议确定的监护人有民法典第三十六条第一款规定的情形之一，该条第二款规定的有关个人、组织申请撤销其监护人资格的，人民法院依法予以支持。

第三十四条 【监护职责】监护人的职责是代理被监护人实施民事法律行为，保护被监护人的人身权利、财产权利以及其他合法权益等。

监护人依法履行监护职责产生的权利，受法律保护。

监护人不履行监护职责或者侵害被监护人合法权益的，应当承担法律责任。

因发生突发事件等紧急情况，监护人暂时无法履行监护职责，被监护人的生活处于无人照料状态的，被监护人住所地的居民委员会、村民委员会或者民政部门应当为被监护人安排必要的临时生活照料措施。

一、相关法律条文

1.《教育法》（2021年4月29日修正）

第十九条 国家实行九年制义务教育制度。

各级人民政府采取各种措施保障适龄儿童、少年就学。

适龄儿童、少年的父母或者其他监护人以及有关社会组织和个人有义务使适龄儿童、少年接受并完成规定年限的义务教育。

2.《反家庭暴力法》(2016年3月1日起施行)

第十二条 未成年人的监护人应当以文明的方式进行家庭教育,依法履行监护和教育职责,不得实施家庭暴力。

3.《广告法》(2021年4月29日修正)

第三十三条 广告主或者广告经营者在广告中使用他人名义或者形象的,应当事先取得其书面同意;使用无民事行为能力人、限制民事行为能力人的名义或者形象的,应当事先取得其监护人的书面同意。

4.《精神卫生法》(2018年4月27日修正)

第九条 精神障碍患者的监护人应当履行监护职责,维护精神障碍患者的合法权益。

禁止对精神障碍患者实施家庭暴力,禁止遗弃精神障碍患者。

第七十八条 违反本法规定,有下列情形之一,给精神障碍患者或者其他公民造成人身、财产或者其他损害的,依法承担赔偿责任:

(一)将非精神障碍患者故意作为精神障碍患者送入医疗机构治疗的;

(二)精神障碍患者的监护人遗弃患者,或者有不履行监护职责的其他情形的;

(三)歧视、侮辱、虐待精神障碍患者,侵害患者的人格尊严、人身安全的;

(四)非法限制精神障碍患者人身自由的;

(五)其他侵害精神障碍患者合法权益的情形。

5.《未成年人保护法》(2024年4月26日修正)

第十六条 未成年人的父母或者其他监护人应当履行下列监护职责:

(一)为未成年人提供生活、健康、安全等方面的保障;

(二)关注未成年人的生理、心理状况和情感需求;

(三)教育和引导未成年人遵纪守法、勤俭节约,养成良好的思想品德和行为习惯;

(四)对未成年人进行安全教育,提高未成年人的自我保护意识和能力;

(五)尊重未成年人受教育的权利,保障适龄未成年人依法接受并完成义务教育;

(六)保障未成年人休息、娱乐和体育锻炼的时间,引导未成年人进行有益身心健康的活动；

（七）妥善管理和保护未成年人的财产；

（八）依法代理未成年人实施民事法律行为；

（九）预防和制止未成年人的不良行为和违法犯罪行为，并进行合理管教；

（十）其他应当履行的监护职责。

第十七条 未成年人的父母或者其他监护人不得实施下列行为：

（一）虐待、遗弃、非法送养未成年人或者对未成年人实施家庭暴力；

（二）放任、教唆或者利用未成年人实施违法犯罪行为；

（三）放任、唆使未成年人参与邪教、迷信活动或者接受恐怖主义、分裂主义、极端主义等侵害；

（四）放任、唆使未成年人吸烟（含电子烟，下同）、饮酒、赌博、流浪乞讨或者欺凌他人；

（五）放任或者迫使应当接受义务教育的未成年人失学、辍学；

（六）放任未成年人沉迷网络，接触危害或者可能影响其身心健康的图书、报刊、电影、广播电视节目、音像制品、电子出版物和网络信息等；

（七）放任未成年人进入营业性娱乐场所、酒吧、互联网上网服务营业场所等不适宜未成年人活动的场所；

（八）允许或者迫使未成年人从事国家规定以外的劳动；

（九）允许、迫使未成年人结婚或者为未成年人订立婚约；

（十）违法处分、侵吞未成年人的财产或者利用未成年人牟取不正当利益；

（十一）其他侵犯未成年人身心健康、财产权益或者不依法履行未成年人保护义务的行为。

6.《个人信息保护法》（2021年11月1日起施行）

第三十一条 个人信息处理者处理不满十四周岁未成年人个人信息的，应当取得未成年人的父母或者其他监护人的同意。

个人信息处理者处理不满十四周岁未成年人个人信息的，应当制定专门的个人信息处理规则。

二、相关行政法规条文

1.《残疾预防和残疾人康复条例》(2018年9月18日修正)

第十六条 国家鼓励公民学习残疾预防知识和技能,提高自我防护意识和能力。

未成年人的监护人应当保证未成年人及时接受政府免费提供的疾病和残疾筛查,努力使有出生缺陷或者致残性疾病的未成年人及时接受治疗和康复服务。未成年人、老年人的监护人或者家庭成员应当增强残疾预防意识,采取有针对性的残疾预防措施。

2.《残疾人教育条例》(2017年1月11日修订)

第八条 残疾人家庭应当帮助残疾人接受教育。

残疾儿童、少年的父母或者其他监护人应当尊重和保障残疾儿童、少年接受教育的权利,积极开展家庭教育,使残疾儿童、少年及时接受康复训练和教育,并协助、参与有关教育机构的教育教学活动,为残疾儿童、少年接受教育提供支持。

3.《烟花爆竹安全管理条例》(2016年2月6日修订)

第二十九条 各级人民政府和政府有关部门应当开展社会宣传活动,教育公民遵守有关法律、法规和规章,安全燃放烟花爆竹。

广播、电视、报刊等新闻媒体,应当做好安全燃放烟花爆竹的宣传、教育工作。

未成年人的监护人应当对未成年人进行安全燃放烟花爆竹的教育。

三、相关司法解释规定

《最高人民法院关于适用〈中华人民共和国民法典〉侵权责任编的解释(一)》(法释〔2024〕12号)

第一条 非法使被监护人脱离监护,监护人请求赔偿为恢复监护状态而支出的合理费用等财产损失的,人民法院应予支持。

第二条 非法使被监护人脱离监护,导致父母子女关系或者其他近亲属关系受到严重损害的,应当认定为民法典第一千一百八十三条第一款规定的严重精神损害。

第三条 非法使被监护人脱离监护,被监护人在脱离监护期间死亡,作为近亲属的监护人既请求赔偿人身损害,又请求赔偿监护关系受侵害产生的损失的,人民法院依法予以支持。

四、相关文件规定

《最高人民法院、中央综治办、最高人民检察院等关于建立家事审判方式和工作机制改革联席会议制度的意见》(法〔2017〕18号)

三、最高人民检察院

指导全国检察机关充分履行检察职能,强化对公安、法院以及其他相关部门开展妇女儿童老年人权益保护工作的法律监督。依法惩处各类侵害家庭成员的犯罪,依法追究侵害人的法律责任。对监护人因监护侵害行为被提起公诉的案件,应当书面告知被监护人及其近亲属或者书面建议民政部门依法申请撤销监护人资格。

五、相关指导性案例

指导性案例228号:张某诉李某、刘某监护权纠纷案(最高人民法院审判委员会讨论通过　2024年5月30日发布)

【关键词】民事　监护权　未成年人　婚姻关系存续期间　平等监护权

【裁判要点】

1. 在夫妻双方分居期间,一方或者其近亲属擅自带走未成年子女,致使另一方无法与未成年子女相见的,构成对另一方因履行监护职责所产生的权利的侵害。

2. 对夫妻双方分居期间的监护权纠纷,人民法院可以参照适用民法典关于离婚后子女抚养的有关规定,暂时确定未成年子女的抚养事宜,并明确暂时直接抚养未成年子女的一方有协助对方履行监护职责的义务。

【基本案情】

张某(女)与李某于2019年5月登记结婚,婚后在河北省保定市某社区居住。双方于2020年11月生育一女,取名李某某。2021年4月19日起,张某与李某开始分居,后协议离婚未果。同年7月7日,李某某之父李某及祖母刘某在未经李某某之母张某允许的情况下擅自将李某某带走,回到河北省定州市某村。此时李某某尚在哺乳期内,张某多次要求探望均被李某拒绝。张某遂提起离婚诉讼,法院于2022年1月13日判决双方不准离婚。虽然双方婚姻关系依旧存续,但已实际分居,其间李某某与李某、刘某共同生活,张某长期未能探望孩子。2022年1月5日,张某以监护权纠纷为由提起诉讼,请求判令李某、刘某将李某某送回,并由自己依法继续行使对李某某的监护权。

【裁判结果】

河北省定州市人民法院于2022年3月22日作出民事判决:驳回原告张某的诉讼请求。宣判后,张某不服,提起上诉,河北省保定市中级人民法院于2022年7月13日作出民事判决:一、撤销河北省定州市人民法院一审民事判决;二、李某某暂由上诉人张某直接抚养;三、被上诉人李某可探望李某某,上诉人张某对被上诉人李某探望李某某予以协助配合。

【裁判理由】

本案的争议焦点是:李某某之父李某、祖母刘某擅自带走李某某的行为是否构成侵权,以及如何妥善处理夫妻双方虽处于婚姻关系存续期间但已实际分居时,李某某的抚养监护问题。

第一,关于李某某之父李某、祖母刘某擅自带走李某某的行为是否对李某某之母张某构成侵权。民法典第三十四条第二款规定:"监护人依法履行监护职责产生的权利,受法律保护。"第一千零五十八条规定:"夫妻双方平等享有对未成年子女抚养、教育和保护的权利,共同承担对未成年子女抚养、教育和保护的义务。"父母是未成年子女的监护人,双方平等享有对未成年子女抚养、教育和保护的权利。本案中,李某、刘某擅自将尚在哺乳期的李某某带走,并拒绝将李某某送回张某身边,致使张某长期不能探望孩子,亦导致李某某被迫中断母乳、无法得到母亲的呵护。李某和刘某的行为不仅不利于未成年人身心健康,也构成对张某因履行监护职责所产生的权利的侵害。一审法院以张某没有证据证明李某未抚养保护好李某某为由,判决驳回诉讼请求,系适用法律不当。

第二,关于婚姻关系存续期间,李某某的抚养监护应当如何处理。本案中,李某某自出生起直至被父亲李某、祖母刘某带走前,一直由其母亲张某母乳喂养,至诉前未满两周岁,属于低幼龄未成年人。尽管父母对孩子均有平等的监护权,但监护权的具体行使应符合最有利于被监护人的原则。现行法律和司法解释对于婚内监护权的行使虽无明确具体规定,考虑到双方当事人正处于矛盾较易激化的分居状态,为最大限度保护未成年子女的利益,参照民法典第一千零八十四条"离婚后,不满两周岁的子女,以由母亲直接抚养为原则"的规定,李某某暂由张某直接抚养为宜。张某在直接抚养李某某期间,应当对李某探望李某某给予协助配合。

第三十五条　【履行监护职责的原则】监护人应当按照最有利于被监护人的原则履行监护职责。监护人除为维护被监护人利益外，不得处分被监护人的财产。

未成年人的监护人履行监护职责，在作出与被监护人利益有关的决定时，应当根据被监护人的年龄和智力状况，尊重被监护人的真实意愿。

成年人的监护人履行监护职责，应当最大程度地尊重被监护人的真实意愿，保障并协助被监护人实施与其智力、精神健康状况相适应的民事法律行为。对被监护人有能力独立处理的事务，监护人不得干涉。

相关法律条文

《未成年人保护法》(2024年4月26日修正)

第四条　保护未成年人，应当坚持最有利于未成年人的原则。处理涉及未成年人事项，应当符合下列要求：

（一）给予未成年人特殊、优先保护；

（二）尊重未成年人人格尊严；

（三）保护未成年人隐私权和个人信息；

（四）适应未成年人身心健康发展的规律和特点；

（五）听取未成年人的意见；

（六）保护与教育相结合。

第三十六条　【撤销监护人资格】监护人有下列情形之一的，人民法院根据有关个人或者组织的申请，撤销其监护人资格，安排必要的临时监护措施，并按照最有利于被监护人的原则依法指定监护人：

（一）实施严重损害被监护人身心健康的行为；

（二）怠于履行监护职责，或者无法履行监护职责且拒绝将监护职责部分或者全部委托给他人，导致被监护人处于危困状态；

（三）实施严重侵害被监护人合法权益的其他行为。

本条规定的有关个人、组织包括：其他依法具有监护资格的人，居民委员会、村民委员会、学校、医疗机构、妇女联合会、残疾人联合会、未成年人保护组织、依法设立的老年人组织、民政部门等。

前款规定的个人和民政部门以外的组织未及时向人民法院申请撤销监护人资格的,民政部门应当向人民法院申请。

一、相关法律条文

1.《反家庭暴力法》(2016年3月1日起施行)

第二十一条第一款 监护人实施家庭暴力严重侵害被监护人合法权益的,人民法院可以根据被监护人的近亲属、居民委员会、村民委员会、县级人民政府民政部门等有关人员或者单位的申请,依法撤销其监护人资格,另行指定监护人。

2.《未成年人保护法》(2024年4月26日修正)

第一百零八条第一款 未成年人的父母或者其他监护人不依法履行监护职责或者严重侵犯被监护的未成年人合法权益的,人民法院可以根据有关人员或者单位的申请,依法作出人身安全保护令或者撤销监护人资格。

二、相关司法解释规定

1.《最高人民法院关于适用〈中华人民共和国民法典〉总则编若干问题的解释》(法释〔2022〕6号)

第九条 人民法院依据民法典第三十一条第二款、第三十六条第一款的规定指定监护人时,应当尊重被监护人的真实意愿,按照最有利于被监护人的原则指定,具体参考以下因素:

(一)与被监护人生活、情感联系的密切程度;

(二)依法具有监护资格的人的监护顺序;

(三)是否有不利于履行监护职责的违法犯罪等情形;

(四)依法具有监护资格的人的监护能力、意愿、品行等。

人民法院依法指定的监护人一般应当是一人,由数人共同担任监护人更有利于保护被监护人利益的,也可以是数人。

2.《最高人民法院关于适用〈中华人民共和国民法典〉婚姻家庭编的解释(一)》(法释〔2020〕22号)

第六十二条 无民事行为能力人的配偶有民法典第三十六条第一款规定行为,其他有监护资格的人可以要求撤销其监护资格,并依法指定新的监护人；变更后的监护人代理无民事行为能力一方提起离婚诉讼的，人民法院应予受理。

3.《最高人民法院关于适用〈中华人民共和国民事诉讼法〉的解释》(法释〔2015〕5号)(2022年3月22日修正)

第十条　不服指定监护或者变更监护关系的案件，可以由被监护人住所地人民法院管辖。

第三十七条　【监护人资格撤销后抚养、赡养、扶养义务的继续负担】依法负担被监护人抚养费、赡养费、扶养费的父母、子女、配偶等，被人民法院撤销监护人资格后，应当继续履行负担的义务。

相关法律条文

1.《反家庭暴力法》(2016年3月1日起施行)

第二十一条第二款　被撤销监护人资格的加害人，应当继续负担相应的赡养、扶养、抚养费用。

2.《未成年人保护法》(2024年4月26日修正)

第一百零八条第二款　被撤销监护人资格的父母或者其他监护人应当依法继续负担抚养费用。

第三十八条　【恢复监护人资格】被监护人的父母或者子女被人民法院撤销监护人资格后，除对被监护人实施故意犯罪的外，确有悔改表现的，经其申请，人民法院可以在尊重被监护人真实意愿的前提下，视情况恢复其监护人资格，人民法院指定的监护人与被监护人的监护关系同时终止。

相关司法解释规定

《最高人民法院、最高人民检察院、公安部、民政部关于依法处理监护人侵害未成年人权益行为若干问题的意见》(法发〔2014〕24号)

38. 被撤销监护人资格的侵害人，自监护人资格被撤销之日起三个月至一年内，可以书面向人民法院申请恢复监护人资格，并应当提交相关证据。

人民法院应当将前款内容书面告知侵害人和其他监护人、指定监护人。

39. 人民法院审理申请恢复监护人资格案件，按照变更监护关系的案件审理程序进行。

人民法院应当征求未成年人现任监护人和有表达能力的未成年人的意见，并可以委托申请人住所地的未成年人救助保护机构或者其他未成年人保护组织，对申请人监护意愿、悔改表现、监护能力、身心状况、工作生活情况等进行调查，形成调查评估报告。

申请人正在服刑或者接受社区矫正的，人民法院应当征求刑罚执行机关或者社区矫正机构的意见。

40. 人民法院经审理认为申请人确有悔改表现并且适宜担任监护人的，可以判决恢复其监护人资格，原指定监护人的监护人资格终止。

申请人具有下列情形之一的，一般不得判决恢复其监护人资格：

（一）性侵害、出卖未成年人的；

（二）虐待、遗弃未成年人六个月以上、多次遗弃未成年人，并且造成重伤以上严重后果的；

（三）因监护侵害行为被判处五年有期徒刑以上刑罚的。

第三十九条　【监护关系终止的情形】有下列情形之一的，监护关系终止：

（一）被监护人取得或者恢复完全民事行为能力；

（二）监护人丧失监护能力；

（三）被监护人或者监护人死亡；

（四）人民法院认定监护关系终止的其他情形。

监护关系终止后，被监护人仍然需要监护的，应当依法另行确定监护人。

一、相关法律条文

《未成年人保护法》（2024年4月26日修正）

第九十五条　民政部门进行收养评估后，可以依法将其长期监护的未成年人交由符合条件的申请人收养。收养关系成立后，民政部门与未成年人的监护关系终止。

二、相关司法解释规定

《最高人民法院关于适用〈中华人民共和国民法典〉总则编若干问题的解释》（法释〔2022〕6号）

第十二条第一款　监护人、其他依法具有监护资格的人之间就监护人是否有民法典第三十九条第一款第二项、第四项规定的应当终止监护关系的情形发生争议，申请变更监护人的，人民法院应当依法受理。经审理认为理由成立的，人民法院依法予以支持。

第三节　宣告失踪和宣告死亡

第四十条　【宣告失踪的条件】自然人下落不明满二年的，利害关系人可以向人民法院申请宣告该自然人为失踪人。

一、相关法律条文

1.《民事诉讼法》（2023年9月1日修正）

第一百九十条　公民下落不明满二年，利害关系人申请宣告其失踪的，向下落不明人住所地基层人民法院提出。

申请书应当写明失踪的事实、时间和请求，并附有公安机关或者其他有关机关关于该公民下落不明的书面证明。

2.《涉外民事关系法律适用法》（2011年4月1日起施行）

第十三条　宣告失踪或者宣告死亡，适用自然人经常居所地法律。

二、相关司法解释规定

1.《最高人民法院关于适用〈中华人民共和国民法典〉总则编若干问题的解释》（法释〔2022〕6号）

第十四条　人民法院审理宣告失踪案件时，下列人员应当认定为民法典第四十条规定的利害关系人：

（一）被申请人的近亲属；

（二）依据民法典第一千一百二十八条、第一千一百二十九条规定对被申请人有继承权的亲属；

（三）债权人、债务人、合伙人等与被申请人有民事权利义务关系的民事主体，但是不申请宣告失踪不影响其权利行使、义务履行的除外。

2.《最高人民法院关于印发〈全国法院贯彻实施民法典工作会议纪要〉的通知》（法〔2021〕94号）

1. 申请宣告失踪或宣告死亡的利害关系人，包括被申请宣告失踪或宣告死亡人的配偶、父母、子女、兄弟姐妹、祖父母、外祖父母、孙子女、外孙子女以及其他与被申请人有民事权利义务关系的民事主体。宣告失踪不是宣告死亡的必经程序，利害关系人可以不经申请宣告失踪而直接申请宣告死亡。但是，为了确保各方当事人权益的平衡保护，对于配偶、父母、子女以外的其他利害关系人申请宣告死亡，人民法院审查后认为申请人通过申请宣告失踪足以保护其权利，其申请宣告死亡违背民法典第一百三十二条关于不得滥用民事权利的规定的，不予支持。

3.《最高人民法院关于适用〈中华人民共和国民事诉讼法〉的解释》（法释〔2015〕5号）（2022年3月22日修正）

第三百四十四条 符合法律规定的多个利害关系人提出宣告失踪、宣告死亡申请的，列为共同申请人。

第三百四十六条 人民法院受理宣告失踪、宣告死亡案件后，作出判决前，申请人撤回申请的，人民法院应当裁定终结案件，但其他符合法律规定的利害关系人加入程序要求继续审理的除外。

第四十一条 【下落不明的时间计算】 自然人下落不明的时间自其失去音讯之日起计算。战争期间下落不明的，下落不明的时间自战争结束之日或者有关机关确定的下落不明之日起计算。

第四十二条 【失踪人的财产代管人】 失踪人的财产由其配偶、成年子女、父母或者其他愿意担任财产代管人的人代管。

代管有争议，没有前款规定的人，或者前款规定的人无代管能力的，由人民法院指定的人代管。

相关司法解释规定

《最高人民法院关于适用〈中华人民共和国民事诉讼法〉的解释》（法释〔2015〕5号）（2022年3月22日修正）

第三百四十一条　宣告失踪或者宣告死亡案件，人民法院可以根据申请人的请求，清理下落不明人的财产，并指定案件审理期间的财产管理人。公告期满后，人民法院判决宣告失踪的，应当同时依照民法典第四十二条的规定指定失踪人的财产代管人。

第四十三条　【财产代管人职责】财产代管人应当妥善管理失踪人的财产，维护其财产权益。

失踪人所欠税款、债务和应付的其他费用，由财产代管人从失踪人的财产中支付。

财产代管人因故意或者重大过失造成失踪人财产损失的，应当承担赔偿责任。

相关司法解释规定

1.《最高人民法院关于适用〈中华人民共和国民法典〉总则编若干问题的解释》（法释〔2022〕6号）

第十五条　失踪人的财产代管人向失踪人的债务人请求偿还债务的，人民法院应当将财产代管人列为原告。

债权人提起诉讼，请求失踪人的财产代管人支付失踪人所欠的债务和其他费用的，人民法院应当将财产代管人列为被告。经审理认为债权人的诉讼请求成立的，人民法院应当判决财产代管人从失踪人的财产中支付失踪人所欠的债务和其他费用。

2.《最高人民法院关于民事执行中变更、追加当事人若干问题的规定》（法释〔2016〕21号）（2020年12月23日修正）

第二条　作为申请执行人的自然人死亡或被宣告死亡，该自然人的遗产管理人、继承人、受遗赠人或其他因该自然人死亡或被宣告死亡依法承受生效法律文书确定权利的主体，申请变更、追加其为申请执行人的，人民法院应予支持。

作为申请执行人的自然人被宣告失踪，该自然人的财产代管人申请变更、追加其为申请执行人的,人民法院应予支持。

第十条 作为被执行人的自然人死亡或被宣告死亡,申请执行人申请变更、追加该自然人的遗产管理人、继承人、受遗赠人或其他因该自然人死亡或被宣告死亡取得遗产的主体为被执行人,在遗产范围内承担责任的,人民法院应予支持。

作为被执行人的自然人被宣告失踪,申请执行人申请变更该自然人的财产代管人为被执行人,在代管的财产范围内承担责任的,人民法院应予支持。

第四十四条 【财产代管人变更】财产代管人不履行代管职责、侵害失踪人财产权益或者丧失代管能力的,失踪人的利害关系人可以向人民法院申请变更财产代管人。

财产代管人有正当理由的,可以向人民法院申请变更财产代管人。

人民法院变更财产代管人的,变更后的财产代管人有权请求原财产代管人及时移交有关财产并报告财产代管情况。

相关司法解释规定

《最高人民法院关于适用〈中华人民共和国民事诉讼法〉的解释》(法释〔2015〕5号)(2022年3月22日修正)

第三百四十二条 失踪人的财产代管人经人民法院指定后,代管人申请变更代管的,比照民事诉讼法特别程序的有关规定进行审理。申请理由成立的,裁定撤销申请人的代管人身份,同时另行指定财产代管人;申请理由不成立的,裁定驳回申请。

失踪人的其他利害关系人申请变更代管的,人民法院应当告知其以原指定的代管人为被告起诉,并按普通程序进行审理。

第四十五条 【失踪宣告撤销】失踪人重新出现,经本人或者利害关系人申请,人民法院应当撤销失踪宣告。

失踪人重新出现,有权请求财产代管人及时移交有关财产并报告财产代管情况。

相关法律条文

《民事诉讼法》(2023年9月1日修正)

第一百九十三条　被宣告失踪、宣告死亡的公民重新出现,经本人或者利害关系人申请,人民法院应当作出新判决,撤销原判决。

第四十六条　【宣告死亡的条件】 自然人有下列情形之一的,利害关系人可以向人民法院申请宣告该自然人死亡:

(一)下落不明满四年;

(二)因意外事件,下落不明满二年。

因意外事件下落不明,经有关机关证明该自然人不可能生存的,申请宣告死亡不受二年时间的限制。

一、相关法律条文

《民事诉讼法》(2023年9月1日修正)

第一百九十一条　公民下落不明满四年,或者因意外事件下落不明满二年,或者因意外事件下落不明,经有关机关证明该公民不可能生存,利害关系人申请宣告其死亡的,向下落不明人住所地基层人民法院提出。

申请书应当写明下落不明的事实、时间和请求,并附有公安机关或者其他有关机关关于该公民下落不明的书面证明。

第一百九十二条　人民法院受理宣告失踪、宣告死亡案件后,应当发出寻找下落不明人的公告。宣告失踪的公告期间为三个月,宣告死亡的公告期间为一年。因意外事件下落不明,经有关机关证明该公民不可能生存的,宣告死亡的公告期间为三个月。

公告期间届满,人民法院应当根据被宣告失踪、宣告死亡的事实是否得到确认,作出宣告失踪、宣告死亡的判决或者驳回申请的判决。

二、相关司法解释规定

1.《最高人民法院关于适用〈中华人民共和国民法典〉总则编若干问题的解释》(法释〔2022〕6号)

第十六条　人民法院审理宣告死亡案件时,被申请人的配偶、父母、子女,以及依据民法典第一千一百二十九条规定对被申请人有继承权的亲属应当认定为民法典第四十六条规定的利害关系人。

符合下列情形之一的,被申请人的其他近亲属,以及依据民法典第一千一百二十八条规定对被申请人有继承权的亲属应当认定为民法典第四十六条规定的利害关系人:

(一)被申请人的配偶、父母、子女均已死亡或者下落不明的;

(二)不申请宣告死亡不能保护其相应合法权益的。

被申请人的债权人、债务人、合伙人等民事主体不能认定为民法典第四十六条规定的利害关系人,但是不申请宣告死亡不能保护其相应合法权益的除外。

第十七条　自然人在战争期间下落不明的,利害关系人申请宣告死亡的期间适用民法典第四十六条第一款第一项的规定,自战争结束之日或者有关机关确定的下落不明之日起计算。

2.《最高人民法院关于适用〈中华人民共和国民事诉讼法〉的解释》(法释〔2015〕5号)(2022年3月22日修正)

第三百四十三条　人民法院判决宣告公民失踪后,利害关系人向人民法院申请宣告失踪人死亡,自失踪之日起满四年的,人民法院应当受理,宣告失踪的判决即是该公民失踪的证明,审理中仍应依照民事诉讼法第一百九十二条规定进行公告。

第四十七条　【宣告死亡和宣告失踪的关系】对同一自然人,有的利害关系人申请宣告死亡,有的利害关系人申请宣告失踪,符合本法规定的宣告死亡条件的,人民法院应当宣告死亡。

相关司法解释规定

《最高人民法院关于印发〈全国法院贯彻实施民法典工作会议纪要〉的通知》(法〔2021〕94号)

1. 申请宣告失踪或宣告死亡的利害关系人,包括被申请宣告失踪或宣告死亡人的配偶、父母、子女、兄弟姐妹、祖父母、外祖父母、孙子女、外孙子女以及其他与被申请人有民事权利义务关系的民事主体。宣告失踪不是宣告死亡的必经程序,利害关系人可以不经申请宣告失踪而直接申请宣告死亡。但是,为了确保各方当事人权益的平衡保护,对于配偶、父母、子女以外的其他利害关系人申请宣告死亡,人民法院审查后认为申请人通过申请宣告失踪足以保护其权利,其申请宣告死亡违背民法典第一百三十二条关于不得滥用民事权利的规定的，不予支持。

第四十八条　【宣告死亡日期的确定】被宣告死亡的人，人民法院宣告死亡的判决作出之日视为其死亡的日期；因意外事件下落不明宣告死亡的，意外事件发生之日视为其死亡的日期。

相关司法解释规定

1.《最高人民法院关于适用〈中华人民共和国民法典〉继承编的解释（一）》（法释〔2020〕23号）

第一条　继承从被继承人生理死亡或者被宣告死亡时开始。

宣告死亡的，根据民法典第四十八条规定确定的死亡日期，为继承开始的时间。

2.《最高人民法院关于适用〈中华人民共和国保险法〉若干问题的解释（三）》（法释〔2015〕21号）（2020年12月23日修正）

第二十四条　投保人为被保险人订立以死亡为给付保险金条件的保险合同，被保险人被宣告死亡后，当事人要求保险人按照保险合同约定给付保险金的，人民法院应予支持。

被保险人被宣告死亡之日在保险责任期间之外，但有证据证明下落不明之日在保险责任期间之内，当事人要求保险人按照保险合同约定给付保险金的，人民法院应予支持。

第四十九条　【被宣告死亡期间民事法律行为的效力】自然人被宣告死亡但是并未死亡的，不影响该自然人在被宣告死亡期间实施的民事法律行为的效力。

第五十条　【撤销死亡宣告】被宣告死亡的人重新出现，经本人或者利害关系人申请，人民法院应当撤销死亡宣告。

一、相关法律条文

《民事诉讼法》（2023年9月1日修正）

第一百九十三条　被宣告失踪、宣告死亡的公民重新出现，经本人或者利害关系人申请，人民法院应当作出新判决，撤销原判决。

二、相关行政法规条文

《军人抚恤优待条例》(2024年8月5日修订)

第二十三条 军人失踪被宣告死亡的,在其被评定为烈士、确认为因公牺牲或者病故后,又经法定程序撤销对其死亡宣告的,由原评定或者确认机关取消其烈士、因公牺牲军人或者病故军人资格,并由发证机关收回有关证件,终止其家属原享受的抚恤待遇。

第五十一条 【宣告死亡、撤销宣告死亡对婚姻关系的影响】 被宣告死亡的人的婚姻关系,自死亡宣告之日起消除。死亡宣告被撤销的,婚姻关系自撤销死亡宣告之日起自行恢复。但是,其配偶再婚或者向婚姻登记机关书面声明不愿意恢复的除外。

一、相关法律条文

《民法典》(2021年1月1日起施行)

第一千零七十九条 夫妻一方要求离婚的,可以由有关组织进行调解或者直接向人民法院提起离婚诉讼。

人民法院审理离婚案件,应当进行调解;如果感情确已破裂,调解无效的,应当准予离婚。

有下列情形之一,调解无效的,应当准予离婚:

(一)重婚或者与他人同居;

(二)实施家庭暴力或者虐待、遗弃家庭成员;

(三)有赌博、吸毒等恶习屡教不改;

(四)因感情不和分居满二年;

(五)其他导致夫妻感情破裂的情形。

一方被宣告失踪,另一方提起离婚诉讼的,应当准予离婚。

经人民法院判决不准离婚后,双方又分居满一年,一方再次提起离婚诉讼的,应当准予离婚。

二、相关司法解释规定

《最高人民法院关于适用〈中华人民共和国民法典〉婚姻家庭编的解释(一)》(法释〔2020〕22号)

第十四条 夫妻一方或者双方死亡后,生存一方或者利害关系人依据民法典第一千零五十一条的规定请求确认婚姻无效的，人民法院应当受理。

第十五条　利害关系人依据民法典第一千零五十一条的规定，请求人民法院确认婚姻无效的，利害关系人为原告，婚姻关系当事人双方为被告。

夫妻一方死亡的，生存一方为被告。

第三十六条　夫或者妻一方死亡的，生存一方应当对婚姻关系存续期间的夫妻共同债务承担清偿责任。

第五十二条　【撤销死亡宣告对收养关系的影响】被宣告死亡的人在被宣告死亡期间，其子女被他人依法收养的，在死亡宣告被撤销后，不得以未经本人同意为由主张收养行为无效。

一、相关法律条文

《民法典》（2021年1月1日起施行）

第一千一百一十一条　自收养关系成立之日起，养父母与养子女间的权利义务关系，适用本法关于父母子女关系的规定；养子女与养父母的近亲属间的权利义务关系，适用本法关于子女与父母的近亲属关系的规定。

养子女与生父母以及其他近亲属间的权利义务关系，因收养关系的成立而消除。

二、相关行政法规条文

《儿童福利机构管理办法》（2019年1月1日起施行）

第二十七条　出现下列情形，儿童福利机构应当为儿童办理离院手续：

（一）儿童父母或者其他监护人出现的；

（二）儿童父母恢复监护能力或者有其他依法具有监护资格的人的；

（三）儿童父母或者其他监护人恢复监护人资格的；

（四）儿童被依法收养的；

（五）儿童福利机构和未成年人救助保护机构签订的委托协议期满或者被解除的；

（六）其他情形应当离院的。

第二十八条第一款 出现本办法第二十七条第(一)项情形的,儿童福利机构应当根据情况登记保存公安机关出具的打拐解救儿童送还通知书,儿童确属于走失、被盗抢或者被拐骗的结案证明,人民法院撤销宣告失踪或者宣告死亡的判决书,以及能够反映原监护关系的材料等。

第五十三条 【撤销死亡宣告后返还财产】 被撤销死亡宣告的人有权请求依照本法第六编取得其财产的民事主体返还财产;无法返还的,应当给予适当补偿。

利害关系人隐瞒真实情况,致使他人被宣告死亡而取得其财产的,除应当返还财产外,还应当对由此造成的损失承担赔偿责任。

相关法律规定

《民法典》(2021年1月1日起施行)

第一千一百二十二条 遗产是自然人死亡时遗留的个人合法财产。

依照法律规定或者根据其性质不得继承的遗产,不得继承。

第四节 个体工商户和农村承包经营户

第五十四条 【个体工商户】 自然人从事工商业经营,经依法登记,为个体工商户。个体工商户可以起字号。

一、相关行政法规条文

1.《现金管理暂行条例》(2011年1月8日修订)

第十三条 对个体工商户、农村承包经营户发放的贷款,应当以转账方式支付。对确需在集市使用现金购买物资的,经开户银行审核后,可以在贷款金额内支付现金。

第十四条 在开户银行开户的个体工商户、农村承包经营户异地采购所需货款,应当通过银行汇兑方式支付。因采购地点不固定,交通不便必须携带现金的,由开户银行根据实际需要,予以支付现金。

未在开户银行开户的个体工商户、农村承包经营户异地采购所需货款，可以通过银行汇兑方式支付。凡加盖“现金”字样的结算凭证，汇入银行必须保证支付现金。

2.《促进个体工商户发展条例》（2022年11月1日施行）

第一条　为了鼓励、支持和引导个体经济健康发展，维护个体工商户合法权益，稳定和扩大城乡就业，充分发挥个体工商户在国民经济和社会发展中的重要作用，制定本条例。

第二条　有经营能力的公民在中华人民共和国境内从事工商业经营，依法登记为个体工商户的，适用本条例。

第三条　促进个体工商户发展工作坚持中国共产党的领导，发挥党组织在个体工商户发展中的引领作用和党员先锋模范作用。

个体工商户中的党组织和党员按照中国共产党章程的规定开展党的活动。

第四条　个体经济是社会主义市场经济的重要组成部分，个体工商户是重要的市场主体，在繁荣经济、增加就业、推动创业创新、方便群众生活等方面发挥着重要作用。

国家持续深化简政放权、放管结合、优化服务改革，优化营商环境，积极扶持、加强引导、依法规范，为个体工商户健康发展创造有利条件。

第五条　国家对个体工商户实行市场平等准入、公平待遇的原则。

第六条　个体工商户可以个人经营，也可以家庭经营。个体工商户的财产权、经营自主权等合法权益受法律保护，任何单位和个人不得侵害或者非法干预。

第七条　国务院建立促进个体工商户发展部际联席会议制度，研究并推进实施促进个体工商户发展的重大政策措施，统筹协调促进个体工商户发展工作中的重大事项。

国务院市场监督管理部门会同有关部门加强对促进个体工商户发展工作的宏观指导、综合协调和监督检查。

第八条　国务院发展改革、财政、人力资源社会保障、住房城乡建设、商务、金融、税务、市场监督管理等有关部门在各自职责范围内研究制定税费支持、创业扶持、职业技能培训、社会保障、金融服务、登记注册、权益保护等方面的政策措施，做好促进个体工商户发展工作。

第九条　县级以上地方人民政府应当将促进个体工商户发展纳入本级国民经济和社会发展规划，结合本行政区域个体工商户发展情况制定具体措施并组织实施,为个体工商户发展提供支持。

第十条　国家加强个体工商户发展状况监测分析,定期开展抽样调查、监测统计和活跃度分析,强化个体工商户发展信息的归集、共享和运用。

第十一条　市场主体登记机关应当为个体工商户提供依法合规、规范统一、公开透明、便捷高效的登记服务。

第十二条　国务院市场监督管理部门应当根据个体工商户发展特点,改革完善个体工商户年度报告制度,简化内容、优化流程,提供简易便捷的年度报告服务。

第十三条　个体工商户可以自愿变更经营者或者转型为企业。变更经营者的,可以直接向市场主体登记机关申请办理变更登记。涉及有关行政许可的,行政许可部门应当简化手续,依法为个体工商户提供便利。

个体工商户变更经营者或者转型为企业的,应当结清依法应缴纳的税款等,对原有债权债务作出妥善处理,不得损害他人的合法权益。

第十四条　国家加强个体工商户公共服务平台体系建设,为个体工商户提供法律政策、市场供求、招聘用工、创业培训、金融支持等信息服务。

第十五条　依法成立的个体劳动者协会在市场监督管理部门指导下,充分发挥桥梁纽带作用,推动个体工商户党的建设,为个体工商户提供服务,维护个体工商户合法权益,引导个体工商户诚信自律。

个体工商户自愿加入个体劳动者协会。

第十六条　政府及其有关部门在制定相关政策措施时,应当充分听取个体工商户以及相关行业组织的意见,不得违反规定在资质许可、项目申报、政府采购、招标投标等方面对个体工商户制定或者实施歧视性政策措施。

第十七条　县级以上地方人民政府应当结合本行政区域实际情况,根据个体工商户的行业类型、经营规模、经营特点等,对个体工商户实施分型分类培育和精准帮扶。

第十八条　县级以上地方人民政府应当采取有效措施,为个体工商户增加经营场所供给,降低经营场所使用成本。

第十九条　国家鼓励和引导创业投资机构和社会资金支持个体工商户发展。

县级以上地方人民政府应当充分发挥各类资金作用，为个体工商户在创业创新、贷款融资、职业技能培训等方面提供资金支持。

第二十条　国家实行有利于个体工商户发展的财税政策。

县级以上地方人民政府及其有关部门应当严格落实相关财税支持政策，确保精准、及时惠及个体工商户。

第二十一条　国家推动建立和完善个体工商户信用评价体系，鼓励金融机构开发和提供适合个体工商户发展特点的金融产品和服务，扩大个体工商户贷款规模和覆盖面，提高贷款精准性和便利度。

第二十二条　县级以上地方人民政府应当支持个体工商户参加社会保险，对符合条件的个体工商户给予相应的支持。

第二十三条　县级以上地方人民政府应当完善创业扶持政策，支持个体工商户参加职业技能培训，鼓励各类公共就业服务机构为个体工商户提供招聘用工服务。

第二十四条　县级以上地方人民政府应当结合城乡社区服务体系建设，支持个体工商户在社区从事与居民日常生活密切相关的经营活动，满足居民日常生活消费需求。

第二十五条　国家引导和支持个体工商户加快数字化发展、实现线上线下一体化经营。

平台经营者应当在入驻条件、服务规则、收费标准等方面，为个体工商户线上经营提供支持，不得利用服务协议、平台规则、数据算法、技术等手段，对平台内个体工商户进行不合理限制、附加不合理条件或者收取不合理费用。

第二十六条　国家加大对个体工商户的字号、商标、专利、商业秘密等权利的保护力度。

国家鼓励和支持个体工商户提升知识产权的创造运用水平、增强市场竞争力。

第二十七条　县级以上地方人民政府制定实施城乡建设规划及城市和交通管理、市容环境治理、产业升级等相关政策措施，应当充分考虑个体工商户经营需要和实际困难，实施引导帮扶。

第二十八条　各级人民政府对因自然灾害、事故灾难、公共卫生事件、社会安全事件等原因造成经营困难的个体工商户，结合实际情况及时采取纾困帮扶措施。

第二十九条　政府及其有关部门按照国家有关规定，对个体工商户先进典型进行表彰奖励,不断提升个体工商户经营者的荣誉感。

第三十条 任何单位和个人不得违反法律法规和国家有关规定向个体工商户收费或者变相收费,不得擅自扩大收费范围或者提高收费标准,不得向个体工商户集资、摊派,不得强行要求个体工商户提供赞助或者接受有偿服务。

任何单位和个人不得诱导、强迫劳动者登记注册为个体工商户。

第三十一条 机关、企业事业单位不得要求个体工商户接受不合理的付款期限、方式、条件和违约责任等交易条件,不得违约拖欠个体工商户账款,不得通过强制个体工商户接受商业汇票等非现金支付方式变相拖欠账款。

第三十二条 县级以上地方人民政府应当提升个体工商户发展质量,不得将个体工商户数量增长率、年度报告率等作为绩效考核评价指标。

第三十三条 个体工商户对违反本条例规定、侵害自身合法权益的行为,有权向有关部门投诉、举报。

县级以上地方人民政府及其有关部门应当畅通投诉、举报途径,并依法及时处理。

第三十四条 个体工商户应当依法经营、诚实守信,自觉履行劳动用工、安全生产、食品安全、职业卫生、环境保护、公平竞争等方面的法定义务。

对涉及公共安全和人民群众生命健康等重点领域,有关行政部门应当加强监督管理,维护良好市场秩序。

第三十五条 个体工商户开展经营活动违反有关法律规定的,有关行政部门应当按照教育和惩戒相结合、过罚相当的原则,依法予以处理。

第三十六条 政府及其有关部门的工作人员在促进个体工商户发展工作中不履行或者不正确履行职责,损害个体工商户合法权益,造成严重后果的,依法依规给予处分;构成犯罪的,依法追究刑事责任。

第三十七条 香港特别行政区、澳门特别行政区永久性居民中的中国公民,台湾地区居民可以按照国家有关规定,申请登记为个体工商户。

第三十八条 省、自治区、直辖市可以结合本行政区域实际情况,制定促进个体工商户发展的具体办法。

第三十九条　本条例自2022年11月1日起施行。《个体工商户条例》同时废止。

二、相关司法解释规定

《最高人民法院关于适用〈中华人民共和国民事诉讼法〉的解释》(法释〔2015〕5号)(2022年3月22日修正)

第五十九条　在诉讼中,个体工商户以营业执照上登记的经营者为当事人。有字号的,以营业执照上登记的字号为当事人,但应同时注明该字号经营者的基本信息。

营业执照上登记的经营者与实际经营者不一致的,以登记的经营者和实际经营者为共同诉讼人。

第五十五条　【农村承包经营户】农村集体经济组织的成员,依法取得农村土地承包经营权,从事家庭承包经营的,为农村承包经营户。

一、相关法律条文

《农村土地承包法》(2018年12月29日修正)

第三条　国家实行农村土地承包经营制度。

农村土地承包采取农村集体经济组织内部的家庭承包方式,不宜采取家庭承包方式的荒山、荒沟、荒丘、荒滩等农村土地,可以采取招标、拍卖、公开协商等方式承包。

第四条　农村土地承包后,土地的所有权性质不变。承包地不得买卖。

第五条　农村集体经济组织成员有权依法承包由本集体经济组织发包的农村土地。

任何组织和个人不得剥夺和非法限制农村集体经济组织成员承包土地的权利。

第六条　农村土地承包,妇女与男子享有平等的权利。承包中应当保护妇女的合法权益,任何组织和个人不得剥夺、侵害妇女应当享有的土地承包经营权。

第九条　承包方承包土地后,享有土地承包经营权,可以自己经营,也可以保留土地承包权,流转其承包地的土地经营权,由他人经营。

二、相关司法解释规定

《最高人民法院关于审理劳动争议案件适用法律问题的解释(一)》(法释〔2020〕26号)

第二条 下列纠纷不属于劳动争议:

(一)劳动者请求社会保险经办机构发放社会保险金的纠纷;

(二)劳动者与用人单位因住房制度改革产生的公有住房转让纠纷;

(三)劳动者对劳动能力鉴定委员会的伤残等级鉴定结论或者对职业病诊断鉴定委员会的职业病诊断鉴定结论的异议纠纷;

(四)家庭或者个人与家政服务人员之间的纠纷;

(五)个体工匠与帮工、学徒之间的纠纷;

(六)农村承包经营户与受雇人之间的纠纷。

第五十六条 【"两户"债务承担】 个体工商户的债务,个人经营的,以个人财产承担;家庭经营的,以家庭财产承担;无法区分的,以家庭财产承担。

农村承包经营户的债务,以从事农村土地承包经营的农户财产承担;事实上由农户部分成员经营的,以该部分成员的财产承担。

相关司法解释规定

1.《最高人民法院关于民事执行中变更、追加当事人若干问题的规定》(法释〔2016〕21号)(2020年12月23日修正)

第十三条 作为被执行人的个人独资企业,不能清偿生效法律文书确定的债务,申请执行人申请变更、追加其出资人为被执行人的,人民法院应予支持。个人独资企业出资人作为被执行人的,人民法院可以直接执行该个人独资企业的财产。

个体工商户的字号为被执行人的,人民法院可以直接执行该字号经营者的财产。

2.《最高人民法院关于审理企业破产案件若干问题的规定》(法释〔2002〕23号)

第四条 申请(被申请)破产的债务人应当具备法人资格,不具备法人资格的企业、个体工商户、合伙组织、农村承包经营户不具备破产主体资格。

第三章　法　　人

第一节　一 般 规 定

第五十七条　【法人定义】法人是具有民事权利能力和民事行为能力，依法独立享有民事权利和承担民事义务的组织。

相关法律条文

《公司法》(2023 年 12 月 29 日修订)

第三条　公司是企业法人，有独立的法人财产，享有法人财产权。公司以其全部财产对公司的债务承担责任。

公司的合法权益受法律保护，不受侵犯。

第五十八条　【法人的成立】法人应当依法成立。

法人应当有自己的名称、组织机构、住所、财产或者经费。法人成立的具体条件和程序，依照法律、行政法规的规定。

设立法人，法律、行政法规规定须经有关机关批准的，依照其规定。

一、相关法律条文

1.《公司法》(2023 年 12 月 29 日修订)

第二十九条　设立公司，应当依法向公司登记机关申请设立登记。

法律、行政法规规定设立公司必须报经批准的，应当在公司登记前依法办理批准手续。

2.《注册会计师法》(2014 年 8 月 31 日修正)

第二十四条　会计师事务所符合下列条件的，可以是负有限责任的法人：

(一)不少于三十万元的注册资本；

(二)有一定数量的专职从业人员，其中至少有五名注册会计师；

(三)国务院财政部门规定的业务范围和其他条件。

负有限责任的会计师事务所以其全部资产对其债务承担责任。

第二十五条 设立会计师事务所，由省、自治区、直辖市人民政府财政部门批准。

申请设立会计师事务所，申请者应当向审批机关报送下列文件：

（一）申请书；

（二）会计师事务所的名称、组织机构和业务场所；

（三）会计师事务所章程，有合伙协议的并应报送合伙协议；

（四）注册会计师名单、简历及有关证明文件；

（五）会计师事务所主要负责人、合伙人的姓名、简历及有关证明文件；

（六）负有限责任的会计师事务所的出资证明；

（七）审批机关要求的其他文件。

第二十六条 审批机关应当自收到申请文件之日起三十日内决定批准或者不批准。

省、自治区、直辖市人民政府财政部门批准的会计师事务所，应当报国务院财政部门备案。国务院财政部门发现批准不当的，应当自收到备案报告之日起三十日内通知原审批机关重新审查。

第二十七条 会计师事务所设立分支机构，须经分支机构所在地的省、自治区、直辖市人民政府财政部门批准。

3.《行政许可法》(2019年4月23日修正)

第十二条 下列事项可以设定行政许可：

（一）直接涉及国家安全、公共安全、经济宏观调控、生态环境保护以及直接关系人身健康、生命财产安全等特定活动，需要按照法定条件予以批准的事项；

（二）有限自然资源开发利用、公共资源配置以及直接关系公共利益的特定行业的市场准入等，需要赋予特定权利的事项；

（三）提供公众服务并且直接关系公共利益的职业、行业，需要确定具备特殊信誉、特殊条件或者特殊技能等资格、资质的事项；

（四）直接关系公共安全、人身健康、生命财产安全的重要设备、设施、产品、物品，需要按照技术标准、技术规范，通过检验、检测、检疫等方式进行审定的事项；

（五）企业或者其他组织的设立等，需要确定主体资格的事项；

（六）法律、行政法规规定可以设定行政许可的其他事项。

4.《教育法》(2021年4月29日修正)

第三十二条 学校及其他教育机构具备法人条件的,自批准设立或者登记注册之日起取得法人资格。

学校及其他教育机构在民事活动中依法享有民事权利,承担民事责任。

学校及其他教育机构中的国有资产属于国家所有。

学校及其他教育机构兴办的校办产业独立承担民事责任。

5.《工会法》(2021年12月24日修正)

第十五条 中华全国总工会、地方总工会、产业工会具有社会团体法人资格。

基层工会组织具备民法典规定的法人条件的,依法取得社会团体法人资格。

二、相关行政法规条文

《社会团体登记管理条例》(2016年2月6日修订)

第三条 成立社会团体,应当经其业务主管单位审查同意,并依照本条例的规定进行登记。

社会团体应当具备法人条件。

下列团体不属于本条例规定登记的范围:

(一)参加中国人民政治协商会议的人民团体;

(二)由国务院机构编制管理机关核定,并经国务院批准免于登记的团体;

(三)机关、团体、企业事业单位内部经本单位批准成立、在本单位内部活动的团体。

第五十九条 【法人民事权利能力和民事行为能力】法人的民事权利能力和民事行为能力,从法人成立时产生,到法人终止时消灭。

相关行政法规条文

《市场主体登记管理条例》(2022年3月1日起施行)

第二十一条 申请人申请市场主体设立登记,登记机关依法予以登记的,签发营业执照。营业执照签发日期为市场主体的成立日期。

法律、行政法规或者国务院决定规定设立市场主体须经批准的，应当在批准文件有效期内向登记机关申请登记。

第六十条 【法人独立承担民事责任】法人以其全部财产独立承担民事责任。

一、相关法律条文

1.《公司法》(2023年12月29日修订)

第三条 公司是企业法人，有独立的法人财产，享有法人财产权。公司以其全部财产对公司的债务承担责任。

公司的合法权益受法律保护，不受侵犯。

第四条 有限责任公司的股东以其认缴的出资额为限对公司承担责任；股份有限公司的股东以其认购的股份为限对公司承担责任。

公司股东对公司依法享有资产收益、参与重大决策和选择管理者等权利。

2.《企业破产法》(2007年6月1日起施行)

第三十条 破产申请受理时属于债务人的全部财产，以及破产申请受理后至破产程序终结前债务人取得的财产，为债务人财产。

第三十一条 人民法院受理破产申请前一年内，涉及债务人财产的下列行为，管理人有权请求人民法院予以撤销：

(一)无偿转让财产的；

(二)以明显不合理的价格进行交易的；

(三)对没有财产担保的债务提供财产担保的；

(四)对未到期的债务提前清偿的；

(五)放弃债权的。

第三十二条 人民法院受理破产申请前六个月内，债务人有本法第二条第一款规定的情形，仍对个别债权人进行清偿的，管理人有权请求人民法院予以撤销。但是，个别清偿使债务人财产受益的除外。

第三十三条 涉及债务人财产的下列行为无效：

(一)为逃避债务而隐匿、转移财产的；

(二)虚构债务或者承认不真实的债务的。

第三十四条 因本法第三十一条、第三十二条或者第三十三条规定的行为而取得的债务人的财产，管理人有权追回。

第三十五条 人民法院受理破产申请后，债务人的出资人尚未完全履行出资义务的，管理人应当要求该出资人缴纳所认缴的出资，而不受出资期限的限制。

第三十六条 债务人的董事、监事和高级管理人员利用职权从企业获取的非正常收入和侵占的企业财产，管理人应当追回。

二、相关司法解释规定

《最高人民法院关于适用〈中华人民共和国企业破产法〉若干问题的规定（二）》（法释〔2013〕22号）（2020年12月23日修正）

根据《中华人民共和国民法典》《中华人民共和国企业破产法》等相关法律，结合审判实践，就人民法院审理企业破产案件中认定债务人财产相关的法律适用问题，制定本规定。

第一条 除债务人所有的货币、实物外，债务人依法享有的可以用货币估价并可以依法转让的债权、股权、知识产权、用益物权等财产和财产权益，人民法院均应认定为债务人财产。

第二条 下列财产不应认定为债务人财产：

（一）债务人基于仓储、保管、承揽、代销、借用、寄存、租赁等合同或者其他法律关系占有、使用的他人财产；

（二）债务人在所有权保留买卖中尚未取得所有权的财产；

（三）所有权专属于国家且不得转让的财产；

（四）其他依照法律、行政法规不属于债务人的财产。

第三条 债务人已依法设定担保物权的特定财产，人民法院应当认定为债务人财产。

对债务人的特定财产在担保物权消灭或者实现担保物权后的剩余部分，在破产程序中可用以清偿破产费用、共益债务和其他破产债权。

第四条 债务人对按份享有所有权的共有财产的相关份额，或者共同享有所有权的共有财产的相应财产权利，以及依法分割共有财产所得部分，人民法院均应认定为债务人财产。

人民法院宣告债务人破产清算，属于共有财产分割的法定事由。人民法院裁定债务人重整或者和解的，共有财产的分割应当依据民法典第三百零三条的规定进行；基于重整或者和解的需要必须分割共有财产，管理人请求分割的，人民法院应予准许。

因分割共有财产导致其他共有人损害产生的债务,其他共有人请求作为共益债务清偿的,人民法院应予支持。

第五条 破产申请受理后,有关债务人财产的执行程序未依照企业破产法第十九条的规定中止的,采取执行措施的相关单位应当依法予以纠正。依法执行回转的财产,人民法院应当认定为债务人财产。

第六条 破产申请受理后,对于可能因有关利益相关人的行为或者其他原因,影响破产程序依法进行的,受理破产申请的人民法院可以根据管理人的申请或者依职权,对债务人的全部或者部分财产采取保全措施。

第七条 对债务人财产已采取保全措施的相关单位,在知悉人民法院已裁定受理有关债务人的破产申请后,应当依照企业破产法第十九条的规定及时解除对债务人财产的保全措施。

第八条 人民法院受理破产申请后至破产宣告前裁定驳回破产申请,或者依据企业破产法第一百零八条的规定裁定终结破产程序的,应当及时通知原已采取保全措施并已依法解除保全措施的单位按照原保全顺位恢复相关保全措施。

在已依法解除保全的单位恢复保全措施或者表示不再恢复之前,受理破产申请的人民法院不得解除对债务人财产的保全措施。

第九条 管理人依据企业破产法第三十一条和第三十二条的规定提起诉讼,请求撤销涉及债务人财产的相关行为并由相对人返还债务人财产的,人民法院应予支持。

管理人因过错未依法行使撤销权导致债务人财产不当减损,债权人提起诉讼主张管理人对其损失承担相应赔偿责任的,人民法院应予支持。

第十条 债务人经过行政清理程序转入破产程序的,企业破产法第三十一条和第三十二条规定的可撤销行为的起算点,为行政监管机构作出撤销决定之日。

债务人经过强制清算程序转入破产程序的,企业破产法第三十一条和第三十二条规定的可撤销行为的起算点,为人民法院裁定受理强制清算申请之日。

第十一条 人民法院根据管理人的请求撤销涉及债务人财产的以明显不合理价格进行的交易的,买卖双方应当依法返还从对方获取的财产或者价款。

因撤销该交易,对于债务人应返还受让人已支付价款所产生的债务,受让人请求作为共益债务清偿的,人民法院应予支持。

第十二条　破产申请受理前一年内债务人提前清偿的未到期债务,在破产申请受理前已经到期,管理人请求撤销该清偿行为的,人民法院不予支持。但是,该清偿行为发生在破产申请受理前六个月内且债务人有企业破产法第二条第一款规定情形的除外。

第十三条　破产申请受理后,管理人未依据企业破产法第三十一条的规定请求撤销债务人无偿转让财产、以明显不合理价格交易、放弃债权行为的,债权人依据民法典第五百三十八条、第五百三十九条等规定提起诉讼,请求撤销债务人上述行为并将因此追回的财产归入债务人财产的,人民法院应予受理。

相对人以债权人行使撤销权的范围超出债权人的债权抗辩的,人民法院不予支持。

第十四条　债务人对以自有财产设定担保物权的债权进行的个别清偿,管理人依据企业破产法第三十二条的规定请求撤销的,人民法院不予支持。但是,债务清偿时担保财产的价值低于债权额的除外。

第十五条　债务人经诉讼、仲裁、执行程序对债权人进行的个别清偿,管理人依据企业破产法第三十二条的规定请求撤销的,人民法院不予支持。但是,债务人与债权人恶意串通损害其他债权人利益的除外。

第十六条　债务人对债权人进行的以下个别清偿,管理人依据企业破产法第三十二条的规定请求撤销的,人民法院不予支持:

(一)债务人为维系基本生产需要而支付水费、电费等的;

(二)债务人支付劳动报酬、人身损害赔偿金的;

(三)使债务人财产受益的其他个别清偿。

第十七条　管理人依据企业破产法第三十三条的规定提起诉讼,主张被隐匿、转移财产的实际占有人返还债务人财产,或者主张债务人虚构债务或者承认不真实债务的行为无效并返还债务人财产的,人民法院应予支持。

第十八条　管理人代表债务人依据企业破产法第一百二十八条的规定,以债务人的法定代表人和其他直接责任人员对所涉债务人财产的相关行为存在故意或者重大过失,造成债务人财产损失为由提起诉讼,主张上述责任人员承担相应赔偿责任的,人民法院应予支持。

第十九条 债务人对外享有债权的诉讼时效,自人民法院受理破产申请之日起中断。

债务人无正当理由未对其到期债权及时行使权利,导致其对外债权在破产申请受理前一年内超过诉讼时效期间的,人民法院受理破产申请之日起重新计算上述债权的诉讼时效期间。

第二十条 管理人代表债务人提起诉讼,主张出资人向债务人依法缴付未履行的出资或者返还抽逃的出资本息,出资人以认缴出资尚未届至公司章程规定的缴纳期限或者违反出资义务已经超过诉讼时效为由抗辩的,人民法院不予支持。

管理人依据公司法的相关规定代表债务人提起诉讼,主张公司的发起人和负有监督股东履行出资义务的董事、高级管理人员,或者协助抽逃出资的其他股东、董事、高级管理人员、实际控制人等,对股东违反出资义务或者抽逃出资承担相应责任,并将财产归入债务人财产的,人民法院应予支持。

第二十一条 破产申请受理前,债权人就债务人财产提起下列诉讼,破产申请受理时案件尚未审结的,人民法院应当中止审理:

(一)主张次债务人代替债务人直接向其偿还债务的;

(二)主张债务人的出资人、发起人和负有监督股东履行出资义务的董事、高级管理人员,或者协助抽逃出资的其他股东、董事、高级管理人员、实际控制人等直接向其承担出资不实或者抽逃出资责任的;

(三)以债务人的股东与债务人法人人格严重混同为由,主张债务人的股东直接向其偿还债务人对其所负债务的;

(四)其他就债务人财产提起的个别清偿诉讼。

债务人破产宣告后,人民法院应当依照企业破产法第四十四条的规定判决驳回债权人的诉讼请求。但是,债权人一审中变更其诉讼请求为追收的相关财产归入债务人财产的除外。

债务人破产宣告前,人民法院依据企业破产法第十二条或者第一百零八条的规定裁定驳回破产申请或者终结破产程序的,上述中止审理的案件应当依法恢复审理。

第二十二条 破产申请受理前,债权人就债务人财产向人民法院提起本规定第二十一条第一款所列诉讼,人民法院已经作出生效民事判决书或者调解书但尚未执行完毕的,破产申请受理后,相关执行行为应当依据企业破产法第十九条的规定中止,债权人应当依法向管理人申报相关债权。

第二十三条 破产申请受理后，债权人就债务人财产向人民法院提起本规定第二十一条第一款所列诉讼的，人民法院不予受理。

债权人通过债权人会议或者债权人委员会，要求管理人依法向次债务人、债务人的出资人等追收债务人财产，管理人无正当理由拒绝追收，债权人会议依据企业破产法第二十二条的规定，申请人民法院更换管理人的，人民法院应予支持。

管理人不予追收，个别债权人代表全体债权人提起相关诉讼，主张次债务人或者债务人的出资人等向债务人清偿或者返还债务人财产，或者依法申请合并破产的，人民法院应予受理。

第二十四条 债务人有企业破产法第二条第一款规定的情形时，债务人的董事、监事和高级管理人员利用职权获取的以下收入，人民法院应当认定为企业破产法第三十六条规定的非正常收入：

（一）绩效奖金；

（二）普遍拖欠职工工资情况下获取的工资性收入；

（三）其他非正常收入。

债务人的董事、监事和高级管理人员拒不向管理人返还上述债务人财产，管理人主张上述人员予以返还的，人民法院应予支持。

债务人的董事、监事和高级管理人员因返还第一款第（一）项、第（三）项非正常收入形成的债权，可以作为普通破产债权清偿。因返还第一款第（二）项非正常收入形成的债权，依据企业破产法第一百一十三条第三款的规定，按照该企业职工平均工资计算的部分作为拖欠职工工资清偿；高出该企业职工平均工资计算的部分，可以作为普通破产债权清偿。

第二十五条 管理人拟通过清偿债务或者提供担保取回质物、留置物，或者与质权人、留置权人协议以质物、留置物折价清偿债务等方式，进行对债权人利益有重大影响的财产处分行为的，应当及时报告债权人委员会。未设立债权人委员会的，管理人应当及时报告人民法院。

第二十六条 权利人依据企业破产法第三十八条的规定行使取回权，应当在破产财产变价方案或者和解协议、重整计划草案提交债权人会议表决前向管理人提出。权利人在上述期限后主张取回相关财产的，应当承担延迟行使取回权增加的相关费用。

第二十七条 权利人依据企业破产法第三十八条的规定向管理人主张取回相关财产,管理人不予认可,权利人以债务人为被告向人民法院提起诉讼请求行使取回权的,人民法院应予受理。

权利人依据人民法院或者仲裁机关的相关生效法律文书向管理人主张取回所涉争议财产,管理人以生效法律文书错误为由拒绝其行使取回权的,人民法院不予支持。

第二十八条 权利人行使取回权时未依法向管理人支付相关的加工费、保管费、托运费、委托费、代销费等费用,管理人拒绝其取回相关财产的,人民法院应予支持。

第二十九条 对债务人占有的权属不清的鲜活易腐等不易保管的财产或者不及时变现价值将严重贬损的财产,管理人及时变价并提存变价款后,有关权利人就该变价款行使取回权的,人民法院应予支持。

第三十条 债务人占有的他人财产被违法转让给第三人,依据民法典第三百一十一条的规定第三人已善意取得财产所有权,原权利人无法取回该财产的,人民法院应当按照以下规定处理:

(一)转让行为发生在破产申请受理前的,原权利人因财产损失形成的债权,作为普通破产债权清偿;

(二)转让行为发生在破产申请受理后的,因管理人或者相关人员执行职务导致原权利人损害产生的债务,作为共益债务清偿。

第三十一条 债务人占有的他人财产被违法转让给第三人,第三人已向债务人支付了转让价款,但依据民法典第三百一十一条的规定未取得财产所有权,原权利人依法追回转让财产的,对因第三人已支付对价而产生的债务,人民法院应当按照以下规定处理:

(一)转让行为发生在破产申请受理前的,作为普通破产债权清偿;

(二)转让行为发生在破产申请受理后的,作为共益债务清偿。

第三十二条 债务人占有的他人财产毁损、灭失,因此获得的保险金、赔偿金、代偿物尚未交付给债务人,或者代偿物虽已交付给债务人但能与债务人财产予以区分的,权利人主张取回就此获得的保险金、赔偿金、代偿物的,人民法院应予支持。

保险金、赔偿金已经交付给债务人,或者代偿物已经交付给债务人且不能与债务人财产予以区分的,人民法院应当按照以下规定处理:

(一)财产毁损、灭失发生在破产申请受理前的,权利人因财产损失形成的债权,作为普通破产债权清偿;

（二）财产毁损、灭失发生在破产申请受理后的，因管理人或者相关人员执行职务导致权利人损害产生的债务，作为共益债务清偿。

债务人占有的他人财产毁损、灭失，没有获得相应的保险金、赔偿金、代偿物，或者保险金、赔偿物、代偿物不足以弥补其损失的部分，人民法院应当按照本条第二款的规定处理。

第三十三条　管理人或者相关人员在执行职务过程中，因故意或者重大过失不当转让他人财产或者造成他人财产毁损、灭失，导致他人损害产生的债务作为共益债务，由债务人财产随时清偿不足弥补损失，权利人向管理人或者相关人员主张承担补充赔偿责任的，人民法院应予支持。

上述债务作为共益债务由债务人财产随时清偿后，债权人以管理人或者相关人员执行职务不当导致债务人财产减少给其造成损失为由提起诉讼，主张管理人或者相关人员承担相应赔偿责任的，人民法院应予支持。

第三十四条　买卖合同双方当事人在合同中约定标的物所有权保留，在标的物所有权未依法转移给买受人前，一方当事人破产的，该买卖合同属于双方均未履行完毕的合同，管理人有权依据企业破产法第十八条的规定决定解除或者继续履行合同。

第三十五条　出卖人破产，其管理人决定继续履行所有权保留买卖合同的，买受人应当按照原买卖合同的约定支付价款或者履行其他义务。

买受人未依约支付价款或者履行完毕其他义务，或者将标的物出卖、出质或者作出其他不当处分，给出卖人造成损害，出卖人管理人依法主张取回标的物的，人民法院应予支持。但是，买受人已经支付标的物总价款百分之七十五以上或者第三人善意取得标的物所有权或者其他物权的除外。

因本条第二款规定未能取回标的物，出卖人管理人依法主张买受人继续支付价款、履行完毕其他义务，以及承担相应赔偿责任的，人民法院应予支持。

第三十六条　出卖人破产，其管理人决定解除所有权保留买卖合同，并依据企业破产法第十七条的规定要求买受人向其交付买卖标的物的，人民法院应予支持。

买受人以其不存在未依约支付价款或者履行完毕其他义务，或者将标的物出卖、出质或者作出其他不当处分情形抗辩的，人民法院不予支持。

买受人依法履行合同义务并依据本条第一款将买卖标的物交付出卖人管理人后，买受人已支付价款损失形成的债权作为共益债务清偿。但是，买受人违反合同约定，出卖人管理人主张上述债权作为普通破产债权清偿的，人民法院应予支持。

第三十七条　买受人破产，其管理人决定继续履行所有权保留买卖合同的，原买卖合同中约定的买受人支付价款或者履行其他义务的期限在破产申请受理时视为到期，买受人管理人应当及时向出卖人支付价款或者履行其他义务。

买受人管理人无正当理由未及时支付价款或者履行完毕其他义务，或者将标的物出卖、出质或者作出其他不当处分，给出卖人造成损害，出卖人依据民法典第六百四十一条等规定主张取回标的物的，人民法院应予支持。但是，买受人已支付标的物总价款百分之七十五以上或者第三人善意取得标的物所有权或者其他物权的除外。

因本条第二款规定未能取回标的物，出卖人依法主张买受人继续支付价款、履行完毕其他义务，以及承担相应赔偿责任的，人民法院应予支持。对因买受人未支付价款或者未履行完毕其他义务，以及买受人管理人将标的物出卖、出质或者作出其他不当处分导致出卖人损害产生的债务，出卖人主张作为共益债务清偿的，人民法院应予支持。

第三十八条　买受人破产，其管理人决定解除所有权保留买卖合同，出卖人依据企业破产法第三十八条的规定主张取回买卖标的物的，人民法院应予支持。

出卖人取回买卖标的物，买受人管理人主张出卖人返还已支付价款的，人民法院应予支持。取回的标的物价值明显减少给出卖人造成损失的，出卖人可从买受人已支付价款中优先予以抵扣后，将剩余部分返还给买受人；对买受人已支付价款不足以弥补出卖人标的物价值减损损失形成的债权，出卖人主张作为共益债务清偿的，人民法院应予支持。

第三十九条　出卖人依据企业破产法第三十九条的规定，通过通知承运人或者实际占有人中止运输、返还货物、变更到达地，或者将货物交给其他收货人等方式，对在运途中标的物主张了取回权但未能实现，或者在货物未达管理人前已向管理人主张取回在运途中标的物，在买卖标的物到达管理人后，出卖人向管理人主张取回的，管理人应予准许。

出卖人对在运途中标的物未及时行使取回权，在买卖标的物到达管理人后向管理人行使在运途中标的物取回权的，管理人不应准许。

第四十条　债务人重整期间，权利人要求取回债务人合法占有的权利人的财产，不符合双方事先约定条件的，人民法院不予支持。但是，因管理人或者自行管理的债务人违反约定，可能导致取回物被转让、毁损、灭失或者价值明显减少的除外。

第四十一条　债权人依据企业破产法第四十条的规定行使抵销权，应当向管理人提出抵销主张。

管理人不得主动抵销债务人与债权人的互负债务，但抵销使债务人财产受益的除外。

第四十二条　管理人收到债权人提出的主张债务抵销的通知后，经审查无异议的，抵销自管理人收到通知之日起生效。

管理人对抵销主张有异议的，应当在约定的异议期限内或者自收到主张债务抵销的通知之日起三个月内向人民法院提起诉讼。无正当理由逾期提起的，人民法院不予支持。

人民法院判决驳回管理人提起的抵销无效诉讼请求的，该抵销自管理人收到主张债务抵销的通知之日起生效。

第四十三条　债权人主张抵销，管理人以下列理由提出异议的，人民法院不予支持：

（一）破产申请受理时，债务人对债权人负有的债务尚未到期；

（二）破产申请受理时，债权人对债务人负有的债务尚未到期；

（三）双方互负债务标的物种类、品质不同。

第四十四条　破产申请受理前六个月内，债务人有企业破产法第二条第一款规定的情形，债务人与个别债权人以抵销方式对个别债权人清偿，其抵销的债权债务属于企业破产法第四十条第（二）、（三）项规定的情形之一，管理人在破产申请受理之日起三个月内向人民法院提起诉讼，主张该抵销无效的，人民法院应予支持。

第四十五条　企业破产法第四十条所列不得抵销情形的债权人，主张以其对债务人特定财产享有优先受偿权的债权，与债务人对其不享有优先受偿权的债权抵销，债务人管理人以抵销存在企业破产法第四十条规定的情形提出异议的，人民法院不予支持。但是，用以抵销的债权大于债权人享有优先受偿权财产价值的除外。

第四十六条 债务人的股东主张以下列债务与债务人对其负有的债务抵销,债务人管理人提出异议的,人民法院应予支持:

(一)债务人股东因欠缴债务人的出资或者抽逃出资对债务人所负的债务;

(二)债务人股东滥用股东权利或者关联关系损害公司利益对债务人所负的债务。

第四十七条 人民法院受理破产申请后,当事人提起的有关债务人的民事诉讼案件,应当依据企业破产法第二十一条的规定,由受理破产申请的人民法院管辖。

受理破产申请的人民法院管辖的有关债务人的第一审民事案件,可以依据民事诉讼法第三十八条的规定,由上级人民法院提审,或者报请上级人民法院批准后交下级人民法院审理。

受理破产申请的人民法院,如对有关债务人的海事纠纷、专利纠纷、证券市场因虚假陈述引发的民事赔偿纠纷等案件不能行使管辖权的,可以依据民事诉讼法第三十七条的规定,由上级人民法院指定管辖。

第四十八条 本规定施行前本院发布的有关企业破产的司法解释,与本规定相抵触的,自本规定施行之日起不再适用。

第六十一条 【法定代表人】依照法律或者法人章程的规定,代表法人从事民事活动的负责人,为法人的法定代表人。

法定代表人以法人名义从事的民事活动,其法律后果由法人承受。

法人章程或者法人权力机构对法定代表人代表权的限制,不得对抗善意相对人。

一、相关法律条文

1.《民法典》(2021 年 1 月 1 日起施行)

第五百零四条 法人的法定代表人或者非法人组织的负责人超越权限订立的合同,除相对人知道或者应当知道其超越权限外,该代表行为有效,订立的合同对法人或者非法人组织发生效力。

2.《公司法》(2023 年 12 月 29 日修订)

第十条 公司的法定代表人按照公司章程的规定,由代表公司执行公司事务的董事或者经理担任。

担任法定代表人的董事或者经理辞任的,视为同时辞去法定代表人。

法定代表人辞任的,公司应当在法定代表人辞任之日起三十日内确定新的法定代表人。

第十一条 法定代表人以公司名义从事的民事活动,其法律后果由公司承受。

公司章程或者股东会对法定代表人职权的限制,不得对抗善意相对人。

法定代表人因执行职务造成他人损害的,由公司承担民事责任。公司承担民事责任后,依照法律或者公司章程的规定,可以向有过错的法定代表人追偿。

第十五条 公司向其他企业投资或者为他人提供担保,按照公司章程的规定,由董事会或者股东会决议;公司章程对投资或者担保的总额及单项投资或者担保的数额有限额规定的,不得超过规定的限额。

公司为公司股东或者实际控制人提供担保的,应当经股东会决议。

前款规定的股东或者受前款规定的实际控制人支配的股东,不得参加前款规定事项的表决。该项表决由出席会议的其他股东所持表决权的过半数通过。

3.《民事诉讼法》(2023 年 9 月 1 日修正)

第五十一条 公民、法人和其他组织可以作为民事诉讼的当事人。

法人由其法定代表人进行诉讼。其他组织由其主要负责人进行诉讼。

4.《民办教育促进法》(2018 年 12 月 29 日修正)

第二十三条 民办学校的法定代表人由理事长、董事长或者校长担任。

5.《高等教育法》(2018 年 12 月 29 日修正)

第三十条第一款 高等学校自批准设立之日起取得法人资格。高等学校的校长为高等学校的法定代表人。

6.《全民所有制工业企业法》(2009 年 8 月 27 日修正)

第四十五条第一款 厂长是企业的法定代表人。

7.《农民专业合作社法》(2017 年 12 月 27 日修订)

第三十三条第一款 农民专业合作社设理事长一名,可以设理事会。理事长为本社的法定代表人。

8.《农村集体经济组织法》(2025年5月1日起施行)

第二十九条 农村集体经济组织设理事会,一般由三至七名单数成员组成。理事会设理事长一名,可以设副理事长。理事长、副理事长、理事的产生办法由农村集体经济组织章程规定。理事会成员之间应当实行近亲属回避。理事会成员的任期为五年,可以连选连任。

理事长是农村集体经济组织的法定代表人。

乡镇党委、街道党工委或者村党组织可以提名推荐农村集体经济组织理事会成员候选人,党组织负责人可以通过法定程序担任农村集体经济组织理事长。

二、相关行政法规条文

1.《城镇集体所有制企业条例》(2016年2月6日修订)

第三十一条 集体企业实行厂长(经理)负责制。厂长(经理)对企业职工(代表)大会负责,是集体企业的法定代表人。

2.《国务院办公厅关于进一步完善国有企业法人治理结构的指导意见》(国办发〔2017〕36号)

二、规范主体权责

……

(二)加强董事会建设,落实董事会职权。

……

2.优化董事会组成结构。国有独资、全资公司的董事长、总经理原则上分设,应均为内部执行董事,定期向董事会报告工作。国有独资公司的董事长作为企业法定代表人,对企业改革发展负首要责任,要及时向董事会和国有股东报告重大经营问题和经营风险。……

3.《中外合作办学条例》(2019年3月2日修订)

第二十一条第三款 具有法人资格的中外合作办学机构的法定代表人,由中外合作办学者协商,在理事长、董事长或者校长中确定。

4.《乡村集体所有制企业条例》(2011年1月8日修订)

第十条 乡村集体所有制企业经依法审查,具备法人条件的,登记后取得法人资格,厂长(经理)为企业的法定代表人。

5.《保安服务管理条例》(2022年3月29日修订)

第八条第(二)项 拟任的保安服务公司法定代表人和主要管理人

员应当具备任职所需的专业知识和有关业务工作经验，无被刑事处罚、劳动教养、收容教育、强制隔离戒毒或者被开除公职、开除军籍等不良记录。

6.《金融机构撤销条例》(2001 年 12 月 15 日起施行)

第八条第三款　清算期间，清算组行使被撤销的金融机构的管理职权，清算组组长行使被撤销的金融机构的法定代表人职权。

7.《基金会管理条例》(2004 年 6 月 1 日起施行)

第二十条第四款　理事会设理事长、副理事长和秘书长，从理事中选举产生，理事长是基金会的法定代表人。

第二十三条第一款　基金会理事长、副理事长和秘书长不得由现职国家工作人员兼任。基金会的法定代表人，不得同时担任其他组织的法定代表人。公募基金会和原始基金来自中国内地的非公募基金会的法定代表人，应当由内地居民担任。

8.《社会团体登记管理条例》(2016 年 2 月 6 日修订)

第十二条第三款　社会团体的法定代表人，不得同时担任其他社会团体的法定代表人。

三、相关司法解释规定

1.《最高人民法院关于适用〈中华人民共和国民法典〉有关担保制度的解释》(法释〔2020〕28 号)

第七条　公司的法定代表人违反公司法关于公司对外担保决议程序的规定，超越权限代表公司与相对人订立担保合同，人民法院应当依照民法典第六十一条和第五百零四条等规定处理：

（一）相对人善意的，担保合同对公司发生效力；相对人请求公司承担担保责任的，人民法院应予支持。

（二）相对人非善意的，担保合同对公司不发生效力；相对人请求公司承担赔偿责任的，参照适用本解释第十七条的有关规定。

法定代表人超越权限提供担保造成公司损失，公司请求法定代表人承担赔偿责任的，人民法院应予支持。

第一款所称善意，是指相对人在订立担保合同时不知道且不应当知道法定代表人超越权限。相对人有证据证明已对公司决议进行了合理审查，人民法院应当认定其构成善意，但是公司有证据证明相对人知道或者应当知道决议系伪造、变造的除外。

2.《最高人民法院关于适用〈中华人民共和国民法典〉合同编通则若干问题的解释》(法释〔2023〕13号)

第二十条第二款 合同所涉事项未超越法律、行政法规规定的法定代表人或者负责人的代表权限,但是超越法人、非法人组织的章程或者权力机构等对代表权的限制,相对人主张该合同对法人、非法人组织发生效力并由其承担违约责任的,人民法院依法予以支持。但是,法人、非法人组织举证证明相对人知道或者应当知道该限制的除外。

第二十二条 法定代表人、负责人或者工作人员以法人、非法人组织的名义订立合同且未超越权限,法人、非法人组织仅以合同加盖的印章不是备案印章或者系伪造的印章为由主张该合同对其不发生效力的,人民法院不予支持。

合同系以法人、非法人组织的名义订立,但是仅有法定代表人、负责人或者工作人员签名或者按指印而未加盖法人、非法人组织的印章,相对人能够证明法定代表人、负责人或者工作人员在订立合同时未超越权限的,人民法院应当认定合同对法人、非法人组织发生效力。但是,当事人约定以加盖印章作为合同成立条件的除外。

合同仅加盖法人、非法人组织的印章而无人员签名或者按指印,相对人能够证明合同系法定代表人、负责人或者工作人员在其权限范围内订立的,人民法院应当认定该合同对法人、非法人组织发生效力。

在前三款规定的情形下,法定代表人、负责人或者工作人员在订立合同时虽然超越代表或者代理权限,但是依据民法典第五百零四条的规定构成表见代表,或者依据民法典第一百七十二条的规定构成表见代理的,人民法院应当认定合同对法人、非法人组织发生效力。

3.《最高人民法院关于印发〈全国法院民商事审判工作会议纪要〉的通知》(法〔2019〕254号)

二、关于公司纠纷案件的审理

(六)关于公司为他人提供担保

关于公司为他人提供担保的合同效力问题,审判实践中裁判尺度不统一,严重影响了司法公信力,有必要予以规范。对此,应当把握以下几点:

17.【违反《公司法》第16条构成越权代表】为防止法定代表人随意代表公司为他人提供担保给公司造成损失,损害中小股东利益,《公司法》第16条对法定代表人的代表权进行了限制。根据该条规定,担保行为不是法定代表人所能单独决定的事项，而必须以公司股东（大）会、董事会等公司机关的决议作为授权的基础和来源。法定代表人未经授权擅自为他人提供担保的，构成越权代表，人民法院应当根据《合同法》第50条关于法定代表人越权代表的规定，区分订立合同时债权人是否善意分别认定合同效力：债权人善意的，合同有效；反之，合同无效。

18.【善意的认定】前条所称的善意，是指债权人不知道或者不应当知道法定代表人超越权限订立担保合同。《公司法》第16条对关联担保和非关联担保的决议机关作出了区别规定，相应地，在善意的判断标准上也应当有所区别。一种情形是，为公司股东或者实际控制人提供关联担保，《公司法》第16条明确规定必须由股东（大）会决议，未经股东（大）会决议，构成越权代表。在此情况下，债权人主张担保合同有效，应当提供证据证明其在订立合同时对股东（大）会决议进行了审查，决议的表决程序符合《公司法》第16条的规定，即在排除被担保股东表决权的情况下，该项表决由出席会议的其他股东所持表决权的过半数通过，签字人员也符合公司章程的规定。另一种情形是，公司为公司股东或者实际控制人以外的人提供非关联担保，根据《公司法》第16条的规定，此时由公司章程规定是由董事会决议还是股东（大）会决议。无论章程是否对决议机关作出规定，也无论章程规定决议机关为董事会还是股东（大）会，根据《民法总则》第61条第3款关于“法人章程或者法人权力机构对法定代表人代表权的限制，不得对抗善意相对人”的规定，只要债权人能够证明其在订立担保合同时对董事会决议或者股东（大）会决议进行了审查，同意决议的人数及签字人员符合公司章程的规定，就应当认定其构成善意，但公司能够证明债权人明知公司章程对决议机关有明确规定的除外。

债权人对公司机关决议内容的审查一般限于形式审查，只要求尽到必要的注意义务即可，标准不宜太过严苛。公司以机关决议系法定代表人伪造或者变造、决议程序违法、签章（名）不实、担保金额超过法定限额等事由抗辩债权人非善意的，人民法院一般不予支持。但是，公司有证据证明债权人明知决议系伪造或者变造的除外。

19.【无须机关决议的例外情况】存在下列情形的，即便债权人知道或者应当知道没有公司机关决议，也应当认定担保合同符合公司的真实意思表示，合同有效：

（1）公司是以为他人提供担保为主营业务的担保公司，或者是开展

保函业务的银行或者非银行金融机构;

(2)公司为其直接或者间接控制的公司开展经营活动向债权人提供担保;

(3)公司与主债务人之间存在相互担保等商业合作关系;

(4)担保合同系由单独或者共同持有公司三分之二以上有表决权的股东签字同意。

20.【越权担保的民事责任】依据前述3条规定,担保合同有效,债权人请求公司承担担保责任的,人民法院依法予以支持;担保合同无效,债权人请求公司承担担保责任的,人民法院不予支持,但可以按照担保法及有关司法解释关于担保无效的规定处理。公司举证证明债权人明知法定代表人超越权限或者机关决议系伪造或者变造,债权人请求公司承担合同无效后的民事责任的,人民法院不予支持。

21.【权利救济】法定代表人的越权担保行为给公司造成损失,公司请求法定代表人承担赔偿责任的,人民法院依法予以支持。公司没有提起诉讼,股东依据《公司法》第151条的规定请求法定代表人承担赔偿责任的,人民法院依法予以支持。

22.【上市公司为他人提供担保】债权人根据上市公司公开披露的关于担保事项已经董事会或者股东大会决议通过的信息订立的担保合同,人民法院应当认定有效。

23.【债务加入准用担保规则】法定代表人以公司名义与债务人约定加入债务并通知债权人或者向债权人表示愿意加入债务,该约定的效力问题,参照本纪要关于公司为他人提供担保的有关规则处理。

41.【盖章行为的法律效力】司法实践中,有些公司有意刻制两套甚至多套公章,有的法定代表人或者代理人甚至私刻公章,订立合同时恶意加盖非备案的公章或者假公章,发生纠纷后法人以加盖的是假公章为由否定合同效力的情形并不鲜见。人民法院在审理案件时,应当主要审查签约人于盖章之时有无代表权或者代理权,从而根据代表或者代理的相关规则来确定合同的效力。

法定代表人或者其授权之人在合同上加盖法人公章的行为,表明其是以法人名义签订合同,除《公司法》第16条等法律对其职权有特别规定的情形外,应当由法人承担相应的法律后果。法人以法定代表人事后已无代表权、加盖的是假章、所盖之章与备案公章不一致等为由否定合同效力的,人民法院不予支持。

代理人以被代理人名义签订合同，要取得合法授权。代理人取得合法授权后，以被代理人名义签订的合同，应当由被代理人承担责任。被代理人以代理人事后已无代理权、加盖的是假章、所盖之章与备案公章不一致等为由否定合同效力的，人民法院不予支持。

第六十二条　【法定代表人职务侵权行为的民事责任承担】法定代表人因执行职务造成他人损害的，由法人承担民事责任。

法人承担民事责任后，依照法律或者法人章程的规定，可以向有过错的法定代表人追偿。

一、相关法律条文

《民法典》(2021年1月1日起施行)

第一千一百九十一条　用人单位的工作人员因执行工作任务造成他人损害的，由用人单位承担侵权责任。用人单位承担侵权责任后，可以向有故意或者重大过失的工作人员追偿。

劳务派遣期间，被派遣的工作人员因执行工作任务造成他人损害的，由接受劳务派遣的用工单位承担侵权责任；劳务派遣单位有过错的，承担相应的责任。

二、相关司法解释规定

《最高人民法院关于适用〈中华人民共和国民法典〉合同编通则若干问题的解释》(法释〔2023〕13号)

第二十条　法律、行政法规为限制法人的法定代表人或者非法人组织的负责人的代表权，规定合同所涉事项应当由法人、非法人组织的权力机构或者决策机构决议，或者应当由法人、非法人组织的执行机构决定，法定代表人、负责人未取得授权而以法人、非法人组织的名义订立合同，未尽到合理审查义务的相对人主张该合同对法人、非法人组织发生效力并由其承担违约责任的，人民法院不予支持，但是法人、非法人组织有过错的，可以参照民法典第一百五十七条的规定判决其承担相应的赔偿责任。相对人已尽到合理审查义务，构成表见代表的，人民法院应当依据民法典第五百零四条的规定处理。

合同所涉事项未超越法律、行政法规规定的法定代表人或者负责人的代表权限，但是超越法人、非法人组织的章程或者权力机构等对代表权的限制,相对人主张该合同对法人、非法人组织发生效力并由其承担违约责任的,人民法院依法予以支持。但是,法人、非法人组织举证证明相对人知道或者应当知道该限制的除外。

法人、非法人组织承担民事责任后,向有过错的法定代表人、负责人追偿因越权代表行为造成的损失的,人民法院依法予以支持。法律、司法解释对法定代表人、负责人的民事责任另有规定的,依照其规定。

第六十三条 【法人的住所】法人以其主要办事机构所在地为住所。依法需要办理法人登记的,应当将主要办事机构所在地登记为住所。

一、相关法律条文

《公司法》(2023年12月29日修订)

第八条 公司以其主要办事机构所在地为住所。

二、相关行政法规条文

1.《市场主体登记管理条例》(2022年3月1日起施行)

第十一条 市场主体只能登记一个住所或者主要经营场所。

电子商务平台内的自然人经营者可以根据国家有关规定,将电子商务平台提供的网络经营场所作为经营场所。

省、自治区、直辖市人民政府可以根据有关法律、行政法规的规定和本地区实际情况,自行或者授权下级人民政府对住所或者主要经营场所作出更加便利市场主体从事经营活动的具体规定。

第二十七条 市场主体变更住所或者主要经营场所跨登记机关辖区的,应当在迁入新的住所或者主要经营场所前,向迁入地登记机关申请变更登记。迁出地登记机关无正当理由不得拒绝移交市场主体档案等相关材料。

2.《社会团体登记管理条例》(2016年2月6日修订)

第八条 登记管理机关、业务主管单位与其管辖的社会团体的住所不在一地的,可以委托社会团体住所地的登记管理机关、业务主管单位负责委托范围内的监督管理工作。

三、相关司法解释规定

《最高人民法院关于适用〈中华人民共和国民事诉讼法〉的解释》(法释〔2015〕5号)(2022年3月22日修正)

第三条 公民的住所地是指公民的户籍所在地,法人或者其他组织的住所地是指法人或者其他组织的主要办事机构所在地。

法人或者其他组织的主要办事机构所在地不能确定的，法人或者其他组织的注册地或者登记地为住所地。

第六十四条 【法人变更登记】法人存续期间登记事项发生变化的，应当依法向登记机关申请变更登记。

一、相关法律条文

1.《公司法》(2023年12月29日修订)

第三十四条 公司登记事项发生变更的，应当依法办理变更登记。

公司登记事项未经登记或者未经变更登记，不得对抗善意相对人。

第三十五条 公司申请变更登记，应当向公司登记机关提交公司法定代表人签署的变更登记申请书、依法作出的变更决议或者决定等文件。

公司变更登记事项涉及修改公司章程的，应当提交修改后的公司章程。

公司变更法定代表人的，变更登记申请书由变更后的法定代表人签署。

第三十六条 公司营业执照记载的事项发生变更的，公司办理变更登记后，由公司登记机关换发营业执照。

第三十七条 公司因解散、被宣告破产或者其他法定事由需要终止的，应当依法向公司登记机关申请注销登记，由公司登记机关公告公司终止。

第三十八条 公司设立分公司，应当向公司登记机关申请登记，领取营业执照。

第八十六条第一款 股东转让股权的，应当书面通知公司，请求变更股东名册；需要办理变更登记的，并请求公司向公司登记机关办理变更登记。公司拒绝或者在合理期限内不予答复的，转让人、受让人可以依法向人民法院提起诉讼。

第一百五十九条第二款 股东会会议召开前二十日内或者公司决定分配股利的基准日前五日内，不得变更股东名册。法律、行政法规或者国务院证券监督管理机构对上市公司股东名册变更另有规定的，从其规定。

第二百六十条第二款　公司登记事项发生变更时,未依照本法规定办理有关变更登记的,由公司登记机关责令限期登记;逾期不登记的,处以一万元以上十万元以下的罚款。

2.《农村集体经济组织法》(2025年5月1日起施行)

第二十五条第一款　农村集体经济组织合并、分立或者登记事项变动的,应当办理变更登记。

二、相关行政法规条文

1.《事业单位登记管理暂行条例》(2004年6月27日修订)

第十条　事业单位的登记事项需要变更的,应当向登记管理机关办理变更登记。

2.《社会团体登记管理条例》(2016年2月6日修订)

第十八条第一款　社会团体的登记事项需要变更的,应当自业务主管单位审查同意之日起30日内,向登记管理机关申请变更登记。

3.《市场主体登记管理条例》(2022年3月1日起施行)

第二十四条　市场主体变更登记事项,应当自作出变更决议、决定或者法定变更事项发生之日起30日内向登记机关申请变更登记。

市场主体变更登记事项属于依法须经批准的,申请人应当在批准文件有效期内向登记机关申请变更登记。

第二十五条　公司、非公司企业法人的法定代表人在任职期间发生本条例第十二条所列情形之一的,应当向登记机关申请变更登记。

第二十六条　市场主体变更经营范围,属于依法须经批准的项目的,应当自批准之日起30日内申请变更登记。许可证或者批准文件被吊销、撤销或者有效期届满的,应当自许可证或者批准文件被吊销、撤销或者有效期届满之日起30日内向登记机关申请变更登记或者办理注销登记。

第二十七条　市场主体变更住所或者主要经营场所跨登记机关辖区的,应当在迁入新的住所或者主要经营场所前,向迁入地登记机关申请变更登记。迁出地登记机关无正当理由不得拒绝移交市场主体档案等相关材料。

第二十八条　市场主体变更登记涉及营业执照记载事项的,登记机关应当及时为市场主体换发营业执照。

第二十九条 市场主体变更本条例第九条规定的备案事项的，应当自作出变更决议、决定或者法定变更事项发生之日起30日内向登记机关办理备案。农民专业合作社（联合社）成员发生变更的，应当自本会计年度终了之日起90日内向登记机关办理备案。

第三十七条第三款 登记机关依法作出变更登记、注销登记和撤销登记决定的，市场主体应当缴回营业执照。拒不缴回或者无法缴回营业执照的，由登记机关通过国家企业信用信息公示系统公告营业执照作废。

第四十六条 市场主体未依照本条例办理变更登记的，由登记机关责令改正；拒不改正的，处1万元以上10万元以下的罚款；情节严重的，吊销营业执照。

第六十五条 【法人登记不实的对外效力】法人的实际情况与登记的事项不一致的，不得对抗善意相对人。

一、相关法律条文

《公司法》（2023年12月29日修订）

第三十四条第二款 公司登记事项未经登记或者未经变更登记，不得对抗善意相对人。

二、相关司法解释规定

《最高人民法院关于适用〈中华人民共和国公司法〉若干问题的规定（三）》（法释〔2011〕3号）（2020年12月23日修正）

第二十五条 名义股东将登记于其名下的股权转让、质押或者以其他方式处分，实际出资人以其对于股权享有实际权利为由，请求认定处分股权行为无效的，人民法院可以参照民法典第三百一十一条的规定处理。

名义股东处分股权造成实际出资人损失，实际出资人请求名义股东承担赔偿责任的，人民法院应予支持。

第二十六条 公司债权人以登记于公司登记机关的股东未履行出资义务为由，请求其对公司债务不能清偿的部分在未出资本息范围内承担补充赔偿责任，股东以其仅为名义股东而非实际出资人为由进行抗辩的，人民法院不予支持。

名义股东根据前款规定承担赔偿责任后,向实际出资人追偿的,人民法院应予支持。

第二十七条 股权转让后尚未向公司登记机关办理变更登记,原股东将仍登记于其名下的股权转让、质押或者以其他方式处分,受让股东以其对于股权享有实际权利为由,请求认定处分股权行为无效的,人民法院可以参照民法典第三百一十一条的规定处理。

原股东处分股权造成受让股东损失,受让股东请求原股东承担赔偿责任、对于未及时办理变更登记有过错的董事、高级管理人员或者实际控制人承担相应责任的,人民法院应予支持;受让股东对于未及时办理变更登记也有过错的,可以适当减轻上述董事、高级管理人员或者实际控制人的责任。

第二十八条 冒用他人名义出资并将该他人作为股东在公司登记机关登记的,冒名登记行为人应当承担相应责任;公司、其他股东或者公司债权人以未履行出资义务为由,请求被冒名登记为股东的承担补足出资责任或者对公司债务不能清偿部分的赔偿责任的,人民法院不予支持。

第六十六条 【公示登记信息】 登记机关应当依法及时公示法人登记的有关信息。

相关行政法规条文

《市场主体登记管理条例》(2022年3月1日起施行)

第三十七条第三款 登记机关依法作出变更登记、注销登记和撤销登记决定的,市场主体应当缴回营业执照。拒不缴回或者无法缴回营业执照的,由登记机关通过国家企业信用信息公示系统公告营业执照作废。

第四十条 提交虚假材料或者采取其他欺诈手段隐瞒重要事实取得市场主体登记的,受虚假市场主体登记影响的自然人、法人和其他组织可以向登记机关提出撤销市场主体登记的申请。

登记机关受理申请后,应当及时开展调查。经调查认定存在虚假市场主体登记情形的,登记机关应当撤销市场主体登记。相关市场主体和人员无法联系或者拒不配合的,登记机关可以将相关市场主体的登记时间、登记事项等通过国家企业信用信息公示系统向社会公示,公示期为45日。相关市场主体及其利害关系人在公示期内没有提出异议的,登记机关可以撤销市场主体登记。

因虚假市场主体登记被撤销的市场主体,其直接责任人自市场主体登记被撤销之日起3年内不得再次申请市场主体登记。登记机关应当通过国家企业信用信息公示系统予以公示。

第四十二条 登记机关或者其上级机关认定撤销市场主体登记决定错误的,可以撤销该决定,恢复原登记状态,并通过国家企业信用信息公示系统公示。

第六十七条 【法人合并、分立后的权利义务享有和承担】 法人合并的,其权利和义务由合并后的法人享有和承担。

法人分立的,其权利和义务由分立后的法人享有连带债权,承担连带债务,但是债权人和债务人另有约定的除外。

一、相关法律条文

1.《公司法》(2023年12月29日修订)

第二百一十八条 公司合并可以采取吸收合并或者新设合并。

一个公司吸收其他公司为吸收合并,被吸收的公司解散。两个以上公司合并设立一个新的公司为新设合并,合并各方解散。

第二百一十九条 公司与其持股百分之九十以上的公司合并,被合并的公司不需经股东会决议,但应当通知其他股东,其他股东有权请求公司按照合理的价格收购其股权或者股份。

公司合并支付的价款不超过本公司净资产百分之十的,可以不经股东会决议;但是,公司章程另有规定的除外。

公司依照前两款规定合并不经股东会决议的,应当经董事会决议。

第二百二十条 公司合并,应当由合并各方签订合并协议,并编制资产负债表及财产清单。公司应当自作出合并决议之日起十日内通知债权人,并于三十日内在报纸上或者国家企业信用信息公示系统公告。债权人自接到通知之日起三十日内,未接到通知的自公告之日起四十五日内,可以要求公司清偿债务或者提供相应的担保。

第二百二十一条 公司合并时,合并各方的债权、债务,应当由合并后存续的公司或者新设的公司承继。

第二百二十二条 公司分立,其财产作相应的分割。

公司分立,应当编制资产负债表及财产清单。公司应当自作出分立决议之日起十日内通知债权人,并于三十日内在报纸上或者国家企业信用信息公示系统公告。

第二百二十三条 公司分立前的债务由分立后的公司承担连带责任。但是,公司在分立前与债权人就债务清偿达成的书面协议另有约定的除外。

2.《民法典》(2021年1月1日起施行)

第一千一百八十一条第一款 被侵权人死亡的,其近亲属有权请求侵权人承担侵权责任。被侵权人为组织,该组织分立、合并的,承继权利的组织有权请求侵权人承担侵权责任。

3.《农村集体经济组织法》(2025年5月1日起施行)

第二十三条 农村集体经济组织合并的,应当在清产核资的基础上编制资产负债表和财产清单。

农村集体经济组织合并的,应当由各自的成员大会形成决定,经乡镇人民政府、街道办事处审核后,报县级以上地方人民政府批准。

农村集体经济组织应当在获得批准合并之日起十日内通知债权人,债权人可以要求农村集体经济组织清偿债务或者提供相应担保。

合并各方的债权债务由合并后的农村集体经济组织承继。

第二十四条 农村集体经济组织分立的,应当在清产核资的基础上分配财产、分解债权债务。

农村集体经济组织分立的,应当由成员大会形成决定,经乡镇人民政府、街道办事处审核后,报县级以上地方人民政府批准。

农村集体经济组织应当在获得批准分立之日起十日内通知债权人。

农村集体经济组织分立前的债权债务,由分立后的农村集体经济组织享有连带债权,承担连带债务,但是农村集体经济组织分立时已经与债权人或者债务人达成清偿债务的书面协议的,从其约定。

4.《个人信息保护法》(2021年11月1日起施行)

第二十二条 个人信息处理者因合并、分立、解散、被宣告破产等原因需要转移个人信息的,应当向个人告知接收方的名称或者姓名和联系方式。接收方应当继续履行个人信息处理者的义务。接收方变更原先的处理目的、处理方式的,应当依照本法规定重新取得个人同意。

二、相关司法解释规定

1.《最高人民法院关于适用〈中华人民共和国民事诉讼法〉的解释》(法释〔2015〕5号)(2022年3月22日修正)

第六十三条　企业法人合并的,因合并前的民事活动发生的纠纷,以合并后的企业为当事人;企业法人分立的,因分立前的民事活动发生的纠纷,以分立后的企业为共同诉讼人。

第四百七十条　依照民事诉讼法第二百三十九条规定,执行中作为被执行人的法人或者其他组织分立、合并的,人民法院可以裁定变更后的法人或者其他组织为被执行人;被注销的,如果依照有关实体法的规定有权利义务承受人的,可以裁定该权利义务承受人为被执行人。

2.《最高人民法院关于民事执行中变更、追加当事人若干问题的规定》(法释〔2016〕21号)(2020年12月23日修正)

第五条　作为申请执行人的法人或非法人组织因合并而终止,合并后存续或新设的法人、非法人组织申请变更其为申请执行人的,人民法院应予支持。

第六条　作为申请执行人的法人或非法人组织分立,依分立协议约定承受生效法律文书确定权利的新设法人或非法人组织,申请变更、追加其为申请执行人的,人民法院应予支持。

第十一条　作为被执行人的法人或非法人组织因合并而终止,申请执行人申请变更合并后存续或新设的法人、非法人组织为被执行人的,人民法院应予支持。

第十二条　作为被执行人的法人或非法人组织分立,申请执行人申请变更、追加分立后新设的法人或非法人组织为被执行人,对生效法律文书确定的债务承担连带责任的,人民法院应予支持。但被执行人在分立前与申请执行人就债务清偿达成的书面协议另有约定的除外。

3.《最高人民法院关于审理与企业改制相关的民事纠纷案件若干问题的规定》(法释〔2003〕1号)(2020年12月23日)

第十二条　债权人向分立后的企业主张债权,企业分立时对原企业的债务承担有约定,并经债权人认可的,按照当事人的约定处理;企业分立时对原企业债务承担没有约定或者约定不明,或者虽然有约定但债权人不予认可的,分立后的企业应当承担连带责任。

第十三条　分立的企业在承担连带责任后,各分立的企业间对原企业债务承担有约定的,按照约定处理;没有约定或者约定不明的,根据企业分立时的资产比例分担。

第三十一条 企业吸收合并后,被兼并企业的债务应当由兼并方承担。

第三十二条 企业新设合并后,被兼并企业的债务由新设合并后的企业法人承担。

第三十三条 企业吸收合并或新设合并后,被兼并企业应当办理而未办理工商注销登记,债权人起诉被兼并企业的,人民法院应当根据企业兼并后的具体情况,告知债权人追加责任主体,并判令责任主体承担民事责任。

4.《最高人民法院关于审理劳动争议案件适用法律问题的解释(一)》(法释〔2020〕26号)

第二十六条 用人单位与其他单位合并的,合并前发生的劳动争议,由合并后的单位为当事人;用人单位分立为若干单位的,其分立前发生的劳动争议,由分立后的实际用人单位为当事人。

用人单位分立为若干单位后,具体承受劳动权利义务的单位不明确的,分立后的单位均为当事人。

第六十八条 【法人终止原因】 有下列原因之一并依法完成清算、注销登记的,法人终止:

(一)法人解散;

(二)法人被宣告破产;

(三)法律规定的其他原因。

法人终止,法律、行政法规规定须经有关机关批准的,依照其规定。

一、相关法律条文

1.《企业破产法》(2007年6月1日起施行)

第二条 企业法人不能清偿到期债务,并且资产不足以清偿全部债务或者明显缺乏清偿能力的,依照本法规定清理债务。

企业法人有前款规定情形,或者有明显丧失清偿能力可能的,可以依照本法规定进行重整。

第七条　债务人有本法第二条规定的情形，可以向人民法院提出重整、和解或者破产清算申请。

债务人不能清偿到期债务，债权人可以向人民法院提出对债务人进行重整或者破产清算的申请。

企业法人已解散但未清算或者未清算完毕，资产不足以清偿债务的，依法负有清算责任的人应当向人民法院申请破产清算。

第一百零七条　人民法院依照本法规定宣告债务人破产的，应当自裁定作出之日起五日内送达债务人和管理人，自裁定作出之日起十日内通知已知债权人，并予以公告。

债务人被宣告破产后，债务人称为破产人，债务人财产称为破产财产，人民法院受理破产申请时对债务人享有的债权称为破产债权。

第一百零八条　破产宣告前，有下列情形之一的，人民法院应当裁定终结破产程序，并予以公告：

（一）第三人为债务人提供足额担保或者为债务人清偿全部到期债务的；

（二）债务人已清偿全部到期债务的。

第一百零九条　对破产人的特定财产享有担保权的权利人，对该特定财产享有优先受偿的权利。

第一百一十条　享有本法第一百零九条规定权利的债权人行使优先受偿权利未能完全受偿的，其未受偿的债权作为普通债权；放弃优先受偿权利的，其债权作为普通债权。

第一百二十条　破产人无财产可供分配的，管理人应当请求人民法院裁定终结破产程序。

管理人在最后分配完结后，应当及时向人民法院提交破产财产分配报告，并提请人民法院裁定终结破产程序。

人民法院应当自收到管理人终结破产程序的请求之日起十五日内作出是否终结破产程序的裁定。裁定终结的，应当予以公告。

第一百二十一条　管理人应当自破产程序终结之日起十日内，持人民法院终结破产程序的裁定，向破产人的原登记机关办理注销登记。

第一百二十二条　管理人于办理注销登记完毕的次日终止执行职务。但是，存在诉讼或者仲裁未决情况的除外。

第一百二十三条　自破产程序依照本法第四十三条第四款或者第

一百二十条的规定终结之日起二年内,有下列情形之一的,债权人可以请求人民法院按照破产财产分配方案进行追加分配:

(一)发现有依照本法第三十一条、第三十二条、第三十三条、第三十六条规定应当追回的财产的;

(二)发现破产人有应当供分配的其他财产的。

有前款规定情形,但财产数量不足以支付分配费用的,不再进行追加分配,由人民法院将其上交国库。

第一百二十四条 破产人的保证人和其他连带债务人,在破产程序终结后,对债权人依照破产清算程序未受清偿的债权,依法继续承担清偿责任。

2.《公司法》(2023年12月29日修订)

第二百四十条 公司在存续期间未产生债务,或者已清偿全部债务的,经全体股东承诺,可以按照规定通过简易程序注销公司登记。

通过简易程序注销公司登记,应当通过国家企业信用信息公示系统予以公告,公告期限不少于二十日。公告期限届满后,未有异议的,公司可以在二十日内向公司登记机关申请注销公司登记。

公司通过简易程序注销公司登记,股东对本条第一款规定的内容承诺不实的,应当对注销登记前的债务承担连带责任。

3.《保险法》(2015年4月24日修正)

第八十九条 保险公司因分立、合并需要解散,或者股东会、股东大会决议解散,或者公司章程规定的解散事由出现,经国务院保险监督管理机构批准后解散。

经营有人寿保险业务的保险公司,除因分立、合并或者被依法撤销外,不得解散。

保险公司解散,应当依法成立清算组进行清算。

第九十条 保险公司有《中华人民共和国企业破产法》第二条规定情形的,经国务院保险监督管理机构同意,保险公司或者其债权人可以依法向人民法院申请重整、和解或者破产清算;国务院保险监督管理机构也可以依法向人民法院申请对该保险公司进行重整或者破产清算。

第九十三条 保险公司依法终止其业务活动,应当注销其经营保险业务许可证。

第一百四十八条 被整顿、被接管的保险公司有《中华人民共和国企业破产法》第二条规定情形的，国务院保险监督管理机构可以依法向人民法院申请对该保险公司进行重整或者破产清算。

4.《证券法》(2019 年 12 月 28 日修订)

第九十六条第二款 证券交易所、国务院批准的其他全国性证券交易场所的设立、变更和解散由国务院决定。

第一百二十二条 证券公司变更证券业务范围，变更主要股东或者公司的实际控制人，合并、分立、停业、解散、破产，应当经国务院证券监督管理机构核准。

第一百五十六条 证券登记结算机构申请解散，应当经国务院证券监督管理机构批准。

5.《全民所有制工业企业法》(2009 年 8 月 27 日修正)

第十九条 企业由于下列原因之一终止：

(一)违反法律、法规被责令撤销。

(二)政府主管部门依照法律、法规的规定决定解散。

(三)依法被宣告破产。

(四)其他原因。

6.《企业国有资产法》(2009 年 5 月 1 日起施行)

第三十一条 国有独资企业、国有独资公司合并、分立，增加或者减少注册资本，发行债券，分配利润，以及解散、申请破产，由履行出资人职责的机构决定。

第三十二条 国有独资企业、国有独资公司有本法第三十条所列事项的，除依照本法第三十一条和有关法律、行政法规以及企业章程的规定，由履行出资人职责的机构决定的以外，国有独资企业由企业负责人集体讨论决定，国有独资公司由董事会决定。

第三十四条 重要的国有独资企业、国有独资公司、国有资本控股公司的合并、分立、解散、申请破产以及法律、行政法规和本级人民政府规定应当由履行出资人职责的机构报经本级人民政府批准的重大事项，履行出资人职责的机构在作出决定或者向其委派参加国有资本控股公司股东会会议、股东大会会议的股东代表作出指示前，应当报请本级人民政府批准。

本法所称的重要的国有独资企业、国有独资公司和国有资本控股公司,按照国务院的规定确定。

7.《商业银行法》(2015年8月29日修正)

第六十九条 商业银行因分立、合并或者出现公司章程规定的解散事由需要解散的,应当向国务院银行业监督管理机构提出申请,并附解散的理由和支付存款的本金和利息等债务清偿计划。经国务院银行业监督管理机构批准后解散。

商业银行解散的,应当依法成立清算组,进行清算,按照清偿计划及时偿还存款本金和利息等债务。国务院银行业监督管理机构监督清算过程。

第七十一条 商业银行不能支付到期债务,经国务院银行业监督管理机构同意,由人民法院依法宣告其破产。商业银行被宣告破产的,由人民法院组织国务院银行业监督管理机构等有关部门和有关人员成立清算组,进行清算。

商业银行破产清算时,在支付清算费用、所欠职工工资和劳动保险费用后,应当优先支付个人储蓄存款的本金和利息。

第七十二条 商业银行因解散、被撤销和被宣告破产而终止。

8.《农村集体经济组织法》(2025年5月1日起施行)

第二十五条第二款 农村集体经济组织因合并、分立等原因需要解散的,依法办理注销登记后终止。

二、相关行政法规条文

1.《市场主体登记管理条例》(2022年3月1日起施行)

第三十一条 市场主体因解散、被宣告破产或者其他法定事由需要终止的,应当依法向登记机关申请注销登记。经登记机关注销登记,市场主体终止。

市场主体注销依法须经批准的,应当经批准后向登记机关申请注销登记。

第三十四条 人民法院裁定强制清算或者裁定宣告破产的,有关清算组、破产管理人可以持人民法院终结强制清算程序的裁定或者终结破产程序的裁定,直接向登记机关申请办理注销登记。

2.《事业单位登记管理暂行条例》(2004年6月27日修订)

第十三条 事业单位被撤销、解散的,应当向登记管理机关办理注销登记或者注销备案。

事业单位办理注销登记前,应当在审批机关指导下成立清算组织,完成清算工作。

事业单位应当自清算结束之日起15日内,向登记管理机关办理注销登记。事业单位办理注销登记,应当提交撤销或者解散该事业单位的文件和清算报告;登记管理机关收缴《事业单位法人证书》和印章。

三、相关司法解释规定

《最高人民法院关于适用〈中华人民共和国企业破产法〉若干问题的规定(一)》(法释〔2011〕22号)

为正确适用《中华人民共和国企业破产法》,结合审判实践,就人民法院依法受理企业破产案件适用法律问题作出如下规定。

第一条 债务人不能清偿到期债务并且具有下列情形之一的,人民法院应当认定其具备破产原因:

(一)资产不足以清偿全部债务;

(二)明显缺乏清偿能力。

相关当事人以对债务人的债务负有连带责任的人未丧失清偿能力为由,主张债务人不具备破产原因的,人民法院应不予支持。

第二条 下列情形同时存在的,人民法院应当认定债务人不能清偿到期债务:

(一)债权债务关系依法成立;

(二)债务履行期限已经届满;

(三)债务人未完全清偿债务。

第三条 债务人的资产负债表,或者审计报告、资产评估报告等显示其全部资产不足以偿付全部负债的,人民法院应当认定债务人资产不足以清偿全部债务,但有相反证据足以证明债务人资产能够偿付全部负债的除外。

第四条 债务人账面资产虽大于负债,但存在下列情形之一的,人民法院应当认定其明显缺乏清偿能力:

(一)因资金严重不足或者财产不能变现等原因,无法清偿债务;

(二)法定代表人下落不明且无其他人员负责管理财产,无法清偿债务;

(三)经人民法院强制执行,无法清偿债务;

(四)长期亏损且经营扭亏困难,无法清偿债务;

(五)导致债务人丧失清偿能力的其他情形。

第五条 企业法人已解散但未清算或者未在合理期限内清算完毕,债权人申请债务人破产清算的,除债务人在法定异议期限内举证证明其未出现破产原因外,人民法院应当受理。

第六条 债权人申请债务人破产的,应当提交债务人不能清偿到期债务的有关证据。债务人对债权人的申请未在法定期限内向人民法院提出异议,或者异议不成立的,人民法院应当依法裁定受理破产申请。

受理破产申请后,人民法院应当责令债务人依法提交其财产状况说明、债务清册、债权清册、财务会计报告等有关材料,债务人拒不提交的,人民法院可以对债务人的直接责任人员采取罚款等强制措施。

第七条 人民法院收到破产申请时,应当向申请人出具收到申请及所附证据的书面凭证。

人民法院收到破产申请后应当及时对申请人的主体资格、债务人的主体资格和破产原因,以及有关材料和证据等进行审查,并依据企业破产法第十条的规定作出是否受理的裁定。

人民法院认为申请人应当补充、补正相关材料的,应当自收到破产申请之日起五日内告知申请人。当事人补充、补正相关材料的期间不计入企业破产法第十条规定的期限。

第八条 破产案件的诉讼费用,应根据企业破产法第四十三条的规定,从债务人财产中拨付。相关当事人以申请人未预先交纳诉讼费用为由,对破产申请提出异议的,人民法院不予支持。

第九条 申请人向人民法院提出破产申请,人民法院未接收其申请,或者未按本规定第七条执行的,申请人可以向上一级人民法院提出破产申请。

上一级人民法院接到破产申请后,应当责令下级法院依法审查并及时作出是否受理的裁定;下级法院仍不作出是否受理裁定的,上一级人民法院可以径行作出裁定。

上一级人民法院裁定受理破产申请的,可以同时指令下级人民法院审理该案件。

第六十九条　【法人解散情形】有下列情形之一的,法人解散:

(一)法人章程规定的存续期间届满或者法人章程规定的其他解散事由出现;

(二)法人的权力机构决议解散;

(三)因法人合并或者分立需要解散;

(四)法人依法被吊销营业执照、登记证书,被责令关闭或者被撤销;

(五)法律规定的其他情形。

一、相关法律条文

《公司法》(2023年12月29日修订)

第二百二十九条　公司因下列原因解散:

(一)公司章程规定的营业期限届满或者公司章程规定的其他解散事由出现;

(二)股东会决议解散;

(三)因公司合并或者分立需要解散;

(四)依法被吊销营业执照、责令关闭或者被撤销;

(五)人民法院依照本法第二百三十一条的规定予以解散。

公司出现前款规定的解散事由,应当在十日内将解散事由通过国家企业信用信息公示系统予以公示。

第二百三十条　公司有前条第一款第一项、第二项情形,且尚未向股东分配财产的,可以通过修改公司章程或者经股东会决议而存续。

依照前款规定修改公司章程或者经股东会决议,有限责任公司须经持有三分之二以上表决权的股东通过,股份有限公司须经出席股东会会议的股东所持表决权的三分之二以上通过。

第二百三十一条　公司经营管理发生严重困难,继续存续会使股东利益受到重大损失,通过其他途径不能解决的,持有公司百分之十以上表决权的股东,可以请求人民法院解散公司。

二、相关司法解释规定

《最高人民法院关于适用〈中华人民共和国公司法〉若干问题的规定(二)》(法释〔2008〕6号)(2020年12月23日修正)

第一条　单独或者合计持有公司全部股东表决权百分之十以上的

股东,以下列事由之一提起解散公司诉讼,并符合公司法第一百八十二条规定的,人民法院应予受理:

(一)公司持续两年以上无法召开股东会或者股东大会,公司经营管理发生严重困难的;

(二)股东表决时无法达到法定或者公司章程规定的比例,持续两年以上不能做出有效的股东会或者股东大会决议,公司经营管理发生严重困难的;

(三)公司董事长期冲突,且无法通过股东会或者股东大会解决,公司经营管理发生严重困难的;

(四)经营管理发生其他严重困难,公司继续存续会使股东利益受到重大损失的情形。

股东以知情权、利润分配请求权等权益受到损害,或者公司亏损、财产不足以偿还全部债务,以及公司被吊销企业法人营业执照未进行清算等为由,提起解散公司诉讼的,人民法院不予受理。

第二条 股东提起解散公司诉讼,同时又申请人民法院对公司进行清算的,人民法院对其提出的清算申请不予受理。人民法院可以告知原告,在人民法院判决解散公司后,依据民法典第七十条、公司法第一百八十三条和本规定第七条的规定,自行组织清算或者另行申请人民法院对公司进行清算。

第三条 股东提起解散公司诉讼时,向人民法院申请财产保全或者证据保全的,在股东提供担保且不影响公司正常经营的情形下,人民法院可予以保全。

第四条 股东提起解散公司诉讼应当以公司为被告。

原告以其他股东为被告一并提起诉讼的,人民法院应当告知原告将其他股东变更为第三人;原告坚持不予变更的,人民法院应当驳回原告对其他股东的起诉。

原告提起解散公司诉讼应当告知其他股东,或者由人民法院通知其参加诉讼。其他股东或者有关利害关系人申请以共同原告或者第三人身份参加诉讼的,人民法院应予准许。

第五条 人民法院审理解散公司诉讼案件,应当注重调解。当事人协商同意由公司或者股东收购股份,或者以减资等方式使公司存续,且不违反法律、行政法规强制性规定的,人民法院应予支持。当事人不能协商一致使公司存续的,人民法院应当及时判决。

经人民法院调解公司收购原告股份的,公司应当自调解书生效之日起六个月内将股份转让或者注销。股份转让或者注销之前,原告不得以公司收购其股份为由对抗公司债权人。

第六条 人民法院关于解散公司诉讼作出的判决,对公司全体股东具有法律约束力。

人民法院判决驳回解散公司诉讼请求后,提起该诉讼的股东或者其他股东又以同一事实和理由提起解散公司诉讼的,人民法院不予受理。

三、相关指导性案例

指导案例8号:林方清诉常熟市凯莱实业有限公司、戴小明公司解散纠纷案(最高人民法院审判委员会讨论通过 2012年4月9日发布)

【关键词】民事 公司解散 经营管理严重困难 公司僵局

【裁判要点】

《公司法》第一百八十三条将“公司经营管理发生严重困难”作为股东提起解散公司之诉的条件之一。判断“公司经营管理是否发生严重困难”,应从公司组织机构的运行状态进行综合分析。公司虽处于盈利状态,但其股东会机制长期失灵,内部管理有严重障碍,已陷入僵局状态,可以认定为公司经营管理发生严重困难。对于符合公司法及相关司法解释规定的其他条件的,人民法院可以依法判决公司解散。

【基本案情】

原告林方清诉称:常熟市凯莱实业有限公司(以下简称凯莱公司)经营管理发生严重困难,陷入公司僵局且无法通过其他方法解决,其权益遭受重大损害,请求解散凯莱公司。

被告凯莱公司及戴小明辩称:凯莱公司及其下属分公司运营状态良好,不符合公司解散的条件,戴小明与林方清的矛盾有其他解决途径,不应通过司法程序强制解散公司。

法院经审理查明:凯莱公司成立于2002年1月,林方清与戴小明系该公司股东,各占50%的股份,戴小明任公司法定代表人及执行董事,林方清任公司总经理兼公司监事。凯莱公司章程明确规定:股东会的决议须经代表二分之一以上表决权的股东通过,但对公司增加或减少注册资本、合并、解散、变更公司形式、修改公司章程作出决议时,必须经代表三分之二以上表决权的股东通过。股东会会议由股东按照出资比例行使表决权。2006 年起,林方清与戴小明两人之间的矛盾逐渐显现。同年 5 月 9 日,林方清提议并通知召开股东会,由于戴小明认为林方清没有召集会议的权利,会议未能召开。同年 6 月 6 日、8 月 8 日、9 月 16 日、10 月 10 日、10 月 17 日,林方清委托律师向凯莱公司和戴小明发函称,因股东权益受到严重侵害,林方清作为享有公司股东会二分之一表决权的股东,已按公司章程规定的程序表决并通过了解散凯莱公司的决议,要求戴小明提供凯莱公司的财务账册等资料,并对凯莱公司进行清算。同年 6 月 17 日、9 月 7 日、10 月 13 日,戴小明回函称,林方清作出的股东会决议没有合法依据,戴小明不同意解散公司,并要求林方清交出公司财务资料。同年 11 月 15 日、25 日,林方清再次向凯莱公司和戴小明发函,要求凯莱公司和戴小明提供公司财务账册等供其查阅、分配公司收入、解散公司。

江苏常熟服装城管理委员会(以下简称服装城管委会)证明凯莱公司目前经营尚正常,且愿意组织林方清和戴小明进行调解。

另查明,凯莱公司章程载明监事行使下列权利:(1)检查公司财务;(2)对执行董事、经理执行公司职务时违反法律、法规或者公司章程的行为进行监督;(3)当董事和经理的行为损害公司的利益时,要求董事和经理予以纠正;(4)提议召开临时股东会。从 2006 年 6 月 1 日至今,凯莱公司未召开过股东会。服装城管委会调解委员会于 2009 年 12 月 15 日、16 日两次组织双方进行调解,但均未成功。

【裁判结果】

江苏省苏州市中级人民法院于 2009 年 12 月 8 日以(2006)苏中民二初字第 0277 号民事判决,驳回林方清的诉讼请求。宣判后,林方清提起上诉。江苏省高级人民法院于 2010 年 10 月 19 日以(2010)苏商终字第 0043 号民事判决,撤销一审判决,依法改判解散凯莱公司。

【裁判理由】

法院生效裁判认为:首先,凯莱公司的经营管理已发生严重困难。根据《公司法》第一百八十三条和《最高人民法院关于适用〈中华人民共和国公司法〉若干问题的规定(二)》(以下简称《公司法解释(二)》)第一条的规定,判断公司的经营管理是否出现严重困难,应当从公司的股东会、董事会或执行董事及监事会或监事的运行现状进行综合分析。“公司经营管理发生严重困难”的侧重点在于公司管理方面存有严重内部障碍,如股东会机制失灵、无法就公司的经营管理进行决策等,不应片面理解为公司资金缺乏、严重亏损等经营性困难。本案中，凯莱公司仅有戴小明与林方清两名股东，两人各占50%的股份，凯莱公司章程规定“股东会的决议须经代表二分之一以上表决权的股东通过”，且各方当事人一致认可该“二分之一以上”不包括本数。因此，只要两名股东的意见存有分歧、互不配合，就无法形成有效表决，显然影响公司的运营。凯莱公司已持续4年未召开股东会，无法形成有效股东会决议，也就无法通过股东会决议的方式管理公司，股东会机制已经失灵。执行董事戴小明作为互有矛盾的两名股东之一，其管理公司的行为，已无法贯彻股东会的决议。林方清作为公司监事不能正常行使监事职权，无法发挥监督作用。由于凯莱公司的内部机制已无法正常运行、无法对公司的经营作出决策，即使尚未处于亏损状况，也不能改变该公司的经营管理已发生严重困难的事实。

其次，由于凯莱公司的内部运营机制早已失灵，林方清的股东权、监事权长期处于无法行使的状态，其投资凯莱公司的目的无法实现，利益受到重大损失，且凯莱公司的僵局通过其他途径长期无法解决。《公司法解释(二)》第五条明确规定了“当事人不能协商一致使公司存续的，人民法院应当及时判决”。本案中，林方清在提起公司解散诉讼之前，已通过其他途径试图化解与戴小明之间的矛盾，服装城管委会也曾组织双方当事人调解，但双方仍不能达成一致意见。两审法院也基于慎用司法手段强制解散公司的考虑，积极进行调解，但均未成功。

此外，林方清持有凯莱公司50%的股份，也符合公司法关于提起公司解散诉讼的股东须持有公司10%以上股份的条件。

综上所述，凯莱公司已符合公司法及《公司法解释(二)》所规定的股东提起解散公司之诉的条件。二审法院从充分保护股东合法权益，合理规范公司治理结构，促进市场经济健康有序发展的角度出发，依法作出了上述判决。

第七十条 【清算义务人与清算义务】法人解散的，除合并或者分立的情形外，清算义务人应当及时组成清算组进行清算。

法人的董事、理事等执行机构或者决策机构的成员为清算义务人。法律、行政法规另有规定的，依照其规定。

清算义务人未及时履行清算义务，造成损害的，应当承担民事责任；主管机关或者利害关系人可以申请人民法院指定有关人员组成清算组进行清算。

一、相关法律条文

1.《公司法》(2023年12月29日修订)

第二百三十二条 公司因本法第二百二十九条第一款第一项、第二项、第四项、第五项规定而解散的,应当清算。董事为公司清算义务人,应当在解散事由出现之日起十五日内组成清算组进行清算。

清算组由董事组成,但是公司章程另有规定或者股东会决议另选他人的除外。

清算义务人未及时履行清算义务,给公司或者债权人造成损失的,应当承担赔偿责任。

第二百三十三条 公司依照前条第一款的规定应当清算,逾期不成立清算组进行清算或者成立清算组后不清算的,利害关系人可以申请人民法院指定有关人员组成清算组进行清算。人民法院应当受理该申请,并及时组织清算组进行清算。

公司因本法第二百二十九条第一款第四项的规定而解散的,作出吊销营业执照、责令关闭或者撤销决定的部门或者公司登记机关,可以申请人民法院指定有关人员组成清算组进行清算。

第二百四十条 公司在存续期间未产生债务,或者已清偿全部债务的,经全体股东承诺,可以按照规定通过简易程序注销公司登记。

通过简易程序注销公司登记,应当通过国家企业信用信息公示系统予以公告,公告期限不少于二十日。公告期限届满后,未有异议的,公司可以在二十日内向公司登记机关申请注销公司登记。

公司通过简易程序注销公司登记,股东对本条第一款规定的内容承诺不实的,应当对注销登记前的债务承担连带责任。

2.《商业银行法》(2015年8月29日修正)

第六十九条 商业银行因分立、合并或者出现公司章程规定的解散事由需要解散的,应当向国务院银行业监督管理机构提出申请,并附解散的理由和支付存款的本金和利息等债务清偿计划。经国务院银行业监督管理机构批准后解散。

商业银行解散的,应当依法成立清算组,进行清算,按照清偿计划及时偿还存款本金和利息等债务。国务院银行业监督管理机构监督清算过程。

第七十条 商业银行因吊销经营许可证被撤销的,国务院银行业监督管理机构应当依法及时组织成立清算组，进行清算，按照清偿计划及时偿还存款本金和利息等债务。

3.《保险法》(2015 年 4 月 24 日修正)

第八十九条 保险公司因分立、合并需要解散，或者股东会、股东大会决议解散，或者公司章程规定的解散事由出现，经国务院保险监督管理机构批准后解散。

经营有人寿保险业务的保险公司，除因分立、合并或者被依法撤销外，不得解散。

保险公司解散，应当依法成立清算组进行清算。

第一百四十九条 保险公司因违法经营被依法吊销经营保险业务许可证的，或者偿付能力低于国务院保险监督管理机构规定标准，不予撤销将严重危害保险市场秩序、损害公共利益的，由国务院保险监督管理机构予以撤销并公告，依法及时组织清算组进行清算。

4.《民办教育促进法》(2018 年 12 月 29 日修正)

第五十八条 民办学校终止时，应当依法进行财务清算。

民办学校自己要求终止的，由民办学校组织清算；被审批机关依法撤销的，由审批机关组织清算；因资不抵债无法继续办学而被终止的，由人民法院组织清算。

5.《慈善法》(2023 年 12 月 29 日修正)

第十八条 慈善组织终止，应当进行清算。

慈善组织的决策机构应当在本法第十七条规定的终止情形出现之日起三十日内成立清算组进行清算，并向社会公告。不成立清算组或者清算组不履行职责的，办理其登记的民政部门可以申请人民法院指定有关人员组成清算组进行清算。

慈善组织清算后的剩余财产，应当按照慈善组织章程的规定转给宗旨相同或者相近的慈善组织；章程未规定的，由办理其登记的民政部门主持转给宗旨相同或者相近的慈善组织，并向社会公告。

慈善组织清算结束后，应当向办理其登记的民政部门办理注销登记，并由民政部门向社会公告。

第五十一条 慈善信托的设立、信托财产的管理、信托当事人、信托的终止和清算等事项，本章未规定的，适用本法其他有关规定；本法未规定的，适用《中华人民共和国信托法》的有关规定。

6.《刑法》(2023 年 12 月 29 日修正)

第一百六十二条 公司、企业进行清算时,隐匿财产,对资产负债表或者财产清单作虚伪记载或者在未清偿债务前分配公司、企业财产,严重损害债权人或者其他人利益的,对其直接负责的主管人员和其他直接责任人员,处五年以下有期徒刑或者拘役,并处或者单处二万元以上二十万元以下罚金。

二、相关行政法规条文

《市场主体登记管理条例》(2022 年 3 月 1 日起施行)

第三十三条 市场主体未发生债权债务或者已将债权债务清偿完结,未发生或者已结清清偿费用、职工工资、社会保险费用、法定补偿金、应缴纳税款(滞纳金、罚款),并由全体投资人书面承诺对上述情况的真实性承担法律责任的,可以按照简易程序办理注销登记。

市场主体应当将承诺书及注销登记申请通过国家企业信用信息公示系统公示,公示期为 20 日。在公示期内无相关部门、债权人及其他利害关系人提出异议的,市场主体可以于公示期届满之日起 20 日内向登记机关申请注销登记。

个体工商户按照简易程序办理注销登记的,无需公示,由登记机关将个体工商户的注销登记申请推送至税务等有关部门,有关部门在 10 日内没有提出异议的,可以直接办理注销登记。

市场主体注销依法须经批准的,或者市场主体被吊销营业执照、责令关闭、撤销,或者被列入经营异常名录的,不适用简易注销程序。

三、相关司法解释规定

1.《最高人民法院关于适用〈中华人民共和国公司法〉若干问题的规定(二)》(法释〔2008〕6 号)(2020 年 12 月 23 日修正)

第十八条 有限责任公司的股东、股份有限公司的董事和控股股东未在法定期限内成立清算组开始清算,导致公司财产贬值、流失、毁损或者灭失,债权人主张其在造成损失范围内对公司债务承担赔偿责任的,人民法院应依法予以支持。

有限责任公司的股东、股份有限公司的董事和控股股东因怠于履行义务,导致公司主要财产、账册、重要文件等灭失,无法进行清算,债权人主张其对公司债务承担连带清偿责任的,人民法院应依法予以支持。

上述情形系实际控制人原因造成，债权人主张实际控制人对公司债务承担相应民事责任的，人民法院应依法予以支持。

第十九条 有限责任公司的股东、股份有限公司的董事和控股股东，以及公司的实际控制人在公司解散后，恶意处置公司财产给债权人造成损失，或者未经依法清算，以虚假的清算报告骗取公司登记机关办理法人注销登记，债权人主张其对公司债务承担相应赔偿责任的，人民法院应依法予以支持。

第二十条 公司解散应当在依法清算完毕后，申请办理注销登记。公司未经清算即办理注销登记，导致公司无法进行清算，债权人主张有限责任公司的股东、股份有限公司的董事和控股股东，以及公司的实际控制人对公司债务承担清偿责任的，人民法院应依法予以支持。

公司未经依法清算即办理注销登记，股东或者第三人在公司登记机关办理注销登记时承诺对公司债务承担责任，债权人主张其对公司债务承担相应民事责任的，人民法院应依法予以支持。

第二十一条 按照本规定第十八条和第二十条第一款的规定应当承担责任的有限责任公司的股东、股份有限公司的董事和控股股东，以及公司的实际控制人为二人以上的，其中一人或者数人依法承担民事责任后，主张其他人员按照过错大小分担责任的，人民法院应依法予以支持。

第二十二条 公司解散时，股东尚未缴纳的出资均应作为清算财产。股东尚未缴纳的出资，包括到期应缴未缴的出资，以及依照公司法第二十六条和第八十条的规定分期缴纳尚未届满缴纳期限的出资。

公司财产不足以清偿债务时，债权人主张未缴出资股东，以及公司设立时的其他股东或者发起人在未缴出资范围内对公司债务承担连带清偿责任的，人民法院应依法予以支持。

第二十三条 清算组成员从事清算事务时，违反法律、行政法规或者公司章程给公司或者债权人造成损失，公司或者债权人主张其承担赔偿责任的，人民法院应依法予以支持。

有限责任公司的股东、股份有限公司连续一百八十日以上单独或者合计持有公司百分之一以上股份的股东，依据公司法第一百五十一条第三款的规定，以清算组成员有前款所述行为为由向人民法院提起诉讼的，人民法院应予受理。

公司已经清算完毕注销，上述股东参照公司法第一百五十一条第三款的规定,直接以清算组成员为被告、其他股东为第三人向人民法院提起诉讼的,人民法院应予受理。

2.《最高人民法院关于印发〈全国法院民商事审判工作会议纪要〉的通知》(法〔2019〕254号)

二、关于公司纠纷案件的审理

(五)关于有限责任公司清算义务人的责任

关于有限责任公司股东清算责任的认定,一些案件的处理结果不适当地扩大了股东的清算责任。特别是实践中出现了一些职业债权人,从其他债权人处大批量超低价收购僵尸企业的"陈年旧账"后,对批量僵尸企业提起强制清算之诉,在获得人民法院对公司主要财产、账册、重要文件等灭失的认定后,根据公司法司法解释(二)第18条第2款的规定,请求有限责任公司的股东对公司债务承担连带清偿责任。有的人民法院没有准确把握上述规定的适用条件,判决没有"怠于履行义务"的小股东或者虽"怠于履行义务"但与公司主要财产、账册、重要文件等灭失没有因果关系的小股东对公司债务承担远远超过其出资数额的责任,导致出现利益明显失衡的现象。需要明确的是,上述司法解释关于有限责任公司股东清算责任的规定,其性质是因股东怠于履行清算义务致使公司无法清算所应当承担的侵权责任。在认定有限责任公司股东是否应当对债权人承担侵权赔偿责任时,应当注意以下问题:

14.【怠于履行清算义务的认定】公司法司法解释(二)第18条第2款规定的"怠于履行义务",是指有限责任公司的股东在法定清算事由出现后,在能够履行清算义务的情况下,故意拖延、拒绝履行清算义务,或者因过失导致无法进行清算的消极行为。股东举证证明其已经为履行清算义务采取了积极措施,或者小股东举证证明其既不是公司董事会或者监事会成员,也没有选派人员担任该机关成员,且从未参与公司经营管理,以不构成"怠于履行义务"为由,主张其不应当对公司债务承担连带清偿责任的,人民法院依法予以支持。

15.【因果关系抗辩】有限责任公司的股东举证证明其"怠于履行义务"的消极不作为与"公司主要财产、账册、重要文件等灭失,无法进行清算"的结果之间没有因果关系,主张其不应对公司债务承担连带清偿责任的,人民法院依法予以支持。

四、相关指导性案例

指导案例9号:上海存亮贸易有限公司诉蒋志东、王卫明等买卖合同纠纷案(最高人民法院审判委员会讨论通过 2012年9月18日发布)

【关键词】民事 公司清算义务 连带清偿责任

【裁判要点】

有限责任公司的股东、股份有限公司的董事和控股股东,应当依法在公司被吊销营业执照后履行清算义务,不能以其不是实际控制人或者未实际参加公司经营管理为由,免除清算义务。

【基本案情】

原告上海存亮贸易有限公司(以下简称存亮公司)诉称:其向被告常州拓恒机械设备有限公司(以下简称拓恒公司)供应钢材,拓恒公司尚欠货款1395228.6元。被告房恒福、蒋志东和王卫明为拓恒公司的股东,拓恒公司未年检,被工商部门吊销营业执照,至今未组织清算。因其怠于履行清算义务,导致公司财产流失、灭失,存亮公司的债权得不到清偿。根据公司法及相关司法解释规定,房恒福、蒋志东和王卫明应对拓恒公司的债务承担连带责任。故请求判令拓恒公司偿还存亮公司货款1395228.6元及违约金,房恒福、蒋志东和王卫明对拓恒公司的债务承担连带清偿责任。

被告蒋志东、王卫明辩称:(1)两人从未参与过拓恒公司的经营管理;(2)拓恒公司实际由大股东房恒福控制,两人无法对其进行清算;(3)拓恒公司由于经营不善,在被吊销营业执照前已背负了大量债务,资不抵债,并非由于蒋志东、王卫明怠于履行清算义务而导致拓恒公司财产灭失;(4)蒋志东、王卫明也曾委托律师对拓恒公司进行清算,但由于拓恒公司财物多次被债权人哄抢,导致无法清算,因此蒋志东、王卫明不存在怠于履行清算义务的情况。故请求驳回存亮公司对蒋志东、王卫明的诉讼请求。

被告拓恒公司、房恒福未到庭参加诉讼,亦未作答辩。

法院经审理查明:2007年6月28日,存亮公司与拓恒公司建立钢材买卖合同关系。存亮公司履行了7095006.6元的供货义务,拓恒公司已付货款5699778元,尚欠货款1395228.6元。另,房恒福、蒋志东和王卫明为拓恒公司的股东,所占股份分别为40%、30%、30%。拓恒公司因未进行年检,2008年12月25日被工商部门吊销营业执照,至今股东未组织清算。现拓恒公司无办公经营地,帐册及财产均下落不明。拓恒公司在其他案件中因无财产可供执行被中止执行。

【裁判结果】

上海市松江区人民法院于2009年12月8日作出(2009)松民二(商)初字第1052号民事判决:一、拓恒公司偿付存亮公司货款1395228.6元及相应的违约金;二、房恒福、蒋志东和王卫明对拓恒公司的上述债务承担连带清偿责任。宣判后,蒋志东、王卫明提出上诉。上海市第一中级人民法院于2010年9月1日作出(2010)沪一中民四(商)终字第1302号民事判决:驳回上诉,维持原判。

【裁判理由】

法院生效裁判认为:存亮公司按约供货后,拓恒公司未能按约付清货款,应当承担相应的付款责任及违约责任。房恒福、蒋志东和王卫明作为拓恒公司的股东,应在拓恒公司被吊销营业执照后及时组织清算。

因房恒福、蒋志东和王卫明怠于履行清算义务,导致拓恒公司的主要财产、账册等均已灭失,无法进行清算,房恒福、蒋志东和王卫明怠于履行清算义务的行为,违反了公司法及其司法解释的相关规定,应当对拓恒公司的债务承担连带清偿责任。拓恒公司作为有限责任公司,其全体股东在法律上应一体成为公司的清算义务人。公司法及其相关司法解释并未规定蒋志东、王卫明所辩称的例外条款,因此无论蒋志东、王卫明在拓恒公司中所占的股份为多少,是否实际参与了公司的经营管理,两人在拓恒公司被吊销营业执照后,都有义务在法定期限内依法对拓恒公司进行清算。

关于蒋志东、王卫明辩称拓恒公司在被吊销营业执照前已背负大量债务,即使其怠于履行清算义务,也与拓恒公司财产灭失之间没有关联性。根据查明的事实,拓恒公司在其他案件中因无财产可供执行被中止执行的情况,只能证明人民法院在执行中未查找到拓恒公司的财产,不能证明拓恒公司的财产在被吊销营业执照前已全部灭失。拓恒公司的三名股东怠于履行清算义务与拓恒公司的财产、账册灭失之间具有因果联系,蒋志东、王卫明的该项抗辩理由不成立。蒋志东、王卫明委托律师进行清算的委托代理合同及律师的证明,仅能证明蒋志东、王卫明欲对拓恒公司进行清算,但事实上对拓恒公司的清算并未进行。据此,不能认定蒋志东、王卫明依法履行了清算义务,故对蒋志东、王卫明的该项抗辩理由不予采纳。

第七十一条 【法人的清算程序与清算组职权】法人的清算程序和清算组职权,依照有关法律的规定;没有规定的,参照适用公司法律的有关规定。

一、相关法律条文

1.《企业破产法》(2007年6月1日起施行)

第二十二条 管理人由人民法院指定。

债权人会议认为管理人不能依法、公正执行职务或者有其他不能胜任职务情形的,可以申请人民法院予以更换。

指定管理人和确定管理人报酬的办法,由最高人民法院规定。

第二十三条 管理人依照本法规定执行职务,向人民法院报告工作,并接受债权人会议和债权人委员会的监督。

管理人应当列席债权人会议,向债权人会议报告职务执行情况,并回答询问。

第二十四条 管理人可以由有关部门、机构的人员组成的清算组或者依法设立的律师事务所、会计师事务所、破产清算事务所等社会中介机构担任。

人民法院根据债务人的实际情况,可以在征询有关社会中介机构的意见后,指定该机构具备相关专业知识并取得执业资格的人员担任管理人。

有下列情形之一的,不得担任管理人:

(一)因故意犯罪受过刑事处罚;

(二)曾被吊销相关专业执业证书;

(三)与本案有利害关系;

(四)人民法院认为不宜担任管理人的其他情形。

个人担任管理人的,应当参加执业责任保险。

第二十五条 管理人履行下列职责:

(一)接管债务人的财产、印章和账簿、文书等资料;

(二)调查债务人财产状况,制作财产状况报告;

(三)决定债务人的内部管理事务;

(四)决定债务人的日常开支和其他必要开支;

(五)在第一次债权人会议召开之前,决定继续或者停止债务人的营业;

(六)管理和处分债务人的财产;

(七)代表债务人参加诉讼、仲裁或者其他法律程序;

(八)提议召开债权人会议;

(九)人民法院认为管理人应当履行的其他职责。

本法对管理人的职责另有规定的,适用其规定。

第二十六条 在第一次债权人会议召开之前,管理人决定继续或者停止债务人的营业或者有本法第六十九条规定行为之一的,应当经人民法院许可。

第二十七条 管理人应当勤勉尽责,忠实执行职务。

第二十八条 管理人经人民法院许可,可以聘用必要的工作人员。

管理人的报酬由人民法院确定。债权人会议对管理人的报酬有异议的,有权向人民法院提出。

第二十九条 管理人没有正当理由不得辞去职务。管理人辞去职务应当经人民法院许可。

2.《公司法》(2023年12月29日修订)

第二百三十四条 清算组在清算期间行使下列职权:

(一)清理公司财产,分别编制资产负债表和财产清单;

(二)通知、公告债权人;

(三)处理与清算有关的公司未了结的业务;

(四)清缴所欠税款以及清算过程中产生的税款;

(五)清理债权、债务;

(六)分配公司清偿债务后的剩余财产;

(七)代表公司参与民事诉讼活动。

第二百三十五条 清算组应当自成立之日起十日内通知债权人,并于六十日内在报纸上或者国家企业信用信息公示系统公告。债权人应当自接到通知之日起三十日内,未接到通知的自公告之日起四十五日内,向清算组申报其债权。

债权人申报债权,应当说明债权的有关事项,并提供证明材料。清算组应当对债权进行登记。

在申报债权期间,清算组不得对债权人进行清偿。

第二百三十六条 清算组在清理公司财产、编制资产负债表和财产清单后,应当制订清算方案,并报股东会或者人民法院确认。

公司财产在分别支付清算费用、职工的工资、社会保险费用和法定补偿金，缴纳所欠税款，清偿公司债务后的剩余财产，有限责任公司按照股东的出资比例分配，股份有限公司按照股东持有的股份比例分配。

清算期间，公司存续，但不得开展与清算无关的经营活动。公司财产在未依照前款规定清偿前，不得分配给股东。

第二百三十七条　清算组在清理公司财产、编制资产负债表和财产清单后，发现公司财产不足清偿债务的，应当依法向人民法院申请破产清算。

人民法院受理破产申请后，清算组应当将清算事务移交给人民法院指定的破产管理人。

第二百三十八条　清算组成员履行清算职责，负有忠实义务和勤勉义务。

清算组成员怠于履行清算职责，给公司造成损失的，应当承担赔偿责任；因故意或者重大过失给债权人造成损失的，应当承担赔偿责任。

第二百三十九条　公司清算结束后，清算组应当制作清算报告，报股东会或者人民法院确认，并报送公司登记机关，申请注销公司登记。

第二百四十一条　公司被吊销营业执照、责令关闭或者被撤销，满三年未向公司登记机关申请注销公司登记的，公司登记机关可以通过国家企业信用信息公示系统予以公告，公告期限不少于六十日。公告期限届满后，未有异议的，公司登记机关可以注销公司登记。

依照前款规定注销公司登记的，原公司股东、清算义务人的责任不受影响。

3.《农民专业合作社法》(2017年12月27日修订)

第四十九条　清算组自成立之日起接管农民专业合作社，负责处理与清算有关未了结业务，清理财产和债权、债务，分配清偿债务后的剩余财产，代表农民专业合作社参与诉讼、仲裁或者其他法律程序，并在清算结束时办理注销登记。

第五十条　清算组应当自成立之日起十日内通知农民专业合作社成员和债权人，并于六十日内在报纸上公告。债权人应当自接到通知之日起三十日内，未接到通知的自公告之日起四十五日内，向清算组申报债权。如果在规定期间内全部成员、债权人均已收到通知，免除清算组的公告义务。

债权人申报债权，应当说明债权的有关事项，并提供证明材料。清算组应当对债权进行审查、登记。

在申报债权期间，清算组不得对债权人进行清偿。

第五十一条　农民专业合作社因本法第四十八条第一款的原因解散，或者人民法院受理破产申请时，不能办理成员退社手续。

第五十二条　清算组负责制定包括清偿农民专业合作社员工的工资及社会保险费用，清偿所欠税款和其他各项债务，以及分配剩余财产在内的清算方案，经成员大会通过或者申请人民法院确认后实施。

清算组发现农民专业合作社的财产不足以清偿债务的，应当依法向人民法院申请破产。

第五十三条　农民专业合作社接受国家财政直接补助形成的财产，在解散、破产清算时，不得作为可分配剩余资产分配给成员，具体按照国务院财政部门有关规定执行。

第五十四条　清算组成员应当忠于职守，依法履行清算义务，因故意或者重大过失给农民专业合作社成员及债权人造成损失的，应当承担赔偿责任。

第五十五条　农民专业合作社破产适用企业破产法的有关规定。但是，破产财产在清偿破产费用和共益债务后，应当优先清偿破产前与农民成员已发生交易但尚未结清的款项。

二、相关行政法规条文

《市场主体登记管理条例》(2022年3月1日起施行)

第三十二条　市场主体注销登记前依法应当清算的，清算组应当自成立之日起10日内将清算组成员、清算组负责人名单通过国家企业信用信息公示系统公告。清算组可以通过国家企业信用信息公示系统发布债权人公告。

清算组应当自清算结束之日起30日内向登记机关申请注销登记。市场主体申请注销登记前，应当依法办理分支机构注销登记。

三、相关司法解释规定

《最高人民法院关于适用〈中华人民共和国公司法〉若干问题的规定(二)》(法释〔2008〕6号)(2020年12月23日修正)

第七条　公司应当依照民法典第七十条、公司法第一百八十三条的规定，在解散事由出现之日起十五日内成立清算组，开始自行清算。

有下列情形之一，债权人、公司股东、董事或其他利害关系人申请人民法院指定清算组进行清算的，人民法院应予受理：

（一）公司解散逾期不成立清算组进行清算的；

（二）虽然成立清算组但故意拖延清算的；

（三）违法清算可能严重损害债权人或者股东利益的。

第八条　人民法院受理公司清算案件，应当及时指定有关人员组成清算组。

清算组成员可以从下列人员或者机构中产生：

（一）公司股东、董事、监事、高级管理人员；

（二）依法设立的律师事务所、会计师事务所、破产清算事务所等社会中介机构；

（三）依法设立的律师事务所、会计师事务所、破产清算事务所等社会中介机构中具备相关专业知识并取得执业资格的人员。

第九条　人民法院指定的清算组成员有下列情形之一的，人民法院可以根据债权人、公司股东、董事或其他利害关系人的申请，或者依职权更换清算组成员：

（一）有违反法律或者行政法规的行为；

（二）丧失执业能力或者民事行为能力；

（三）有严重损害公司或者债权人利益的行为。

第十条　公司依法清算结束并办理注销登记前，有关公司的民事诉讼，应当以公司的名义进行。

公司成立清算组的，由清算组负责人代表公司参加诉讼；尚未成立清算组的，由原法定代表人代表公司参加诉讼。

第十一条　公司清算时，清算组应当按照公司法第一百八十五条的规定，将公司解散清算事宜书面通知全体已知债权人，并根据公司规模和营业地域范围在全国或者公司注册登记地省级有影响的报纸上进行公告。

清算组未按照前款规定履行通知和公告义务，导致债权人未及时申报债权而未获清偿，债权人主张清算组成员对因此造成的损失承担赔偿责任的，人民法院应依法予以支持。

第十二条　公司清算时，债权人对清算组核定的债权有异议的，可以要求清算组重新核定。清算组不予重新核定，或者债权人对重新核定的债权仍有异议，债权人以公司为被告向人民法院提起诉讼请求确认的,人民法院应予受理。

第十三条 债权人在规定的期限内未申报债权,在公司清算程序终结前补充申报的,清算组应予登记。

公司清算程序终结,是指清算报告经股东会、股东大会或者人民法院确认完毕。

第十四条 债权人补充申报的债权,可以在公司尚未分配财产中依法清偿。公司尚未分配财产不能全额清偿,债权人主张股东以其在剩余财产分配中已经取得的财产予以清偿的,人民法院应予支持;但债权人因重大过错未在规定期限内申报债权的除外。

债权人或者清算组,以公司尚未分配财产和股东在剩余财产分配中已经取得的财产,不能全额清偿补充申报的债权为由,向人民法院提出破产清算申请的,人民法院不予受理。

第十五条 公司自行清算的,清算方案应当报股东会或者股东大会决议确认;人民法院组织清算的,清算方案应当报人民法院确认。未经确认的清算方案,清算组不得执行。

执行未经确认的清算方案给公司或者债权人造成损失,公司、股东、董事、公司其他利害关系人或者债权人主张清算组成员承担赔偿责任的,人民法院应依法予以支持。

第十六条 人民法院组织清算的,清算组应当自成立之日起六个月内清算完毕。

因特殊情况无法在六个月内完成清算的,清算组应当向人民法院申请延长。

第十七条 人民法院指定的清算组在清理公司财产、编制资产负债表和财产清单时,发现公司财产不足清偿债务的,可以与债权人协商制作有关债务清偿方案。

债务清偿方案经全体债权人确认且不损害其他利害关系人利益的,人民法院可依清算组的申请裁定予以认可。清算组依据该清偿方案清偿债务后,应当向人民法院申请裁定终结清算程序。

债权人对债务清偿方案不予确认或者人民法院不予认可的,清算组应当依法向人民法院申请宣告破产。

第二十四条 解散公司诉讼案件和公司清算案件由公司住所地人民法院管辖。公司住所地是指公司主要办事机构所在地。公司办事机构所在地不明确的,由其注册地人民法院管辖。

基层人民法院管辖县、县级市或者区的公司登记机关核准登记公司的解散诉讼案件和公司清算案件；中级人民法院管辖地区、地级市以上的公司登记机关核准登记公司的解散诉讼案件和公司清算案件。

第七十二条 【清算中法人地位、清算后剩余财产处置与法人终止】清算期间法人存续，但是不得从事与清算无关的活动。

法人清算后的剩余财产，按照法人章程的规定或者法人权力机构的决议处理。法律另有规定的，依照其规定。

清算结束并完成法人注销登记时，法人终止；依法不需要办理法人登记的，清算结束时，法人终止。

一、相关法律条文

1.《公司法》(2023年12月29日修订)

第二百三十六条 清算组在清理公司财产、编制资产负债表和财产清单后，应当制订清算方案，并报股东会或者人民法院确认。

公司财产在分别支付清算费用、职工的工资、社会保险费用和法定补偿金，缴纳所欠税款，清偿公司债务后的剩余财产，有限责任公司按照股东的出资比例分配，股份有限公司按照股东持有的股份比例分配。

清算期间，公司存续，但不得开展与清算无关的经营活动。公司财产在未依照前款规定清偿前，不得分配给股东。

第二百五十五条 公司在合并、分立、减少注册资本或者进行清算时，不依照本法规定通知或者公告债权人的，由公司登记机关责令改正，对公司处以一万元以上十万元以下的罚款。

第二百五十六条 公司在进行清算时，隐匿财产，对资产负债表或者财产清单作虚假记载，或者在未清偿债务前分配公司财产的，由公司登记机关责令改正，对公司处以隐匿财产或者未清偿债务前分配公司财产金额百分之五以上百分之十以下的罚款；对直接负责的主管人员和其他直接责任人员处以一万元以上十万元以下的罚款。

2.《证券法》(2019年12月28日修订)

第一百三十一条 证券公司客户的交易结算资金应当存放在商业银行，以每个客户的名义单独立户管理。

证券公司不得将客户的交易结算资金和证券归入其自有财产。禁止任何单位或者个人以任何形式挪用客户的交易结算资金和证券。证券公司破产或者清算时,客户的交易结算资金和证券不属于其破产财产或者清算财产。非因客户本身的债务或者法律规定的其他情形,不得查封、冻结、扣划或者强制执行客户的交易结算资金和证券。

3.《慈善法》(2023年12月29日修正)

第十八条 慈善组织终止,应当进行清算。

慈善组织的决策机构应当在本法第十七条规定的终止情形出现之日起三十日内成立清算组进行清算,并向社会公告。不成立清算组或者清算组不履行职责的,办理其登记的民政部门可以申请人民法院指定有关人员组成清算组进行清算。

慈善组织清算后的剩余财产,应当按照慈善组织章程的规定转给宗旨相同或者相近的慈善组织;章程未规定的,由办理其登记的民政部门主持转给宗旨相同或者相近的慈善组织,并向社会公告。

慈善组织清算结束后,应当向办理其登记的民政部门办理注销登记,并由民政部门向社会公告。

4.《证券投资基金法》(2015年4月24日修正)

第八十一条 基金合同终止时,基金管理人应当组织清算组对基金财产进行清算。

清算组由基金管理人、基金托管人以及相关的中介服务机构组成。

清算组作出的清算报告经会计师事务所审计,律师事务所出具法律意见书后,报国务院证券监督管理机构备案并公告。

第八十二条 清算后的剩余基金财产,应当按照基金份额持有人所持份额比例进行分配。

二、相关行政法规条文

1.《市场主体登记管理条例》(2022年3月1日起施行)

第三十二条 市场主体注销登记前依法应当清算的,清算组应当自成立之日起10日内将清算组成员、清算组负责人名单通过国家企业信用信息公示系统公告。清算组可以通过国家企业信用信息公示系统发布债权人公告。

清算组应当自清算结束之日起30日内向登记机关申请注销登记。市场主体申请注销登记前,应当依法办理分支机构注销登记。

2.《社会团体登记管理条例》(2016年2月6日修订)

第十八条 社会团体的登记事项需要变更的,应当自业务主管单位审查同意之日起30日内,向登记管理机关申请变更登记。

社会团体修改章程,应当自业务主管单位审查同意之日起30日内,报登记管理机关核准。

第十九条 社会团体有下列情形之一的,应当在业务主管单位审查同意后,向登记管理机关申请注销登记:

(一)完成社会团体章程规定的宗旨的;

(二)自行解散的;

(三)分立、合并的;

(四)由于其他原因终止的。

第二十条 社会团体在办理注销登记前,应当在业务主管单位及其他有关机关的指导下,成立清算组织,完成清算工作。清算期间,社会团体不得开展清算以外的活动。

第二十一条 社会团体应当自清算结束之日起15日内向登记管理机关办理注销登记。办理注销登记,应当提交法定代表人签署的注销登记申请书、业务主管单位的审查文件和清算报告书。

登记管理机关准予注销登记的,发给注销证明文件,收缴该社会团体的登记证书、印章和财务凭证。

第二十二条 社会团体处分注销后的剩余财产,按照国家有关规定办理。

第二十三条 社会团体成立、注销或者变更名称、住所、法定代表人,由登记管理机关予以公告。

3.《事业单位登记管理暂行条例》(2004年6月27日修订)

第十三条 事业单位被撤销、解散的,应当向登记管理机关办理注销登记或者注销备案。

事业单位办理注销登记前,应当在审批机关指导下成立清算组织,完成清算工作。

事业单位应当自清算结束之日起15日内,向登记管理机关办理注销登记。事业单位办理注销登记,应当提交撤销或者解散该事业单位的文件和清算报告;登记管理机关收缴《事业单位法人证书》和印章。

第十四条　事业单位的登记、备案或者变更名称、住所以及注销登记或者注销备案,由登记管理机关予以公告。

4.《基金会管理条例》(2004年6月1日起施行)

第十八条　基金会在办理注销登记前,应当在登记管理机关、业务主管单位的指导下成立清算组织,完成清算工作。

基金会应当自清算结束之日起15日内向登记管理机关办理注销登记;在清算期间不得开展清算以外的活动。

5.《城镇集体所有制企业条例》(2016年2月6日修订)

第十九条　集体企业财产清算后的剩余财产,按照下列办法处理:

(一)有国家、本企业外的单位和个人以及本企业职工个人投资入股的,应当依照其投资入股金额占企业总资产的比例,从企业剩余财产中按相同的比例偿还;

(二)其余财产,由企业上级管理机构作为该企业职工待业和养老救济、就业安置和职业培训等费用,专款专用,不得挪作他用。

第二十条　集体企业终止,必须依照《中华人民共和国企业法人登记管理条例》的规定办理注销登记并公告。

三、相关司法解释规定

《最高人民法院经济审判庭关于人民法院不宜以一方当事人公司营业执照被吊销,已丧失民事诉讼主体资格为由,裁定驳回起诉问题的复函》(法经〔2000〕23号函)

甘肃省高级人民法院:

你院〔1999〕甘经终字第193号请示报告收悉。经研究,答复如下:

吊销企业法人营业执照,是工商行政管理局对实施违法行为的企业法人给予的一种行政处罚。根据《中华人民共和国民法通则》第四十条、第四十六条和《中华人民共和国企业法人登记管理条例》第三十三条的规定,企业法人营业执照被吊销后,应当由其开办单位(包括股东)或者企业组织清算组依法进行清算,停止清算范围外的活动。清算期间,企业民事诉讼主体资格依然存在。本案中人民法院不应以甘肃新科工贸有限责任公司(以下简称新科公司)被吊销企业法人营业执照,丧失民事诉讼主体资格为由,裁定驳回起诉。本案债务人新科公司在诉讼中被吊销企业法人营业执照后,至今未组织清算组依法进行清算,因此,债权人兰州岷山制药厂以新科公司为被告,后又要求追加该公司全体股东为被告,应当准许,追加该公司的股东为共同被告参加诉讼,承担清算责任。

附:

甘肃省高级人民法院关于人民法院不宜以一方当事人公司营业执照被吊销,已丧失民事诉讼主体资格为由,裁定驳回起诉问题的请示
(〔1999〕甘经终字第193号)

最高人民法院:

一、案件主要事实

甘肃省高级人民法院就其所审理的兰州岷山制药厂(以下简称制药厂)与甘肃新科工贸有限责任公司(以下简称新科公司)欠款纠纷上诉案件中所遇到的民事诉讼主体确定问题请示到本院。

该案的简要案情如下:中国银行甘肃省分行与新科公司签订一借款合同,制药厂为新科公司提供了保证。1996年2月,因新科公司到期未偿还借款,中国银行甘肃省分行即从保证人制药厂账户中扣划走借款本息共计334869.89元。1996年4月15日,制药厂与新科公司就该笔扣款达成借款合同和还款计划。新科公司只履行了部分还款义务,仍欠275628.11元。1999年3月10日,制药厂向兰州市中级人民法院提起诉讼,要求新科公司偿还欠款,并赔偿经济损失。兰州市中级人民法院于1999年4月7日立案受理了本案,新科公司作为被告参加了诉讼,其公章也在使用。1999年6月11日一审开庭时,新科公司出庭应诉,举证其于1999年6月8日收到吊销营业执照的处罚决定书,并表示其不申请复议。后,制药厂请求追加新科公司股东为被告,请求法院对新科公司组织清算。1999年6月29日,兰州市中级人民法院以新科公司被吊销营业执照,本案无明确被告为由,裁定驳回制药厂起诉。制药厂不服,上诉至甘肃省高级人民法院。

对新科公司民事诉讼主体的确认问题,甘肃省高级人民法院认为,《中华人民共和国公司法》(以下简称《公司法》)第一百九十二条规定:"公司违反法律、行政法规被依法责令关闭的,应当解散,由有关主管部门组织股东、有关机关及有关专业人员成立清算组,进行清算。"但该法条对主管机关未予明确。国家工商行政管理局答复甘肃省高级人民法院的意见是:该条有关主管机关,是指依国家法律、行政法规,有权责令公司关闭的部门或机关,工商机关作为登记机关,不负责对吊销营业执照的公司组织清算。新科公司被吊销营业执照后,未对债务进行清理。

制药厂作为债权人诉至法院,请求法院组织清算,缺乏法律依据。审判实践中特别是涉及有限责任公司为债务人的,被工商行政管理局吊销营业执照后,没有明确债务承担者,无部门组织清算,股东又不管,一审驳回起诉,二审可以维持,但债权人的利益无法保护。为妥善解决此类问题,提请本院答复。

二、分歧意见

对本案被告民事诉讼主体资格的确认问题,研究中,存在着两种不同意见,即:

一种意见认为,新科公司既然已被工商行政管理局吊销了企业法人营业执照,就不应再具备民事诉讼主体资格。如还承认新科公司的民事诉讼主体资格,与工商行政管理局的处罚决定相矛盾。同意将股东列为被告,承担责任。

另一种意见(绝大多数意见)则认为,吊销企业法人营业执照,是工商行政管理局对违反行政法规的企业法人作出的一种行政处罚。企业法人被吊销营业执照后,应当停止清算范围外的一切活动。经清算程序结束,办理了工商注销登记后,该企业法人才归于消灭。清算期间,企业法人(清算法人)民事诉讼主体资格依然存在。有限责任公司是企业法人中最典型的形态,其在清算期间,也应视为存续,可以有限责任公司名义从事清算活动,起诉、应诉。新科公司被吊销企业法人营业执照后,未进行清算,债权人制药厂起诉新科公司,后又要求追加新科公司全体股东为被告,应当准许。兰州市中级人民法院以新科公司被吊销企业法人营业执照,丧失民事诉讼主体资格为由,裁定驳回起诉,是不妥的。

现予请示,请批复。

第七十三条 【法人破产清算】法人被宣告破产的,依法进行破产清算并完成法人注销登记时,法人终止。

一、相关法律条文

1.《公司法》(2023年12月29日修订)

第二百四十二条 公司被依法宣告破产的,依照有关企业破产的法律实施破产清算。

2.《企业破产法》(2007年6月1日起施行)

第一百零七条　人民法院依照本法规定宣告债务人破产的，应当自裁定作出之日起五日内送达债务人和管理人，自裁定作出之日起十日内通知已知债权人，并予以公告。

债务人被宣告破产后，债务人称为破产人，债务人财产称为破产财产，人民法院受理破产申请时对债务人享有的债权称为破产债权。

第一百零八条　破产宣告前，有下列情形之一的，人民法院应当裁定终结破产程序，并予以公告：

(一)第三人为债务人提供足额担保或者为债务人清偿全部到期债务的；

(二)债务人已清偿全部到期债务的。

第一百零九条　对破产人的特定财产享有担保权的权利人，对该特定财产享有优先受偿的权利。

第一百一十条　享有本法第一百零九条规定权利的债权人行使优先受偿权利未能完全受偿的，其未受偿的债权作为普通债权；放弃优先受偿权利的，其债权作为普通债权。

第一百一十一条　管理人应当及时拟订破产财产变价方案，提交债权人会议讨论。

管理人应当按照债权人会议通过的或者人民法院依照本法第六十五条第一款规定裁定的破产财产变价方案，适时变价出售破产财产。

第一百一十二条　变价出售破产财产应当通过拍卖进行。但是，债权人会议另有决议的除外。

破产企业可以全部或者部分变价出售。企业变价出售时，可以将其中的无形资产和其他财产单独变价出售。

按照国家规定不能拍卖或者限制转让的财产，应当按照国家规定的方式处理。

第一百一十三条　破产财产在优先清偿破产费用和共益债务后，依照下列顺序清偿：

(一)破产人所欠职工的工资和医疗、伤残补助、抚恤费用，所欠的应当划入职工个人账户的基本养老保险、基本医疗保险费用，以及法律、行政法规规定应当支付给职工的补偿金；

(二)破产人欠缴的除前项规定以外的社会保险费用和破产人所欠

税款;

(三)普通破产债权。

破产财产不足以清偿同一顺序的清偿要求的,按照比例分配。

破产企业的董事、监事和高级管理人员的工资按照该企业职工的平均工资计算。

第一百一十四条　破产财产的分配应当以货币分配方式进行。但是,债权人会议另有决议的除外。

第一百一十五条　管理人应当及时拟订破产财产分配方案,提交债权人会议讨论。

破产财产分配方案应当载明下列事项:

(一)参加破产财产分配的债权人名称或者姓名、住所;

(二)参加破产财产分配的债权额;

(三)可供分配的破产财产数额;

(四)破产财产分配的顺序、比例及数额;

(五)实施破产财产分配的方法。

债权人会议通过破产财产分配方案后,由管理人将该方案提请人民法院裁定认可。

第一百一十六条　破产财产分配方案经人民法院裁定认可后,由管理人执行。

管理人按照破产财产分配方案实施多次分配的,应当公告本次分配的财产额和债权额。管理人实施最后分配的,应当在公告中指明,并载明本法第一百一十七条第二款规定的事项。

第一百一十七条　对于附生效条件或者解除条件的债权,管理人应当将其分配额提存。

管理人依照前款规定提存的分配额,在最后分配公告日,生效条件未成就或者解除条件成就的,应当分配给其他债权人;在最后分配公告日,生效条件成就或者解除条件未成就的,应当交付给债权人。

第一百一十八条　债权人未受领的破产财产分配额,管理人应当提存。债权人自最后分配公告之日起满二个月仍不领取的,视为放弃受领分配的权利,管理人或者人民法院应当将提存的分配额分配给其他债权人。

第一百一十九条　破产财产分配时,对于诉讼或者仲裁未决的债权,管理人应当将其分配额提存。自破产程序终结之日起满二年仍不能受领分配的，人民法院应当将提存的分配额分配给其他债权人。

第一百二十条　破产人无财产可供分配的，管理人应当请求人民法院裁定终结破产程序。

管理人在最后分配完结后，应当及时向人民法院提交破产财产分配报告，并提请人民法院裁定终结破产程序。

人民法院应当自收到管理人终结破产程序的请求之日起十五日内作出是否终结破产程序的裁定。裁定终结的，应当予以公告。

第一百二十一条　管理人应当自破产程序终结之日起十日内，持人民法院终结破产程序的裁定，向破产人的原登记机关办理注销登记。

第一百二十二条　管理人于办理注销登记完毕的次日终止执行职务。但是，存在诉讼或者仲裁未决情况的除外。

第一百二十三条　自破产程序依照本法第四十三条第四款或者第一百二十条的规定终结之日起二年内，有下列情形之一的，债权人可以请求人民法院按照破产财产分配方案进行追加分配：

（一）发现有依照本法第三十一条、第三十二条、第三十三条、第三十六条规定应当追回的财产的；

（二）发现破产人有应当供分配的其他财产的。

有前款规定情形，但财产数量不足以支付分配费用的，不再进行追加分配，由人民法院将其上交国库。

第一百二十四条　破产人的保证人和其他连带债务人，在破产程序终结后，对债权人依照破产清算程序未受清偿的债权，依法继续承担清偿责任。

二、相关司法解释规定

《最高人民法院关于印发〈全国法院民商事审判工作会议纪要〉的通知》（法〔2019〕254 号）

117.【公司解散清算与破产清算的衔接】要依法区分公司解散清算与破产清算的不同功能和不同适用条件。债务人同时符合破产清算条件和强制清算条件的，应当及时适用破产清算程序实现对债权人利益的公平保护。债权人对符合破产清算条件的债务人提起公司强制清算申请，经人民法院释明，债权人仍然坚持申请对债务人强制清算的，人民法院应当裁定不予受理。

第七十四条 【法人分支机构】法人可以依法设立分支机构。法律、行政法规规定分支机构应当登记的,依照其规定。

分支机构以自己的名义从事民事活动,产生的民事责任由法人承担;也可以先以该分支机构管理的财产承担,不足以承担的,由法人承担。

一、相关法律条文

1.《公司法》(2023年12月29日修订)

第二百四十三条 本法所称外国公司,是指依照外国法律在中华人民共和国境外设立的公司。

第二百四十四条 外国公司在中华人民共和国境内设立分支机构,应当向中国主管机关提出申请,并提交其公司章程、所属国的公司登记证书等有关文件,经批准后,向公司登记机关依法办理登记,领取营业执照。

外国公司分支机构的审批办法由国务院另行规定。

第二百四十五条 外国公司在中华人民共和国境内设立分支机构,应当在中华人民共和国境内指定负责该分支机构的代表人或者代理人,并向该分支机构拨付与其所从事的经营活动相适应的资金。

对外国公司分支机构的经营资金需要规定最低限额的,由国务院另行规定。

第二百四十六条 外国公司的分支机构应当在其名称中标明该外国公司的国籍及责任形式。

外国公司的分支机构应当在本机构中置备该外国公司章程。

第二百四十七条 外国公司在中华人民共和国境内设立的分支机构不具有中国法人资格。

外国公司对其分支机构在中华人民共和国境内进行经营活动承担民事责任。

第二百四十八条 经批准设立的外国公司分支机构,在中华人民共和国境内从事业务活动,应当遵守中国的法律,不得损害中国的社会公共利益,其合法权益受中国法律保护。

第二百四十九条 外国公司撤销其在中华人民共和国境内的分支机构时,应当依法清偿债务,依照本法有关公司清算程序的规定进行清算。未清偿债务之前,不得将其分支机构的财产转移至中华人民共和国境外。

2.《商业银行法》(2015年8月29日修正)

第十九条 商业银行根据业务需要可以在中华人民共和国境内外设立分支机构。设立分支机构必须经国务院银行业监督管理机构审查批准。在中华人民共和国境内的分支机构,不按行政区划设立。

商业银行在中华人民共和国境内设立分支机构,应当按照规定拨付与其经营规模相适应的营运资金额。拨付各分支机构营运资金额的总和,不得超过总行资本金总额的百分之六十。

第二十条 设立商业银行分支机构,申请人应当向国务院银行业监督管理机构提交下列文件、资料:

(一)申请书,申请书应当载明拟设立的分支机构的名称、营运资金额、业务范围、总行及分支机构所在地等;

(二)申请人最近二年的财务会计报告;

(三)拟任职的高级管理人员的资格证明;

(四)经营方针和计划;

(五)营业场所、安全防范措施和与业务有关的其他设施的资料;

(六)国务院银行业监督管理机构规定的其他文件、资料。

第二十一条 经批准设立的商业银行分支机构,由国务院银行业监督管理机构颁发经营许可证,并凭该许可证向工商行政管理部门办理登记,领取营业执照。

第二十二条 商业银行对其分支机构实行全行统一核算,统一调度资金,分级管理的财务制度。

商业银行分支机构不具有法人资格,在总行授权范围内依法开展业务,其民事责任由总行承担。

第二十三条 经批准设立的商业银行及其分支机构,由国务院银行业监督管理机构予以公告。

商业银行及其分支机构自取得营业执照之日起无正当理由超过六个月未开业的,或者开业后自行停业连续六个月以上的,由国务院银行业监督管理机构吊销其经营许可证,并予以公告。

3.《海关法》(2021年4月29日修正)

第四条第三款 海关侦查走私犯罪公安机构根据国家有关规定,可以设立分支机构。各分支机构办理其管辖的走私犯罪案件,应当依法向有管辖权的人民检察院移送起诉。

4.《境外非政府组织境内活动管理法》(2017年11月4日修正)

第十八条 境外非政府组织代表机构应当以登记的名称,在登记的业务范围和活动地域内开展活动。

境外非政府组织不得在中国境内设立分支机构,国务院另有规定的除外。

5.《种子法》(2021年12月24日修正)

第三十八条第一款 种子生产经营许可证的有效区域由发证机关在其管辖范围内确定。种子生产经营者在种子生产经营许可证载明的有效区域设立分支机构的,专门经营不再分装的包装种子的,或者受具有种子生产经营许可证的种子生产经营者以书面委托生产、代销其种子的,不需要办理种子生产经营许可证,但应当向当地农业农村、林业草原主管部门备案。

6.《邮政法》(2015年4月24日修正)

第五十四条 邮政企业以外的经营快递业务的企业(以下称快递企业)设立分支机构或者合并、分立的,应当向邮政管理部门备案。

7.《保险法》(2015年4月24日修正)

第七十四条 保险公司在中华人民共和国境内设立分支机构,应当经保险监督管理机构批准。

保险公司分支机构不具有法人资格,其民事责任由保险公司承担。

第七十五条 保险公司申请设立分支机构,应当向保险监督管理机构提出书面申请,并提交下列材料:

(一)设立申请书;

(二)拟设机构三年业务发展规划和市场分析材料;

(三)拟任高级管理人员的简历及相关证明材料;

(四)国务院保险监督管理机构规定的其他材料。

第七十六条 保险监督管理机构应当对保险公司设立分支机构的申请进行审查,自受理之日起六十日内作出批准或者不批准的决定。决定批准的,颁发分支机构经营保险业务许可证;决定不批准的,应当书面通知申请人并说明理由。

第七十七条 经批准设立的保险公司及其分支机构,凭经营保险业务许可证向工商行政管理机关办理登记,领取营业执照。

第七十八条 保险公司及其分支机构自取得经营保险业务许可证之日起六个月内,无正当理由未向工商行政管理机关办理登记的,其经营保险业务许可证失效。

第七十九条 保险公司在中华人民共和国境外设立子公司、分支机构,应当经国务院保险监督管理机构批准。

二、相关行政法规条文

《市场主体登记管理条例》(2022 年 3 月 1 日起施行)

第二十三条 市场主体设立分支机构,应当向分支机构所在地的登记机关申请登记。

第三十二条第二款 清算组应当自清算结束之日起 30 日内向登记机关申请注销登记。市场主体申请注销登记前,应当依法办理分支机构注销登记。

三、相关司法解释规定

1.《最高人民法院关于民事执行中变更、追加当事人若干问题的规定》(法释〔2016〕21 号)(2020 年 12 月 23 日修正)

第十五条 作为被执行人的法人分支机构,不能清偿生效法律文书确定的债务,申请执行人申请变更、追加该法人为被执行人的,人民法院应予支持。法人直接管理的责任财产仍不能清偿债务的,人民法院可以直接执行该法人其他分支机构的财产。

作为被执行人的法人,直接管理的责任财产不能清偿生效法律文书确定债务的,人民法院可以直接执行该法人分支机构的财产。

2.《最高人民法院关于适用〈中华人民共和国民法典〉有关担保制度的解释》(法释〔2020〕28 号)

第十一条 公司的分支机构未经公司股东(大)会或者董事会决议以自己的名义对外提供担保,相对人请求公司或者其分支机构承担担保责任的,人民法院不予支持,但是相对人不知道且不应当知道分支机构对外提供担保未经公司决议程序的除外。

金融机构的分支机构在其营业执照记载的经营范围内开立保函,或者经有权从事担保业务的上级机构授权开立保函,金融机构或者其分支机构以违反公司法关于公司对外担保决议程序的规定为由主张不承担担保责任的,人民法院不予支持。金融机构的分支机构未经金融机构授权提供保函之外的担保,金融机构或者其分支机构主张不承担担保责任的,人民法院应予支持,但是相对人不知道且不应当知道分支机构对外提供担保未经金融机构授权的除外。

担保公司的分支机构未经担保公司授权对外提供担保,担保公司或者其分支机构主张不承担担保责任的,人民法院应予支持,但是相对人不知道且不应当知道分支机构对外提供担保未经担保公司授权的除外。

公司的分支机构对外提供担保,相对人非善意,请求公司承担赔偿责任的,参照本解释第十七条的有关规定处理。

3.《最高人民法院关于适用〈中华人民共和国民事诉讼法〉的解释》(法释〔2015〕5号)(2022年3月22日修正)

第五十二条　民事诉讼法第五十一条规定的其他组织是指合法成立、有一定的组织机构和财产,但又不具备法人资格的组织,包括:

(一)依法登记领取营业执照的个人独资企业;

(二)依法登记领取营业执照的合伙企业;

(三)依法登记领取我国营业执照的中外合作经营企业、外资企业;

(四)依法成立的社会团体的分支机构、代表机构;

(五)依法设立并领取营业执照的法人的分支机构;

(六)依法设立并领取营业执照的商业银行、政策性银行和非银行金融机构的分支机构;

(七)经依法登记领取营业执照的乡镇企业、街道企业;

(八)其他符合本条规定条件的组织。

第五十三条　法人非依法设立的分支机构,或者虽依法设立,但没有领取营业执照的分支机构,以设立该分支机构的法人为当事人。

四、相关指导性案例

指导案例149号:长沙广大建筑装饰有限公司诉中国工商银行股份有限公司广州粤秀支行、林传武、长沙广大建筑装饰有限公司广州分公司等第三人撤销之诉案(最高人民法院审判委员会讨论通过　2021年2月19日发布)

【关键词】民事　第三人撤销之诉　公司法人　分支机构　原告主

体资格

【裁判要点】

公司法人的分支机构以自己的名义从事民事活动，并独立参加民事诉讼，人民法院判决分支机构对外承担民事责任，公司法人对该生效裁判提起第三人撤销之诉的，其不符合民事诉讼法第五十六条规定的第三人条件，人民法院不予受理。

【基本案情】

2011 年 7 月 12 日，林传武与中国工商银行股份有限公司广州粤秀支行（以下简称工商银行粤秀支行）签订《个人借款/担保合同》。长沙广大建筑装饰有限公司广州分公司（以下简称长沙广大广州分公司）出具《担保函》，为林传武在工商银行粤秀支行的贷款提供连带责任保证。后因林传武欠付款项，工商银行粤秀支行向法院起诉林传武、长沙广大广州分公司等，请求林传武偿还欠款本息，长沙广大广州分公司承担连带清偿责任。此案经广东省广州市天河区人民法院一审、广州市中级人民法院二审，判令林传武清偿欠付本金及利息等，其中一项为判令长沙广大广州分公司对林传武的债务承担连带清偿责任。

2017 年，长沙广大建筑装饰有限公司（以下简称长沙广大公司）向广州市中级人民法院提起第三人撤销之诉，以生效判决没有将长沙广大公司列为共同被告参与诉讼，并错误认定《担保函》性质，导致长沙广大公司无法主张权利，请求撤销广州市中级人民法院作出的（2016）粤01 民终第 15617 号民事判决。

【裁判结果】

广州市中级人民法院于 2017 年 12 月 4 日作出（2017）粤 01 民撤10 号民事裁定：驳回原告长沙广大建筑装饰有限公司的起诉。宣判后，长沙广大建筑装饰有限公司提起上诉。广东省高级人民法院于 2018年 6 月 22 日作出（2018）粤民终 1151 号民事裁定：驳回上诉，维持原裁定。

【裁判理由】

法院生效裁判认为：民事诉讼法第五十六条规定："对当事人双方的诉讼标的，第三人认为有独立请求权的，有权提起诉讼。对当事人双方的诉讼标的，第三人虽然没有独立请求权，但案件处理结果同他有法律上的利害关系的，可以申请参加诉讼，或者由人民法院通知他参加诉讼。人民法院判决承担民事责任的第三人，有当事人的诉讼权利义务。

前两款规定的第三人,因不能归责于本人的事由未参加诉讼,但有证据证明发生法律效力的判决、裁定、调解书的部分或者全部内容错误,损害其民事权益的,可以自知道或者应当知道其民事权益受到损害之日起六个月内,向作出该判决、裁定、调解书的人民法院提起诉讼。……"依据上述法律规定,提起第三人撤销之诉的"第三人"是指有独立请求权的第三人,或者案件处理结果同他有法律上的利害关系的无独立请求权第三人,但不包括当事人双方。在已经生效的(2016)粤01民终15617号案件中,被告长沙广大广州分公司系长沙广大公司的分支机构,不是法人,但其依法设立并领取工商营业执照,具有一定的运营资金和在核准的经营范围内经营业务的行为能力。根据民法总则第七十四条第二款"分支机构以自己的名义从事民事活动,产生的民事责任由法人承担;也可以先以该分支机构管理的财产承担,不足以承担的,由法人承担"的规定,长沙广大公司在(2016)粤01民终15617号案件中,属于承担民事责任的当事人,其诉讼地位不是民事诉讼法第五十六条规定的第三人。因此,长沙广大公司以第三人的主体身份提出本案诉讼不符合第三人撤销之诉的法定适用条件。

第七十五条 【法人设立行为的法律后果】设立人为设立法人从事的民事活动,其法律后果由法人承受;法人未成立的,其法律后果由设立人承受,设立人为二人以上的,享有连带债权,承担连带债务。

设立人为设立法人以自己的名义从事民事活动产生的民事责任,第三人有权选择请求法人或者设立人承担。

一、相关法律条文

《公司法》(2023年12月29日修订)

第四十四条 有限责任公司设立时的股东为设立公司从事的民事活动,其法律后果由公司承受。

公司未成立的,其法律后果由公司设立时的股东承受;设立时的股东为二人以上的,享有连带债权,承担连带债务。

设立时的股东为设立公司以自己的名义从事民事活动产生的民事责任,第三人有权选择请求公司或者公司设立时的股东承担。

设立时的股东因履行公司设立职责造成他人损害的，公司或者无过错的股东承担赔偿责任后，可以向有过错的股东追偿。

二、相关司法解释规定

《最高人民法院关于适用〈中华人民共和国公司法〉若干问题的规定（三）》（法释〔2011〕3号）（2020年12月23日修正）

第二条 发起人为设立公司以自己名义对外签订合同，合同相对人请求该发起人承担合同责任的，人民法院应予支持；公司成立后合同相对人请求公司承担合同责任的，人民法院应予支持。

第三条 发起人以设立中公司名义对外签订合同，公司成立后合同相对人请求公司承担合同责任的，人民法院应予支持。

公司成立后有证据证明发起人利用设立中公司的名义为自己的利益与相对人签订合同，公司以此为由主张不承担合同责任的，人民法院应予支持，但相对人为善意的除外。

第四条 公司因故未成立，债权人请求全体或者部分发起人对设立公司行为所产生的费用和债务承担连带清偿责任的，人民法院应予支持。

部分发起人依照前款规定承担责任后，请求其他发起人分担的，人民法院应当判令其他发起人按照约定的责任承担比例分担责任；没有约定责任承担比例的，按照约定的出资比例分担责任；没有约定出资比例的，按照均等份额分担责任。

因部分发起人的过错导致公司未成立，其他发起人主张其承担设立行为所产生的费用和债务的，人民法院应当根据过错情况，确定过错一方的责任范围。

第五条 发起人因履行公司设立职责造成他人损害，公司成立后受害人请求公司承担侵权赔偿责任的，人民法院应予支持；公司未成立，受害人请求全体发起人承担连带赔偿责任的，人民法院应予支持。

公司或者无过错的发起人承担赔偿责任后，可以向有过错的发起人追偿。

第二节 营利法人

第七十六条 【营利法人的定义和类型】以取得利润并分配给股东等出资人为目的成立的法人,为营利法人。

营利法人包括有限责任公司、股份有限公司和其他企业法人等。

一、相关法律条文

1.《公司法》(2023年12月29日修订)

第七条 依照本法设立的有限责任公司,应当在公司名称中标明有限责任公司或者有限公司字样。

依照本法设立的股份有限公司,应当在公司名称中标明股份有限公司或者股份公司字样。

2.《全民所有制工业企业法》(2009年8月27日修正)

第二条 全民所有制工业企业(以下简称企业)是依法自主经营、自负盈亏、独立核算的社会主义商品生产和经营单位。

企业的财产属于全民所有,国家依照所有权和经营权分离的原则授予企业经营管理。企业对国家授予其经营管理的财产享有占有、使用和依法处分的权利。企业依法取得法人资格,以国家授予其经营管理的财产承担民事责任。

3.《乡镇企业法》(1997年1月1日起施行)

第二条 本法所称乡镇企业,是指农村集体经济组织或者农民投资为主,在乡镇(包括所辖村)举办的承担支援农业义务的各类企业。

前款所称投资为主,是指农村集体经济组织或者农民投资超过百分之五十,或者虽不足百分之五十,但能起到控股或者实际支配作用。

乡镇企业符合企业法人条件的,依法取得企业法人资格。

二、相关司法解释规定

《最高人民法院关于印发〈全国法院民商事审判工作会议纪要〉的通知》(法〔2019〕254号)

3.【民法总则与公司法的关系及其适用】民法总则与公司法的关系,是一般法与商事特别法的关系。民法总则第三章“法人”第一节

"一般规定"和第二节"营利法人"基本上是根据公司法的有关规定提炼的，二者的精神大体一致。因此，涉及民法总则这一部分的内容，规定一致的，适用民法总则或者公司法皆可；规定不一致的，根据《民法总则》第11条有关"其他法律对民事关系有特别规定的，依照其规定"的规定，原则上应当适用公司法的规定。但应当注意也有例外情况，主要表现在两个方面：一是就同一事项，民法总则制定时有意修正公司法有关条款的，应当适用民法总则的规定。例如，《公司法》第32条第3款规定："公司应当将股东的姓名或者名称及其出资额向公司登记机关登记；登记事项发生变更的，应当办理变更登记。未经登记或者变更登记的，不得对抗第三人。"而《民法总则》第65条的规定则把"不得对抗第三人"修正为"不得对抗善意相对人"。经查询有关立法理由，可以认为，此种情况应当适用民法总则的规定。二是民法总则在公司法规定基础上增加了新内容的，如《公司法》第22条第2款就公司决议的撤销问题进行了规定，《民法总则》第85条在该条基础上增加规定："但是营利法人依据该决议与善意相对人形成的民事法律关系不受影响。"此时，也应当适用民法总则的规定。

第七十七条 【营利法人登记】营利法人经依法登记成立。

一、相关法律条文

1.《公司法》(2023年12月29日修订)

第二十九条 设立公司，应当依法向公司登记机关申请设立登记。

法律、行政法规规定设立公司必须报经批准的，应当在公司登记前依法办理批准手续。

第三十条 申请设立公司，应当提交设立登记申请书、公司章程等文件，提交的相关材料应当真实、合法和有效。

申请材料不齐全或者不符合法定形式的，公司登记机关应当一次性告知需要补正的材料。

第三十一条 申请设立公司，符合本法规定的设立条件的，由公司登记机关分别登记为有限责任公司或者股份有限公司；不符合本法规定的设立条件的，不得登记为有限责任公司或者股份有限公司。

第三十二条 公司登记事项包括：

(一)名称;
(二)住所;
(三)注册资本;
(四)经营范围;
(五)法定代表人的姓名;
(六)有限责任公司股东、股份有限公司发起人的姓名或者名称。

公司登记机关应当将前款规定的公司登记事项通过国家企业信用信息公示系统向社会公示。

2.《全民所有制工业企业法》(2009 年 8 月 27 日修正)

第十六条 设立企业,必须依照法律和国务院规定,报请政府或者政府主管部门审核批准。经工商行政管理部门核准登记、发给营业执照,企业取得法人资格。

企业应当在核准登记的经营范围内从事生产经营活动。

二、相关行政法规条文

《市场主体登记管理条例》(2022 年 3 月 1 日起施行)

第三条 市场主体应当依照本条例办理登记。未经登记,不得以市场主体名义从事经营活动。法律、行政法规规定无需办理登记的除外。

市场主体登记包括设立登记、变更登记和注销登记。

第五条 国务院市场监督管理部门主管全国市场主体登记管理工作。

县级以上地方人民政府市场监督管理部门主管本辖区市场主体登记管理工作,加强统筹指导和监督管理。

第七十八条 【营利法人营业执照】 依法设立的营利法人,由登记机关发给营利法人营业执照。营业执照签发日期为营利法人的成立日期。

一、相关法律条文

1.《公司法》(2023 年 12 月 29 日修订)

第三十三条 依法设立的公司,由公司登记机关发给公司营业执照。公司营业执照签发日期为公司成立日期。

公司营业执照应当载明公司的名称、住所、注册资本、经营范围、法定代表人姓名等事项。

公司登记机关可以发给电子营业执照。电子营业执照与纸质营业执照具有同等法律效力。

2.《全民所有制工业企业法》(2009年8月27日修正)

第十六条第一款　设立企业,必须依照法律和国务院规定,报请政府或者政府主管部门审核批准。经工商行政管理部门核准登记、发给营业执照,企业取得法人资格。

3.《行政处罚法》(2021年1月22日修订)

第九条　行政处罚的种类:

(一)警告、通报批评;

(二)罚款、没收违法所得、没收非法财物;

(三)暂扣许可证件、降低资质等级、吊销许可证件;

(四)限制开展生产经营活动、责令停产停业、责令关闭、限制从业;

(五)行政拘留;

(六)法律、行政法规规定的其他行政处罚。

二、相关行政法规条文

《市场主体登记管理条例》(2022年3月1日起施行)

第二十一条　申请人申请市场主体设立登记,登记机关依法予以登记的,签发营业执照。营业执照签发日期为市场主体的成立日期。

法律、行政法规或者国务院决定规定设立市场主体须经批准的,应当在批准文件有效期内向登记机关申请登记。

第七十九条　【营利法人的法人章程】设立营利法人应当依法制定法人章程。

相关法律条文

1.《公司法》(2023年12月29日修订)

第五条　设立公司应当依法制定公司章程。公司章程对公司、股东、董事、监事、高级管理人员具有约束力。

第四十五条　设立有限责任公司,应当由股东共同制定公司章程。

第九十四条 设立股份有限公司，应当由发起人共同制订公司章程。

第一百七十一条 国有独资公司章程由履行出资人职责的机构制定。

2.《外商投资法》(2020年1月1日起施行)

第二十七条 外商投资企业可以依法成立和自愿参加商会、协会。商会、协会依照法律法规和章程的规定开展相关活动，维护会员的合法权益。

第八十条 【营利法人权力机构】 营利法人应当设权力机构。

权力机构行使修改法人章程，选举或者更换执行机构、监督机构成员，以及法人章程规定的其他职权。

相关法律条文

《公司法》(2023年12月29日修订)

第五十八条 有限责任公司股东会由全体股东组成。股东会是公司的权力机构，依照本法行使职权。

第五十九条 股东会行使下列职权：

(一)选举和更换董事、监事，决定有关董事、监事的报酬事项；

(二)审议批准董事会的报告；

(三)审议批准监事会的报告；

(四)审议批准公司的利润分配方案和弥补亏损方案；

(五)对公司增加或者减少注册资本作出决议；

(六)对发行公司债券作出决议；

(七)对公司合并、分立、解散、清算或者变更公司形式作出决议；

(八)修改公司章程；

(九)公司章程规定的其他职权。

股东会可以授权董事会对发行公司债券作出决议。

对本条第一款所列事项股东以书面形式一致表示同意的，可以不召开股东会会议，直接作出决定，并由全体股东在决定文件上签名或者盖章。

第六十条 只有一个股东的有限责任公司不设股东会。股东作出前条第一款所列事项的决定时,应当采用书面形式,并由股东签名或者盖章后置备于公司。

第一百一十一条 股份有限公司股东会由全体股东组成。股东会是公司的权力机构,依照本法行使职权。

第一百一十二条 本法第五十九条第一款、第二款关于有限责任公司股东会职权的规定,适用于股份有限公司股东会。

本法第六十条关于只有一个股东的有限责任公司不设股东会的规定,适用于只有一个股东的股份有限公司。

第一百七十二条 国有独资公司不设股东会,由履行出资人职责的机构行使股东会职权。履行出资人职责的机构可以授权公司董事会行使股东会的部分职权,但公司章程的制定和修改,公司的合并、分立、解散、申请破产,增加或者减少注册资本,分配利润,应当由履行出资人职责的机构决定。

第八十一条 【营利法人执行机构】 营利法人应当设执行机构。

执行机构行使召集权力机构会议,决定法人的经营计划和投资方案,决定法人内部管理机构的设置,以及法人章程规定的其他职权。

执行机构为董事会或者执行董事的,董事长、执行董事或者经理按照法人章程的规定担任法定代表人;未设董事会或者执行董事的,法人章程规定的主要负责人为其执行机构和法定代表人。

相关法律条文

1.《公司法》(2023年12月29日修订)

第十条 公司的法定代表人按照公司章程的规定,由代表公司执行公司事务的董事或者经理担任。

担任法定代表人的董事或者经理辞任的,视为同时辞去法定代表人。

法定代表人辞任的,公司应当在法定代表人辞任之日起三十日内确定新的法定代表人。

第六十二条 股东会会议分为定期会议和临时会议。

定期会议应当按照公司章程的规定按时召开。代表十分之一以上表决权的股东、三分之一以上的董事或者监事会提议召开临时会议的，应当召开临时会议。

第六十三条 股东会会议由董事会召集，董事长主持；董事长不能履行职务或者不履行职务的，由副董事长主持；副董事长不能履行职务或者不履行职务的，由过半数的董事共同推举一名董事主持。

董事会不能履行或者不履行召集股东会会议职责的，由监事会召集和主持；监事会不召集和主持的，代表十分之一以上表决权的股东可以自行召集和主持。

第六十七条 有限责任公司设董事会，本法第七十五条另有规定的除外。

董事会行使下列职权：

（一）召集股东会会议，并向股东会报告工作；

（二）执行股东会的决议；

（三）决定公司的经营计划和投资方案；

（四）制订公司的利润分配方案和弥补亏损方案；

（五）制订公司增加或者减少注册资本以及发行公司债券的方案；

（六）制订公司合并、分立、解散或者变更公司形式的方案；

（七）决定公司内部管理机构的设置；

（八）决定聘任或者解聘公司经理及其报酬事项，并根据经理的提名决定聘任或者解聘公司副经理、财务负责人及其报酬事项；

（九）制定公司的基本管理制度；

（十）公司章程规定或者股东会授予的其他职权。

公司章程对董事会职权的限制不得对抗善意相对人。

第六十八条 有限责任公司董事会成员为三人以上，其成员中可以有公司职工代表。职工人数三百人以上的有限责任公司，除依法设监事会并有公司职工代表的外，其董事会成员中应当有公司职工代表。董事会中的职工代表由公司职工通过职工代表大会、职工大会或者其他形式民主选举产生。

董事会设董事长一人，可以设副董事长。董事长、副董事长的产生办法由公司章程规定。

第七十五条 规模较小或者股东人数较少的有限责任公司，可以不设董事会，设一名董事，行使本法规定的董事会的职权。该董事可以兼任公司经理。

第一百一十三条 股东会应当每年召开一次年会。有下列情形之一的,应当在两个月内召开临时股东会会议:

(一)董事人数不足本法规定人数或者公司章程所定人数的三分之二时;

(二)公司未弥补的亏损达股本总额三分之一时;

(三)单独或者合计持有公司百分之十以上股份的股东请求时;

(四)董事会认为必要时;

(五)监事会提议召开时;

(六)公司章程规定的其他情形。

第一百一十四条 股东会会议由董事会召集,董事长主持;董事长不能履行职务或者不履行职务的,由副董事长主持;副董事长不能履行职务或者不履行职务的,由过半数的董事共同推举一名董事主持。

董事会不能履行或者不履行召集股东会会议职责的,监事会应当及时召集和主持;监事会不召集和主持的,连续九十日以上单独或者合计持有公司百分之十以上股份的股东可以自行召集和主持。

单独或者合计持有公司百分之十以上股份的股东请求召开临时股东会会议的,董事会、监事会应当在收到请求之日起十日内作出是否召开临时股东会会议的决定,并书面答复股东。

第一百二十条 股份有限公司设董事会,本法第一百二十八条另有规定的除外。

本法第六十七条、第六十八条第一款、第七十条、第七十一条的规定,适用于股份有限公司。

第一百二十八条 规模较小或者股东人数较少的股份有限公司,可以不设董事会,设一名董事,行使本法规定的董事会的职权。该董事可以兼任公司经理。

2.《乡镇企业法》(1997年1月1日起施行)

第十四条 乡镇企业依法实行民主管理,投资者在确定企业经营管理制度和企业负责人,作出重大经营决策和决定职工工资、生活福利、劳动保护、劳动安全等重大问题时,应当听取本企业工会或者职工的意见,实施情况要定期向职工公布,接受职工监督。

3.《全民所有制工业企业法》(2009年8月27日修正)

第四十五条　厂长是企业的法定代表人。

企业建立以厂长为首的生产经营管理系统。厂长在企业中处于中心地位,对企业的物质文明建设和精神文明建设负有全面责任。

厂长领导企业的生产经营管理工作,行使下列职权:

(一)依照法律和国务院规定,决定或者报请审查批准企业的各项计划。

(二)决定企业行政机构的设置。

(三)提请政府主管部门任免或者聘任、解聘副厂级行政领导干部。法律和国务院另有规定的除外。

(四)任免或者聘任、解聘企业中层行政领导干部。法律另有规定的除外。

(五)提出工资调整方案、资金分配方案和重要的规章制度,提请职工代表大会审查同意。提出福利基金使用方案和其他有关职工生活福利的重大事项的建议,提请职工代表大会审议决定。

(六)依法奖惩职工;提请政府主管部门奖惩副厂级行政领导干部。

第八十二条　【营利法人监督机构】营利法人设监事会或者监事等监督机构的,监督机构依法行使检查法人财务,监督执行机构成员、高级管理人员执行法人职务的行为,以及法人章程规定的其他职权。

相关法律条文

《公司法》(2023年12月29日修订)

第六十九条　有限责任公司可以按照公司章程的规定在董事会中设置由董事组成的审计委员会,行使本法规定的监事会的职权,不设监事会或者监事。公司董事会成员中的职工代表可以成为审计委员会成员。

第七十六条　有限责任公司设监事会,本法第六十九条、第八十三条另有规定的除外。

监事会成员为三人以上。监事会成员应当包括股东代表和适当比例的公司职工代表,其中职工代表的比例不得低于三分之一,具体比例由公司章程规定。监事会中的职工代表由公司职工通过职工代表大会、职工大会或者其他形式民主选举产生。

监事会设主席一人，由全体监事过半数选举产生。监事会主席召集和主持监事会会议；监事会主席不能履行职务或者不履行职务的，由过半数的监事共同推举一名监事召集和主持监事会会议。

董事、高级管理人员不得兼任监事。

第七十七条　监事的任期每届为三年。监事任期届满，连选可以连任。

监事任期届满未及时改选，或者监事在任期内辞任导致监事会成员低于法定人数的，在改选出的监事就任前，原监事仍应当依照法律、行政法规和公司章程的规定，履行监事职务。

第七十八条　监事会行使下列职权：

（一）检查公司财务；

（二）对董事、高级管理人员执行职务的行为进行监督，对违反法律、行政法规、公司章程或者股东会决议的董事、高级管理人员提出解任的建议；

（三）当董事、高级管理人员的行为损害公司的利益时，要求董事、高级管理人员予以纠正；

（四）提议召开临时股东会会议，在董事会不履行本法规定的召集和主持股东会会议职责时召集和主持股东会会议；

（五）向股东会会议提出提案；

（六）依照本法第一百八十九条的规定，对董事、高级管理人员提起诉讼；

（七）公司章程规定的其他职权。

第七十九条　监事可以列席董事会会议，并对董事会决议事项提出质询或者建议。

监事会发现公司经营情况异常，可以进行调查；必要时，可以聘请会计师事务所等协助其工作，费用由公司承担。

第八十条　监事会可以要求董事、高级管理人员提交执行职务的报告。

董事、高级管理人员应当如实向监事会提供有关情况和资料，不得妨碍监事会或者监事行使职权。

第八十一条　监事会每年度至少召开一次会议，监事可以提议召开临时监事会会议。

监事会的议事方式和表决程序，除本法有规定的外，由公司章程规定。

监事会决议应当经全体监事的过半数通过。

监事会决议的表决,应当一人一票。

监事会应当对所议事项的决定作成会议记录,出席会议的监事应当在会议记录上签名。

第八十二条 监事会行使职权所必需的费用,由公司承担。

第八十三条 规模较小或者股东人数较少的有限责任公司,可以不设监事会,设一名监事,行使本法规定的监事会的职权;经全体股东一致同意,也可以不设监事。

第一百二十一条 股份有限公司可以按照公司章程的规定在董事会中设置由董事组成的审计委员会,行使本法规定的监事会的职权,不设监事会或者监事。

审计委员会成员为三名以上,过半数成员不得在公司担任除董事以外的其他职务,且不得与公司存在任何可能影响其独立客观判断的关系。公司董事会成员中的职工代表可以成为审计委员会成员。

审计委员会作出决议,应当经审计委员会成员的过半数通过。

审计委员会决议的表决,应当一人一票。

审计委员会的议事方式和表决程序,除本法有规定的外,由公司章程规定。

公司可以按照公司章程的规定在董事会中设置其他委员会。

第一百三十条 股份有限公司设监事会,本法第一百二十一条第一款、第一百三十三条另有规定的除外。

监事会成员为三人以上。监事会成员应当包括股东代表和适当比例的公司职工代表,其中职工代表的比例不得低于三分之一,具体比例由公司章程规定。监事会中的职工代表由公司职工通过职工代表大会、职工大会或者其他形式民主选举产生。

监事会设主席一人,可以设副主席。监事会主席和副主席由全体监事过半数选举产生。监事会主席召集和主持监事会会议;监事会主席不能履行职务或者不履行职务的,由监事会副主席召集和主持监事会会议;监事会副主席不能履行职务或者不履行职务的,由过半数的监事共同推举一名监事召集和主持监事会会议。

董事、高级管理人员不得兼任监事。

本法第七十七条关于有限责任公司监事任期的规定,适用于股份有限公司监事。

第一百三十一条 本法第七十八条至第八十条的规定,适用于股份有限公司监事会。

监事会行使职权所必需的费用,由公司承担。

第一百三十二条 监事会每六个月至少召开一次会议。监事可以提议召开临时监事会会议。

监事会的议事方式和表决程序,除本法有规定的外,由公司章程规定。

监事会决议应当经全体监事的过半数通过。

监事会决议的表决,应当一人一票。

监事会应当对所议事项的决定作成会议记录,出席会议的监事应当在会议记录上签名。

第一百三十三条 规模较小或者股东人数较少的股份有限公司,可以不设监事会,设一名监事,行使本法规定的监事会的职权。

第一百七十六条 国有独资公司在董事会中设置由董事组成的审计委员会行使本法规定的监事会职权的,不设监事会或者监事。

第八十三条 【营利法人出资人滥用权利的民事责任】 营利法人的出资人不得滥用出资人权利损害法人或者其他出资人的利益;滥用出资人权利造成法人或者其他出资人损失的,应当依法承担民事责任。

营利法人的出资人不得滥用法人独立地位和出资人有限责任损害法人债权人的利益;滥用法人独立地位和出资人有限责任,逃避债务,严重损害法人债权人的利益的,应当对法人债务承担连带责任。

一、相关法律条文

《公司法》(2023年12月29日修订)

第二十一条 公司股东应当遵守法律、行政法规和公司章程,依法行使股东权利,不得滥用股东权利损害公司或者其他股东的利益。

公司股东滥用股东权利给公司或者其他股东造成损失的,应当承担赔偿责任。

第二十三条 公司股东滥用公司法人独立地位和股东有限责任,逃避债务,严重损害公司债权人利益的,应当对公司债务承担连带责任。

股东利用其控制的两个以上公司实施前款规定行为的,各公司应当对任一公司的债务承担连带责任。

只有一个股东的公司,股东不能证明公司财产独立于股东自己的财产的,应当对公司债务承担连带责任。

第八十九条第三款 公司的控股股东滥用股东权利,严重损害公司或者其他股东利益的,其他股东有权请求公司按照合理的价格收购其股权。

二、相关司法解释规定

1.《最高人民法院关于适用〈中华人民共和国公司法〉若干问题的规定(三)》(法释〔2011〕3号)(2020年12月23日修正)

第十二条 公司成立后,公司、股东或者公司债权人以相关股东的行为符合下列情形之一且损害公司权益为由,请求认定该股东抽逃出资的,人民法院应予支持:

(一)制作虚假财务会计报表虚增利润进行分配;

(二)通过虚构债权债务关系将其出资转出;

(三)利用关联交易将出资转出;

(四)其他未经法定程序将出资抽回的行为。

2.《最高人民法院关于印发〈全国法院民商事审判工作会议纪要〉的通知》(法〔2019〕254号)

二、关于公司纠纷案件的审理

(四)关于公司人格否认

公司人格独立和股东有限责任是公司法的基本原则。否认公司独立人格,由滥用公司法人独立地位和股东有限责任的股东对公司债务承担连带责任,是股东有限责任的例外情形,旨在矫正有限责任制度在特定法律事实发生时对债权人保护的失衡现象。在审判实践中,要准确把握《公司法》第20条第3款规定的精神。一是只有在股东实施了滥用公司法人独立地位及股东有限责任的行为,且该行为严重损害了公司债权人利益的情况下,才能适用。损害债权人利益,主要是指股东滥用权利使公司财产不足以清偿公司债权人的债权。二是只有实施了滥用法人独立地位和股东有限责任行为的股东才对公司债务承担连带清偿责任,而其他股东不应承担此责任。三是公司人格否认不是全面、彻底、永久地否定公司的法人资格,而只是在具体案件中依据特定的法律事实、法律关系,突破股东对公司债务不承担责任的一般规则,例外地判令其承担连带责任。人民法院在个案中否认公司人格的判决的既判力仅仅约束该诉讼的各方当事人,不当然适用于涉及该公司的其他诉讼,不影响公司独立法人资格的存续。如果其他债权人提起公司人格否认诉讼,已生效判决认定的事实可以作为证据使用。四是《公司法》第 20 条第 3 款规定的滥用行为,实践中常见的情形有人格混同、过度支配与控制、资本显著不足等。在审理案件时,需要根据查明的案件事实进行综合判断,既审慎适用,又当用则用。实践中存在标准把握不严而滥用这一例外制度的现象,同时也存在因法律规定较为原则、抽象,适用难度大,而不善于适用、不敢于适用的现象,均应当引起高度重视。

10.【人格混同】认定公司人格与股东人格是否存在混同,最根本的判断标准是公司是否具有独立意思和独立财产,最主要的表现是公司的财产与股东的财产是否混同且无法区分。在认定是否构成人格混同时,应当综合考虑以下因素:

(1)股东无偿使用公司资金或者财产,不作财务记载的;

(2)股东用公司的资金偿还股东的债务,或者将公司的资金供关联公司无偿使用,不作财务记载的;

(3)公司账簿与股东账簿不分,致使公司财产与股东财产无法区分的;

(4)股东自身收益与公司盈利不加区分,致使双方利益不清的;

(5)公司的财产记载于股东名下,由股东占有、使用的;

(6)人格混同的其他情形。

在出现人格混同的情况下,往往同时出现以下混同:公司业务和股东业务混同;公司员工与股东员工混同,特别是财务人员混同;公司住所与股东住所混同。人民法院在审理案件时,关键要审查是否构成人格混同,而不要求同时具备其他方面的混同,其他方面的混同往往只是人格混同的补强。

11.【过度支配与控制】公司控制股东对公司过度支配与控制,操纵公司的决策过程,使公司完全丧失独立性,沦为控制股东的工具或躯壳,严重损害公司债权人利益,应当否认公司人格,由滥用控制权的股东对公司债务承担连带责任。实践中常见的情形包括:

(1)母子公司之间或者子公司之间进行利益输送的;

(2)母子公司或者子公司之间进行交易,收益归一方,损失却由另一方承担的;

(3)先从原公司抽走资金,然后再成立经营目的相同或者类似的公司,逃避原公司债务的;

(4)先解散公司,再以原公司场所、设备、人员及相同或者相似的经营目的另设公司,逃避原公司债务的;

(5)过度支配与控制的其他情形。

控制股东或实际控制人控制多个子公司或者关联公司,滥用控制权使多个子公司或者关联公司财产边界不清、财务混同,利益相互输送,丧失人格独立性,沦为控制股东逃避债务、非法经营,甚至违法犯罪工具的,可以综合案件事实,否认子公司或者关联公司法人人格,判令承担连带责任。

12.【资本显著不足】资本显著不足指的是,公司设立后在经营过程中,股东实际投入公司的资本数额与公司经营所隐含的风险相比明显不匹配。股东利用较少资本从事力所不及的经营,表明其没有从事公司经营的诚意,实质是恶意利用公司独立人格和股东有限责任把投资风险转嫁给债权人。由于资本显著不足的判断标准有很大的模糊性,特别是要与公司采取"以小博大"的正常经营方式相区分,因此在适用时要十分谨慎,应当与其他因素结合起来综合判断。

13.【诉讼地位】人民法院在审理公司人格否认纠纷案件时,应当根据不同情形确定当事人的诉讼地位:

(1)债权人对债务人公司享有的债权已经由生效裁判确认,其另行提起公司人格否认诉讼,请求股东对公司债务承担连带责任的,列股东为被告,公司为第三人;

(2)债权人对债务人公司享有的债权提起诉讼的同时,一并提起公司人格否认诉讼,请求股东对公司债务承担连带责任的,列公司和股东为共同被告;

(3)债权人对债务人公司享有的债权尚未经生效裁判确认,直接提起公司人格否认诉讼,请求公司股东对公司债务承担连带责任的,人民法院应当向债权人释明,告知其追加公司为共同被告。债权人拒绝追加的,人民法院应当裁定驳回起诉。

3.《最高人民法院印发〈全国法院破产审判工作会议纪要〉的通知》(法〔2018〕53号)

六、关联企业破产

会议认为,人民法院审理关联企业破产案件时,要立足于破产关联企业之间的具体关系模式,采取不同方式予以处理。既要通过实质合并审理方式处理法人人格高度混同的关联关系,确保全体债权人公平清偿,也要避免不当采用实质合并审理方式损害相关利益主体的合法权益。

32. 关联企业实质合并破产的审慎适用。人民法院在审理企业破产案件时,应当尊重企业法人人格的独立性,以对关联企业成员的破产原因进行单独判断并适用单个破产程序为基本原则。当关联企业成员之间存在法人人格高度混同、区分各关联企业成员财产的成本过高、严重损害债权人公平清偿利益时,可例外适用关联企业实质合并破产方式进行审理。

33. 实质合并申请的审查。人民法院收到实质合并申请后,应当及时通知相关利害关系人并组织听证,听证时间不计入审查时间。人民法院在审查实质合并申请过程中,可以综合考虑关联企业之间资产的混同程序及其持续时间、各企业之间的利益关系、债权人整体清偿利益、增加企业重整的可能性等因素,在收到申请之日起三十日内作出是否实质合并审理的裁定。

34. 裁定实质合并时利害关系人的权利救济。相关利害关系人对受理法院作出的实质合并审理裁定不服的,可以自裁定书送达之日起十五日内向受理法院的上一级人民法院申请复议。

35. 实质合并审理的管辖原则与冲突解决。采用实质合并方式审理关联企业破产案件的,应由关联企业中的核心控制企业住所地人民法院管辖。核心控制企业不明确的,由关联企业主要财产所在地人民法院管辖。多个法院之间对管辖权发生争议的,应当报请共同的上级人民法院指定管辖。

36. 实质合并审理的法律后果。人民法院裁定采用实质合并方式审理破产案件的,各关联企业成员之间的债权债务归于消灭,各成员的财产作为合并后统一的破产财产,由各成员的债权人在同一程序中按照法定顺序公平受偿。采用实质合并方式进行重整的,重整计划草案中应当制定统一的债权分类、债权调整和债权受偿方案。

37. 实质合并审理后的企业成员存续。适用实质合并规则进行破产清算的,破产程序终结后各关联企业成员均应予以注销。适用实质合并规则进行和解或重整的,各关联企业原则上应当合并为一个企业。根据和解协议或重整计划,确有需要保持个别企业独立的,应当依照企业分立的有关规则单独处理。

38. 关联企业破产案件的协调审理与管辖原则。多个关联企业成员均存在破产原因但不符合实质合并条件的,人民法院可根据相关主体的申请对多个破产程序进行协调审理,并可根据程序协调的需要,综合考虑破产案件审理的效率、破产申请的先后顺序、成员负债规模大小、核心控制企业住所地等因素,由共同的上级法院确定一家法院集中管辖。

39. 协调审理的法律后果。协调审理不消灭关联企业成员之间的债权债务关系,不对关联企业成员的财产进行合并,各关联企业成员的债权人仍以该企业成员财产为限依法获得清偿。但关联企业成员之间不当利用关联关系形成的债权,应当劣后于其他普通债权顺序清偿,且该劣后债权人不得就其他关联企业成员提供的特定财产优先受偿。

三、相关指导性案例

1. 指导案例15号:徐工集团工程机械股份有限公司诉成都川交工贸有限责任公司等买卖合同纠纷案(最高人民法院审判委员会讨论通过 2013年1月31日发布)

【关键词】民事 关联公司 人格混同 连带责任

【裁判要点】

1. 关联公司的人员、业务、财务等方面交叉或混同,导致各自财产无法区分,丧失独立人格的,构成人格混同。

2. 关联公司人格混同,严重损害债权人利益的,关联公司相互之间对外部债务承担连带责任。

【基本案情】

原告徐工集团工程机械股份有限公司(以下简称徐工机械公司)诉称:成都川交工贸有限责任公司(以下简称川交工贸公司)拖欠其货款未付,而成都川交工程机械有限责任公司(以下简称川交机械公司)、四川瑞路建设工程有限公司(以下简称瑞路公司)与川交工贸公司人格混同,三个公司实际控制人王永礼以及川交工贸公司股东等人的个人资产与公司资产混同,均应承担连带清偿责任。请求判令:川交工贸公司支付所欠货款10916405.71元及利息;川交机械公司、瑞路公司及王永礼等个人对上述债务承担连带清偿责任。

被告川交工贸公司、川交机械公司、瑞路公司辩称:三个公司虽有关联,但并不混同,川交机械公司、瑞路公司不应对川交工贸公司的债务承担清偿责任。

王永礼等人辩称:王永礼等人的个人财产与川交工贸公司的财产并不混同,不应为川交工贸公司的债务承担清偿责任。

法院经审理查明:川交机械公司成立于1999年,股东为四川省公路桥梁工程总公司二公司、王永礼、倪刚、杨洪刚等。2001年,股东变更为王永礼、李智、倪刚。2008年,股东再次变更为王永礼、倪刚。瑞路公司成立于2004年,股东为王永礼、李智、倪刚。2007年,股东变更为王永礼、倪刚。川交工贸公司成立于2005年,股东为吴帆、张家蓉、凌欣、过胜利、汤维明、武竞、郭印,何万庆2007年入股。2008年,股东变更为张家蓉(占90%股份)、吴帆(占10%股份),其中张家蓉系王永礼之妻。在公司人员方面,三个公司经理均为王永礼,财务负责人均为凌欣,出纳会计均为卢鑫,工商手续经办人均为张梦;三个公司的管理人员存在交叉任职的情形,如过胜利兼任川交工贸公司副总经理和川交机械公司销售部经理的职务,且免去过胜利川交工贸公司副总经理职务的决定系由川交机械公司作出;吴帆既是川交工贸公司的法定代表人,又是川交机械公司的综合部行政经理。在公司业务方面,三个公司在工商行政管理部门登记的经营范围均涉及工程机械且部分重合,其中川交工贸公司的经营范围被川交机械公司的经营范围完全覆盖;川交机械公司系徐工机械公司在四川地区(攀枝花除外)的唯一经销商,但三个公司均从事相关业务,且相互之间存在共用统一格式的《销售部业务手册》、《二级经销协议》、结算账户的情形;三个公司在对外宣传中区分不明,2008年12月4日重庆市公证处出具的《公证书》记载:通过因特网查询,川交工贸公司、瑞路公司在相关网站上共同招聘员工,所留电话号码、传真号码等联系方式相同;川交工贸公司、瑞路公司的招聘信息,包括大量关于川交机械公司的发展历程、主营业务、企业精神的宣传内容;部分川交工贸公司的招聘信息中,公司简介全部为对瑞路公司的介绍。在公司财务方面,三个公司共用结算账户,凌欣、卢鑫、汤维明、过胜利的银行卡中曾发生高达亿元的往来,资金的来源包括三个公司的款项,对外支付的依据仅为王永礼的签字;在川交工贸公司向其客户开具的收据中,有的加盖其财务专用章,有的则加盖瑞路公司财务专用章;在与徐工机械公司均签订合同、均有业务往来的情况下,三个公司于 2005 年 8 月共同向徐工机械公司出具《说明》,称因川交机械公司业务扩张而注册了另两个公司,要求所有债权债务、销售量均计算在川交工贸公司名下,并表示今后尽量以川交工贸公司名义进行业务往来;2006 年 12 月,川交工贸公司、瑞路公司共同向徐工机械公司出具《申请》,以统一核算为由要求将 2006 年度的业绩、账务均计算至川交工贸公司名下。

另查明,2009 年 5 月 26 日,卢鑫在徐州市公安局经侦支队对其进行询问时陈述:川交工贸公司目前已经垮了,但未注销。又查明徐工机械公司未得到清偿的货款实为 10511710.71 元。

【裁判结果】

江苏省徐州市中级人民法院于 2011 年 4 月 10 日作出(2009)徐民二初字第 0065 号民事判决:一、川交工贸公司于判决生效后 10 日内向徐工机械公司支付货款 10511710.71 元及逾期付款利息;二、川交机械公司、瑞路公司对川交工贸公司的上述债务承担连带清偿责任;三、驳回徐工机械公司对王永礼、吴帆、张家蓉、凌欣、过胜利、汤维明、郭印、何万庆、卢鑫的诉讼请求。宣判后,川交机械公司、瑞路公司提起上诉,认为一审判决认定三个公司人格混同,属认定事实不清;认定川交机械公司、瑞路公司对川交工贸公司的债务承担连带责任,缺乏法律依据。徐工机械公司答辩请求维持一审判决。江苏省高级人民法院于 2011 年 10 月 19 日作出(2011)苏商终字第 0107 号民事判决:驳回上诉,维持原判。

【裁判理由】

法院生效裁判认为:针对上诉范围,二审争议焦点为川交机械公司、瑞路公司与川交工贸公司是否人格混同,应否对川交工贸公司的债务承担连带清偿责任。

川交工贸公司与川交机械公司、瑞路公司人格混同。一是三个公司人员混同。三个公司的经理、财务负责人、出纳会计、工商手续经办人均相同,其他管理人员亦存在交叉任职的情形,川交工贸公司的人事任免存在由川交机械公司决定的情形。二是三个公司业务混同。三个公司实际经营中均涉及工程机械相关业务,经销过程中存在共用销售手册、经销协议的情形；对外进行宣传时信息混同。三是三个公司财务混同。三个公司使用共同账户，以王永礼的签字作为具体用款依据，对其中的资金及支配无法证明已作区分；三个公司与徐工机械公司之间的债权债务、业绩、账务及返利均计算在川交工贸公司名下。因此，三个公司之间表征人格的因素（人员、业务、财务等）高度混同，导致各自财产无法区分，已丧失独立人格，构成人格混同。

川交机械公司、瑞路公司应当对川交工贸公司的债务承担连带清偿责任。公司人格独立是其作为法人独立承担责任的前提。《中华人民共和国公司法》（以下简称《公司法》）第三条第一款规定："公司是企业法人，有独立的法人财产，享有法人财产权。公司以其全部财产对公司的债务承担责任。"公司的独立财产是公司独立承担责任的物质保证，公司的独立人格也突出地表现在财产的独立上。当关联公司的财产无法区分，丧失独立人格时，就丧失了独立承担责任的基础。《公司法》第二十条第三款规定："公司股东滥用公司法人独立地位和股东有限责任，逃避债务，严重损害公司债权人利益的，应当对公司债务承担连带责任。"本案中，三个公司虽在工商登记部门登记为彼此独立的企业法人，但实际上相互之间界线模糊、人格混同，其中川交工贸公司承担所有关联公司的债务却无力清偿，又使其他关联公司逃避巨额债务，严重损害了债权人的利益。上述行为违背了法人制度设立的宗旨，违背了诚实信用原则，其行为本质和危害结果与《公司法》第二十条第三款规定的情形相当，故参照《公司法》第二十条第三款的规定，川交机械公司、瑞路公司对川交工贸公司的债务应当承担连带清偿责任。

2. 指导案例163号：江苏省纺织工业（集团）进出口有限公司及其五家子公司实质合并破产重整案（最高人民法院审判委员会讨论通过 2021年9月18日发布）

【关键词】民事 破产重整 实质合并破产 关联企业 债转股 预表决

【裁判要点】

1. 当事人申请对关联企业合并破产的，人民法院应当对合并破产的必要性、正当性进行审查。关联企业成员的破产应当以适用单个破产程序为原则，在关联企业成员之间出现法人人格高度混同、区分各关联企业成员财产成本过高、严重损害债权人公平清偿利益的情况下，可以依申请例外适用关联企业实质合并破产方式进行审理。

2.采用实质合并破产方式的,各关联企业成员之间的债权债务归于消灭,各成员的财产作为合并后统一的破产财产,由各成员的债权人作为一个整体在同一程序中按照法定清偿顺位公平受偿。合并重整后,各关联企业原则上应当合并为一个企业,但债权人会议表决各关联企业继续存续,人民法院审查认为确有需要的,可以准许。

3.合并重整中,重整计划草案的制定应当综合考虑进入合并的关联企业的资产及经营优势、合并后债权人的清偿比例、出资人权益调整等因素,保障各方合法权益;同时,可以灵活设计"现金+债转股"等清偿方案、通过"预表决"方式事先征求债权人意见并以此为基础完善重整方案,推动重整的顺利进行。

【基本案情】

申请人:江苏省纺织工业(集团)进出口有限公司、江苏省纺织工业(集团)轻纺进出口有限公司、江苏省纺织工业(集团)针织进出口有限公司、江苏省纺织工业(集团)机电进出口有限公司、无锡新苏纺国际贸易有限公司、江苏省纺织工业(集团)服装进出口有限公司共同的管理人。

被申请人:江苏省纺织工业(集团)进出口有限公司、江苏省纺织工业(集团)轻纺进出口有限公司、江苏省纺织工业(集团)针织进出口有限公司、江苏省纺织工业(集团)机电进出口有限公司、无锡新苏纺国际贸易有限公司、江苏省纺织工业(集团)服装进出口有限公司。

2017年1月24日,南京市中级人民法院(以下简称南京中院)根据镇江福源纺织科技有限公司的申请,裁定受理江苏省纺织工业(集团)进出口有限公司(以下简称省纺织进出口公司)破产重整案,并于同日指定江苏东恒律师事务所担任管理人。2017年6月14日,南京中院裁定受理省纺织进出口公司对江苏省纺织工业(集团)轻纺进出口有限公司(以下简称省轻纺公司)、江苏省纺织工业(集团)针织进出口有限公司(以下简称省针织公司)、江苏省纺织工业(集团)机电进出口有限公司(以下简称省机电公司)、无锡新苏纺国际贸易有限公司(以下简称无锡新苏纺公司)的重整申请及省轻纺公司对江苏省纺织工业(集团)服装进出口有限公司(以下简称省服装公司)的重整申请(其中,省纺织进出口公司对无锡新苏纺公司的重整申请经请示江苏省高级人民法院,指定由南京中院管辖)。同日,南京中院指定江苏东恒律师事务所担任管理人,在程序上对六家公司进行协调审理。2017年8月11日,管理人以省纺织进出口公司、省轻纺公司、省针织公司、省机电公司、无锡新苏纺公司、省服装公司六家公司人格高度混同为由，向南京中院申请对上述六家公司进行实质合并重整。

法院经审理查明：

一、案涉六家公司股权情况

省纺织进出口公司注册资本5500万元，其中江苏省纺织（集团）总公司（以下简称省纺织集团）出资占60.71%，公司工会出资占39.29%。省轻纺公司、省针织公司、省机电公司、无锡新苏纺公司、省服装公司（以下简称五家子公司）注册资本分别为1000万元、500万元、637万元、1000万元、1000万元，省纺织进出口公司在五家子公司均出资占51%，五家子公司的其余股份均由职工持有。

二、案涉六家公司经营管理情况

1. 除无锡新苏纺公司外，其余案涉公司均登记在同一地址，法定代表人存在互相交叉任职的情况，且五家子公司的法定代表人均为省纺织进出口公司的高管人员，财务人员及行政人员亦存在共用情形，其中五家子公司与省纺织进出口公司共用财务人员进行会计核算，付款及报销最终审批人员相同。

2. 省纺织进出口公司和五家子公司间存在业务交叉混同情形，五家子公司的业务由省纺织进出口公司具体安排，且省纺织进出口公司与五家子公司之间存在大量关联债务及担保。

为防止随意对关联企业进行合并，损害公司的独立人格，损害部分债权人等利益相关者的合法权益，在收到合并重整申请后，南京中院对申请人提出的申请事项和事实理由进行了审查，同时组织债权人代表、债务人代表、职工代表、管理人、审计机构等进行全面的听证，听取各方关于公司是否存在混同事实的陈述，同时对管理人清理的债权债务情况、审计报告，以及各方提交的证据进行全面的审核，并听取了各方对于合并破产重整的意见。

【裁判结果】

依照企业破产法第一条、第二条规定，南京中院于2017年9月29日作出（2017）苏01破1、6、7、8、9、10号民事裁定：省轻纺公司、省针织公司、省机电公司、无锡新苏纺公司、省服装公司与省纺织进出口公司合并重整。

依照企业破产法第八十六条第二款之规定，南京中院于2017年12

月8日作出(2017)苏01破1、6、7、8、9、10号之二民事裁定:一、批准省纺织进出口公司、省轻纺公司、省针织公司、省机电公司、无锡新苏纺公司、省服装公司合并重整计划;二、终止省纺织进出口公司、省轻纺公司、省针织公司、省机电公司、无锡新苏纺公司、省服装公司合并重整程序。

【裁判理由】

法院生效裁判认为:公司人格独立是公司制度的基石,关联企业成员的破产亦应以适用单个破产程序为原则。但当关联企业成员之间存在法人人格高度混同、区分各关联企业成员财产成本过高、严重损害债权人公平清偿利益时,可以适用关联企业实质合并破产方式进行审理,从而保障全体债权人能够公平受偿。

本案中,案涉六家公司存在人格高度混同情形,主要表现在:人员任职高度交叉,未形成完整独立的组织架构;共用财务及审批人员,缺乏独立的财务核算体系;业务高度交叉混同,形成高度混同的经营体,客观上导致六家公司收益难以正当区分;六家公司之间存在大量关联债务及担保,导致各公司的资产不能完全相互独立,债权债务清理极为困难。在此情形下,法院认为,及时对各关联企业进行实质性的合并,符合破产法关于公平清理债权债务、公平保护债权人、债务人合法权益的原则要求。企业破产法的立法宗旨在于规范破产程序,公平清理债权债务,公平保护全体债权人和债务人的合法权益,从而维护社会主义市场经济秩序。在关联企业存在人格高度混同及不当利益输送的情形下,不仅严重影响各关联企业的债权人公平受偿,同时也严重影响了社会主义市场经济的公平竞争原则,从根本上违反了企业破产法的实质精神。在此情形下,对人格高度混同的关联企业进行合并重整,纠正关联企业之间不当利益输送、相互控制等违法违规行为,保障各关联企业的债权人公平实现债权,符合法律规定。具体到债权人而言,在分别重整的情形下,各关联企业中的利益实质输入企业的普通债权人将获得额外清偿,而利益实质输出企业的普通债权人将可能遭受损失。因此,在关联企业法人人格高度混同的情况下,单独重整将可能导致普通债权人公平受偿的权利受到损害。进行合并后的整体重整,部分账面资产占优势的关联企业债权人的债权清偿率,虽然可能较分别重整有所降低,使其利益表面上受损,但此种差异的根源在于各关联企业之间先前的不当关联关系,合并重整进行债务清偿正是企业破产法公平清理债权债务的体现。

依照企业破产法第一条、第二条规定，南京中院于2017年9月29日作出(2017)苏01破1、6、7、8、9、10号民事裁定：省轻纺公司、省针织公司、省机电公司、无锡新苏纺公司、省服装公司与省纺织进出口公司合并重整。

合并重整程序启动后，管理人对单个企业的债权进行合并处理，同一债权人对六家公司同时存在债权债务的，经合并进行抵销后对债权余额予以确认，六家关联企业相互之间的债权债务在合并中作抵销处理，并将合并后的全体债权人合为一个整体进行分组。根据破产法规定，债权人分为有财产担保债权组、职工债权组、税款债权组、普通债权组，本案因全体职工的劳动关系继续保留，不涉及职工债权清偿问题，且税款已按期缴纳，故仅将债权人分为有财产担保债权组和普通债权组。同时设出资人组对出资人权益调整方案进行表决。

鉴于省纺织进出口公司作为省内具有较高影响力的纺织外贸企业，具有优质的经营资质及资源，同时五家子公司系外贸企业的重要平台，故重整计划以省纺织进出口公司等六家公司作为整体，引入投资人，综合考虑进入合并的公司的资产及经营优势、合并后债权人的清偿、出资人权益的调整等，予以综合设计编制。其中重点内容包括：

一、引入优质资产进行重组，盘活企业经营。进入重整程序前，案涉六家公司已陷入严重的经营危机，重整能否成功的关键在于是否能够真正盘活企业经营。基于此，本案引入苏豪控股、省纺织集团等公司作为重整投资方，以所持上市公司股权等优质资产对省纺织进出口公司进行增资近12亿元。通过优质资产的及时注入对企业进行重组，形成新的经济增长因子，盘活关联企业的整体资源，提高债务清偿能力，恢复企业的经营能力，为重塑企业核心竞争力和顺利推进重整方案执行奠定了坚实基础。同时，作为外贸企业，员工的保留是企业能够获得重生的重要保障。重整计划制定中，根据外贸企业特点，保留全部职工，并通过职工股权注入的方式，形成企业经营的合力和保障，从而保障重整成功后的企业能够真正获得重生。

二、调整出资人权益，以“现金＋债转股”的方式统一清偿债务，并引入“预表决”机制。案涉六家公司均系外贸公司，自有资产较少，在债务清偿方式上，通过先行对部分企业资产进行处置，提供偿债资金来源。在清偿方式上，对有财产担保、无财产担保债权人进行统一的区分。对有财产担保的债权人，根据重整程序中已处置的担保财产价值及未处置的担保财产的评估价值,确定有财产担保的债权人优先受偿的金额,对有财产担保债权人进行全额现金清偿。对无财产担保的普通债权人,采用部分现金清偿、部分以股权置换债权(债转股)的方式清偿的复合型清偿方式,保障企业的造血、重生能力,最大化保障债权人的利益。其中,将增资入股股东的部分股权与债权人的债权进行置换(债转股部分),具体而言,即重整投资方省纺织集团以所持(将其所持的)省纺织进出口公司的部分股份,交由管理人按比例置换债权人所持有的债权的方式进行清偿,省纺织集团免除省纺织进出口公司及五家子公司对其负有的因置换而产生的债务。清偿完毕后,债权人放弃对省纺织进出口公司及五家子公司的全部剩余债权。由于采用了"现金+债转股"的复合型清偿方式,债权人是否愿意以此种方式进行受偿,是能否重整成功的关键。因此,本案引入了"预表决"机制,在重整计划草案的制定中,由管理人就债转股的必要性、可行性及清偿的具体方法进行了预先的说明,并由债权人对此预先书面发表意见,在此基础上制定完善重整计划草案,并提交债权人会议审议表决。从效果看,通过"债转股"方式清偿债务,在重整计划制定过程中进行预表决,较好地保障了债权人的知情权和选择权,自主发表意见,从而使"债转股"清偿方式得以顺利进行。

2017年11月22日,案涉六家公司合并重整后召开第一次债权人会议。管理人向债权人会议提交了合并重整计划草案,各关联企业继续存续。经表决,有财产担保债权组100%同意,普通债权组亦93.6%表决通过计划草案,出资人组会议也100%表决通过出资人权益调整方案。法院经审查认为,合并重整计划制定、表决程序合法,内容符合法律规定,公平对待债权人,对出资人权益调整公平、公正,经营方案具有可行性。依照《中华人民共和国企业破产法》第八十六条第二款之规定,南京中院于2017年12月8日作出(2017)苏01破1、6、7、8、9、10号之二民事裁定:一、批准省纺织进出口公司、省轻纺公司、省针织公司、省机电公司、无锡新苏纺公司、省服装公司合并重整计划;二、终止省纺织进出口公司、省轻纺公司、省针织公司、省机电公司、无锡新苏纺公司、省服装公司合并重整程序。

第八十四条 【营利法人关联交易】 营利法人的控股出资人、实际控制人、董事、监事、高级管理人员不得利用其关联关系损害法人的利益;利用关联关系造成法人损失的,应当承担赔偿责任。

一、相关法律条文

1.《公司法》(2023 年 12 月 29 日修订)

第二十二条 公司的控股股东、实际控制人、董事、监事、高级管理人员不得利用关联关系损害公司利益。

违反前款规定,给公司造成损失的,应当承担赔偿责任。

第一百八十条 董事、监事、高级管理人员对公司负有忠实义务,应当采取措施避免自身利益与公司利益冲突,不得利用职权牟取不正当利益。

董事、监事、高级管理人员对公司负有勤勉义务,执行职务应当为公司的最大利益尽到管理者通常应有的合理注意。

公司的控股股东、实际控制人不担任公司董事但实际执行公司事务的,适用前两款规定。

第一百八十八条 董事、监事、高级管理人员执行职务违反法律、行政法规或者公司章程的规定,给公司造成损失的,应当承担赔偿责任。

第二百六十五条 本法下列用语的含义:

(一)高级管理人员,是指公司的经理、副经理、财务负责人,上市公司董事会秘书和公司章程规定的其他人员。

(二)控股股东,是指其出资额占有限责任公司资本总额超过百分之五十或者其持有的股份占股份有限公司股本总额超过百分之五十的股东;出资额或者持有股份的比例虽然低于百分之五十,但依其出资额或者持有的股份所享有的表决权已足以对股东会的决议产生重大影响的股东。

(三)实际控制人,是指通过投资关系、协议或者其他安排,能够实际支配公司行为的人。

(四)关联关系,是指公司控股股东、实际控制人、董事、监事、高级管理人员与其直接或者间接控制的企业之间的关系,以及可能导致公司利益转移的其他关系。但是,国家控股的企业之间不仅因为同受国家控股而具有关联关系。

2.《慈善法》(2023 年 12 月 29 日修正)

第十四条 慈善组织的发起人、主要捐赠人以及管理人员,不得利用其关联关系损害慈善组织、受益人的利益和社会公共利益。

慈善组织的发起人、主要捐赠人以及管理人员与慈善组织发生交易行为的,不得参与慈善组织有关该交易行为的决策,有关交易情况应当向社会公开。

二、相关指导性案例

指导案例15号:徐工集团工程机械股份有限公司诉成都川交工贸有限责任公司等买卖合同纠纷案(最高人民法院审判委员会讨论通过2013年1月31日发布)

参见第八十三条"营利法人出资人滥用权利的民事责任"对应案例。

第八十五条　【决议的撤销】营利法人的权力机构、执行机构作出决议的会议召集程序、表决方式违反法律、行政法规、法人章程,或者决议内容违反法人章程的,营利法人的出资人可以请求人民法院撤销该决议。但是,营利法人依据该决议与善意相对人形成的民事法律关系不受影响。

一、相关法律条文

《公司法》(2023年12月29日修订)

第二十五条　公司股东会、董事会的决议内容违反法律、行政法规的无效。

第二十六条　公司股东会、董事会的会议召集程序、表决方式违反法律、行政法规或者公司章程,或者决议内容违反公司章程的,股东自决议作出之日起六十日内,可以请求人民法院撤销。但是,股东会、董事会的会议召集程序或者表决方式仅有轻微瑕疵,对决议未产生实质影响的除外。

未被通知参加股东会会议的股东自知道或者应当知道股东会决议作出之日起六十日内,可以请求人民法院撤销;自决议作出之日起一年内没有行使撤销权的,撤销权消灭。

第二十七条　有下列情形之一的,公司股东会、董事会的决议不成立:

(一)未召开股东会、董事会会议作出决议;

(二)股东会、董事会会议未对决议事项进行表决;

（三）出席会议的人数或者所持表决权数未达到本法或者公司章程规定的人数或者所持表决权数；

（四）同意决议事项的人数或者所持表决权数未达到本法或者公司章程规定的人数或者所持表决权数。

第二十八条　公司股东会、董事会决议被人民法院宣告无效、撤销或者确认不成立的，公司应当向公司登记机关申请撤销根据该决议已办理的登记。

股东会、董事会决议被人民法院宣告无效、撤销或者确认不成立的，公司根据该决议与善意相对人形成的民事法律关系不受影响。

二、相关指导性案例

指导案例10号：李建军诉上海佳动力环保科技有限公司公司决议撤销纠纷案（最高人民法院审判委员会讨论通过　2012年9月18日发布）

【关键词】民事　公司决议撤销　司法审查范围

【裁判要点】

人民法院在审理公司决议撤销纠纷案件中应当审查：会议召集程序、表决方式是否违反法律、行政法规或者公司章程，以及决议内容是否违反公司章程。在未违反上述规定的前提下，解聘总经理职务的决议所依据的事实是否属实，理由是否成立，不属于司法审查范围。

【基本案情】

原告李建军诉称：被告上海佳动力环保科技有限公司（以下简称佳动力公司）免除其总经理职务的决议所依据的事实和理由不成立，且董事会的召集程序、表决方式及决议内容均违反了公司法的规定，请求法院依法撤销该董事会决议。

被告佳动力公司辩称：董事会的召集程序、表决方式及决议内容均符合法律和章程的规定，故董事会决议有效。

法院经审理查明：原告李建军系被告佳动力公司的股东，并担任总经理。佳动力公司股权结构为：葛永乐持股40%，李建军持股46%，王泰胜持股14%。三位股东共同组成董事会，由葛永乐担任董事长，另两人为董事。公司章程规定：董事会行使包括聘任或者解聘公司经理等职权；董事会须由三分之二以上的董事出席方才有效；董事会对所议事项 作出的决定应由占全体股东三分之二以上的董事表决通过方才有效。2009 年 7 月 18 日,佳动力公司董事长葛永乐召集并主持董事会,三位董事均出席,会议形成了“鉴于总经理李建军不经董事会同意私自动用公司资金在二级市场炒股,造成巨大损失,现免去其总经理职务,即日生效”等内容的决议。该决议由葛永乐、王泰胜及监事签名,李建军未在该决议上签名。

【裁判结果】

上海市黄浦区人民法院于 2010 年 2 月 5 日作出(2009)黄民二(商)初字第 4569 号民事判决:撤销被告佳动力公司于 2009 年 7 月 18 日形成的董事会决议。宣判后,佳动力公司提出上诉。上海市第二中级人民法院于 2010 年 6 月 4 日作出(2010)沪二中民四(商)终字第 436 号民事判决:一、撤销上海市黄浦区人民法院(2009)黄民二(商)初字第 4569 号民事判决;二、驳回李建军的诉讼请求。

【裁判理由】

法院生效裁判认为:根据《公司法》第二十二条第二款的规定,董事会决议可撤销的事由包括:(1)召集程序违反法律、行政法规或公司章程;(2)表决方式违反法律、行政法规或公司章程;(3)决议内容违反公司章程。从召集程序看,佳动力公司于 2009 年 7 月 18 日召开的董事会由董事长葛永乐召集,三位董事均出席董事会,该次董事会的召集程序未违反法律、行政法规或公司章程的规定。从表决方式看,根据佳动力公司章程规定,对所议事项作出的决定应由占全体股东三分之二以上的董事表决通过方才有效,上述董事会决议由三位股东(兼董事)中的两名表决通过,故在表决方式上未违反法律、行政法规或公司章程的规定。从决议内容看,佳动力公司章程规定董事会有权解聘公司经理,董事会决议内容中“总经理李建军不经董事会同意私自动用公司资金在二级市场炒股,造成巨大损失”的陈述,仅是董事会解聘李建军总经理职务的原因,而解聘李建军总经理职务的决议内容本身并不违反公司章程。

董事会决议解聘李建军总经理职务的原因如果不存在,并不导致董事会决议撤销。首先,公司法尊重公司自治,公司内部法律关系原则上由公司自治机制调整,司法机关原则上不介入公司内部事务;其次,佳动力公司的章程中未对董事会解聘公司经理的职权作出限制,并未规定董事会解聘公司经理必须要有一定原因,该章程内容未违反公司法的强制性规定,应认定有效,因此佳动力公司董事会可以行使公司章程赋予的权力作出解聘公司经理的决定。故法院应当尊重公司自治，无须审查佳动力公司董事会解聘公司经理的原因是否存在，即无须审查决议所依据的事实是否属实，理由是否成立。综上，原告李建军请求撤销董事会决议的诉讼请求不成立，依法予以驳回。

第八十六条 【营利法人应履行的义务】营利法人从事经营活动，应当遵守商业道德，维护交易安全，接受政府和社会的监督，承担社会责任。

一、相关法律条文

1.《公司法》(2023年12月29日修订)

第十九条 公司从事经营活动，应当遵守法律法规，遵守社会公德、商业道德，诚实守信，接受政府和社会公众的监督。

第二十条 公司从事经营活动，应当充分考虑公司职工、消费者等利益相关者的利益以及生态环境保护等社会公共利益，承担社会责任。

国家鼓励公司参与社会公益活动，公布社会责任报告。

2.《网络安全法》(2017年6月1日起施行)

第九条 网络运营者开展经营和服务活动，必须遵守法律、行政法规，尊重社会公德，遵守商业道德，诚实信用，履行网络安全保护义务，接受政府和社会的监督，承担社会责任。

3.《反不正当竞争法》(2019年4月23日修正)

第二条第一款 经营者在生产经营活动中，应当遵循自愿、平等、公平、诚信的原则，遵守法律和商业道德。

4.《旅游法》(2018年10月26日修正)

第六条 国家建立健全旅游服务标准和市场规则，禁止行业垄断和地区垄断。旅游经营者应当诚信经营，公平竞争，承担社会责任，为旅游者提供安全、健康、卫生、方便的旅游服务。

5.《食品安全法》(2021年4月29日修正)

第四条第二款 食品生产经营者应当依照法律、法规和食品安全标准从事生产经营活动，保证食品安全，诚信自律，对社会和公众负责，接受社会监督，承担社会责任。

6.《企业国有资产法》(2009 年 5 月 1 日起施行)

第十七条第一款 国家出资企业从事经营活动,应当遵守法律、行政法规,加强经营管理,提高经济效益,接受人民政府及其有关部门、机构依法实施的管理和监督,接受社会公众的监督,承担社会责任,对出资人负责。

7.《个人信息保护法》(2021 年 11 月 1 日起施行)

第五十八条 提供重要互联网平台服务、用户数量巨大、业务类型复杂的个人信息处理者,应当履行下列义务:

(一)按照国家规定建立健全个人信息保护合规制度体系,成立主要由外部成员组成的独立机构对个人信息保护情况进行监督;

(二)遵循公开、公平、公正的原则,制定平台规则,明确平台内产品或者服务提供者处理个人信息的规范和保护个人信息的义务;

(三)对严重违反法律、行政法规处理个人信息的平台内的产品或者服务提供者,停止提供服务;

(四)定期发布个人信息保护社会责任报告,接受社会监督。

二、相关指导性案例

指导案例 67 号:汤长龙诉周士海股权转让纠纷案(最高人民法院审判委员会讨论通过 2016 年 9 月 19 日发布)

【关键词】民事 股权转让 分期付款 合同解除

【裁判要点】

有限责任公司的股权分期支付转让款中发生股权受让人延迟或者拒付等违约情形,股权转让人要求解除双方签订的股权转让合同的,不适用《合同法》第一百六十七条关于分期付款买卖中出卖人在买受人未支付到期价款的金额达到合同全部价款的五分之一时即可解除合同的规定。

【基本案情】

原告汤长龙与被告周士海于 2013 年 4 月 3 日签订《股权转让协议》及《股权转让资金分期付款协议》。双方约定:周士海将其持有的青岛变压器集团成都双星电器有限公司 6.35% 股权转让给汤长龙。股权合计 710 万元,分四期付清,即 2013 年 4 月 3 日付 150 万元;2013 年 8 月 2 日付 150 万元;2013 年 12 月 2 日付 200 万元;2014 年 4 月 2 日付 210 万元。此协议双方签字生效,永不反悔。协议签订后,汤长龙于 2013

年4月3日依约向周士海支付第一期股权转让款150万元。因汤长龙逾期未支付约定的第二期股权转让款,周士海于同年10月11日,以公证方式向汤长龙送达了《关于解除协议的通知》,以汤长龙根本违约为由,提出解除双方签订的《股权转让资金分期付款协议》。次日,汤长龙即向周士海转账支付了第二期150万元股权转让款,并按照约定的时间和数额履行了后续第三、四期股权转让款的支付义务。周士海以其已经解除合同为由,如数退回汤长龙支付的4笔股权转让款。汤长龙遂向人民法院提起诉讼,要求确认周士海发出的解除协议通知无效,并责令其继续履行合同。

另查明,2013年11月7日,青岛变压器集团成都双星电器有限公司的变更(备案)登记中,周士海所持有的6.35%股权已经变更登记至汤长龙名下。

【裁判结果】

四川省成都市中级人民法院于2014年4月15日作出(2013)成民初字第1815号民事判决:驳回原告汤长龙的诉讼请求。汤长龙不服,提起上诉。四川省高级人民法院于2014年12月19日作出(2014)川民终字第432号民事判决:一、撤销原审判决;二、确认周士海要求解除双方签订的《股权转让资金分期付款协议》行为无效;三、汤长龙于本判决生效后十日内向周士海支付股权转让款710万元。周士海不服四川省高级人民法院的判决,以二审法院适用法律错误为由,向最高人民法院申请再审。最高人民法院于2015年10月26日作出(2015)民申字第2532号民事裁定,驳回周士海的再审申请。

【裁判理由】

法院生效判决认为:本案争议的焦点问题是周士海是否享有《合同法》第一百六十七条规定的合同解除权。

一、《合同法》第一百六十七条第一款规定,"分期付款的买受人未支付到期价款的金额达到全部价款的五分之一的,出卖人可以要求买受人支付全部价款或解除合同"。第二款规定,"出卖人解除合同的,可以向买受人要求支付该标的物的使用费"。《最高人民法院关于审理买卖合同纠纷案件适用法律问题的解释》第三十八条规定,"合同法第一百六十七条第一款规定的'分期付款',系指买受人将应付的总价款在一定期间内至少分三次向出卖人支付。分期付款买卖合同的约定违反合同法第一百六十七条第一款的规定,损害买受人利益,买受人主张该约定无效的,人民法院应予支持”。依据上述法律和司法解释的规定,分期付款买卖的主要特征为:一是买受人向出卖人支付总价款分三次以上,出卖人交付标的物之后买受人分两次以上向出卖人支付价款;二是多发、常见在经营者和消费者之间,一般是买受人作为消费者为满足生活消费而发生的交易;三是出卖人向买受人授予了一定信用,而作为授信人的出卖人在价款回收上存在一定风险,为保障出卖人剩余价款的回收,出卖人在一定条件下可以行使解除合同的权利。

本案系有限责任公司股东将股权转让给公司股东之外的其他人。尽管案涉股权的转让形式也是分期付款,但由于本案买卖的标的物是股权,因此具有与以消费为目的的一般买卖不同的特点:一是汤长龙受让股权是为参与公司经营管理并获取经济利益,并非满足生活消费;二是周士海作为有限责任公司的股权出让人,基于其所持股权一直存在于目标公司中的特点,其因分期回收股权转让款而承担的风险,与一般以消费为目的的分期付款买卖中出卖人收回价款的风险并不同等;三是双方解除股权转让合同,也不存在向受让人要求支付标的物使用费的情况。综上特点,股权转让分期付款合同,与一般以消费为目的分期付款买卖合同有较大区别。对案涉《股权转让资金分期付款协议》不宜简单适用《合同法》第一百六十七条规定的合同解除权。

二、本案中,双方订立《股权转让资金分期付款协议》的合同目的能够实现。汤长龙和周士海订立《股权转让资金分期付款协议》的目的是转让周士海所持青岛变压器集团成都双星电器有限公司6.35%股权给汤长龙。根据汤长龙履行股权转让款的情况,除第2笔股权转让款150万元逾期支付两个月,其余3笔股权转让款均按约支付,周士海认为汤长龙逾期付款构成违约要求解除合同,退回了汤长龙所付710万元,不影响汤长龙按约支付剩余3笔股权转让款的事实的成立,且本案一、二审审理过程中,汤长龙明确表示愿意履行付款义务。因此,周士海签订案涉《股权转让资金分期付款协议》的合同目的能够得以实现。另查明,2013年11月7日,青岛变压器集团成都双星电器有限公司的变更(备案)登记中,周士海所持有的6.35%股权已经变更登记至汤长龙名下。

三、从诚实信用的角度,《合同法》第六十条规定,“当事人应当按照约定全面履行自己的义务。当事人应当遵循诚实信用原则,根据合同的性质、目的和交易习惯履行通知、协助、保密等义务”。鉴于双方在股权转让合同上明确约定"此协议一式两份,双方签字生效,永不反悔",因此周士海即使依据《合同法》第一百六十七条的规定,也应当首先选择要求汤长龙支付全部价款,而不是解除合同。

四、从维护交易安全的角度,一项有限责任公司的股权交易,关涉诸多方面,如其他股东对受让人汤长龙的接受和信任(过半数同意股权转让),记载到股东名册和在工商部门登记股权,社会成本和影响已经倾注其中。本案中,汤长龙受让股权后已实际参与公司经营管理、股权也已过户登记到其名下,如果不是汤长龙有根本违约行为,动辄撤销合同可能对公司经营管理的稳定产生不利影响。

综上所述,本案中,汤长龙主张的周士海依据《合同法》第一百六十七条之规定要求解除合同依据不足的理由,于法有据,应当予以支持。

第三节 非营利法人

第八十七条 【非营利法人的定义与类型】为公益目的或者其他非营利目的成立,不向出资人、设立人或者会员分配所取得利润的法人,为非营利法人。

非营利法人包括事业单位、社会团体、基金会、社会服务机构等。

一、相关法律条文

1.《民办教育促进法》(2018年12月29日修正)

第十九条 民办学校的举办者可以自主选择设立非营利性或者营利性民办学校。但是,不得设立实施义务教育的营利性民办学校。

非营利性民办学校的举办者不得取得办学收益,学校的办学结余全部用于办学。

营利性民办学校的举办者可以取得办学收益,学校的办学结余依照公司法等有关法律、行政法规的规定处理。

民办学校取得办学许可证后,进行法人登记,登记机关应当依法予以办理。

2.《基本医疗卫生与健康促进法》(2020年6月1日起施行)

第三十九条 国家对医疗卫生机构实行分类管理。

医疗卫生服务体系坚持以非营利性医疗卫生机构为主体、营利性医疗卫生机构为补充。政府举办非营利性医疗卫生机构,在基本医疗卫生事业中发挥主导作用,保障基本医疗卫生服务公平可及。

以政府资金、捐赠资产举办或者参与举办的医疗卫生机构不得设立为营利性医疗卫生机构。

医疗卫生机构不得对外出租、承包医疗科室。非营利性医疗卫生机构不得向出资人、举办者分配或者变相分配收益。

3.《企业所得税法》(2018年12月29日修正)

第二十六条 企业的下列收入为免税收入:

(一)国债利息收入;

(二)符合条件的居民企业之间的股息、红利等权益性投资收益;

(三)在中国境内设立机构、场所的非居民企业从居民企业取得与该机构、场所有实际联系的股息、红利等权益性投资收益;

(四)符合条件的非营利组织的收入。

4.《证券法》(2019年12月28日修订)

第一百四十五条 证券登记结算机构为证券交易提供集中登记、存管与结算服务,不以营利为目的,依法登记,取得法人资格。

设立证券登记结算机构必须经国务院证券监督管理机构批准。

二、相关行政法规条文

1.《企业所得税法实施条例》(2019年4月23日修订)

第八十四条 企业所得税法第二十六条第(四)项所称符合条件的非营利组织,是指同时符合下列条件的组织:

(一)依法履行非营利组织登记手续;

(二)从事公益性或者非营利性活动;

(三)取得的收入除用于与该组织有关的、合理的支出外,全部用于登记核定或者章程规定的公益性或者非营利性事业;

(四)财产及其孳息不用于分配;

(五)按照登记核定或者章程规定,该组织注销后的剩余财产用于公益性或者非营利性目的,或者由登记管理机关转赠给与该组织性质、宗旨相同的组织,并向社会公告;

(六)投入人对投入该组织的财产不保留或者享有任何财产权利;

（七）工作人员工资福利开支控制在规定的比例内，不变相分配该组织的财产。

前款规定的非营利组织的认定管理办法由国务院财政、税务主管部门会同国务院有关部门制定。

第八十五条 企业所得税法第二十六条第（四）项所称符合条件的非营利组织的收入，不包括非营利组织从事营利性活动取得的收入，但国务院财政、税务主管部门另有规定的除外。

2.《事业单位登记管理暂行条例》（2004 年 6 月 27 日修订）

第二条 本条例所称事业单位，是指国家为了社会公益目的，由国家机关举办或者其他组织利用国有资产举办的，从事教育、科技、文化、卫生等活动的社会服务组织。

事业单位依法举办的营利性经营组织，必须实行独立核算，依照国家有关公司、企业等经营组织的法律、法规登记管理。

3.《社会团体登记管理条例》（2016 年 2 月 6 日修订）

第二条 本条例所称社会团体，是指中国公民自愿组成，为实现会员共同意愿，按照其章程开展活动的非营利性社会组织。

国家机关以外的组织可以作为单位会员加入社会团体。

4.《基金会管理条例》（2004 年 6 月 1 日起施行）

第二条 本条例所称基金会，是指利用自然人、法人或者其他组织捐赠的财产，以从事公益事业为目的，按照本条例的规定成立的非营利性法人。

5.《博物馆条例》（2015 年 3 月 20 日起施行）

第二条 本条例所称博物馆，是指以教育、研究和欣赏为目的，收藏、保护并向公众展示人类活动和自然环境的见证物，经登记管理机关依法登记的非营利组织。

博物馆包括国有博物馆和非国有博物馆。利用或者主要利用国有资产设立的博物馆为国有博物馆；利用或者主要利用非国有资产设立的博物馆为非国有博物馆。

国家在博物馆的设立条件、提供社会服务、规范管理、专业技术职称评定、财税扶持政策等方面，公平对待国有和非国有博物馆。

第十五条第一款 设立藏品不属于古生物化石的非国有博物馆的，应当到有关登记管理机关依法办理法人登记手续。

三、相关司法解释规定

1.《最高人民法院关于适用〈中华人民共和国民法典〉有关担保制度的解释》(法释〔2020〕28号)

第六条 以公益为目的的非营利性学校、幼儿园、医疗机构、养老机构等提供担保的,人民法院应当认定担保合同无效,但是有下列情形之一的除外:

(一)在购入或者以融资租赁方式承租教育设施、医疗卫生设施、养老服务设施和其他公益设施时,出卖人、出租人为担保价款或者租金实现而在该公益设施上保留所有权;

(二)以教育设施、医疗卫生设施、养老服务设施和其他公益设施以外的不动产、动产或者财产权利设立担保物权。

登记为营利法人的学校、幼儿园、医疗机构、养老机构等提供担保,当事人以其不具有担保资格为由主张担保合同无效的,人民法院不予支持。

2.《最高人民法院关于在民事审判工作中适用〈中华人民共和国工会法〉若干问题的解释》(法释〔2003〕11号)(2020年12月23日修正)

第一条 人民法院审理涉及工会组织的有关案件时,应当认定依照工会法建立的工会组织的社团法人资格。具有法人资格的工会组织依法独立享有民事权利,承担民事义务。建立工会的企业、事业单位、机关与所建工会以及工会投资兴办的企业,根据法律和司法解释的规定,应当分别承担各自的民事责任。

第八十八条 【事业单位法人资格取得】 具备法人条件,为适应经济社会发展需要,提供公益服务设立的事业单位,经依法登记成立,取得事业单位法人资格;依法不需要办理法人登记的,从成立之日起,具有事业单位法人资格。

相关行政法规条文

1.《事业单位登记管理暂行条例》(2004年6月27日修订)

第三条 事业单位经县级以上各级人民政府及其有关主管部门(以下统称审批机关)批准成立后,应当依照本条例的规定登记或者备案。

事业单位应当具备法人条件。

第五条 县级以上各级人民政府机构编制管理机关所属的事业单

位登记管理机构(以下简称登记管理机关)负责实施事业单位的登记管理工作。县级以上各级人民政府机构编制管理机关应当加强对登记管理机关的事业单位登记管理工作的监督检查。

事业单位实行分级登记管理。分级登记管理的具体办法由国务院机构编制管理机关规定。

法律、行政法规对事业单位的监督管理另有规定的,依照有关法律、行政法规的规定执行。

第六条　申请事业单位法人登记,应当具备下列条件:

(一)经审批机关批准设立;

(二)有自己的名称、组织机构和场所;

(三)有与其业务活动相适应的从业人员;

(四)有与其业务活动相适应的经费来源;

(五)能够独立承担民事责任。

第七条　申请事业单位法人登记,应当向登记管理机关提交下列文件:

(一)登记申请书;

(二)审批机关的批准文件;

(三)场所使用权证明;

(四)经费来源证明;

(五)其他有关证明文件。

第八条　登记管理机关应当自收到登记申请书之日起30日内依照本条例的规定进行审查,作出准予登记或者不予登记的决定。准予登记的,发给《事业单位法人证书》;不予登记的,应当说明理由。

事业单位法人登记事项包括:名称、住所、宗旨和业务范围、法定代表人、经费来源(开办资金)等情况。

第九条　经登记的事业单位,凭《事业单位法人证书》刻制印章,申请开立银行帐户。事业单位应当将印章式样报登记管理机关备案。

第十条　事业单位的登记事项需要变更的,应当向登记管理机关办理变更登记。

第十一条　法律规定具备法人条件、自批准设立之日起即取得法人资格的事业单位,或者法律、其他行政法规规定具备法人条件、经有关主管部门依法审核或者登记,已经取得相应的执业许可证书的事业单位,不再办理事业单位法人登记,由有关主管部门按照分级登记管理的规定向登记管理机关备案。

县级以上各级人民政府设立的直属事业单位直接向登记管理机关备案。

第十二条 事业单位备案的事项,除本条例第八条第二款所列事项外,还应当包括执业许可证明文件或者设立批准文件。

对备案的事业单位,登记管理机关应当自收到备案文件之日起30日内发给《事业单位法人证书》。

2.《国务院机构及简称》(国办秘函〔2023〕18号)

六、国务院直属事业单位

新华通讯社(新华社)

中国科学院(中国中科院)

中国社会科学院(中国社科院)

中国工程院(中国工程院)

国务院发展研究中心(国务院发展研究中心)

中央广播电视总台(中央广电总台)

中国气象局(中国气象局)

国家行政学院与中央党校,一个机构两块牌子,作为党中央直属事业单位。

国家行政学院(国家行政学院)

第八十九条 【事业单位法人组织机构】事业单位法人设理事会的,除法律另有规定外,理事会为其决策机构。事业单位法人的法定代表人依照法律、行政法规或者法人章程的规定产生。

相关行政法规条文

1.《关于建立和完善事业单位法人治理结构的意见》(国办发〔2011〕37号)

三、主要内容

面向社会提供公益服务的事业单位要探索建立和完善法人治理结构。不宜建立法人治理结构的事业单位,要继续完善现行管理模式。

(一)建立健全决策监督机构。决策监督机构的主要组织形式是理事会,也可探索董事会、管委会等多种形式。理事会作为事业单位的决策和监督机构,依照法律法规、国家有关政策和本单位章程开展工作,接受政府监管和社会监督。理事会负责本单位的发展规划、财务预决算、重大业务、章程拟订和修订等决策事项,按照有关规定履行人事管理方面的职责,并监督本单位的运行。理事会一般由政府有关部门、举办单位、事业单位、服务对象和其他有关方面的代表组成。直接关系人民群众切身利益的事业单位,本单位以外人员担任的理事要占多数。根据事业单位的规模、职责任务和服务对象等方面特点,兼顾代表性和效率,合理确定理事会的构成和规模。结合理事所代表的不同方面,采取相应的理事产生方式,代表政府部门或相关组织的理事一般由政府部门或相关组织委派,代表服务对象和其他利益相关方的理事原则上推选产生,事业单位行政负责人及其他有关职位的负责人可以确定为当然理事。要明确理事的权利义务,建立理事责任追究机制。也可探索单独设立监事会,负责监督事业单位财务和理事、管理层人员履行职责的情况。

(二)明确管理层权责。管理层作为理事会的执行机构,由事业单位行政负责人及其他主要管理人员组成。管理层对理事会负责,按照理事会决议独立自主履行日常业务管理、财务资产管理和一般工作人员管理等职责,定期向理事会报告工作。事业单位行政负责人由理事会任命或提名,并按照人事管理权限报有关部门备案或批准。事业单位其他主要管理人员的任命和提名,根据不同情况可以采取不同的方式。

(三)制定事业单位章程。事业单位章程是法人治理结构的制度载体和理事会、管理层的运行规则,也是有关部门对事业单位进行监管的重要依据。事业单位章程应当明确理事会和管理层的关系,包括理事会的职责、构成、会议制度,理事的产生方式和任期,管理层的职责和产生方式等。事业单位章程草案由理事会通过,并经举办单位同意后,报登记管理机关核准备案。

要研究制定事业单位法人治理准则,进一步规范事业单位法人治理结构建设。完善事业单位年度报告制度,加强对事业单位履行章程情况的监管。建立事业单位信息公开制度,强化社会对事业单位的监督。全面加强事业单位党的建设。

2.《关于创新事业单位机构编制管理的意见》(国办发〔2011〕37号)

五、完善事业单位登记管理制度

事业单位应当进行法人登记。指导事业单位制定章程并依法核准,加强对事业单位履行章程情况的监管。改革和完善事业单位年度报告制度,建立相关信息公开制度。按照方便事业单位和节约效能原则,推进网上登记管理。转为行政机构和企业的事业单位,核销事业编制后要及时办理事业单位法人注销登记。

第九十条 【社会团体法人资格取得】具备法人条件,基于会员共同意愿,为公益目的或者会员共同利益等非营利目的设立的社会团体,经依法登记成立,取得社会团体法人资格;依法不需要办理法人登记的,从成立之日起,具有社会团体法人资格。

一、相关法律条文

1.《证券投资基金法》(2015年4月24日修正)

第一百零八条第一款 基金行业协会是证券投资基金行业的自律性组织,是社会团体法人。

2.《证券法》(2019年12月28日修订)

第一百六十四条第一款 证券业协会是证券业的自律性组织,是社会团体法人。

3.《红十字会法》(2017年2月24日修订)

第二条 中国红十字会是中华人民共和国统一的红十字组织,是从事人道主义工作的社会救助团体。

第十条 中国红十字会总会具有社会团体法人资格;地方各级红十字会、行业红十字会依法取得社会团体法人资格。

4.《注册会计师法》(2014年8月31日修正)

第三十八条 注册会计师协会依法取得社会团体法人资格。

5.《律师法》(2017年9月1日修正)

第四十三条 律师协会是社会团体法人,是律师的自律性组织。

全国设立中华全国律师协会,省、自治区、直辖市设立地方律师协会,设区的市根据需要可以设立地方律师协会。

6.《仲裁法》(2017 年 9 月 1 日修正)

第十五条 中国仲裁协会是社会团体法人。仲裁委员会是中国仲裁协会的会员。中国仲裁协会的章程由全国会员大会制定。

中国仲裁协会是仲裁委员会的自律性组织,根据章程对仲裁委员会及其组成人员、仲裁员的违纪行为进行监督。

中国仲裁协会依照本法和民事诉讼法的有关规定制定仲裁规则。

7.《工会法》(2021 年 12 月 24 日修正)

第十五条 中华全国总工会、地方总工会、产业工会具有社会团体法人资格。

基层工会组织具备民法典规定的法人条件的,依法取得社会团体法人资格。

8.《保险法》(2015 年 4 月 24 日修正)

第一百八十条 保险公司应当加入保险行业协会。保险代理人、保险经纪人、保险公估机构可以加入保险行业协会。

保险行业协会是保险业的自律性组织,是社会团体法人。

9.《拍卖法》(2015 年 4 月 24 日修正)

第十七条 拍卖行业协会是依法成立的社会团体法人,是拍卖业的自律性组织。拍卖行业协会依照本法并根据章程,对拍卖企业和拍卖师进行监督。

10.《著作权法》(2020 年 11 月 11 日修正)

第八条 著作权人和与著作权有关的权利人可以授权著作权集体管理组织行使著作权或者与著作权有关的权利。依法设立的著作权集体管理组织是非营利法人,被授权后可以以自己的名义为著作权人和与著作权有关的权利人主张权利,并可以作为当事人进行涉及著作权或者与著作权有关的权利的诉讼、仲裁、调解活动。

著作权集体管理组织根据授权向使用者收取使用费。使用费的收取标准由著作权集体管理组织和使用者代表协商确定,协商不成的,可以向国家著作权主管部门申请裁决,对裁决不服的,可以向人民法院提起诉讼;当事人也可以直接向人民法院提起诉讼。

著作权集体管理组织应当将使用费的收取和转付、管理费的提取和使用、使用费的未分配部分等总体情况定期向社会公布,并应当建立权利信息查询系统,供权利人和使用者查询。国家著作权主管部门应当依法对著作权集体管理组织进行监督、管理。

著作权集体管理组织的设立方式、权利义务、使用费的收取和分配,以及对其监督和管理等由国务院另行规定。

二、相关行政法规条文

1.《社会团体登记管理条例》(2016年2月6日修订)

第三条 成立社会团体,应当经其业务主管单位审查同意,并依照本条例的规定进行登记。

社会团体应当具备法人条件。

下列团体不属于本条例规定登记的范围:

(一)参加中国人民政治协商会议的人民团体;

(二)由国务院机构编制管理机关核定,并经国务院批准免于登记的团体;

(三)机关、团体、企业事业单位内部经本单位批准成立、在本单位内部活动的团体。

第六条 国务院民政部门和县级以上地方各级人民政府民政部门是本级人民政府的社会团体登记管理机关(以下简称登记管理机关)。

国务院有关部门和县级以上地方各级人民政府有关部门、国务院或者县级以上地方各级人民政府授权的组织,是有关行业、学科或者业务范围内社会团体的业务主管单位(以下简称业务主管单位)。

法律、行政法规对社会团体的监督管理另有规定的,依照有关法律、行政法规的规定执行。

第七条 全国性的社会团体,由国务院的登记管理机关负责登记管理;地方性的社会团体,由所在地人民政府的登记管理机关负责登记管理;跨行政区域的社会团体,由所跨行政区域的共同上一级人民政府的登记管理机关负责登记管理。

第八条 登记管理机关、业务主管单位与其管辖的社会团体的住所不在一地的,可以委托社会团体住所地的登记管理机关、业务主管单位负责委托范围内的监督管理工作。

第十条 成立社会团体,应当具备下列条件:

(一)有50个以上的个人会员或者30个以上的单位会员;个人会员、单位会员混合组成的,会员总数不得少于50个;

(二)有规范的名称和相应的组织机构;

（三）有固定的住所；

（四）有与其业务活动相适应的专职工作人员；

（五）有合法的资产和经费来源，全国性的社会团体有10万元以上活动资金，地方性的社会团体和跨行政区域的社会团体有3万元以上活动资金；

（六）有独立承担民事责任的能力。

社会团体的名称应当符合法律、法规的规定，不得违背社会道德风尚。社会团体的名称应当与其业务范围、成员分布、活动地域相一致，准确反映其特征。全国性的社会团体的名称冠以“中国”、“全国”、“中华”等字样的，应当按照国家有关规定经过批准，地方性的社会团体的名称不得冠以“中国”、“全国”、“中华”等字样。

第十一条　申请登记社会团体，发起人应当向登记管理机关提交下列文件：

（一）登记申请书；

（二）业务主管单位的批准文件；

（三）验资报告、场所使用权证明；

（四）发起人和拟任负责人的基本情况、身份证明；

（五）章程草案。

第十二条　登记管理机关应当自收到本条例第十一条所列全部有效文件之日起60日内，作出准予或者不予登记的决定。准予登记的，发给《社会团体法人登记证书》；不予登记的，应当向发起人说明理由。

社会团体登记事项包括：名称、住所、宗旨、业务范围、活动地域、法定代表人、活动资金和业务主管单位。

社会团体的法定代表人，不得同时担任其他社会团体的法定代表人。

第十三条　有下列情形之一的，登记管理机关不予登记：

（一）有根据证明申请登记的社会团体的宗旨、业务范围不符合本条例第四条的规定的；

（二）在同一行政区域内已有业务范围相同或者相似的社会团体，没有必要成立的；

（三）发起人、拟任负责人正在或者曾经受到剥夺政治权利的刑事处罚，或者不具有完全民事行为能力的；

（四）在申请筹备时弄虚作假的；

（五）有法律、行政法规禁止的其他情形的。

第十五条 依照法律规定，自批准成立之日起即具有法人资格的社会团体，应当自批准成立之日起60日内向登记管理机关提交批准文件，申领《社会团体法人登记证书》。登记管理机关自收到文件之日起30日内发给《社会团体法人登记证书》。

2.《期货交易管理条例》（2017年3月1日修订）

第四十三条 期货业协会是期货业的自律性组织，是社会团体法人。

期货公司以及其他专门从事期货经营的机构应当加入期货业协会，并缴纳会员费。

3.《著作权集体管理条例》（2013年12月7日修订）

第三条 本条例所称著作权集体管理组织，是指为权利人的利益依法设立，根据权利人授权、对权利人的著作权或者与著作权有关的权利进行集体管理的社会团体。

著作权集体管理组织应当依照有关社会团体登记管理的行政法规和本条例的规定进行登记并开展活动。

第九十一条 【社会团体法人章程和组织机构】设立社会团体法人应当依法制定法人章程。

社会团体法人应当设会员大会或者会员代表大会等权力机构。

社会团体法人应当设理事会等执行机构。理事长或者会长等负责人按照法人章程的规定担任法定代表人。

一、相关法律条文

1.《证券投资基金法》（2015年4月24日修正）

第一百零九条 基金行业协会的权力机构为全体会员组成的会员大会。

基金行业协会设理事会。理事会成员依章程的规定由选举产生。

第一百一十条 基金行业协会章程由会员大会制定，并报国务院证券监督管理机构备案。

2.《证券法》（2019年12月28日修订）

第一百六十四条 证券业协会是证券业的自律性组织，是社会团体法人。

证券公司应当加入证券业协会。

证券业协会的权力机构为全体会员组成的会员大会。

第一百六十五条　证券业协会章程由会员大会制定，并报国务院证券监督管理机构备案。

第一百六十七条　证券业协会设理事会。理事会成员依章程的规定由选举产生。

3.《红十字会法》(2017年2月24日修订)

第四条　中国红十字会应当遵守宪法和法律，遵循国际红十字和红新月运动确立的基本原则，依照中国批准或者加入的日内瓦公约及其附加议定书和中国红十字会章程，独立自主地开展工作。

中国红十字会全国会员代表大会依法制定或者修改中国红十字会章程，章程不得与宪法和法律相抵触。

第八条　各级红十字会设立理事会、监事会。理事会、监事会由会员代表大会选举产生，向会员代表大会负责并报告工作，接受其监督。

理事会民主选举产生会长和副会长。理事会执行会员代表大会的决议。

执行委员会是理事会的常设执行机构，其人员组成由理事会决定，向理事会负责并报告工作。

监事会民主推选产生监事长和副监事长。理事会、执行委员会工作受监事会监督。

第九条　中国红十字会总会可以设名誉会长和名誉副会长。名誉会长和名誉副会长由中国红十字会总会理事会聘请。

4.《公证法》(2017年9月1日修正)

第四条　全国设立中国公证协会，省、自治区、直辖市设立地方公证协会。中国公证协会和地方公证协会是社会团体法人。中国公证协会章程由会员代表大会制定，报国务院司法行政部门备案。

公证协会是公证业的自律性组织，依据章程开展活动，对公证机构、公证员的执业活动进行监督。

5.《注册会计师法》(2014年8月31日修正)

第三十四条　中国注册会计师协会的章程由全国会员代表大会制定，并报国务院财政部门备案；省、自治区、直辖市注册会计师协会的章程由省、自治区、直辖市会员代表大会制定,并报省、自治区、直辖市人民政府财政部门备案。

6.《律师法》(2017年9月1日修正)

第四十四条 全国律师协会章程由全国会员代表大会制定,报国务院司法行政部门备案。

地方律师协会章程由地方会员代表大会制定,报同级司法行政部门备案。地方律师协会章程不得与全国律师协会章程相抵触。

二、相关行政法规条文

1.《社会团体登记管理条例》(2016年2月6日修订)

第十四条 社会团体的章程应当包括下列事项:

(一)名称、住所;

(二)宗旨、业务范围和活动地域;

(三)会员资格及其权利、义务;

(四)民主的组织管理制度,执行机构的产生程序;

(五)负责人的条件和产生、罢免的程序;

(六)资产管理和使用的原则;

(七)章程的修改程序;

(八)终止程序和终止后资产的处理;

(九)应当由章程规定的其他事项。

2.《期货交易管理条例》(2017年3月1日修订)

第四十四条 期货业协会的权力机构为全体会员组成的会员大会。

期货业协会的章程由会员大会制定,并报国务院期货监督管理机构备案。

期货业协会设理事会。理事会成员按照章程的规定选举产生。

3.《著作权集体管理条例》(2013年12月7日修订)

第八条 著作权集体管理组织章程应当载明下列事项:

(一)名称、住所;

(二)设立宗旨;

(三)业务范围;

(四)组织机构及其职权;

（五）会员大会的最低人数；
（六）理事会的职责及理事会负责人的条件和产生、罢免的程序；
（七）管理费提取、使用办法；
（八）会员加入、退出著作权集体管理组织的条件、程序；
（九）章程的修改程序；
（十）著作权集体管理组织终止的条件、程序和终止后资产的处理。

第十七条 著作权集体管理组织会员大会（以下简称会员大会）为著作权集体管理组织的权力机构。

会员大会由理事会依照本条例规定负责召集。理事会应当于会员大会召开60日以前将会议的时间、地点和拟审议事项予以公告；出席会员大会的会员，应当于会议召开30日以前报名。报名出席会员大会的会员少于章程规定的最低人数时，理事会应当将会员大会报名情况予以公告，会员可以于会议召开5日以前补充报名，并由全部报名出席会员大会的会员举行会员大会。

会员大会行使下列职权：
（一）制定和修改章程；
（二）制定和修改使用费收取标准；
（三）制定和修改使用费转付办法；
（四）选举和罢免理事；
（五）审议批准理事会的工作报告和财务报告；
（六）制定内部管理制度；
（七）决定使用费转付方案和著作权集体管理组织提取管理费的比例；
（八）决定其他重大事项。

会员大会每年召开一次；经10%以上会员或者理事会提议，可以召开临时会员大会。会员大会作出决定，应当经出席会议的会员过半数表决通过。

第十八条 著作权集体管理组织设立理事会，对会员大会负责，执行会员大会决定。理事会成员不得少于9人。

理事会任期为4年，任期届满应当进行换届选举。因特殊情况可以提前或者延期换届，但是换届延期不得超过1年。

第九十二条 【捐助法人资格取得】具备法人条件，为公益目的以捐助财产设立的基金会、社会服务机构等，经依法登记成立，取得捐助法人资格。

依法设立的宗教活动场所,具备法人条件的,可以申请法人登记,取得捐助法人资格。法律、行政法规对宗教活动场所有规定的,依照其规定。

相关行政法规条文

1.《基金会管理条例》(2004年6月1日起施行)

第二条 本条例所称基金会,是指利用自然人、法人或者其他组织捐赠的财产,以从事公益事业为目的,按照本条例的规定成立的非营利性法人。

第三条 基金会分为面向公众募捐的基金会(以下简称公募基金会)和不得面向公众募捐的基金会(以下简称非公募基金会)。公募基金会按照募捐的地域范围,分为全国性公募基金会和地方性公募基金会。

第四条 基金会必须遵守宪法、法律、法规、规章和国家政策,不得危害国家安全、统一和民族团结,不得违背社会公德。

第五条 基金会依照章程从事公益活动,应当遵循公开、透明的原则。

第六条 国务院民政部门和省、自治区、直辖市人民政府民政部门是基金会的登记管理机关。

国务院民政部门负责下列基金会、基金会代表机构的登记管理工作:

(一)全国性公募基金会;

(二)拟由非内地居民担任法定代表人的基金会;

(三)原始基金超过2000万元,发起人向国务院民政部门提出设立申请的非公募基金会;

(四)境外基金会在中国内地设立的代表机构。

省、自治区、直辖市人民政府民政部门负责本行政区域内地方性公募基金会和不属于前款规定情况的非公募基金会的登记管理工作。

第七条 国务院有关部门或者国务院授权的组织,是国务院民政部门登记的基金会、境外基金会代表机构的业务主管单位。

省、自治区、直辖市人民政府有关部门或者省、自治区、直辖市人民政府授权的组织,是省、自治区、直辖市人民政府民政部门登记的基金会的业务主管单位。

第八条 设立基金会,应当具备下列条件:

（一）为特定的公益目的而设立；

（二）全国性公募基金会的原始基金不低于800万元人民币，地方性公募基金会的原始基金不低于400万元人民币，非公募基金会的原始基金不低于200万元人民币；原始基金必须为到账货币资金；

（三）有规范的名称、章程、组织机构以及与其开展活动相适应的专职工作人员；

（四）有固定的住所；

（五）能够独立承担民事责任。

第九条　申请设立基金会，申请人应当向登记管理机关提交下列文件：

（一）申请书；

（二）章程草案；

（三）验资证明和住所证明；

（四）理事名单、身份证明以及拟任理事长、副理事长、秘书长简历；

（五）业务主管单位同意设立的文件。

第十条　基金会章程必须明确基金会的公益性质，不得规定使特定自然人、法人或者其他组织受益的内容。

基金会章程应当载明下列事项：

（一）名称及住所；

（二）设立宗旨和公益活动的业务范围；

（三）原始基金数额；

（四）理事会的组成、职权和议事规则，理事的资格、产生程序和任期；

（五）法定代表人的职责；

（六）监事的职责、资格、产生程序和任期；

（七）财务会计报告的编制、审定制度；

（八）财产的管理、使用制度；

（九）基金会的终止条件、程序和终止后财产的处理。

第十一条　登记管理机关应当自收到本条例第九条所列全部有效文件之日起60日内，作出准予或者不予登记的决定。准予登记的，发给《基金会法人登记证书》；不予登记的，应当书面说明理由。

基金会设立登记的事项包括：名称、住所、类型、宗旨、公益活动的业务范围、原始基金数额和法定代表人。

第十二条　基金会拟设立分支机构、代表机构的，应当向原登记管理机关提出登记申请，并提交拟设机构的名称、住所和负责人等情况的文件。

登记管理机关应当自收到前款所列全部有效文件之日起60日内作出准予或者不予登记的决定。准予登记的，发给《基金会分支（代表）机构登记证书》；不予登记的，应当书面说明理由。

基金会分支机构、基金会代表机构设立登记的事项包括：名称、住所、公益活动的业务范围和负责人。

基金会分支机构、基金会代表机构依据基金会的授权开展活动，不具有法人资格。

第十三条　境外基金会在中国内地设立代表机构，应当经有关业务主管单位同意后，向登记管理机关提交下列文件：

（一）申请书；

（二）基金会在境外依法登记成立的证明和基金会章程；

（三）拟设代表机构负责人身份证明及简历；

（四）住所证明；

（五）业务主管单位同意在中国内地设立代表机构的文件。

登记管理机关应当自收到前款所列全部有效文件之日起60日内，作出准予或者不予登记的决定。准予登记的，发给《境外基金会代表机构登记证书》；不予登记的，应当书面说明理由。

境外基金会代表机构设立登记的事项包括：名称、住所、公益活动的业务范围和负责人。

境外基金会代表机构应当从事符合中国公益事业性质的公益活动。境外基金会对其在中国内地代表机构的民事行为，依照中国法律承担民事责任。

第十四条　基金会、境外基金会代表机构依照本条例登记后，应当依法办理税务登记。

基金会、境外基金会代表机构，凭登记证书依法申请组织机构代码、刻制印章、开立银行账户。

基金会、境外基金会代表机构应当将组织机构代码、印章式样、银行账号以及税务登记证件复印件报登记管理机关备案。

第十五条　基金会、基金会分支机构、基金会代表机构和境外基金会代表机构的登记事项需要变更的，应当向登记管理机关申请变更登记。

基金会修改章程，应当征得其业务主管单位的同意，并报登记管理机关核准。

第十六条 基金会、境外基金会代表机构有下列情形之一的，应当向登记管理机关申请注销登记：

（一）按照章程规定终止的；

（二）无法按照章程规定的宗旨继续从事公益活动的；

（三）由于其他原因终止的。

第十七条 基金会撤销其分支机构、代表机构的，应当向登记管理机关办理分支机构、代表机构的注销登记。

基金会注销的，其分支机构、代表机构同时注销。

第十八条 基金会在办理注销登记前，应当在登记管理机关、业务主管单位的指导下成立清算组织，完成清算工作。

基金会应当自清算结束之日起15日内向登记管理机关办理注销登记；在清算期间不得开展清算以外的活动。

第十九条 基金会、基金会分支机构、基金会代表机构以及境外基金会代表机构的设立、变更、注销登记，由登记管理机关向社会公告。

2.《宗教事务条例》（2017年6月14日修订）

第十九条 宗教活动场所包括寺观教堂和其他固定宗教活动处所。

寺观教堂和其他固定宗教活动处所的区分标准由省、自治区、直辖市人民政府宗教事务部门制定，报国务院宗教事务部门备案。

第二十条 设立宗教活动场所，应当具备下列条件：

（一）设立宗旨不违背本条例第四条、第五条的规定；

（二）当地信教公民有经常进行集体宗教活动的需要；

（三）有拟主持宗教活动的宗教教职人员或者符合本宗教规定的其他人员；

（四）有必要的资金，资金来源渠道合法；

（五）布局合理，符合城乡规划要求，不妨碍周围单位和居民的正常生产、生活。

第二十一条 筹备设立宗教活动场所，由宗教团体向拟设立的宗教活动场所所在地的县级人民政府宗教事务部门提出申请。县级人民政府宗教事务部门应当自收到申请之日起30日内提出审核意见,报设区的市级人民政府宗教事务部门。

设区的市级人民政府宗教事务部门应当自收到县级人民政府宗教事务部门报送的材料之日起30日内,对申请设立其他固定宗教活动处所的,作出批准或者不予批准的决定;对申请设立寺观教堂的,提出审核意见,报省、自治区、直辖市人民政府宗教事务部门审批。

省、自治区、直辖市人民政府宗教事务部门应当自收到设区的市级人民政府宗教事务部门报送的材料之日起30日内,作出批准或者不予批准的决定。

宗教活动场所的设立申请获批准后,方可办理该宗教活动场所的筹建事项。

第二十二条 宗教活动场所经批准筹备并建设完工后,应当向所在地的县级人民政府宗教事务部门申请登记。县级人民政府宗教事务部门应当自收到申请之日起30日内对该宗教活动场所的管理组织、规章制度建设等情况进行审核,对符合条件的予以登记,发给《宗教活动场所登记证》。

第二十三条 宗教活动场所符合法人条件的,经所在地宗教团体同意,并报县级人民政府宗教事务部门审查同意后,可以到民政部门办理法人登记。

第二十四条 宗教活动场所终止或者变更登记内容的,应当到原登记管理机关办理相应的注销或者变更登记手续。

第二十五条 宗教活动场所应当成立管理组织,实行民主管理。宗教活动场所管理组织的成员,经民主协商推选,并报该场所的登记管理机关备案。

第二十六条 宗教活动场所应当加强内部管理,依照有关法律、法规、规章的规定,建立健全人员、财务、资产、会计、治安、消防、文物保护、卫生防疫等管理制度,接受当地人民政府有关部门的指导、监督、检查。

第二十七条 宗教事务部门应当对宗教活动场所遵守法律、法规、规章情况,建立和执行场所管理制度情况,登记项目变更情况,以及宗教活动和涉外活动情况进行监督检查。宗教活动场所应当接受宗教事务部门的监督检查。

第二十八条 宗教活动场所内可以经销宗教用品、宗教艺术品和宗教出版物。

第二十九条 宗教活动场所应当防范本场所内发生重大事故或者发生违犯宗教禁忌等伤害信教公民宗教感情、破坏民族团结、影响社会稳定的事件。

发生前款所列事故或者事件时,宗教活动场所应当立即报告所在地的县级人民政府宗教事务部门。

第三十条 宗教团体、寺观教堂拟在寺观教堂内修建大型露天宗教造像,应当由省、自治区、直辖市宗教团体向省、自治区、直辖市人民政府宗教事务部门提出申请。省、自治区、直辖市人民政府宗教事务部门应当自收到申请之日起30日内提出意见,报国务院宗教事务部门审批。

国务院宗教事务部门应当自收到修建大型露天宗教造像报告之日起60日内,作出批准或者不予批准的决定。

宗教团体、寺观教堂以外的组织以及个人不得修建大型露天宗教造像。

禁止在寺观教堂外修建大型露天宗教造像。

第三十一条 有关单位和个人在宗教活动场所内设立商业服务网点、举办陈列展览、拍摄电影电视片和开展其他活动,应当事先征得该宗教活动场所同意。

第三十二条 地方各级人民政府应当根据实际需要,将宗教活动场所建设纳入土地利用总体规划和城乡规划。

宗教活动场所、大型露天宗教造像的建设应当符合土地利用总体规划、城乡规划和工程建设、文物保护等有关法律、法规。

第三十三条 在宗教活动场所内改建或者新建建筑物,应当经所在地县级以上地方人民政府宗教事务部门批准后,依法办理规划、建设等手续。

宗教活动场所扩建、异地重建的,应当按照本条例第二十一条规定的程序办理。

第三十四条 景区内有宗教活动场所的,其所在地的县级以上地方人民政府应当协调、处理宗教活动场所与景区管理组织及园林、林业、文物、旅游等方面的利益关系,维护宗教活动场所、宗教教职人员和信教公民的合法权益,保护正常的宗教活动。

以宗教活动场所为主要游览内容的景区的规划建设，应当与宗教活动场所的风格、环境相协调。

第三十五条 信教公民有进行经常性集体宗教活动需要，尚不具备条件申请设立宗教活动场所的，由信教公民代表向县级人民政府宗教事务部门提出申请，县级人民政府宗教事务部门征求所在地宗教团体和乡级人民政府意见后，可以为其指定临时活动地点。

在县级人民政府宗教事务部门指导下，所在地乡级人民政府对临时活动地点的活动进行监管。具备设立宗教活动场所条件后，办理宗教活动场所设立审批和登记手续。

临时活动地点的宗教活动应当符合本条例的相关规定。

第九十三条 【捐助法人章程和组织机构】设立捐助法人应当依法制定法人章程。

捐助法人应当设理事会、民主管理组织等决策机构，并设执行机构。理事长等负责人按照法人章程的规定担任法定代表人。

捐助法人应当设监事会等监督机构。

相关行政法规条文

《基金会管理条例》(2004年6月1日起施行)

第二十条 基金会设理事会，理事为5人至25人，理事任期由章程规定，但每届任期不得超过5年。理事任期届满，连选可以连任。

用私人财产设立的非公募基金会，相互间有近亲属关系的基金会理事，总数不得超过理事总人数的1/3；其他基金会，具有近亲属关系的不得同时在理事会任职。

在基金会领取报酬的理事不得超过理事总人数的1/3。

理事会设理事长、副理事长和秘书长，从理事中选举产生，理事长是基金会的法定代表人。

第二十一条 理事会是基金会的决策机构，依法行使章程规定的职权。

理事会每年至少召开2次会议。理事会会议须有2/3以上理事出席方能召开；理事会决议须经出席理事过半数通过方为有效。

下列重要事项的决议，须经出席理事表决，2/3以上通过方为有效：

(一)章程的修改;

(二)选举或者罢免理事长、副理事长、秘书长;

(三)章程规定的重大募捐、投资活动;

(四)基金会的分立、合并。

理事会会议应当制作会议记录,并由出席理事审阅、签名。

第二十二条 基金会设监事。监事任期与理事任期相同。理事、理事的近亲属和基金会财会人员不得兼任监事。

监事依照章程规定的程序检查基金会财务和会计资料,监督理事会遵守法律和章程的情况。

监事列席理事会会议,有权向理事会提出质询和建议,并应当向登记管理机关、业务主管单位以及税务、会计主管部门反映情况。

第二十三条 基金会理事长、副理事长和秘书长不得由现职国家工作人员兼任。基金会的法定代表人,不得同时担任其他组织的法定代表人。公募基金会和原始基金来自中国内地的非公募基金会的法定代表人,应当由内地居民担任。

因犯罪被判处管制、拘役或者有期徒刑,刑期执行完毕之日起未逾5年的,因犯罪被判处剥夺政治权利正在执行期间或者曾经被判处剥夺政治权利的,以及曾在因违法被撤销登记的基金会担任理事长、副理事长或者秘书长,且对该基金会的违法行为负有个人责任,自该基金会被撤销之日起未逾5年的,不得担任基金会的理事长、副理事长或者秘书长。

基金会理事遇有个人利益与基金会利益关联时,不得参与相关事宜的决策;基金会理事、监事及其近亲属不得与其所在的基金会有任何交易行为。

监事和未在基金会担任专职工作的理事不得从基金会获取报酬。

第二十四条 担任基金会理事长、副理事长或者秘书长的香港居民、澳门居民、台湾居民、外国人以及境外基金会代表机构的负责人,每年在中国内地居留时间不得少于3个月。

第九十四条 【对捐助法人的监督】 捐助人有权向捐助法人查询捐助财产的使用、管理情况,并提出意见和建议,捐助法人应当及时、如实答复。

捐助法人的决策机构、执行机构或者法定代表人作出决定的程序违反法律、行政法规、法人章程，或者决定内容违反法人章程的，捐助人等利害关系人或者主管机关可以请求人民法院撤销该决定。但是，捐助法人依据该决定与善意相对人形成的民事法律关系不受影响。

一、相关法律条文

《慈善法》（2023年12月29日修正）

第四十二条第一款　捐赠人有权查询、复制其捐赠财产管理使用的有关资料，慈善组织应当及时主动向捐赠人反馈有关情况。

二、相关行政法规条文

1.《宗教事务条例》（2017年6月14日修订）

第五十七条　宗教团体、宗教院校、宗教活动场所可以按照国家有关规定接受境内外组织和个人的捐赠，用于与其宗旨相符的活动。

宗教团体、宗教院校、宗教活动场所不得接受境外组织和个人附带条件的捐赠，接受捐赠金额超过10万元的，应当报县级以上人民政府宗教事务部门审批。

宗教团体、宗教院校、宗教活动场所可以按照宗教习惯接受公民的捐赠，但不得强迫或者摊派。

第五十八条　宗教团体、宗教院校、宗教活动场所应当执行国家统一的财务、资产、会计制度，向所在地的县级以上人民政府宗教事务部门报告财务状况、收支情况和接受、使用捐赠情况，接受其监督管理，并以适当方式向信教公民公布。宗教事务部门应当与有关部门共享相关管理信息。

宗教团体、宗教院校、宗教活动场所应当按照国家有关财务、会计制度，建立健全会计核算、财务报告、财务公开等制度，建立健全财务管理机构，配备必要的财务会计人员，加强财务管理。

政府有关部门可以组织对宗教团体、宗教院校、宗教活动场所进行财务、资产检查和审计。

2.《基金会管理条例》（2004年6月1日起施行）

第二十五条　基金会组织募捐、接受捐赠，应当符合章程规定的宗旨和公益活动的业务范围。境外基金会代表机构不得在中国境内组织募捐、接受捐赠。

公募基金会组织募捐，应当向社会公布募得资金后拟开展的公益活动和资金的详细使用计划。

第二十六条 基金会及其捐赠人、受益人依照法律、行政法规的规定享受税收优惠。

第二十七条 基金会的财产及其他收入受法律保护，任何单位和个人不得私分、侵占、挪用。

基金会应当根据章程规定的宗旨和公益活动的业务范围使用其财产；捐赠协议明确了具体使用方式的捐赠，根据捐赠协议的约定使用。

接受捐赠的物资无法用于符合其宗旨的用途时，基金会可以依法拍卖或者变卖，所得收入用于捐赠目的。

第二十八条 基金会应当按照合法、安全、有效的原则实现基金的保值、增值。

第二十九条 公募基金会每年用于从事章程规定的公益事业支出，不得低于上一年总收入的70%；非公募基金会每年用于从事章程规定的公益事业支出，不得低于上一年基金余额的8%。

基金会工作人员工资福利和行政办公支出不得超过当年总支出的10%。

第三十条 基金会开展公益资助项目，应当向社会公布所开展的公益资助项目种类以及申请、评审程序。

第三十一条 基金会可以与受助人签订协议，约定资助方式、资助数额以及资金用途和使用方式。

基金会有权对资助的使用情况进行监督。受助人未按协议约定使用资助或者有其他违反协议情形的，基金会有权解除资助协议。

第三十二条 基金会应当执行国家统一的会计制度，依法进行会计核算、建立健全内部会计监督制度。

第三十三条 基金会注销后的剩余财产应当按照章程的规定用于公益目的；无法按照章程规定处理的，由登记管理机关组织捐赠给与该基金会性质、宗旨相同的社会公益组织，并向社会公告。

第三十四条 基金会登记管理机关履行下列监督管理职责：

（一）对基金会、境外基金会代表机构实施年度检查；

（二）对基金会、境外基金会代表机构依照本条例及其章程开展活动的情况进行日常监督管理；

(三)对基金会、境外基金会代表机构违反本条例的行为依法进行处罚。

第三十五条 基金会业务主管单位履行下列监督管理职责:

(一)指导、监督基金会、境外基金会代表机构依据法律和章程开展公益活动;

(二)负责基金会、境外基金会代表机构年度检查的初审;

(三)配合登记管理机关、其他执法部门查处基金会、境外基金会代表机构的违法行为。

第三十六条 基金会、境外基金会代表机构应当于每年3月31日前向登记管理机关报送上一年度工作报告,接受年度检查。年度工作报告在报送登记管理机关前应当经业务主管单位审查同意。

年度工作报告应当包括:财务会计报告、注册会计师审计报告,开展募捐、接受捐赠、提供资助等活动的情况以及人员和机构的变动情况等。

第三十七条 基金会应当接受税务、会计主管部门依法实施的税务监督和会计监督。

基金会在换届和更换法定代表人之前,应当进行财务审计。

第三十八条 基金会、境外基金会代表机构应当在通过登记管理机关的年度检查后,将年度工作报告在登记管理机关指定的媒体上公布,接受社会公众的查询、监督。

第三十九条 捐赠人有权向基金会查询捐赠财产的使用、管理情况,并提出意见和建议。对于捐赠人的查询,基金会应当及时如实答复。

基金会违反捐赠协议使用捐赠财产的,捐赠人有权要求基金会遵守捐赠协议或者向人民法院申请撤销捐赠行为、解除捐赠协议。

第四十条 未经登记或者被撤销登记后以基金会、基金会分支机构、基金会代表机构或者境外基金会代表机构名义开展活动的,由登记管理机关予以取缔,没收非法财产并向社会公告。

第四十一条 基金会、基金会分支机构、基金会代表机构或者境外基金会代表机构有下列情形之一的,登记管理机关应当撤销登记:

(一)在申请登记时弄虚作假骗取登记的,或者自取得登记证书之日起12个月内未按章程规定开展活动的;

(二)符合注销条件,不按照本条例的规定办理注销登记仍继续开展活动的。

第四十二条 基金会、基金会分支机构、基金会代表机构或者境外基金会代表机构有下列情形之一的，由登记管理机关给予警告、责令停止活动；情节严重的，可以撤销登记：

（一）未按照章程规定的宗旨和公益活动的业务范围进行活动的；

（二）在填制会计凭证、登记会计账簿、编制财务会计报告中弄虚作假的；

（三）不按照规定办理变更登记的；

（四）未按照本条例的规定完成公益事业支出额度的；

（五）未按照本条例的规定接受年度检查，或者年度检查不合格的；

（六）不履行信息公布义务或者公布虚假信息的。

基金会、境外基金会代表机构有前款所列行为的，登记管理机关应当提请税务机关责令补交违法行为存续期间所享受的税收减免。

第四十三条 基金会理事会违反本条例和章程规定决策不当，致使基金会遭受财产损失的，参与决策的理事应当承担相应的赔偿责任。

基金会理事、监事以及专职工作人员私分、侵占、挪用基金会财产的，应当退还非法占用的财产；构成犯罪的，依法追究刑事责任。

第九十五条 【公益性法人终止时剩余财产处置】 为公益目的成立的非营利法人终止时，不得向出资人、设立人或者会员分配剩余财产。剩余财产应当按照法人章程的规定或者权力机构的决议用于公益目的；无法按照法人章程的规定或者权力机构的决议处理的，由主管机关主持转给宗旨相同或者相近的法人，并向社会公告。

一、相关法律条文

1.《民办教育促进法》（2018年12月29日修正）

第五十九条第二款 非营利性民办学校清偿上述债务后的剩余财产继续用于其他非营利性学校办学；营利性民办学校清偿上述债务后的剩余财产，依照公司法的有关规定处理。

2.《慈善法》（2023年12月29日修正）

第十八条 慈善组织终止，应当进行清算。

慈善组织的决策机构应当在本法第十七条规定的终止情形出现之日起三十日内成立清算组进行清算，并向社会公告。不成立清算组或者清算组不履行职责的,办理其登记的民政部门可以申请人民法院指定有关人员组成清算组进行清算。

慈善组织清算后的剩余财产,应当按照慈善组织章程的规定转给宗旨相同或者相近的慈善组织;章程未规定的,由办理其登记的民政部门主持转给宗旨相同或者相近的慈善组织,并向社会公告。

慈善组织清算结束后,应当向办理其登记的民政部门办理注销登记,并由民政部门向社会公告。

二、相关行政法规条文

1.《社会团体登记管理条例》(2016年2月6日修订)

第十四条 社会团体的章程应当包括下列事项:

(一)名称、住所;

(二)宗旨、业务范围和活动地域;

(三)会员资格及其权利、义务;

(四)民主的组织管理制度,执行机构的产生程序;

(五)负责人的条件和产生、罢免的程序;

(六)资产管理和使用的原则;

(七)章程的修改程序;

(八)终止程序和终止后资产的处理;

(九)应当由章程规定的其他事项。

2.《基金会管理条例》(2004年6月1日起施行)

第十条 基金会章程必须明确基金会的公益性质,不得规定使特定自然人、法人或者其他组织受益的内容。

基金会章程应当载明下列事项:

(一)名称及住所;

(二)设立宗旨和公益活动的业务范围;

(三)原始基金数额;

(四)理事会的组成、职权和议事规则,理事的资格、产生程序和任期;

(五)法定代表人的职责;

(六)监事的职责、资格、产生程序和任期;

(七)财务会计报告的编制、审定制度;

(八)财产的管理、使用制度;

(九)基金会的终止条件、程序和终止后财产的处理。

3.《宗教事务条例》(2017 年 6 月 14 日修订)

第六十条　宗教团体、宗教院校、宗教活动场所注销或者终止的，应当进行财产清算，清算后的剩余财产应当用于与其宗旨相符的事业。

第四节　特别法人

第九十六条　【特别法人类型】本节规定的机关法人、农村集体经济组织法人、城镇农村的合作经济组织法人、基层群众性自治组织法人，为特别法人。

相关法律条文

1.《村民委员会组织法》(2018 年 12 月 29 日修正)

第二条　村民委员会是村民自我管理、自我教育、自我服务的基层群众性自治组织，实行民主选举、民主决策、民主管理、民主监督。

村民委员会办理本村的公共事务和公益事业，调解民间纠纷，协助维护社会治安，向人民政府反映村民的意见、要求和提出建议。

村民委员会向村民会议、村民代表会议负责并报告工作。

2.《城市居民委员会组织法》(2018 年 12 月 29 日修正)

第二条　居民委员会是居民自我管理、自我教育、自我服务的基层群众性自治组织。

不设区的市、市辖区的人民政府或者它的派出机关对居民委员会的工作给予指导、支持和帮助。居民委员会协助不设区的市、市辖区的人民政府或者它的派出机关开展工作。

第九十七条　【机关法人】有独立经费的机关和承担行政职能的法定机构从成立之日起，具有机关法人资格，可以从事为履行职能所需要的民事活动。

相关司法解释规定

《最高人民法院关于适用〈中华人民共和国民法典〉有关担保制度的解释》(法释〔2020〕28号)

第五条第一款 机关法人提供担保的,人民法院应当认定担保合同无效,但是经国务院批准为使用外国政府或者国际经济组织贷款进行转贷的除外。

第九十八条 【机关法人终止】机关法人被撤销的,法人终止,其民事权利和义务由继任的机关法人享有和承担;没有继任的机关法人的,由作出撤销决定的机关法人享有和承担。

相关司法解释规定

1.《最高人民法院关于民事执行中变更、追加当事人若干问题的规定》(法释〔2016〕21号)(2020年12月23日修正)

第八条 作为申请执行人的机关法人被撤销,继续履行其职能的主体申请变更、追加其为申请执行人的,人民法院应予支持,但生效法律文书确定的权利依法应由其他主体承受的除外;没有继续履行其职能的主体,且生效法律文书确定权利的承受主体不明确,作出撤销决定的主体申请变更、追加其为申请执行人的,人民法院应予支持。

2.《最高人民法院关于机关法人作为被执行人在执行程序中变更问题的复函》(法函〔2005〕65号)

青海省高级人民法院:

你院2005年3月22日的请示收函。经研究,答复如下:

鉴于在执行过程中,被执行人在机构改革中被撤销,其上级主管部门无偿接受了被执行人的财产,致使被执行人无遗留财产清偿债务,按照《最高人民法院关于适用〈中华人民共和国民事诉讼法〉若干问题的意见》[法发(92)22号]第271条和《最高人民法院关于人民法院执行工作若干问题的规定(试行)》(法释〔1998〕15号)第81条的规定,可以裁定变更本案的被执行人主体为被执行人的上级主管部门,由其在所接受财产价值的范围内承担民事责任。

此复

第九十九条 【农村集体经济组织法人】农村集体经济组织依法取得法人资格。

法律、行政法规对农村集体经济组织有规定的,依照其规定。

一、相关法律条文

1.《农村集体经济组织法》(2025 年 5 月 1 日起施行)

第二条 本法所称农村集体经济组织,是指以土地集体所有为基础,依法代表成员集体行使所有权,实行家庭承包经营为基础、统分结合双层经营体制的区域性经济组织,包括乡镇级农村集体经济组织、村级农村集体经济组织、组级农村集体经济组织。

第三条 农村集体经济组织是发展壮大新型农村集体经济、巩固社会主义公有制、促进共同富裕的重要主体,是健全乡村治理体系、实现乡村善治的重要力量,是提升中国共产党农村基层组织凝聚力、巩固党在农村执政根基的重要保障。

第四条 农村集体经济组织应当坚持以下原则:

(一)坚持中国共产党的领导,在乡镇党委、街道党工委和村党组织的领导下依法履职;

(二)坚持社会主义集体所有制,维护集体及其成员的合法权益;

(三)坚持民主管理,农村集体经济组织成员依照法律法规和农村集体经济组织章程平等享有权利、承担义务;

(四)坚持按劳分配为主体、多种分配方式并存,促进农村共同富裕。

第五条 农村集体经济组织依法代表成员集体行使所有权,履行下列职能:

(一)发包农村土地;

(二)办理农村宅基地申请、使用事项;

(三)合理开发利用和保护耕地、林地、草地等土地资源并进行监督;

(四)使用集体经营性建设用地或者通过出让、出租等方式交由单位、个人使用;

(五)组织开展集体财产经营、管理;

(六)决定集体出资的企业所有权变动;

(七)分配、使用集体收益;

（八）分配、使用集体土地被征收征用的土地补偿费等；

（九）为成员的生产经营提供技术、信息等服务；

（十）支持和配合村民委员会在村党组织领导下开展村民自治；

（十一）支持农村其他经济组织、社会组织依法发挥作用；

（十二）法律法规和农村集体经济组织章程规定的其他职能。

第六条　农村集体经济组织依照本法登记，取得特别法人资格，依法从事与其履行职能相适应的民事活动。

农村集体经济组织不适用有关破产法律的规定。

农村集体经济组织可以依法出资设立或者参与设立公司、农民专业合作社等市场主体，以其出资为限对其设立或者参与设立的市场主体的债务承担责任。

第十九条　农村集体经济组织应当具备下列条件：

（一）有符合本法规定的成员；

（二）有符合本法规定的集体财产；

（三）有符合本法规定的农村集体经济组织章程；

（四）有符合本法规定的名称和住所；

（五）有符合本法规定的组织机构。

符合前款规定条件的村一般应当设立农村集体经济组织，村民小组可以根据情况设立农村集体经济组织；乡镇确有需要的，可以设立农村集体经济组织。

设立农村集体经济组织不得改变集体土地所有权。

第二十条　农村集体经济组织章程应当载明下列事项：

（一）农村集体经济组织的名称、法定代表人、住所和财产范围；

（二）农村集体经济组织成员确认规则和程序；

（三）农村集体经济组织的机构；

（四）集体财产经营和财务管理；

（五）集体经营性财产收益权的量化与分配；

（六）农村集体经济组织的变更和注销；

（七）需要载明的其他事项。

农村集体经济组织章程应当报乡镇人民政府、街道办事处和县级人民政府农业农村主管部门备案。

国务院农业农村主管部门根据本法和其他有关法律法规制定农村集体经济组织示范章程。

第二十一条 农村集体经济组织的名称中应当标明“集体经济组织”字样，以及所在县、不设区的市、市辖区、乡、民族乡、镇、村或者组的名称。

农村集体经济组织以其主要办事机构所在地为住所。

第二十二条 农村集体经济组织成员大会表决通过本农村集体经济组织章程、确认本农村集体经济组织成员、选举本农村集体经济组织理事会成员、监事会成员或者监事后，应当及时向县级以上地方人民政府农业农村主管部门申请登记，取得农村集体经济组织登记证书。

农村集体经济组织登记办法由国务院农业农村主管部门制定。

2.《农业法》(2012年12月28日修正)

第十条 国家实行农村土地承包经营制度，依法保障农村土地承包关系的长期稳定，保护农民对承包土地的使用权。

农村土地承包经营的方式、期限、发包方和承包方的权利义务、土地承包经营权的保护和流转等，适用《中华人民共和国土地管理法》和《中华人民共和国农村土地承包法》。

农村集体经济组织应当在家庭承包经营的基础上，依法管理集体资产，为其成员提供生产、技术、信息等服务，组织合理开发、利用集体资源，壮大经济实力。

3.《土地管理法》(2019年8月26日修正)

第十一条 农民集体所有的土地依法属于村农民集体所有的，由村集体经济组织或者村民委员会经营、管理；已经分别属于村内两个以上农村集体经济组织的农民集体所有的，由村内各该农村集体经济组织或者村民小组经营、管理；已经属于乡(镇)农民集体所有的，由乡(镇)农村集体经济组织经营、管理。

4.《农村土地承包法》(2018年12月29日修正)

第十三条 农民集体所有的土地依法属于村农民集体所有的，由村集体经济组织或者村民委员会发包；已经分别属于村内两个以上农村集体经济组织的农民集体所有的，由村内各该农村集体经济组织或者村民小组发包。村集体经济组织或者村民委员会发包的，不得改变村内各集体经济组织农民集体所有的土地的所有权。

国家所有依法由农民集体使用的农村土地，由使用该土地的农村集体经济组织、村民委员会或者村民小组发包。

二、相关司法解释规定

《最高人民法院关于审理涉及农村土地承包纠纷案件适用法律问题的解释》(法释〔2005〕6号)(2020年12月23日修正)

第二十二条 农村集体经济组织或者村民委员会、村民小组,可以依照法律规定的民主议定程序,决定在本集体经济组织内部分配已经收到的土地补偿费。征地补偿安置方案确定时已经具有本集体经济组织成员资格的人,请求支付相应份额的,应予支持。但已报全国人大常委会、国务院备案的地方性法规、自治条例和单行条例、地方政府规章对土地补偿费在农村集体经济组织内部的分配办法另有规定的除外。

第一百条 【合作经济组织法人】城镇农村的合作经济组织依法取得法人资格。

法律、行政法规对城镇农村的合作经济组织有规定的,依照其规定。

相关法律条文

1.《商业银行法》(2015年8月29日修正)

第九十三条 城市信用合作社、农村信用合作社办理存款、贷款和结算等业务,适用本法有关规定。

2.《农民专业合作社法》(2017年12月27日修订)

第二条 本法所称农民专业合作社,是指在农村家庭承包经营基础上,农产品的生产经营者或者农业生产经营服务的提供者、利用者,自愿联合、民主管理的互助性经济组织。

第三条 农民专业合作社以其成员为主要服务对象,开展以下一种或者多种业务:

(一)农业生产资料的购买、使用;

(二)农产品的生产、销售、加工、运输、贮藏及其他相关服务;

(三)农村民间工艺及制品、休闲农业和乡村旅游资源的开发经营等;

(四)与农业生产经营有关的技术、信息、设施建设运营等服务。

第五条 农民专业合作社依照本法登记,取得法人资格。

农民专业合作社对由成员出资、公积金、国家财政直接补助、他人捐赠以及合法取得的其他资产所形成的财产，享有占有、使用和处分的权利，并以上述财产对债务承担责任。

第六条　农民专业合作社成员以其账户内记载的出资额和公积金份额为限对农民专业合作社承担责任。

第十二条　设立农民专业合作社，应当具备下列条件：

（一）有五名以上符合本法第十九条、第二十条规定的成员；

（二）有符合本法规定的章程；

（三）有符合本法规定的组织机构；

（四）有符合法律、行政法规规定的名称和章程确定的住所；

（五）有符合章程规定的成员出资。

第十四条　设立农民专业合作社，应当召开由全体设立人参加的设立大会。设立时自愿成为该社成员的人为设立人。

设立大会行使下列职权：

（一）通过本社章程，章程应当由全体设立人一致通过；

（二）选举产生理事长、理事、执行监事或者监事会成员；

（三）审议其他重大事项。

第十五条　农民专业合作社章程应当载明下列事项：

（一）名称和住所；

（二）业务范围；

（三）成员资格及入社、退社和除名；

（四）成员的权利和义务；

（五）组织机构及其产生办法、职权、任期、议事规则；

（六）成员的出资方式、出资额，成员出资的转让、继承、担保；

（七）财务管理和盈余分配、亏损处理；

（八）章程修改程序；

（九）解散事由和清算办法；

（十）公告事项及发布方式；

（十一）附加表决权的设立、行使方式和行使范围；

（十二）需要载明的其他事项。

第十六条　设立农民专业合作社，应当向工商行政管理部门提交下列文件，申请设立登记：

（一）登记申请书；

(二)全体设立人签名、盖章的设立大会纪要;

(三)全体设立人签名、盖章的章程;

(四)法定代表人、理事的任职文件及身份证明;

(五)出资成员签名、盖章的出资清单;

(六)住所使用证明;

(七)法律、行政法规规定的其他文件。

登记机关应当自受理登记申请之日起二十日内办理完毕,向符合登记条件的申请者颁发营业执照,登记类型为农民专业合作社。

农民专业合作社法定登记事项变更的,应当申请变更登记。

登记机关应当将农民专业合作社的登记信息通报同级农业等有关部门。

农民专业合作社登记办法由国务院规定。办理登记不得收取费用。

第一百零一条　【基层性群众自治组织法人】居民委员会、村民委员会具有基层群众性自治组织法人资格,可以从事为履行职能所需要的民事活动。

未设立村集体经济组织的,村民委员会可以依法代行村集体经济组织的职能。

一、相关法律条文

1.《城市居民委员会组织法》(2018年12月29日修正)

第三条　居民委员会的任务:

(一)宣传宪法、法律、法规和国家的政策,维护居民的合法权益,教育居民履行依法应尽的义务,爱护公共财产,开展多种形式的社会主义精神文明建设活动;

(二)办理本居住地区居民的公共事务和公益事业;

(三)调解民间纠纷;

(四)协助维护社会治安;

(五)协助人民政府或者它的派出机关做好与居民利益有关的公共卫生、计划生育、优抚救济、青少年教育等项工作;

(六)向人民政府或者它的派出机关反映居民的意见、要求和提出建议。

第四条　居民委员会应当开展便民利民的社区服务活动，可以兴办有关的服务事业。

居民委员会管理本居民委员会的财产，任何部门和单位不得侵犯居民委员会的财产所有权。

2.《村民委员会组织法》(2018年12月29日修正)

第八条　村民委员会应当支持和组织村民依法发展各种形式的合作经济和其他经济，承担本村生产的服务和协调工作，促进农村生产建设和经济发展。

村民委员会依照法律规定，管理本村属于村农民集体所有的土地和其他财产，引导村民合理利用自然资源，保护和改善生态环境。

村民委员会应当尊重并支持集体经济组织依法独立进行经济活动的自主权，维护以家庭承包经营为基础、统分结合的双层经营体制，保障集体经济组织和村民、承包经营户、联户或者合伙的合法财产权和其他合法权益。

二、相关司法解释规定

1.《最高人民法院关于适用〈中华人民共和国民法典〉有关担保制度的解释》(法释〔2020〕28号)

第五条第二款　居民委员会、村民委员会提供担保的，人民法院应当认定担保合同无效，但是依法代行村集体经济组织职能的村民委员会，依照村民委员会组织法规定的讨论决定程序对外提供担保的除外。

2.《最高人民法院关于适用〈中华人民共和国民事诉讼法〉的解释》(法释〔2015〕5号)(2022年3月22日修正)

第六十八条　居民委员会、村民委员会或者村民小组与他人发生民事纠纷的，居民委员会、村民委员会或者有独立财产的村民小组为当事人。

第四章　非法人组织

第一百零二条　【非法人组织的定义和类型】非法人组织是不具有法人资格，但是能够依法以自己的名义从事民事活动的组织。

非法人组织包括个人独资企业、合伙企业、不具有法人资格的专业服务机构等。

相关法律条文

1.《个人独资企业法》（2000年1月1日起施行）

第二条　本法所称个人独资企业，是指依照本法在中国境内设立，由一个自然人投资，财产为投资人个人所有，投资人以其个人财产对企业债务承担无限责任的经营实体。

2.《合伙企业法》（2006年8月27日修订）

第二条　本法所称合伙企业，是指自然人、法人和其他组织依照本法在中国境内设立的普通合伙企业和有限合伙企业。

普通合伙企业由普通合伙人组成，合伙人对合伙企业债务承担无限连带责任。本法对普通合伙人承担责任的形式有特别规定的，从其规定。

有限合伙企业由普通合伙人和有限合伙人组成，普通合伙人对合伙企业债务承担无限连带责任，有限合伙人以其认缴的出资额为限对合伙企业债务承担责任。

3.《律师法》（2017年9月1日修正）

第十四条　律师事务所是律师的执业机构。设立律师事务所应当具备下列条件：

（一）有自己的名称、住所和章程；

（二）有符合本法规定的律师；

（三）设立人应当是具有一定的执业经历，且三年内未受过停止执业处罚的律师；

（四）有符合国务院司法行政部门规定数额的资产。

第十五条　设立合伙律师事务所，除应当符合本法第十四条规定的条件外，还应当有三名以上合伙人，设立人应当是具有三年以上执业经历的律师。

合伙律师事务所可以采用普通合伙或者特殊的普通合伙形式设立。合伙律师事务所的合伙人按照合伙形式对该律师事务所的债务依法承担责任。

第十六条　设立个人律师事务所，除应当符合本法第十四条规定的条件外，设立人还应当是具有五年以上执业经历的律师。设立人对律师事务所的债务承担无限责任。

4.《注册会计师法》(2014 年 8 月 31 日修正)

第二十三条 会计师事务所可以由注册会计师合伙设立。

合伙设立的会计师事务所的债务,由合伙人按照出资比例或者协议的约定,以各自的财产承担责任。合伙人对会计师事务所的债务承担连带责任。

第一百零三条 【非法人组织登记与批准】 非法人组织应当依照法律的规定登记。

设立非法人组织,法律、行政法规规定须经有关机关批准的,依照其规定。

相关法律条文

1.《个人独资企业法》(2000 年 1 月 1 日起施行)

第八条 设立个人独资企业应当具备下列条件:

(一)投资人为一个自然人;

(二)有合法的企业名称;

(三)有投资人申报的出资;

(四)有固定的生产经营场所和必要的生产经营条件;

(五)有必要的从业人员。

第九条 申请设立个人独资企业,应当由投资人或者其委托的代理人向个人独资企业所在地的登记机关提交设立申请书、投资人身份证明、生产经营场所使用证明等文件。委托代理人申请设立登记时,应当出具投资人的委托书和代理人的合法证明。

个人独资企业不得从事法律、行政法规禁止经营的业务;从事法律、行政法规规定须报经有关部门审批的业务,应当在申请设立登记时提交有关部门的批准文件。

第十条 个人独资企业设立申请书应当载明下列事项:

(一)企业的名称和住所;

(二)投资人的姓名和居所;

(三)投资人的出资额和出资方式;

(四)经营范围。

第十一条 个人独资企业的名称应当与其责任形式及从事的营业

相符合。

第十二条 登记机关应当在收到设立申请文件之日起十五日内,对符合本法规定条件的,予以登记,发给营业执照;对不符合本法规定条件的,不予登记,并应当给予书面答复,说明理由。

第十三条 个人独资企业的营业执照的签发日期,为个人独资企业成立日期。

在领取个人独资企业营业执照前,投资人不得以个人独资企业名义从事经营活动。

第十四条 个人独资企业设立分支机构,应当由投资人或者其委托的代理人向分支机构所在地的登记机关申请登记,领取营业执照。

分支机构经核准登记后,应将登记情况报该分支机构隶属的个人独资企业的登记机关备案。

分支机构的民事责任由设立该分支机构的个人独资企业承担。

第十五条 个人独资企业存续期间登记事项发生变更的,应当在作出变更决定之日起的十五日内依法向登记机关申请办理变更登记。

2.《合伙企业法》(2006年8月27日修订)

第九条 申请设立合伙企业,应当向企业登记机关提交登记申请书、合伙协议书、合伙人身份证明等文件。

合伙企业的经营范围中有属于法律、行政法规规定在登记前须经批准的项目的,该项经营业务应当依法经过批准,并在登记时提交批准文件。

第十条 申请人提交的登记申请材料齐全、符合法定形式,企业登记机关能够当场登记的,应予当场登记,发给营业执照。

除前款规定情形外,企业登记机关应当自受理申请之日起二十日内,作出是否登记的决定。予以登记的,发给营业执照;不予登记的,应当给予书面答复,并说明理由。

第十一条 合伙企业的营业执照签发日期,为合伙企业成立日期。

合伙企业领取营业执照前,合伙人不得以合伙企业名义从事合伙业务。

第十二条 合伙企业设立分支机构,应当向分支机构所在地的企业登记机关申请登记,领取营业执照。

第十三条 合伙企业登记事项发生变更的,执行合伙事务的合伙人应当自作出变更决定或者发生变更事由之日起十五日内,向企业登记机关申请办理变更登记。

3.《注册会计师法》(2014 年 8 月 31 日修正)

第二十五条 设立会计师事务所,由省、自治区、直辖市人民政府财政部门批准。

申请设立会计师事务所,申请者应当向审批机关报送下列文件:

(一)申请书;

(二)会计师事务所的名称、组织机构和业务场所;

(三)会计师事务所章程,有合伙协议的并应报送合伙协议;

(四)注册会计师名单、简历及有关证明文件;

(五)会计师事务所主要负责人、合伙人的姓名、简历及有关证明文件;

(六)负有限责任的会计师事务所的出资证明;

(七)审批机关要求的其他文件。

第二十六条 审批机关应当自收到申请文件之日起三十日内决定批准或者不批准。

省、自治区、直辖市人民政府财政部门批准的会计师事务所,应当报国务院财政部门备案。国务院财政部门发现批准不当的,应当自收到备案报告之日起三十日内通知原审批机关重新审查。

第二十七条 会计师事务所设立分支机构,须经分支机构所在地的省、自治区、直辖市人民政府财政部门批准。

第一百零四条 【非法人组织债务承担规则】非法人组织的财产不足以清偿债务的,其出资人或者设立人承担无限责任。法律另有规定的,依照其规定。

相关法律条文

1.《个人独资企业法》(2000 年 1 月 1 日起施行)

第十四条第三款 分支机构的民事责任由设立该分支机构的个人独资企业承担。

第十八条 个人独资企业投资人在申请企业设立登记时明确以其家庭共有财产作为个人出资的,应当依法以家庭共有财产对企业债务承担无限责任。

第二十八条 个人独资企业解散后,原投资人对个人独资企业存续期间的债务仍应承担偿还责任,但债权人在五年内未向债务人提出偿债请求的,该责任消灭。

第三十一条 个人独资企业财产不足以清偿债务的,投资人应当以其个人的其他财产予以清偿。

2.《合伙企业法》(2006年8月27日修订)

第三十七条 合伙企业对合伙人执行合伙事务以及对外代表合伙企业权利的限制,不得对抗善意第三人。

第三十八条 合伙企业对其债务,应先以其全部财产进行清偿。

第三十九条 合伙企业不能清偿到期债务的,合伙人承担无限连带责任。

第四十条 合伙人由于承担无限连带责任,清偿数额超过本法第三十三条第一款规定的其亏损分担比例的,有权向其他合伙人追偿。

第四十一条 合伙人发生与合伙企业无关的债务,相关债权人不得以其债权抵销其对合伙企业的债务;也不得代位行使合伙人在合伙企业中的权利。

第四十二条 合伙人的自有财产不足清偿其与合伙企业无关的债务的,该合伙人可以以其从合伙企业中分取的收益用于清偿;债权人也可以依法请求人民法院强制执行该合伙人在合伙企业中的财产份额用于清偿。

人民法院强制执行合伙人的财产份额时,应当通知全体合伙人,其他合伙人有优先购买权;其他合伙人未购买,又不同意将该财产份额转让给他人的,依照本法第五十一条的规定为该合伙人办理退伙结算,或者办理削减该合伙人相应财产份额的结算。

第七十四条 有限合伙人的自有财产不足清偿其与合伙企业无关的债务的,该合伙人可以以其从有限合伙企业中分取的收益用于清偿;债权人也可以依法请求人民法院强制执行该合伙人在有限合伙企业中的财产份额用于清偿。

人民法院强制执行有限合伙人的财产份额时,应当通知全体合伙人。在同等条件下,其他合伙人有优先购买权。

第九十二条 合伙企业不能清偿到期债务的,债权人可以依法向人民法院提出破产清算申请,也可以要求普通合伙人清偿。

合伙企业依法被宣告破产的,普通合伙人对合伙企业债务仍应承担无限连带责任。

3.《律师法》(2017 年 9 月 1 日修正)

第十五条第二款　合伙律师事务所可以采用普通合伙或者特殊的普通合伙形式设立。合伙律师事务所的合伙人按照合伙形式对该律师事务所的债务依法承担责任。

第十六条　设立个人律师事务所,除应当符合本法第十四条规定的条件外,设立人还应当是具有五年以上执业经历的律师。设立人对律师事务所的债务承担无限责任。

第十九条第二款　合伙律师事务所对其分所的债务承担责任。

第二十条　国家出资设立的律师事务所,依法自主开展律师业务,以该律师事务所的全部资产对其债务承担责任。

4.《注册会计师法》(2014 年 8 月 31 日修正)

第二十三条第二款　合伙设立的会计师事务所的债务,由合伙人按照出资比例或者协议的约定,以各自的财产承担责任。合伙人对会计师事务所的债务承担连带责任。

第一百零五条　【非法人组织代表人】非法人组织可以确定一人或者数人代表该组织从事民事活动。

相关法律条文

1.《个人独资企业法》(2000 年 1 月 1 日起施行)

第十九条　个人独资企业投资人可以自行管理企业事务,也可以委托或者聘用其他具有民事行为能力的人负责企业的事务管理。

投资人委托或者聘用他人管理个人独资企业事务,应当与受托人或者被聘用的人签订书面合同,明确委托的具体内容和授予的权利范围。

受托人或者被聘用的人员应当履行诚信、勤勉义务,按照与投资人签订的合同负责个人独资企业的事务管理。

投资人对受托人或者被聘用的人员职权的限制,不得对抗善意第三人。

2.《合伙企业法》(2006 年 8 月 27 日修订)

第二十六条　合伙人对执行合伙事务享有同等的权利。

按照合伙协议的约定或者经全体合伙人决定,可以委托一个或者数个合伙人对外代表合伙企业,执行合伙事务。

作为合伙人的法人、其他组织执行合伙事务的,由其委派的代表执行。

第二十七条 依照本法第二十六条第二款规定委托一个或者数个合伙人执行合伙事务的,其他合伙人不再执行合伙事务。

不执行合伙事务的合伙人有权监督执行事务合伙人执行合伙事务的情况。

第二十九条 合伙人分别执行合伙事务的,执行事务合伙人可以对其他合伙人执行的事务提出异议。提出异议时,应当暂停该项事务的执行。如果发生争议,依照本法第三十条规定作出决定。

受委托执行合伙事务的合伙人不按照合伙协议或者全体合伙人的决定执行事务的,其他合伙人可以决定撤销该委托。

第三十七条 合伙企业对合伙人执行合伙事务以及对外代表合伙企业权利的限制,不得对抗善意第三人。

第六十八条 有限合伙人不执行合伙事务,不得对外代表有限合伙企业。

有限合伙人的下列行为,不视为执行合伙事务:

(一)参与决定普通合伙人入伙、退伙;

(二)对企业的经营管理提出建议;

(三)参与选择承办有限合伙企业审计业务的会计师事务所;

(四)获取经审计的有限合伙企业财务会计报告;

(五)对涉及自身利益的情况,查阅有限合伙企业财务会计账簿等财务资料;

(六)在有限合伙企业中的利益受到侵害时,向有责任的合伙人主张权利或者提起诉讼;

(七)执行事务合伙人怠于行使权利时,督促其行使权利或者为了本企业的利益以自己的名义提起诉讼;

(八)依法为本企业提供担保。

第一百零六条 【非法人组织解散事由】有下列情形之一的,非法人组织解散:

(一)章程规定的存续期间届满或者章程规定的其他解散事由

出现；

（二）出资人或者设立人决定解散；

（三）法律规定的其他情形。

相关法律条文

1.《个人独资企业法》（2000 年 1 月 1 日起施行）

第二十六条　个人独资企业有下列情形之一时，应当解散：

（一）投资人决定解散；

（二）投资人死亡或者被宣告死亡，无继承人或者继承人决定放弃继承；

（三）被依法吊销营业执照；

（四）法律、行政法规规定的其他情形。

2.《合伙企业法》（2006 年 8 月 27 日修订）

第八十五条　合伙企业有下列情形之一的，应当解散：

（一）合伙期限届满，合伙人决定不再经营；

（二）合伙协议约定的解散事由出现；

（三）全体合伙人决定解散；

（四）合伙人已不具备法定人数满三十天；

（五）合伙协议约定的合伙目的已经实现或者无法实现；

（六）依法被吊销营业执照、责令关闭或者被撤销；

（七）法律、行政法规规定的其他原因。

3.《律师法》（2017 年 9 月 1 日修正）

第二十二条　律师事务所有下列情形之一的，应当终止：

（一）不能保持法定设立条件，经限期整改仍不符合条件的；

（二）律师事务所执业证书被依法吊销的；

（三）自行决定解散的；

（四）法律、行政法规规定应当终止的其他情形。

律师事务所终止的，由颁发执业证书的部门注销该律师事务所的执业证书。

第一百零七条　【非法人组织解散清算】非法人组织解散的，应当依法进行清算。

相关法律条文

1.《个人独资企业法》(2000年1月1日起施行)

第二十七条 个人独资企业解散,由投资人自行清算或者由债权人申请人民法院指定清算人进行清算。

投资人自行清算的,应当在清算前十五日内书面通知债权人,无法通知的,应当予以公告。债权人应当在接到通知之日起三十日内,未接到通知的应当在公告之日起六十日内,向投资人申报其债权。

第二十九条 个人独资企业解散的,财产应当按照下列顺序清偿:

(一)所欠职工工资和社会保险费用;

(二)所欠税款;

(三)其他债务。

第三十条 清算期间,个人独资企业不得开展与清算目的无关的经营活动。在按前条规定清偿债务前,投资人不得转移、隐匿财产。

2.《合伙企业法》(2006年8月27日修订)

第八十六条 合伙企业解散,应当由清算人进行清算。

清算人由全体合伙人担任;经全体合伙人过半数同意,可以自合伙企业解散事由出现后十五日内指定一个或者数个合伙人,或者委托第三人,担任清算人。

自合伙企业解散事由出现之日起十五日内未确定清算人的,合伙人或者其他利害关系人可以申请人民法院指定清算人。

第八十七条 清算人在清算期间执行下列事务:

(一)清理合伙企业财产,分别编制资产负债表和财产清单;

(二)处理与清算有关的合伙企业未了结事务;

(三)清缴所欠税款;

(四)清理债权、债务;

(五)处理合伙企业清偿债务后的剩余财产;

(六)代表合伙企业参加诉讼或者仲裁活动。

第八十八条 清算人自被确定之日起十日内将合伙企业解散事项通知债权人,并于六十日内在报纸上公告。债权人应当自接到通知书之日起三十日内,未接到通知书的自公告之日起四十五日内,向清算人申报债权。

债权人申报债权,应当说明债权的有关事项,并提供证明材料。清算人应当对债权进行登记。

> 清算期间，合伙企业存续，但不得开展与清算无关的经营活动。
>
> **第八十九条**　合伙企业财产在支付清算费用和职工工资、社会保险费用、法定补偿金以及缴纳所欠税款、清偿债务后的剩余财产，依照本法第三十三条第一款的规定进行分配。
>
> **第九十条**　清算结束，清算人应当编制清算报告，经全体合伙人签名、盖章后，在十五日内向企业登记机关报送清算报告，申请办理合伙企业注销登记。

第一百零八条　【参照适用】非法人组织除适用本章规定外，参照适用本编第三章第一节的有关规定。

第五章　民 事 权 利

第一百零九条　【人身自由、人格尊严受法律保护】自然人的人身自由、人格尊严受法律保护。

> **一、相关法律条文**
>
> **1.《宪法》(2018 年 3 月 11 日修正)**
>
> **第三十七条**　中华人民共和国公民的人身自由不受侵犯。
>
> 任何公民，非经人民检察院批准或者决定或者人民法院决定，并由公安机关执行，不受逮捕。
>
> 禁止非法拘禁和以其他方法非法剥夺或者限制公民的人身自由，禁止非法搜查公民的身体。
>
> **第三十八条**　中华人民共和国公民的人格尊严不受侵犯。禁止用任何方法对公民进行侮辱、诽谤和诬告陷害。
>
> **2.《民法典》(2021 年 1 月 1 日起施行)**
>
> **第九百九十条**　人格权是民事主体享有的生命权、身体权、健康权、姓名权、名称权、肖像权、名誉权、荣誉权、隐私权等权利。
>
> 除前款规定的人格权外，自然人享有基于人身自由、人格尊严产生的其他人格权益。
>
> **第一千零五十二条**　因胁迫结婚的，受胁迫的一方可以向人民法院请求撤销婚姻。

请求撤销婚姻的,应当自胁迫行为终止之日起一年内提出。

被非法限制人身自由的当事人请求撤销婚姻的,应当自恢复人身自由之日起一年内提出。

3.《旅游法》(2018年10月26日修正)

第十条 旅游者的人格尊严、民族风俗习惯和宗教信仰应当得到尊重。

4.《慈善法》(2023年12月29日修正)

第六十三条 开展慈善服务,应当尊重受益人、志愿者的人格尊严,不得侵害受益人、志愿者的隐私。

5.《国防法》(2020年12月26日修订)

第六十二条 军人应当受到全社会的尊崇。

国家建立军人功勋荣誉表彰制度。

国家采取有效措施保护军人的荣誉、人格尊严,依照法律规定对军人的婚姻实行特别保护。

军人依法履行职责的行为受法律保护。

6.《义务教育法》(2018年12月29日修正)

第二十九条 教师在教育教学中应当平等对待学生,关注学生的个体差异,因材施教,促进学生的充分发展。

教师应当尊重学生的人格,不得歧视学生,不得对学生实施体罚、变相体罚或者其他侮辱人格尊严的行为,不得侵犯学生合法权益。

7.《未成年人保护法》(2024年4月26日修正)

第四条 保护未成年人,应当坚持最有利于未成年人的原则。处理涉及未成年人事项,应当符合下列要求:

(一)给予未成年人特殊、优先保护;

(二)尊重未成年人人格尊严;

(三)保护未成年人隐私权和个人信息;

(四)适应未成年人身心健康发展的规律和特点;

(五)听取未成年人的意见;

(六)保护与教育相结合。

第二十七条 学校、幼儿园的教职员工应当尊重未成年人人格尊严,不得对未成年人实施体罚、变相体罚或者其他侮辱人格尊严的行为。

8.《预防未成年人犯罪法》(2020年12月26日修订)

第三条　开展预防未成年人犯罪工作,应当尊重未成年人人格尊严,保护未成年人的名誉权、隐私权和个人信息等合法权益。

9.《残疾人保障法》(2018年10月26日修正)

第三条　残疾人在政治、经济、文化、社会和家庭生活等方面享有同其他公民平等的权利。

残疾人的公民权利和人格尊严受法律保护。

禁止基于残疾的歧视。禁止侮辱、侵害残疾人。禁止通过大众传播媒介或者其他方式贬低损害残疾人人格。

第四十条　任何单位和个人不得以暴力、威胁或者非法限制人身自由的手段强迫残疾人劳动。

10.《精神卫生法》(2018年4月27日修正)

第四条　精神障碍患者的人格尊严、人身和财产安全不受侵犯。

精神障碍患者的教育、劳动、医疗以及从国家和社会获得物质帮助等方面的合法权益受法律保护。

有关单位和个人应当对精神障碍患者的姓名、肖像、住址、工作单位、病历资料以及其他可能推断出其身份的信息予以保密;但是,依法履行职责需要公开的除外。

第五条　全社会应当尊重、理解、关爱精神障碍患者。

任何组织或者个人不得歧视、侮辱、虐待精神障碍患者,不得非法限制精神障碍患者的人身自由。

新闻报道和文学艺术作品等不得含有歧视、侮辱精神障碍患者的内容。

第二十六条　精神障碍的诊断、治疗,应当遵循维护患者合法权益、尊重患者人格尊严的原则,保障患者在现有条件下获得良好的精神卫生服务。

精神障碍分类、诊断标准和治疗规范,由国务院卫生行政部门组织制定。

第七十一条　精神卫生工作人员的人格尊严、人身安全不受侵犯,精神卫生工作人员依法履行职责受法律保护。全社会应当尊重精神卫生工作人员。

县级以上人民政府及其有关部门、医疗机构、康复机构应当采取措施,加强对精神卫生工作人员的职业保护,提高精神卫生工作人员的待遇水平,并按照规定给予适当的津贴。精神卫生工作人员因工致伤、致残、死亡的,其工伤待遇以及抚恤按照国家有关规定执行。

第七十八条 违反本法规定,有下列情形之一,给精神障碍患者或者其他公民造成人身、财产或者其他损害的,依法承担赔偿责任:

(一)将非精神障碍患者故意作为精神障碍患者送入医疗机构治疗的;

(二)精神障碍患者的监护人遗弃患者,或者有不履行监护职责的其他情形的;

(三)歧视、侮辱、虐待精神障碍患者,侵害患者的人格尊严、人身安全的;

(四)非法限制精神障碍患者人身自由的;

(五)其他侵害精神障碍患者合法权益的情形。

11.《妇女权益保障法》(2022年10月30日修订)

第十九条 妇女的人身自由不受侵犯。禁止非法拘禁和以其他非法手段剥夺或者限制妇女的人身自由;禁止非法搜查妇女的身体。

第二十条 妇女的人格尊严不受侵犯。禁止用侮辱、诽谤等方式损害妇女的人格尊严。

12.《消费者权益保护法》(2013年10月25日修正)

第十四条 消费者在购买、使用商品和接受服务时,享有人格尊严、民族风俗习惯得到尊重的权利,享有个人信息依法得到保护的权利。

第二十七条 经营者不得对消费者进行侮辱、诽谤,不得搜查消费者的身体及其携带的物品,不得侵犯消费者的人身自由。

第五十条 经营者侵害消费者的人格尊严、侵犯消费者人身自由或者侵害消费者个人信息依法得到保护的权利的,应当停止侵害、恢复名誉、消除影响、赔礼道歉,并赔偿损失。

第五十一条 经营者有侮辱诽谤、搜查身体、侵犯人身自由等侵害消费者或者其他受害人人身权益的行为,造成严重精神损害的,受害人可以要求精神损害赔偿。

13.《劳动法》(2018年12月29日修正)

第三十二条 有下列情形之一的,劳动者可以随时通知用人单位解除劳动合同:

（一）在试用期内的；

（二）用人单位以暴力、威胁或者非法限制人身自由的手段强迫劳动的；

（三）用人单位未按照劳动合同约定支付劳动报酬或者提供劳动条件的。

第九十六条　用人单位有下列行为之一，由公安机关对责任人员处以十五日以下拘留、罚款或者警告；构成犯罪的，对责任人员依法追究刑事责任：

（一）以暴力、威胁或者非法限制人身自由的手段强迫劳动的；

（二）侮辱、体罚、殴打、非法搜查和拘禁劳动者的。

14.《劳动合同法》(2012年12月28日修正)

第三十八条第二款　用人单位以暴力、威胁或者非法限制人身自由的手段强迫劳动者劳动的，或者用人单位违章指挥、强令冒险作业危及劳动者人身安全的，劳动者可以立即解除劳动合同，不需事先告知用人单位。

第八十八条　用人单位有下列情形之一的，依法给予行政处罚；构成犯罪的，依法追究刑事责任；给劳动者造成损害的，应当承担赔偿责任：

（一）以暴力、威胁或者非法限制人身自由的手段强迫劳动的；

（二）违章指挥或者强令冒险作业危及劳动者人身安全的；

（三）侮辱、体罚、殴打、非法搜查或者拘禁劳动者的；

（四）劳动条件恶劣、环境污染严重，给劳动者身心健康造成严重损害的。

15.《反家庭暴力法》(2016年3月1日起施行)

第二条　本法所称家庭暴力，是指家庭成员之间以殴打、捆绑、残害、限制人身自由以及经常性谩骂、恐吓等方式实施的身体、精神等侵害行为。

16.《刑法》(2023年12月29日修正)

第二百三十八条　非法拘禁他人或者以其他方法非法剥夺他人人身自由的，处三年以下有期徒刑、拘役、管制或者剥夺政治权利。具有殴打、侮辱情节的，从重处罚。

犯前款罪，致人重伤的，处三年以上十年以下有期徒刑；致人死亡的,处十年以上有期徒刑。使用暴力致人伤残、死亡的,依照本法第二百三十四条、第二百三十二条的规定定罪处罚。

为索取债务非法扣押、拘禁他人的,依照前两款的规定处罚。

国家机关工作人员利用职权犯前三款罪的,依照前三款的规定从重处罚。

17.《行政处罚法》(2021 年 1 月 22 日修订)

第十条 法律可以设定各种行政处罚。

限制人身自由的行政处罚,只能由法律设定。

第十八条 国家在城市管理、市场监管、生态环境、文化市场、交通运输、应急管理、农业等领域推行建立综合行政执法制度,相对集中行政处罚权。

国务院或者省、自治区、直辖市人民政府可以决定一个行政机关行使有关行政机关的行政处罚权。

限制人身自由的行政处罚权只能由公安机关和法律规定的其他机关行使。

18.《治安管理处罚法》(2012 年 10 月 26 日修正)

第五条 治安管理处罚必须以事实为依据,与违反治安管理行为的性质、情节以及社会危害程度相当。

实施治安管理处罚,应当公开、公正,尊重和保障人权,保护公民的人格尊严。

办理治安案件应当坚持教育与处罚相结合的原则。

第四十条 有下列行为之一的,处十日以上十五日以下拘留,并处五百元以上一千元以下罚款;情节较轻的,处五日以上十日以下拘留,并处二百元以上五百元以下罚款:

(一)组织、胁迫、诱骗不满十六周岁的人或者残疾人进行恐怖、残忍表演的;

(二)以暴力、威胁或者其他手段强迫他人劳动的;

(三)非法限制他人人身自由、非法侵入他人住宅或者非法搜查他人身体的。

19.《行政强制法》(2012 年 1 月 1 日起施行)

第二条第二款 行政强制措施,是指行政机关在行政管理过程中,为制止违法行为、防止证据损毁、避免危害发生、控制危险扩大等情形,依法对公民的人身自由实施暂时性限制,或者对公民、法人或者其他组织的财物实施暂时性控制的行为。

第二十条 依照法律规定实施限制公民人身自由的行政强制措施,除应当履行本法第十八条规定的程序外,还应当遵守下列规定:

(一)当场告知或者实施行政强制措施后立即通知当事人家属实施行政强制措施的行政机关、地点和期限;

(二)在紧急情况下当场实施行政强制措施的,在返回行政机关后,立即向行政机关负责人报告并补办批准手续;

(三)法律规定的其他程序。

实施限制人身自由的行政强制措施不得超过法定期限。实施行政强制措施的目的已经达到或者条件已经消失,应当立即解除。

20.《国家赔偿法》(2012 年 10 月 26 日修正)

第三条 行政机关及其工作人员在行使行政职权时有下列侵犯人身权情形之一的,受害人有取得赔偿的权利:

(一)违法拘留或者违法采取限制公民人身自由的行政强制措施的;

(二)非法拘禁或者以其他方法非法剥夺公民人身自由的;

(三)以殴打、虐待等行为或者唆使、放纵他人以殴打、虐待等行为造成公民身体伤害或者死亡的;

(四)违法使用武器、警械造成公民身体伤害或者死亡的;

(五)造成公民身体伤害或者死亡的其他违法行为。

第十五条 人民法院审理行政赔偿案件,赔偿请求人和赔偿义务机关对自己提出的主张,应当提供证据。

赔偿义务机关采取行政拘留或者限制人身自由的强制措施期间,被限制人身自由的人死亡或者丧失行为能力的,赔偿义务机关的行为与被限制人身自由的人的死亡或者丧失行为能力是否存在因果关系,赔偿义务机关应当提供证据。

第三十三条 侵犯公民人身自由的,每日赔偿金按照国家上年度职工日平均工资计算。

21.《立法法》(2023 年 3 月 13 日修正)

第十一条 下列事项只能制定法律:

(一)国家主权的事项;

(二)各级人民代表大会、人民政府、监察委员会、人民法院和人民检察院的产生、组织和职权;

(三)民族区域自治制度、特别行政区制度、基层群众自治制度;

(四)犯罪和刑罚;

(五)对公民政治权利的剥夺、限制人身自由的强制措施和处罚;

(六)税种的设立、税率的确定和税收征收管理等税收基本制度;

(七)对非国有财产的征收、征用;

(八)民事基本制度;

(九)基本经济制度以及财政、海关、金融和外贸的基本制度;

(十)诉讼制度和仲裁基本制度;

(十一)必须由全国人民代表大会及其常务委员会制定法律的其他事项。

第十二条 本法第十一条规定的事项尚未制定法律的,全国人民代表大会及其常务委员会有权作出决定,授权国务院可以根据实际需要,对其中的部分事项先制定行政法规,但是有关犯罪和刑罚、对公民政治权利的剥夺和限制人身自由的强制措施和处罚、司法制度等事项除外。

22.《基本医疗卫生与健康促进法》(2020年6月1日起施行)

第三十三条 公民接受医疗卫生服务,应当受到尊重。医疗卫生机构、医疗卫生人员应当关心爱护、平等对待患者,尊重患者人格尊严,保护患者隐私。

公民接受医疗卫生服务,应当遵守诊疗制度和医疗卫生服务秩序,尊重医疗卫生人员。

第五十七条 全社会应当关心、尊重医疗卫生人员,维护良好安全的医疗卫生服务秩序,共同构建和谐医患关系。

医疗卫生人员的人身安全、人格尊严不受侵犯,其合法权益受法律保护。禁止任何组织或者个人威胁、危害医疗卫生人员人身安全,侵犯医疗卫生人员人格尊严。

国家采取措施,保障医疗卫生人员执业环境。

第一百零五条 违反本法规定,扰乱医疗卫生机构执业场所秩序,威胁、危害医疗卫生人员人身安全,侵犯医疗卫生人员人格尊严,非法收集、使用、加工、传输公民个人健康信息,非法买卖、提供或者公开公民个人健康信息等,构成违反治安管理行为的,依法给予治安管理处罚。

23.《人民武装警察法》(2020 年 6 月 20 日修订)

第二十九条　人民武装警察不得有下列行为:

(一)违抗上级决定和命令、行动消极或者临阵脱逃;

(二)违反规定使用警械、武器;

(三)非法剥夺、限制他人人身自由,非法检查、搜查人身、物品、交通工具、住所、场所;

(四)体罚、虐待、殴打监管羁押、控制的对象;

(五)滥用职权、徇私舞弊,擅离职守或者玩忽职守;

(六)包庇、纵容违法犯罪活动;

(七)泄露国家秘密、军事秘密;

(八)其他违法违纪行为。

24.《社区矫正法》(2020 年 7 月 1 日起施行)

第三十四条　开展社区矫正工作,应当保障社区矫正对象的合法权益。社区矫正的措施和方法应当避免对社区矫正对象的正常工作和生活造成不必要的影响;非依法律规定,不得限制或者变相限制社区矫正对象的人身自由。

社区矫正对象认为其合法权益受到侵害的,有权向人民检察院或者有关机关申诉、控告和检举。受理机关应当及时办理,并将办理结果告知申诉人、控告人和检举人。

第六十一条　社区矫正机构工作人员和其他国家工作人员有下列行为之一的,应当给予处分;构成犯罪的,依法追究刑事责任:

(一)利用职务或者工作便利索取、收受贿赂的;

(二)不履行法定职责的;

(三)体罚、虐待社区矫正对象,或者违反法律规定限制或者变相限制社区矫正对象的人身自由的;

(四)泄露社区矫正工作秘密或者其他依法应当保密的信息的;

(五)对依法申诉、控告或者检举的社区矫正对象进行打击报复的;

(六)有其他违纪违法行为的。

25.《海关法》(2021 年 4 月 29 日修正)

第七十二条　海关工作人员必须秉公执法,廉洁自律,忠于职守,文明服务,不得有下列行为:

(一)包庇、纵容走私或者与他人串通进行走私;

(二)非法限制他人人身自由,非法检查他人身体、住所或者场所,非法检查、扣留进出境运输工具、货物、物品;

(三)利用职权为自己或者他人谋取私利;

(四)索取、收受贿赂;

(五)泄露国家秘密、商业秘密和海关工作秘密;

(六)滥用职权,故意刁难,拖延监管、查验;

(七)购买、私分、占用没收的走私货物、物品;

(八)参与或者变相参与营利性经营活动;

(九)违反法定程序或者超越权限执行职务;

(十)其他违法行为。

二、相关行政法规条文

1.《禁止传销条例》(2005 年 11 月 1 日起施行)

第十条 在传销中以介绍工作、从事经营活动等名义欺骗他人离开居所地非法聚集并限制其人身自由的,由公安机关会同工商行政管理部门依法查处。

2.《保安服务管理条例》(2022 年 3 月 29 日修订)

第三十条 保安员不得有下列行为:

(一)限制他人人身自由、搜查他人身体或者侮辱、殴打他人;

(二)扣押、没收他人证件、财物;

(三)阻碍依法执行公务;

(四)参与追索债务、采用暴力或者以暴力相威胁的手段处置纠纷;

(五)删改或者扩散保安服务中形成的监控影像资料、报警记录;

(六)侵犯个人隐私或者泄露在保安服务中获知的国家秘密、商业秘密以及客户单位明确要求保密的信息;

(七)违反法律、行政法规的其他行为。

3.《导游人员管理条例》(2017 年 10 月 7 日修订)

第十条 导游人员进行导游活动时,其人格尊严应当受到尊重,其人身安全不受侵犯。

导游人员有权拒绝旅游者提出的侮辱其人格尊严或者违反其职业道德的不合理要求。

三、相关司法解释规定

1.《最高人民检察院关于印发〈未成年人刑事检察工作指引(试行)〉的通知》(高检发未检字〔2017〕1号)

第十九条　人民检察院应当依法保护涉案未成年人的名誉、隐私和个人信息，尊重其人格尊严，不得公开或者传播能够单独或者与其他信息结合识别未成年人个人身份的各种信息，包括姓名、出生日期、身份证号码、个人生物识别信息、住址、电话号码、照片、图像等。

第九十九条　讯问未成年犯罪嫌疑人要维护其人格尊严，不得使用带有暴力性、贬损性色彩的语言。

讯问未成年犯罪嫌疑人一般不得使用械具。对于确有人身危险性，必须使用械具的，在现实危险消除后，应当立即停止使用。

第一百二十八条　询问未成年被害人要注意呵护其身心健康，维护人格尊严。

2.《最高人民法院关于人民法院赔偿委员会依照〈中华人民共和国国家赔偿法〉第三十条规定纠正原生效的赔偿委员会决定应如何适用人身自由赔偿标准问题的批复》(法释〔2014〕7号)

吉林、山东、河南省高级人民法院：

关于人民法院赔偿委员会在赔偿申诉监督程序中如何适用人身自由赔偿标准问题，经研究，批复如下：

人民法院赔偿委员会依照《中华人民共和国国家赔偿法》第三十条规定纠正原生效的赔偿委员会决定时，原决定的错误系漏算部分侵犯人身自由天数的，应在维持原决定支付的人身自由赔偿金的同时，就漏算天数按照重新审查或者直接审查后作出决定时的上年度国家职工日平均工资标准计算相应的人身自由赔偿金；原决定的错误系未支持人身自由赔偿请求的，按照重新审查或者直接审查后作出决定时的上年度国家职工日平均工资标准计算人身自由赔偿金。

第一百一十条　【民事主体人格权】自然人享有生命权、身体权、健康权、姓名权、肖像权、名誉权、荣誉权、隐私权、婚姻自主权等权利。

法人、非法人组织享有名称权、名誉权和荣誉权。

一、相关法律条文

1.《宪法》(2018年3月11日修正)

第四十九条第四款 禁止破坏婚姻自由,禁止虐待老人、妇女和儿童。

2.《民法典》(2021年1月1日起施行)

第九百九十条 人格权是民事主体享有的生命权、身体权、健康权、姓名权、名称权、肖像权、名誉权、荣誉权、隐私权等权利。

除前款规定的人格权外,自然人享有基于人身自由、人格尊严产生的其他人格权益。

第一千零二条 自然人享有生命权。自然人的生命安全和生命尊严受法律保护。任何组织或者个人不得侵害他人的生命权。

第一千零三条 自然人享有身体权。自然人的身体完整和行动自由受法律保护。任何组织或者个人不得侵害他人的身体权。

第一千零四条 自然人享有健康权。自然人的身心健康受法律保护。任何组织或者个人不得侵害他人的健康权。

第一千零一十二条 自然人享有姓名权,有权依法决定、使用、变更或者许可他人使用自己的姓名,但是不得违背公序良俗。

第一千零一十三条 法人、非法人组织享有名称权,有权依法决定、使用、变更、转让或者许可他人使用自己的名称。

第一千零一十八条 自然人享有肖像权,有权依法制作、使用、公开或者许可他人使用自己的肖像。

肖像是通过影像、雕塑、绘画等方式在一定载体上所反映的特定自然人可以被识别的外部形象。

第一千零二十四条 民事主体享有名誉权。任何组织或者个人不得以侮辱、诽谤等方式侵害他人的名誉权。

名誉是对民事主体的品德、声望、才能、信用等的社会评价。

第一千零三十一条 民事主体享有荣誉权。任何组织或者个人不得非法剥夺他人的荣誉称号,不得诋毁、贬损他人的荣誉。

获得的荣誉称号应当记载而没有记载的,民事主体可以请求记载;获得的荣誉称号记载错误的,民事主体可以请求更正。

第一千零三十二条 自然人享有隐私权。任何组织或者个人不得以刺探、侵扰、泄露、公开等方式侵害他人的隐私权。

隐私是自然人的私人生活安宁和不愿为他人知晓的私密空间、私密活动、私密信息。

第一千零五十六条　夫妻双方都有各自使用自己姓名的权利。

第一千一百七十九条　侵害他人造成人身损害的，应当赔偿医疗费、护理费、交通费、营养费、住院伙食补助费等为治疗和康复支出的合理费用，以及因误工减少的收入。造成残疾的，还应当赔偿辅助器具费和残疾赔偿金；造成死亡的，还应当赔偿丧葬费和死亡赔偿金。

第一千一百八十条　因同一侵权行为造成多人死亡的，可以以相同数额确定死亡赔偿金。

第一千一百八十一条　被侵权人死亡的，其近亲属有权请求侵权人承担侵权责任。被侵权人为组织，该组织分立、合并的，承继权利的组织有权请求侵权人承担侵权责任。

被侵权人死亡的，支付被侵权人医疗费、丧葬费等合理费用的人有权请求侵权人赔偿费用，但是侵权人已经支付该费用的除外。

第一千一百八十二条　侵害他人人身权益造成财产损失的，按照被侵权人因此受到的损失或者侵权人因此获得的利益赔偿；被侵权人因此受到的损失以及侵权人因此获得的利益难以确定，被侵权人和侵权人就赔偿数额协商不一致，向人民法院提起诉讼的，由人民法院根据实际情况确定赔偿数额。

第一千一百八十三条　侵害自然人人身权益造成严重精神损害的，被侵权人有权请求精神损害赔偿。

因故意或者重大过失侵害自然人具有人身意义的特定物造成严重精神损害的，被侵权人有权请求精神损害赔偿。

3.《妇女权益保障法》(2022年10月30日修订)

第二十一条　妇女的生命权、身体权、健康权不受侵犯。禁止虐待、遗弃、残害、买卖以及其他侵害女性生命健康权益的行为。

禁止进行非医学需要的胎儿性别鉴定和选择性别的人工终止妊娠。

医疗机构施行生育手术、特殊检查或者特殊治疗时，应当征得妇女本人同意；在妇女与其家属或者关系人意见不一致时，应当尊重妇女本人意愿。

第二十八条　妇女的姓名权、肖像权、名誉权、荣誉权、隐私权和个人信息等人格权益受法律保护。

媒体报道涉及妇女事件应当客观、适度,不得通过夸大事实、过度渲染等方式侵害妇女的人格权益。

禁止通过大众传播媒介或者其他方式贬低损害妇女人格。未经本人同意,不得通过广告、商标、展览橱窗、报纸、期刊、图书、音像制品、电子出版物、网络等形式使用妇女肖像,但法律另有规定的除外。

第三十二条 妇女依法享有生育子女的权利,也有不生育子女的自由。

第六十一条 国家保护妇女的婚姻自主权。禁止干涉妇女的结婚、离婚自由。

4.《老年人权益保障法》(2018 年 12 月 29 日修正)

第二十一条 老年人的婚姻自由受法律保护。子女或者其他亲属不得干涉老年人离婚、再婚及婚后的生活。

赡养人的赡养义务不因老年人的婚姻关系变化而消除。

5.《国家赔偿法》(2012 年 10 月 26 日修正)

第三十四条 侵犯公民生命健康权的,赔偿金按照下列规定计算:

(一)造成身体伤害的,应当支付医疗费、护理费,以及赔偿因误工减少的收入。减少的收入每日的赔偿金按照国家上年度职工日平均工资计算,最高额为国家上年度职工年平均工资的五倍;

(二)造成部分或者全部丧失劳动能力的,应当支付医疗费、护理费、残疾生活辅助具费、康复费等因残疾而增加的必要支出和继续治疗所必需的费用,以及残疾赔偿金。残疾赔偿金根据丧失劳动能力的程度,按照国家规定的伤残等级确定,最高不超过国家上年度职工年平均工资的二十倍。造成全部丧失劳动能力的,对其扶养的无劳动能力的人,还应当支付生活费;

(三)造成死亡的,应当支付死亡赔偿金、丧葬费,总额为国家上年度职工年平均工资的二十倍。对死者生前扶养的无劳动能力的人,还应当支付生活费。

前款第二项、第三项规定的生活费的发放标准,参照当地最低生活保障标准执行。被扶养的人是未成年人的,生活费给付至十八周岁止;其他无劳动能力的人,生活费给付至死亡时止。

6.《涉外民事关系法律适用法》(2011 年 4 月 1 日起施行)

第四十六条 通过网络或者采用其他方式侵害姓名权、肖像权、名誉权、隐私权等人格权的，适用被侵权人经常居所地法律。

7.《未成年人保护法》（2024 年 4 月 26 日修正）

第一百一十条　公安机关、人民检察院、人民法院讯问未成年犯罪嫌疑人、被告人，询问未成年被害人、证人，应当依法通知其法定代理人或者其成年亲属、所在学校的代表等合适成年人到场，并采取适当方式，在适当场所进行，保障未成年人的名誉权、隐私权和其他合法权益。

人民法院开庭审理涉及未成年人案件，未成年被害人、证人一般不出庭作证；必须出庭的，应当采取保护其隐私的技术手段和心理干预等保护措施。

二、相关司法解释规定

1.《最高人民法院关于确定民事侵权精神损害赔偿责任若干问题的解释》（法释〔2001〕7 号）（2020 年 12 月 23 日修正）

第四条　法人或者非法人组织以名誉权、荣誉权、名称权遭受侵害为由，向人民法院起诉请求精神损害赔偿的，人民法院不予支持。

第五条　精神损害的赔偿数额根据以下因素确定：

（一）侵权人的过错程度，但是法律另有规定的除外；

（二）侵权行为的目的、方式、场合等具体情节；

（三）侵权行为所造成的后果；

（四）侵权人的获利情况；

（五）侵权人承担责任的经济能力；

（六）受理诉讼法院所在地的平均生活水平。

2.《最高人民法院关于审理人身损害赔偿案件适用法律若干问题的解释》（法释〔2003〕20 号）（2022 年 2 月 15 日修正）

为正确审理人身损害赔偿案件，依法保护当事人的合法权益，根据《中华人民共和国民法典》《中华人民共和国民事诉讼法》等有关法律规定，结合审判实践，制定本解释。

第一条　因生命、身体、健康遭受侵害，赔偿权利人起诉请求赔偿义务人赔偿物质损害和精神损害的，人民法院应予受理。

本条所称“赔偿权利人”，是指因侵权行为或者其他致害原因直接遭受人身损害的受害人以及死亡受害人的近亲属。

本条所称“赔偿义务人”，是指因自己或者他人的侵权行为以及其他致害原因依法应当承担民事责任的自然人、法人或者非法人组织。

第二条 赔偿权利人起诉部分共同侵权人的,人民法院应当追加其他共同侵权人作为共同被告。赔偿权利人在诉讼中放弃对部分共同侵权人的诉讼请求的,其他共同侵权人对被放弃诉讼请求的被告应当承担的赔偿份额不承担连带责任。责任范围难以确定的,推定各共同侵权人承担同等责任。

人民法院应当将放弃诉讼请求的法律后果告知赔偿权利人,并将放弃诉讼请求的情况在法律文书中叙明。

第三条 依法应当参加工伤保险统筹的用人单位的劳动者,因工伤事故遭受人身损害,劳动者或者其近亲属向人民法院起诉请求用人单位承担民事赔偿责任的,告知其按《工伤保险条例》的规定处理。

因用人单位以外的第三人侵权造成劳动者人身损害,赔偿权利人请求第三人承担民事赔偿责任的,人民法院应予支持。

第四条 无偿提供劳务的帮工人,在从事帮工活动中致人损害的,被帮工人应当承担赔偿责任。被帮工人承担赔偿责任后向有故意或者重大过失的帮工人追偿的,人民法院应予支持。被帮工人明确拒绝帮工的,不承担赔偿责任。

第五条 无偿提供劳务的帮工人因帮工活动遭受人身损害的,根据帮工人和被帮工人各自的过错承担相应的责任;被帮工人明确拒绝帮工的,被帮工人不承担赔偿责任,但可以在受益范围内予以适当补偿。

帮工人在帮工活动中因第三人的行为遭受人身损害的,有权请求第三人承担赔偿责任,也有权请求被帮工人予以适当补偿。被帮工人补偿后,可以向第三人追偿。

第六条 医疗费根据医疗机构出具的医药费、住院费等收款凭证,结合病历和诊断证明等相关证据确定。赔偿义务人对治疗的必要性和合理性有异议的,应当承担相应的举证责任。

医疗费的赔偿数额,按照一审法庭辩论终结前实际发生的数额确定。器官功能恢复训练所必要的康复费、适当的整容费以及其他后续治疗费,赔偿权利人可以待实际发生后另行起诉。但根据医疗证明或者鉴定结论确定必然发生的费用,可以与已经发生的医疗费一并予以赔偿。

第七条 误工费根据受害人的误工时间和收入状况确定。

误工时间根据受害人接受治疗的医疗机构出具的证明确定。受害人因伤致残持续误工的,误工时间可以计算至定残日前一天。

受害人有固定收入的，误工费按照实际减少的收入计算。受害人无固定收入的，按照其最近三年的平均收入计算；受害人不能举证证明其最近三年的平均收入状况的，可以参照受诉法院所在地相同或者相近行业上一年度职工的平均工资计算。

第八条　护理费根据护理人员的收入状况和护理人数、护理期限确定。

护理人员有收入的，参照误工费的规定计算；护理人员没有收入或者雇佣护工的，参照当地护工从事同等级别护理的劳务报酬标准计算。护理人员原则上为一人，但医疗机构或者鉴定机构有明确意见的，可以参照确定护理人员人数。

护理期限应计算至受害人恢复生活自理能力时止。受害人因残疾不能恢复生活自理能力的，可以根据其年龄、健康状况等因素确定合理的护理期限，但最长不超过二十年。

受害人定残后的护理，应当根据其护理依赖程度并结合配制残疾辅助器具的情况确定护理级别。

第九条　交通费根据受害人及其必要的陪护人员因就医或者转院治疗实际发生的费用计算。交通费应当以正式票据为凭；有关凭据应当与就医地点、时间、人数、次数相符合。

第十条　住院伙食补助费可以参照当地国家机关一般工作人员的出差伙食补助标准予以确定。

受害人确有必要到外地治疗，因客观原因不能住院，受害人本人及其陪护人员实际发生的住宿费和伙食费，其合理部分应予赔偿。

第十一条　营养费根据受害人伤残情况参照医疗机构的意见确定。

第十二条　残疾赔偿金根据受害人丧失劳动能力程度或者伤残等级，按照受诉法院所在地上一年度城镇居民人均可支配收入标准，自定残之日起按二十年计算。但六十周岁以上的，年龄每增加一岁减少一年；七十五周岁以上的，按五年计算。

受害人因伤致残但实际收入没有减少，或者伤残等级较轻但造成职业妨害严重影响其劳动就业的，可以对残疾赔偿金作相应调整。

第十三条　残疾辅助器具费按照普通适用器具的合理费用标准计算。伤情有特殊需要的，可以参照辅助器具配制机构的意见确定相应的合理费用标准。

辅助器具的更换周期和赔偿期限参照配制机构的意见确定。

第十四条 丧葬费按照受诉法院所在地上一年度职工月平均工资标准,以六个月总额计算。

第十五条 死亡赔偿金按照受诉法院所在地上一年度城镇居民人均可支配收入标准,按二十年计算。但六十周岁以上的,年龄每增加一岁减少一年;七十五周岁以上的,按五年计算。

第十六条 被扶养人生活费计入残疾赔偿金或者死亡赔偿金。

第十七条 被扶养人生活费根据扶养人丧失劳动能力程度,按照受诉法院所在地上一年度城镇居民人均消费支出标准计算。被扶养人为未成年人的,计算至十八周岁;被扶养人无劳动能力又无其他生活来源的,计算二十年。但六十周岁以上的,年龄每增加一岁减少一年;七十五周岁以上的,按五年计算。

被扶养人是指受害人依法应当承担扶养义务的未成年人或者丧失劳动能力又无其他生活来源的成年近亲属。被扶养人还有其他扶养人的,赔偿义务人只赔偿受害人依法应当负担的部分。被扶养人有数人的,年赔偿总额累计不超过上一年度城镇居民人均消费支出额。

第十八条 赔偿权利人举证证明其住所地或者经常居住地城镇居民人均可支配收入高于受诉法院所在地标准的,残疾赔偿金或者死亡赔偿金可以按照其住所地或者经常居住地的相关标准计算。

被扶养人生活费的相关计算标准,依照前款原则确定。

第十九条 超过确定的护理期限、辅助器具费给付年限或者残疾赔偿金给付年限,赔偿权利人向人民法院起诉请求继续给付护理费、辅助器具费或者残疾赔偿金的,人民法院应予受理。赔偿权利人确需继续护理、配制辅助器具,或者没有劳动能力和生活来源的,人民法院应当判令赔偿义务人继续给付相关费用五至十年。

第二十条 赔偿义务人请求以定期金方式给付残疾赔偿金、辅助器具费的,应当提供相应的担保。人民法院可以根据赔偿义务人的给付能力和提供担保的情况,确定以定期金方式给付相关费用。但是,一审法庭辩论终结前已经发生的费用、死亡赔偿金以及精神损害抚慰金,应当一次性给付。

第二十一条 人民法院应当在法律文书中明确定期金的给付时间、方式以及每期给付标准。执行期间有关统计数据发生变化的,给付金额应当适时进行相应调整。

定期金按照赔偿权利人的实际生存年限给付，不受本解释有关赔偿期限的限制。

第二十二条　本解释所称"城镇居民人均可支配收入""城镇居民人均消费支出""职工平均工资"，按照政府统计部门公布的各省、自治区、直辖市以及经济特区和计划单列市上一年度相关统计数据确定。

"上一年度"，是指一审法庭辩论终结时的上一统计年度。

第二十三条　精神损害抚慰金适用《最高人民法院关于确定民事侵权精神损害赔偿责任若干问题的解释》予以确定。

第二十四条　本解释自2022年5月1日起施行。施行后发生的侵权行为引起的人身损害赔偿案件适用本解释。

本院以前发布的司法解释与本解释不一致的，以本解释为准。

3.《最高人民法院关于审理利用信息网络侵害人身权益民事纠纷案件适用法律若干问题的规定》（法释〔2014〕11号）（2020年12月23日修正）

为正确审理利用信息网络侵害人身权益民事纠纷案件，根据《中华人民共和国民法典》《全国人民代表大会常务委员会关于加强网络信息保护的决定》《中华人民共和国民事诉讼法》等法律的规定，结合审判实践，制定本规定。

第一条　本规定所称的利用信息网络侵害人身权益民事纠纷案件，是指利用信息网络侵害他人姓名权、名称权、名誉权、荣誉权、肖像权、隐私权等人身权益引起的纠纷案件。

第二条　原告依据民法典第一千一百九十五条、第一千一百九十七条的规定起诉网络用户或者网络服务提供者的，人民法院应予受理。

原告仅起诉网络用户，网络用户请求追加涉嫌侵权的网络服务提供者为共同被告或者第三人的，人民法院应予准许。

原告仅起诉网络服务提供者，网络服务提供者请求追加可以确定的网络用户为共同被告或者第三人的，人民法院应予准许。

第三条　原告起诉网络服务提供者，网络服务提供者以涉嫌侵权的信息系网络用户发布为由抗辩的，人民法院可以根据原告的请求及案件的具体情况，责令网络服务提供者向人民法院提供能够确定涉嫌侵权的网络用户的姓名（名称）、联系方式、网络地址等信息。

网络服务提供者无正当理由拒不提供的，人民法院可以依据民事诉讼法第一百一十四条的规定对网络服务提供者采取处罚等措施。

原告根据网络服务提供者提供的信息请求追加网络用户为被告的,人民法院应予准许。

第四条 人民法院适用民法典第一千一百九十五条第二款的规定,认定网络服务提供者采取的删除、屏蔽、断开链接等必要措施是否及时,应当根据网络服务的类型和性质、有效通知的形式和准确程度、网络信息侵害权益的类型和程度等因素综合判断。

第五条 其发布的信息被采取删除、屏蔽、断开链接等措施的网络用户,主张网络服务提供者承担违约责任或者侵权责任,网络服务提供者以收到民法典第一千一百九十五条第一款规定的有效通知为由抗辩的,人民法院应予支持。

第六条 人民法院依据民法典第一千一百九十七条认定网络服务提供者是否"知道或者应当知道",应当综合考虑下列因素:

(一)网络服务提供者是否以人工或者自动方式对侵权网络信息以推荐、排名、选择、编辑、整理、修改等方式作出处理;

(二)网络服务提供者应当具备的管理信息的能力,以及所提供服务的性质、方式及其引发侵权的可能性大小;

(三)该网络信息侵害人身权益的类型及明显程度;

(四)该网络信息的社会影响程度或者一定时间内的浏览量;

(五)网络服务提供者采取预防侵权措施的技术可能性及其是否采取了相应的合理措施;

(六)网络服务提供者是否针对同一网络用户的重复侵权行为或者同一侵权信息采取了相应的合理措施;

(七)与本案相关的其他因素。

第七条 人民法院认定网络用户或者网络服务提供者转载网络信息行为的过错及其程度,应当综合以下因素:

(一)转载主体所承担的与其性质、影响范围相适应的注意义务;

(二)所转载信息侵害他人人身权益的明显程度;

(三)对所转载信息是否作出实质性修改,是否添加或者修改文章标题,导致其与内容严重不符以及误导公众的可能性。

第八条 网络用户或者网络服务提供者采取诽谤、诋毁等手段,损害公众对经营主体的信赖,降低其产品或者服务的社会评价,经营主体请求网络用户或者网络服务提供者承担侵权责任的,人民法院应依法予以支持。

第九条　网络用户或者网络服务提供者，根据国家机关依职权制作的文书和公开实施的职权行为等信息来源所发布的信息，有下列情形之一，侵害他人人身权益，被侵权人请求侵权人承担侵权责任的，人民法院应予支持：

（一）网络用户或者网络服务提供者发布的信息与前述信息来源内容不符；

（二）网络用户或者网络服务提供者以添加侮辱性内容、诽谤性信息、不当标题或者通过增删信息、调整结构、改变顺序等方式致人误解；

（三）前述信息来源已被公开更正，但网络用户拒绝更正或者网络服务提供者不予更正；

（四）前述信息来源已被公开更正，网络用户或者网络服务提供者仍然发布更正之前的信息。

第十条　被侵权人与构成侵权的网络用户或者网络服务提供者达成一方支付报酬，另一方提供删除、屏蔽、断开链接等服务的协议，人民法院应认定为无效。

擅自篡改、删除、屏蔽特定网络信息或者以断开链接的方式阻止他人获取网络信息，发布该信息的网络用户或者网络服务提供者请求侵权人承担侵权责任的，人民法院应予支持。接受他人委托实施该行为的，委托人与受托人承担连带责任。

第十一条　网络用户或者网络服务提供者侵害他人人身权益，造成财产损失或者严重精神损害，被侵权人依据民法典第一千一百八十二条和第一千一百八十三条的规定，请求其承担赔偿责任的，人民法院应予支持。

第十二条　被侵权人为制止侵权行为所支付的合理开支，可以认定为民法典第一千一百八十二条规定的财产损失。合理开支包括被侵权人或者委托代理人对侵权行为进行调查、取证的合理费用。人民法院根据当事人的请求和具体案情，可以将符合国家有关部门规定的律师费用计算在赔偿范围内。

被侵权人因人身权益受侵害造成的财产损失以及侵权人因此获得的利益难以确定的，人民法院可以根据具体案情在50万元以下的范围内确定赔偿数额。

第十三条　本规定施行后人民法院正在审理的一审、二审案件适用本规定。

本规定施行前已经终审,本规定施行后当事人申请再审或者按照审判监督程序决定再审的案件,不适用本规定。

三、相关指导性案例

指导案例89号:"北雁云依"诉济南市公安局历下区分局燕山派出所公安行政登记案(最高人民法院审判委员会讨论通过 2017年11月15日发布)

【关键词】行政 公安行政登记 姓名权 公序良俗 正当理由

【裁判要点】

公民选取或创设姓氏应当符合中华传统文化和伦理观念。仅凭个人喜好和愿望在父姓、母姓之外选取其他姓氏或者创设新的姓氏,不属于《全国人民代表大会常务委员会关于〈中华人民共和国民法通则〉第九十九条第一款、〈中华人民共和国婚姻法〉第二十二条的解释》第二款第三项规定的"有不违反公序良俗的其他正当理由"。

【基本案情】

原告"北雁云依"法定代理人吕晓峰诉称:其妻张瑞峥在医院产下一女取名"北雁云依",并办理了出生证明和计划生育服务手册新生儿落户备查登记。为女儿办理户口登记时,被告济南市公安局历下区分局燕山派出所(以下简称"燕山派出所")不予上户口。理由是孩子姓氏必须随父姓或母姓,即姓"吕"或姓"张"。根据《中华人民共和国婚姻法》(以下简称《婚姻法》)和《中华人民共和国民法通则》(以下简称《民法通则》)关于姓名权的规定,请求法院判令确认被告拒绝以"北雁云依"为姓名办理户口登记的行为违法。

被告燕山派出所辩称:依据法律和上级文件的规定不按"北雁云依"进行户口登记的行为是正确的。《民法通则》规定公民享有姓名权,但没有具体规定。而2009年12月23日最高人民法院举行新闻发布会,关于夫妻离异后子女更改姓氏问题的答复中称,《婚姻法》第二十二条是我国法律对子女姓氏问题作出的专门规定,该条规定子女可以随父姓,可以随母姓,没有规定可以随第三姓。行政机关应当依法行政,法律没有明确规定的行为,行政机关就不能实施,原告和行政机关都无权对法律作出扩大化解释,这就意味着子女只有随父姓或者随母姓两种选择。从另一个角度讲,法律确认姓名权是为了使公民能以文字符号即姓名明确区别于他人,实现自己的人格和权利。姓名权和其他权利一样,受到法律的限制而不可滥用。新生婴儿随父姓、随母姓是中华民族的传统习俗,这种习俗标志着血缘关系,随父姓或者随母姓,都是有血缘关系的,可以在很大程度上避免近亲结婚,但是姓第三姓,则与这种传统习俗、与姓的本意相违背。全国各地公安机关在执行《婚姻法》第二十二条关于子女姓氏的问题上,标准都是一致的,即子女应当随父姓或者随母姓。综上所述,拒绝原告法定代理人以“北雁云依”的姓名为原告申报户口登记的行为正确,恳请人民法院依法驳回原告的诉讼请求。

法院经审理查明:原告“北雁云依”出生于2009年1月25日,其父亲名为吕晓峰,母亲名为张瑞峥。因酷爱诗词歌赋和中国传统文化,吕晓峰、张瑞峥夫妇二人决定给爱女起名为“北雁云依”,并以“北雁云依”为名办理了新生儿出生证明和计划生育服务手册新生儿落户备查登记。2009年2月,吕晓峰前往燕山派出所为女儿申请办理户口登记,被民警告知拟被登记人员的姓氏应当随父姓或者母姓,即姓“吕”或者“张”,否则不符合办理出生登记条件。因吕晓峰坚持以“北雁云依”为姓名为女儿申请户口登记,被告燕山派出所遂依照《婚姻法》第二十二条之规定,于当日作出拒绝办理户口登记的具体行政行为。

该案经过两次公开开庭审理,原告“北雁云依”法定代理人吕晓峰在庭审中称:其为女儿选取的“北雁云依”之姓名,“北雁”是姓,“云依”是名。

因案件涉及法律适用问题,需送请有权机关作出解释或者确认,该案于2010年3月11日裁定中止审理,中止事由消除后,该案于2015年4月21日恢复审理。

【裁判结果】

济南市历下区人民法院于2015年4月25日作出(2010)历行初字第4号行政判决:驳回原告“北雁云依”要求确认被告燕山派出所拒绝以“北雁云依”为姓名办理户口登记行为违法的诉讼请求。

一审宣判并送达后,原被告双方均未提出上诉,本判决已发生法律效力。

【裁判理由】

法院生效裁判认为:2014年11月1日,第十二届全国人民代表大会常务委员会第十一次会议通过了《全国人民代表大会常务委员会关于〈中华人民共和国民法通则〉第九十九条第一款、〈中华人民共和国婚姻法〉第二十二条的解释》。该立法解释规定:“公民依法享有姓名权。公民行使姓名权,还应当尊重社会公德,不得损害社会公共利益。公民原则上应当随父姓或者母姓。有下列情形之一的,可以在父姓和母姓之外选取姓氏:(一)选取其他直系长辈血亲的姓氏;(二)因由法定扶养人以外的人抚养而选取抚养人姓氏;(三)有不违反公序良俗的其他正当理由。少数民族公民的姓氏可以从本民族的文化传统和风俗习惯。”

本案不存在选取其他直系长辈血亲姓氏或者选取法定扶养人以外的抚养人姓氏的情形,案件的焦点就在于原告法定代理人吕晓峰提出的理由是否符合上述立法解释第二款第三项规定的“有不违反公序良俗的其他正当理由”。首先,从社会管理和发展的角度,子女承袭父母姓氏有利于提高社会管理效率,便于管理机关和其他社会成员对姓氏使用人的主要社会关系进行初步判断。倘若允许随意选取姓氏甚至恣意创造姓氏,则会增加社会管理成本,不利于社会和他人,不利于维护社会秩序和实现社会的良性管控,而且极易使社会管理出现混乱,增加社会管理的风险性和不确定性。其次,公民选取姓氏涉及公序良俗。在中华传统文化中,“姓名”中的“姓”,即姓氏,主要来源于客观上的承袭,系先祖所传,承载了对先祖的敬重、对家庭的热爱等,体现着血缘传承、伦理秩序和文化传统。而“名”则源于主观创造,为父母所授,承载了个人喜好、人格特征、长辈愿望等。公民对姓氏传承的重视和尊崇,不仅仅体现了血缘关系、亲属关系,更承载着丰富的文化传统、伦理观念、人文情怀,符合主流价值观念,是中华民族向心力、凝聚力的载体和镜像。公民原则上随父姓或者母姓,符合中华传统文化和伦理观念,符合绝大多数公民的意愿和实际做法。反之,如果任由公民仅凭个人意愿喜好,随意选取姓氏甚至自创姓氏,则会造成对文化传统和伦理观念的冲击,违背社会善良风俗和一般道德要求。再次,公民依法享有姓名权,公民行使姓名权属于民事活动,既应当依照《民法通则》第九十九条第一款和《婚姻法》第二十二条的规定,还应当遵守《民法通则》第七条的规定,即应当尊重社会公德,不得损害社会公共利益。通常情况下,在父姓和母姓之外选取姓氏的行为,主要存在于实际抚养关系发生变动、有利于未成年人身心健康、维护个人人格尊严等情形。本案中,原告“北雁云依”的父母自创“北雁”为姓氏、选取“北雁云依”为姓名给女儿办理户口登记的理由是“我女儿姓名‘北雁云依’四字,取自四首著名的中国古典诗词，寓意父母对女儿的美好祝愿”。此理由仅凭个人喜好愿望并创设姓氏，具有明显的随意性，不符合立法解释第二款第三项的情形，不应给予支持。

第一百一十一条　【个人信息受法律保护】自然人的个人信息受法律保护。任何组织或者个人需要获取他人个人信息的，应当依法取得并确保信息安全，不得非法收集、使用、加工、传输他人个人信息，不得非法买卖、提供或者公开他人个人信息。

一、相关法律条文

1.《民法典》(2021年1月1日起施行)

第一千零三十四条　自然人的个人信息受法律保护。

个人信息是以电子或者其他方式记录的能够单独或者与其他信息结合识别特定自然人的各种信息，包括自然人的姓名、出生日期、身份证件号码、生物识别信息、住址、电话号码、电子邮箱、健康信息、行踪信息等。

个人信息中的私密信息，适用有关隐私权的规定；没有规定的，适用有关个人信息保护的规定。

第一千零三十五条　处理个人信息的，应当遵循合法、正当、必要原则，不得过度处理，并符合下列条件：

（一）征得该自然人或者其监护人同意，但是法律、行政法规另有规定的除外；

（二）公开处理信息的规则；

（三）明示处理信息的目的、方式和范围；

（四）不违反法律、行政法规的规定和双方的约定。

个人信息的处理包括个人信息的收集、存储、使用、加工、传输、提供、公开等。

第一千零三十六条　处理个人信息，有下列情形之一的，行为人不承担民事责任：

（一）在该自然人或者其监护人同意的范围内合理实施的行为；

（二）合理处理该自然人自行公开的或者其他已经合法公开的信息，但是该自然人明确拒绝或者处理该信息侵害其重大利益的除外；

(三)为维护公共利益或者该自然人合法权益,合理实施的其他行为。

第一千零三十七条 自然人可以依法向信息处理者查阅或者复制其个人信息;发现信息有错误的,有权提出异议并请求及时采取更正等必要措施。

自然人发现信息处理者违反法律、行政法规的规定或者双方的约定处理其个人信息的,有权请求信息处理者及时删除。

第一千零三十八条 信息处理者不得泄露或者篡改其收集、存储的个人信息;未经自然人同意,不得向他人非法提供其个人信息,但是经过加工无法识别特定个人且不能复原的除外。

信息处理者应当采取技术措施和其他必要措施,确保其收集、存储的个人信息安全,防止信息泄露、篡改、丢失;发生或者可能发生个人信息泄露、篡改、丢失的,应当及时采取补救措施,按照规定告知自然人并向有关主管部门报告。

第一千零三十九条 国家机关、承担行政职能的法定机构及其工作人员对于履行职责过程中知悉的自然人的隐私和个人信息,应当予以保密,不得泄露或者向他人非法提供。

2.《个人信息保护法》(2021年11月1日起施行)

第一章 总 则

第一条 为了保护个人信息权益,规范个人信息处理活动,促进个人信息合理利用,根据宪法,制定本法。

第二条 自然人的个人信息受法律保护,任何组织、个人不得侵害自然人的个人信息权益。

第三条 在中华人民共和国境内处理自然人个人信息的活动,适用本法。

在中华人民共和国境外处理中华人民共和国境内自然人个人信息的活动,有下列情形之一的,也适用本法:

(一)以向境内自然人提供产品或者服务为目的;

(二)分析、评估境内自然人的行为;

(三)法律、行政法规规定的其他情形。

第四条 个人信息是以电子或者其他方式记录的与已识别或者可识别的自然人有关的各种信息,不包括匿名化处理后的信息。

个人信息的处理包括个人信息的收集、存储、使用、加工、传输、提供、公开、删除等。

第五条　处理个人信息应当遵循合法、正当、必要和诚信原则，不得通过误导、欺诈、胁迫等方式处理个人信息。

第六条　处理个人信息应当具有明确、合理的目的，并应当与处理目的直接相关，采取对个人权益影响最小的方式。

收集个人信息，应当限于实现处理目的的最小范围，不得过度收集个人信息。

第七条　处理个人信息应当遵循公开、透明原则，公开个人信息处理规则，明示处理的目的、方式和范围。

第八条　处理个人信息应当保证个人信息的质量，避免因个人信息不准确、不完整对个人权益造成不利影响。

第九条　个人信息处理者应当对其个人信息处理活动负责，并采取必要措施保障所处理的个人信息的安全。

第十条　任何组织、个人不得非法收集、使用、加工、传输他人个人信息，不得非法买卖、提供或者公开他人个人信息；不得从事危害国家安全、公共利益的个人信息处理活动。

第十一条　国家建立健全个人信息保护制度，预防和惩治侵害个人信息权益的行为，加强个人信息保护宣传教育，推动形成政府、企业、相关社会组织、公众共同参与个人信息保护的良好环境。

第十二条　国家积极参与个人信息保护国际规则的制定，促进个人信息保护方面的国际交流与合作，推动与其他国家、地区、国际组织之间的个人信息保护规则、标准等互认。

第二章　个人信息处理规则

第一节　一 般 规 定

第十三条　符合下列情形之一的，个人信息处理者方可处理个人信息：

（一）取得个人的同意；

（二）为订立、履行个人作为一方当事人的合同所必需，或者按照依法制定的劳动规章制度和依法签订的集体合同实施人力资源管理所必需；

(三)为履行法定职责或者法定义务所必需;

(四)为应对突发公共卫生事件,或者紧急情况下为保护自然人的生命健康和财产安全所必需;

(五)为公共利益实施新闻报道、舆论监督等行为,在合理的范围内处理个人信息;

(六)依照本法规定在合理的范围内处理个人自行公开或者其他已经合法公开的个人信息;

(七)法律、行政法规规定的其他情形。

依照本法其他有关规定,处理个人信息应当取得个人同意,但是有前款第二项至第七项规定情形的,不需取得个人同意。

第十四条　基于个人同意处理个人信息的,该同意应当由个人在充分知情的前提下自愿、明确作出。法律、行政法规规定处理个人信息应当取得个人单独同意或者书面同意的,从其规定。

个人信息的处理目的、处理方式和处理的个人信息种类发生变更的,应当重新取得个人同意。

第十五条　基于个人同意处理个人信息的,个人有权撤回其同意。个人信息处理者应当提供便捷的撤回同意的方式。

个人撤回同意,不影响撤回前基于个人同意已进行的个人信息处理活动的效力。

第十六条　个人信息处理者不得以个人不同意处理其个人信息或者撤回同意为由,拒绝提供产品或者服务;处理个人信息属于提供产品或者服务所必需的除外。

第十七条　个人信息处理者在处理个人信息前,应当以显著方式、清晰易懂的语言真实、准确、完整地向个人告知下列事项:

(一)个人信息处理者的名称或者姓名和联系方式;

(二)个人信息的处理目的、处理方式,处理的个人信息种类、保存期限;

(三)个人行使本法规定权利的方式和程序;

(四)法律、行政法规规定应当告知的其他事项。

前款规定事项发生变更的,应当将变更部分告知个人。

个人信息处理者通过制定个人信息处理规则的方式告知第一款规定事项的,处理规则应当公开,并且便于查阅和保存。

第十八条　个人信息处理者处理个人信息,有法律、行政法规规定应当保密或者不需要告知的情形的，可以不向个人告知前条第一款规定的事项。

紧急情况下为保护自然人的生命健康和财产安全无法及时向个人告知的，个人信息处理者应当在紧急情况消除后及时告知。

第十九条 除法律、行政法规另有规定外，个人信息的保存期限应当为实现处理目的所必要的最短时间。

第二十条 两个以上的个人信息处理者共同决定个人信息的处理目的和处理方式的，应当约定各自的权利和义务。但是，该约定不影响个人向其中任何一个个人信息处理者要求行使本法规定的权利。

个人信息处理者共同处理个人信息，侵害个人信息权益造成损害的，应当依法承担连带责任。

第二十一条 个人信息处理者委托处理个人信息的，应当与受托人约定委托处理的目的、期限、处理方式、个人信息的种类、保护措施以及双方的权利和义务等，并对受托人的个人信息处理活动进行监督。

受托人应当按照约定处理个人信息，不得超出约定的处理目的、处理方式等处理个人信息；委托合同不生效、无效、被撤销或者终止的，受托人应当将个人信息返还个人信息处理者或者予以删除，不得保留。

未经个人信息处理者同意，受托人不得转委托他人处理个人信息。

第二十二条 个人信息处理者因合并、分立、解散、被宣告破产等原因需要转移个人信息的，应当向个人告知接收方的名称或者姓名和联系方式。接收方应当继续履行个人信息处理者的义务。接收方变更原先的处理目的、处理方式的，应当依照本法规定重新取得个人同意。

第二十三条 个人信息处理者向其他个人信息处理者提供其处理的个人信息的，应当向个人告知接收方的名称或者姓名、联系方式、处理目的、处理方式和个人信息的种类，并取得个人的单独同意。接收方应当在上述处理目的、处理方式和个人信息的种类等范围内处理个人信息。接收方变更原先的处理目的、处理方式的，应当依照本法规定重新取得个人同意。

第二十四条 个人信息处理者利用个人信息进行自动化决策，应当保证决策的透明度和结果公平、公正，不得对个人在交易价格等交易条件上实行不合理的差别待遇。

通过自动化决策方式向个人进行信息推送、商业营销，应当同时提供不针对其个人特征的选项，或者向个人提供便捷的拒绝方式。

通过自动化决策方式作出对个人权益有重大影响的决定,个人有权要求个人信息处理者予以说明,并有权拒绝个人信息处理者仅通过自动化决策的方式作出决定。

第二十五条 个人信息处理者不得公开其处理的个人信息,取得个人单独同意的除外。

第二十六条 在公共场所安装图像采集、个人身份识别设备,应当为维护公共安全所必需,遵守国家有关规定,并设置显著的提示标识。所收集的个人图像、身份识别信息只能用于维护公共安全的目的,不得用于其他目的;取得个人单独同意的除外。

第二十七条 个人信息处理者可以在合理的范围内处理个人自行公开或者其他已经合法公开的个人信息;个人明确拒绝的除外。个人信息处理者处理已公开的个人信息,对个人权益有重大影响的,应当依照本法规定取得个人同意。

第二节 敏感个人信息的处理规则

第二十八条 敏感个人信息是一旦泄露或者非法使用,容易导致自然人的人格尊严受到侵害或者人身、财产安全受到危害的个人信息,包括生物识别、宗教信仰、特定身份、医疗健康、金融账户、行踪轨迹等信息,以及不满十四周岁未成年人的个人信息。

只有在具有特定的目的和充分的必要性,并采取严格保护措施的情形下,个人信息处理者方可处理敏感个人信息。

第二十九条 处理敏感个人信息应当取得个人的单独同意;法律、行政法规规定处理敏感个人信息应当取得书面同意的,从其规定。

第三十条 个人信息处理者处理敏感个人信息的,除本法第十七条第一款规定的事项外,还应当向个人告知处理敏感个人信息的必要性以及对个人权益的影响;依照本法规定可以不向个人告知的除外。

第三十一条 个人信息处理者处理不满十四周岁未成年人个人信息的,应当取得未成年人的父母或者其他监护人的同意。

个人信息处理者处理不满十四周岁未成年人个人信息的,应当制定专门的个人信息处理规则。

第三十二条 法律、行政法规对处理敏感个人信息规定应当取得相关行政许可或者作出其他限制的,从其规定。

第三节 国家机关处理个人信息的特别规定

第三十三条 国家机关处理个人信息的活动，适用本法；本节有特别规定的，适用本节规定。

第三十四条 国家机关为履行法定职责处理个人信息，应当依照法律、行政法规规定的权限、程序进行，不得超出履行法定职责所必需的范围和限度。

第三十五条 国家机关为履行法定职责处理个人信息，应当依照本法规定履行告知义务；有本法第十八条第一款规定的情形，或者告知将妨碍国家机关履行法定职责的除外。

第三十六条 国家机关处理的个人信息应当在中华人民共和国境内存储；确需向境外提供的，应当进行安全评估。安全评估可以要求有关部门提供支持与协助。

第三十七条 法律、法规授权的具有管理公共事务职能的组织为履行法定职责处理个人信息，适用本法关于国家机关处理个人信息的规定。

第三章 个人信息跨境提供的规则

第三十八条 个人信息处理者因业务等需要，确需向中华人民共和国境外提供个人信息的，应当具备下列条件之一：

（一）依照本法第四十条的规定通过国家网信部门组织的安全评估；

（二）按照国家网信部门的规定经专业机构进行个人信息保护认证；

（三）按照国家网信部门制定的标准合同与境外接收方订立合同，约定双方的权利和义务；

（四）法律、行政法规或者国家网信部门规定的其他条件。

中华人民共和国缔结或者参加的国际条约、协定对向中华人民共和国境外提供个人信息的条件等有规定的，可以按照其规定执行。

个人信息处理者应当采取必要措施，保障境外接收方处理个人信息的活动达到本法规定的个人信息保护标准。

第三十九条 个人信息处理者向中华人民共和国境外提供个人信息的，应当向个人告知境外接收方的名称或者姓名、联系方式、处理目的、处理方式、个人信息的种类以及个人向境外接收方行使本法规定权利的方式和程序等事项，并取得个人的单独同意。

第四十条 关键信息基础设施运营者和处理个人信息达到国家网信部门规定数量的个人信息处理者,应当将在中华人民共和国境内收集和产生的个人信息存储在境内。确需向境外提供的,应当通过国家网信部门组织的安全评估;法律、行政法规和国家网信部门规定可以不进行安全评估的,从其规定。

第四十一条 中华人民共和国主管机关根据有关法律和中华人民共和国缔结或者参加的国际条约、协定,或者按照平等互惠原则,处理外国司法或者执法机构关于提供存储于境内个人信息的请求。非经中华人民共和国主管机关批准,个人信息处理者不得向外国司法或者执法机构提供存储于中华人民共和国境内的个人信息。

第四十二条 境外的组织、个人从事侵害中华人民共和国公民的个人信息权益,或者危害中华人民共和国国家安全、公共利益的个人信息处理活动的,国家网信部门可以将其列入限制或者禁止个人信息提供清单,予以公告,并采取限制或者禁止向其提供个人信息等措施。

第四十三条 任何国家或者地区在个人信息保护方面对中华人民共和国采取歧视性的禁止、限制或者其他类似措施的,中华人民共和国可以根据实际情况对该国家或者地区对等采取措施。

第四章 个人在个人信息处理活动中的权利

第四十四条 个人对其个人信息的处理享有知情权、决定权,有权限制或者拒绝他人对其个人信息进行处理;法律、行政法规另有规定的除外。

第四十五条 个人有权向个人信息处理者查阅、复制其个人信息;有本法第十八条第一款、第三十五条规定情形的除外。

个人请求查阅、复制其个人信息的,个人信息处理者应当及时提供。

个人请求将个人信息转移至其指定的个人信息处理者,符合国家网信部门规定条件的,个人信息处理者应当提供转移的途径。

第四十六条 个人发现其个人信息不准确或者不完整的,有权请求个人信息处理者更正、补充。

个人请求更正、补充其个人信息的,个人信息处理者应当对其个人信息予以核实,并及时更正、补充。

第四十七条　有下列情形之一的，个人信息处理者应当主动删除个人信息；个人信息处理者未删除的，个人有权请求删除：

（一）处理目的已实现、无法实现或者为实现处理目的不再必要；

（二）个人信息处理者停止提供产品或者服务，或者保存期限已届满；

（三）个人撤回同意；

（四）个人信息处理者违反法律、行政法规或者违反约定处理个人信息；

（五）法律、行政法规规定的其他情形。

法律、行政法规规定的保存期限未届满，或者删除个人信息从技术上难以实现的，个人信息处理者应当停止除存储和采取必要的安全保护措施之外的处理。

第四十八条　个人有权要求个人信息处理者对其个人信息处理规则进行解释说明。

第四十九条　自然人死亡的，其近亲属为了自身的合法、正当利益，可以对死者的相关个人信息行使本章规定的查阅、复制、更正、删除等权利；死者生前另有安排的除外。

第五十条　个人信息处理者应当建立便捷的个人行使权利的申请受理和处理机制。拒绝个人行使权利的请求的，应当说明理由。

个人信息处理者拒绝个人行使权利的请求的，个人可以依法向人民法院提起诉讼。

第五章　个人信息处理者的义务

第五十一条　个人信息处理者应当根据个人信息的处理目的、处理方式、个人信息的种类以及对个人权益的影响、可能存在的安全风险等，采取下列措施确保个人信息处理活动符合法律、行政法规的规定，并防止未经授权的访问以及个人信息泄露、篡改、丢失：

（一）制定内部管理制度和操作规程；

（二）对个人信息实行分类管理；

（三）采取相应的加密、去标识化等安全技术措施；

（四）合理确定个人信息处理的操作权限，并定期对从业人员进行安全教育和培训；

（五）制定并组织实施个人信息安全事件应急预案；

(六)法律、行政法规规定的其他措施。

第五十二条 处理个人信息达到国家网信部门规定数量的个人信息处理者应当指定个人信息保护负责人,负责对个人信息处理活动以及采取的保护措施等进行监督。

个人信息处理者应当公开个人信息保护负责人的联系方式,并将个人信息保护负责人的姓名、联系方式等报送履行个人信息保护职责的部门。

第五十三条 本法第三条第二款规定的中华人民共和国境外的个人信息处理者,应当在中华人民共和国境内设立专门机构或者指定代表,负责处理个人信息保护相关事务,并将有关机构的名称或者代表的姓名、联系方式等报送履行个人信息保护职责的部门。

第五十四条 个人信息处理者应当定期对其处理个人信息遵守法律、行政法规的情况进行合规审计。

第五十五条 有下列情形之一的,个人信息处理者应当事前进行个人信息保护影响评估,并对处理情况进行记录:

(一)处理敏感个人信息;

(二)利用个人信息进行自动化决策;

(三)委托处理个人信息、向其他个人信息处理者提供个人信息、公开个人信息;

(四)向境外提供个人信息;

(五)其他对个人权益有重大影响的个人信息处理活动。

第五十六条 个人信息保护影响评估应当包括下列内容:

(一)个人信息的处理目的、处理方式等是否合法、正当、必要;

(二)对个人权益的影响及安全风险;

(三)所采取的保护措施是否合法、有效并与风险程度相适应。

个人信息保护影响评估报告和处理情况记录应当至少保存三年。

第五十七条 发生或者可能发生个人信息泄露、篡改、丢失的,个人信息处理者应当立即采取补救措施,并通知履行个人信息保护职责的部门和个人。通知应当包括下列事项:

(一)发生或者可能发生个人信息泄露、篡改、丢失的信息种类、原因和可能造成的危害;

(二)个人信息处理者采取的补救措施和个人可以采取的减轻危害的措施;

（三）个人信息处理者的联系方式。

个人信息处理者采取措施能够有效避免信息泄露、篡改、丢失造成危害的，个人信息处理者可以不通知个人；履行个人信息保护职责的部门认为可能造成危害的，有权要求个人信息处理者通知个人。

第五十八条　提供重要互联网平台服务、用户数量巨大、业务类型复杂的个人信息处理者，应当履行下列义务：

（一）按照国家规定建立健全个人信息保护合规制度体系，成立主要由外部成员组成的独立机构对个人信息保护情况进行监督；

（二）遵循公开、公平、公正的原则，制定平台规则，明确平台内产品或者服务提供者处理个人信息的规范和保护个人信息的义务；

（三）对严重违反法律、行政法规处理个人信息的平台内的产品或者服务提供者，停止提供服务；

（四）定期发布个人信息保护社会责任报告，接受社会监督。

第五十九条　接受委托处理个人信息的受托人，应当依照本法和有关法律、行政法规的规定，采取必要措施保障所处理的个人信息的安全，并协助个人信息处理者履行本法规定的义务。

第六章　履行个人信息保护职责的部门

第六十条　国家网信部门负责统筹协调个人信息保护工作和相关监督管理工作。国务院有关部门依照本法和有关法律、行政法规的规定，在各自职责范围内负责个人信息保护和监督管理工作。

县级以上地方人民政府有关部门的个人信息保护和监督管理职责，按照国家有关规定确定。

前两款规定的部门统称为履行个人信息保护职责的部门。

第六十一条　履行个人信息保护职责的部门履行下列个人信息保护职责：

（一）开展个人信息保护宣传教育，指导、监督个人信息处理者开展个人信息保护工作；

（二）接受、处理与个人信息保护有关的投诉、举报；

（三）组织对应用程序等个人信息保护情况进行测评，并公布测评结果；

（四）调查、处理违法个人信息处理活动；

（五）法律、行政法规规定的其他职责。

第六十二条 国家网信部门统筹协调有关部门依据本法推进下列个人信息保护工作:

(一)制定个人信息保护具体规则、标准;

(二)针对小型个人信息处理者、处理敏感个人信息以及人脸识别、人工智能等新技术、新应用,制定专门的个人信息保护规则、标准;

(三)支持研究开发和推广应用安全、方便的电子身份认证技术,推进网络身份认证公共服务建设;

(四)推进个人信息保护社会化服务体系建设,支持有关机构开展个人信息保护评估、认证服务;

(五)完善个人信息保护投诉、举报工作机制。

第六十三条 履行个人信息保护职责的部门履行个人信息保护职责,可以采取下列措施:

(一)询问有关当事人,调查与个人信息处理活动有关的情况;

(二)查阅、复制当事人与个人信息处理活动有关的合同、记录、账簿以及其他有关资料;

(三)实施现场检查,对涉嫌违法的个人信息处理活动进行调查;

(四)检查与个人信息处理活动有关的设备、物品;对有证据证明是用于违法个人信息处理活动的设备、物品,向本部门主要负责人书面报告并经批准,可以查封或者扣押。

履行个人信息保护职责的部门依法履行职责,当事人应当予以协助、配合,不得拒绝、阻挠。

第六十四条 履行个人信息保护职责的部门在履行职责中,发现个人信息处理活动存在较大风险或者发生个人信息安全事件的,可以按照规定的权限和程序对该个人信息处理者的法定代表人或者主要负责人进行约谈,或者要求个人信息处理者委托专业机构对其个人信息处理活动进行合规审计。个人信息处理者应当按照要求采取措施,进行整改,消除隐患。

履行个人信息保护职责的部门在履行职责中,发现违法处理个人信息涉嫌犯罪的,应当及时移送公安机关依法处理。

第六十五条 任何组织、个人有权对违法个人信息处理活动向履行个人信息保护职责的部门进行投诉、举报。收到投诉、举报的部门应当依法及时处理,并将处理结果告知投诉、举报人。

履行个人信息保护职责的部门应当公布接受投诉、举报的联系方式。

第七章　法律责任

第六十六条　违反本法规定处理个人信息，或者处理个人信息未履行本法规定的个人信息保护义务的，由履行个人信息保护职责的部门责令改正，给予警告，没收违法所得，对违法处理个人信息的应用程序，责令暂停或者终止提供服务；拒不改正的，并处一百万元以下罚款；对直接负责的主管人员和其他直接责任人员处一万元以上十万元以下罚款。

有前款规定的违法行为，情节严重的，由省级以上履行个人信息保护职责的部门责令改正，没收违法所得，并处五千万元以下或者上一年度营业额百分之五以下罚款，并可以责令暂停相关业务或者停业整顿、通报有关主管部门吊销相关业务许可或者吊销营业执照；对直接负责的主管人员和其他直接责任人员处十万元以上一百万元以下罚款，并可以决定禁止其在一定期限内担任相关企业的董事、监事、高级管理人员和个人信息保护负责人。

第六十七条　有本法规定的违法行为的，依照有关法律、行政法规的规定记入信用档案，并予以公示。

第六十八条　国家机关不履行本法规定的个人信息保护义务的，由其上级机关或者履行个人信息保护职责的部门责令改正；对直接负责的主管人员和其他直接责任人员依法给予处分。

履行个人信息保护职责的部门的工作人员玩忽职守、滥用职权、徇私舞弊，尚不构成犯罪的，依法给予处分。

第六十九条　处理个人信息侵害个人信息权益造成损害，个人信息处理者不能证明自己没有过错的，应当承担损害赔偿等侵权责任。

前款规定的损害赔偿责任按照个人因此受到的损失或者个人信息处理者因此获得的利益确定；个人因此受到的损失和个人信息处理者因此获得的利益难以确定的，根据实际情况确定赔偿数额。

第七十条　个人信息处理者违反本法规定处理个人信息，侵害众多个人的权益的，人民检察院、法律规定的消费者组织和由国家网信部门确定的组织可以依法向人民法院提起诉讼。

第七十一条　违反本法规定，构成违反治安管理行为的，依法给予治安管理处罚；构成犯罪的，依法追究刑事责任。

第八章 附 则

第七十二条 自然人因个人或者家庭事务处理个人信息的,不适用本法。

法律对各级人民政府及其有关部门组织实施的统计、档案管理活动中的个人信息处理有规定的,适用其规定。

第七十三条 本法下列用语的含义:

(一)个人信息处理者,是指在个人信息处理活动中自主决定处理目的、处理方式的组织、个人。

(二)自动化决策,是指通过计算机程序自动分析、评估个人的行为习惯、兴趣爱好或者经济、健康、信用状况等,并进行决策的活动。

(三)去标识化,是指个人信息经过处理,使其在不借助额外信息的情况下无法识别特定自然人的过程。

(四)匿名化,是指个人信息经过处理无法识别特定自然人且不能复原的过程。

第七十四条 本法自2021年11月1日起施行。

3.《网络安全法》(2017年6月1日起施行)

第二十二条 网络产品、服务应当符合相关国家标准的强制性要求。网络产品、服务的提供者不得设置恶意程序;发现其网络产品、服务存在安全缺陷、漏洞等风险时,应当立即采取补救措施,按照规定及时告知用户并向有关主管部门报告。

网络产品、服务的提供者应当为其产品、服务持续提供安全维护;在规定或者当事人约定的期限内,不得终止提供安全维护。

网络产品、服务具有收集用户信息功能的,其提供者应当向用户明示并取得同意;涉及用户个人信息的,还应当遵守本法和有关法律、行政法规关于个人信息保护的规定。

第三十七条 关键信息基础设施的运营者在中华人民共和国境内运营中收集和产生的个人信息和重要数据应当在境内存储。因业务需要,确需向境外提供的,应当按照国家网信部门会同国务院有关部门制定的办法进行安全评估;法律、行政法规另有规定的,依照其规定。

第四十一条 网络运营者收集、使用个人信息,应当遵循合法、正当、必要的原则,公开收集、使用规则,明示收集、使用信息的目的、方式和范围，并经被收集者同意。

网络运营者不得收集与其提供的服务无关的个人信息，不得违反法律、行政法规的规定和双方的约定收集、使用个人信息，并应当依照法律、行政法规的规定和与用户的约定，处理其保存的个人信息。

第四十二条　网络运营者不得泄露、篡改、毁损其收集的个人信息；未经被收集者同意，不得向他人提供个人信息。但是，经过处理无法识别特定个人且不能复原的除外。

网络运营者应当采取技术措施和其他必要措施，确保其收集的个人信息安全，防止信息泄露、毁损、丢失。在发生或者可能发生个人信息泄露、毁损、丢失的情况时，应当立即采取补救措施，按照规定及时告知用户并向有关主管部门报告。

第四十三条　个人发现网络运营者违反法律、行政法规的规定或者双方的约定收集、使用其个人信息的，有权要求网络运营者删除其个人信息；发现网络运营者收集、存储的其个人信息有错误的，有权要求网络运营者予以更正。网络运营者应当采取措施予以删除或者更正。

第四十四条　任何个人和组织不得窃取或者以其他非法方式获取个人信息，不得非法出售或者非法向他人提供个人信息。

第四十五条　依法负有网络安全监督管理职责的部门及其工作人员，必须对在履行职责中知悉的个人信息、隐私和商业秘密严格保密，不得泄露、出售或者非法向他人提供。

第七十六条　本法下列用语的含义：

（一）网络，是指由计算机或者其他信息终端及相关设备组成的按照一定的规则和程序对信息进行收集、存储、传输、交换、处理的系统。

（二）网络安全，是指通过采取必要措施，防范对网络的攻击、侵入、干扰、破坏和非法使用以及意外事故，使网络处于稳定可靠运行的状态，以及保障网络数据的完整性、保密性、可用性的能力。

（三）网络运营者，是指网络的所有者、管理者和网络服务提供者。

（四）网络数据，是指通过网络收集、存储、传输、处理和产生的各种电子数据。

（五）个人信息，是指以电子或者其他方式记录的能够单独或者与其他信息结合识别自然人个人身份的各种信息，包括但不限于自然人的姓名、出生日期、身份证件号码、个人生物识别信息、住址、电话号码等。

4.《消费者权益保护法》(2013 年 10 月 25 日修正)

第十四条 消费者在购买、使用商品和接受服务时,享有人格尊严、民族风俗习惯得到尊重的权利,享有个人信息依法得到保护的权利。

第二十九条 经营者收集、使用消费者个人信息,应当遵循合法、正当、必要的原则,明示收集、使用信息的目的、方式和范围,并经消费者同意。经营者收集、使用消费者个人信息,应当公开其收集、使用规则,不得违反法律、法规的规定和双方的约定收集、使用信息。

经营者及其工作人员对收集的消费者个人信息必须严格保密,不得泄露、出售或者非法向他人提供。经营者应当采取技术措施和其他必要措施,确保信息安全,防止消费者个人信息泄露、丢失。在发生或者可能发生信息泄露、丢失的情况时,应当立即采取补救措施。

经营者未经消费者同意或者请求,或者消费者明确表示拒绝的,不得向其发送商业性信息。

第五十条 经营者侵害消费者的人格尊严、侵犯消费者人身自由或者侵害消费者个人信息依法得到保护的权利的,应当停止侵害、恢复名誉、消除影响、赔礼道歉,并赔偿损失。

5.《居民身份证法》(2011 年 10 月 29 日修正)

第六条第三款 公安机关及其人民警察对因制作、发放、查验、扣押居民身份证而知悉的公民的个人信息,应当予以保密。

第十三条第二款 有关单位及其工作人员对履行职责或者提供服务过程中获得的居民身份证记载的公民个人信息,应当予以保密。

第十九条 国家机关或者金融、电信、交通、教育、医疗等单位的工作人员泄露在履行职责或者提供服务过程中获得的居民身份证记载的公民个人信息,构成犯罪的,依法追究刑事责任;尚不构成犯罪的,由公安机关处十日以上十五日以下拘留,并处五千元罚款,有违法所得的,没收违法所得。

单位有前款行为,构成犯罪的,依法追究刑事责任;尚不构成犯罪的,由公安机关对其直接负责的主管人员和其他直接责任人员,处十日以上十五日以下拘留,并处十万元以上五十万元以下罚款,有违法所得的,没收违法所得。

有前两款行为,对他人造成损害的,依法承担民事责任。

6.《护照法》(2007年1月1日起施行)

第十二条第三款　护照签发机关及其工作人员对因制作、签发护照而知悉的公民个人信息,应当予以保密。

7.《统计法》(2024年9月13日修正)

第十一条　统计机构和统计人员对在统计工作中知悉的国家秘密、工作秘密、商业秘密、个人隐私和个人信息,应当予以保密,不得泄露或者向他人非法提供。

第四十二条　县级以上人民政府统计机构或者有关部门有下列行为之一的,对负有责任的领导人员和直接责任人员由任免机关或者监察机关依法给予处分:

(一)违法公布统计资料的;

(二)泄露或者向他人非法提供统计调查对象的商业秘密、个人隐私、个人信息的;

(三)对外提供、泄露在统计调查中获得的能够识别或者推断单个统计调查对象身份的资料的;

(四)违反国家有关规定,造成统计资料毁损、灭失的。

统计人员有前款所列行为之一的,依法给予处分。

8.《刑法》(2023年12月29日修正)

第二百五十三条之一　违反国家有关规定,向他人出售或者提供公民个人信息,情节严重的,处三年以下有期徒刑或者拘役,并处或者单处罚金;情节特别严重的,处三年以上七年以下有期徒刑,并处罚金。

违反国家有关规定,将在履行职责或者提供服务过程中获得的公民个人信息,出售或者提供给他人的,依照前款的规定从重处罚。

窃取或者以其他方法非法获取公民个人信息的,依照第一款的规定处罚。

单位犯前三款罪的,对单位判处罚金,并对其直接负责的主管人员和其他直接责任人员,依照各该款的规定处罚。

9.《未成年人保护法》(2024年4月26日修正)

第四条　保护未成年人,应当坚持最有利于未成年人的原则。处理涉及未成年人事项,应当符合下列要求:

(一)给予未成年人特殊、优先保护;

(二)尊重未成年人人格尊严;

(三)保护未成年人隐私权和个人信息;

(四)适应未成年人身心健康发展的规律和特点;

(五)听取未成年人的意见;

(六)保护与教育相结合。

第七十二条 信息处理者通过网络处理未成年人个人信息的,应当遵循合法、正当和必要的原则。处理不满十四周岁未成年人个人信息的,应当征得未成年人的父母或者其他监护人同意,但法律、行政法规另有规定的除外。

未成年人、父母或者其他监护人要求信息处理者更正、删除未成年人个人信息的,信息处理者应当及时采取措施予以更正、删除,但法律、行政法规另有规定的除外。

10.《电子商务法》(2019年1月1日起施行)

第五条 电子商务经营者从事经营活动,应当遵循自愿、平等、公平、诚信的原则,遵守法律和商业道德,公平参与市场竞争,履行消费者权益保护、环境保护、知识产权保护、网络安全与个人信息保护等方面的义务,承担产品和服务质量责任,接受政府和社会的监督。

第二十三条 电子商务经营者收集、使用其用户的个人信息,应当遵守法律、行政法规有关个人信息保护的规定。

第二十五条 有关主管部门依照法律、行政法规的规定要求电子商务经营者提供有关电子商务数据信息的,电子商务经营者应当提供。有关主管部门应当采取必要措施保护电子商务经营者提供的数据信息的安全,并对其中的个人信息、隐私和商业秘密严格保密,不得泄露、出售或者非法向他人提供。

第三十二条 电子商务平台经营者应当遵循公开、公平、公正的原则,制定平台服务协议和交易规则,明确进入和退出平台、商品和服务质量保障、消费者权益保护、个人信息保护等方面的权利和义务。

第七十九条 电子商务经营者违反法律、行政法规有关个人信息保护的规定,或者不履行本法第三十条和有关法律、行政法规规定的网络安全保障义务的,依照《中华人民共和国网络安全法》等法律、行政法规的规定处罚。

第八十七条 依法负有电子商务监督管理职责的部门的工作人员,玩忽职守、滥用职权、徇私舞弊,或者泄露、出售或者非法向他人提供在履行职责中所知悉的个人信息、隐私和商业秘密的,依法追究法律责任。

11.《妇女权益保障法》(2022 年 10 月 30 日修订)

第二十四条　学校应当根据女学生的年龄阶段，进行生理卫生、心理健康和自我保护教育，在教育、管理、设施等方面采取措施，提高其防范性侵害、性骚扰的自我保护意识和能力，保障女学生的人身安全和身心健康发展。

学校应当建立有效预防和科学处置性侵害、性骚扰的工作制度。对性侵害、性骚扰女学生的违法犯罪行为，学校不得隐瞒，应当及时通知受害未成年女学生的父母或者其他监护人，向公安机关、教育行政部门报告，并配合相关部门依法处理。

对遭受性侵害、性骚扰的女学生，学校、公安机关、教育行政部门等相关单位和人员应当保护其隐私和个人信息，并提供必要的保护措施。

第二十五条　用人单位应当采取下列措施预防和制止对妇女的性骚扰：

(一)制定禁止性骚扰的规章制度；

(二)明确负责机构或者人员；

(三)开展预防和制止性骚扰的教育培训活动；

(四)采取必要的安全保卫措施；

(五)设置投诉电话、信箱等，畅通投诉渠道；

(六)建立和完善调查处置程序，及时处置纠纷并保护当事人隐私和个人信息；

(七)支持、协助受害妇女依法维权，必要时为受害妇女提供心理疏导；

(八)其他合理的预防和制止性骚扰措施。

第二十八条　妇女的姓名权、肖像权、名誉权、荣誉权、隐私权和个人信息等人格权益受法律保护。

媒体报道涉及妇女事件应当客观、适度，不得通过夸大事实、过度渲染等方式侵害妇女的人格权益。

禁止通过大众传播媒介或者其他方式贬低损害妇女人格。未经本人同意，不得通过广告、商标、展览橱窗、报纸、期刊、图书、音像制品、电子出版物、网络等形式使用妇女肖像，但法律另有规定的除外。

第二十九条　禁止以恋爱、交友为由或者在终止恋爱关系、离婚之后，纠缠、骚扰妇女，泄露、传播妇女隐私和个人信息。

妇女遭受上述侵害或者面临上述侵害现实危险的，可以向人民法院申请人身安全保护令。

12.《旅游法》(2018年10月26日修正)

第五十二条 旅游经营者对其在经营活动中知悉的旅游者个人信息,应当予以保密。

第八十六条 旅游主管部门和有关部门依法实施监督检查,其监督检查人员不得少于二人,并应当出示合法证件。监督检查人员少于二人或者未出示合法证件的,被检查单位和个人有权拒绝。

监督检查人员对在监督检查中知悉的被检查单位的商业秘密和个人信息应当依法保密。

二、相关行政法规条文

1.《征信业管理条例》(2013年3月15日起施行)

第二条 在中国境内从事征信业务及相关活动,适用本条例。

本条例所称征信业务,是指对企业、事业单位等组织(以下统称企业)的信用信息和个人的信用信息进行采集、整理、保存、加工,并向信息使用者提供的活动。

国家设立的金融信用信息基础数据库进行信息的采集、整理、保存、加工和提供,适用本条例第五章规定。

国家机关以及法律、法规授权的具有管理公共事务职能的组织依照法律、行政法规和国务院的规定,为履行职责进行的企业和个人信息的采集、整理、保存、加工和公布,不适用本条例。

第十三条 采集个人信息应当经信息主体本人同意,未经本人同意不得采集。但是,依照法律、行政法规规定公开的信息除外。

企业的董事、监事、高级管理人员与其履行职务相关的信息,不作为个人信息。

第十四条 禁止征信机构采集个人的宗教信仰、基因、指纹、血型、疾病和病史信息以及法律、行政法规规定禁止采集的其他个人信息。

征信机构不得采集个人的收入、存款、有价证券、商业保险、不动产的信息和纳税数额信息。但是,征信机构明确告知信息主体提供该信息可能产生的不利后果,并取得其书面同意的除外。

第十五条 信息提供者向征信机构提供个人不良信息,应当事先告知信息主体本人。但是,依照法律、行政法规规定公开的不良信息除外。

第十六条 征信机构对个人不良信息的保存期限,自不良行为或者事件终止之日起为5年;超过5年的,应当予以删除。

在不良信息保存期限内，信息主体可以对不良信息作出说明，征信机构应当予以记载。

第十七条　信息主体可以向征信机构查询自身信息。个人信息主体有权每年两次免费获取本人的信用报告。

第十八条　向征信机构查询个人信息的，应当取得信息主体本人的书面同意并约定用途。但是，法律规定可以不经同意查询的除外。

征信机构不得违反前款规定提供个人信息。

第十九条　征信机构或者信息提供者、信息使用者采用格式合同条款取得个人信息主体同意的，应当在合同中作出足以引起信息主体注意的提示，并按照信息主体的要求作出明确说明。

第二十条　信息使用者应当按照与个人信息主体约定的用途使用个人信息，不得用作约定以外的用途，不得未经个人信息主体同意向第三方提供。

第二十一条　征信机构可以通过信息主体、企业交易对方、行业协会提供信息，政府有关部门依法已公开的信息，人民法院依法公布的判决、裁定等渠道，采集企业信息。

征信机构不得采集法律、行政法规禁止采集的企业信息。

第二十二条　征信机构应当按照国务院征信业监督管理部门的规定，建立健全和严格执行保障信息安全的规章制度，并采取有效技术措施保障信息安全。

经营个人征信业务的征信机构应当对其工作人员查询个人信息的权限和程序作出明确规定，对工作人员查询个人信息的情况进行登记，如实记载查询工作人员的姓名，查询的时间、内容及用途。工作人员不得违反规定的权限和程序查询信息，不得泄露工作中获取的信息。

第二十三条　征信机构应当采取合理措施，保障其提供信息的准确性。

征信机构提供的信息供信息使用者参考。

第二十四条　征信机构在中国境内采集的信息的整理、保存和加工，应当在中国境内进行。

征信机构向境外组织或者个人提供信息，应当遵守法律、行政法规和国务院征信业监督管理部门的有关规定。

第四十二条　信息使用者违反本条例规定，未按照与个人信息主体约定的用途使用个人信息或者未经个人信息主体同意向第三方提供个人信息,情节严重或者造成严重后果的,由国务院征信业监督管理部门或者其派出机构对单位处 2 万元以上 20 万元以下的罚款;对个人处 1 万元以上 5 万元以下的罚款;有违法所得的,没收违法所得。给信息主体造成损失的,依法承担民事责任;构成犯罪的,依法追究刑事责任。

2.《缺陷汽车产品召回管理条例》(2019 年 3 月 2 日修订)

第七条 产品质量监督部门和有关部门、机构及其工作人员对履行本条例规定职责所知悉的商业秘密和个人信息,不得泄露。

第二十五条 违反本条例规定,从事缺陷汽车产品召回监督管理工作的人员有下列行为之一的,依法给予处分:

(一)将生产者、经营者提供的资料、产品和专用设备用于缺陷调查所需的技术检测和鉴定以外的用途;

(二)泄露当事人商业秘密或者个人信息;

(三)其他玩忽职守、徇私舞弊、滥用职权行为。

3.《戒毒条例》(2018 年 9 月 18 日修订)

第七条 戒毒人员在入学、就业、享受社会保障等方面不受歧视。

对戒毒人员戒毒的个人信息应当依法予以保密。对戒断 3 年未复吸的人员,不再实行动态管控。

第十条 戒毒医疗机构应当与自愿戒毒人员或者其监护人签订自愿戒毒协议,就戒毒方法、戒毒期限、戒毒的个人信息保密、戒毒人员应当遵守的规章制度、终止戒毒治疗的情形等作出约定,并应当载明戒毒疗效、戒毒治疗风险。

第四十三条 公安、司法行政、卫生行政等有关部门工作人员泄露戒毒人员个人信息的,依法给予处分;构成犯罪的,依法追究刑事责任。

4.《彩票管理条例》(2009 年 7 月 1 日起施行)

第二十七条 彩票发行机构、彩票销售机构、彩票代销者以及其他因职务或者业务便利知悉彩票中奖者个人信息的人员,应当对彩票中奖者个人信息予以保密。

5.《残疾人教育条例》(2017 年 1 月 11 日修订)

第二十条第三款 依照前款规定作出的评估结果属于残疾儿童、少年的隐私,仅可被用于对残疾儿童、少年实施教育、康复。教育行政部门、残疾人教育专家委员会、学校及其工作人员对在工作中了解的残疾儿童、少年评估结果及其他个人信息负有保密义务。

6.《地图管理条例》(2016 年 1 月 1 日起施行)

第三十五条 互联网地图服务单位收集、使用用户个人信息的,应当明示收集、使用信息的目的、方式和范围,并经用户同意。

互联网地图服务单位需要收集、使用用户个人信息的,应当公开收集、使用规则,不得泄露、篡改、出售或者非法向他人提供用户的个人信息。

互联网地图服务单位应当采取技术措施和其他必要措施,防止用户的个人信息泄露、丢失。

7.《居住证暂行条例》(2016 年 1 月 1 日起施行)

第十七条 国家机关及其工作人员对在工作过程中知悉的居住证持有人个人信息,应当予以保密。

8.《社会救助暂行办法》(2019 年 3 月 2 日修订)

第六十一条 履行社会救助职责的工作人员对在社会救助工作中知悉的公民个人信息,除按照规定应当公示的信息外,应当予以保密。

9.《国务院关于在线政务服务的若干规定》(2019 年 4 月 26 日起施行)

第十四条 政务服务机构及其工作人员泄露、出售或者非法向他人提供履行职责过程中知悉的个人信息、隐私和商业秘密,或者不依法履行职责,玩忽职守、滥用职权、徇私舞弊的,依法追究法律责任。

10.《人力资源市场暂行条例》(2018 年 10 月 1 日起施行)

第二十九条 人力资源服务机构发布人力资源供求信息,应当建立健全信息发布审查和投诉处理机制,确保发布的信息真实、合法、有效。

人力资源服务机构在业务活动中收集用人单位和个人信息的,不得泄露或者违法使用所知悉的商业秘密和个人信息。

三、相关司法解释规定

1.《最高人民法院、最高人民检察院关于办理侵犯公民个人信息刑事案件适用法律若干问题的解释》(法释〔2017〕10 号)

为依法惩治侵犯公民个人信息犯罪活动,保护公民个人信息安全和合法权益,根据《中华人民共和国刑法》《中华人民共和国刑事诉讼法》的有关规定,现就办理此类刑事案件适用法律的若干问题解释如下:

第一条 刑法第二百五十三条之一规定的“公民个人信息”,是指以电子或者其他方式记录的能够单独或者与其他信息结合识别特定自然人身份或者反映特定自然人活动情况的各种信息,包括姓名、身份证件号码、通信通讯联系方式、住址、账号密码、财产状况、行踪轨迹等。

第二条 违反法律、行政法规、部门规章有关公民个人信息保护的规定的,应当认定为刑法第二百五十三条之一规定的“违反国家有关规定”。

第三条 向特定人提供公民个人信息,以及通过信息网络或者其他途径发布公民个人信息的,应当认定为刑法第二百五十三条之一规定的“提供公民个人信息”。

未经被收集者同意,将合法收集的公民个人信息向他人提供的,属于刑法第二百五十三条之一规定的“提供公民个人信息”,但是经过处理无法识别特定个人且不能复原的除外。

第四条 违反国家有关规定,通过购买、收受、交换等方式获取公民个人信息,或者在履行职责、提供服务过程中收集公民个人信息的,属于刑法第二百五十三条之一第三款规定的“以其他方法非法获取公民个人信息”。

第五条 非法获取、出售或者提供公民个人信息,具有下列情形之一的,应当认定为刑法第二百五十三条之一规定的“情节严重”:

(一)出售或者提供行踪轨迹信息,被他人用于犯罪的;

(二)知道或者应当知道他人利用公民个人信息实施犯罪,向其出售或者提供的;

(三)非法获取、出售或者提供行踪轨迹信息、通信内容、征信信息、财产信息五十条以上的;

(四)非法获取、出售或者提供住宿信息、通信记录、健康生理信息、交易信息等其他可能影响人身、财产安全的公民个人信息五百条以上的;

(五)非法获取、出售或者提供第三项、第四项规定以外的公民个人信息五千条以上的;

(六)数量未达到第三项至第五项规定标准,但是按相应比例合计达到有关数量标准的;

(七)违法所得五千元以上的;

（八）将在履行职责或者提供服务过程中获得的公民个人信息出售或者提供给他人，数量或者数额达到第三项至第七项规定标准一半以上的；

（九）曾因侵犯公民个人信息受过刑事处罚或者二年内受过行政处罚，又非法获取、出售或者提供公民个人信息的；

（十）其他情节严重的情形。

实施前款规定的行为，具有下列情形之一的，应当认定为刑法第二百五十三条之一第一款规定的"情节特别严重"：

（一）造成被害人死亡、重伤、精神失常或者被绑架等严重后果的；

（二）造成重大经济损失或者恶劣社会影响的；

（三）数量或者数额达到前款第三项至第八项规定标准十倍以上的；

（四）其他情节特别严重的情形。

第六条　为合法经营活动而非法购买、收受本解释第五条第一款第三项、第四项规定以外的公民个人信息，具有下列情形之一的，应当认定为刑法第二百五十三条之一规定的"情节严重"：

（一）利用非法购买、收受的公民个人信息获利五万元以上的；

（二）曾因侵犯公民个人信息受过刑事处罚或者二年内受过行政处罚，又非法购买、收受公民个人信息的；

（三）其他情节严重的情形。

实施前款规定的行为，将购买、收受的公民个人信息非法出售或者提供的，定罪量刑标准适用本解释第五条的规定。

第七条　单位犯刑法第二百五十三条之一规定之罪的，依照本解释规定的相应自然人犯罪的定罪量刑标准，对直接负责的主管人员和其他直接责任人员定罪处罚，并对单位判处罚金。

第八条　设立用于实施非法获取、出售或者提供公民个人信息违法犯罪活动的网站、通讯群组，情节严重的，应当依照刑法第二百八十七条之一的规定，以非法利用信息网络罪定罪处罚；同时构成侵犯公民个人信息罪的，依照侵犯公民个人信息罪定罪处罚。

第九条　网络服务提供者拒不履行法律、行政法规规定的信息网络安全管理义务，经监管部门责令采取改正措施而拒不改正，致使用户的公民个人信息泄露，造成严重后果的，应当依照刑法第二百八十六条之一的规定，以拒不履行信息网络安全管理义务罪定罪处罚。

第十条　实施侵犯公民个人信息犯罪，不属于“情节特别严重”，行为人系初犯，全部退赃，并确有悔罪表现的，可以认定为情节轻微，不起诉或者免予刑事处罚；确有必要判处刑罚的，应当从宽处罚。

第十一条　非法获取公民个人信息后又出售或者提供的，公民个人信息的条数不重复计算。

向不同单位或者个人分别出售、提供同一公民个人信息的，公民个人信息的条数累计计算。

对批量公民个人信息的条数，根据查获的数量直接认定，但是有证据证明信息不真实或者重复的除外。

第十二条　对于侵犯公民个人信息犯罪，应当综合考虑犯罪的危害程度、犯罪的违法所得数额以及被告人的前科情况、认罪悔罪态度等，依法判处罚金。罚金数额一般在违法所得的一倍以上五倍以下。

第十三条　本解释自2017年6月1日起施行。

2.《最高人民法院关于人民法院在互联网公布裁判文书的规定》（法释〔2016〕19号）

第十条　人民法院在互联网公布裁判文书时，应当删除下列信息：

（一）自然人的家庭住址、通讯方式、身份证号码、银行账号、健康状况、车牌号码、动产或不动产权属证书编号等个人信息；

（二）法人以及其他组织的银行账号、车牌号码、动产或不动产权属证书编号等信息；

（三）涉及商业秘密的信息；

（四）家事、人格权益等纠纷中涉及个人隐私的信息；

（五）涉及技术侦查措施的信息；

（六）人民法院认为不宜公开的其他信息。

按照本条第一款删除信息影响对裁判文书正确理解的，用符号“×”作部分替代。

3.《最高人民法院关于适用简易程序审理民事案件的若干规定》（法释〔2003〕15号）（2020年12月23日修正）

第三十二条　适用简易程序审理的民事案件，有下列情形之一的，人民法院在制作裁判文书时对认定事实或者判决理由部分可以适当简化：

（一）当事人达成调解协议并需要制作民事调解书的；

（二）一方当事人在诉讼过程中明确表示承认对方全部诉讼请求或

者部分诉讼请求的；

（三）当事人对案件事实没有争议或者争议不大的；

（四）涉及自然人的隐私、个人信息，或者商业秘密的案件，当事人一方要求简化裁判文书中的相关内容，人民法院认为理由正当的；

（五）当事人双方一致同意简化裁判文书的。

4.《最高人民法院关于审理旅游纠纷案件适用法律若干问题的规定》（法释〔2010〕13号）（2020年12月23日修正）

第九条　旅游经营者、旅游辅助服务者以非法收集、存储、使用、加工、传输、买卖、提供、公开等方式处理旅游者个人信息，旅游者请求其承担相应责任的，人民法院应予支持。

5.《人民检察院刑事诉讼规则》（高检发释字〔2019〕4号）

第七十九条　人民检察院在办理危害国家安全犯罪、恐怖活动犯罪、黑社会性质的组织犯罪、毒品犯罪等案件过程中，证人、鉴定人、被害人因在诉讼中作证，本人或者其近亲属人身安全面临危险，向人民检察院请求保护的，人民检察院应当受理并及时进行审查。对于确实存在人身安全危险的，应当立即采取必要的保护措施。人民检察院发现存在上述情形的，应当主动采取保护措施。

人民检察院可以采取以下一项或者多项保护措施：

（一）不公开真实姓名、住址和工作单位等个人信息；

（二）建议法庭采取不暴露外貌、真实声音等出庭作证措施；

（三）禁止特定的人员接触证人、鉴定人、被害人及其近亲属；

（四）对人身和住宅采取专门性保护措施；

（五）其他必要的保护措施。

人民检察院依法决定不公开证人、鉴定人、被害人的真实姓名、住址和工作单位等个人信息的，可以在起诉书、询问笔录等法律文书、证据材料中使用化名。但是应当另行书面说明使用化名的情况并标明密级，单独成卷。

人民检察院依法采取保护措施，可以要求有关单位和个人予以配合。

对证人及其近亲属进行威胁、侮辱、殴打或者打击报复，构成犯罪或者应当给予治安管理处罚的，人民检察院应当移送公安机关处理；情节轻微的，予以批评教育、训诫。

第三百五十九条　人民检察院提起公诉的案件，应当向人民法院移送起诉书、案卷材料、证据和认罪认罚具结书等材料。

起诉书应当一式八份,每增加一名被告人增加起诉书五份。

关于被害人姓名、住址、联系方式、被告人被采取强制措施的种类、是否在案及羁押处所等问题,人民检察院应当在起诉书中列明,不再单独移送材料;对于涉及被害人隐私或者为保护证人、鉴定人、被害人人身安全,而不宜公开证人、鉴定人、被害人姓名、住址、工作单位和联系方式等个人信息的,可以在起诉书中使用化名。但是应当另行书面说明使用化名的情况并标明密级,单独成卷。

四、相关文件规定

《最高人民检察院关于印发〈人民检察院案件信息公开工作规定〉的通知》(2021年9月28日)

第四条 人民检察院对涉及国家秘密、商业秘密、个人隐私和未成年人犯罪的案件信息,以及其他依照法律法规和最高人民检察院有关规定不应当公开的信息,不得公开。侵害未成年人犯罪的案件信息,一般不予公开,确有必要公开的,应当依法对相关信息进行屏蔽、隐名等处理。

第二十条 人民检察院在“12309中国检察网”上公开法律文书,应当对下列当事人及其他诉讼参与人的姓名视情做隐名处理:

(一)刑事案件的被害人及其法定代理人、附带民事诉讼原告人及其法定代理人、证人、鉴定人;

(二)不起诉决定书中的被不起诉人;

(三)公益诉讼案件中的企业当事人。

当事人或者其他诉讼参与人要求公开本人姓名,并提出书面申请的,经承办人核实、案件办理部门负责人审核、分管副检察长批准后,可以不做相应的隐名处理。

第二十二条 人民检察院在“12309中国检察网”公开法律文书,应当屏蔽下列内容:

(一)与公众了解案情无关的自然人信息,如:家庭住址、通讯方式、公民身份号码(身份证号码)、社交账号、银行账号、健康状况、车牌号码、动产或不动产权属证书编号、工作单位等;

(二)未成年人的相关信息;

(三)法人以及其他组织的银行账号、车牌号码、动产或不动产权属证书编号、地址;

（四）涉及国家秘密、商业秘密、个人隐私的信息；

（五）涉及技术侦查措施的信息；

（六）根据文书表述的内容可以直接推理或者符合逻辑地推理出属于需要屏蔽的信息；

（七）其他不宜公开的内容。

五、相关指导性案例

指导性案例192号：李开祥侵犯公民个人信息刑事附带民事公益诉讼案（最高人民法院审判委员会讨论通过　2022年12月26日发布）

【关键词】刑事　侵犯公民个人信息　刑事附带民事公益诉讼　人脸识别　人脸信息

【裁判要点】

使用人脸识别技术处理的人脸信息以及基于人脸识别技术生成的人脸信息均具有高度的可识别性，能够单独或者与其他信息结合识别特定自然人身份或者反映特定自然人活动情况，属于刑法规定的公民个人信息。行为人未经公民本人同意，未具备获得法律、相关部门授权等个人信息保护法规定的处理个人信息的合法事由，利用软件程序等方式窃取或者以其他方法非法获取上述信息，情节严重的，应依照《最高人民法院、最高人民检察院关于办理侵犯公民个人信息刑事案件适用法律若干问题的解释》第五条第一款第四项等规定定罪处罚。

【基本案情】

2020年6月至9月，被告人李开祥制作一款具有非法窃取安装者相册照片功能的手机"黑客软件"，打包成安卓手机端的"APK安装包"，发布于暗网"茶马古道"论坛售卖，并伪装成"颜值检测"软件发布于"芥子论坛"（后更名为"快猫社区"）提供访客免费下载。用户下载安装"颜值检测"软件使用时，"颜值检测"软件会自动在后台获取手机相册里的照片，并自动上传到被告人搭建的腾讯云服务器后台，从而窃取安装者相册照片共计1751张，其中部分照片含有人脸信息、自然人姓名、身份号码、联系方式、家庭住址等公民个人信息100余条。

2020年9月，被告人李开祥在暗网"茶马古道"论坛看到"黑客资料"帖子，后用其此前在暗网售卖"APK安装包"部分所得购买、下载标题为"社工库资料"数据转存于"MEGA"网盘，经其本人查看，确认含有个人真实信息。2021年2月，被告人李开祥明知"社工库资料"中含有

第111条

户籍信息、QQ账号注册信息、京东账号注册信息、车主信息、借贷信息等,仍将网盘链接分享至其担任管理员的“翠湖庄园业主交流”QQ群,提供给群成员免费下载。经鉴定,“社工库资料”经去除无效数据并进行合并去重后,包含各类公民个人信息共计8100万余条。

上海市奉贤区人民检察院以社会公共利益受到损害为由,向上海市奉贤区人民法院提起刑事附带民事公益诉讼。

被告人李开祥对起诉指控的基本犯罪事实及定性无异议,且自愿认罪认罚。

辩护人提出被告人李开祥系初犯,到案后如实供述所犯罪行,且自愿认罪认罚等辩护意见,建议对被告人李开祥从轻处罚,请求法庭对其适用缓刑。辩护人另辩称,检察机关未对涉案8100万余条数据信息的真实性核实确认。

【裁判结果】

上海市奉贤区人民法院于2021年8月23日以(2021)沪0120刑初828号刑事判决,认定被告人李开祥犯侵犯公民个人信息罪,判处有期徒刑三年,宣告缓刑三年,并处罚金人民币一万元;扣押在案的犯罪工具予以没收。判决李开祥在国家级新闻媒体上对其侵犯公民个人信息的行为公开赔礼道歉、删除“颜值检测”软件及相关代码、删除腾讯云网盘上存储的涉案照片、删除存储在“MEGA”网盘上相关公民个人信息,并注销侵权所用QQ号码。一审判决后,没有抗诉、上诉,判决现已生效。

【裁判理由】

法院生效裁判认为:本案争议焦点为利用涉案“颜值检测”软件窃取的“人脸信息”是否属于刑法规制范畴的“公民个人信息”。法院经审理认为,“人脸信息”属于《刑法》第二百五十三条之一规定的公民个人信息,利用“颜值检测”黑客软件窃取软件使用者“人脸信息”等公民个人信息的行为,属于刑法中“窃取或者以其他方法非法获取公民个人信息”的行为,依法应予惩处。主要理由如下:第一,“人脸信息”与其他明确列举的个人信息种类均具有明显的“可识别性”特征。《最高人民法院、最高人民检察院关于办理侵犯公民个人信息刑事案件适用法律若干问题的解释》(以下简称《解释》)中列举了公民个人信息种类,虽未对“人脸信息”单独列举,但允许依法在列举之外认定其他形式的个人信息。《解释》中对公民个人信息的定义及明确列举与民法典等法律规定中有关公民个人信息的认定标准一致,即将“可识别性”作为个人信息的认定标准，强调信息与信息主体之间被直接或间接识别出来的可能性。“人脸信息”属于生物识别信息，其具有不可更改性和唯一性，人脸与自然人个体一一对应，无须结合其他信息即可直接识别到特定自然人身份，具有极高的“可识别性”。第二，将“人脸信息”认定为公民个人信息遵循了法秩序统一性原理。民法等前置法将“人脸信息”作为公民个人信息予以保护。《民法典》第一千零三十四条规定了个人信息的定义和具体种类，个人信息保护法进一步将“人脸信息”纳入个人信息的保护范畴，侵犯“人脸信息”的行为构成侵犯自然人人格权益等侵权行为的，须承担相应的民事责任或行政、刑事责任。第三，采用“颜值检测”黑客软件窃取“人脸信息”具有较大的社会危害性和刑事可罚性。因“人脸信息”是识别特定个人的敏感信息，亦是社交属性较强、采集方便的个人信息，极易被他人直接利用或制作合成，从而破解人脸识别验证程序，引发侵害隐私权、名誉权等违法行为，甚至盗窃、诈骗等犯罪行为，社会危害较大。被告人李开祥操纵黑客软件伪装的“颜值检测”软件窃取用户自拍照片和手机相册中的存储照片，利用了互联网平台的开放性，以不特定公众为目标，手段隐蔽、欺骗性强、窃取面广，具有明显的社会危害性，需用刑法加以规制。

关于辩护人提出本案公民个人信息数量认定依据不足的辩护意见，法院经审理认为，公安机关侦查过程中采用了抽样验证的方法，随机挑选部分个人信息进行核实，能够确认涉案个人信息的真实性，被告人、辩护人亦未提出涉案信息不真实的线索或证据。司法鉴定机构通过去除无效信息，并采用合并去重的方法进行鉴定，检出有效个人信息8100万余条，公诉机关指控的公民个人信息数量客观、真实，且符合《解释》中确立的对批量公民个人信息具体数量的认定规则，故对辩护人的辩护意见不予采纳。

综上，被告人李开祥违反国家有关规定，非法获取并向他人提供公民个人信息，情节特别严重，其行为已构成侵犯公民个人信息罪。被告人李开祥到案后能如实供述自己的罪行，依法可以从轻处罚，且自愿认罪认罚，依法可以从宽处理。李开祥非法获取并向他人提供公民个人信息的侵权行为，侵害了众多公民个人信息安全，损害社会公共利益，应当承担相应的民事责任。故依法作出上述判决。

第一百一十二条 【因婚姻、家庭关系等产生的人身权利受法律保护】自然人因婚姻家庭关系等产生的人身权利受法律保护。

相关法律条文

1.《宪法》(2018年3月11日修正)

第四十九条 婚姻、家庭、母亲和儿童受国家的保护。

夫妻双方有实行计划生育的义务。

父母有抚养教育未成年子女的义务,成年子女有赡养扶助父母的义务。

禁止破坏婚姻自由,禁止虐待老人、妇女和儿童。

2.《民法典》(2021年1月1日起施行)

第一千零一条 对自然人因婚姻家庭关系等产生的身份权利的保护,适用本法第一编、第五编和其他法律的相关规定;没有规定的,可以根据其性质参照适用本编人格权保护的有关规定。

第一千零四十一条 婚姻家庭受国家保护。

实行婚姻自由、一夫一妻、男女平等的婚姻制度。

保护妇女、未成年人、老年人、残疾人的合法权益。

3.《老年人权益保障法》(2018年12月29日修正)

第十三条 老年人养老以居家为基础,家庭成员应当尊重、关心和照料老年人。

第十四条 赡养人应当履行对老年人经济上供养、生活上照料和精神上慰藉的义务,照顾老年人的特殊需要。

赡养人是指老年人的子女以及其他依法负有赡养义务的人。

赡养人的配偶应当协助赡养人履行赡养义务。

第十八条 家庭成员应当关心老年人的精神需求,不得忽视、冷落老年人。

与老年人分开居住的家庭成员,应当经常看望或者问候老年人。

用人单位应当按照国家有关规定保障赡养人探亲休假的权利。

第一百一十三条 【财产权利平等保护】民事主体的财产权利受法律平等保护。

相关法律条文

1.《宪法》(2018年3月11日修正)

第十二条 社会主义的公共财产神圣不可侵犯。

国家保护社会主义的公共财产。禁止任何组织或者个人用任何手段侵占或者破坏国家的和集体的财产。

第十三条 公民的合法的私有财产不受侵犯。

国家依照法律规定保护公民的私有财产权和继承权。

国家为了公共利益的需要,可以依照法律规定对公民的私有财产实行征收或者征用并给予补偿。

2.《民法典》(2021年1月1日起施行)

第二百零七条 国家、集体、私人的物权和其他权利人的物权受法律平等保护,任何组织或者个人不得侵犯。

第一百一十四条 【民事主体依法享有物权】民事主体依法享有物权。

物权是权利人依法对特定的物享有直接支配和排他的权利,包括所有权、用益物权和担保物权。

相关法律条文

《民法典》(2021年1月1日起施行)

第二百四十条 所有权人对自己的不动产或者动产,依法享有占有、使用、收益和处分的权利。

第二百四十一条 所有权人有权在自己的不动产或者动产上设立用益物权和担保物权。用益物权人、担保物权人行使权利,不得损害所有权人的权益。

第三百二十三条 用益物权人对他人所有的不动产或者动产,依法享有占有、使用和收益的权利。

第三百八十六条 担保物权人在债务人不履行到期债务或者发生当事人约定的实现担保物权的情形,依法享有就担保财产优先受偿的权利,但是法律另有规定的除外。

第一百一十五条　【物权客体】物包括不动产和动产。法律规定权利作为物权客体的,依照其规定。

相关法律条文

《民法典》(2021年1月1日起施行)

第四百四十条　债务人或者第三人有权处分的下列权利可以出质:

(一)汇票、本票、支票;

(二)债券、存款单;

(三)仓单、提单;

(四)可以转让的基金份额、股权;

(五)可以转让的注册商标专用权、专利权、著作权等知识产权中的财产权;

(六)现有的以及将有的应收账款;

(七)法律、行政法规规定可以出质的其他财产权利。

第一百一十六条　【物权法定原则】物权的种类和内容,由法律规定。

相关司法解释规定

《最高人民法院关于印发〈全国法院民商事审判工作会议纪要〉的通知》(法〔2019〕254号)

66.【担保关系的认定】当事人订立的具有担保功能的合同,不存在法定无效情形的,应当认定有效。虽然合同约定的权利义务关系不属于物权法规定的典型担保类型,但是其担保功能应予肯定。

67.【约定担保物权的效力】债权人与担保人订立担保合同,约定以法律、行政法规未禁止抵押或者质押的财产设定以登记作为公示方法的担保,因无法定的登记机构而未能进行登记的,不具有物权效力。当事人请求按照担保合同的约定就该财产折价、变卖或者拍卖所得价款等方式清偿债务的,人民法院依法予以支持,但对其他权利人不具有对抗效力和优先性。

第一百一十七条　【征收、征用】为了公共利益的需要,依照法律规定的权限和程序征收、征用不动产或者动产的,应当给予公平、合理的补偿。

一、相关法律条文

1.《宪法》(2018 年 3 月 11 日修正)

第十条　城市的土地属于国家所有。

农村和城市郊区的土地,除由法律规定属于国家所有的以外,属于集体所有;宅基地和自留地、自留山,也属于集体所有。

国家为了公共利益的需要,可以依照法律规定对土地实行征收或者征用并给予补偿。

任何组织或者个人不得侵占、买卖或者以其他形式非法转让土地。土地的使用权可以依照法律的规定转让。

一切使用土地的组织和个人必须合理地利用土地。

2.《民法典》(2021 年 1 月 1 日起施行)

第二百四十三条　为了公共利益的需要,依照法律规定的权限和程序可以征收集体所有的土地和组织、个人的房屋以及其他不动产。

征收集体所有的土地,应当依法及时足额支付土地补偿费、安置补助费以及农村村民住宅、其他地上附着物和青苗等的补偿费用,并安排被征地农民的社会保障费用,保障被征地农民的生活,维护被征地农民的合法权益。

征收组织、个人的房屋以及其他不动产,应当依法给予征收补偿,维护被征收人的合法权益;征收个人住宅的,还应当保障被征收人的居住条件。

任何组织或者个人不得贪污、挪用、私分、截留、拖欠征收补偿费等费用。

第二百四十四条　国家对耕地实行特殊保护,严格限制农用地转为建设用地,控制建设用地总量。不得违反法律规定的权限和程序征收集体所有的土地。

第三百二十七条　因不动产或者动产被征收、征用致使用益物权消灭或者影响用益物权行使的,用益物权人有权依据本法第二百四十三条、第二百四十五条的规定获得相应补偿。

第三百三十八条　承包地被征收的,土地承包经营权人有权依据本法第二百四十三条的规定获得相应补偿。

第三百九十条　担保期间,担保财产毁损、灭失或者被征收等,担保物权人可以就获得的保险金、赔偿金或者补偿金等优先受偿。被担保债权的履行期限未届满的,也可以提存该保险金、赔偿金或者补偿金等。

3.《土地管理法》(2019 年 8 月 26 日修正)

第二条第四款 国家为了公共利益的需要,可以依法对土地实行征收或者征用并给予补偿。

第三十五条 永久基本农田经依法划定后,任何单位和个人不得擅自占用或者改变其用途。国家能源、交通、水利、军事设施等重点建设项目选址确实难以避让永久基本农田,涉及农用地转用或者土地征收的,必须经国务院批准。

禁止通过擅自调整县级土地利用总体规划、乡(镇)土地利用总体规划等方式规避永久基本农田农用地转用或者土地征收的审批。

第四十五条 为了公共利益的需要,有下列情形之一,确需征收农民集体所有的土地的,可以依法实施征收:

(一)军事和外交需要用地的;

(二)由政府组织实施的能源、交通、水利、通信、邮政等基础设施建设需要用地的;

(三)由政府组织实施的科技、教育、文化、卫生、体育、生态环境和资源保护、防灾减灾、文物保护、社区综合服务、社会福利、市政公用、优抚安置、英烈保护等公共事业需要用地的;

(四)由政府组织实施的扶贫搬迁、保障性安居工程建设需要用地的;

(五)在土地利用总体规划确定的城镇建设用地范围内,经省级以上人民政府批准由县级以上地方人民政府组织实施的成片开发建设需要用地的;

(六)法律规定为公共利益需要可以征收农民集体所有的土地的其他情形。

前款规定的建设活动,应当符合国民经济和社会发展规划、土地利用总体规划、城乡规划和专项规划;第(四)项、第(五)项规定的建设活动,还应当纳入国民经济和社会发展年度计划;第(五)项规定的成片开发并应当符合国务院自然资源主管部门规定的标准。

第四十六条 征收下列土地的,由国务院批准:

(一)永久基本农田;

(二)永久基本农田以外的耕地超过三十五公顷的;

（三）其他土地超过七十公顷的。

征收前款规定以外的土地的，由省、自治区、直辖市人民政府批准。

征收农用地的，应当依照本法第四十四条的规定先行办理农用地转用审批。其中，经国务院批准农用地转用的，同时办理征地审批手续，不再另行办理征地审批；经省、自治区、直辖市人民政府在征地批准权限内批准农用地转用的，同时办理征地审批手续，不再另行办理征地审批，超过征地批准权限的，应当依照本条第一款的规定另行办理征地审批。

第四十七条　国家征收土地的，依照法定程序批准后，由县级以上地方人民政府予以公告并组织实施。

县级以上地方人民政府拟申请征收土地的，应当开展拟征收土地现状调查和社会稳定风险评估，并将征收范围、土地现状、征收目的、补偿标准、安置方式和社会保障等在拟征收土地所在的乡（镇）和村、村民小组范围内公告至少三十日，听取被征地的农村集体经济组织及其成员、村民委员会和其他利害关系人的意见。

多数被征地的农村集体经济组织成员认为征地补偿安置方案不符合法律、法规规定的，县级以上地方人民政府应当组织召开听证会，并根据法律、法规的规定和听证会情况修改方案。

拟征收土地的所有权人、使用权人应当在公告规定期限内，持不动产权属证明材料办理补偿登记。县级以上地方人民政府应当组织有关部门测算并落实有关费用，保证足额到位，与拟征收土地的所有权人、使用权人就补偿、安置等签订协议；个别确实难以达成协议的，应当在申请征收土地时如实说明。

相关前期工作完成后，县级以上地方人民政府方可申请征收土地。

第四十八条　征收土地应当给予公平、合理的补偿，保障被征地农民原有生活水平不降低、长远生计有保障。

征收土地应当依法及时足额支付土地补偿费、安置补助费以及农村村民住宅、其他地上附着物和青苗等的补偿费用，并安排被征地农民的社会保障费用。

征收农用地的土地补偿费、安置补助费标准由省、自治区、直辖市通过制定公布区片综合地价确定。制定区片综合地价应当综合考虑土地原用途、土地资源条件、土地产值、土地区位、土地供求关系、人口以及经济社会发展水平等因素，并至少每三年调整或者重新公布一次。

征收农用地以外的其他土地、地上附着物和青苗等的补偿标准,由省、自治区、直辖市制定。对其中的农村村民住宅,应当按照先补偿后搬迁、居住条件有改善的原则,尊重农村村民意愿,采取重新安排宅基地建房、提供安置房或者货币补偿等方式给予公平、合理的补偿,并对因征收造成的搬迁、临时安置等费用予以补偿,保障农村村民居住的权利和合法的住房财产权益。

县级以上地方人民政府应当将被征地农民纳入相应的养老等社会保障体系。被征地农民的社会保障费用主要用于符合条件的被征地农民的养老保险等社会保险缴费补贴。被征地农民社会保障费用的筹集、管理和使用办法,由省、自治区、直辖市制定。

第四十九条 被征地的农村集体经济组织应当将征收土地的补偿费用的收支状况向本集体经济组织的成员公布,接受监督。

禁止侵占、挪用被征收土地单位的征地补偿费用和其他有关费用。

第五十一条 大中型水利、水电工程建设征收土地的补偿费标准和移民安置办法,由国务院另行规定。

第七十九条 无权批准征收、使用土地的单位或者个人非法批准占用土地的,超越批准权限非法批准占用土地的,不按照土地利用总体规划确定的用途批准用地的,或者违反法律规定的程序批准占用、征收土地的,其批准文件无效,对非法批准征收、使用土地的直接负责的主管人员和其他直接责任人员,依法给予处分;构成犯罪的,依法追究刑事责任。非法批准、使用的土地应当收回,有关当事人拒不归还的,以非法占用土地论处。

非法批准征收、使用土地,对当事人造成损失的,依法应当承担赔偿责任。

第八十条 侵占、挪用被征收土地单位的征地补偿费用和其他有关费用,构成犯罪的,依法追究刑事责任;尚不构成犯罪的,依法给予处分。

4.《农村土地承包法》(2018年12月29日修正)

第十七条 承包方享有下列权利:

(一)依法享有承包地使用、收益的权利,有权自主组织生产经营和处置产品;

(二)依法互换、转让土地承包经营权;

(三)依法流转土地经营权;

(四)承包地被依法征收、征用、占用的,有权依法获得相应的补偿;

(五)法律、行政法规规定的其他权利。

第四十条 土地经营权流转,当事人双方应当签订书面流转合同。

土地经营权流转合同一般包括以下条款:

(一)双方当事人的姓名、住所;

(二)流转土地的名称、坐落、面积、质量等级;

(三)流转期限和起止日期;

(四)流转土地的用途;

(五)双方当事人的权利和义务;

(六)流转价款及支付方式;

(七)土地被依法征收、征用、占用时有关补偿费的归属;

(八)违约责任。

承包方将土地交由他人代耕不超过一年的,可以不签订书面合同。

第六十二条 违反土地管理法规,非法征收、征用、占用土地或者贪污、挪用土地征收、征用补偿费用,构成犯罪的,依法追究刑事责任;造成他人损害的,应当承担损害赔偿等责任。

5.《妇女权益保障法》(2022年10月30日修订)

第五十五条 妇女在农村集体经济组织成员身份确认、土地承包经营、集体经济组织收益分配、土地征收补偿安置或者征用补偿以及宅基地使用等方面,享有与男子平等的权利。

申请农村土地承包经营权、宅基地使用权等不动产登记,应当在不动产登记簿和权属证书上将享有权利的妇女等家庭成员全部列明。征收补偿安置或者征用补偿协议应当将享有相关权益的妇女列入,并记载权益内容。

6.《城市房地产管理法》(2019年8月26日修正)

第六条 为了公共利益的需要,国家可以征收国有土地上单位和个人的房屋,并依法给予拆迁补偿,维护被征收人的合法权益;征收个人住宅的,还应当保障被征收人的居住条件。具体办法由国务院规定。

第九条 城市规划区内的集体所有的土地,经依法征收转为国有土地后,该幅国有土地的使用权方可有偿出让,但法律另有规定的除外。

第二十六条 以出让方式取得土地使用权进行房地产开发的,必须按照土地使用权出让合同约定的土地用途、动工开发期限开发土地。超过出让合同约定的动工开发日期满一年未动工开发的,可以征收相当于土地使用权出让金百分之二十以下的土地闲置费;满二年未动工开发的,可以无偿收回土地使用权;但是,因不可抗力或者政府、政府有关部门的行为或者动工开发必需的前期工作造成动工开发迟延的除外。

7.《国防法》(2020年12月26日修订)

第五十一条 国家根据国防动员需要,可以依法征收、征用组织和个人的设备设施、交通工具、场所和其他财产。

县级以上人民政府对被征收、征用者因征收、征用所造成的直接经济损失,按照国家有关规定给予公平、合理的补偿。

8.《国防交通法》(2017年1月1日起施行)

第七条 县级以上人民政府根据国防需要,可以依法征用民用运载工具、交通设施、交通物资等民用交通资源,有关组织和个人应当予以配合,履行相关义务。

民用交通资源征用的组织实施和补偿,依照有关法律、行政法规执行。

9.《国防动员法》(2010年7月1日起施行)

第五十四条 国家决定实施国防动员后,储备物资无法及时满足动员需要的,县级以上人民政府可以依法对民用资源进行征用。

本法所称民用资源,是指组织和个人所有或者使用的用于社会生产、服务和生活的设施、设备、场所和其他物资。

第五十五条 任何组织和个人都有接受依法征用民用资源的义务。

需要使用民用资源的中国人民解放军现役部队和预备役部队、中国人民武装警察部队、民兵组织,应当提出征用需求,由县级以上地方人民政府统一组织征用。县级以上地方人民政府应当对被征用的民用资源予以登记,向被征用人出具凭证。

第五十六条 下列民用资源免予征用:

(一)个人和家庭生活必需的物品和居住场所;

(二)托儿所、幼儿园和孤儿院、养老院、残疾人康复机构、救助站等社会福利机构保障儿童、老人、残疾人和救助对象生活必需的物品和居住场所；

（三）法律、行政法规规定免予征用的其他民用资源。

第五十七条　被征用的民用资源根据军事要求需要进行改造的，由县级以上地方人民政府会同有关军事机关组织实施。

承担改造任务的单位应当按照使用单位提出的军事要求和改造方案进行改造，并保证按期交付使用。改造所需经费由国家负担。

第五十八条　被征用的民用资源使用完毕，县级以上地方人民政府应当及时组织返还；经过改造的，应当恢复原使用功能后返还；不能修复或者灭失的，以及因征用造成直接经济损失的，按照国家有关规定给予补偿。

第五十九条　中国人民解放军现役部队和预备役部队、中国人民武装警察部队、民兵组织进行军事演习、训练，需要征用民用资源或者采取临时性管制措施的，按照国务院、中央军事委员会的有关规定执行。

10.《军事设施保护法》（2021年6月10日修订）

第十四条　军事禁区、军事管理区范围的划定或者调整，需要征收、征用土地、房屋等不动产，压覆矿产资源，或者使用海域、空域等的，依照有关法律、法规的规定办理。

11.《渔业法》（2013年12月28日修正）

第十四条　国家建设征收集体所有的水域、滩涂，按照《中华人民共和国土地管理法》有关征地的规定办理。

12.《草原法》（2021年4月29日修正）

第三十八条　进行矿藏开采和工程建设，应当不占或者少占草原；确需征收、征用或者使用草原的，必须经省级以上人民政府草原行政主管部门审核同意后，依照有关土地管理的法律、行政法规办理建设用地审批手续。

第三十九条　因建设征收、征用集体所有的草原的，应当依照《中华人民共和国土地管理法》的规定给予补偿；因建设使用国家所有的草原的，应当依照国务院有关规定对草原承包经营者给予补偿。

因建设征收、征用或者使用草原的，应当交纳草原植被恢复费。草原植被恢复费专款专用，由草原行政主管部门按照规定用于恢复草原植被，任何单位和个人不得截留、挪用。草原植被恢复费的征收、使用和管理办法,由国务院价格主管部门和国务院财政部门会同国务院草原行政主管部门制定。

13.《森林法》(2019 年 12 月 28 日修订)

第二十一条 为了生态保护、基础设施建设等公共利益的需要,确需征收、征用林地、林木的,应当依照《中华人民共和国土地管理法》等法律、行政法规的规定办理审批手续,并给予公平、合理的补偿。

第三十七条 矿藏勘查、开采以及其他各类工程建设,应当不占或者少占林地;确需占用林地的,应当经县级以上人民政府林业主管部门审核同意,依法办理建设用地审批手续。

占用林地的单位应当缴纳森林植被恢复费。森林植被恢复费征收使用管理办法由国务院财政部门会同林业主管部门制定。

县级以上人民政府林业主管部门应当按照规定安排植树造林,恢复森林植被,植树造林面积不得少于因占用林地而减少的森林植被面积。上级林业主管部门应当定期督促下级林业主管部门组织植树造林、恢复森林植被,并进行检查。

14.《戒严法》(1996 年 3 月 1 日起施行)

第十七条 根据执行戒严任务的需要,戒严地区的县级以上人民政府可以临时征用国家机关、企业事业组织、社会团体以及公民个人的房屋、场所、设施、运输工具、工程机械等。在非常紧急的情况下,执行戒严任务的人民警察、人民武装警察、人民解放军的现场指挥员可以直接决定临时征用,地方人民政府应当给予协助。实施征用应当开具征用单据。

前款规定的临时征用物,在使用完毕或者戒严解除后应当及时归还;因征用造成损坏的,由县级以上人民政府按照国家有关规定给予相应补偿。

15.《国家情报法》(2018 年 4 月 27 日修正)

第十七条第二款 国家情报工作机构工作人员根据工作需要,按照国家有关规定,可以优先使用或者依法征用有关机关、组织和个人的交通工具、通信工具、场地和建筑物,必要时,可以设置相关工作场所和设备、设施,任务完成后应当及时归还或者恢复原状,并依照规定支付相应费用;造成损失的,应当补偿。

16.《反恐怖主义法》(2018年4月27日修正)

第七十八条 公安机关、国家安全机关、中国人民解放军、中国人民武装警察部队因履行反恐怖主义职责的紧急需要,根据国家有关规定,可以征用单位和个人的财产。任务完成后应当及时归还或者恢复原状,并依照规定支付相应费用;造成损失的,应当补偿。

因开展反恐怖主义工作对有关单位和个人的合法权益造成损害的,应当依法给予赔偿、补偿。有关单位和个人有权依法请求赔偿、补偿。

17.《反间谍法》(2023年4月26日修订)

第四十四款 国家安全机关因反间谍工作需要,根据国家有关规定,可以优先使用或者依法征用国家机关、人民团体、企业事业组织和其他社会组织以及个人的交通工具、通信工具、场地和建筑物等,必要时可以设置相关工作场所和设施设备,任务完成后应当及时归还或者恢复原状,并依照规定支付相应费用;造成损失的,应当给予补偿。

18.《突发事件应对法》(2024年6月28日修订)

第十二条 县级以上人民政府及其部门为应对突发事件的紧急需要,可以征用单位和个人的设备、设施、场地、交通工具等财产。被征用的财产在使用完毕或者突发事件应急处置工作结束后,应当及时返还。财产被征用或者征用后毁损、灭失的,应当给予公平、合理的补偿。

第七十六条 履行统一领导职责或者组织处置突发事件的人民政府及其有关部门,必要时可以向单位和个人征用应急救援所需设备、设施、场地、交通工具和其他物资,请求其他地方人民政府及其有关部门提供人力、物力、财力或者技术支援,要求生产、供应生活必需品和应急救援物资的企业组织生产、保证供给,要求提供医疗、交通等公共服务的组织提供相应的服务。

履行统一领导职责或者组织处置突发事件的人民政府和有关主管部门,应当组织协调运输经营单位,优先运送处置突发事件所需物资、设备、工具、应急救援人员和受到突发事件危害的人员。

履行统一领导职责或者组织处置突发事件的人民政府及其有关部门,应当为受突发事件影响无人照料的无民事行为能力人、限制民事行为能力人提供及时有效帮助;建立健全联系帮扶应急救援人员家庭制度,帮助解决实际困难。

第九十五条 地方各级人民政府和县级以上人民政府有关部门违反本法规定,不履行或者不正确履行法定职责的,由其上级行政机关责令改正;有下列情形之一,由有关机关综合考虑突发事件发生的原因、后果、应对处置情况、行为人过错等因素,对负有责任的领导人员和直接责任人员依法给予处分:

(一)未按照规定采取预防措施,导致发生突发事件,或者未采取必要的防范措施,导致发生次生、衍生事件的;

(二)迟报、谎报、瞒报、漏报或者授意他人迟报、谎报、瞒报以及阻碍他人报告有关突发事件的信息,或者通报、报送、公布虚假信息,造成后果的;

(三)未按照规定及时发布突发事件警报、采取预警期的措施,导致损害发生的;

(四)未按照规定及时采取措施处置突发事件或者处置不当,造成后果的;

(五)违反法律规定采取应对措施,侵犯公民生命健康权益的;

(六)不服从上级人民政府对突发事件应急处置工作的统一领导、指挥和协调的;

(七)未及时组织开展生产自救、恢复重建等善后工作的;

(八)截留、挪用、私分或者变相私分应急救援资金、物资的;

(九)不及时归还征用的单位和个人的财产,或者对被征用财产的单位和个人不按照规定给予补偿的。

19.《传染病防治法》(2013年6月29日修正)

第四十五条 传染病暴发、流行时,根据传染病疫情控制的需要,国务院有权在全国范围或者跨省、自治区、直辖市范围内,县级以上地方人民政府有权在本行政区域内紧急调集人员或者调用储备物资,临时征用房屋、交通工具以及相关设施、设备。

紧急调集人员的,应当按照规定给予合理报酬。临时征用房屋、交通工具以及相关设施、设备的,应当依法给予补偿;能返还的,应当及时返还。

20.《立法法》(2023年3月13日修正)

第十一条　下列事项只能制定法律：

(一)国家主权的事项；

(二)各级人民代表大会、人民政府、监察委员会、人民法院和人民检察院的产生、组织和职权；

(三)民族区域自治制度、特别行政区制度、基层群众自治制度；

(四)犯罪和刑罚；

(五)对公民政治权利的剥夺、限制人身自由的强制措施和处罚；

(六)税种的设立、税率的确定和税收征收管理等税收基本制度；

(七)对非国有财产的征收、征用；

(八)民事基本制度；

(九)基本经济制度以及财政、海关、金融和外贸的基本制度；

(十)诉讼制度和仲裁基本制度；

(十一)必须由全国人民代表大会及其常务委员会制定法律的其他事项。

21.《外商投资法》(2020年1月1日起施行)

第二十条　国家对外国投资者的投资不实行征收。

在特殊情况下,国家为了公共利益的需要,可以依照法律规定对外国投资者的投资实行征收或者征用。征收、征用应当依照法定程序进行,并及时给予公平、合理的补偿。

22.《电力法》(2018年12月29日修正)

第十六条　电力建设项目使用土地,应当依照有关法律、行政法规的规定办理;依法征收土地的,应当依法支付土地补偿费和安置补偿费,做好迁移居民的安置工作。

电力建设应当贯彻切实保护耕地、节约利用土地的原则。

地方人民政府对电力事业依法使用土地和迁移居民,应当予以支持和协助。

23.《台湾同胞投资保护法》(2019年12月28日修正)

第四条　国家对台湾同胞投资者的投资不实行国有化和征收;在特殊情况下,根据社会公共利益的需要,对台湾同胞投资者的投资可以依照法律程序实行征收,并给予相应的补偿。

24.《人民武装警察法》(2020年6月20日修订)

第二十五条 人民武装警察因执行任务的需要,在紧急情况下,经现场指挥员出示人民武装警察证件,可以优先使用或者依法征用个人和组织的设备、设施、场地、建筑物、交通工具以及其他物资、器材,任务完成后应当及时归还或者恢复原状,并按照国家有关规定支付费用;造成损失的,按照国家有关规定给予补偿。

二、相关行政法规条文

《国有土地上房屋征收与补偿条例》(2011年1月21日起施行)

第一章 总 则

第一条 为了规范国有土地上房屋征收与补偿活动,维护公共利益,保障被征收房屋所有权人的合法权益,制定本条例。

第二条 为了公共利益的需要,征收国有土地上单位、个人的房屋,应当对被征收房屋所有权人(以下称被征收人)给予公平补偿。

第三条 房屋征收与补偿应当遵循决策民主、程序正当、结果公开的原则。

第四条 市、县级人民政府负责本行政区域的房屋征收与补偿工作。

市、县级人民政府确定的房屋征收部门(以下称房屋征收部门)组织实施本行政区域的房屋征收与补偿工作。

市、县级人民政府有关部门应当依照本条例的规定和本级人民政府规定的职责分工,互相配合,保障房屋征收与补偿工作的顺利进行。

第五条 房屋征收部门可以委托房屋征收实施单位,承担房屋征收与补偿的具体工作。房屋征收实施单位不得以营利为目的。

房屋征收部门对房屋征收实施单位在委托范围内实施的房屋征收与补偿行为负责监督,并对其行为后果承担法律责任。

第六条 上级人民政府应当加强对下级人民政府房屋征收与补偿工作的监督。

国务院住房城乡建设主管部门和省、自治区、直辖市人民政府住房城乡建设主管部门应当会同同级财政、国土资源、发展改革等有关部门,加强对房屋征收与补偿实施工作的指导。

第七条　任何组织和个人对违反本条例规定的行为，都有权向有关人民政府、房屋征收部门和其他有关部门举报。接到举报的有关人民政府、房屋征收部门和其他有关部门对举报应当及时核实、处理。

监察机关应当加强对参与房屋征收与补偿工作的政府和有关部门或者单位及其工作人员的监察。

第二章　征收决定

第八条　为了保障国家安全、促进国民经济和社会发展等公共利益的需要，有下列情形之一，确需征收房屋的，由市、县级人民政府作出房屋征收决定：

（一）国防和外交的需要；

（二）由政府组织实施的能源、交通、水利等基础设施建设的需要；

（三）由政府组织实施的科技、教育、文化、卫生、体育、环境和资源保护、防灾减灾、文物保护、社会福利、市政公用等公共事业的需要；

（四）由政府组织实施的保障性安居工程建设的需要；

（五）由政府依照城乡规划法有关规定组织实施的对危房集中、基础设施落后等地段进行旧城区改建的需要；

（六）法律、行政法规规定的其他公共利益的需要。

第九条　依照本条例第八条规定，确需征收房屋的各项建设活动，应当符合国民经济和社会发展规划、土地利用总体规划、城乡规划和专项规划。保障性安居工程建设、旧城区改建，应当纳入市、县级国民经济和社会发展年度计划。

制定国民经济和社会发展规划、土地利用总体规划、城乡规划和专项规划，应当广泛征求社会公众意见，经过科学论证。

第十条　房屋征收部门拟定征收补偿方案，报市、县级人民政府。

市、县级人民政府应当组织有关部门对征收补偿方案进行论证并予以公布，征求公众意见。征求意见期限不得少于30日。

第十一条　市、县级人民政府应当将征求意见情况和根据公众意见修改的情况及时公布。

因旧城区改建需要征收房屋，多数被征收人认为征收补偿方案不符合本条例规定的，市、县级人民政府应当组织由被征收人和公众代表参加的听证会，并根据听证会情况修改方案。

第十二条　市、县级人民政府作出房屋征收决定前，应当按照有关规定进行社会稳定风险评估;房屋征收决定涉及被征收人数量较多的,应当经政府常务会议讨论决定。

作出房屋征收决定前,征收补偿费用应当足额到位、专户存储、专款专用。

第十三条 市、县级人民政府作出房屋征收决定后应当及时公告。公告应当载明征收补偿方案和行政复议、行政诉讼权利等事项。

市、县级人民政府及房屋征收部门应当做好房屋征收与补偿的宣传、解释工作。

房屋被依法征收的,国有土地使用权同时收回。

第十四条 被征收人对市、县级人民政府作出的房屋征收决定不服的,可以依法申请行政复议,也可以依法提起行政诉讼。

第十五条 房屋征收部门应当对房屋征收范围内房屋的权属、区位、用途、建筑面积等情况组织调查登记,被征收人应当予以配合。调查结果应当在房屋征收范围内向被征收人公布。

第十六条 房屋征收范围确定后,不得在房屋征收范围内实施新建、扩建、改建房屋和改变房屋用途等不当增加补偿费用的行为;违反规定实施的,不予补偿。

房屋征收部门应当将前款所列事项书面通知有关部门暂停办理相关手续。暂停办理相关手续的书面通知应当载明暂停期限。暂停期限最长不得超过1年。

第三章 补　　偿

第十七条 作出房屋征收决定的市、县级人民政府对被征收人给予的补偿包括:

(一)被征收房屋价值的补偿;

(二)因征收房屋造成的搬迁、临时安置的补偿;

(三)因征收房屋造成的停产停业损失的补偿。

市、县级人民政府应当制定补助和奖励办法,对被征收人给予补助和奖励。

第十八条 征收个人住宅,被征收人符合住房保障条件的,作出房屋征收决定的市、县级人民政府应当优先给予住房保障。具体办法由省、自治区、直辖市制定。

第十九条 对被征收房屋价值的补偿,不得低于房屋征收决定公告之日被征收房屋类似房地产的市场价格。被征收房屋的价值，由具有相应资质的房地产价格评估机构按照房屋征收评估办法评估确定。

对评估确定的被征收房屋价值有异议的，可以向房地产价格评估机构申请复核评估。对复核结果有异议的，可以向房地产价格评估专家委员会申请鉴定。

房屋征收评估办法由国务院住房城乡建设主管部门制定，制定过程中，应当向社会公开征求意见。

第二十条　房地产价格评估机构由被征收人协商选定；协商不成的，通过多数决定、随机选定等方式确定，具体办法由省、自治区、直辖市制定。

房地产价格评估机构应当独立、客观、公正地开展房屋征收评估工作，任何单位和个人不得干预。

第二十一条　被征收人可以选择货币补偿，也可以选择房屋产权调换。

被征收人选择房屋产权调换的，市、县级人民政府应当提供用于产权调换的房屋，并与被征收人计算、结清被征收房屋价值与用于产权调换房屋价值的差价。

因旧城区改建征收个人住宅，被征收人选择在改建地段进行房屋产权调换的，作出房屋征收决定的市、县级人民政府应当提供改建地段或者就近地段的房屋。

第二十二条　因征收房屋造成搬迁的，房屋征收部门应当向被征收人支付搬迁费；选择房屋产权调换的，产权调换房屋交付前，房屋征收部门应当向被征收人支付临时安置费或者提供周转用房。

第二十三条　对因征收房屋造成停产停业损失的补偿，根据房屋被征收前的效益、停产停业期限等因素确定。具体办法由省、自治区、直辖市制定。

第二十四条　市、县级人民政府及其有关部门应当依法加强对建设活动的监督管理，对违反城乡规划进行建设的，依法予以处理。

市、县级人民政府作出房屋征收决定前，应当组织有关部门依法对征收范围内未经登记的建筑进行调查、认定和处理。对认定为合法建筑和未超过批准期限的临时建筑的，应当给予补偿；对认定为违法建筑和超过批准期限的临时建筑的，不予补偿。

第二十五条　房屋征收部门与被征收人依照本条例的规定，就补偿方式、补偿金额和支付期限、用于产权调换房屋的地点和面积、搬迁费、临时安置费或者周转用房、停产停业损失、搬迁期限、过渡方式和过渡期限等事项,订立补偿协议。

补偿协议订立后,一方当事人不履行补偿协议约定的义务的,另一方当事人可以依法提起诉讼。

第二十六条 房屋征收部门与被征收人在征收补偿方案确定的签约期限内达不成补偿协议,或者被征收房屋所有权人不明确的,由房屋征收部门报请作出房屋征收决定的市、县级人民政府依照本条例的规定,按照征收补偿方案作出补偿决定,并在房屋征收范围内予以公告。

补偿决定应当公平,包括本条例第二十五条第一款规定的有关补偿协议的事项。

被征收人对补偿决定不服的,可以依法申请行政复议,也可以依法提起行政诉讼。

第二十七条 实施房屋征收应当先补偿、后搬迁。

作出房屋征收决定的市、县级人民政府对被征收人给予补偿后,被征收人应当在补偿协议约定或者补偿决定确定的搬迁期限内完成搬迁。

任何单位和个人不得采取暴力、威胁或者违反规定中断供水、供热、供气、供电和道路通行等非法方式迫使被征收人搬迁。禁止建设单位参与搬迁活动。

第二十八条 被征收人在法定期限内不申请行政复议或者不提起行政诉讼,在补偿决定规定的期限内又不搬迁的,由作出房屋征收决定的市、县级人民政府依法申请人民法院强制执行。

强制执行申请书应当附具补偿金额和专户存储账号、产权调换房屋和周转用房的地点和面积等材料。

第二十九条 房屋征收部门应当依法建立房屋征收补偿档案,并将分户补偿情况在房屋征收范围内向被征收人公布。

审计机关应当加强对征收补偿费用管理和使用情况的监督,并公布审计结果。

第四章 法律责任

第三十条 市、县级人民政府及房屋征收部门的工作人员在房屋征收与补偿工作中不履行本条例规定的职责,或者滥用职权、玩忽职守、徇私舞弊的，由上级人民政府或者本级人民政府责令改正，通报批评；造成损失的，依法承担赔偿责任；对直接负责的主管人员和其他直接责任人员，依法给予处分；构成犯罪的，依法追究刑事责任。

第三十一条　采取暴力、威胁或者违反规定中断供水、供热、供气、供电和道路通行等非法方式迫使被征收人搬迁，造成损失的，依法承担赔偿责任；对直接负责的主管人员和其他直接责任人员，构成犯罪的，依法追究刑事责任；尚不构成犯罪的，依法给予处分；构成违反治安管理行为的，依法给予治安管理处罚。

第三十二条　采取暴力、威胁等方法阻碍依法进行的房屋征收与补偿工作，构成犯罪的，依法追究刑事责任；构成违反治安管理行为的，依法给予治安管理处罚。

第三十三条　贪污、挪用、私分、截留、拖欠征收补偿费用的，责令改正，追回有关款项，限期退还违法所得，对有关责任单位通报批评、给予警告；造成损失的，依法承担赔偿责任；对直接负责的主管人员和其他直接责任人员，构成犯罪的，依法追究刑事责任；尚不构成犯罪的，依法给予处分。

第三十四条　房地产价格评估机构或者房地产估价师出具虚假或者有重大差错的评估报告的，由发证机关责令限期改正，给予警告，对房地产价格评估机构并处5万元以上20万元以下罚款，对房地产估价师并处1万元以上3万元以下罚款，并记入信用档案；情节严重的，吊销资质证书、注册证书；造成损失的，依法承担赔偿责任；构成犯罪的，依法追究刑事责任。

第五章　附　　则

第三十五条　本条例自公布之日起施行。2001年6月13日国务院公布的《城市房屋拆迁管理条例》同时废止。本条例施行前已依法取得房屋拆迁许可证的项目，继续沿用原有的规定办理，但政府不得责成有关部门强制拆迁。

三、相关司法解释规定

1.《最高人民法院关于征收国有土地上房屋时是否应当对被征收人未经登记的空地和院落予以补偿的答复》(〔2012〕行他字第16号)

山东省高级人民法院：

你院《关于征收国有土地上房屋时是否应当对被征收人未确权登

记的空地和院落单独予以补偿的请示》收悉，经研究，答复如下：

对土地公有制之前，通过购买房屋方式使用私有的土地，土地转为国有后迄今仍继续使用的，未经确权登记，亦应确定现使用者的国有土地使用权。

国有土地上房屋征收补偿中，应将当事人合法享有国有土地使用权的院落、空地面积纳入评估范围，按照征收时的房地产市场价格，一并予以征收补偿。

此复

二〇一三年五月十五日

2.《最高人民法院关于办理申请人民法院强制执行国有土地上房屋征收补偿决定案件若干问题的规定》（法释〔2012〕4号）

为依法正确办理市、县级人民政府申请人民法院强制执行国有土地上房屋征收补偿决定（以下简称征收补偿决定）案件，维护公共利益，保障被征收房屋所有权人的合法权益，根据《中华人民共和国行政诉讼法》、《中华人民共和国行政强制法》、《国有土地上房屋征收与补偿条例》（以下简称《条例》）等有关法律、行政法规规定，结合审判实际，制定本规定。

第一条 申请人民法院强制执行征收补偿决定案件，由房屋所在地基层人民法院管辖，高级人民法院可以根据本地实际情况决定管辖法院。

第二条 申请机关向人民法院申请强制执行，除提供《条例》第二十八条规定的强制执行申请书及附具材料外，还应当提供下列材料：

（一）征收补偿决定及相关证据和所依据的规范性文件；

（二）征收补偿决定送达凭证、催告情况及房屋被征收人、直接利害关系人的意见；

（三）社会稳定风险评估材料；

（四）申请强制执行的房屋状况；

（五）被执行人的姓名或者名称、住址及与强制执行相关的财产状况等具体情况；

（六）法律、行政法规规定应当提交的其他材料。

强制执行申请书应当由申请机关负责人签名，加盖申请机关印章，并注明日期。

强制执行的申请应当自被执行人的法定起诉期限届满之日起三个

月内提出；逾期申请的，除有正当理由外，人民法院不予受理。

第三条　人民法院认为强制执行的申请符合形式要件且材料齐全的，应当在接到申请后五日内立案受理，并通知申请机关；不符合形式要件或者材料不全的应当限期补正，并在最终补正的材料提供后五日内立案受理；不符合形式要件或者逾期无正当理由不补正材料的，裁定不予受理。

申请机关对不予受理的裁定有异议的，可以自收到裁定之日起十五日内向上一级人民法院申请复议，上一级人民法院应当自收到复议申请之日起十五日内作出裁定。

第四条　人民法院应当自立案之日起三十日内作出是否准予执行的裁定；有特殊情况需要延长审查期限的，由高级人民法院批准。

第五条　人民法院在审查期间，可以根据需要调取相关证据、询问当事人、组织听证或者进行现场调查。

第六条　征收补偿决定存在下列情形之一的，人民法院应当裁定不准予执行：

（一）明显缺乏事实根据；

（二）明显缺乏法律、法规依据；

（三）明显不符合公平补偿原则，严重损害被执行人合法权益，或者使被执行人基本生活、生产经营条件没有保障；

（四）明显违反行政目的，严重损害公共利益；

（五）严重违反法定程序或者正当程序；

（六）超越职权；

（七）法律、法规、规章等规定的其他不宜强制执行的情形。

人民法院裁定不准予执行的，应当说明理由，并在五日内将裁定送达申请机关。

第七条　申请机关对不准予执行的裁定有异议的，可以自收到裁定之日起十五日内向上一级人民法院申请复议，上一级人民法院应当自收到复议申请之日起三十日内作出裁定。

第八条　人民法院裁定准予执行的，应当在五日内将裁定送达申请机关和被执行人，并可以根据实际情况建议申请机关依法采取必要措施，保障征收与补偿活动顺利实施。

第九条　人民法院裁定准予执行的，一般由作出征收补偿决定的市、县级人民政府组织实施，也可以由人民法院执行。

第十条　《条例》施行前已依法取得房屋拆迁许可证的项目,人民法院裁定准予执行房屋拆迁裁决的,参照本规定第九条精神办理。

第十一条　最高人民法院以前所作的司法解释与本规定不一致的,按本规定执行。

3.《最高人民法院关于正确确定县级以上地方人民政府行政诉讼被告资格若干问题的规定》(法释〔2021〕5号)

第三条　公民、法人或者其他组织对集体土地征收中强制拆除房屋等行为不服提起诉讼的,除有证据证明系县级以上地方人民政府具体实施外,人民法院应当根据行政诉讼法第二十六条第一款的规定,以作出强制拆除决定的行政机关为被告;没有强制拆除决定书的,以具体实施强制拆除等行为的行政机关为被告。

县级以上地方人民政府已经作出国有土地上房屋征收与补偿决定,公民、法人或者其他组织不服具体实施房屋征收与补偿工作中的强制拆除房屋等行为提起诉讼的,人民法院应当根据行政诉讼法第二十六条第一款的规定,以作出强制拆除决定的行政机关为被告;没有强制拆除决定书的,以县级以上地方人民政府确定的房屋征收部门为被告。

4.《最高人民法院关于适用〈中华人民共和国民法典〉有关担保制度的解释》(法释〔2020〕28号)

第四十二条　抵押权依法设立后,抵押财产毁损、灭失或者被征收等,抵押权人请求按照原抵押权的顺位就保险金、赔偿金或者补偿金等优先受偿的,人民法院应予支持。

给付义务人已经向抵押人给付了保险金、赔偿金或者补偿金,抵押权人请求给付义务人向其给付保险金、赔偿金或者补偿金的,人民法院不予支持,但是给付义务人接到抵押权人要求向其给付的通知后仍然向抵押人给付的除外。

抵押权人请求给付义务人向其给付保险金、赔偿金或者补偿金的,人民法院可以通知抵押人作为第三人参加诉讼。

第四十六条　不动产抵押合同生效后未办理抵押登记手续,债权人请求抵押人办理抵押登记手续的,人民法院应予支持。

抵押财产因不可归责于抵押人自身的原因灭失或者被征收等导致不能办理抵押登记,债权人请求抵押人在约定的担保范围内承担责任的,人民法院不予支持;但是抵押人已经获得保险金、赔偿金或者补偿金等，债权人请求抵押人在其所获金额范围内承担赔偿责任的，人民法院依法予以支持。

因抵押人转让抵押财产或者其他可归责于抵押人自身的原因导致不能办理抵押登记，债权人请求抵押人在约定的担保范围内承担责任的，人民法院依法予以支持，但是不得超过抵押权能够设立时抵押人应当承担的责任范围。

5.《最高人民法院关于审理涉及农村土地承包纠纷案件适用法律问题的解释》（法释〔2005〕6号）（2020年12月23日修正）

第一条 下列涉及农村土地承包民事纠纷，人民法院应当依法受理：

（一）承包合同纠纷；

（二）承包经营权侵权纠纷；

（三）土地经营权侵权纠纷；

（四）承包经营权互换、转让纠纷；

（五）土地经营权流转纠纷；

（六）承包地征收补偿费用分配纠纷；

（七）承包经营权继承纠纷；

（八）土地经营权继承纠纷。

农村集体经济组织成员因未实际取得土地承包经营权提起民事诉讼的，人民法院应当告知其向有关行政主管部门申请解决。

农村集体经济组织成员就用于分配的土地补偿费数额提起民事诉讼的，人民法院不予受理。

第二十条 承包地被依法征收，承包方请求发包方给付已经收到的地上附着物和青苗的补偿费的，应予支持。

承包方已将土地经营权以出租、入股或者其他方式流转给第三人的，除当事人另有约定外，青苗补偿费归实际投入人所有，地上附着物补偿费归附着物所有人所有。

第二十一条 承包地被依法征收，放弃统一安置的家庭承包方，请求发包方给付已经收到的安置补助费的，应予支持。

6.《最高人民法院关于审理行政协议案件若干问题的规定》（法释〔2019〕17号）

第二条 公民、法人或者其他组织就下列行政协议提起行政诉讼的，人民法院应当依法受理：

(一)政府特许经营协议;

(二)土地、房屋等征收征用补偿协议;

(三)矿业权等国有自然资源使用权出让协议;

(四)政府投资的保障性住房的租赁、买卖等协议;

(五)符合本规定第一条规定的政府与社会资本合作协议;

(六)其他行政协议。

第五条 下列与行政协议有利害关系的公民、法人或者其他组织提起行政诉讼的,人民法院应当依法受理:

(一)参与招标、拍卖、挂牌等竞争性活动,认为行政机关应当依法与其订立行政协议但行政机关拒绝订立,或者认为行政机关与他人订立行政协议损害其合法权益的公民、法人或者其他组织;

(二)认为征收征用补偿协议损害其合法权益的被征收征用土地、房屋等不动产的用益物权人、公房承租人;

(三)其他认为行政协议的订立、履行、变更、终止等行为损害其合法权益的公民、法人或者其他组织。

第一百一十八条 【民事主体依法享有债权】民事主体依法享有债权。

债权是因合同、侵权行为、无因管理、不当得利以及法律的其他规定,权利人请求特定义务人为或者不为一定行为的权利。

第一百一十九条 【合同的约束力】依法成立的合同,对当事人具有法律约束力。

相关法律条文

《民法典》(2021年1月1日起施行)

第四百六十五条 依法成立的合同,受法律保护。

依法成立的合同,仅对当事人具有法律约束力,但是法律另有规定的除外。

第一百二十条 【侵权责任的承担】民事权益受到侵害的,被侵权人有权请求侵权人承担侵权责任。

相关法律条文

《民法典》(2021年1月1日起施行)

第一千一百六十五条　行为人因过错侵害他人民事权益造成损害的,应当承担侵权责任。

依照法律规定推定行为人有过错,其不能证明自己没有过错的,应当承担侵权责任。

第一千一百六十六条　行为人造成他人民事权益损害,不论行为人有无过错,法律规定应当承担侵权责任的,依照其规定。

第一千一百六十七条　侵权行为危及他人人身、财产安全的,被侵权人有权请求侵权人承担停止侵害、排除妨碍、消除危险等侵权责任。

第一百二十一条　【无因管理】没有法定的或者约定的义务,为避免他人利益受损失而进行管理的人,有权请求受益人偿还由此支出的必要费用。

一、相关法律条文

《民法典》(2021年1月1日起施行)

第九百七十九条　管理人没有法定的或者约定的义务,为避免他人利益受损失而管理他人事务的,可以请求受益人偿还因管理事务而支出的必要费用;管理人因管理事务受到损失的,可以请求受益人给予适当补偿。

管理事务不符合受益人真实意思的,管理人不享有前款规定的权利;但是,受益人的真实意思违反法律或者违背公序良俗的除外。

第九百八十条　管理人管理事务不属于前条规定的情形,但是受益人享有管理利益的,受益人应当在其获得的利益范围内向管理人承担前条第一款规定的义务。

第九百八十一条　管理人管理他人事务,应当采取有利于受益人的方法。中断管理对受益人不利的,无正当理由不得中断。

第九百八十二条　管理人管理他人事务,能够通知受益人的,应当及时通知受益人。管理的事务不需要紧急处理的,应当等待受益人的指示。

第九百八十三条　管理结束后,管理人应当向受益人报告管理事务的情况。管理人管理事务取得的财产,应当及时转交给受益人。

第九百八十四条 管理人管理事务经受益人事后追认的,从管理事务开始时起,适用委托合同的有关规定,但是管理人另有意思表示的除外。

二、相关司法解释规定

《最高人民法院关于审理民事案件适用诉讼时效制度若干问题的规定》(法释〔2008〕11号)(2020年12月23日修正)

第七条 管理人因无因管理行为产生的给付必要管理费用、赔偿损失请求权的诉讼时效期间,从无因管理行为结束并且管理人知道或者应当知道本人之日起计算。

本人因不当无因管理行为产生的赔偿损失请求权的诉讼时效期间,从其知道或者应当知道管理人及损害事实之日起计算。

第一百二十二条 【不当得利】因他人没有法律根据,取得不当利益,受损失的人有权请求其返还不当利益。

一、相关法律条文

《民法典》(2021年1月1日起施行)

第九百八十五条 得利人没有法律根据取得不当利益的,受损失的人可以请求得利人返还取得的利益,但是有下列情形之一的除外:

(一)为履行道德义务进行的给付;

(二)债务到期之前的清偿;

(三)明知无给付义务而进行的债务清偿。

第九百八十六条 得利人不知道且不应当知道取得的利益没有法律根据,取得的利益已经不存在的,不承担返还该利益的义务。

第九百八十七条 得利人知道或者应当知道取得的利益没有法律根据的,受损失的人可以请求得利人返还其取得的利益并依法赔偿损失。

第九百八十八条 得利人已经将取得的利益无偿转让给第三人的,受损失的人可以请求第三人在相应范围内承担返还义务。

二、相关司法解释规定

《最高人民法院关于审理民事案件适用诉讼时效制度若干问题的规定》(法释〔2008〕11号)(2020年12月23日修正)

第六条　返还不当得利请求权的诉讼时效期间,从当事人一方知道或者应当知道不当得利事实及对方当事人之日起计算。

第一百二十三条　【民事主体依法享有知识产权】民事主体依法享有知识产权。

知识产权是权利人依法就下列客体享有的专有的权利:

(一)作品;

(二)发明、实用新型、外观设计;

(三)商标;

(四)地理标志;

(五)商业秘密;

(六)集成电路布图设计;

(七)植物新品种;

(八)法律规定的其他客体。

一、相关法律条文

1.《著作权法》(2020年11月11日修正)

第三条　本法所称的作品,是指文学、艺术和科学领域内具有独创性并能以一定形式表现的智力成果,包括:

(一)文字作品;

(二)口述作品;

(三)音乐、戏剧、曲艺、舞蹈、杂技艺术作品;

(四)美术、建筑作品;

(五)摄影作品;

(六)视听作品;

(七)工程设计图、产品设计图、地图、示意图等图形作品和模型作品;

(八)计算机软件;

(九)符合作品特征的其他智力成果。

第十条 著作权包括下列人身权和财产权:

(一)发表权,即决定作品是否公之于众的权利;

(二)署名权,即表明作者身份,在作品上署名的权利;

(三)修改权,即修改或者授权他人修改作品的权利;

(四)保护作品完整权,即保护作品不受歪曲、篡改的权利;

(五)复制权,即以印刷、复印、拓印、录音、录像、翻录、翻拍、数字化等方式将作品制作一份或者多份的权利;

(六)发行权,即以出售或者赠与方式向公众提供作品的原件或者复制件的权利;

(七)出租权,即有偿许可他人临时使用视听作品、计算机软件的原件或者复制件的权利,计算机软件不是出租的主要标的的除外;

(八)展览权,即公开陈列美术作品、摄影作品的原件或者复制件的权利;

(九)表演权,即公开表演作品,以及用各种手段公开播送作品的表演的权利;

(十)放映权,即通过放映机、幻灯机等技术设备公开再现美术、摄影、视听作品等的权利;

(十一)广播权,即以有线或者无线方式公开传播或者转播作品,以及通过扩音器或者其他传送符号、声音、图像的类似工具向公众传播广播的作品的权利,但不包括本款第十二项规定的权利;

(十二)信息网络传播权,即以有线或者无线方式向公众提供,使公众可以在其选定的时间和地点获得作品的权利;

(十三)摄制权,即以摄制视听作品的方法将作品固定在载体上的权利;

(十四)改编权,即改变作品,创作出具有独创性的新作品的权利;

(十五)翻译权,即将作品从一种语言文字转换成另一种语言文字的权利;

(十六)汇编权,即将作品或者作品的片段通过选择或者编排,汇集成新作品的权利;

(十七)应当由著作权人享有的其他权利。

著作权人可以许可他人行使前款第五项至第十七项规定的权利,并依照约定或者本法有关规定获得报酬。

著作权人可以全部或者部分转让本条第一款第五项至第十七项规定的权利，并依照约定或者本法有关规定获得报酬。

2.《专利法》(2020年10月17日修正)

第二条 本法所称的发明创造是指发明、实用新型和外观设计。

发明，是指对产品、方法或者其改进所提出的新的技术方案。

实用新型，是指对产品的形状、构造或者其结合所提出的适于实用的新的技术方案。

外观设计，是指对产品的整体或者局部的形状、图案或者其结合以及色彩与形状、图案的结合所作出的富有美感并适于工业应用的新设计。

第十一条 发明和实用新型专利权被授予后，除本法另有规定的以外，任何单位或者个人未经专利权人许可，都不得实施其专利，即不得为生产经营目的制造、使用、许诺销售、销售、进口其专利产品，或者使用其专利方法以及使用、许诺销售、销售、进口依照该专利方法直接获得的产品。

外观设计专利权被授予后，任何单位或者个人未经专利权人许可，都不得实施其专利，即不得为生产经营目的制造、许诺销售、销售、进口其外观设计专利产品。

3.《商标法》(2019年4月23日修正)

第三条 经商标局核准注册的商标为注册商标，包括商品商标、服务商标和集体商标、证明商标；商标注册人享有商标专用权，受法律保护。

本法所称集体商标，是指以团体、协会或者其他组织名义注册，供该组织成员在商事活动中使用，以表明使用者在该组织中的成员资格的标志。

本法所称证明商标，是指由对某种商品或者服务具有监督能力的组织所控制，而由该组织以外的单位或者个人使用于其商品或者服务，用以证明该商品或者服务的原产地、原料、制造方法、质量或者其他特定品质的标志。

集体商标、证明商标注册和管理的特殊事项，由国务院工商行政管理部门规定。

第四条 自然人、法人或者其他组织在生产经营活动中，对其商品或者服务需要取得商标专用权的，应当向商标局申请商标注册。不以使用为目的的恶意商标注册申请，应当予以驳回。

本法有关商品商标的规定,适用于服务商标。

第十六条 商标中有商品的地理标志,而该商品并非来源于该标志所标示的地区,误导公众的,不予注册并禁止使用;但是,已经善意取得注册的继续有效。

前款所称地理标志,是指标示某商品来源于某地区,该商品的特定质量、信誉或者其他特征,主要由该地区的自然因素或者人文因素所决定的标志。

4.《反不正当竞争法》(2019年4月23日修正)

第九条 经营者不得实施下列侵犯商业秘密的行为:

(一)以盗窃、贿赂、欺诈、胁迫、电子侵入或者其他不正当手段获取权利人的商业秘密;

(二)披露、使用或者允许他人使用以前项手段获取的权利人的商业秘密;

(三)违反保密义务或者违反权利人有关保守商业秘密的要求,披露、使用或者允许他人使用其所掌握的商业秘密;

(四)教唆、引诱、帮助他人违反保密义务或者违反权利人有关保守商业秘密的要求,获取、披露、使用或者允许他人使用权利人的商业秘密。

经营者以外的其他自然人、法人和非法人组织实施前款所列违法行为的,视为侵犯商业秘密。

第三人明知或者应知商业秘密权利人的员工、前员工或者其他单位、个人实施本条第一款所列违法行为,仍获取、披露、使用或者允许他人使用该商业秘密的,视为侵犯商业秘密。

本法所称的商业秘密,是指不为公众所知悉、具有商业价值并经权利人采取相应保密措施的技术信息、经营信息等商业信息。

5.《民法典》(2021年1月1日起施行)

第五百零一条 当事人在订立合同过程中知悉的商业秘密或者其他应当保密的信息,无论合同是否成立,不得泄露或者不正当地使用;泄露、不正当地使用该商业秘密或者信息,造成对方损失的,应当承担赔偿责任。

6.《科学技术进步法》(2021年12月24日修订)

第三十二条 利用财政性资金设立的科学技术计划项目所形成的

科技成果，在不损害国家安全、国家利益和重大社会公共利益的前提下，授权项目承担者依法取得相关知识产权，项目承担者可以依法自行投资实施转化、向他人转让、联合他人共同实施转化、许可他人使用或者作价投资等。

项目承担者应当依法实施前款规定的知识产权，同时采取保护措施，并就实施和保护情况向项目管理机构提交年度报告；在合理期限内没有实施且无正当理由的，国家可以无偿实施，也可以许可他人有偿实施或者无偿实施。

项目承担者依法取得的本条第一款规定的知识产权，为了国家安全、国家利益和重大社会公共利益的需要，国家可以无偿实施，也可以许可他人有偿实施或者无偿实施。

项目承担者因实施本条第一款规定的知识产权所产生的利益分配，依照有关法律法规规定执行；法律法规没有规定的，按照约定执行。

二、相关行政法规条文

1.《著作权法实施条例》(2013年1月30日修订)

第二条 著作权法所称作品，是指文学、艺术和科学领域内具有独创性并能以某种有形形式复制的智力成果。

第四条 著作权法和本条例中下列作品的含义：

(一)文字作品，是指小说、诗词、散文、论文等以文字形式表现的作品；

(二)口述作品，是指即兴的演说、授课、法庭辩论等以口头语言形式表现的作品；

(三)音乐作品，是指歌曲、交响乐等能够演唱或者演奏的带词或者不带词的作品；

(四)戏剧作品，是指话剧、歌剧、地方戏等供舞台演出的作品；

(五)曲艺作品，是指相声、快书、大鼓、评书等以说唱为主要形式表演的作品；

(六)舞蹈作品，是指通过连续的动作、姿势、表情等表现思想情感的作品；

(七)杂技艺术作品，是指杂技、魔术、马戏等通过形体动作和技巧表现的作品；

(八)美术作品，是指绘画、书法、雕塑等以线条、色彩或者其他方式构成的有审美意义的平面或者立体的造型艺术作品；

(九)建筑作品,是指以建筑物或者构筑物形式表现的有审美意义的作品;

(十)摄影作品,是指借助器械在感光材料或者其他介质上记录客观物体形象的艺术作品;

(十一)电影作品和以类似摄制电影的方法创作的作品,是指摄制在一定介质上,由一系列有伴音或者无伴音的画面组成,并且借助适当装置放映或者以其他方式传播的作品;

(十二)图形作品,是指为施工、生产绘制的工程设计图、产品设计图,以及反映地理现象、说明事物原理或者结构的地图、示意图等作品;

(十三)模型作品,是指为展示、试验或者观测等用途,根据物体的形状和结构,按照一定比例制成的立体作品。

2.《集成电路布图设计保护条例》(2001年10月1日起施行)

第二条 本条例下列用语的含义:

(一)集成电路,是指半导体集成电路,即以半导体材料为基片,将至少有一个是有源元件的两个以上元件和部分或者全部互连线路集成在基片之中或者基片之上,以执行某种电子功能的中间产品或者最终产品;

(二)集成电路布图设计(以下简称布图设计),是指集成电路中至少有一个是有源元件的两个以上元件和部分或者全部互连线路的三维配置,或者为制造集成电路而准备的上述三维配置;

(三)布图设计权利人,是指依照本条例的规定,对布图设计享有专有权的自然人、法人或者其他组织;

(四)复制,是指重复制作布图设计或者含有该布图设计的集成电路的行为;

(五)商业利用,是指为商业目的进口、销售或者以其他方式提供受保护的布图设计、含有该布图设计的集成电路或者含有该集成电路的物品的行为。

第七条 布图设计权利人享有下列专有权:

(一)对受保护的布图设计的全部或者其中任何具有独创性的部分进行复制;

(二)将受保护的布图设计、含有该布图设计的集成电路或者含有该集成电路的物品投入商业利用。

3.《植物新品种保护条例》(2014年7月29日修订)

第二条　本条例所称植物新品种,是指经过人工培育的或者对发现的野生植物加以开发,具备新颖性、特异性、一致性和稳定性并有适当命名的植物品种。

第一百二十四条　【自然人依法享有继承权】自然人依法享有继承权。

自然人合法的私有财产,可以依法继承。

一、相关法律条文

《民法典》(2021年1月1日起施行)

第一千零六十一条　夫妻有相互继承遗产的权利。

第一千零七十条　父母和子女有相互继承遗产的权利。

第一千一百二十条　国家保护自然人的继承权。

第一千一百二十二条　遗产是自然人死亡时遗留的个人合法财产。

依照法律规定或者根据其性质不得继承的遗产,不得继承。

第一千一百二十三条　继承开始后,按照法定继承办理;有遗嘱的,按照遗嘱继承或者遗赠办理;有遗赠扶养协议的,按照协议办理。

第一千一百二十五条　继承人有下列行为之一的,丧失继承权:

(一)故意杀害被继承人;

(二)为争夺遗产而杀害其他继承人;

(三)遗弃被继承人,或者虐待被继承人情节严重;

(四)伪造、篡改、隐匿或者销毁遗嘱,情节严重;

(五)以欺诈、胁迫手段迫使或者妨碍被继承人设立、变更或者撤回遗嘱,情节严重。

继承人有前款第三项至第五项行为,确有悔改表现,被继承人表示宽恕或者事后在遗嘱中将其列为继承人的,该继承人不丧失继承权。

受遗赠人有本条第一款规定行为的,丧失受遗赠权。

第一千一百二十六条　继承权男女平等。

第一千一百二十七条　遗产按照下列顺序继承:

(一)第一顺序:配偶、子女、父母;

(二)第二顺序:兄弟姐妹、祖父母、外祖父母。

继承开始后，由第一顺序继承人继承，第二顺序继承人不继承；没有第一顺序继承人继承的，由第二顺序继承人继承。

本编所称子女，包括婚生子女、非婚生子女、养子女和有扶养关系的继子女。

本编所称父母，包括生父母、养父母和有扶养关系的继父母。

本编所称兄弟姐妹，包括同父母的兄弟姐妹、同父异母或者同母异父的兄弟姐妹、养兄弟姐妹、有扶养关系的继兄弟姐妹。

第一千一百二十八条 被继承人的子女先于被继承人死亡的，由被继承人的子女的直系晚辈血亲代位继承。

被继承人的兄弟姐妹先于被继承人死亡的，由被继承人的兄弟姐妹的子女代位继承。

代位继承人一般只能继承被代位继承人有权继承的遗产份额。

第一千一百二十九条 丧偶儿媳对公婆，丧偶女婿对岳父母，尽了主要赡养义务的，作为第一顺序继承人。

第一千一百三十三条 自然人可以依照本法规定立遗嘱处分个人财产，并可以指定遗嘱执行人。

自然人可以立遗嘱将个人财产指定由法定继承人中的一人或者数人继承。

自然人可以立遗嘱将个人财产赠与国家、集体或者法定继承人以外的组织、个人。

自然人可以依法设立遗嘱信托。

第一千一百五十八条 自然人可以与继承人以外的组织或者个人签订遗赠扶养协议。按照协议，该组织或者个人承担该自然人生养死葬的义务，享有受遗赠的权利。

二、相关司法解释规定

《最高人民法院关于适用〈中华人民共和国民法典〉继承编的解释(一)》(法释〔2020〕23号)

第五条 在遗产继承中，继承人之间因是否丧失继承权发生纠纷，向人民法院提起诉讼的，由人民法院依据民法典第一千一百二十五条的规定，判决确认其是否丧失继承权。

第六条 继承人是否符合民法典第一千一百二十五条第一款第三项规定的“虐待被继承人情节严重”，可以从实施虐待行为的时间、手段、后果和社会影响等方面认定。

虐待被继承人情节严重的，不论是否追究刑事责任，均可确认其丧失继承权。

第七条　继承人故意杀害被继承人的，不论是既遂还是未遂，均应当确认其丧失继承权。

第八条　继承人有民法典第一千一百二十五条第一款第一项或者第二项所列之行为，而被继承人以遗嘱将遗产指定由该继承人继承的，可以确认遗嘱无效，并确认该继承人丧失继承权。

第十三条　继兄弟姐妹之间的继承权，因继兄弟姐妹之间的扶养关系而发生。没有扶养关系的，不能互为第二顺序继承人。

继兄弟姐妹之间相互继承了遗产的，不影响其继承亲兄弟姐妹的遗产。

第十七条　继承人丧失继承权的，其晚辈直系血亲不得代位继承。如该代位继承人缺乏劳动能力又没有生活来源，或者对被继承人尽赡养义务较多的，可以适当分给遗产。

第三十二条　继承人因放弃继承权，致其不能履行法定义务的，放弃继承权的行为无效。

第三十五条　继承人放弃继承的意思表示，应当在继承开始后、遗产分割前作出。遗产分割后表示放弃的不再是继承权，而是所有权。

三、相关指导性案例

指导案例50号：李某、郭某阳诉郭某和、童某某继承纠纷案（最高人民法院审判委员会讨论通过　2015年4月15日发布）

参见第十六条“胎儿利益保护”对应案例。

第一百二十五条　【民事主体依法享有投资性权利】民事主体依法享有股权和其他投资性权利。

相关法律条文

1.《公司法》（2023年12月29日修订）

第四条　有限责任公司的股东以其认缴的出资额为限对公司承担责任；股份有限公司的股东以其认购的股份为限对公司承担责任。

公司股东对公司依法享有资产收益、参与重大决策和选择管理者等权利。

2.《信托法》(2001 年 10 月 1 日起施行)

第二条 本法所称信托,是指委托人基于对受托人的信任,将其财产权委托给受托人,由受托人按委托人的意愿以自己的名义,为受益人的利益或者特定目的,进行管理或者处分的行为。

第二十条 委托人有权了解其信托财产的管理运用、处分及收支情况,并有权要求受托人作出说明。

委托人有权查阅、抄录或者复制与其信托财产有关的信托帐目以及处理信托事务的其他文件。

第二十一条 因设立信托时未能预见的特别事由,致使信托财产的管理方法不利于实现信托目的或者不符合受益人的利益时,委托人有权要求受托人调整该信托财产的管理方法。

第二十二条 受托人违反信托目的处分信托财产或者因违背管理职责、处理信托事务不当致使信托财产受到损失的,委托人有权申请人民法院撤销该处分行为,并有权要求受托人恢复信托财产的原状或者予以赔偿;该信托财产的受让人明知是违反信托目的而接受该财产的,应当予以返还或者予以赔偿。

前款规定的申请权,自委托人知道或者应当知道撤销原因之日起一年内不行使的,归于消灭。

第二十三条 受托人违反信托目的处分信托财产或者管理运用、处分信托财产有重大过失的,委托人有权依照信托文件的规定解任受托人,或者申请人民法院解任受托人。

3.《证券投资基金法》(2015 年 4 月 24 日修正)

第三条 基金管理人、基金托管人和基金份额持有人的权利、义务,依照本法在基金合同中约定。

基金管理人、基金托管人依照本法和基金合同的约定,履行受托职责。

通过公开募集方式设立的基金(以下简称公开募集基金)的基金份额持有人按其所持基金份额享受收益和承担风险,通过非公开募集方式设立的基金(以下简称非公开募集基金)的收益分配和风险承担由基金合同约定。

第一百二十六条 【其他民事权益】民事主体享有法律规定的其他民事权利和利益。

一、相关法律条文

《民法典》(2021年1月1日起施行)

第九百九十四条 死者的姓名、肖像、名誉、荣誉、隐私、遗体等受到侵害的,其配偶、子女、父母有权依法请求行为人承担民事责任;死者没有配偶、子女且父母已经死亡的,其他近亲属有权依法请求行为人承担民事责任。

第一千一百八十三条 侵害自然人人身权益造成严重精神损害的,被侵权人有权请求精神损害赔偿。

因故意或者重大过失侵害自然人具有人身意义的特定物造成严重精神损害的,被侵权人有权请求精神损害赔偿。

二、相关司法解释规定

《最高人民法院关于确定民事侵权精神损害赔偿责任若干问题的解释》(法释〔2001〕7号)(2020年12月23日修正)

第一条 因人身权益或者具有人身意义的特定物受到侵害,自然人或者其近亲属向人民法院提起诉讼请求精神损害赔偿的,人民法院应当依法予以受理。

第三条 死者的姓名、肖像、名誉、荣誉、隐私、遗体、遗骨等受到侵害,其近亲属向人民法院提起诉讼请求精神损害赔偿的,人民法院应当依法予以支持。

第一百二十七条 【数据、网络虚拟财产的保护】法律对数据、网络虚拟财产的保护有规定的,依照其规定。

相关法律条文

1.《网络安全法》(2017年6月1日起施行)

第二十一条 国家实行网络安全等级保护制度。网络运营者应当按照网络安全等级保护制度的要求,履行下列安全保护义务,保障网络免受干扰、破坏或者未经授权的访问,防止网络数据泄露或者被窃取、篡改:

(一)制定内部安全管理制度和操作规程,确定网络安全负责人,落实网络安全保护责任;

(二)采取防范计算机病毒和网络攻击、网络侵入等危害网络安全行为的技术措施;

(三)采取监测、记录网络运行状态、网络安全事件的技术措施,并按照规定留存相关的网络日志不少于六个月;

(四)采取数据分类、重要数据备份和加密等措施;

(五)法律、行政法规规定的其他义务。

第二十七条 任何个人和组织不得从事非法侵入他人网络、干扰他人网络正常功能、窃取网络数据等危害网络安全的活动;不得提供专门用于从事侵入网络、干扰网络正常功能及防护措施、窃取网络数据等危害网络安全活动的程序、工具;明知他人从事危害网络安全的活动的,不得为其提供技术支持、广告推广、支付结算等帮助。

第三十一条 国家对公共通信和信息服务、能源、交通、水利、金融、公共服务、电子政务等重要行业和领域,以及其他一旦遭到破坏、丧失功能或者数据泄露,可能严重危害国家安全、国计民生、公共利益的关键信息基础设施,在网络安全等级保护制度的基础上,实行重点保护。关键信息基础设施的具体范围和安全保护办法由国务院制定。

国家鼓励关键信息基础设施以外的网络运营者自愿参与关键信息基础设施保护体系。

第三十四条 除本法第二十一条的规定外,关键信息基础设施的运营者还应当履行下列安全保护义务:

(一)设置专门安全管理机构和安全管理负责人,并对该负责人和关键岗位的人员进行安全背景审查;

(二)定期对从业人员进行网络安全教育、技术培训和技能考核;

(三)对重要系统和数据库进行容灾备份;

(四)制定网络安全事件应急预案,并定期进行演练;

(五)法律、行政法规规定的其他义务。

第三十七条 关键信息基础设施的运营者在中华人民共和国境内运营中收集和产生的个人信息和重要数据应当在境内存储。因业务需要,确需向境外提供的,应当按照国家网信部门会同国务院有关部门制定的办法进行安全评估;法律、行政法规另有规定的,依照其规定。

第七十六条　本法下列用语的含义：

（一）网络，是指由计算机或者其他信息终端及相关设备组成的按照一定的规则和程序对信息进行收集、存储、传输、交换、处理的系统。

（二）网络安全，是指通过采取必要措施，防范对网络的攻击、侵入、干扰、破坏和非法使用以及意外事故，使网络处于稳定可靠运行的状态，以及保障网络数据的完整性、保密性、可用性的能力。

（三）网络运营者，是指网络的所有者、管理者和网络服务提供者。

（四）网络数据，是指通过网络收集、存储、传输、处理和产生的各种电子数据。

（五）个人信息，是指以电子或者其他方式记录的能够单独或者与其他信息结合识别自然人个人身份的各种信息，包括但不限于自然人的姓名、出生日期、身份证件号码、个人生物识别信息、住址、电话号码等。

2.《刑法》(2023年12月29日修正)

第二百八十五条第二款　违反国家规定，侵入前款规定以外的计算机信息系统或者采用其他技术手段，获取该计算机信息系统中存储、处理或者传输的数据，或者对该计算机信息系统实施非法控制，情节严重的，处三年以下有期徒刑或者拘役，并处或者单处罚金；情节特别严重的，处三年以上七年以下有期徒刑，并处罚金。

第二百八十六条　违反国家规定，对计算机信息系统功能进行删除、修改、增加、干扰，造成计算机信息系统不能正常运行，后果严重的，处五年以下有期徒刑或者拘役；后果特别严重的，处五年以上有期徒刑。

违反国家规定，对计算机信息系统中存储、处理或者传输的数据和应用程序进行删除、修改、增加的操作，后果严重的，依照前款的规定处罚。

故意制作、传播计算机病毒等破坏性程序，影响计算机系统正常运行，后果严重的，依照第一款的规定处罚。

单位犯前三款罪的，对单位判处罚金，并对其直接负责的主管人员和其他直接责任人员，依照第一款的规定处罚。

第一百二十八条　【弱势群体民事权利的特别保护】法律对未成年人、老年人、残疾人、妇女、消费者等的民事权利保护有特别规定的，依照其规定。

一、相关法律条文

1.《未成年人保护法》（2024年4月26日修正）

第三条 国家保障未成年人的生存权、发展权、受保护权、参与权等权利。

未成年人依法平等地享有各项权利，不因本人及其父母或者其他监护人的民族、种族、性别、户籍、职业、宗教信仰、教育程度、家庭状况、身心健康状况等受到歧视。

2.《老年人权益保障法》（2018年12月29日修正）

第三条 国家保障老年人依法享有的权益。

老年人有从国家和社会获得物质帮助的权利，有享受社会服务和社会优待的权利，有参与社会发展和共享发展成果的权利。

禁止歧视、侮辱、虐待或者遗弃老年人。

3.《残疾人保障法》（2018年10月26日修正）

第三条 残疾人在政治、经济、文化、社会和家庭生活等方面享有同其他公民平等的权利。

残疾人的公民权利和人格尊严受法律保护。

禁止基于残疾的歧视。禁止侮辱、侵害残疾人。禁止通过大众传播媒介或者其他方式贬低损害残疾人人格。

第四条 国家采取辅助方法和扶持措施，对残疾人给予特别扶助，减轻或者消除残疾影响和外界障碍，保障残疾人权利的实现。

第十二条 国家和社会对残疾军人、因公致残人员以及其他为维护国家和人民利益致残的人员实行特别保障，给予抚恤和优待。

4.《妇女权益保障法》（2022年10月30日修订）

第二条 男女平等是国家的基本国策。妇女在政治的、经济的、文化的、社会的和家庭的生活等各方面享有同男子平等的权利。

国家采取必要措施，促进男女平等，消除对妇女一切形式的歧视，禁止排斥、限制妇女依法享有和行使各项权益。

国家保护妇女依法享有的特殊权益。

第四十七条 用人单位应当根据妇女的特点，依法保护妇女在工作和劳动时的安全、健康以及休息的权利。

妇女在经期、孕期、产期、哺乳期受特殊保护。

5.《农村集体经济组织法》(2025 年 5 月 1 日起施行)

第八条第三款　妇女享有与男子平等的权利,不得以妇女未婚、结婚、离婚、丧偶、户无男性等为由,侵害妇女在农村集体经济组织中的各项权益。

第二十八条第二款　设立成员代表大会的,一般每五户至十五户选举代表一人,代表人数应当多于二十人,并且有适当数量的妇女代表。

第五十六条第二款　确认农村集体经济组织成员身份时侵害妇女合法权益,导致社会公共利益受损的,检察机关可以发出检察建议或者依法提起公益诉讼。

6.《消费者权益保护法》(2013 年 10 月 25 日修正)

第七条　消费者在购买、使用商品和接受服务时享有人身、财产安全不受损害的权利。

消费者有权要求经营者提供的商品和服务,符合保障人身、财产安全的要求。

第八条　消费者享有知悉其购买、使用的商品或者接受的服务的真实情况的权利。

消费者有权根据商品或者服务的不同情况,要求经营者提供商品的价格、产地、生产者、用途、性能、规格、等级、主要成份、生产日期、有效期限、检验合格证明、使用方法说明书、售后服务,或者服务的内容、规格、费用等有关情况。

第九条　消费者享有自主选择商品或者服务的权利。

消费者有权自主选择提供商品或者服务的经营者,自主选择商品品种或者服务方式,自主决定购买或者不购买任何一种商品、接受或者不接受任何一项服务。

消费者在自主选择商品或者服务时,有权进行比较、鉴别和挑选。

第十条　消费者享有公平交易的权利。

消费者在购买商品或者接受服务时,有权获得质量保障、价格合理、计量正确等公平交易条件,有权拒绝经营者的强制交易行为。

第十一条　消费者因购买、使用商品或者接受服务受到人身、财产损害的,享有依法获得赔偿的权利。

第十二条　消费者享有依法成立维护自身合法权益的社会组织的权利。

第十三条　消费者享有获得有关消费和消费者权益保护方面的知识的权利。

消费者应当努力掌握所需商品或者服务的知识和使用技能,正确使用商品,提高自我保护意识。

第十四条　消费者在购买、使用商品和接受服务时,享有人格尊严、民族风俗习惯得到尊重的权利,享有个人信息依法得到保护的权利。

第十五条　消费者享有对商品和服务以及保护消费者权益工作进行监督的权利。

消费者有权检举、控告侵害消费者权益的行为和国家机关及其工作人员在保护消费者权益工作中的违法失职行为,有权对保护消费者权益工作提出批评、建议。

7.《个人信息保护法》(2021年11月1日起施行)

第二十八条　敏感个人信息是一旦泄露或者非法使用,容易导致自然人的人格尊严受到侵害或者人身、财产安全受到危害的个人信息,包括生物识别、宗教信仰、特定身份、医疗健康、金融账户、行踪轨迹等信息,以及不满十四周岁未成年人的个人信息。

只有在具有特定的目的和充分的必要性,并采取严格保护措施的情形下,个人信息处理者方可处理敏感个人信息。

第三十一条　个人信息处理者处理不满十四周岁未成年人个人信息的,应当取得未成年人的父母或者其他监护人的同意。

个人信息处理者处理不满十四周岁未成年人个人信息的,应当制定专门的个人信息处理规则。

第四十四条　个人对其个人信息的处理享有知情权、决定权,有权限制或者拒绝他人对其个人信息进行处理;法律、行政法规另有规定的除外。

第四十五条　个人有权向个人信息处理者查阅、复制其个人信息;有本法第十八条第一款、第三十五条规定情形的除外。

个人请求查阅、复制其个人信息的,个人信息处理者应当及时提供。

个人请求将个人信息转移至其指定的个人信息处理者，符合国家网信部门规定条件的，个人信息处理者应当提供转移的途径。

第四十六条　个人发现其个人信息不准确或者不完整的，有权请求个人信息处理者更正、补充。

个人请求更正、补充其个人信息的，个人信息处理者应当对其个人信息予以核实，并及时更正、补充。

第四十七条　有下列情形之一的，个人信息处理者应当主动删除个人信息；个人信息处理者未删除的，个人有权请求删除：

（一）处理目的已实现、无法实现或者为实现处理目的不再必要；

（二）个人信息处理者停止提供产品或者服务，或者保存期限已届满；

（三）个人撤回同意；

（四）个人信息处理者违反法律、行政法规或者违反约定处理个人信息；

（五）法律、行政法规规定的其他情形。

法律、行政法规规定的保存期限未届满，或者删除个人信息从技术上难以实现的，个人信息处理者应当停止除存储和采取必要的安全保护措施之外的处理。

第四十八条　个人有权要求个人信息处理者对其个人信息处理规则进行解释说明。

第四十九条　自然人死亡的，其近亲属为了自身的合法、正当利益，可以对死者的相关个人信息行使本章规定的查阅、复制、更正、删除等权利；死者生前另有安排的除外。

第五十条　个人信息处理者应当建立便捷的个人行使权利的申请受理和处理机制。拒绝个人行使权利的请求的，应当说明理由。

个人信息处理者拒绝个人行使权利的请求的，个人可以依法向人民法院提起诉讼。

二、相关指导性案例

指导案例 17 号：张莉诉北京合力华通汽车服务有限公司买卖合同纠纷案（最高人民法院审判委员会讨论通过　2013 年 11 月 8 日发布）

【关键词】民事　买卖合同　欺诈　家用汽车

【裁判要点】

1. 为家庭生活消费需要购买汽车，发生欺诈纠纷的，可以按照《消费者权益保护法》处理。

2.汽车销售者承诺向消费者出售没有使用或维修过的新车,消费者购买后发现系使用或维修过的汽车,销售者不能证明已履行告知义务且得到消费者认可的,构成销售欺诈,消费者要求销售者按照《消费者权益保护法》赔偿损失的,人民法院应予支持。

【基本案情】

2007年2月28日,原告张莉从被告北京合力华通汽车服务有限公司(简称合力华通公司)购买上海通用雪佛兰景程轿车一辆,价格138000元,双方签有《汽车销售合同》。该合同第七条约定:"……卖方保证买方所购车辆为新车,在交付之前已作了必要的检验和清洁,车辆路程表的公里数为18公里且符合卖方提供给买方的随车交付文件中所列的各项规格和指标……"合同签订当日,张莉向合力华通公司交付了购车款138000元,同时支付了车辆购置税12400元、一条龙服务费500元、保险费6060元。同日,合力华通公司将雪佛兰景程轿车一辆交付张莉,张莉为该车办理了机动车登记手续。2007年5月13日,张莉在将车辆送合力华通公司保养时,发现该车曾于2007年1月17日进行过维修。

审理中,合力华通公司表示张莉所购车辆确曾在运输途中造成划伤,于2007年1月17日进行过维修,维修项目包括右前叶子板喷漆、右前门喷漆、右后叶子板喷漆、右前门钣金、右后叶子板钣金、右前叶子板钣金,维修中更换底大边卡扣、油箱门及前叶子板灯总成。送修人系该公司业务员。合力华通公司称,对于车辆曾进行维修之事已在销售时明确告知张莉,并据此予以较大幅度优惠,该车销售定价应为151900元,经协商后该车实际销售价格为138000元,还赠送了部分装饰。为证明上述事实,合力华通公司提供了车辆维修记录及有张莉签字的日期为2007年2月28日的车辆交接验收单一份,在车辆交接验收单备注一栏中注有"加1/4油,此车右侧有钣喷修复,按约定价格销售"。合力华通公司表示该验收单系该公司保存,张莉手中并无此单。对于合力华通公司提供的上述两份证据,张莉表示对于车辆维修记录没有异议,车辆交接验收单中的签字确系其所签,但合力华通公司在销售时并未告知车辆曾有维修,其在签字时备注一栏中没有"此车右侧有钣喷修复,按约定价格销售"字样。

【裁判结果】

北京市朝阳区人民法院于2007年10月作出(2007)朝民初字第18230号民事判决:一、撤销张莉与合力华通公司于2007年2月28日签订的《汽车销售合同》;二、张莉于判决生效后七日内将其所购的雪佛兰景程轿车退还合力华通公司;三、合力华通公司于判决生效后七日内退还张莉购车款十二万四千二百元;四、合力华通公司于判决生效后七日内赔偿张莉购置税一万二千四百元、服务费五百元、保险费六千零六十元;五、合力华通公司于判决生效后七日内加倍赔偿张莉购车款十三万八千元;六、驳回张莉其他诉讼请求。宣判后,合力华通公司提出上诉。北京市第二中级人民法院于2008年3月13日作出(2008)二中民终字第00453号民事判决:驳回上诉,维持原判。

【裁判理由】

法院生效裁判认为:原告张莉购买汽车系因生活需要自用,被告合力华通公司没有证据证明张莉购买该车用于经营或其他非生活消费,故张莉购买汽车的行为属于生活消费需要,应当适用《消费者权益保护法》。

根据双方签订的《汽车销售合同》约定,合力华通公司交付张莉的车辆应为无维修记录的新车,现所售车辆在交付前实际上经过维修,这是双方共同认可的事实,故本案争议的焦点为合力华通公司是否事先履行了告知义务。

车辆销售价格的降低或优惠以及赠送车饰是销售商常用的销售策略,也是双方当事人协商的结果,不能由此推断出合力华通公司在告知张莉汽车存在瑕疵的基础上对其进行了降价和优惠。合力华通公司提交的有张莉签名的车辆交接验收单,因系合力华通公司单方保存,且备注一栏内容由该公司不同人员书写,加之张莉对此不予认可,该验收单不足以证明张莉对车辆以前维修过有所了解。故对合力华通公司抗辩称其向张莉履行了瑕疵告知义务,不予采信,应认定合力华通公司在售车时隐瞒了车辆存在的瑕疵,有欺诈行为,应退车还款并增加赔偿张莉的损失。

指导案例23号:孙银山诉南京欧尚超市有限公司江宁店买卖合同纠纷案(最高人民法院审判委员会讨论通过　2014年1月26日发布)

【关键词】民事　买卖合同　食品安全　十倍赔偿

【裁判要点】

消费者购买到不符合食品安全标准的食品,要求销售者或者生产者依照食品安全法规定支付价款十倍赔偿金或者依照法律规定的其他赔偿标准赔偿的,不论其购买时是否明知食品不符合安全标准,人民法院都应予支持。

【基本案情】

2012年5月1日,原告孙银山在被告南京欧尚超市有限公司江宁店(以下简称欧尚超市江宁店)购买"玉兔牌"香肠15包,其中价值558.6元的14包香肠已过保质期。孙银山到收银台结账后,即径直到服务台索赔,后因协商未果诉至法院,要求欧尚超市江宁店支付14包香肠售价十倍的赔偿金5586元。

【裁判结果】

江苏省南京市江宁区人民法院于2012年9月10日作出(2012)江宁开民初字第646号民事判决:被告欧尚超市江宁店于判决发生法律效力之日起10日内赔偿原告孙银山5586元。宣判后,双方当事人均未上诉,判决已发生法律效力。

【裁判理由】

法院生效裁判认为:关于原告孙银山是否属于消费者的问题。《消费者权益保护法》第二条规定:"消费者为生活消费需要购买、使用商品或者接受服务,其权益受本法保护;本法未作规定的,受其他有关法律、法规保护。"消费者是相对于销售者和生产者的概念。只要在市场交易中购买、使用商品或者接受服务是为了个人、家庭生活需要,而不是为了生产经营活动或者职业活动需要的,就应当认定为"为生活消费需要"的消费者,属于《消费者权益保护法》调整的范围。本案中,原、被告双方对孙银山从欧尚超市江宁店购买香肠这一事实不持异议,据此可以认定孙银山实施了购买商品的行为,且孙银山并未将所购香肠用于再次销售经营,欧尚超市江宁店也未提供证据证明其购买商品是为了生产经营。孙银山因购买到超过保质期的食品而索赔,属于行使法定权利。因此欧尚超市江宁店认为孙银山"买假索赔"不是消费者的抗辩理由不能成立。

关于被告欧尚超市江宁店是否属于销售明知是不符合食品安全标准食品的问题。《食品安全法》第三条规定:"食品生产经营者应当依照法律、法规和食品安全标准从事生产经营活动,对社会和公众负责,保证食品安全,接受社会监督,承担社会责任。"该法第二十八条第(八)项规定,超过保质期的食品属于禁止生产经营的食品。食品销售者负有保证食品安全的法定义务,应当对不符合安全标准的食品自行及时清理。欧尚超市江宁店作为食品销售者,应当按照保障食品安全的要求储存食品,及时检查待售食品,清理超过保质期的食品,但欧尚超市江宁店仍然摆放并销售货架上超过保质期的"玉兔牌"香肠,未履行法定义务,可以认定为销售明知是不符合食品安全标准的食品。

关于被告欧尚超市江宁店的责任承担问题。《食品安全法》第九十六条第一款规定:"违反本法规定,造成人身、财产或者其他损害的,依法承担赔偿责任。"第二款规定:"生产不符合食品安全标准的食品或者销售明知是不符合食品安全标准的食品,消费者除要求赔偿损失外,还可以向生产者或者销售者要求支付价款十倍的赔偿金。"当销售者销售明知是不符合安全标准的食品时,消费者可以同时主张赔偿损失和支付价款十倍的赔偿金,也可以只主张支付价款十倍的赔偿金。本案中,原告孙银山仅要求欧尚超市江宁店支付售价十倍的赔偿金,属于当事人自行处分权利的行为,应予支持。关于被告欧尚超市江宁店提出原告明知食品过期而购买,希望利用其错误谋求利益,不应予以十倍赔偿的主张,因前述法律规定消费者有权获得支付价款十倍的赔偿金,因该赔偿获得的利益属于法律应当保护的利益,且法律并未对消费者的主观购物动机作出限制性规定,故对其该项主张不予支持。

第一百二十九条 【民事权利的取得方式】民事权利可以依据民事法律行为、事实行为、法律规定的事件或者法律规定的其他方式取得。

相关法律条文

《民法典》(2021年1月1日起施行)

第二百三十一条 因合法建造、拆除房屋等事实行为设立或者消灭物权的,自事实行为成就时发生效力。

第一百三十条 【按照自己意愿依法行使民事权利】民事主体按照自己的意愿依法行使民事权利,不受干涉。

第一百三十一条 【权利义务一致】民事主体行使权利时,应当履行法律规定的和当事人约定的义务。

相关法律条文

《民法典》(2021年1月1日起施行)

第五百零九条 当事人应当按照约定全面履行自己的义务。

当事人应当遵循诚信原则,根据合同的性质、目的和交易习惯履行通知、协助、保密等义务。

当事人在履行合同过程中,应当避免浪费资源、污染环境和破坏生态。

第一百三十二条 【不得滥用民事权利】民事主体不得滥用民事权利损害国家利益、社会公共利益或者他人合法权益。

一、相关法律条文

《公司法》(2023年12月29日修订)

第二十一条 公司股东应当遵守法律、行政法规和公司章程,依法行使股东权利,不得滥用股东权利损害公司或者其他股东的利益。

公司股东滥用股东权利给公司或者其他股东造成损失的,应当承担赔偿责任。

二、相关司法解释规定

1.《最高人民法院关于适用〈中华人民共和国民法典〉总则编若干问题的解释》(法释〔2022〕6号)

第三条 对于民法典第一百三十二条所称的滥用民事权利,人民法院可以根据权利行使的对象、目的、时间、方式、造成当事人之间利益失衡的程度等因素作出认定。

行为人以损害国家利益、社会公共利益、他人合法权益为主要目的行使民事权利的,人民法院应当认定构成滥用民事权利。

构成滥用民事权利的,人民法院应当认定该滥用行为不发生相应的法律效力。滥用民事权利造成损害的,依照民法典第七编等有关规定处理。

2.《最高人民法院关于印发〈全国法院贯彻实施民法典工作会议纪要〉的通知》(法〔2021〕94号)

1.申请宣告失踪或宣告死亡的利害关系人,包括被申请宣告失踪或宣告死亡人的配偶、父母、子女、兄弟姐妹、祖父母、外祖父母、孙子女、外孙子女以及其他与被申请人有民事权利义务关系的民事主体。宣告失踪不是宣告死亡的必经程序,利害关系人可以不经申请宣告失踪而直接申请宣告死亡。但是,为了确保各方当事人权益的平衡保护,对于配偶、父母、子女以外的其他利害关系人申请宣告死亡,人民法院审查后认为申请人通过申请宣告失踪足以保护其权利,其申请宣告死亡违背民法典第一百三十二条关于不得滥用民事权利的规定的,不予支持。

3.《最高人民法院关于适用〈中华人民共和国公司法〉若干问题的规定(四)》(法释〔2017〕16号)(2020年12月23日修正)

第十五条 股东未提交载明具体分配方案的股东会或者股东大会决议,请求公司分配利润的,人民法院应当驳回其诉讼请求,但违反法律规定滥用股东权利导致公司不分配利润,给其他股东造成损失的除外。

4.《最高人民法院关于适用〈中华人民共和国企业破产法〉若干问题的规定(二)》(法释〔2013〕22号)(2020年12月23日修正)

第四十六条 债务人的股东主张以下列债务与债务人对其负有的债务抵销,债务人管理人提出异议的,人民法院应予支持:

(一)债务人股东因欠缴债务人的出资或者抽逃出资对债务人所负的债务;

(二)债务人股东滥用股东权利或者关联关系损害公司利益对债务人所负的债务。

三、相关指导性案例

指导案例82号:王碎永诉深圳歌力思服饰股份有限公司、杭州银泰世纪百货有限公司侵害商标权纠纷案(最高人民法院审判委员会讨论通过 2017年3月6日发布)

【关键词】民事 侵害商标权 诚实信用 权利滥用

【裁判要点】

当事人违反诚实信用原则,损害他人合法权益,扰乱市场正当竞争秩序,恶意取得、行使商标权并主张他人侵权的,人民法院应当以构成权利滥用为由,判决对其诉讼请求不予支持。

【基本案情】

深圳歌力思服装实业有限公司成立于1999年6月8日。2008年12月18日,该公司通过受让方式取得第1348583号“歌力思”商标,该商标核定使用于第25类的服装等商品之上,核准注册于1999年12月。2009年11月19日,该商标经核准续展注册,有效期自2009年12月28日至2019年12月27日。深圳歌力思服装实业有限公司还是第4225104号“ELLASSAY”的商标注册人。该商标核定使用商品为第18类的(动物)皮;钱包;旅行包;文件夹(皮革制);皮制带子;裘皮;伞;手杖;手提包;购物袋。注册有效期限自2008年4月14日至2018年4月13日。2011年11月4日,深圳歌力思服装实业有限公司更名为深圳歌力思服饰股份有限公司(以下简称歌力思公司,即本案一审被告人)。2012年3月1日,上述“歌力思”商标的注册人相应变更为歌力思公司。

一审原告人王碎永于2011年6月申请注册了第7925873号“歌力思”商标,该商标核定使用商品为第18类的钱包、手提包等。王碎永还曾于2004年7月7日申请注册第4157840号“歌力思及图”商标。后因北京市高级人民法院于2014年4月2日作出的二审判决认定,该商标损害了歌力思公司的关联企业歌力思投资管理有限公司的在先字号权,因此不应予以核准注册。

自2011年9月起,王碎永先后在杭州、南京、上海、福州等地的“ELLASSAY”专柜,通过公证程序购买了带有“品牌中文名:歌力思,品牌英文名:ELLASSAY”字样吊牌的皮包。2012年3月7日,王碎永以歌力思公司及杭州银泰世纪百货有限公司(以下简称杭州银泰公司)生产、销售上述皮包的行为构成对王碎永拥有的“歌力思”商标、“歌力思及图”商标权的侵害为由,提起诉讼。

【裁判结果】

杭州市中级人民法院于2013年2月1日作出(2012)浙杭知初字第362号民事判决,认为歌力思公司及杭州银泰公司生产、销售被诉侵权商品的行为侵害了王碎永的注册商标专用权,判决歌力思公司、杭州银泰公司承担停止侵权行为、赔偿王碎永经济损失及合理费用共计10万元及消除影响。歌力思公司不服,提起上诉。浙江省高级人民法院于2013年6月7日作出(2013)浙知终字第222号民事判决,驳回上诉、维持原判。歌力思公司及王碎永均不服,向最高人民法院申请再审。最高人民法院裁定提审本案,并于2014年8月14日作出(2014)民提字第24号判决,撤销一审、二审判决,驳回王碎永的全部诉讼请求。

【裁判理由】

法院生效裁判认为,诚实信用原则是一切市场活动参与者所应遵循的基本准则。一方面,它鼓励和支持人们通过诚实劳动积累社会财富和创造社会价值,并保护在此基础上形成的财产性权益,以及基于合法、正当的目的支配该财产性权益的自由和权利;另一方面,它又要求人们在市场活动中讲究信用、诚实不欺,在不损害他人合法利益、社会公共利益和市场秩序的前提下追求自己的利益。民事诉讼活动同样应当遵循诚实信用原则。一方面,它保障当事人有权在法律规定的范围内行使和处分自己的民事权利和诉讼权利;另一方面,它又要求当事人在不损害他人和社会公共利益的前提下,善意、审慎地行使自己的权利。任何违背法律目的和精神,以损害他人正当权益为目的,恶意取得并行使权利、扰乱市场正当竞争秩序的行为均属于权利滥用,其相关权利主张不应得到法律的保护和支持。

第4157840号"歌力思及图"商标迄今为止尚未被核准注册,王碎永无权据此对他人提起侵害商标权之诉。对于歌力思公司、杭州银泰公司的行为是否侵害王碎永的第7925873号"歌力思"商标权的问题,首先,歌力思公司拥有合法的在先权利基础。歌力思公司及其关联企业最早将"歌力思"作为企业字号使用的时间为1996年,最早在服装等商品上取得"歌力思"注册商标专用权的时间为1999年。经长期使用和广泛宣传,作为企业字号和注册商标的"歌力思"已经具有了较高的市场知名度,歌力思公司对前述商业标识享有合法的在先权利。其次,歌力思公司在本案中的使用行为系基于合法的权利基础,使用方式和行为性质均具有正当性。从销售场所来看,歌力思公司对被诉侵权商品的展示和销售行为均完成于杭州银泰公司的歌力思专柜,专柜通过标注歌力思公司的"ELLASSAY"商标等方式,明确表明了被诉侵权商品的提供者。在歌力思公司的字号、商标等商业标识已经具有较高的市场知名度,而王碎永未能举证证明其"歌力思"商标同样具有知名度的情况下,歌力思公司在其专柜中销售被诉侵权商品的行为,不会使普通消费者误认该商品来自于王碎永。从歌力思公司的具体使用方式来看,被诉侵权商品的外包装、商品内的显著部位均明确标注了"ELLASSAY"

商标,而仅在商品吊牌之上使用了“品牌中文名:歌力思”的字样。由于“歌力思”本身就是歌力思公司的企业字号,且与其“ELLASSAY”商标具有互为指代关系,故歌力思公司在被诉侵权商品的吊牌上使用“歌力思”文字来指代商品生产者的做法并无明显不妥,不具有攀附王碎永“歌力思”商标知名度的主观意图,亦不会为普通消费者正确识别被诉侵权商品的来源制造障碍。在此基础上,杭州银泰公司销售被诉侵权商品的行为亦不为法律所禁止。最后,王碎永取得和行使“歌力思”商标权的行为难谓正当。“歌力思”商标由中文文字“歌力思”构成,与歌力思公司在先使用的企业字号及在先注册的“歌力思”商标的文字构成完全相同。“歌力思”本身为无固有含义的臆造词,具有较强的固有显著性,依常理判断,在完全没有接触或知悉的情况下,因巧合而出现雷同注册的可能性较低。作为地域接近、经营范围关联程度较高的商品经营者,王碎永对“歌力思”字号及商标完全不了解的可能性较低。在上述情形之下,王碎永仍在手提包、钱包等商品上申请注册“歌力思”商标,其行为难谓正当。王碎永以非善意取得的商标权对歌力思公司的正当使用行为提起的侵权之诉,构成权利滥用。

第六章 民事法律行为

第一节 一般规定

第一百三十三条 【民事法律行为定义】民事法律行为是民事主体通过意思表示设立、变更、终止民事法律关系的行为。

第一百三十四条 【民事法律行为成立】民事法律行为可以基于双方或者多方的意思表示一致成立,也可以基于单方的意思表示成立。

法人、非法人组织依照法律或者章程规定的议事方式和表决程序作出决议的,该决议行为成立。

一、相关法律条文

1.《民法典》(2021 年 1 月 1 日起施行)

第四百七十一条　当事人订立合同,可以采取要约、承诺方式或者其他方式。

第四百七十二条　要约是希望与他人订立合同的意思表示,该意思表示应当符合下列条件:

(一)内容具体确定;

(二)表明经受要约人承诺,要约人即受该意思表示约束。

第四百七十三条　要约邀请是希望他人向自己发出要约的表示。拍卖公告、招标公告、招股说明书、债券募集办法、基金招募说明书、商业广告和宣传、寄送的价目表等为要约邀请。

商业广告和宣传的内容符合要约条件的,构成要约。

第四百七十九条　承诺是受要约人同意要约的意思表示。

第四百八十八条　承诺的内容应当与要约的内容一致。受要约人对要约的内容作出实质性变更的,为新要约。有关合同标的、数量、质量、价款或者报酬、履行期限、履行地点和方式、违约责任和解决争议方法等的变更,是对要约内容的实质性变更。

第四百八十九条　承诺对要约的内容作出非实质性变更的,除要约人及时表示反对或者要约表明承诺不得对要约的内容作出任何变更外,该承诺有效,合同的内容以承诺的内容为准。

第四百九十条　当事人采用合同书形式订立合同的,自当事人均签名、盖章或者按指印时合同成立。在签名、盖章或者按指印之前,当事人一方已经履行主要义务,对方接受时,该合同成立。

法律、行政法规规定或者当事人约定合同应当采用书面形式订立,当事人未采用书面形式但是一方已经履行主要义务,对方接受时,该合同成立。

第四百九十一条　当事人采用信件、数据电文等形式订立合同要求签订确认书的,签订确认书时合同成立。

当事人一方通过互联网等信息网络发布的商品或者服务信息符合要约条件的,对方选择该商品或者服务并提交订单成功时合同成立,但是当事人另有约定的除外。

第四百九十二条　承诺生效的地点为合同成立的地点。

采用数据电文形式订立合同的,收件人的主营业地为合同成立的地点;没有主营业地的,其住所地为合同成立的地点。当事人另有约定的,按照其约定。

第四百九十三条 当事人采用合同书形式订立合同的,最后签名、盖章或者按指印的地点为合同成立的地点,但是当事人另有约定的除外。

第四百九十四条 国家根据抢险救灾、疫情防控或者其他需要下达国家订货任务、指令性任务的,有关民事主体之间应当依照有关法律、行政法规规定的权利和义务订立合同。

依照法律、行政法规的规定负有发出要约义务的当事人,应当及时发出合理的要约。

依照法律、行政法规的规定负有作出承诺义务的当事人,不得拒绝对方合理的订立合同要求。

第五百五十七条 有下列情形之一的,债权债务终止:

(一)债务已经履行;

(二)债务相互抵销;

(三)债务人依法将标的物提存;

(四)债权人免除债务;

(五)债权债务同归于一人;

(六)法律规定或者当事人约定终止的其他情形。

合同解除的,该合同的权利义务关系终止。

第五百六十八条 当事人互负债务,该债务的标的物种类、品质相同的,任何一方可以将自己的债务与对方的到期债务抵销;但是,根据债务性质、按照当事人约定或者依照法律规定不得抵销的除外。

当事人主张抵销的,应当通知对方。通知自到达对方时生效。抵销不得附条件或者附期限。

第五百七十五条 债权人免除债务人部分或者全部债务的,债权债务部分或者全部终止,但是债务人在合理期限内拒绝的除外。

第一千一百三十三条 自然人可以依照本法规定立遗嘱处分个人财产,并可以指定遗嘱执行人。

自然人可以立遗嘱将个人财产指定由法定继承人中的一人或者数人继承。

自然人可以立遗嘱将个人财产赠与国家、集体或者法定继承人以外的组织、个人。

自然人可以依法设立遗嘱信托。

2.《公司法》(2023年12月29日修订)

第二十七条　有下列情形之一的,公司股东会、董事会的决议不成立:

(一)未召开股东会、董事会会议作出决议;

(二)股东会、董事会会议未对决议事项进行表决;

(三)出席会议的人数或者所持表决权数未达到本法或者公司章程规定的人数或者所持表决权数;

(四)同意决议事项的人数或者所持表决权数未达到本法或者公司章程规定的人数或者所持表决权数。

第四十六条　有限责任公司章程应当载明下列事项:

(一)公司名称和住所;

(二)公司经营范围;

(三)公司注册资本;

(四)股东的姓名或者名称;

(五)股东的出资额、出资方式和出资日期;

(六)公司的机构及其产生办法、职权、议事规则;

(七)公司法定代表人的产生、变更办法;

(八)股东会认为需要规定的其他事项。

股东应当在公司章程上签名或者盖章。

第五十八条　有限责任公司股东会由全体股东组成。股东会是公司的权力机构,依照本法行使职权。

第五十九条　股东会行使下列职权:

(一)选举和更换董事、监事,决定有关董事、监事的报酬事项;

(二)审议批准董事会的报告;

(三)审议批准监事会的报告;

(四)审议批准公司的利润分配方案和弥补亏损方案;

(五)对公司增加或者减少注册资本作出决议;

(六)对发行公司债券作出决议;

(七)对公司合并、分立、解散、清算或者变更公司形式作出决议;

(八)修改公司章程;

(九)公司章程规定的其他职权。

股东会可以授权董事会对发行公司债券作出决议。

对本条第一款所列事项股东以书面形式一致表示同意的,可以不召开股东会会议,直接作出决定,并由全体股东在决定文件上签名或者盖章。

第六十条 只有一个股东的有限责任公司不设股东会。股东作出前条第一款所列事项的决定时,应当采用书面形式,并由股东签名或者盖章后置备于公司。

第六十一条 首次股东会会议由出资最多的股东召集和主持,依照本法规定行使职权。

第六十二条 股东会会议分为定期会议和临时会议。

定期会议应当按照公司章程的规定按时召开。代表十分之一以上表决权的股东、三分之一以上的董事或者监事会提议召开临时会议的,应当召开临时会议。

第六十三条 股东会会议由董事会召集,董事长主持;董事长不能履行职务或者不履行职务的,由副董事长主持;副董事长不能履行职务或者不履行职务的,由过半数的董事共同推举一名董事主持。

董事会不能履行或者不履行召集股东会会议职责的,由监事会召集和主持;监事会不召集和主持的,代表十分之一以上表决权的股东可以自行召集和主持。

第六十四条 召开股东会会议,应当于会议召开十五日前通知全体股东;但是,公司章程另有规定或者全体股东另有约定的除外。

股东会应当对所议事项的决定作成会议记录,出席会议的股东应当在会议记录上签名或者盖章。

第六十五条 股东会会议由股东按照出资比例行使表决权;但是,公司章程另有规定的除外。

第六十六条 股东会的议事方式和表决程序,除本法有规定的外,由公司章程规定。

股东会作出决议,应当经代表过半数表决权的股东通过。

股东会作出修改公司章程、增加或者减少注册资本的决议,以及公司合并、分立、解散或者变更公司形式的决议,应当经代表三分之二以上表决权的股东通过。

第六十七条 有限责任公司设董事会,本法第七十五条另有规定的除外。

董事会行使下列职权：

（一）召集股东会会议，并向股东会报告工作；

（二）执行股东会的决议；

（三）决定公司的经营计划和投资方案；

（四）制订公司的利润分配方案和弥补亏损方案；

（五）制订公司增加或者减少注册资本以及发行公司债券的方案；

（六）制订公司合并、分立、解散或者变更公司形式的方案；

（七）决定公司内部管理机构的设置；

（八）决定聘任或者解聘公司经理及其报酬事项，并根据经理的提名决定聘任或者解聘公司副经理、财务负责人及其报酬事项；

（九）制定公司的基本管理制度；

（十）公司章程规定或者股东会授予的其他职权。

公司章程对董事会职权的限制不得对抗善意相对人。

第六十八条　有限责任公司董事会成员为三人以上，其成员中可以有公司职工代表。职工人数三百人以上的有限责任公司，除依法设监事会并有公司职工代表的外，其董事会成员中应当有公司职工代表。董事会中的职工代表由公司职工通过职工代表大会、职工大会或者其他形式民主选举产生。

董事会设董事长一人，可以设副董事长。董事长、副董事长的产生办法由公司章程规定。

第六十九条　有限责任公司可以按照公司章程的规定在董事会中设置由董事组成的审计委员会，行使本法规定的监事会的职权，不设监事会或者监事。公司董事会成员中的职工代表可以成为审计委员会成员。

第七十条　董事任期由公司章程规定，但每届任期不得超过三年。董事任期届满，连选可以连任。

董事任期届满未及时改选，或者董事在任期内辞任导致董事会成员低于法定人数的，在改选出的董事就任前，原董事仍应当依照法律、行政法规和公司章程的规定，履行董事职务。

董事辞任的，应当以书面形式通知公司，公司收到通知之日辞任生效，但存在前款规定情形的，董事应当继续履行职务。

第七十一条　股东会可以决议解任董事，决议作出之日解任生效。

无正当理由，在任期届满前解任董事的，该董事可以要求公司予以赔偿。

第七十二条 董事会会议由董事长召集和主持;董事长不能履行职务或者不履行职务的,由副董事长召集和主持;副董事长不能履行职务或者不履行职务的,由过半数的董事共同推举一名董事召集和主持。

第七十三条 董事会的议事方式和表决程序,除本法有规定的外,由公司章程规定。

董事会会议应当有过半数的董事出席方可举行。董事会作出决议,应当经全体董事的过半数通过。

董事会决议的表决,应当一人一票。

董事会应当对所议事项的决定作成会议记录,出席会议的董事应当在会议记录上签名。

第七十四条 有限责任公司可以设经理,由董事会决定聘任或者解聘。

经理对董事会负责,根据公司章程的规定或者董事会的授权行使职权。经理列席董事会会议。

第七十五条 规模较小或者股东人数较少的有限责任公司,可以不设董事会,设一名董事,行使本法规定的董事会的职权。该董事可以兼任公司经理。

第七十六条 有限责任公司设监事会,本法第六十九条、第八十三条另有规定的除外。

监事会成员为三人以上。监事会成员应当包括股东代表和适当比例的公司职工代表,其中职工代表的比例不得低于三分之一,具体比例由公司章程规定。监事会中的职工代表由公司职工通过职工代表大会、职工大会或者其他形式民主选举产生。

监事会设主席一人,由全体监事过半数选举产生。监事会主席召集和主持监事会会议;监事会主席不能履行职务或者不履行职务的,由过半数的监事共同推举一名监事召集和主持监事会会议。

董事、高级管理人员不得兼任监事。

第七十七条 监事的任期每届为三年。监事任期届满,连选可以连任。

监事任期届满未及时改选,或者监事在任期内辞任导致监事会成员低于法定人数的，在改选出的监事就任前，原监事仍应当依照法律、行政法规和公司章程的规定，履行监事职务。

第七十八条　监事会行使下列职权：

（一）检查公司财务；

（二）对董事、高级管理人员执行职务的行为进行监督，对违反法律、行政法规、公司章程或者股东会决议的董事、高级管理人员提出解任的建议；

（三）当董事、高级管理人员的行为损害公司的利益时，要求董事、高级管理人员予以纠正；

（四）提议召开临时股东会会议，在董事会不履行本法规定的召集和主持股东会会议职责时召集和主持股东会会议；

（五）向股东会会议提出提案；

（六）依照本法第一百八十九条的规定，对董事、高级管理人员提起诉讼；

（七）公司章程规定的其他职权。

第七十九条　监事可以列席董事会会议，并对董事会决议事项提出质询或者建议。

监事会发现公司经营情况异常，可以进行调查；必要时，可以聘请会计师事务所等协助其工作，费用由公司承担。

第八十条　监事会可以要求董事、高级管理人员提交执行职务的报告。

董事、高级管理人员应当如实向监事会提供有关情况和资料，不得妨碍监事会或者监事行使职权。

第八十一条　监事会每年度至少召开一次会议，监事可以提议召开临时监事会会议。

监事会的议事方式和表决程序，除本法有规定的外，由公司章程规定。

监事会决议应当经全体监事的过半数通过。

监事会决议的表决，应当一人一票。

监事会应当对所议事项的决定作成会议记录，出席会议的监事应当在会议记录上签名。

第八十二条　监事会行使职权所必需的费用，由公司承担。

第八十三条　规模较小或者股东人数较少的有限责任公司，可以不设监事会,设一名监事,行使本法规定的监事会的职权;经全体股东一致同意,也可以不设监事。

第九十五条 股份有限公司章程应当载明下列事项:

(一)公司名称和住所;

(二)公司经营范围;

(三)公司设立方式;

(四)公司注册资本、已发行的股份数和设立时发行的股份数,面额股的每股金额;

(五)发行类别股的,每一类别股的股份数及其权利和义务;

(六)发起人的姓名或者名称、认购的股份数、出资方式;

(七)董事会的组成、职权和议事规则;

(八)公司法定代表人的产生、变更办法;

(九)监事会的组成、职权和议事规则;

(十)公司利润分配办法;

(十一)公司的解散事由与清算办法;

(十二)公司的通知和公告办法;

(十三)股东会认为需要规定的其他事项。

第一百一十一条 股份有限公司股东会由全体股东组成。股东会是公司的权力机构,依照本法行使职权。

第一百一十二条 本法第五十九条第一款、第二款关于有限责任公司股东会职权的规定,适用于股份有限公司股东会。

本法第六十条关于只有一个股东的有限责任公司不设股东会的规定,适用于只有一个股东的股份有限公司。

第一百一十三条 股东会应当每年召开一次年会。有下列情形之一的,应当在两个月内召开临时股东会会议:

(一)董事人数不足本法规定人数或者公司章程所定人数的三分之二时;

(二)公司未弥补的亏损达股本总额三分之一时;

(三)单独或者合计持有公司百分之十以上股份的股东请求时;

(四)董事会认为必要时;

(五)监事会提议召开时;

(六)公司章程规定的其他情形。

第一百一十四条 股东会会议由董事会召集，董事长主持；董事长不能履行职务或者不履行职务的，由副董事长主持；副董事长不能履行职务或者不履行职务的，由过半数的董事共同推举一名董事主持。

董事会不能履行或者不履行召集股东会会议职责的，监事会应当及时召集和主持；监事会不召集和主持的，连续九十日以上单独或者合计持有公司百分之十以上股份的股东可以自行召集和主持。

单独或者合计持有公司百分之十以上股份的股东请求召开临时股东会会议的，董事会、监事会应当在收到请求之日起十日内作出是否召开临时股东会会议的决定，并书面答复股东。

第一百一十五条 召开股东会会议，应当将会议召开的时间、地点和审议的事项于会议召开二十日前通知各股东；临时股东会会议应当于会议召开十五日前通知各股东。

单独或者合计持有公司百分之一以上股份的股东，可以在股东会会议召开十日前提出临时提案并书面提交董事会。临时提案应当有明确议题和具体决议事项。董事会应当在收到提案后二日内通知其他股东，并将该临时提案提交股东会审议；但临时提案违反法律、行政法规或者公司章程的规定，或者不属于股东会职权范围的除外。公司不得提高提出临时提案股东的持股比例。

公开发行股份的公司，应当以公告方式作出前两款规定的通知。

股东会不得对通知中未列明的事项作出决议。

第一百一十六条 股东出席股东会会议，所持每一股份有一表决权，类别股股东除外。公司持有的本公司股份没有表决权。

股东会作出决议，应当经出席会议的股东所持表决权过半数通过。

股东会作出修改公司章程、增加或者减少注册资本的决议，以及公司合并、分立、解散或者变更公司形式的决议，应当经出席会议的股东所持表决权的三分之二以上通过。

第一百一十七条 股东会选举董事、监事，可以按照公司章程的规定或者股东会的决议，实行累积投票制。

本法所称累积投票制，是指股东会选举董事或者监事时，每一股份拥有与应选董事或者监事人数相同的表决权，股东拥有的表决权可以集中使用。

第一百一十八条 股东委托代理人出席股东会会议的，应当明确代理人代理的事项、权限和期限；代理人应当向公司提交股东授权委托书，并在授权范围内行使表决权。

第一百一十九条 股东会应当对所议事项的决定作成会议记录，主持人、出席会议的董事应当在会议记录上签名。会议记录应当与出席股东的签名册及代理出席的委托书一并保存。

第一百二十条 股份有限公司设董事会，本法第一百二十八条另有规定的除外。

本法第六十七条、第六十八条第一款、第七十条、第七十一条的规定，适用于股份有限公司。

第一百二十一条 股份有限公司可以按照公司章程的规定在董事会中设置由董事组成的审计委员会，行使本法规定的监事会的职权，不设监事会或者监事。

审计委员会成员为三名以上，过半数成员不得在公司担任除董事以外的其他职务，且不得与公司存在任何可能影响其独立客观判断的关系。公司董事会成员中的职工代表可以成为审计委员会成员。

审计委员会作出决议，应当经审计委员会成员的过半数通过。

审计委员会决议的表决，应当一人一票。

审计委员会的议事方式和表决程序，除本法有规定的外，由公司章程规定。

公司可以按照公司章程的规定在董事会中设置其他委员会。

第一百二十二条 董事会设董事长一人，可以设副董事长。董事长和副董事长由董事会以全体董事的过半数选举产生。

董事长召集和主持董事会会议，检查董事会决议的实施情况。副董事长协助董事长工作，董事长不能履行职务或者不履行职务的，由副董事长履行职务；副董事长不能履行职务或者不履行职务的，由过半数的董事共同推举一名董事履行职务。

第一百二十三条 董事会每年度至少召开两次会议，每次会议应当于会议召开十日前通知全体董事和监事。

代表十分之一以上表决权的股东、三分之一以上董事或者监事会，可以提议召开临时董事会会议。董事长应当自接到提议后十日内，召集和主持董事会会议。

董事会召开临时会议，可以另定召集董事会的通知方式和通知时限。

第一百二十四条 董事会会议应当有过半数的董事出席方可举行。董事会作出决议，应当经全体董事的过半数通过。

董事会决议的表决，应当一人一票。

董事会应当对所议事项的决定作成会议记录，出席会议的董事应当在会议记录上签名。

第一百二十五条 董事会会议，应当由董事本人出席；董事因故不能出席，可以书面委托其他董事代为出席，委托书应当载明授权范围。

董事应当对董事会的决议承担责任。董事会的决议违反法律、行政法规或者公司章程、股东会决议，给公司造成严重损失的，参与决议的董事对公司负赔偿责任；经证明在表决时曾表明异议并记载于会议记录的，该董事可以免除责任。

第一百二十六条 股份有限公司设经理，由董事会决定聘任或者解聘。

经理对董事会负责，根据公司章程的规定或者董事会的授权行使职权。经理列席董事会会议。

第一百二十七条 公司董事会可以决定由董事会成员兼任经理。

第一百二十八条 规模较小或者股东人数较少的股份有限公司，可以不设董事会，设一名董事，行使本法规定的董事会的职权。该董事可以兼任公司经理。

第一百二十九条 公司应当定期向股东披露董事、监事、高级管理人员从公司获得报酬的情况。

第一百三十条 股份有限公司设监事会，本法第一百二十一条第一款、第一百三十三条另有规定的除外。

监事会成员为三人以上。监事会成员应当包括股东代表和适当比例的公司职工代表，其中职工代表的比例不得低于三分之一，具体比例由公司章程规定。监事会中的职工代表由公司职工通过职工代表大会、职工大会或者其他形式民主选举产生。

监事会设主席一人，可以设副主席。监事会主席和副主席由全体监事过半数选举产生。监事会主席召集和主持监事会会议；监事会主席不能履行职务或者不履行职务的，由监事会副主席召集和主持监事会会议;监事会副主席不能履行职务或者不履行职务的,由过半数的监事共同推举一名监事召集和主持监事会会议。

董事、高级管理人员不得兼任监事。

本法第七十七条关于有限责任公司监事任期的规定,适用于股份有限公司监事。

第一百三十一条 本法第七十八条至第八十条的规定,适用于股份有限公司监事会。

监事会行使职权所必需的费用,由公司承担。

第一百三十二条 监事会每六个月至少召开一次会议。监事可以提议召开临时监事会会议。

监事会的议事方式和表决程序,除本法有规定的外,由公司章程规定。

监事会决议应当经全体监事的过半数通过。

监事会决议的表决,应当一人一票。

监事会应当对所议事项的决定作成会议记录,出席会议的监事应当在会议记录上签名。

第一百三十三条 规模较小或者股东人数较少的股份有限公司,可以不设监事会,设一名监事,行使本法规定的监事会的职权。

第一百三十四条 本法所称上市公司,是指其股票在证券交易所上市交易的股份有限公司。

第一百三十五条 上市公司在一年内购买、出售重大资产或者向他人提供担保的金额超过公司资产总额百分之三十的,应当由股东会作出决议,并经出席会议的股东所持表决权的三分之二以上通过。

第一百三十六条 上市公司设独立董事,具体管理办法由国务院证券监督管理机构规定。

上市公司的公司章程除载明本法第九十五条规定的事项外,还应当依照法律、行政法规的规定载明董事会专门委员会的组成、职权以及董事、监事、高级管理人员薪酬考核机制等事项。

第一百三十七条 上市公司在董事会中设置审计委员会的,董事会对下列事项作出决议前应当经审计委员会全体成员过半数通过:

(一)聘用、解聘承办公司审计业务的会计师事务所;

(二)聘任、解聘财务负责人;

（三）披露财务会计报告；

（四）国务院证券监督管理机构规定的其他事项。

第一百三十八条　上市公司设董事会秘书，负责公司股东会和董事会会议的筹备、文件保管以及公司股东资料的管理，办理信息披露事务等事宜。

第一百三十九条　上市公司董事与董事会会议决议事项所涉及的企业或者个人有关联关系的，该董事应当及时向董事会书面报告。有关联关系的董事不得对该项决议行使表决权，也不得代理其他董事行使表决权。该董事会会议由过半数的无关联关系董事出席即可举行，董事会会议所作决议须经无关联关系董事过半数通过。出席董事会会议的无关联关系董事人数不足三人的，应当将该事项提交上市公司股东会审议。

第一百四十条　上市公司应当依法披露股东、实际控制人的信息，相关信息应当真实、准确、完整。

禁止违反法律、行政法规的规定代持上市公司股票。

第一百四十一条　上市公司控股子公司不得取得该上市公司的股份。

上市公司控股子公司因公司合并、质权行使等原因持有上市公司股份的，不得行使所持股份对应的表决权，并应当及时处分相关上市公司股份。

第一百六十二条　公司不得收购本公司股份。但是，有下列情形之一的除外：

（一）减少公司注册资本；

（二）与持有本公司股份的其他公司合并；

（三）将股份用于员工持股计划或者股权激励；

（四）股东因对股东会作出的公司合并、分立决议持异议，要求公司收购其股份；

（五）将股份用于转换公司发行的可转换为股票的公司债券；

（六）上市公司为维护公司价值及股东权益所必需。

公司因前款第一项、第二项规定的情形收购本公司股份的，应当经股东会决议；公司因前款第三项、第五项、第六项规定的情形收购本公司股份的，可以按照公司章程或者股东会的授权，经三分之二以上董事出席的董事会会议决议。

公司依照本条第一款规定收购本公司股份后,属于第一项情形的,应当自收购之日起十日内注销;属于第二项、第四项情形的,应当在六个月内转让或者注销;属于第三项、第五项、第六项情形的,公司合计持有的本公司股份数不得超过本公司已发行股份总数的百分之十,并应当在三年内转让或者注销。

上市公司收购本公司股份的,应当依照《中华人民共和国证券法》的规定履行信息披露义务。上市公司因本条第一款第三项、第五项、第六项规定的情形收购本公司股份的,应当通过公开的集中交易方式进行。

公司不得接受本公司的股份作为质权的标的。

第一百七十二条 国有独资公司不设股东会,由履行出资人职责的机构行使股东会职权。履行出资人职责的机构可以授权公司董事会行使股东会的部分职权,但公司章程的制定和修改,公司的合并、分立、解散、申请破产,增加或者减少注册资本,分配利润,应当由履行出资人职责的机构决定。

3.《合伙企业法》(2006年8月27日修订)

第四条 合伙协议依法由全体合伙人协商一致、以书面形式订立。

第十八条 合伙协议应当载明下列事项:

(一)合伙企业的名称和主要经营场所的地点;

(二)合伙目的和合伙经营范围;

(三)合伙人的姓名或者名称、住所;

(四)合伙人的出资方式、数额和缴付期限;

(五)利润分配、亏损分担方式;

(六)合伙事务的执行;

(七)入伙与退伙;

(八)争议解决办法;

(九)合伙企业的解散与清算;

(十)违约责任。

第十九条 合伙协议经全体合伙人签名、盖章后生效。合伙人按照合伙协议享有权利,履行义务。

修改或者补充合伙协议,应当经全体合伙人一致同意;但是,合伙协议另有约定的除外。

合伙协议未约定或者约定不明确的事项，由合伙人协商决定；协商不成的，依照本法和其他有关法律、行政法规的规定处理。

第三十条　合伙人对合伙企业有关事项作出决议，按照合伙协议约定的表决办法办理。合伙协议未约定或者约定不明确的，实行合伙人一人一票并经全体合伙人过半数通过的表决办法。

本法对合伙企业的表决办法另有规定的，从其规定。

第三十一条　除合伙协议另有约定外，合伙企业的下列事项应当经全体合伙人一致同意：

（一）改变合伙企业的名称；

（二）改变合伙企业的经营范围、主要经营场所的地点；

（三）处分合伙企业的不动产；

（四）转让或者处分合伙企业的知识产权和其他财产权利；

（五）以合伙企业名义为他人提供担保；

（六）聘任合伙人以外的人担任合伙企业的经营管理人员。

第六十三条　合伙协议除符合本法第十八条的规定外，还应当载明下列事项：

（一）普通合伙人和有限合伙人的姓名或者名称、住所；

（二）执行事务合伙人应具备的条件和选择程序；

（三）执行事务合伙人权限与违约处理办法；

（四）执行事务合伙人的除名条件和更换程序；

（五）有限合伙人入伙、退伙的条件、程序以及相关责任；

（六）有限合伙人和普通合伙人相互转变程序。

二、相关司法解释规定

《最高人民法院关于适用〈中华人民共和国公司法〉若干问题的规定（四）》（法释〔2017〕16号）（2020年12月23日修正）

第一条　公司股东、董事、监事等请求确认股东会或者股东大会、董事会决议无效或者不成立的，人民法院应当依法予以受理。

第二条　依据民法典第八十五条、公司法第二十二条第二款请求撤销股东会或者股东大会、董事会决议的原告，应当在起诉时具有公司股东资格。

第三条 原告请求确认股东会或者股东大会、董事会决议不成立、无效或者撤销决议的案件,应当列公司为被告。对决议涉及的其他利害关系人,可以依法列为第三人。

一审法庭辩论终结前,其他有原告资格的人以相同的诉讼请求申请参加前款规定诉讼的,可以列为共同原告。

第四条 股东请求撤销股东会或者股东大会、董事会决议,符合民法典第八十五条、公司法第二十二条第二款规定的,人民法院应当予以支持,但会议召集程序或者表决方式仅有轻微瑕疵,且对决议未产生实质影响的,人民法院不予支持。

第五条 股东会或者股东大会、董事会决议存在下列情形之一,当事人主张决议不成立的,人民法院应当予以支持:

(一)公司未召开会议的,但依据公司法第三十七条第二款或者公司章程规定可以不召开股东会或者股东大会而直接作出决定,并由全体股东在决定文件上签名、盖章的除外;

(二)会议未对决议事项进行表决的;

(三)出席会议的人数或者股东所持表决权不符合公司法或者公司章程规定的;

(四)会议的表决结果未达到公司法或者公司章程规定的通过比例的;

(五)导致决议不成立的其他情形。

第六条 股东会或者股东大会、董事会决议被人民法院判决确认无效或者撤销的,公司依据该决议与善意相对人形成的民事法律关系不受影响。

三、相关指导性案例

指导案例64号:刘超捷诉中国移动通信集团江苏有限公司徐州分公司电信服务合同纠纷案(最高人民法院审判委员会讨论通过 2016年6月30日发布)

【关键词】民事 电信服务合同 告知义务 有效期限 违约

【裁判要点】

1. 经营者在格式合同中未明确规定对某项商品或服务的限制条件,且未能证明在订立合同时已将该限制条件明确告知消费者并获得消费者同意的,该限制条件对消费者不产生效力。

2. 电信服务企业在订立合同时未向消费者告知某项服务设定了有效期限限制，在合同履行中又以该项服务超过有效期限为由限制或停止对消费者服务的，构成违约，应当承担违约责任。

【基本案情】

2009 年 11 月 24 日，原告刘超捷在被告中国移动通信集团江苏有限公司徐州分公司（以下简称移动徐州分公司）营业厅申请办理“神州行标准卡”，手机号码为 1590520××××，付费方式为预付费。原告当场预付话费 50 元，并参与移动徐州分公司充 50 元送 50 元的活动。在业务受理单所附《中国移动通信客户入网服务协议》中，双方对各自的权利和义务进行了约定，其中第四项特殊情况的承担中的第 1 条为：在下列情况下，乙方有权暂停或限制甲方的移动通信服务，由此给甲方造成的损失，乙方不承担责任：(1) 甲方银行账户被查封、冻结或余额不足等非乙方原因造成的结算时扣划不成功的；(2) 甲方预付费使用完毕而未及时补交款项（包括预付费账户余额不足以扣划下一笔预付费用）的。

2010 年 7 月 5 日，原告在中国移动官方网站网上营业厅通过银联卡网上充值 50 元。2010 年 11 月 7 日，原告在使用该手机号码时发现该手机号码已被停机，原告到被告的营业厅查询，得知被告于 2010 年 10 月 23 日因话费有效期到期而暂停移动通信服务，此时账户余额为 11.70 元。原告认为被告单方终止服务构成合同违约，遂诉至法院。

【裁判结果】

徐州市泉山区人民法院于 2011 年 6 月 16 日作出（2011）泉商初字第 240 号民事判决：被告中国移动通信集团江苏有限公司徐州分公司于本判决生效之日起十日内取消对原告刘超捷的手机号码为 1590520××××的话费有效期的限制，恢复该号码的移动通信服务。一审宣判后，被告提出上诉，二审期间申请撤回上诉，一审判决已发生法律效力。

【裁判理由】

法院生效裁判认为：电信用户的知情权是电信用户在接受电信服务时的一项基本权利，用户在办理电信业务时，电信业务的经营者必须向其明确说明该电信业务的内容，包括业务功能、费用收取办法及交费时间、障碍申告等。如果用户在不知悉该电信业务的真实情况下进行消费，就会剥夺用户对电信业务的选择权，达不到真正追求的电信消费目的。

依据《合同法》第三十九条的规定,采用格式条款订立合同的,提供格式条款的一方应当遵循公平原则确定当事人之间的权利和义务,并采取合理的方式提请对方注意免除或者限制其责任的条款,按照对方的要求,对该条款予以说明。电信业务的经营者作为提供电信服务合同格式条款的一方,应当遵循公平原则确定与电信用户的权利义务内容,权利义务的内容必须符合维护电信用户和电信业务经营者的合法权益、促进电信业的健康发展的立法目的,并有效告知对方注意免除或者限制其责任的条款并向其释明。业务受理单、入网服务协议是电信服务合同的主要内容,确定了原被告双方的权利义务内容,入网服务协议第四项约定有权暂停或限制移动通信服务的情形,第五项约定有权解除协议、收回号码、终止提供服务的情形,均没有因有效期到期而中止、解除、终止合同的约定。而话费有效期限制直接影响到原告手机号码的正常使用,一旦有效期到期,将导致停机、号码被收回的后果,因此被告对此负有明确如实告知的义务,且在订立电信服务合同之前就应如实告知原告。如果在订立合同之前未告知,即使在缴费阶段告知,亦剥夺了当事人的选择权,有违公平和诚实信用原则。被告主张"通过单联发票、宣传册和短信的方式向原告告知了有效期",但未能提供有效的证据予以证明。综上,本案被告既未在电信服务合同中约定有效期内容,亦未提供有效证据证实已将有效期限制明确告知原告,被告暂停服务、收回号码的行为构成违约,应当承担继续履行等违约责任,故对原告主张"取消被告对原告的话费有效期的限制,继续履行合同"的诉讼请求依法予以支持。

第一百三十五条 【民事法律行为形式】民事法律行为可以采用书面形式、口头形式或者其他形式;法律、行政法规规定或者当事人约定采用特定形式的,应当采用特定形式。

一、相关法律条文

1.《民法典》(2021年1月1日起施行)

第三百四十八条 通过招标、拍卖、协议等出让方式设立建设用地使用权的,当事人应当采用书面形式订立建设用地使用权出让合同。

建设用地使用权出让合同一般包括下列条款:

（一）当事人的名称和住所；
（二）土地界址、面积等；
（三）建筑物、构筑物及其附属设施占用的空间；
（四）土地用途、规划条件；
（五）建设用地使用权期限；
（六）出让金等费用及其支付方式；
（七）解决争议的方法。

第三百五十四条　建设用地使用权转让、互换、出资、赠与或者抵押的，当事人应当采用书面形式订立相应的合同。使用期限由当事人约定，但是不得超过建设用地使用权的剩余期限。

第三百六十七条　设立居住权，当事人应当采用书面形式订立居住权合同。

居住权合同一般包括下列条款：
（一）当事人的姓名或者名称和住所；
（二）住宅的位置；
（三）居住的条件和要求；
（四）居住权期限；
（五）解决争议的方法。

第三百七十三条　设立地役权，当事人应当采用书面形式订立地役权合同。

地役权合同一般包括下列条款：
（一）当事人的姓名或者名称和住所；
（二）供役地和需役地的位置；
（三）利用目的和方法；
（四）地役权期限；
（五）费用及其支付方式；
（六）解决争议的方法。

第三百九十一条　第三人提供担保，未经其书面同意，债权人允许债务人转移全部或者部分债务的，担保人不再承担相应的担保责任。

第四百条　设立抵押权，当事人应当采用书面形式订立抵押合同。

抵押合同一般包括下列条款：
（一）被担保债权的种类和数额；
（二）债务人履行债务的期限；

(三)抵押财产的名称、数量等情况;

(四)担保的范围。

第四百零九条 抵押权人可以放弃抵押权或者抵押权的顺位。抵押权人与抵押人可以协议变更抵押权顺位以及被担保的债权数额等内容。但是,抵押权的变更未经其他抵押权人书面同意的,不得对其他抵押权人产生不利影响。

债务人以自己的财产设定抵押,抵押权人放弃该抵押权、抵押权顺位或者变更抵押权的,其他担保人在抵押权人丧失优先受偿权益的范围内免除担保责任,但是其他担保人承诺仍然提供担保的除外。

第四百二十七条 设立质权,当事人应当采用书面形式订立质押合同。

质押合同一般包括下列条款:

(一)被担保债权的种类和数额;

(二)债务人履行债务的期限;

(三)质押财产的名称、数量等情况;

(四)担保的范围;

(五)质押财产交付的时间、方式。

第四百六十九条 当事人订立合同,可以采用书面形式、口头形式或者其他形式。

书面形式是合同书、信件、电报、电传、传真等可以有形地表现所载内容的形式。

以电子数据交换、电子邮件等方式能够有形地表现所载内容,并可以随时调取查用的数据电文,视为书面形式。

第四百九十条 当事人采用合同书形式订立合同的,自当事人均签名、盖章或者按指印时合同成立。在签名、盖章或者按指印之前,当事人一方已经履行主要义务,对方接受时,该合同成立。

法律、行政法规规定或者当事人约定合同应当采用书面形式订立,当事人未采用书面形式但是一方已经履行主要义务,对方接受时,该合同成立。

第六百六十八条 借款合同应当采用书面形式,但是自然人之间借款另有约定的除外。

借款合同的内容一般包括借款种类、币种、用途、数额、利率、期限和还款方式等条款。

第六百八十五条　保证合同可以是单独订立的书面合同，也可以是主债权债务合同中的保证条款。

第三人单方以书面形式向债权人作出保证，债权人接收且未提出异议的，保证合同成立。

第六百九十五条　债权人和债务人未经保证人书面同意，协商变更主债权债务合同内容，减轻债务的，保证人仍对变更后的债务承担保证责任；加重债务的，保证人对加重的部分不承担保证责任。

债权人和债务人变更主债权债务合同的履行期限，未经保证人书面同意的，保证期间不受影响。

第六百九十六条　债权人转让全部或者部分债权，未通知保证人的，该转让对保证人不发生效力。

保证人与债权人约定禁止债权转让，债权人未经保证人书面同意转让债权的，保证人对受让人不再承担保证责任。

第六百九十七条　债权人未经保证人书面同意，允许债务人转移全部或者部分债务，保证人对未经其同意转移的债务不再承担保证责任，但是债权人和保证人另有约定的除外。

第三人加入债务的，保证人的保证责任不受影响。

第七百零七条　租赁期限六个月以上的，应当采用书面形式。当事人未采用书面形式，无法确定租赁期限的，视为不定期租赁。

第七百三十六条　融资租赁合同的内容一般包括租赁物的名称、数量、规格、技术性能、检验方法，租赁期限，租金构成及其支付期限和方式、币种，租赁期限届满租赁物的归属等条款。

融资租赁合同应当采用书面形式。

第七百六十二条　保理合同的内容一般包括业务类型、服务范围、服务期限、基础交易合同情况、应收账款信息、保理融资款或者服务报酬及其支付方式等条款。

保理合同应当采用书面形式。

第七百八十九条　建设工程合同应当采用书面形式。

第七百九十六条　建设工程实行监理的，发包人应当与监理人采用书面形式订立委托监理合同。发包人与监理人的权利和义务以及法律责任，应当依照本编委托合同以及其他有关法律、行政法规的规定。

第八百五十一条　技术开发合同是当事人之间就新技术、新产品、新工艺、新品种或者新材料及其系统的研究开发所订立的合同。

技术开发合同包括委托开发合同和合作开发合同。

技术开发合同应当采用书面形式。

当事人之间就具有实用价值的科技成果实施转化订立的合同,参照适用技术开发合同的有关规定。

第八百六十三条 技术转让合同包括专利权转让、专利申请权转让、技术秘密转让等合同。

技术许可合同包括专利实施许可、技术秘密使用许可等合同。

技术转让合同和技术许可合同应当采用书面形式。

第九百三十八条 物业服务合同的内容一般包括服务事项、服务质量、服务费用的标准和收取办法、维修资金的使用、服务用房的管理和使用、服务期限、服务交接等条款。

物业服务人公开作出的有利于业主的服务承诺,为物业服务合同的组成部分。

物业服务合同应当采用书面形式。

第一千零六条 完全民事行为能力人有权依法自主决定无偿捐献其人体细胞、人体组织、人体器官、遗体。任何组织或者个人不得强迫、欺骗、利诱其捐献。

完全民事行为能力人依据前款规定同意捐献的,应当采用书面形式,也可以订立遗嘱。

自然人生前未表示不同意捐献的,该自然人死亡后,其配偶、成年子女、父母可以共同决定捐献,决定捐献应当采用书面形式。

第一千零六十五条 男女双方可以约定婚姻关系存续期间所得的财产以及婚前财产归各自所有、共同所有或者部分各自所有、部分共同所有。约定应当采用书面形式。没有约定或者约定不明确的,适用本法第一千零六十二条、第一千零六十三条的规定。

夫妻对婚姻关系存续期间所得的财产以及婚前财产的约定,对双方具有法律约束力。

夫妻对婚姻关系存续期间所得的财产约定归各自所有,夫或者妻一方对外所负的债务,相对人知道该约定的,以夫或者妻一方的个人财产清偿。

第一千零七十六条 夫妻双方自愿离婚的,应当签订书面离婚协议,并亲自到婚姻登记机关申请离婚登记。

离婚协议应当载明双方自愿离婚的意思表示和对子女抚养、财产以及债务处理等事项协商一致的意见。

第一千一百零九条　外国人依法可以在中华人民共和国收养子女。

外国人在中华人民共和国收养子女，应当经其所在国主管机关依照该国法律审查同意。收养人应当提供由其所在国有权机构出具的有关其年龄、婚姻、职业、财产、健康、有无受过刑事处罚等状况的证明材料，并与送养人签订书面协议，亲自向省、自治区、直辖市人民政府民政部门登记。

前款规定的证明材料应当经收养人所在国外交机关或者外交机关授权的机构认证，并经中华人民共和国驻该国使领馆认证，但是国家另有规定的除外。

第一千一百三十四条　自书遗嘱由遗嘱人亲笔书写，签名，注明年、月、日。

第一千一百三十五条　代书遗嘱应当有两个以上见证人在场见证，由其中一人代书，并由遗嘱人、代书人和其他见证人签名，注明年、月、日。

第一千一百三十六条　打印遗嘱应当有两个以上见证人在场见证。遗嘱人和见证人应当在遗嘱每一页签名，注明年、月、日。

第一千一百三十七条　以录音录像形式立的遗嘱，应当有两个以上见证人在场见证。遗嘱人和见证人应当在录音录像中记录其姓名或者肖像，以及年、月、日。

第一千一百三十八条　遗嘱人在危急情况下，可以立口头遗嘱。口头遗嘱应当有两个以上见证人在场见证。危急情况消除后，遗嘱人能够以书面或者录音录像形式立遗嘱的，所立的口头遗嘱无效。

第一千一百三十九条　公证遗嘱由遗嘱人经公证机构办理。

2.《电子签名法》(2019年4月23日修正)

第四条　能够有形地表现所载内容，并可以随时调取查用的数据电文，视为符合法律、法规要求的书面形式。

3.《合伙企业法》(2006年8月27日修订)

第四条　合伙协议依法由全体合伙人协商一致、以书面形式订立。

4.《公司法》(2023年12月29日修订)

第六十条　只有一个股东的有限责任公司不设股东会。股东作出前条第一款所列事项的决定时,应当采用书面形式,并由股东签名或者盖章后置备于公司。

第一百二十五条第一款 董事会会议,应当由董事本人出席;董事因故不能出席,可以书面委托其他董事代为出席,委托书应当载明授权范围。

第二百二十三条 公司分立前的债务由分立后的公司承担连带责任。但是,公司在分立前与债权人就债务清偿达成的书面协议另有约定的除外。

5.《民用航空法》(2021年4月29日修正)

第十四条 民用航空器所有权的取得、转让和消灭,应当向国务院民用航空主管部门登记;未经登记的,不得对抗第三人。

民用航空器所有权的转让,应当签订书面合同。

第一百四十八条 通用航空企业从事经营性通用航空活动,应当与用户订立书面合同,但是紧急情况下的救护或者救灾飞行除外。

6.《商业银行法》(2015年8月29日修正)

第三十七条 商业银行贷款,应当与借款人订立书面合同。合同应当约定贷款种类、借款用途、金额、利率、还款期限、还款方式、违约责任和双方认为需要约定的其他事项。

7.《广告法》(2021年4月29日修正)

第三十条 广告主、广告经营者、广告发布者之间在广告活动中应当依法订立书面合同。

8.《草原法》(2021年4月29日修正)

第十四条 承包经营草原,发包方和承包方应当签订书面合同。草原承包合同的内容应当包括双方的权利和义务、承包草原四至界限、面积和等级、承包期和起止日期、承包草原用途和违约责任等。承包期届满,原承包经营者在同等条件下享有优先承包权。

承包经营草原的单位和个人,应当履行保护、建设和按照承包合同约定的用途合理利用草原的义务。

9.《建筑法》(2019年4月23日修正)

第十五条 建筑工程的发包单位与承包单位应当依法订立书面合同,明确双方的权利和义务。

发包单位和承包单位应当全面履行合同约定的义务。不按照合同约定履行义务的，依法承担违约责任。

10.《著作权法》(2020年11月11日修正)

第十条　著作权包括下列人身权和财产权：

(一)发表权，即决定作品是否公之于众的权利；

(二)署名权，即表明作者身份，在作品上署名的权利；

(三)修改权，即修改或者授权他人修改作品的权利；

(四)保护作品完整权，即保护作品不受歪曲、篡改的权利；

(五)复制权，即以印刷、复印、拓印、录音、录像、翻录、翻拍、数字化等方式将作品制作一份或者多份的权利；

(六)发行权，即以出售或者赠与方式向公众提供作品的原件或者复制件的权利；

(七)出租权，即有偿许可他人临时使用视听作品、计算机软件的原件或者复制件的权利，计算机软件不是出租的主要标的的除外；

(八)展览权，即公开陈列美术作品、摄影作品的原件或者复制件的权利；

(九)表演权，即公开表演作品，以及用各种手段公开播送作品的表演的权利；

(十)放映权，即通过放映机、幻灯机等技术设备公开再现美术、摄影、视听作品等的权利；

(十一)广播权，即以有线或者无线方式公开传播或者转播作品，以及通过扩音器或者其他传送符号、声音、图像的类似工具向公众传播广播的作品的权利，但不包括本款第十二项规定的权利；

(十二)信息网络传播权，即以有线或者无线方式向公众提供，使公众可以在其选定的时间和地点获得作品的权利；

(十三)摄制权，即以摄制视听作品的方法将作品固定在载体上的权利；

(十四)改编权，即改变作品，创作出具有独创性的新作品的权利；

(十五)翻译权，即将作品从一种语言文字转换成另一种语言文字的权利；

(十六)汇编权，即将作品或者作品的片段通过选择或者编排，汇集成新作品的权利；

(十七)应当由著作权人享有的其他权利。

著作权人可以许可他人行使前款第五项至第十七项规定的权利,并依照约定或者本法有关规定获得报酬。

著作权人可以全部或者部分转让本条第一款第五项至第十七项规定的权利,并依照约定或者本法有关规定获得报酬。

第二十七条 转让本法第十条第一款第五项至第十七项规定的权利,应当订立书面合同。

权利转让合同包括下列主要内容:

(一)作品的名称;

(二)转让的权利种类、地域范围;

(三)转让价金;

(四)交付转让价金的日期和方式;

(五)违约责任;

(六)双方认为需要约定的其他内容。

11.《专利法》(2020年10月17日修正)

第十条 专利申请权和专利权可以转让。

中国单位或者个人向外国人、外国企业或者外国其他组织转让专利申请权或者专利权的,应当依照有关法律、行政法规的规定办理手续。

转让专利申请权或者专利权的,当事人应当订立书面合同,并向国务院专利行政部门登记,由国务院专利行政部门予以公告。专利申请权或者专利权的转让自登记之日起生效。

第四十四条 有下列情形之一的,专利权在期限届满前终止:

(一)没有按照规定缴纳年费的;

(二)专利权人以书面声明放弃其专利权的。

专利权在期限届满前终止的,由国务院专利行政部门登记和公告。

12.《农村土地承包法》(2018年12月29日修正)

第二十二条 发包方应当与承包方签订书面承包合同。

承包合同一般包括以下条款:

(一)发包方、承包方的名称,发包方负责人和承包方代表的姓名、住所;

(二)承包土地的名称、坐落、面积、质量等级;

(三)承包期限和起止日期;

（四）承包土地的用途；

（五）发包方和承包方的权利和义务；

（六）违约责任。

第四十条　土地经营权流转，当事人双方应当签订书面流转合同。

土地经营权流转合同一般包括以下条款：

（一）双方当事人的姓名、住所；

（二）流转土地的名称、坐落、面积、质量等级；

（三）流转期限和起止日期；

（四）流转土地的用途；

（五）双方当事人的权利和义务；

（六）流转价款及支付方式；

（七）土地被依法征收、征用、占用时有关补偿费的归属；

（八）违约责任。

承包方将土地交由他人代耕不超过一年的，可以不签订书面合同。

第四十六条　经承包方书面同意，并向本集体经济组织备案，受让方可以再流转土地经营权。

第四十七条　承包方可以用承包地的土地经营权向金融机构融资担保，并向发包方备案。受让方通过流转取得的土地经营权，经承包方书面同意并向发包方备案，可以向金融机构融资担保。

担保物权自融资担保合同生效时设立。当事人可以向登记机构申请登记；未经登记，不得对抗善意第三人。

实现担保物权时，担保物权人有权就土地经营权优先受偿。

土地经营权融资担保办法由国务院有关部门规定。

13.《个人独资企业法》（2000年1月1日起施行）

第十九条　个人独资企业投资人可以自行管理企业事务，也可以委托或者聘用其他具有民事行为能力的人负责企业的事务管理。

投资人委托或者聘用他人管理个人独资企业事务，应当与受托人或者被聘用的人签订书面合同，明确委托的具体内容和授予的权利范围。

受托人或者被聘用的人员应当履行诚信、勤勉义务，按照与投资人签订的合同负责个人独资企业的事务管理。

投资人对受托人或者被聘用的人员职权的限制，不得对抗善意第三人。

14.《招标投标法》(2017 年 12 月 27 日修正)

第四十六条 招标人和中标人应当自中标通知书发出之日起三十日内,按照招标文件和中标人的投标文件订立书面合同。招标人和中标人不得再行订立背离合同实质性内容的其他协议。

招标文件要求中标人提交履约保证金的,中标人应当提交。

15.《海商法》(1993 年 7 月 1 日起施行)

第九条 船舶所有权的取得、转让和消灭,应当向船舶登记机关登记;未经登记的,不得对抗第三人。

船舶所有权的转让,应当签订书面合同。

第十二条 船舶所有人或者船舶所有人授权的人可以设定船舶抵押权。

船舶抵押权的设定,应当签订书面合同。

第四十三条 承运人或者托运人可以要求书面确认海上货物运输合同的成立。但是,航次租船合同应当书面订立。电报、电传和传真具有书面效力。

第六十二条 承运人承担本章未规定的义务或者放弃本章赋予的权利的任何特别协议,经实际承运人书面明确同意的,对实际承运人发生效力;实际承运人是否同意,不影响此项特别协议对承运人的效力。

第一百二十八条 船舶租用合同,包括定期租船合同和光船租赁合同,均应当书面订立。

第一百五十六条 海上拖航合同应当书面订立。海上拖航合同的内容,主要包括承拖方和被拖方的名称和住所、拖轮和被拖物的名称和主要尺度、拖轮马力、起拖地和目的地、起拖日期、拖航费及其支付方式,以及其他有关事项。

16.《旅游法》(2018 年 10 月 26 日修正)

第五十八条 包价旅游合同应当采用书面形式,包括下列内容:

(一)旅行社、旅游者的基本信息;

(二)旅游行程安排;

(三)旅游团成团的最低人数;

(四)交通、住宿、餐饮等旅游服务安排和标准;

(五)游览、娱乐等项目的具体内容和时间;

(六)自由活动时间安排;

（七）旅游费用及其交纳的期限和方式；

（八）违约责任和解决纠纷的方式；

（九）法律、法规规定和双方约定的其他事项。

订立包价旅游合同时，旅行社应当向旅游者详细说明前款第二项至第八项所载内容。

17.《慈善法》（2023年12月29日修正）

第四十五条　设立慈善信托、确定受托人和监察人，应当采取书面形式。受托人应当在慈善信托文件签订之日起七日内，将相关文件向受托人所在地县级以上人民政府民政部门备案。

未按照前款规定将相关文件报民政部门备案的，不享受税收优惠。

18.《保险法》（2015年4月24日修正）

第十三条　投保人提出保险要求，经保险人同意承保，保险合同成立。保险人应当及时向投保人签发保险单或者其他保险凭证。

保险单或者其他保险凭证应当载明当事人双方约定的合同内容。当事人也可以约定采用其他书面形式载明合同内容。

依法成立的保险合同，自成立时生效。投保人和保险人可以对合同的效力约定附条件或者附期限。

19.《信托法》（2001年10月1日起施行）

第八条　设立信托，应当采取书面形式。

书面形式包括信托合同、遗嘱或者法律、行政法规规定的其他书面文件等。

采取信托合同形式设立信托的，信托合同签订时，信托成立。采取其他书面形式设立信托的，受托人承诺信托时，信托成立。

20.《劳动法》（2018年12月29日修正）

第十九条　劳动合同应当以书面形式订立，并具备以下条款：

（一）劳动合同期限；

（二）工作内容；

（三）劳动保护和劳动条件；

（四）劳动报酬；

（五）劳动纪律；

（六）劳动合同终止的条件；

(七)违反劳动合同的责任。

劳动合同除前款规定的必备条款外,当事人可以协商约定其他内容。

21.《固体废物污染环境防治法》(2020年4月29日修订)

第三十七条 产生工业固体废物的单位委托他人运输、利用、处置工业固体废物的,应当对受托方的主体资格和技术能力进行核实,依法签订书面合同,在合同中约定污染防治要求。

受托方运输、利用、处置工业固体废物,应当依照有关法律法规的规定和合同约定履行污染防治要求,并将运输、利用、处置情况告知产生工业固体废物的单位。

产生工业固体废物的单位违反本条第一款规定的,除依照有关法律法规的规定予以处罚外,还应当与造成环境污染和生态破坏的受托方承担连带责任。

22.《森林法》(2019年12月28日修订)

第十九条 集体林地经营权流转应当签订书面合同。林地经营权流转合同一般包括流转双方的权利义务、流转期限、流转价款及支付方式、流转期限届满林地上的林木和固定生产设施的处置、违约责任等内容。

受让方违反法律规定或者合同约定造成森林、林木、林地严重毁坏的,发包方或者承包方有权收回林地经营权。

23.《土地管理法》(2019年8月26日修正)

第六十三条 土地利用总体规划、城乡规划确定为工业、商业等经营性用途,并经依法登记的集体经营性建设用地,土地所有权人可以通过出让、出租等方式交由单位或者个人使用,并应当签订书面合同,载明土地界址、面积、动工期限、使用期限、土地用途、规划条件和双方其他权利义务。

前款规定的集体经营性建设用地出让、出租等,应当经本集体经济组织成员的村民会议三分之二以上成员或者三分之二以上村民代表的同意。

通过出让等方式取得的集体经营性建设用地使用权可以转让、互换、出资、赠与或者抵押,但法律、行政法规另有规定或者土地所有权人、土地使用权人签订的书面合同另有约定的除外。

集体经营性建设用地的出租，集体建设用地使用权的出让及其最高年限、转让、互换、出资、赠与、抵押等，参照同类用途的国有建设用地执行。具体办法由国务院制定。

24.《城市房地产管理法》(2019年8月26日修正)

第十五条 土地使用权出让，应当签订书面出让合同。

土地使用权出让合同由市、县人民政府土地管理部门与土地使用者签订。

第四十一条 房地产转让，应当签订书面转让合同，合同中应当载明土地使用权取得的方式。

第五十条 房地产抵押，抵押人和抵押权人应当签订书面抵押合同。

第五十四条 房屋租赁，出租人和承租人应当签订书面租赁合同，约定租赁期限、租赁用途、租赁价格、修缮责任等条款，以及双方的其他权利和义务，并向房产管理部门登记备案。

二、相关司法解释规定

1.《最高人民法院关于适用〈中华人民共和国民法典〉总则编若干问题的解释》(法释〔2022〕6号)

第十八条 当事人未采用书面形式或者口头形式，但是实施的行为本身表明已经作出相应意思表示，并符合民事法律行为成立条件的，人民法院可以认定为民法典第一百三十五条规定的采用其他形式实施的民事法律行为。

2.《最高人民法院关于适用〈中华人民共和国民法典〉继承编的解释(一)》(法释〔2020〕23号)

第三十三条 继承人放弃继承应当以书面形式向遗产管理人或者其他继承人表示。

3.《最高人民法院关于审理著作权民事纠纷案件适用法律若干问题的解释》(法释〔2002〕31号)(2020年12月23日修正)

第二十二条 著作权转让合同未采取书面形式的，人民法院依据民法典第四百九十条的规定审查合同是否成立。

4.《最高人民法院关于适用〈中华人民共和国保险法〉若干问题的解释(三)》(法释〔2015〕21号)(2020年12月23日修正)

第一条 当事人订立以死亡为给付保险金条件的合同，根据保险法第三十四条的规定,"被保险人同意并认可保险金额"可以采取书面形式、口头形式或者其他形式;可以在合同订立时作出,也可以在合同订立后追认。

有下列情形之一的,应认定为被保险人同意投保人为其订立保险合同并认可保险金额:

(一)被保险人明知他人代其签名同意而未表示异议的;

(二)被保险人同意投保人指定的受益人的;

(三)有证据足以认定被保险人同意投保人为其投保的其他情形。

第二条 被保险人以书面形式通知保险人和投保人撤销其依据保险法第三十四条第一款规定所作出的同意意思表示的,可认定为保险合同解除。

5.《最高人民法院关于审理劳动争议案件适用法律问题的解释(一)》(法释〔2020〕26号)

第四十三条 用人单位与劳动者协商一致变更劳动合同,虽未采用书面形式,但已经实际履行了口头变更的劳动合同超过一个月,变更后的劳动合同内容不违反法律、行政法规且不违背公序良俗,当事人以未采用书面形式为由主张劳动合同变更无效的,人民法院不予支持。

第一百三十六条 【民事法律行为生效时间】民事法律行为自成立时生效,但是法律另有规定或者当事人另有约定的除外。

行为人非依法律规定或者未经对方同意,不得擅自变更或者解除民事法律行为。

一、相关法律条文

《民法典》(2021年1月1日起施行)

第五百零二条 依法成立的合同,自成立时生效,但是法律另有规定或者当事人另有约定的除外。

依照法律、行政法规的规定,合同应当办理批准等手续的,依照其规定。未办理批准等手续影响合同生效的,不影响合同中履行报批等义务条款以及相关条款的效力。应当办理申请批准等手续的当事人未履行义务的,对方可以请求其承担违反该义务的责任。

依照法律、行政法规的规定，合同的变更、转让、解除等情形应当办理批准等手续的，适用前款规定。

二、相关司法解释规定

1.《最高人民法院关于印发〈全国法院民商事审判工作会议纪要〉的通知》(法〔2019〕254号)

37.【未经批准合同的效力】法律、行政法规规定某类合同应当办理批准手续生效的，如商业银行法、证券法、保险法等法律规定购买商业银行、证券公司、保险公司5%以上股权须经相关主管部门批准，依据《合同法》第44条第2款的规定，批准是合同的法定生效条件，未经批准的合同因欠缺法律规定的特别生效条件而未生效。实践中的一个突出问题是，把未生效合同认定为无效合同，或者虽认定为未生效，却按无效合同处理。无效合同从本质上来说是欠缺合同的有效要件，或者具有合同无效的法定事由，自始不发生法律效力。而未生效合同已具备合同的有效要件，对双方具有一定的拘束力，任何一方不得擅自撤回、解除、变更，但因欠缺法律、行政法规规定或当事人约定的特别生效条件，在该生效条件成就前，不能产生请求对方履行合同主要权利义务的法律效力。

38.【报批义务及相关违约条款独立生效】须经行政机关批准生效的合同，对报批义务及未履行报批义务的违约责任等相关内容作出专门约定的，该约定独立生效。一方因另一方不履行报批义务，请求解除合同并请求其承担合同约定的相应违约责任的，人民法院依法予以支持。

39.【报批义务的释明】须经行政机关批准生效的合同，一方请求另一方履行合同主要权利义务的，人民法院应当向其释明，将诉讼请求变更为请求履行报批义务。一方变更诉讼请求的，人民法院依法予以支持；经释明后当事人拒绝变更的，应当驳回其诉讼请求，但不影响其另行提起诉讼。

40.【判决履行报批义务后的处理】人民法院判决一方履行报批义务后，该当事人拒绝履行，经人民法院强制执行仍未履行，对方请求其承担合同违约责任的，人民法院依法予以支持。一方依据判决履行报批义务，行政机关予以批准，合同发生完全的法律效力，其请求对方履行合同的，人民法院依法予以支持；行政机关没有批准，合同不具有法律上的可履行性，一方请求解除合同的，人民法院依法予以支持。

2.《最高人民法院关于审理外商投资企业纠纷案件若干问题的规定(一)》(法释〔2010〕9号)(2020年12月23日修正)

第一条 当事人在外商投资企业设立、变更等过程中订立的合同,依法律、行政法规的规定应当经外商投资企业审批机关批准后才生效的,自批准之日起生效;未经批准的,人民法院应当认定该合同未生效。当事人请求确认该合同无效的,人民法院不予支持。

前款所述合同因未经批准而被认定未生效的,不影响合同中当事人履行报批义务条款及因该报批义务而设定的相关条款的效力。

第二条 当事人就外商投资企业相关事项达成的补充协议对已获批准的合同不构成重大或实质性变更的,人民法院不应以未经外商投资企业审批机关批准为由认定该补充协议未生效。

前款规定的重大或实质性变更包括注册资本、公司类型、经营范围、营业期限、股东认缴的出资额、出资方式的变更以及公司合并、公司分立、股权转让等。

第十三条 外商投资企业股东与债权人订立的股权质押合同,除法律、行政法规另有规定或者合同另有约定外,自成立时生效。未办理质权登记的,不影响股权质押合同的效力。

当事人仅以股权质押合同未经外商投资企业审批机关批准为由主张合同无效或未生效的,人民法院不予支持。

股权质押合同依照民法典的相关规定办理了出质登记的,股权质权自登记时设立。

第十五条 合同约定一方实际投资、另一方作为外商投资企业名义股东,不具有法律、行政法规规定的无效情形的,人民法院应认定该合同有效。一方当事人仅以未经外商投资企业审批机关批准为由主张该合同无效或者未生效的,人民法院不予支持。

实际投资者请求外商投资企业名义股东依据双方约定履行相应义务的,人民法院应予支持。

双方未约定利益分配,实际投资者请求外商投资企业名义股东向其交付从外商投资企业获得的收益的,人民法院应予支持。外商投资企业名义股东向实际投资者请求支付必要报酬的,人民法院应酌情予以支持。

三、相关指导性案例

指导案例67号:汤长龙诉周士海股权转让纠纷案(最高人民法院审判委员会讨论通过　2016年9月19日发布)

参见第八十六条“营利法人应履行的义务”对应案例。

第二节　意思表示

第一百三十七条　【有相对人的意思表示生效时间】以对话方式作出的意思表示,相对人知道其内容时生效。

以非对话方式作出的意思表示,到达相对人时生效。以非对话方式作出的采用数据电文形式的意思表示,相对人指定特定系统接收数据电文的,该数据电文进入该特定系统时生效;未指定特定系统的,相对人知道或者应当知道该数据电文进入其系统时生效。当事人对采用数据电文形式的意思表示的生效时间另有约定的,按照其约定。

一、相关法律条文

1.《民法典》(2021年1月1日起施行)

第四百七十四条　要约生效的时间适用本法第一百三十七条的规定。

第四百八十四条　以通知方式作出的承诺,生效的时间适用本法第一百三十七条的规定。

承诺不需要通知的,根据交易习惯或者要约的要求作出承诺的行为时生效。

2.《电子签名法》(2019年4月23日修正)

第四条　能够有形地表现所载内容,并可以随时调取查用的数据电文,视为符合法律、法规要求的书面形式。

第五条　符合下列条件的数据电文,视为满足法律、法规规定的原件形式要求:

(一)能够有效地表现所载内容并可供随时调取查用;

(二)能够可靠地保证自最终形成时起,内容保持完整、未被更改。但是,在数据电文上增加背书以及数据交换、储存和显示过程中发生的形式变化不影响数据电文的完整性。

第六条 符合下列条件的数据电文,视为满足法律、法规规定的文件保存要求:

(一)能够有效地表现所载内容并可供随时调取查用;

(二)数据电文的格式与其生成、发送或者接收时的格式相同,或者格式不相同但是能够准确表现原来生成、发送或者接收的内容;

(三)能够识别数据电文的发件人、收件人以及发送、接收的时间。

第七条 数据电文不得仅因为其是以电子、光学、磁或者类似手段生成、发送、接收或者储存的而被拒绝作为证据使用。

第八条 审查数据电文作为证据的真实性,应当考虑以下因素:

(一)生成、储存或者传递数据电文方法的可靠性;

(二)保持内容完整性方法的可靠性;

(三)用以鉴别发件人方法的可靠性;

(四)其他相关因素。

第九条 数据电文有下列情形之一的,视为发件人发送:

(一)经发件人授权发送的;

(二)发件人的信息系统自动发送的;

(三)收件人按照发件人认可的方法对数据电文进行验证后结果相符的。

当事人对前款规定的事项另有约定的,从其约定。

第十条 法律、行政法规规定或者当事人约定数据电文需要确认收讫的,应当确认收讫。发件人收到收件人的收讫确认时,数据电文视为已经收到。

第十一条 数据电文进入发件人控制之外的某个信息系统的时间,视为该数据电文的发送时间。

收件人指定特定系统接收数据电文的,数据电文进入该特定系统的时间,视为该数据电文的接收时间;未指定特定系统的,数据电文进入收件人的任何系统的首次时间,视为该数据电文的接收时间。

当事人对数据电文的发送时间、接收时间另有约定的,从其约定。

第十二条 发件人的主营业地为数据电文的发送地点,收件人的主营业地为数据电文的接收地点。没有主营业地的，其经常居住地为发送或者接收地点。

当事人对数据电文的发送地点、接收地点另有约定的，从其约定。

二、相关司法解释规定

《最高人民法院关于适用〈中华人民共和国民法典〉合同编通则若干问题的解释》（法释〔2023〕13号）

第四条第一款　采取招标方式订立合同，当事人请求确认合同自中标通知书到达中标人时成立的，人民法院应予支持。合同成立后，当事人拒绝签订书面合同的，人民法院应当依据招标文件、投标文件和中标通知书等确定合同内容。

第五十条　让与人将同一债权转让给两个以上受让人，债务人以已经向最先通知的受让人履行为由主张其不再履行债务的，人民法院应予支持。债务人明知接受履行的受让人不是最先通知的受让人，最先通知的受让人请求债务人继续履行债务或者依据债权转让协议请求让与人承担违约责任的，人民法院应予支持；最先通知的受让人请求接受履行的受让人返还其接受的财产的，人民法院不予支持，但是接受履行的受让人明知该债权在其受让前已经转让给其他受让人的除外。

前款所称最先通知的受让人，是指最先到达债务人的转让通知中载明的受让人。当事人之间对通知到达时间有争议的，人民法院应当结合通知的方式等因素综合判断，而不能仅根据债务人认可的通知时间或者通知记载的时间予以认定。当事人采用邮寄、通讯电子系统等方式发出通知的，人民法院应当以邮戳时间或者通讯电子系统记载的时间等作为认定通知到达时间的依据。

第五十三条　当事人一方以通知方式解除合同，并以对方未在约定的异议期限或者其他合理期限内提出异议为由主张合同已经解除的，人民法院应当对其是否享有法律规定或者合同约定的解除权进行审查。经审查，享有解除权的，合同自通知到达对方时解除；不享有解除权的，不发生合同解除的效力。

第五十四条　当事人一方未通知对方，直接以提起诉讼的方式主张解除合同，撤诉后再次起诉主张解除合同，人民法院经审理支持该主张的，合同自再次起诉的起诉状副本送达对方时解除。但是，当事人一方撤诉后又通知对方解除合同且该通知已经到达对方的除外。

第五十五条 当事人一方依据民法典第五百六十八条的规定主张抵销,人民法院经审理认为抵销权成立的,应当认定通知到达对方时双方互负的主债务、利息、违约金或者损害赔偿金等债务在同等数额内消灭。

第五十九条 当事人一方依据民法典第五百八十条第二款的规定请求终止合同权利义务关系的,人民法院一般应当以起诉状副本送达对方的时间作为合同权利义务关系终止的时间。根据案件的具体情况,以其他时间作为合同权利义务关系终止的时间更加符合公平原则和诚信原则的,人民法院可以以该时间作为合同权利义务关系终止的时间,但是应当在裁判文书中充分说明理由。

第一百三十八条 【无相对人的意思表示生效时间】 无相对人的意思表示,表示完成时生效。法律另有规定的,依照其规定。

相关法律条文

《民法典》(2021年1月1日起施行)

第一千一百三十三条 自然人可以依照本法规定立遗嘱处分个人财产,并可以指定遗嘱执行人。

自然人可以立遗嘱将个人财产指定由法定继承人中的一人或者数人继承。

自然人可以立遗嘱将个人财产赠与国家、集体或者法定继承人以外的组织、个人。

自然人可以依法设立遗嘱信托。

第一千一百四十二条 遗嘱人可以撤回、变更自己所立的遗嘱。

立遗嘱后,遗嘱人实施与遗嘱内容相反的民事法律行为的,视为对遗嘱相关内容的撤回。

立有数份遗嘱,内容相抵触的,以最后的遗嘱为准。

第一百三十九条 【以公告方式作出的意思表示生效时间】 以公告方式作出的意思表示,公告发布时生效。

相关法律条文

《民法典》(2021年1月1日起施行)

第四百七十三条　要约邀请是希望他人向自己发出要约的表示。拍卖公告、招标公告、招股说明书、债券募集办法、基金招募说明书、商业广告和宣传、寄送的价目表等为要约邀请。

商业广告和宣传的内容符合要约条件的,构成要约。

第四百九十九条　悬赏人以公开方式声明对完成特定行为的人支付报酬的,完成该行为的人可以请求其支付。

第一百四十条　【作出意思表示的方式】行为人可以明示或者默示作出意思表示。

沉默只有在有法律规定、当事人约定或者符合当事人之间的交易习惯时,才可以视为意思表示。

一、相关法律条文

《民法典》(2021年1月1日起施行)

第四百八十条　承诺应当以通知的方式作出;但是,根据交易习惯或者要约表明可以通过行为作出承诺的除外。

第六百三十八条　试用买卖的买受人在试用期内可以购买标的物,也可以拒绝购买。试用期限届满,买受人对是否购买标的物未作表示的,视为购买。

试用买卖的买受人在试用期内已经支付部分价款或者对标的物实施出卖、出租、设立担保物权等行为的,视为同意购买。

二、相关司法解释规定

1.《最高人民法院关于适用〈中华人民共和国民法典〉合同编通则若干问题的解释》(法释〔2023〕13号)

第二条　下列情形,不违反法律、行政法规的强制性规定且不违背公序良俗的,人民法院可以认定为民法典所称的“交易习惯”:

(一)当事人之间在交易活动中的惯常做法;

(二)在交易行为当地或者某一领域、某一行业通常采用并为交易对方订立合同时所知道或者应当知道的做法。

对于交易习惯,由提出主张的当事人一方承担举证责任。

2.《最高人民法院关于成都优邦文具有限公司、王国建申请撤销深圳仲裁委员会(2011)深仲裁字第601号仲裁裁决一案的请示的复函》(2013年3月20日 〔2013〕民四他字第9号)

广东省高级人民法院:

你院(2012)粤高法仲复字第2号《关于成都优邦文具有限公司、王国建申请撤销深圳仲裁委员会(2011)深仲裁字第601号仲裁裁决一案的请示》收悉。经研究,答复如下:

本案系当事人申请撤销我国仲裁机构作出的涉港仲裁裁决的案件。案涉担保合同没有约定仲裁条款,仲裁庭关于主合同有仲裁条款,担保合同作为从合同应当受到主合同中仲裁条款约束的意见缺乏法律依据。仲裁庭对没有约定仲裁条款的担保合同进行审理并作出裁决,担保人王国建申请撤销该仲裁裁决中涉及其作为担保人部分的裁项的理由成立。鉴于王国建与祈祥、陈建军系共同保证人,三者具有共同的法律地位,且关于该三人责任的裁决共同表述在裁决书第(四)项中,人民法院宜将该裁项作为一项不可分的裁决予以撤销。

综上,根据《中华人民共和国仲裁法》第七十条、《中华人民共和国民事诉讼法》第二百七十四条第一款第(一)项之规定,案涉裁决书第(四)项以及第(六)项中关于王国建、祈祥与陈建军共同承担仲裁费用的内容应予撤销。

此复。

附:

广东省高级人民法院关于成都优邦文具有限公司、王国建申请撤销深圳仲裁委员会(2011)深仲裁字第601号仲裁裁决一案的请示(2012年11月28日 〔2012〕粤高法仲复字第2号)

最高人民法院:

广东省深圳市中级人民法院(以下简称深圳中院)受理成都优邦文具有限公司(以下简称成都优邦公司)、王国建申请撤销涉外仲裁裁决一案,拟裁定撤销深圳仲裁委员会于2011年9月8日作出的(2011)深仲裁字第601号裁决书。根据《最高人民法院关于人民法院撤销涉外仲裁裁决有关事项的通知》(法〔1998〕40号)的规定,深圳中院上报我院审查。经审查,我院部分同意深圳中院意见,现按上述通知要求特向钧院请示。

（一）当事人的基本情况

申请人（仲裁第一被申请人）：成都优邦文具有限公司。住所地：四川省成都市双林路。

法定代表人：王国建，该公司总经理。

申请人（仲裁第二被申请人）：王国建，住湖南省汨罗市黄柏集镇。

被申请人（仲裁申请人）：友邦胶袋印制有限公司。住所地：香港特别行政区新界葵涌葵昌路。

仲裁第三被申请人：祈祥，住江苏省滨海县。

仲裁第四被申请人：陈建军，住江西省九江市浔阳区。

（二）当事人申请撤销仲裁裁决的理由及答辩

成都优邦公司、王国建不服（2011）深仲裁字第601号裁决书（以下简称601号裁决书），依据仲裁法的规定，申请撤销该仲裁裁决。理由：1.仲裁裁决对没有约定仲裁条款的担保书进行裁决不当。（1）《担保书》中没有关于仲裁条款的约定，事后当事人各方也无仲裁协议。601号裁决书裁决《担保书》中的担保人王国建、祈祥、陈建军承担连带责任违反仲裁法律规定，属于撤销仲裁裁决法定理由中的“没有仲裁协议的”情形。（2）仲裁程序是当事人意思自治的充分体现，不同于人民法院的强制管辖。仲裁机构对任何当事人均不具有强制管辖的权利，只有人民法院可以行使相应的司法强制管辖权。（3）仲裁程序中被申请人王国建于2011年4月提出管辖权异议时，仲裁庭根据主从合同关系判定《商标使用许可合同》之仲裁条款对另外一份合同《担保书》具有约束力。仲裁程序中的王国建在第一次开庭时也再次郑重提出管辖权异议问题，而仲裁庭不予认可，此实为仲裁庭适用法律错误。（4）本案中仲裁委员会认为主合同与担保合同主从法律关系成立，所以主合同中有仲裁条款，担保合同亦适用之，但现行法律、法规或者司法解释中没有明确规定主合同中有仲裁条款，从合同就当然适用该仲裁条款。仲裁委员会受理和处理本案，并裁决由三个担保人承担连带偿还责任没有法律依据，其裁决结果违法。综上所述，深圳仲裁委员会对《担保书》中没有约定仲裁条款的担保人行使仲裁管辖权并裁决担保人承担连带责任是违反仲裁法的，人民法院应当依法撤销。2.仲裁程序中友邦胶袋印制有限公司（以下简称友邦公司）隐瞒了足以影响公正裁决的证据：（1）深圳长友塑料制品有限公司（以下简称深圳长友公司）的“工商登记资料”中的重要证据。（2）“《商标使用许可合同》解除通知”，造成仲裁庭不能认定《商标使用许可合同》早已经终止的事实,作出错误裁决。(3)友邦公司蓄意隐瞒本案另一重要证据《关于解除〈合同书的通知〉》,影响了本案的公正裁决。3. 仲裁庭违反仲裁规则。(1)故意无视重要证据的收集,甚至不顾庭审记录的事实,违规裁决。(2)仲裁员违背《仲裁规则》第五条中的应当根据事实裁决的原则,枉法裁决,无视法律,避重就轻,导致裁决与事实严重不符。综上,601 号裁决书对没有仲裁约定的《担保书》进行裁决,仲裁程序中友邦公司隐瞒了足以影响公正裁决的证据,仲裁庭违背仲裁规则进行裁决,且枉法裁决,特申请人民法院依法撤销该裁决,以维护成都优邦公司的正当权益。

被申请人友邦公司答辩称:(1)深圳仲裁委对《商标使用许可合同》和附属《担保书》纠纷都有管辖权。(2)友邦公司从未解除《商标使用许可合同》,不存在隐瞒证据的事实。(3)本案不存在可以撤销仲裁裁决法定事由。申请人成都优邦公司认为仲裁裁决不公正,不属于申请撤销仲裁裁决案件的审查范围。本案所涉仲裁裁决属涉港仲裁,应根据《中华人民共和国仲裁法》第七十条的规定进行审查。综上,请求依法裁定驳回成都优邦公司的撤裁申请。

(三)案件的基本事实

1. 2007 年 2 月 1 日,友邦公司与成都优邦公司签订一份《商标使用许可合同》。合同约定友邦公司将已注册的"YOBO 优邦"许可成都优邦公司使用;许可使用的时间为 5 年,自 2007 年 1 月 1 日起至 2011 年 12 月 21 日止。许可使用的商品限于经济型文具产品,具体产品范围由成都优邦公司与深圳长友公司商议。友邦公司授权深圳长友公司监督成都优邦公司使用注册商标的商品质量。许可使用商标为有偿使用,按固定使用费和销售额比例提成相结合的原则支付商标使用费,具体费用如下:2007 年份最低销售额 1000 万元固定使用费 20 万元、2008 年份最低销售额 2000 万元固定使用费 40 万元、2009 年份最低销售额 4000 万元固定使用费 80 万元、2010 年份最低销售额 6000 万元固定使用费 120 万元、2011 年份最低销售额 1 亿元固定使用费 200 万元,如成都优邦公司当年度销售额超过上述最低销售额时,友邦公司对超过部分按 2% 的标准在收取固定使用费的基础上另行收取提成使用费,该费用在年度结束后 1 个月内支付;如成都优邦公司未能按约支付商标使用费,按迟付金额日 5‰的标准向友邦公司支付违约金,超过 2 个月时,友邦公司有权单方解除合同。纠纷解决方式,由双方先行协商,协商不成时,双方一致同意将争议提交到深圳仲裁委员会并按该会仲裁规则处理。友邦公司方由麦灿枝在该合同上签字并加盖小圆印鉴。

2.2007年2月7日,第二、三、四被申请人王国建、祈祥、陈建军共同签署一份《担保书》,就本案合同共同为成都优邦公司向友邦公司提供担保。担保范围包括支付商标使用费、产品质量保证、经济赔偿金、承担违约责任等所有法律事项,保证责任为连带保证责任。王国建、祈祥、陈建军三人均在该《担保书》上签名。

3.国家工商总局商标局向友邦公司颁发《商标注册证》,注册有效期限为2003年8月21日至2013年8月20日。

4.2007年2月1日,成都优邦公司与深圳长友公司签订一份《合同书》。约定:该双方当事人均获得友邦公司的该项商标使用许可权,但成都优邦公司被授权的产品范围仅限于经济型产品;成都优邦公司自行选择生产商生产经济型产品,同等条件下应当优先选择深圳长友公司作为该类产品供应商;成都优邦公司生产销售产品所发生的债权债务自行承担;若成都优邦公司因违约被取消商标使用权或者《商标使用许可合同》终止时,成都优邦公司的区域市场应当配合深圳长友公司进行良性交接,并提交相应渠道和市场财务数据,以便于该方后续运作,同时该方不支付任何费用。该合同有效期为5年,自2007年1月1日起至2011年12月31日止。

5.经仲裁庭庭审查明,友邦公司注册商标和条码通过深圳长友公司交给成都优邦公司。

6.2007年7月,深圳长友公司出具一份《收据》,该收据显示:兹收到成都优邦公司交来人民币20万元,该款系付经济型品牌使用费:祁祥66667元、陈建军66667元、王国建66666元。该收据加盖了深圳长友公司的财务专用章。仲裁庭庭审查明,友邦公司在仲裁申请书上确认的其收到的2008年度部分使用费人民币66666元也是由深圳长友公司收取的。

7.2008年10月28日,深圳长友公司向成都优邦公司发出一份《关于解除〈合同书〉的通知》。该通知内容如下:因贵公司严重违约,友邦公司已于2008年10月27日通知解除贵公司签订的《商标使用许可合同》,终止"YOBO优邦"注册商标使用许可权,我公司依据合同第九条规定,即日起解除与贵公司2007年2月1日签订的《合同书》,请贵公司依据合同规定进行市场交接工作。本通知一式两份,一份以特快专递邮寄给贵公司,一份我公司留存。深圳长友公司加盖了公章。

8. 根据2011年3月4日深圳市市场监督管理局注册登记信息查询单显示,深圳长友公司的股东为香港友邦胶袋印制公司和深圳长龙华科技实业有限公司。仲裁庭庭审查明,友邦公司系香港注册的公司,在大陆没有注册成立自己的经营或办事机构,注册商标使用许可合同的履行均是通过其在深圳设立的合资公司深圳长友公司进行。

9. 成都优邦公司出具一份2011年3月22日四川省成都市国力公证处签署的一份《公证书》。该公证事项为证据保全,证明在该日的电脑操作中,在“http://www. youbang. com”网页上显示的是申请人的名称和商品图片,在“http://www. youbang. com. cn”网页上显示的是深圳长友公司的名称和宣传友邦公司注册商标的公司介绍及商品图片。

10. 仲裁庭庭审查明,合同履行中,友邦公司没有以自己的名义进行过任何行为。对于成都优邦公司欠缴的2008年度部分、2009年度、2010年度及2011年度的商标使用费,友邦公司未能举证证明其进行过联系和催缴。

11. 友邦公司依据2007年2月1日其与成都优邦公司签订的《商标使用许可合同》中约定的仲裁条款,于2011年1月向深圳仲裁委员会提出仲裁申请,请求裁决:(1)成都优邦公司与友邦公司终止履行双方签订的《商标使用许可合同》,成都优邦公司立即停止使用友邦公司的注册商标;(2)成都优邦公司支付友邦公司商标使用费人民币4333334元,违约金2774001元(暂计至2011年2月1日止,按迟付金额日2‰的标准计算),违约金以后仍按以上标准计算到成都优邦公司付清全部商标使用费之日止;(3)成都优邦公司支付友邦公司因本案所产生的律师费60000元;(4)第二、三、四被申请人王国建、祁祥、陈建军对上列(1)、(2)、(3)项成都优邦公司应支付给友邦公司的款项承担连带清偿责任;(5)由成都优邦公司、王国建、祁祥、陈建军四被申请人承担全部仲裁费。深圳仲裁委员会受理了该商标使用许可合同纠纷案,受理案号为深仲涉外受字(2011)第9号,审理程序适用2008年1月1日起施行的《深圳仲裁委员会仲裁规则》(以下简称《仲裁规则》)。

2011年4月11日,王国建向仲裁庭提出《无管辖异议申请书》,认为:王国建并不是《商标使用许可合同》中的当事人,并不受该合同中仲裁条款的约束,王国建即使出具了《担保书》,但该《担保书》上并没有约定由仲裁委员会对争议进行管辖。因此,《商标使用许可合同》中约定的仲裁管辖对王国建无效，仲裁委员会不能强制管辖。仲裁庭对王国建提起的管辖权异议进行审查后认为：《担保书》明确表明是为《商标使用许可合同》中的相关事宜进行担保。从合同关系上看，《担保书》是《商标使用许可合同》的从合同，依据主从合同关系，《商标使用许可合同》中的仲裁条款对《担保书》的签订方具有约束力。综上，仲裁庭依据《中华人民共和国仲裁法》第二十条之规定，作出深仲涉外受字(2011)第9号管辖权异议决定书，驳回王国建关于案件管辖权的异议。

深圳仲裁委员会对案件进行了审理，祈祥、陈建军两本申请人经仲裁委员会依法通知，无正当理由拒不到庭，也不答辩，视为自动放弃抗辩的权利。仲裁庭于2011年9月8日作出601号裁决书，裁决如下：(1)终止友邦公司与成都优邦公司的《商标使用许可合同》；(2)成都优邦公司向友邦公司支付欠交的商标使用费人民币3666666元；(3)成都优邦公司向友邦公司支付律师费人民币30000元；(4)王国建、祁祥、陈建军对成都优邦公司的上述支付义务承担连带清偿责任；(5)驳回友邦公司的其他仲裁请求；(6)本案仲裁费人民币83689元，由友邦公司承担41845元，成都优邦公司、王国建、祁祥、陈建军四位被申请人共同承担41844元。仲裁费友邦公司已预交，成都优邦公司、王国建、祁祥、陈建军四位被申请人承担之数径付友邦公司。上述款项，成都优邦公司、王国建、祁祥、陈建军应当自本裁决书送达之日起7日内履行完毕。

（四）深圳中院的审查处理意见

深圳中院经审查认为，601号裁决书为涉港仲裁裁决，故应依照《中华人民共和国仲裁法》第七十条及《中华人民共和国民事诉讼法》第二百五十八条之规定进行审查。根据《中华人民共和国民事诉讼法》第二百五十八条规定的可以撤销仲裁裁决的几种情形，成都优邦公司申请撤销仲裁裁决的理由，包括《担保书》中没有约定仲裁条款，仲裁对担保事宜进行审理并裁决属于无权仲裁；友邦公司隐瞒了足以影响裁决的证据；仲裁庭未依法主动收集证据、未公正裁决，属枉法裁决，违反了《仲裁规则》。对于成都优邦公司上述的第2、3点申请撤销仲裁裁决的理由，因其不属于《中华人民共和国民事诉讼法》第二百五十八条规定的可以撤销仲裁裁决的情形，不属于审查范围，不宜进行审查。

对于仲裁庭对无约定仲裁条款的《担保书》进行审理并作出裁决，是否属于无权仲裁或超越仲裁协议范围的问题，原审对此认为：案件所涉的《商标使用许可合同》与《担保书》虽然有主从关系,但两个合同的签约主体不同,保证人王国建、祁祥、陈建军并非是《商标使用许可合同》的签约主体,且《担保书》中并未约定该保证合同受主合同《商标使用许可合同》的仲裁条款约束。而仲裁是建立在当事人有真实有效的仲裁协议的基础上的,只有经当事人明示授权,仲裁庭才能取得处理纠纷的权力;且对于仲裁协议的形式,一般均要求是书面的形式。在主合同中有仲裁条款,而担保合同中没有仲裁条款的情况下,从仲裁协议必须明确且采用书面形式的要求来讲,无法推定担保人默示接受主合同中的仲裁条款,因此不能认定主合同的仲裁条款对担保合同有约束力。由此,仲裁庭对没有约定有仲裁条款且没有约定受主合同的仲裁条款约束的担保合同进行审理并作出裁决,是欠缺依据的,其对《担保书》所涉事项进行裁决,裁决事项超出了《商标使用许可合同》中约定的仲裁条款的范围,对此应予以纠正。对其超裁部分的担保事项应予以撤销。同时,601 号裁决书的第(6)项裁决,本案仲裁费人民币 83689 元,由申请人承担 41845 元,四位被申请人成都优邦公司、王国建、祁祥、陈建军共同承担 41844 元。仲裁费申请人友邦公司已预交,四位被申请人成都优邦公司、王国建、祁祥、陈建军承担之数径付申请人友邦公司。该有关仲裁费用承担的裁决内容因要求成都优邦公司、王国建、祁祥、陈建军四方共同承担部分仲裁费用,该共同承担费用的责任是不可分的,故该部分的仲裁内容是不能分开的,由此导致本案的仲裁裁决应予以全部撤销。

第140条

综上,601 号裁决书对没有约定仲裁条款的《担保书》进行裁决,超出了仲裁协议约定的范围,且其裁决部分仲裁费用由成都优邦公司、王国建、祁祥、陈建军四方共同承担,该部分裁决内容不能分开,致使 601 号裁决书应予以全部撤销。成都优邦公司、王国建要求撤销 601 号裁决书的此部分理由可以成立,合议庭一致意见认为应裁定撤销深圳仲裁委员会作出的(2011)深仲裁字第 601 号裁决书。

(五)我院的审查意见

本案诉讼系成都优邦公司、王国建认为 601 号裁决书超出仲裁范围,要求法院撤销仲裁裁决而提起的撤销之诉。因被申请人友邦公司为在香港特别行政区注册成立的公司法人,故本案为申请撤销涉港仲裁裁决案件,应依照《中华人民共和国仲裁法》第七十条及《中华人民共和国民事诉讼法》第二百五十八条的规定进行审查。

成都优邦公司、王国建提出的友邦公司隐瞒足以影响公正裁决的证据、仲裁庭违反仲裁规则、仲裁庭不以事实为根据进行裁决的撤销仲裁裁决事项均不属于《中华人民共和国民事诉讼法》第二百五十八条规定的人民法院审查仲裁裁决是否应予撤销的法定情形，对其提出的上述撤裁理由法院不予审查。

关于成都优邦公司、王国建提出的《担保书》没有约定仲裁条款，仲裁庭对《担保书》进行审理并作出裁决是否违反法律规定的问题。友邦公司与成都优邦公司于2007年2月1日就友邦公司已注册的商标"YOBO优邦"许可成都优邦公司使用而签订《商标使用许可合同》，在该合同中双方约定仲裁条款。2007年2月7日王国建、祈祥、陈建军就成都优邦公司履行《商标使用许可合同》向友邦公司出具《担保书》，保证责任为连带保证责任。《担保书》未约定仲裁条款。根据《中华人民共和国仲裁法》第十六条的规定，由仲裁委员会裁决争议的意思表示必须以书面形式达成，且该意思表示必须具备法律所规定的要件，方为有效的仲裁协议。在双方未达成仲裁协议的情况下，不能以任何形式推定双方接受仲裁条款约束。本案中《商标使用许可合同》和《担保书》构成主从合同关系，《担保书》作为从合同，依据法律规定，虽在合同效力等方面受到主合同《商标使用许可合同》的制约，但在解决纠纷方式方面，主合同与从合同可分别约定。在《担保书》中当事人没有选择采用仲裁方式解决纠纷，依据自愿仲裁原则，《商标使用许可合同》中的仲裁条款对《担保书》没有约束力。因此，仲裁庭对没有约定仲裁条款的《担保书》进行审理并作出裁决，缺乏法律依据，应予撤销。祈祥、陈建军在深圳仲裁委员会审理期间，无正当理由未到庭亦未答辩，对仲裁机构作出的仲裁裁决亦未提出撤销申请，故应视为其两人对仲裁机构管辖及裁决无异议。

依据《最高人民法院关于我国仲裁机构作出的仲裁裁决能否部分撤销问题的批复》（法释〔1999〕16号）的规定，王国建对友邦公司的债务承担连带清偿责任与仲裁裁决其他内容是独立可分的，对该部分内容应予撤销；王国建不承担担保责任，相应也不应承担仲裁费用。因王国建对友邦公司承担的是连带保证责任，故在裁决费用的分担上成都优邦公司、王国建、祈祥、陈建军对外并不区分份额，而是应对外全部承担之后再向其他连带责任人追偿。因此，王国建承担的仲裁费用亦可从与其他人共分担的仲裁费用中区分出来。

综上，深圳仲裁委员会（2011）深仲裁字第601号裁决书中关于王国建承担担保责任和仲裁费用的内容符合《中华人民共和国民事诉讼法》第二百五十八条第一款第（一）项规定之情形，且与其他裁决事项可以分开，故对601号裁决书中王国建对友邦公司的债务承担连带清偿责任和应分担仲裁费用部分，应予撤销。

以上意见当否，请批复。

3.《最高人民法院关于申请人番禺珠江钢管有限公司与被申请人深圳市泛邦国际货运代理有限公司申请确认仲裁协议效力一案的请示的复函》（2009年5月5日　〔2009〕民四他字第7号）

广东省高级人民法院：

你院粤高法〔2009〕59号《关于申请人番禺珠江钢管有限公司与被申请人深圳市泛邦国际货运代理有限公司申请确认仲裁协议效力一案的请示》收悉。经研究，答复如下：

本案租船合同为国际海上货物运输合同，起运港为中国，目的港为智利，具有涉外因素。本案系番禺珠江钢管有限公司申请确认涉及海事海商纠纷仲裁条款效力案件，申请人和被申请人住所地均在广东省，根据《最高人民法院关于适用〈中华人民共和国仲裁法〉若干问题的解释》第十二条三款规定，广州海事法院对本案具有诉讼管辖权。

本案租船合同仲裁条款约定，"仲裁地点：北京，引用中国法律"。由于仲裁条款没有约定具体的仲裁机构，深圳市泛邦国际货运代理有限公司在租船合同没有实际履行的情况下向番禺珠江钢管有限公司发出了律师函，提出将涉案纠纷提交在北京的中国海事仲裁委员会仲裁，并要求番禺珠江钢管有限公司在收到此律师函后3日内回复意见，否则视为默示同意将仲裁机构确定为中国海事仲裁委员会，番禺珠江钢管有限公司对该律师函未作答复。深圳市泛邦国际货运代理有限公司据上述事实主张番禺珠江钢管有限公司已默示同意，双方就选定的仲裁机构达到了新的仲裁协议，没有法律依据。又因该仲裁条款没有约定审查仲裁条款效力所适用的法律，根据《最高人民法院关于适用〈中华人民共和国仲裁法〉若干问题的解释》第十六条规定，本案应适用中国法律审查仲裁条款的效力。由于本案租船合同仲裁条款对仲裁机构约定不明确，且没有达到补充协议，因此，根据《中华人民共和国仲裁法》第十八条规定，本案租船合同约定的仲裁条款无效。

此复。

附：

广东省高级人民法院关于申请人番禺珠江钢管有限公司与被申请人深圳市泛邦国际货运代理有限公司申请确认仲裁协议效力一案的请示(2009 年 1 月 14 日　粤高法〔2009〕59 号)

最高人民法院：

关于申请人番禺珠江钢管有限公司与被申请人深圳市泛邦国际货运代理有限公司申请确认仲裁协议效力一案，广州海事法院经审查拟裁定确认仲裁协议无效，遂报我院审查。我院经审查，拟同意广州海事法院的处理意见，现将该案呈报钧院审查，并将有关情况请示如下：

(一)当事人及其他诉讼参与人的基本情况

申请人：番禺珠江钢管有限公司。住所地：广州市番禺区石基镇清河路。

法定代表人：陈昌，董事长。

被申请人：深圳市泛邦国际货运代理有限公司。住所地：深圳市罗湖区嘉宾路 4018 号爵士大厦 12 楼 A07 室。

法定代表人：蒲广云，董事。

(二)基本案件事实

申请人番禺珠江钢管有限公司(以下简称钢管公司)作为租船人，与作为承运人的被申请人深圳市泛邦国际货运代理有限公司(以下简称泛邦公司)于 2007 年 5 月 31 日签订一份《租船合同》，约定由泛邦公司委派船舶承运钢管公司的货物即钢管，从中国广州莲花山港至智利的科罗雷港，运价为每计费吨 121 美元；装卸港由承运人指定代理，并通知租船人，有关货物的税款、费用、码头费由租船人支付，有关船舶的税款、费用由承运人支付；承运人确保签发 6 月 25 日前装船的代理提单，以供租船人结汇；合同传真签订生效，签订后任何一方单方面取消合同的，应支付违约金 5 万美元。该合同第 21 条约定："仲裁地点：北京，引用中国法律。"

2007 年 7 月 30 日，被申请人泛邦公司的律师赖晨野向申请人钢管公司发出粤广律函字(2007)第 36 号律师函，记载：钢管公司与泛邦公司签订《租船合同》后，没有实际履行，已构成违约。鉴于《租船合同》第 21 条约定的仲裁机构指定不明确，现泛邦公司认为，应将本案提交在北京的中国海事仲裁委员会，按照该会现行有效的仲裁规则进行仲裁。如钢管公司对此表示异议，可在收到本律师函的3日内向泛邦公司或赖晨野律师来函或来电提出,否则,视为默示同意提交上述仲裁机构仲裁。钢管公司于次日收到该律师函,但未作答复。

2008年5月8日,钢管公司向广州海事法院申请确认案涉仲裁协议无效。钢管公司主张:《租船合同》第21条约定的“仲裁地点:北京”,因北京有三个仲裁委员会而导致该仲裁条款约定的仲裁机构不明确,双方又不能达成补充协议,故请求法院裁决确定该仲裁条款无效。泛邦公司答辩称:虽然《租船合同》中没有明确指定具体的仲裁机构,但泛邦公司已向钢管公司发出律师函,明确合同纠纷应提交中国海事仲裁委员会,并要求钢管公司在收到该律师函后3日内答复,否则视为默示同意提交该机构仲裁。该律师函实际上是一个具体选择仲裁机构的补充协议。钢管公司收到律师函后,一直不予答复,该行为已表明其默示同意将本案提交中国海事仲裁委员会仲裁。中国海事仲裁委员会对本案具有管辖权,请求法院依法驳回申请人钢管公司的无理申请。

(三)广州海事法院的处理意见

本案经广州海事法院审判委员会讨论认为,本案为申请确认仲裁协议效力的适用特殊程序的案件。根据《最高人民法院关于适用〈中华人民共和国仲裁法〉若干问题的解释》第十二条第三款“涉及海事海商纠纷仲裁协议效力的案件,由仲裁协议约定的仲裁机构所在地、仲裁协议签订地、申请人或者被申请人住所地的海事法院管辖;上述地点没有海事法院的,由就近的海事法院管辖”的规定,该院对本案具有管辖权。

钢管公司与泛邦公司于2007年5月31日签订的《租船合同》第21条仅约定“仲裁地点:北京,引用中国法律。”关于“引用中国法律”的本意,是指仲裁机构仲裁当事人实体权利义务时应适用中国法律,还是指确认仲裁条款效力时应适用中国法律,并不明确,因而应认定双方未约定确认仲裁条款效力应适用的法律。在该条款中,双方明确约定了仲裁地点,根据《最高人民法院关于适用〈中华人民共和国仲裁法〉若干问题的解释》第十六条即“对涉外仲裁协议的效力审查,适用当事人约定的法律;当事人没有约定适用的法律但约定了仲裁地的,适用仲裁地法律;没有约定适用的法律也没有约定仲裁地或者仲裁地约定不明的,适用法院地法律”的规定,本案应适用当事人约定的仲裁地法律即中华人民共和国法律来审查涉案仲裁条款的效力。

北京市目前有三个仲裁机构,即北京市仲裁委员会、中国国际经济贸易仲裁委员会和中国海事仲裁委员会。《租船合同》第21条并未约定由北京的哪一个仲裁委员会仲裁,对此,泛邦公司的律师函亦认为仲裁机构指定不明确。问题在于,该律师函关于选择中国海事仲裁委员会的内容以及钢管公司对该律师函不予回应的做法,是否表明双方对仲裁机构的选择达成了一致的协议?

所谓协议,就是一方要约和另一方对该要约无条件承诺的结果。泛邦公司在律师函中指出,应将本案提交在北京的中国海事仲裁委员会,按照该会现行有效的仲裁规则进行仲裁。这可视为泛邦公司对选择仲裁机构的要约,对此,钢管公司并没有作出任何书面的或口头的承诺。泛邦公司关于在收到律师函的3日内未提出异议即视为默示同意提交上述仲裁机构仲裁的说法,本身仅是单方面的要约,需要有受要约人的事前明确承诺关于默示的效力后,才产生默示同意的效果。《最高人民法院关于贯彻执行〈中华人民共和国民法通则〉若干问题的意见(试行)》第66条规定:"一方当事人向对方当事人提出民事权利的要求,对方未用语言或者文字明确表示意见,但其行为表明已接受的,可以认定为默示。不作为的默示只有在法律有规定或者当事人双方有约定的情况下,才可以视为意思表示。"显然,没有证据显示钢管公司承诺了关于仲裁机构的选择可基于默示同意而成立,我国法律亦未有这方面的规定,因此,钢管公司未对律师函作出回应本身,并不是默示同意,即绝不表明双方就仲裁机构的选择达成了一致协议。根据《最高人民法院关于适用〈中华人民共和国仲裁法〉若干问题的解释》第六条"仲裁协议约定由某地的仲裁机构仲裁且该地仅有一个仲裁机构的,该仲裁机构视为约定的仲裁机构。该地有两个以上仲裁机构的,当事人可以选择其中的一个仲裁机构申请仲裁;当事人不能就仲裁机构选择达成一致的,仲裁协议无效"的规定,《租船合同》第21条仲裁协议条款无效。

据此,广州海事法院拟根据《中华人民共和国仲裁法》第十八条之规定裁定:申请人番禺珠江钢管有限公司与被申请人深圳市泛邦国际货运代理有限公司《租船合同》第21条的仲裁协议条款无效。广州海事法院将该案报我院审查。

(四)我院的审查意见

我院经审查认为:第一,广州海事法院对本案行使管辖权及适用中国法律审查案涉租船合同中仲裁条款的效力符合《最高人民法院关于适用〈中华人民共和国仲裁法〉若干问题的解释》第十二条第三款及第十六条的规定。第二,钢管公司与泛邦公司于2007年5月30日签订的《租船合同》第21条中的约定表明双方当事人具有将涉及该合同的纠纷交由北京地区的仲裁机构适用中国法律解决的一致意思表示。但是,由于北京地区有三个仲裁机构,该《租船合同》第21条的约定不构成一个有效的仲裁条款。广东广之洲律师事务所律师即被申请人泛邦公司的代理人赖晨野律师于2007年7月30日代表泛邦公司给钢管公司发的《律师函》中也承认《租船合同》第21条约定的仲裁机构指定不明确。第三,赖晨野律师于2007年7月30日代表泛邦公司给钢管公司发的《律师函》中有关将本案提交在北京的中国海事仲裁委员会的表述仅代表泛邦公司的单方意思表示,该函被发给钢管公司表明泛邦公司就仲裁机构的确定问题向钢管公司发出了新的要约。该《律师函》中虽然要求钢管公司如有异议在三日内提出,否则即视为默示同意,但是该要求对钢管公司没有法律上的约束力。钢管公司没有对泛邦公司《律师函》中指定仲裁机构的要约作出承诺,在泛邦公司与钢管公司事先没有就"默示同意"问题达成一致意思表示的情况下,泛邦公司主张该《律师函》对钢管公司有约束力,没有法律依据。因此,钢管公司与泛邦公司在签订《租船合同》后并没有就仲裁机构的选定问题达成过新的协议。根据《最高人民法院关于适用〈中华人民共和国仲裁法〉若干问题的解释》第六条的规定,本案当事人之间的仲裁协议无效。据此我院同意广州海事法院拟裁定意见。

根据《最高人民法院关于人民法院处理与涉外仲裁及外国仲裁事项有关问题的通知》的规定,特将本案呈报钧院审查。

请予批复。

4.《最高人民法院关于中国中化集团公司诉海里公司海上货物运输合同货损赔偿纠纷所涉仲裁条款效力问题的请示的复函》(2009年4月24日 〔2009〕民四他字第12号)

天津市高级人民法院:

你院〔2009〕津高民四他字第3号《关于中国中化集团公司诉海里公司海上货物运输合同货损赔偿纠纷所涉仲裁条款效力问题的请示》收悉。经研究,答复如下:

涉案提单为租船合同项下的格式提单,提单正面载明"与租船合同合并使用",但并没有明确记载被并入提单的租船合同当事人名称及订立日期。由于并入提单的租船合同记载不明确,提单背面条款约定"租船合同中的所有条件、条款、权利和免责,包括法律适用和仲裁条款,已经并入本提单"也就失去了事实依据。涉案提单正面记载以及提单背面条款约定不产生租船合同仲裁条款并入提单并约束提单持有人的效力。本案货物运输目的港为天津新港,天津海事法院对本案具有诉讼管辖权。同意你院审查处理意见,驳回被告管辖权异议,本案由天津海事法院管辖。

此复。

附:

天津市高级人民法院关于中国中化集团公司诉海里公司海上货物运输合同货损赔偿纠纷所涉仲裁条款效力问题的请示(2009 年 2 月 19 日 〔2009〕津高民四他字第 3 号)

最高人民法院:

原告中国中化集团公司因与被告海里公司海上货物运输合同货损赔偿纠纷一案,于 2008 年 9 月 22 日向天津海事法院提起诉讼。在答辩期间,被告海里公司对本案管辖权提出异议,认为涉案提单正面注明"与租船合同合并使用",而提单背面第一条规定:"租船合同中的所有条件、条款、权利和免责,包括法律适用和仲裁条款,已经并入本提单。"因涉案提单所指的租船合同约定所有争议提交伦敦仲裁,故并入提单的租船合同中的"法律适用和仲裁条款"对原告中国中化集团公司具有约束力,法院应驳回其起诉。

天津海事法院经审查认为,虽然涉案提单正面记载有租约并入提单的内容,但并未特别明示将租约中的仲裁条款并入提单,也未说明是哪一份租约。提单背面规定"租船合同中的所有条件、条款、权利和免责,包括法律适用和仲裁条款,已经并入本提单",但并未写明仲裁条款的内容。中国中化集团公司作为收货人不能在提单本身的记载中充分适当地获知仲裁条款的具体内容,涉案提单并未将租约中的仲裁条款有效并入。中国中化集团公司接受提单的行为不能推定为同时接受仲裁条款,不能认定其有以仲裁作为纠纷解决方式的意思表示。仲裁这一方式对诉权的行使形成限制,根据仲裁自愿的原则,选择仲裁方式、仲裁机构的意思表示应当是明示的、确定的,如果将接受提单的行为推定为默示,必须有法律的明确规定或者在当事人之间有明确的约定。但没有任何法律规定接受提单时没有提出异议即视为同意接受仲裁条款的约束,提单持有人事先也不可能与承运人作出类似的约定。因此,不能认定中国中化集团公司有选择仲裁的意思表示。综上,中国中化集团公司与海里公司在纠纷发生前并未订立有效的仲裁协议,中国中化集团公司在事故发生后有权选择诉讼途径解决纠纷,天津海事法院作为卸货港所在地的海事法院,对本案具有管辖权。

我院经审查认为,涉案货物系由海里公司所属的"SINBAD"轮承运,承运人向托运人 GROUPE CHIMIQIJE TUNISIEN 签发的提单正面载明"与租约并用"。虽然海里公司主张并入提单的租约中约定所有争议提交伦敦仲裁,但上述约定系海里公司与租船人 TRANSF、IELD SHIPPING INC. 达成的合意,且"租船合同中的所有条件、条款、权利和免责,包括法律适用和仲裁条款,已经并入本提单"之内容仅记载于提单背面,而未明确记载于提单正面,不应视为该租约条款有效并入本案提单,故租船合同中的仲裁条款对收货人中国中化集团公司不具有法律约束力。本案所涉海上货物运输的目的港为天津新港,属于天津海事法院管辖范围,故天津海事法院对本案具有管辖权。

根据《最高人民法院关于人民法院处理与涉外仲裁及外国仲裁事项有关问题的通知》的规定,报请钧院审查,请批复。

三、相关指导性案例

指导案例57号:温州银行股份有限公司宁波分行诉浙江创菱电器有限公司等金融借款合同纠纷案(最高人民法院审判委员会讨论通过 2016年5月20日发布)

【关键词】民事 金融借款合同 最高额担保

【裁判要点】

在有数份最高额担保合同情形下,具体贷款合同中选择性列明部分最高额担保合同,如债务发生在最高额担保合同约定的决算期内,且债权人未明示放弃担保权利,未列明的最高额担保合同的担保人也应当在最高债权限额内承担担保责任。

【基本案情】

原告浙江省温州银行股份有限公司宁波分行(以下简称温州银行)诉称:其与被告宁波婷微电子科技有限公司(以下简称婷微电子公司)、岑建锋、宁波三好塑模制造有限公司(以下简称三好塑模公司)分别签订了"最高额保证合同",约定三被告为浙江创菱电器有限公司(以下简称创菱电器公司)一定时期和最高额度内借款,提供连带责任担保。

创菱电器公司从温州银行借款后,不能按期归还部分贷款,故诉请判令被告创菱电器公司归还原告借款本金 250 万元,支付利息、罚息和律师费用;岑建锋、三好塑模公司、婷微电子公司对上述债务承担连带保证责任。

被告创菱电器公司、岑建锋未作答辩。

被告三好塑模公司辩称:原告诉请的律师费不应支持。

被告婷微电子公司辩称:其与温州银行签订的最高额保证合同,并未被列入借款合同所约定的担保合同范围,故其不应承担保证责任。

法院经审理查明:2010 年 9 月 10 日,温州银行与婷微电子公司、岑建锋分别签订了编号为温银 9022010 年高保字 01003 号、01004 号的最高额保证合同,约定婷微电子公司、岑建锋自愿为创菱电器公司在 2010 年 9 月 10 日至 2011 年 10 月 18 日期间发生的余额不超过 1100 万元的债务本金及利息、罚息等提供连带责任保证担保。

2011 年 10 月 12 日,温州银行与岑建锋、三好塑模公司分别签署了编号为温银 9022011 年高保字 00808 号、00809 号最高额保证合同,岑建锋、三好塑模公司自愿为创菱电器公司在 2010 年 9 月 10 日至 2011 年 10 月 18 日期间发生的余额不超过 550 万元的债务本金及利息、罚息等提供连带责任保证担保。

2011 年 10 月 14 日,温州银行与创菱电器公司签署了编号为温银 9022011 企贷字 00542 号借款合同,约定温州银行向创菱电器公司发放贷款 500 万元,到期日为 2012 年 10 月 13 日,并列明担保合同编号分别为温银 9022011 年高保字 00808 号、00809 号。贷款发放后,创菱电器公司于 2012 年 8 月 6 日归还了借款本金 250 万元,婷微电子公司于 2012 年 6 月 29 日、10 月 31 日、11 月 30 日先后支付了贷款利息 31115.3 元、53693.71 元、21312.59 元。截至 2013 年 4 月 24 日,创菱电器公司尚欠借款本金 250 万元、利息 141509.01 元。另查明,温州银行为实现本案债权而发生律师费用 95200 元。

【裁判结果】

浙江省宁波市江东区人民法院于 2013 年 12 月 12 日作出(2013)甬东商初字第 1261 号民事判决:一、创菱电器公司于本判决生效之日起十日内归还温州银行借款本金 250 万元,支付利息 141509.01 元,并支付自 2013 年 4 月 25 日起至本判决确定的履行之日止按借款合同约定计算的利息、罚息;二、创菱电器公司于本判决生效之日起十日内赔偿温州银行为实现债权而发生的律师费用95200元;三、岑建锋、三好塑模公司、婷微电子公司对上述第一、二项款项承担连带清偿责任,其承担保证责任后,有权向创菱电器公司追偿。宣判后,婷微电子公司以其未被列入借款合同,不应承担保证责任为由,提起上诉。浙江省宁波市中级人民法院于2014年5月14日作出(2014)浙甬商终字第369号民事判决,驳回上诉,维持原判。

【裁判理由】

法院生效裁判认为:温州银行与创菱电器公司之间签订的编号为温银9022011企贷字00542号借款合同合法有效,温州银行发放贷款后,创菱电器公司未按约还本付息,已经构成违约。原告要求创菱电器公司归还贷款本金250万元,支付按合同约定方式计算的利息、罚息,并支付原告为实现债权而发生的律师费95200元,应予支持。岑建锋、三好塑模公司自愿为上述债务提供最高额保证担保,应承担连带清偿责任,其承担保证责任后,有权向创菱电器公司追偿。

本案的争议焦点为,婷微电子公司签订的温银9022010年高保字01003号最高额保证合同未被选择列入温银9022011企贷字00542号借款合同所约定的担保合同范围,婷微电子公司是否应当对温银9022011企贷字00542号借款合同项下债务承担保证责任。对此,法院经审理认为,婷微电子公司应当承担保证责任。理由如下:第一,民事权利的放弃必须采取明示的意思表示才能发生法律效力,默示的意思表示只有在法律有明确规定及当事人有特别约定的情况下才能发生法律效力,不宜在无明确约定或者法律无特别规定的情况下,推定当事人对权利进行放弃。具体到本案,温州银行与创菱电器公司签订的温银9022011企贷字00542号借款合同虽未将婷微电子公司签订的最高额保证合同列入,但原告未以明示方式放弃婷微电子公司提供的最高额保证,故婷微电子公司仍是该诉争借款合同的最高额保证人。第二,本案诉争借款合同签订时间及贷款发放时间均在婷微电子公司签订的编号温银9022010年高保字01003号最高额保证合同约定的决算期内(2010年9月10日至2011年10月18日),温州银行向婷微电子公司主张权利并未超过合同约定的保证期间,故婷微电子公司应依约在其承诺的最高债权限额内为创菱电器公司对温州银行的欠债承担连带保证责任。第三,最高额担保合同是债权人和担保人之间约定担保法律关系和相关权利义务关系的直接合同依据,不能以主合同内容取代从合同的内容。具体到本案,温州银行与婷微电子公司签订了最高额保证合同,双方的担保权利义务应以该合同为准,不受温州银行与创菱电器公司之间签订的温州银行非自然人借款合同约束或变更。第四,婷微电子公司曾于2012年6月、10月、11月三次归还过本案借款利息,上述行为也是婷微电子公司对本案借款履行保证责任的行为表征。综上,婷微电子公司应对创菱电器公司的上述债务承担连带清偿责任,其承担保证责任后,有权向创菱电器公司追偿。

第一百四十一条 【意思表示撤回】行为人可以撤回意思表示。撤回意思表示的通知应当在意思表示到达相对人前或者与意思表示同时到达相对人。

相关法律条文

《民法典》(2021年1月1日起施行)

第四百七十五条 要约可以撤回。要约的撤回适用本法第一百四十一条的规定。

第四百八十五条 承诺可以撤回。承诺的撤回适用本法第一百四十一条的规定。

第一百四十二条 【意思表示解释】有相对人的意思表示的解释,应当按照所使用的词句,结合相关条款、行为的性质和目的、习惯以及诚信原则,确定意思表示的含义。

无相对人的意思表示的解释,不能完全拘泥于所使用的词句,而应当结合相关条款、行为的性质和目的、习惯以及诚信原则,确定行为人的真实意思。

一、相关法律条文

1.《民法典》(2021年1月1日起施行)

第四百六十六条 当事人对合同条款的理解有争议的,应当依据本法第一百四十二条第一款的规定,确定争议条款的含义。

合同文本采用两种以上文字订立并约定具有同等效力的,对各文本使用的词句推定具有相同含义。各文本使用的词句不一致的,应当根据合同的相关条款、性质、目的以及诚信原则等予以解释。

第四百九十八条　对格式条款的理解发生争议的,应当按照通常理解予以解释。对格式条款有两种以上解释的,应当作出不利于提供格式条款一方的解释。格式条款和非格式条款不一致的,应当采用非格式条款。

第一千零二十一条　当事人对肖像许可使用合同中关于肖像使用条款的理解有争议的,应当作出有利于肖像权人的解释。

2.《保险法》(2015年4月24日修正)

第三十条　采用保险人提供的格式条款订立的保险合同,保险人与投保人、被保险人或者受益人对合同条款有争议的,应当按照通常理解予以解释。对合同条款有两种以上解释的,人民法院或者仲裁机构应当作出有利于被保险人和受益人的解释。

二、相关司法解释规定

《最高人民法院关于适用〈中华人民共和国民法典〉合同编通则若干问题的解释》(法释〔2023〕13号)

第一条　人民法院依据民法典第一百四十二条第一款、第四百六十六条第一款的规定解释合同条款时,应当以词句的通常含义为基础,结合相关条款、合同的性质和目的、习惯以及诚信原则,参考缔约背景、磋商过程、履行行为等因素确定争议条款的含义。

有证据证明当事人之间对合同条款有不同于词句的通常含义的其他共同理解,一方主张按照词句的通常含义理解合同条款的,人民法院不予支持。

对合同条款有两种以上解释,可能影响该条款效力的,人民法院应当选择有利于该条款有效的解释;属于无偿合同的,应当选择对债务人负担较轻的解释。

第十五条　人民法院认定当事人之间的权利义务关系,不应当拘泥于合同使用的名称,而应当根据合同约定的内容。当事人主张的权利义务关系与根据合同内容认定的权利义务关系不一致的,人民法院应当结合缔约背景、交易目的、交易结构、履行行为以及当事人是否存在虚构交易标的等事实认定当事人之间的实际民事法律关系。

三、相关指导性案例

指导案例179号：聂美兰诉北京林氏兄弟文化有限公司确认劳动关系案（最高人民法院审判委员会讨论通过　2022年7月4日发布）

【关键词】民事　确认劳动关系　合作经营　书面劳动合同

【裁判要点】

1. 劳动关系适格主体以“合作经营”等为名订立协议，但协议约定的双方权利义务内容、实际履行情况等符合劳动关系认定标准，劳动者主张与用人单位存在劳动关系的，人民法院应予支持。

2. 用人单位与劳动者签订的书面协议中包含工作内容、劳动报酬、劳动合同期限等符合劳动合同法第十七条规定的劳动合同条款，劳动者以用人单位未订立书面劳动合同为由要求支付第二倍工资的，人民法院不予支持。

【基本案情】

2016年4月8日，聂美兰与北京林氏兄弟文化有限公司（以下简称林氏兄弟公司）签订了《合作设立茶叶经营项目的协议》，内容为：“第一条：双方约定，甲方出资进行茶叶项目投资，聘任乙方为茶叶经营项目经理，乙方负责公司的管理与经营。第二条：待项目启动后，双方相机共同设立公司，乙方可享有管理股份。第三条：利益分配：在公司设立之前，乙方按基本工资加业绩方式取酬。公司设立之后，按双方的持股比例进行分配。乙方负责管理和经营，取酬方式：基本工资+业绩、奖励+股份分红。第四条：双方在运营过程中，未尽事宜由双方友好协商解决。第五条：本合同正本一式两份，公司股东各执一份。”

协议签订后，聂美兰到该项目上工作，工作内容为负责《中国书画》艺术茶社的经营管理，主要负责接待、茶叶销售等工作。林氏兄弟公司的法定代表人林德汤按照每月基本工资10000元的标准，每月15日通过银行转账向聂美兰发放上一自然月工资。聂美兰请假需经林德汤批准，且实际出勤天数影响工资的实发数额。2017年5月6日林氏兄弟公司通知聂美兰终止合作协议。聂美兰实际工作至2017年5月8日。

聂美兰申请劳动仲裁，认为双方系劳动关系并要求林氏兄弟公司支付未签订书面劳动合同二倍工资差额，林氏兄弟公司主张双方系合作关系。北京市海淀区劳动人事争议仲裁委员会作出京海劳人仲字（2017）第9691号裁决：驳回聂美兰的全部仲裁请求。聂美兰不服仲裁裁决，于法定期限内向北京市海淀区人民法院提起诉讼。

【裁判结果】

北京市海淀区人民法院于2018年4月17日作出(2017)京0108民初45496号民事判决:一、确认林氏兄弟公司与聂美兰于2016年4月8日至2017年5月8日期间存在劳动关系;二、林氏兄弟公司于判决生效后七日内支付聂美兰2017年3月1日至2017年5月8日期间工资22758.62元;三、林氏兄弟公司于判决生效后七日内支付聂美兰2016年5月8日至2017年4月7日期间未签订劳动合同二倍工资差额103144.9元;四、林氏兄弟公司于判决生效后七日内支付聂美兰违法解除劳动关系赔偿金27711.51元;五、驳回聂美兰的其他诉讼请求。林氏兄弟公司不服一审判决,提出上诉。北京市第一中级人民法院于2018年9月26日作出(2018)京01民终5911号民事判决:一、维持北京市海淀区人民法院(2017)京0108民初45496号民事判决第一项、第二项、第四项;二、撤销北京市海淀区人民法院(2017)京0108民初45496号民事判决第三项、第五项;三、驳回聂美兰的其他诉讼请求。林氏兄弟公司不服二审判决,向北京市高级人民法院申请再审。北京市高级人民法院于2019年4月30日作出(2019)京民申986号民事裁定:驳回林氏兄弟公司的再审申请。

【裁判理由】

法院生效裁判认为:申请人林氏兄弟公司与被申请人聂美兰签订的《合作设立茶叶经营项目的协议》系自愿签订的,不违反强制性法律、法规规定,属有效合同。对于合同性质的认定,应当根据合同内容所涉及的法律关系,即合同双方所设立的权利义务来进行认定。双方签订的协议第一条明确约定聘任聂美兰为茶叶经营项目经理,“聘任”一词一般表明当事人有雇佣劳动者为其提供劳动之意;协议第三条约定了聂美兰的取酬方式,无论在双方设定的目标公司成立之前还是之后,聂美兰均可获得“基本工资”“业绩”等报酬,与合作经营中的收益分配明显不符。合作经营合同的典型特征是共同出资,共担风险,本案合同中既未约定聂美兰出资比例,也未约定共担风险,与合作经营合同不符。从本案相关证据上看,聂美兰接受林氏兄弟公司的管理,按月汇报员工的考勤、款项分配、开支、销售、工作计划、备用金的申请等情况,且所发工资与出勤天数密切相关。双方在履行合同过程中形成的关系,符合劳动合同中人格从属性和经济从属性的双重特征。故原判认定申请人与被申请人之间存在劳动关系并无不当。双方签订的合作协议还可视为书面劳动合同，虽缺少一些必备条款，但并不影响已约定的条款及效力，仍可起到固定双方劳动关系、权利义务的作用，二审法院据此依法改判是正确的。林氏兄弟公司于2017年5月6日向聂美兰出具了《终止合作协议通知》，告知聂美兰终止双方的合作，具有解除双方之间劳动关系的意思表示，根据《最高人民法院关于民事诉讼证据的若干规定》第六条，在劳动争议纠纷案件中，因用人单位作出的开除、除名、辞退、解除劳动合同等决定而发生的劳动争议，由用人单位负举证责任，林氏兄弟公司未能提供解除劳动关系原因的相关证据，应当承担不利后果。二审法院根据本案具体情况和相关证据所作的判决，并无不当。

第三节　民事法律行为的效力

第一百四十三条　【民事法律行为有效要件】具备下列条件的民事法律行为有效：

（一）行为人具有相应的民事行为能力；

（二）意思表示真实；

（三）不违反法律、行政法规的强制性规定，不违背公序良俗。

相关法律条文

《民法典》（2021年1月1日起施行）

第五百零六条　合同中的下列免责条款无效：

（一）造成对方人身损害的；

（二）因故意或者重大过失造成对方财产损失的。

第一千零四十七条　结婚年龄，男不得早于二十二周岁，女不得早于二十周岁。

第一百四十四条　【无民事行为能力人实施的民事法律行为的效力】无民事行为能力人实施的民事法律行为无效。

第一百四十五条　【限制民事行为能力人实施的民事法律行为的效力】限制民事行为能力人实施的纯获利益的民事法律行为或者与其年龄、智力、精神健康状况相适应的民事法律行为有效；实施的其他民事法律行为经法定代理人同意或者追认后有效。

相对人可以催告法定代理人自收到通知之日起三十日内予以追认。法定代理人未作表示的,视为拒绝追认。民事法律行为被追认前,善意相对人有撤销的权利。撤销应当以通知的方式作出。

一、相关法律条文

1.《民法典》(2021年1月1日起施行)

第一千一百四十三条第一款 无民事行为能力人或者限制民事行为能力人所立的遗嘱无效。

2.《票据法》(2004年8月28日修正)

第六条 无民事行为能力人或者限制民事行为能力人在票据上签章的,其签章无效,但是不影响其他签章的效力。

二、相关司法解释规定

1.《最高人民法院关于适用〈中华人民共和国民法典〉总则编若干问题的解释》(法释〔2022〕6号)

第二十九条 法定代理人、被代理人依据民法典第一百四十五条、第一百七十一条的规定向相对人作出追认的意思表示的,人民法院应当依据民法典第一百三十七条的规定确认其追认意思表示的生效时间。

2.《最高人民法院关于适用〈中华人民共和国民法典〉继承编的解释(一)》(法释〔2020〕23号)

第二十八条 遗嘱人立遗嘱时必须具有完全民事行为能力。无民事行为能力人或者限制民事行为能力人所立的遗嘱,即使其本人后来具有完全民事行为能力,仍属无效遗嘱。遗嘱人立遗嘱时具有完全民事行为能力,后来成为无民事行为能力人或者限制民事行为能力人的,不影响遗嘱的效力。

3.《最高人民法院关于审理票据纠纷案件若干问题的规定》(法释〔2000〕32号)(2020年12月23日修正)

第四十五条 票据的背书人、承兑人、保证人在票据上的签章不符合票据法以及《票据管理实施办法》规定的,或者无民事行为能力人、限制民事行为能力人在票据上签章的,其签章无效,但不影响人民法院对票据上其他签章效力的认定。

第一百四十六条　【虚假表示与隐藏行为效力】行为人与相对人以虚假的意思表示实施的民事法律行为无效。

以虚假的意思表示隐藏的民事法律行为的效力，依照有关法律规定处理。

第一百四十七条　【重大误解实施的民事法律行为的效力】基于重大误解实施的民事法律行为，行为人有权请求人民法院或者仲裁机构予以撤销。

相关司法解释规定

1.《最高人民法院关于适用〈中华人民共和国民法典〉总则编若干问题的解释》（法释〔2022〕6号）

第十九条　行为人对行为的性质、对方当事人或者标的物的品种、质量、规格、价格、数量等产生错误认识，按照通常理解如果不发生该错误认识行为人就不会作出相应意思表示的，人民法院可以认定为民法典第一百四十七条规定的重大误解。

行为人能够证明自己实施民事法律行为时存在重大误解，并请求撤销该民事法律行为的，人民法院依法予以支持；但是，根据交易习惯等认定行为人无权请求撤销的除外。

第二十条　行为人以其意思表示存在第三人转达错误为由请求撤销民事法律行为的，适用本解释第十九条的规定。

2.《最高人民法院关于印发〈全国法院贯彻实施民法典工作会议纪要〉的通知》（法〔2021〕94号）

2. 行为人因对行为的性质、对方当事人、标的物的品种、质量、规格和数量等的错误认识，使行为的后果与自己的意思相悖，并造成较大损失的，人民法院可以认定为民法典第一百四十七条、第一百五十二条规定的重大误解。

3.《最高人民法院关于人民法院网络司法拍卖若干问题的规定》（法释〔2016〕18号）

第三十一条　当事人、利害关系人提出异议请求撤销网络司法拍卖，符合下列情形之一的，人民法院应当支持：

（一）由于拍卖财产的文字说明、视频或者照片展示以及瑕疵说明严重失实，致使买受人产生重大误解，购买目的无法实现的，但拍卖时

的技术水平不能发现或者已经就相关瑕疵以及责任承担予以公示说明的除外;

(二)由于系统故障、病毒入侵、黑客攻击、数据错误等原因致使拍卖结果错误,严重损害当事人或者其他竞买人利益的;

(三)竞买人之间,竞买人与网络司法拍卖服务提供者之间恶意串通,损害当事人或者其他竞买人利益的;

(四)买受人不具备法律、行政法规和司法解释规定的竞买资格的;

(五)违法限制竞买人参加竞买或者对享有同等权利的竞买人规定不同竞买条件的;

(六)其他严重违反网络司法拍卖程序且损害当事人或者竞买人利益的情形。

第一百四十八条 【以欺诈手段实施的民事法律行为的效力】一方以欺诈手段,使对方在违背真实意思的情况下实施的民事法律行为,受欺诈方有权请求人民法院或者仲裁机构予以撤销。

一、相关法律条文

1.《民法典》(2021年1月1日起施行)

第一千一百四十三条第二款 遗嘱必须表示遗嘱人的真实意思,受欺诈、胁迫所立的遗嘱无效。

2.《消费者权益保护法》(2013年10月25日修正)

第五十五条第一款 经营者提供商品或者服务有欺诈行为的,应当按照消费者的要求增加赔偿其受到的损失,增加赔偿的金额为消费者购买商品的价款或者接受服务的费用的三倍;增加赔偿的金额不足五百元的,为五百元。法律另有规定的,依照其规定。

二、相关司法解释规定

1.《最高人民法院关于适用〈中华人民共和国民法典〉总则编若干问题的解释》(法释〔2022〕6号)

第二十一条 故意告知虚假情况,或者负有告知义务的人故意隐瞒真实情况,致使当事人基于错误认识作出意思表示的,人民法院可以认定为民法典第一百四十八条、第一百四十九条规定的欺诈。

2.《最高人民法院关于审理旅游纠纷案件适用法律若干问题的规定》(法释〔2010〕13号)(2020年12月23日修正)

第十五条 旅游经营者违反合同约定,有擅自改变旅游行程、遗漏旅游景点、减少旅游服务项目、降低旅游服务标准等行为,旅游者请求旅游经营者赔偿未完成约定旅游服务项目等合理费用的,人民法院应予支持。

旅游经营者提供服务时有欺诈行为,旅游者依据消费者权益保护法第五十五条第一款规定请求旅游经营者承担惩罚性赔偿责任的,人民法院应予支持。

3.《最高人民法院关于审理食品安全民事纠纷案件适用法律若干问题的解释(一)》(法释〔2020〕14号)

第七条 消费者认为生产经营者生产经营不符合食品安全标准的食品同时构成欺诈的,有权选择依据食品安全法第一百四十八条第二款或者消费者权益保护法第五十五条第一款规定主张食品生产者或者经营者承担惩罚性赔偿责任。

4.《最高人民法院关于审理技术合同纠纷案件适用法律若干问题的解释》(法释〔2004〕20号)(2020年12月23日修正)

第九条 当事人一方采取欺诈手段,就其现有技术成果作为研究开发标的与他人订立委托开发合同收取研究开发费用,或者就同一研究开发课题先后与两个或者两个以上的委托人分别订立委托开发合同重复收取研究开发费用,使对方在违背真实意思的情况下订立的合同,受损害方依照民法典第一百四十八条规定请求撤销合同的,人民法院应当予以支持。

第一百四十九条 【第三人欺诈的民事法律行为的效力】第三人实施欺诈行为,使一方在违背真实意思的情况下实施的民事法律行为,对方知道或者应当知道该欺诈行为的,受欺诈方有权请求人民法院或者仲裁机构予以撤销。

相关司法解释规定

1.《最高人民法院关于印发〈全国法院贯彻实施民法典工作会议纪要〉的通知》(法〔2021〕94号)

3.故意告知虚假情况,或者故意隐瞒真实情况,诱使当事人作出错误意思表示的,人民法院可以认定为民法典第一百四十八条、第一百四十九条规定的欺诈。

2.《最高人民法院关于印发〈全国法院民商事审判工作会议纪要〉的通知》(法〔2019〕254号)

2.【民法总则与合同法的关系及其适用】根据民法典编撰工作"两步走"的安排,民法总则施行后,目前正在进行民法典的合同编、物权编等各分编的编撰工作。民法典施行后,合同法不再保留。在这之前,因民法总则施行前成立的合同发生的纠纷,原则上适用合同法的有关规定处理。因民法总则施行后成立的合同发生的纠纷,如果合同法"总则"对此的规定与民法总则的规定不一致的,根据新的规定优于旧的规定的法律适用规则,适用民法总则的规定。例如,关于欺诈、胁迫问题,根据合同法的规定,只有合同当事人之间存在欺诈、胁迫行为的,被欺诈、胁迫一方才享有撤销合同的权利。而依民法总则的规定,第三人实施的欺诈、胁迫行为,被欺诈、胁迫一方也有撤销合同的权利。另外,合同法视欺诈、胁迫行为所损害利益的不同,对合同效力作出了不同规定:损害合同当事人利益的,属于可撤销或者可变更合同;损害国家利益的,则属于无效合同。民法总则则未加区别,规定一律按可撤销合同对待。再如,关于显失公平问题,合同法将显失公平与乘人之危作为两类不同的可撤销或者可变更合同事由,而民法总则则将二者合并为一类可撤销合同事由。

第一百五十条 【以胁迫手段实施的民事法律行为的效力】一方或者第三人以胁迫手段,使对方在违背真实意思的情况下实施的民事法律行为,受胁迫方有权请求人民法院或者仲裁机构予以撤销。

一、相关法律条文

《民法典》(2021 年 1 月 1 日起施行)

第一千零五十二条　因胁迫结婚的,受胁迫的一方可以向人民法院请求撤销婚姻。

请求撤销婚姻的,应当自胁迫行为终止之日起一年内提出。

被非法限制人身自由的当事人请求撤销婚姻的,应当自恢复人身自由之日起一年内提出。

第一千一百二十五条　继承人有下列行为之一的,丧失继承权:

(一)故意杀害被继承人;

(二)为争夺遗产而杀害其他继承人;

(三)遗弃被继承人,或者虐待被继承人情节严重;

(四)伪造、篡改、隐匿或者销毁遗嘱,情节严重;

(五)以欺诈、胁迫手段迫使或者妨碍被继承人设立、变更或者撤回遗嘱,情节严重。

继承人有前款第三项至第五项行为,确有悔改表现,被继承人表示宽恕或者事后在遗嘱中将其列为继承人的,该继承人不丧失继承权。

受遗赠人有本条第一款规定行为的,丧失受遗赠权。

第一千一百四十三条第二款　遗嘱必须表示遗嘱人的真实意思,受欺诈、胁迫所立的遗嘱无效。

二、相关司法解释规定

1.《最高人民法院关于适用〈中华人民共和国民法典〉总则编若干问题的解释》(法释〔2022〕6 号)

第二十二条　以给自然人及其近亲属等的人身权利、财产权利以及其他合法权益造成损害或者以给法人、非法人组织的名誉、荣誉、财产权益等造成损害为要挟,迫使其基于恐惧心理作出意思表示的,人民法院可以认定为民法典第一百五十条规定的胁迫。

2.《最高人民法院关于适用〈中华人民共和国民法典〉婚姻家庭编的解释(一)》(法释〔2020〕22 号)

第十八条　行为人以给另一方当事人或者其近亲属的生命、身体、健康、名誉、财产等方面造成损害为要挟,迫使另一方当事人违背真实意愿结婚的,可以认定为民法典第一千零五十二条所称的“胁迫”。

因受胁迫而请求撤销婚姻的,只能是受胁迫一方的婚姻关系当事人本人。

第七十条 夫妻双方协议离婚后就财产分割问题反悔,请求撤销财产分割协议的,人民法院应当受理。

人民法院审理后,未发现订立财产分割协议时存在欺诈、胁迫等情形的,应当依法驳回当事人的诉讼请求。

3.《最高人民法院关于审理涉及农村土地承包纠纷案件适用法律问题的解释》(法释〔2005〕6号)(2020年12月23日修正)

第十二条 发包方胁迫承包方将土地经营权流转给第三人,承包方请求撤销其与第三人签订的流转合同的,应予支持。

发包方阻碍承包方依法流转土地经营权,承包方请求排除妨碍、赔偿损失的,应予支持。

4.《最高人民法院关于审理票据纠纷案件若干问题的规定》(法释〔2000〕32号)(2020年12月23日修正)

第八条 票据诉讼的举证责任由提出主张的一方当事人承担。

依照票据法第四条第二款、第十条、第十二条、第二十一条的规定,向人民法院提起诉讼的持票人有责任提供诉争票据。该票据的出票、承兑、交付、背书转让涉嫌欺诈、偷盗、胁迫、恐吓、暴力等非法行为的,持票人对持票的合法性应当负责举证。

第十四条 票据债务人依照票据法第十二条、第十三条的规定,对持票人提出下列抗辩的,人民法院应予支持:

(一)与票据债务人有直接债权债务关系并且不履行约定义务的;

(二)以欺诈、偷盗或者胁迫等非法手段取得票据,或者明知有前列情形,出于恶意取得票据的;

(三)明知票据债务人与出票人或者与持票人的前手之间存在抗辩事由而取得票据的;

(四)因重大过失取得票据的;

(五)其他依法不得享有票据权利的。

5.《最高人民法院关于民事诉讼证据的若干规定》(法释〔2001〕33号)(2019年10月14日修正)

第九条 有下列情形之一,当事人在法庭辩论终结前撤销自认的,人民法院应当准许:

（一）经对方当事人同意的；

（二）自认是在受胁迫或者重大误解情况下作出的。

人民法院准许当事人撤销自认的，应当作出口头或者书面裁定。

第八十六条　当事人对于欺诈、胁迫、恶意串通事实的证明，以及对于口头遗嘱或赠与事实的证明，人民法院确信该待证事实存在的可能性能够排除合理怀疑的，应当认定该事实存在。

与诉讼保全、回避等程序事项有关的事实，人民法院结合当事人的说明及相关证据，认为有关事实存在的可能性较大的，可以认定该事实存在。

6.《最高人民法院关于印发〈全国法院贯彻实施民法典工作会议纪要〉的通知》（法〔2021〕94号）

4. 以给自然人及其亲友的生命、身体、健康、名誉、荣誉、隐私、财产等造成损害或者以给法人、非法人组织的名誉、荣誉、财产等造成损害为要挟，迫使其作出不真实的意思表示的，人民法院可以认定为民法典第一百五十条规定的胁迫。

第一百五十一条　【显失公平的民事法律行为的效力】一方利用对方处于危困状态、缺乏判断能力等情形，致使民事法律行为成立时显失公平的，受损害方有权请求人民法院或者仲裁机构予以撤销。

相关司法解释规定

1.《最高人民法院关于适用〈中华人民共和国民法典〉合同编通则若干问题的解释》（法释〔2023〕13号）

第十一条　当事人一方是自然人，根据该当事人的年龄、智力、知识、经验并结合交易的复杂程度，能够认定其对合同的性质、合同订立的法律后果或者交易中存在的特定风险缺乏应有的认知能力的，人民法院可以认定该情形构成民法典第一百五十一条规定的“缺乏判断能力”。

2.《最高人民法院关于审理劳动争议案件适用法律问题的解释（一）》（法释〔2020〕26号）

第三十五条　劳动者与用人单位就解除或者终止劳动合同办理相

关手续、支付工资报酬、加班费、经济补偿或者赔偿金等达成的协议，不违反法律、行政法规的强制性规定，且不存在欺诈、胁迫或者乘人之危情形的，应当认定有效。

前款协议存在重大误解或者显失公平情形，当事人请求撤销的，人民法院应予支持。

3.《最高人民法院关于审理行政协议案件若干问题的规定》（法释〔2019〕17号）

第十四条 原告认为行政协议存在胁迫、欺诈、重大误解、显失公平等情形而请求撤销，人民法院经审理认为符合法律规定可撤销情形的，可以依法判决撤销该协议。

第一百五十二条 【撤销权消灭期间】 有下列情形之一的，撤销权消灭：

（一）当事人自知道或者应当知道撤销事由之日起一年内、重大误解的当事人自知道或者应当知道撤销事由之日起九十日内没有行使撤销权；

（二）当事人受胁迫，自胁迫行为终止之日起一年内没有行使撤销权；

（三）当事人知道撤销事由后明确表示或者以自己的行为表明放弃撤销权。

当事人自民事法律行为发生之日起五年内没有行使撤销权的，撤销权消灭。

相关司法解释规定

1.《最高人民法院关于适用〈中华人民共和国民法典〉婚姻家庭编的解释（一）》（法释〔2020〕22号）

第十九条 民法典第一千零五十二条规定的“一年”，不适用诉讼时效中止、中断或者延长的规定。

受胁迫或者被非法限制人身自由的当事人请求撤销婚姻的，不适用民法典第一百五十二条第二款的规定。

2.《最高人民法院关于适用〈中华人民共和国民法典〉时间效力的若干规定》(法释〔2020〕15号)

第二十六条 当事人以民法典施行前受胁迫结婚为由请求人民法院撤销婚姻的,撤销权的行使期限适用民法典第一千零五十二条第二款的规定。

3.《最高人民法院关于审理民事案件适用诉讼时效制度若干问题的规定》(法释〔2008〕11号)(2020年12月23日修正)

第五条 享有撤销权的当事人一方请求撤销合同的,应适用民法典关于除斥期间的规定。对方当事人对撤销合同请求权提出诉讼时效抗辩的,人民法院不予支持。

合同被撤销,返还财产、赔偿损失请求权的诉讼时效期间从合同被撤销之日起计算。

4.《最高人民法院关于印发〈全国法院民商事审判工作会议纪要〉的通知》(法〔2019〕254号)

42.【撤销权的行使】撤销权应当由当事人行使。当事人未请求撤销的,人民法院不应当依职权撤销合同。一方请求另一方履行合同,另一方以合同具有可撤销事由提出抗辩的,人民法院应当在审查合同是否具有可撤销事由以及是否超过法定期间等事实的基础上,对合同是否可撤销作出判断,不能仅以当事人未提起诉讼或者反诉为由不予审查或者不予支持。一方主张合同无效,依据的却是可撤销事由,此时人民法院应当全面审查合同是否具有无效事由以及当事人主张的可撤销事由。当事人关于合同无效的事由成立的,人民法院应当认定合同无效。当事人主张合同无效的理由不成立,而可撤销的事由成立的,因合同无效和可撤销的后果相同,人民法院也可以结合当事人的诉讼请求,直接判决撤销合同。

第一百五十三条 【违反强制性规定与违背公序良俗的民事法律行为的效力】 违反法律、行政法规的强制性规定的民事法律行为无效。但是,该强制性规定不导致该民事法律行为无效的除外。

违背公序良俗的民事法律行为无效。

一、相关法律条文

1.《民法典》(2021 年 1 月 1 日起施行)

第四百九十七条 有下列情形之一的,该格式条款无效:

(一)具有本法第一编第六章第三节和本法第五百零六条规定的无效情形;

(二)提供格式条款一方不合理地免除或者减轻其责任、加重对方责任、限制对方主要权利;

(三)提供格式条款一方排除对方主要权利。

第五百零六条 合同中的下列免责条款无效:

(一)造成对方人身损害的;

(二)因故意或者重大过失造成对方财产损失的。

第七百三十七条 当事人以虚构租赁物方式订立的融资租赁合同无效。

第八百五十条 非法垄断技术或者侵害他人技术成果的技术合同无效。

第一千零七条 禁止以任何形式买卖人体细胞、人体组织、人体器官、遗体。

违反前款规定的买卖行为无效。

第一千零五十一条 有下列情形之一的,婚姻无效:

(一)重婚;

(二)有禁止结婚的亲属关系;

(三)未到法定婚龄。

第一千一百一十三条 有本法第一编关于民事法律行为无效规定情形或者违反本编规定的收养行为无效。

无效的收养行为自始没有法律约束力。

第一千一百三十八条 遗嘱人在危急情况下,可以立口头遗嘱。口头遗嘱应当有两个以上见证人在场见证。危急情况消除后,遗嘱人能够以书面或者录音录像形式立遗嘱的,所立的口头遗嘱无效。

第一千一百四十三条 无民事行为能力人或者限制民事行为能力人所立的遗嘱无效。

遗嘱必须表示遗嘱人的真实意思,受欺诈、胁迫所立的遗嘱无效。

伪造的遗嘱无效。

遗嘱被篡改的,篡改的内容无效。

2.《公司法》(2023年12月29日修订)

第二十五条　公司股东会、董事会的决议内容违反法律、行政法规的无效。

第二十六条　公司股东会、董事会的会议召集程序、表决方式违反法律、行政法规或者公司章程,或者决议内容违反公司章程的,股东自决议作出之日起六十日内,可以请求人民法院撤销。但是,股东会、董事会的会议召集程序或者表决方式仅有轻微瑕疵,对决议未产生实质影响的除外。

未被通知参加股东会会议的股东自知道或者应当知道股东会决议作出之日起六十日内,可以请求人民法院撤销;自决议作出之日起一年内没有行使撤销权的,撤销权消灭。

二、相关司法解释规定

1.《最高人民法院关于适用〈中华人民共和国民法典〉合同编通则若干问题的解释》(法释〔2023〕13号)

第十六条　合同违反法律、行政法规的强制性规定,有下列情形之一,由行为人承担行政责任或者刑事责任能够实现强制性规定的立法目的的,人民法院可以依据民法典第一百五十三条第一款关于"该强制性规定不导致该民事法律行为无效的除外"的规定认定该合同不因违反强制性规定无效:

(一)强制性规定虽然旨在维护社会公共秩序,但是合同的实际履行对社会公共秩序造成的影响显著轻微,认定合同无效将导致案件处理结果有失公平公正;

(二)强制性规定旨在维护政府的税收、土地出让金等国家利益或者其他民事主体的合法利益而非合同当事人的民事权益,认定合同有效不会影响该规范目的的实现;

(三)强制性规定旨在要求当事人一方加强风险控制、内部管理等,对方无能力或者无义务审查合同是否违反强制性规定,认定合同无效将使其承担不利后果;

(四)当事人一方虽然在订立合同时违反强制性规定,但是在合同订立后其已经具备补正违反强制性规定的条件却违背诚信原则不予补正;

(五)法律、司法解释规定的其他情形。

法律、行政法规的强制性规定旨在规制合同订立后的履行行为，当事人以合同违反强制性规定为由请求认定合同无效的，人民法院不予支持。但是，合同履行必然导致违反强制性规定或者法律、司法解释另有规定的除外。

依据前两款认定合同有效，但是当事人的违法行为未经处理的，人民法院应当向有关行政管理部门提出司法建议。当事人的行为涉嫌犯罪的，应当将案件线索移送刑事侦查机关；属于刑事自诉案件的，应当告知当事人可以向有管辖权的人民法院另行提起诉讼。

第十七条 合同虽然不违反法律、行政法规的强制性规定，但是有下列情形之一，人民法院应当依据民法典第一百五十三条第二款的规定认定合同无效：

(一)合同影响政治安全、经济安全、军事安全等国家安全的；

(二)合同影响社会稳定、公平竞争秩序或者损害社会公共利益等违背社会公共秩序的；

(三)合同背离社会公德、家庭伦理或者有损人格尊严等违背善良风俗的。

人民法院在认定合同是否违背公序良俗时，应当以社会主义核心价值观为导向，综合考虑当事人的主观动机和交易目的、政府部门的监管强度、一定期限内当事人从事类似交易的频次、行为的社会后果等因素，并在裁判文书中充分说理。当事人确因生活需要进行交易，未给社会公共秩序造成重大影响，且不影响国家安全，也不违背善良风俗的，人民法院不应当认定合同无效。

第十八条 法律、行政法规的规定虽然有“应当”“必须”或者“不得”等表述，但是该规定旨在限制或者赋予民事权利，行为人违反该规定将构成无权处分、无权代理、越权代表等，或者导致合同相对人、第三人因此获得撤销权、解除权等民事权利的，人民法院应当依据法律、行政法规规定的关于违反该规定的民事法律后果认定合同效力。

2.《最高人民法院关于适用〈中华人民共和国民事诉讼法〉的解释》(法释〔2015〕5号)(2022年3月22日修正)

第三百五十八条 经审查，调解协议有下列情形之一的，人民法院应当裁定驳回申请：

(一)违反法律强制性规定的；

(二)损害国家利益、社会公共利益、他人合法权益的；

（三）违背公序良俗的；

（四）违反自愿原则的；

（五）内容不明确的；

（六）其他不能进行司法确认的情形。

3.《最高人民法院关于审理垄断民事纠纷案件适用法律若干问题的解释》（法释〔2024〕6号）

第四十八条　当事人主张被诉垄断行为所涉合同或者经营者团体的章程、决议、决定等因违反反垄断法或者其他法律、行政法规的强制性规定而无效的，人民法院应当依照民法典第一百五十三条的规定审查认定。

被诉垄断行为所涉合同或者经营者团体的章程、决议、决定中的部分条款因违反反垄断法或者其他法律、行政法规的强制性规定而无效，当事人主张与该部分条款具有紧密关联、不具有独立存在意义或者便利被诉垄断行为实施的其他条款一并无效的，人民法院可予支持。

4.《最高人民法院关于适用〈中华人民共和国公司法〉若干问题的规定（二）》（法释〔2008〕6号）（2020年12月23日修正）

第五条　人民法院审理解散公司诉讼案件，应当注重调解。当事人协商同意由公司或者股东收购股份，或者以减资等方式使公司存续，且不违反法律、行政法规强制性规定的，人民法院应予支持。当事人不能协商一致使公司存续的，人民法院应当及时判决。

经人民法院调解公司收购原告股份的，公司应当自调解书生效之日起六个月内将股份转让或者注销。股份转让或者注销之前，原告不得以公司收购其股份为由对抗公司债权人。

5.《最高人民法院关于适用〈中华人民共和国公司法〉若干问题的规定（三）》（法释〔2011〕3号）（2020年12月23日修正）

第二十二条　当事人之间对股权归属发生争议，一方请求人民法院确认其享有股权的，应当证明以下事实之一：

（一）已经依法向公司出资或者认缴出资，且不违反法律法规强制性规定；

（二）已经受让或者以其他形式继受公司股权，且不违反法律法规强制性规定。

6.《最高人民法院关于适用〈中华人民共和国公司法〉若干问题的规定(五)》(法释〔2019〕7号)(2020年12月23日修正)

第五条 人民法院审理涉及有限责任公司股东重大分歧案件时,应当注重调解。当事人协商一致以下列方式解决分歧,且不违反法律、行政法规的强制性规定的,人民法院应予支持:

(一)公司回购部分股东股份;

(二)其他股东受让部分股东股份;

(三)他人受让部分股东股份;

(四)公司减资;

(五)公司分立;

(六)其他能够解决分歧,恢复公司正常经营,避免公司解散的方式。

7.《最高人民法院关于审理与企业改制相关的民事纠纷案件若干问题的规定》(法释〔2003〕1号)(2020年12月23日修正)

第十四条 债权人与债务人自愿达成债权转股权协议,且不违反法律和行政法规强制性规定的,人民法院在审理相关的民事纠纷案件中,应当确认债权转股权协议有效。

政策性债权转股权,按照国务院有关部门的规定处理。

8.《最高人民法院关于审理期货纠纷案件若干问题的规定》(法释〔2003〕10号)(2020年12月23日修正)

第二条 人民法院审理期货合同纠纷案件,应当严格按照当事人在合同中的约定确定违约方承担的责任,当事人的约定违反法律、行政法规强制性规定的除外。

9.《最高人民法院关于审理矿业权纠纷案件适用法律若干问题的解释》(法释〔2017〕12号)(2020年12月23日修正)

第十八条 当事人约定在自然保护区、风景名胜区、重点生态功能区、生态环境敏感区和脆弱区等区域内勘查开采矿产资源,违反法律、行政法规的强制性规定或者损害环境公共利益的,人民法院应依法认定合同无效。

10.《最高人民法院关于审理生态环境损害赔偿案件的若干规定(试行)》(法释〔2019〕8号)(2020年12月23日修正)

第二十条 经磋商达成生态环境损害赔偿协议的,当事人可以向人民法院申请司法确认。

人民法院受理申请后，应当公告协议内容，公告期间不少于三十日。公告期满后，人民法院经审查认为协议的内容不违反法律法规强制性规定且不损害国家利益、社会公共利益的，裁定确认协议有效。裁定书应当写明案件的基本事实和协议内容，并向社会公开。

11.《最高人民法院关于审理民间借贷案件适用法律若干问题的规定》（法释〔2015〕18号）（2020年12月23日修正）

第十三条　具有下列情形之一的，人民法院应当认定民间借贷合同无效：

（一）套取金融机构贷款转贷的；

（二）以向其他营利法人借贷、向本单位职工集资，或者以向公众非法吸收存款等方式取得的资金转贷的；

（三）未依法取得放贷资格的出借人，以营利为目的向社会不特定对象提供借款的；

（四）出借人事先知道或者应当知道借款人借款用于违法犯罪活动仍然提供借款的；

（五）违反法律、行政法规强制性规定的；

（六）违背公序良俗的。

12.《最高人民法院关于证券纠纷代表人诉讼若干问题的规定》（法释〔2020〕5号）

第十九条　人民法院经初步审查，认为调解协议草案不存在违反法律、行政法规的强制性规定、违背公序良俗以及损害他人合法权益等情形的，应当自收到申请书后十日内向全体原告发出通知。通知应当包括以下内容：

（一）调解协议草案；

（二）代表人请求人民法院制作调解书的申请书；

（三）对调解协议草案发表意见的权利以及方式、程序和期限；

（四）原告有异议时，召开听证会的时间、地点及报名方式；

（五）人民法院认为需要通知的其他事项。

13.《最高人民法院关于适用〈中华人民共和国涉外民事关系法律适用法〉若干问题的解释（一）》（法释〔2012〕24号）（2020年12月23日修正）

第七条　当事人在合同中援引尚未对中华人民共和国生效的国际条约的，人民法院可以根据该国际条约的内容确定当事人之间的权利义务,但违反中华人民共和国社会公共利益或中华人民共和国法律、行政法规强制性规定的除外。

14.《最高人民法院关于公证债权文书执行若干问题的规定》(法释〔2018〕18号)

第十二条　有下列情形之一的,被执行人可以依照民事诉讼法第二百三十八条第二款规定申请不予执行公证债权文书:

(一)被执行人未到场且未委托代理人到场办理公证的;

(二)无民事行为能力人或者限制民事行为能力人没有监护人代为办理公证的;

(三)公证员为本人、近亲属办理公证,或者办理与本人、近亲属有利害关系的公证的;

(四)公证员办理该项公证有贪污受贿、徇私舞弊行为,已经由生效刑事法律文书等确认的;

(五)其他严重违反法定公证程序的情形。

被执行人以公证债权文书的内容与事实不符或者违反法律强制性规定等实体事由申请不予执行的,人民法院应当告知其依照本规定第二十二条第一款规定提起诉讼。

第十九条　人民法院认定执行公证债权文书违背公序良俗的,裁定不予执行。

15.《最高人民法院关于国有土地开荒后用于农耕的土地使用权转让合同纠纷案件如何适用法律问题的批复》(法释〔2012〕14号)(2020年12月23日修正)

甘肃省高级人民法院:

你院《关于对国有土地经营权转让如何适用法律的请示》(甘高法〔2010〕84号)收悉。经研究,答复如下:

开荒后用于农耕而未交由农民集体使用的国有土地,不属于《中华人民共和国农村土地承包法》第二条规定的农村土地。此类土地使用权的转让,不适用《中华人民共和国农村土地承包法》的规定,应适用《中华人民共和国民法典》和《中华人民共和国土地管理法》等相关法律规定加以规范。

对于国有土地开荒后用于农耕的土地使用权转让合同,不违反法律、行政法规的强制性规定的,当事人仅以转让方未取得土地使用权证书为由请求确认合同无效的,人民法院依法不予支持;当事人根据合同约定主张对方当事人履行办理土地使用权证书义务的，人民法院依法应予支持。

16.《最高人民法院关于印发〈全国法院民商事审判工作会议纪要〉的通知》（法〔2019〕254号）

30.【强制性规定的识别】合同法施行后，针对一些人民法院动辄以违反法律、行政法规的强制性规定为由认定合同无效，不当扩大无效合同范围的情形，合同法司法解释（二）第14条将《合同法》第52条第5项规定的"强制性规定"明确限于"效力性强制性规定"。此后，《最高人民法院关于当前形势下审理民商事合同纠纷案件若干问题的指导意见》进一步提出了"管理性强制性规定"的概念，指出违反管理性强制性规定的，人民法院应当根据具体情形认定合同效力。随着这一概念的提出，审判实践中又出现了另一种倾向，有的人民法院认为凡是行政管理性质的强制性规定都属于"管理性强制性规定"，不影响合同效力。这种望文生义的认定方法，应予纠正。

人民法院在审理合同纠纷案件时，要依据《民法总则》第153条第1款和合同法司法解释（二）第14条的规定慎重判断"强制性规定"的性质，特别是要在考量强制性规定所保护的法益类型、违法行为的法律后果以及交易安全保护等因素的基础上认定其性质，并在裁判文书中充分说明理由。下列强制性规定，应当认定为"效力性强制性规定"：强制性规定涉及金融安全、市场秩序、国家宏观政策等公序良俗的；交易标的禁止买卖的，如禁止人体器官、毒品、枪支等买卖；违反特许经营规定的，如场外配资合同；交易方式严重违法的，如违反招投标等竞争性缔约方式订立的合同；交易场所违法的，如在批准的交易场所之外进行期货交易。关于经营范围、交易时间、交易数量等行政管理性质的强制性规定，一般应当认定为"管理性强制性规定"。

31.【违反规章的合同效力】违反规章一般情况下不影响合同效力，但该规章的内容涉及金融安全、市场秩序、国家宏观政策等公序良俗的，应当认定合同无效。人民法院在认定规章是否涉及公序良俗时，要在考察规范对象基础上，兼顾监管强度、交易安全保护以及社会影响等方面进行慎重考量，并在裁判文书中进行充分说理。

第一百五十四条　【恶意串通的民事法律行为的效力】行为人与相对人恶意串通，损害他人合法权益的民事法律行为无效。

一、相关法律条文

1.《拍卖法》(2015 年 4 月 24 日修正)

第六十五条 违反本法第三十七条的规定,竞买人之间、竞买人与拍卖人之间恶意串通,给他人造成损害的,拍卖无效,应当依法承担赔偿责任。由工商行政管理部门对参与恶意串通的竞买人处最高应价百分之十以上百分之三十以下的罚款;对参与恶意串通的拍卖人处最高应价百分之十以上百分之五十以下的罚款。

2.《企业国有资产法》(2009 年 5 月 1 日起施行)

第七十二条 在涉及关联方交易、国有资产转让等交易活动中,当事人恶意串通,损害国有资产权益的,该交易行为无效。

二、相关司法解释规定

1.《最高人民法院关于适用〈中华人民共和国民法典〉合同编通则若干问题的解释》(法释〔2023〕13 号)

第二十三条 法定代表人、负责人或者代理人与相对人恶意串通,以法人、非法人组织的名义订立合同,损害法人、非法人组织的合法权益,法人、非法人组织主张不承担民事责任的,人民法院应予支持。法人、非法人组织请求法定代表人、负责人或者代理人与相对人对因此受到的损失承担连带赔偿责任的,人民法院应予支持。

根据法人、非法人组织的举证,综合考虑当事人之间的交易习惯、合同在订立时是否显失公平、相关人员是否获取了不正当利益、合同的履行情况等因素,人民法院能够认定法定代表人、负责人或者代理人与相对人存在恶意串通的高度可能性的,可以要求前述人员就合同订立、履行的过程等相关事实作出陈述或者提供相应的证据。其无正当理由拒绝作出陈述,或者所作陈述不具合理性又不能提供相应证据的,人民法院可以认定恶意串通的事实成立。

2.《最高人民法院关于适用〈中华人民共和国民事诉讼法〉的解释》(法释〔2015〕5 号)(2022 年 3 月 22 日修正)

第一百零九条 当事人对欺诈、胁迫、恶意串通事实的证明,以及对口头遗嘱或者赠与事实的证明,人民法院确信该待证事实存在的可能性能够排除合理怀疑的,应当认定该事实存在。

3.《最高人民法院关于人民法院办理执行异议和复议案件若干问题的规定》(法释〔2015〕10号)(2020年12月23日修正)

第二十一条　当事人、利害关系人提出异议请求撤销拍卖,符合下列情形之一的,人民法院应予支持:

(一)竞买人之间、竞买人与拍卖机构之间恶意串通,损害当事人或者其他竞买人利益的;

(二)买受人不具备法律规定的竞买资格的;

(三)违法限制竞买人参加竞买或者对不同的竞买人规定不同竞买条件的;

(四)未按照法律、司法解释的规定对拍卖标的物进行公告的;

(五)其他严重违反拍卖程序且损害当事人或者竞买人利益的情形。

当事人、利害关系人请求撤销变卖的,参照前款规定处理。

第三十一条　承租人请求在租赁期内阻止向受让人移交占有被执行的不动产,在人民法院查封之前已签订合法有效的书面租赁合同并占有使用该不动产的,人民法院应予支持。

承租人与被执行人恶意串通,以明显不合理的低价承租被执行的不动产或者伪造交付租金证据的,对其提出的阻止移交占有的请求,人民法院不予支持。

4.《最高人民法院关于人民法院民事执行中拍卖、变卖财产的规定》(法释〔2004〕16号)(2020年12月23日修正)

第十七条　在拍卖开始前,有下列情形之一的,人民法院应当撤回拍卖委托:

(一)据以执行的生效法律文书被撤销的;

(二)申请执行人及其他执行债权人撤回执行申请的;

(三)被执行人全部履行了法律文书确定的金钱债务的;

(四)当事人达成了执行和解协议,不需要拍卖财产的;

(五)案外人对拍卖财产提出确有理由的异议的;

(六)拍卖机构与竞买人恶意串通的;

(七)其他应当撤回拍卖委托的情形。

5.《最高人民法院关于审理商标授权确权行政案件若干问题的规定》(法释〔2017〕2号)(2020年12月23日修正)

第十五条　商标代理人、代表人或者经销、代理等销售代理关系意义上的代理人、代表人未经授权,以自己的名义将与被代理人或者被代表人的商标相同或者近似的商标在相同或者类似商品上申请注册的,人民法院适用商标法第十五条第一款的规定进行审理。

在为建立代理或者代表关系的磋商阶段,前款规定的代理人或者代表人将被代理人或者被代表人的商标申请注册的,人民法院适用商标法第十五条第一款的规定进行审理。

商标申请人与代理人或者代表人之间存在亲属关系等特定身份关系的,可以推定其商标注册行为系与该代理人或者代表人恶意串通,人民法院适用商标法第十五条第一款的规定进行审理。

6.《最高人民法院关于适用〈中华人民共和国公司法〉若干问题的规定(四)》(法释〔2017〕16号)(2020年12月23日修正)

第二十一条 有限责任公司的股东向股东以外的人转让股权,未就其股权转让事项征求其他股东意见,或者以欺诈、恶意串通等手段,损害其他股东优先购买权,其他股东主张按照同等条件购买该转让股权的,人民法院应当予以支持,但其他股东自知道或者应当知道行使优先购买权的同等条件之日起三十日内没有主张,或者自股权变更登记之日起超过一年的除外。

前款规定的其他股东仅提出确认股权转让合同及股权变动效力等请求,未同时主张按照同等条件购买转让股权的,人民法院不予支持,但其他股东非因自身原因导致无法行使优先购买权,请求损害赔偿的除外。

股东以外的股权受让人,因股东行使优先购买权而不能实现合同目的的,可以依法请求转让股东承担相应民事责任。

7.《最高人民法院关于审理与企业改制相关的民事纠纷案件若干问题的规定》(法释〔2003〕1号)(2020年12月23日修正)

第十八条 企业出售中,当事人双方恶意串通,损害国家利益的,人民法院在审理相关的民事纠纷案件时,应当确认该企业出售行为无效。

8.《最高人民法院关于审理票据纠纷案件若干问题的规定》(法释〔2000〕32号)(2020年12月23日修正)

第五十五条 商业汇票的持票人向其非开户银行申请贴现,与向自己开立存款账户的银行申请贴现具有同等法律效力。但是,持票人有恶意或者与贴现银行恶意串通的除外。

9.《最高人民法院关于审理商品房买卖合同纠纷案件适用法律若干问题的解释》(法释〔2003〕7号)(2020年12月23日修正)

第七条 买受人以出卖人与第三人恶意串通,另行订立商品房买卖合同并将房屋交付使用,导致其无法取得房屋为由,请求确认出卖人与第三人订立的商品房买卖合同无效的,应予支持。

10.《最高人民法院关于人民法院确定财产处置参考价若干问题的规定》(法释〔2018〕15号)

第二十五条 当事人、利害关系人有证据证明具有下列情形之一,且在发布一拍拍卖公告或者直接进入变卖程序之前提出异议的,人民法院应当按照执行监督程序进行审查处理:

(一)议价中存在欺诈、胁迫情形;

(二)恶意串通损害第三人利益;

(三)有关机构出具虚假定向询价结果;

(四)依照本规定第二十二条、第二十三条作出的处理结果确有错误。

三、相关指导性案例

指导案例33号:瑞士嘉吉国际公司诉福建金石制油有限公司等确认合同无效纠纷案(最高人民法院审判委员会讨论通过 2014年12月18日发布)

【关键词】民事 确认合同无效 恶意串通 财产返还

【裁判要点】

1.债务人将主要财产以明显不合理低价转让给其关联公司,关联公司在明知债务人欠债的情况下,未实际支付对价的,可以认定债务人与其关联公司恶意串通、损害债权人利益,与此相关的财产转让合同应当认定为无效。

2.《合同法》第五十九条规定适用于第三人为财产所有权人的情形,在债权人对债务人享有普通债权的情况下,应当根据《合同法》第五十八条的规定,判令因无效合同取得的财产返还给原财产所有人,而不能根据第五十九条规定直接判令债务人的关联公司因"恶意串通,损害第三人利益"的合同而取得的债务人的财产返还给债权人。

【基本案情】

瑞士嘉吉国际公司(Cargill International SA,简称嘉吉公司)与福建

第
154
条

金石制油有限公司(以下简称福建金石公司)以及大连金石制油有限公司、沈阳金石豆业有限公司、四川金石油粕有限公司、北京珂玛美嘉粮油有限公司、宜丰香港有限公司(该六公司以下统称金石集团)存在商业合作关系。嘉吉公司因与金石集团买卖大豆发生争议,双方在国际油类、种子和脂类联合会仲裁过程中于2005年6月26日达成《和解协议》,约定金石集团将在五年内分期偿还债务,并将金石集团旗下福建金石公司的全部资产,包括土地使用权、建筑物和固着物、所有的设备及其他财产抵押给嘉吉公司,作为偿还债务的担保。2005年10月10日,国际油类、种子和脂类联合会根据该《和解协议》作出第3929号仲裁裁决,确认金石集团应向嘉吉公司支付1337万美元。2006年5月,因金石集团未履行该仲裁裁决,福建金石公司也未配合进行资产抵押,嘉吉公司向福建省厦门市中级人民法院申请承认和执行第3929号仲裁裁决。2007年6月26日,厦门市中级人民法院经审查后裁定对该仲裁裁决的法律效力予以承认和执行。该裁定生效后,嘉吉公司申请强制执行。

2006年5月8日,福建金石公司与福建田源生物蛋白科技有限公司(以下简称田源公司)签订一份《国有土地使用权及资产买卖合同》,约定福建金石公司将其国有土地使用权、厂房、办公楼和油脂生产设备等全部固定资产以2569万元人民币(以下未特别注明的均为人民币)的价格转让给田源公司,其中国有土地使用权作价464万元、房屋及设备作价2105万元,应在合同生效后30日内支付全部价款。王晓琪和柳锋分别作为福建金石公司与田源公司的法定代表人在合同上签名。福建金石公司曾于2001年12月31日以482.1万元取得本案所涉32138平方米国有土地使用权。2006年5月10日,福建金石公司与田源公司对买卖合同项下的标的物进行了交接。同年6月15日,田源公司通过在中国农业银行漳州支行的账户向福建金石公司在同一银行的账户转入2500万元。福建金石公司当日从该账户汇出1300万元、1200万元两笔款项至金石集团旗下大连金石制油有限公司账户,用途为往来款。同年6月19日,田源公司取得上述国有土地使用权证。

2008年2月21日,田源公司与漳州开发区汇丰源贸易有限公司(以下简称汇丰源公司)签订《买卖合同》,约定汇丰源公司购买上述土地使用权及地上建筑物、设备等,总价款为2669万元,其中土地价款603万元、房屋价款334万元、设备价款1732万元。汇丰源公司于2008

年3月取得上述国有土地使用权证。汇丰源公司仅于2008年4月7日向田源公司付款569万元,此后未付其余价款。

田源公司、福建金石公司、大连金石制油有限公司及金石集团旗下其他公司的直接或间接控制人均为王政良、王晓莉、王晓琪、柳锋。王政良与王晓琪、王晓莉是父女关系,柳锋与王晓琪是夫妻关系。2009年10月15日,中纺粮油进出口有限责任公司(以下简称中纺粮油公司)取得田源公司80%的股权。2010年1月15日,田源公司更名为中纺粮油(福建)有限公司(以下简称中纺福建公司)。

汇丰源公司成立于2008年2月19日,原股东为宋明权、杨淑莉。2009年9月16日,中纺粮油公司和宋明权、杨淑莉签订《股权转让协议》,约定中纺粮油公司购买汇丰源公司80%的股权。同日,中纺粮油公司(甲方)、汇丰源公司(乙方)、宋明权和杨淑莉(丙方)及沈阳金豆食品有限公司(丁方)签订《股权质押协议》,约定:丙方将所拥有汇丰源公司20%的股权质押给甲方,作为乙方、丙方、丁方履行"合同义务"之担保;"合同义务"系指乙方、丙方在《股权转让协议》及《股权质押协议》项下因"红豆事件"而产生的所有责任和义务;"红豆事件"是指嘉吉公司与金石集团就进口大豆中掺杂红豆原因而引发的金石集团涉及的一系列诉讼及仲裁纠纷以及与此有关的涉及汇丰源公司的一系列诉讼及仲裁纠纷。还约定,下述情形同时出现之日,视为乙方和丙方的"合同义务"已完全履行:(1)因"红豆事件"而引发的任何诉讼、仲裁案件的全部审理及执行程序均已终结,且乙方未遭受财产损失;(2)嘉吉公司针对乙方所涉合同可能存在的撤销权因超过法律规定的最长期间(五年)而消灭。2009年11月18日,中纺粮油公司取得汇丰源公司80%的股权。汇丰源公司成立后并未进行实际经营。

由于福建金石公司已无可供执行的财产,导致无法执行,嘉吉公司遂向福建省高级人民法院提起诉讼,请求:一是确认福建金石公司与中纺福建公司签订的《国有土地使用权及资产买卖合同》无效;二是确认中纺福建公司与汇丰源公司签订的国有土地使用权及资产《买卖合同》无效;三是判令汇丰源公司、中纺福建公司将其取得的合同项下财产返还给财产所有人。

【裁判结果】

福建省高级人民法院于2011年10月23日作出(2007)闽民初字第37号民事判决,确认福建金石公司与田源公司(后更名为中纺福建公司)之间的《国有土地使用权及资产买卖合同》、田源公司与汇丰源公司之间的《买卖合同》无效;判令汇丰源公司于判决生效之日起三十日内向福建金石公司返还因上述合同而取得的国有土地使用权,中纺福建公司于判决生效之日起三十日内向福建金石公司返还因上述合同而取得的房屋、设备。宣判后,福建金石公司、中纺福建公司、汇丰源公司提出上诉。最高人民法院于 2012 年 8 月 22 日作出(2012)民四终字第 1 号民事判决,驳回上诉,维持原判。

【裁判理由】

最高人民法院认为:因嘉吉公司注册登记地在瑞士,本案系涉外案件,各方当事人对适用中华人民共和国法律审理本案没有异议。本案源于债权人嘉吉公司认为债务人福建金石公司与关联企业田源公司、田源公司与汇丰源公司之间关于土地使用权以及地上建筑物、设备等资产的买卖合同,因属于《合同法》第五十二条第二项"恶意串通,损害国家、集体或者第三人利益"的情形而应当被认定无效,并要求返还原物。本案争议的焦点问题是:福建金石公司、田源公司(后更名为中纺福建公司)、汇丰源公司相互之间订立的合同是否构成恶意串通、损害嘉吉公司利益的合同?本案所涉合同被认定无效后的法律后果如何?

(一)关于福建金石公司、田源公司、汇丰源公司相互之间订立的合同是否构成"恶意串通,损害第三人利益"的合同

第一,福建金石公司、田源公司在签订和履行《国有土地使用权及资产买卖合同》的过程中,其实际控制人之间系亲属关系,且柳锋、王晓琪夫妇分别作为两公司的法定代表人在合同上签署。因此,可以认定在签署以及履行转让福建金石公司国有土地使用权、房屋、设备的合同过程中,田源公司对福建金石公司的状况是非常清楚的,对包括福建金石公司在内的金石集团因"红豆事件"被仲裁裁决确认对嘉吉公司形成 1337 万美元债务的事实是清楚的。

第二,《国有土地使用权及资产买卖合同》订立于 2006 年 5 月 8 日,其中约定田源公司购买福建金石公司资产的价款为 2569 万元,国有土地使用权作价 464 万元、房屋及设备作价 2105 万元,并未根据相关会计师事务所的评估报告作价。一审法院根据福建金石公司 2006 年 5 月 31 日资产负债表,以其中载明固定资产原价 44042705.75 元、扣除折旧后固定资产净值为 32354833.70 元,而《国有土地使用权及资产买卖合同》中对房屋及设备作价仅 2105 万元,认定《国有土地使用权及

第154条

资产买卖合同》中约定的购买福建金石公司资产价格为不合理低价是正确的。在明知债务人福建金石公司欠债权人嘉吉公司巨额债务的情况下,田源公司以明显不合理低价购买福建金石公司的主要资产,足以证明其与福建金石公司在签订《国有土地使用权及资产买卖合同》时具有主观恶意,属恶意串通,且该合同的履行足以损害债权人嘉吉公司的利益。

第三,《国有土地使用权及资产买卖合同》签订后,田源公司虽然向福建金石公司在同一银行的账户转账2500万元,但该转账并未注明款项用途,且福建金石公司于当日将2500万元分两笔汇入其关联企业大连金石制油有限公司账户;又根据福建金石公司和田源公司当年的财务报表,并未体现该笔2500万元的入账或支出,而是体现出田源公司尚欠福建金石公司"其他应付款"121224155.87元。一审法院据此认定田源公司并未根据《国有土地使用权及资产买卖合同》向福建金石公司实际支付价款是合理的。

第四,从公司注册登记资料看,汇丰源公司成立时股东构成似与福建金石公司无关,但在汇丰源公司股权变化的过程中可以看出,汇丰源公司在与田源公司签订《买卖合同》时对转让的资产来源以及福建金石公司对嘉吉公司的债务是明知的。《买卖合同》约定的价款为2669万元,与田源公司从福建金石公司购入该资产的约定价格相差不大。汇丰源公司除已向田源公司支付569万元外,其余款项未付。一审法院据此认定汇丰源公司与田源公司签订《买卖合同》时恶意串通并足以损害债权人嘉吉公司的利益,并无不当。

综上,福建金石公司与田源公司签订的《国有土地使用权及资产买卖合同》、田源公司与汇丰源公司签订的《买卖合同》,属于恶意串通、损害嘉吉公司利益的合同。根据《合同法》第五十二条第二项的规定,均应当认定无效。

(二)关于本案所涉合同被认定无效后的法律后果

对于无效合同的处理,人民法院一般应当根据《合同法》第五十八条"合同无效或者被撤销后,因该合同取得的财产,应当予以返还;不能返还或者没有必要返还的,应当折价补偿。有过错的一方应当赔偿对方因此所受到的损失,双方都有过错的,应当各自承担相应的责任"的规定,判令取得财产的一方返还财产。本案涉及的两份合同均被认定无效,两份合同涉及的财产相同,其中国有土地使用权已经从福建金石公司经田源公司变更至汇丰源公司名下,在没有证据证明本案所涉房屋已经由田源公司过户至汇丰源公司名下、所涉设备已经由田源公司交付汇丰源公司的情况下,一审法院直接判令取得国有土地使用权的汇丰源公司、取得房屋和设备的田源公司分别就各自取得的财产返还给福建金石公司并无不妥。

《合同法》第五十九条规定:“当事人恶意串通,损害国家、集体或者第三人利益的,因此取得的财产收归国家所有或者返还集体、第三人。”该条规定应当适用于能够确定第三人为财产所有权人的情况。本案中,嘉吉公司对福建金石公司享有普通债权,本案所涉财产系福建金石公司的财产,并非嘉吉公司的财产,因此只能判令将系争财产返还给福建金石公司,而不能直接判令返还给嘉吉公司。

指导案例68号:上海欧宝生物科技有限公司诉辽宁特莱维置业发展有限公司企业借贷纠纷案(最高人民法院审判委员会讨论通过 2016年9月19日发布)

【关键词】民事诉讼　企业借贷　虚假诉讼

【裁判要点】

人民法院审理民事案件中发现存在虚假诉讼可能时,应当依职权调取相关证据,详细询问当事人,全面严格审查诉讼请求与相关证据之间是否存在矛盾,以及当事人诉讼中言行是否违背常理。经综合审查判断,当事人存在虚构事实、恶意串通、规避法律或国家政策以谋取非法利益,进行虚假民事诉讼情形的,应当依法予以制裁。

【基本案情】

上海欧宝生物科技有限公司(以下简称欧宝公司)诉称:欧宝公司借款给辽宁特莱维置业发展有限公司(以下简称特莱维公司)8650万元,用于开发辽宁省东港市特莱维国际花园房地产项目。借期届满时,特莱维公司拒不偿还。故请求法院判令特莱维公司返还借款本金8650万元及利息。

特莱维公司辩称:对欧宝公司起诉的事实予以认可,借款全部投入到特莱维国际花园房地产项目,房屋滞销,暂时无力偿还借款本息。

一审申诉人谢涛述称:特莱维公司与欧宝公司,通过虚构债务的方式,恶意侵害其合法权益,请求法院查明事实,依法制裁。

法院经审理查明:2007年7月至2009年3月,欧宝公司与特莱维公司先后签订9份《借款合同》,约定特莱维公司向欧宝公司共借款

8650万元,约定利息为同年贷款利率的4倍。约定借款用途为:只限用于特莱维国际花园房地产项目。借款合同签订后,欧宝公司先后共汇款10笔,计8650万元,而特莱维公司却在收到汇款的当日或数日后立即将其中的6笔转出,共计转出7050万余元。其中5笔转往上海翰皇实业发展有限公司(以下简称翰皇公司),共计6400万余元。此外,欧宝公司在提起一审诉讼要求特莱维公司还款期间,仍向特莱维公司转款3笔,计360万元。

欧宝公司法定代表人为宗惠光,该公司股东曲叶丽持有73.75%的股权,姜雯琪持有2%的股权,宗惠光持有2%的股权。特莱维公司原法定代表人为王作新,翰皇公司持有该公司90%股权,王阳持有10%的股权,2010年8月16日法定代表人变更为姜雯琪。工商档案记载,该公司在变更登记时,领取执照人签字处由刘静君签字,而刘静君又是本案原一审诉讼期间欧宝公司的委托代理人,身份系欧宝公司的员工。翰皇公司2002年3月26日成立,法定代表人为王作新,前身为上海特莱维化妆品有限公司,王作新持有该公司67%的股权,曲叶丽持有33%的股权,同年10月28日,曲叶丽将其持有的股权转让给王阳。2004年10月10日该公司更名为翰皇公司,公司登记等手续委托宗惠光办理,2011年7月5日该公司注销。王作新与曲叶丽系夫妻关系。

本案原一审诉讼期间,欧宝公司于2010年6月22日向辽宁省高级人民法院(以下简称辽宁高院)提出财产保全申请,要求查封、扣押、冻结特莱维公司5850万元的财产,王阳以其所有的位于辽宁省沈阳市和平区澳门路、建筑面积均为236.4平方米的两处房产为欧宝公司担保。王作鹏以其所有的位于沈阳市皇姑区宁山中路的建筑面积为671.76平方米的房产为欧宝公司担保,沈阳沙琪化妆品有限公司(以下简称沙琪公司,股东为王振义和修桂芳)以其所有的位于沈阳市东陵区白塔镇小羊安村建筑面积分别为212平方米、946平方米的两处厂房及使用面积为4000平方米的一块土地为欧宝公司担保。

欧宝公司与特莱维公司的《开立单位银行结算账户申请书》记载地址均为东港市新兴路1号,委托经办人均为崔秀芳。再审期间谢涛向辽宁高院提供上海市第一中级人民法院(2008)沪一中民三(商)终字第426号民事判决书一份,该案系张娥珍、贾世克诉翰皇公司、欧宝公司特许经营合同纠纷案,判决所列翰皇公司的法定代表人为王作新,欧宝公司和翰皇公司的委托代理人均系翰皇公司员工宗惠光。

二审审理中另查明:

(一)关于欧宝公司和特莱维公司之间关系的事实

工商档案表明,沈阳特莱维化妆品连锁有限责任公司(以下简称沈阳特莱维)成立于2000年3月15日,该公司由欧宝公司控股(持股96.67%),设立时的经办人为宗惠光。公司登记的处所系向沈阳丹菲专业护肤中心承租而来,该中心负责人为王振义。2005年12月23日,特莱维公司原法定代表人王作新代表欧宝公司与案外人张娥珍签订连锁加盟(特许)合同。2007年2月28日,霍静代表特莱维公司与世安建设集团有限公司(以下简称世安公司)签订关于特莱维国际花园项目施工的《补充协议》。2010年5月,魏亚丽经特莱维公司授权办理银行账户的开户,2011年9月又代表欧宝公司办理银行账户开户。两账户所留联系人均为魏亚丽,联系电话均为同一号码,与欧宝公司2010年6月10日提交辽宁高院的民事起诉状中所留特莱维公司联系电话相同。

2010年9月3日,欧宝公司向辽宁高院出具《回复函》称:同意提供位于上海市青浦区苏虹公路332号的面积12026.91平方米、价值2亿元的房产作为保全担保。欧宝公司庭审中承认,前述房产属于上海特莱维护肤品股份有限公司(以下简称上海特莱维)所有。上海特莱维成立于2002年12月9日,法定代表人为王作新,股东有王作新、翰皇公司的股东王阳、邹艳,欧宝公司的股东宗惠光、姜雯琪、王奇等人。王阳同时任上海特莱维董事,宗惠光任副董事长兼副总经理,王奇任副总经理,霍静任董事。

2011年4月20日,欧宝公司向辽宁高院申请执行(2010)辽民二初字第15号民事判决,该院当日立案执行。同年7月12日,欧宝公司向辽宁高院提交书面申请称:"为尽快回笼资金,减少我公司损失,经与被执行人商定,我公司允许被执行人销售该项目的剩余房产,但必须由我公司指派财务人员收款,所销售的房款须存入我公司指定账户。"2011年9月6日,辽宁高院向东港市房地产管理处发出《协助执行通知书》,以相关查封房产已经给付申请执行人抵债为由,要求该处将前述房产直接过户登记到案外买受人名下。

欧宝公司申请执行后,除谢涛外,特莱维公司的其他债权人世安公司、江西临川建筑安装工程总公司、东港市前阳建筑安装工程总公司也先后以提交执行异议等形式,向辽宁高院反映欧宝公司与特莱维公司虚构债权进行虚假诉讼。

翰皇公司的清算组成员由王作新、王阳、姜雯琪担任,王作新为负责人;清算组在成立之日起10日内通知了所有债权人,并于2011年5月14日在《上海商报》上刊登了注销公告。2012年6月25日,王作新将翰皇公司所持特莱维公司股权中的1600万元转让于王阳,200万元转让于邹艳,并于2012年7月9日办理了工商变更登记。

沙琪公司的股东王振义和修桂芳分别是王作新的父亲和母亲;欧宝公司的股东王阁系王作新的哥哥王作鹏之女;王作新与王阳系兄妹关系。

(二)关于欧宝公司与案涉公司之间资金往来的事实

欧宝公司尾号为8115的账户(以下简称欧宝公司8115账户),2006年1月4日至2011年9月29日的交易明细显示,自2006年3月8日起,欧宝公司开始与特莱维公司互有资金往来。其中,2006年3月8日欧宝公司该账户汇给特莱维公司尾号为4891账户(以下简称特莱维公司4891账户)300万元,备注用途为借款,2006年6月12日转给特莱维公司801万元。2007年8月16日至23日从特莱维公司账户转入欧宝公司8115账户近70笔款项,备注用途多为货款。该账户自2006年1月4日至2011年9月29日与沙琪公司、沈阳特莱维、翰皇公司、上海特莱维均有大笔资金往来,用途多为货款或借款。

欧宝公司在中国建设银行东港支行开立的账户(尾号0357)2010年8月31日至2011年11月9日的交易明细显示:该账户2010年9月15日、9月17日由欧宝公司以现金形式分别存入168万元、100万元;2010年9月30日支付东港市安邦房地产开发有限公司工程款100万元;2010年9月30日自特莱维公司账户(尾号0549)转入100万元,2011年8月22日、8月30日、9月9日自特莱维公司账户分别转入欧宝公司该账户71.6985万元、51.4841万元、62.3495万元,2011年11月4日特莱维公司尾号为5555账户(以下简称特莱维公司5555账户)以法院扣款的名义转入该账户84.556787万元;2011年9月27日以"往来款"名义转入欧宝公司8115账户193.5万元,2011年11月9日转入欧宝公司尾号4548账户(以下简称欧宝公司4548账户)157.995万元。

欧宝公司设立在中国工商银行上海青浦支行的账户(尾号5617)显示,2012年7月12日该账户以"借款"名义转入特莱维公司50万元。

欧宝公司在中国建设银行沈阳马路湾支行的4548账户2013年10

月7日至2015年2月7日期间的交易明细显示,自2014年1月20日起,特莱维公司以"还款"名义转入该账户的资金,大部分又以"还款"名义转入王作鹏个人账户和上海特莱维的账户。

翰皇公司建设银行上海分行尾号为4917账户(以下简称翰皇公司4917账户)2006年1月5日至2009年1月14日的交易明细显示,特莱维公司4891账户2008年7月7日转入翰皇公司该账户605万元,同日翰皇公司又从该账户将同等数额的款项转入特莱维公司5555账户,但自翰皇公司打入特莱维公司账户的该笔款项计入了特莱维公司的借款数额,自特莱维公司打入翰皇公司的款项未计入该公司的还款数额。该账户同时间段还分别和欧宝公司、沙琪公司以"借款""往来款"的名义进行资金转入和转出。

特莱维公司5555账户2006年6月7日至2015年9月21日的交易明细显示,2009年7月2日自该账户以"转账支取"的名义汇入欧宝公司的账户(尾号0801)600万元;自2011年11月4日起至2014年12月31日止,该账户转入欧宝公司资金达30多笔,最多的为2012年12月20日汇入欧宝公司4548账户的一笔达1800万元。此外,该账户还有多笔大额资金在2009年11月13日至2010年7月19日期间以"借款"的名义转入沙琪公司账户。

沙琪公司在中国光大银行沈阳和平支行的账户(尾号6312)2009年11月13日至2011年6月27日的交易明细显示,特莱维公司转入沙琪公司的资金,有的以"往来款"或者"借款"的名义转回特莱维公司的其他账户。例如,2009年11月13日自特莱维公司5555账户以"借款"的名义转入沙琪公司3800万元,2009年12月4日又以"往来款"的名义转回特莱维公司另外设立的尾号为8361账户(以下简称特莱维公司8361账户)3800万元;2010年2月3日自特莱维公司8361账户以"往来款"的名义转入沙琪公司账户的4827万元,同月10日又以"借款"的名义转入特莱维公司5555账户500万元,以"汇兑"名义转入特莱维公司4891账户1930万元,2010年3月31日沙琪公司又以"往来款"的名义转入特莱维公司8361账户1000万元,同年4月12日以系统内划款的名义转回特莱维公司8361账户1806万元。特莱维公司转入沙琪公司账户的资金有部分流入了沈阳特莱维的账户。例如,2010年5月6日以"借款"的名义转入沈阳特莱维1000万元,同年7月29日以"转款"的名义转入沈阳特莱维2272万元。此外,欧宝公司也以"往来款"

的名义转入该账户部分资金。

欧宝公司和特莱维公司均承认，欧宝公司4548账户和在中国建设银行东港支行的账户（尾号0357）由王作新控制。

【裁判结果】

辽宁高院2011年3月21日作出（2010）辽民二初字第15号民事判决：特莱维公司于判决生效后10日内偿还欧宝公司借款本金8650万元及借款实际发生之日起至判决确定给付之日止的中国人民银行同期贷款利息。该判决发生法律效力后，因案外人谢涛提出申诉，辽宁高院于2012年1月4日作出（2012）辽立二民监字第8号民事裁定再审本案。辽宁高院经再审于2015年5月20日作出（2012）辽审二民再字第13号民事判决，驳回欧宝公司的诉讼请求。欧宝公司提起上诉，最高人民法院第二巡回法庭经审理于2015年10月27日作出（2015）民二终字第324号民事判决，认定本案属于虚假民事诉讼，驳回上诉，维持原判。同时作出罚款决定，对参与虚假诉讼的欧宝公司和特莱维公司各罚款50万元。

【裁判理由】

法院生效裁判认为：人民法院保护合法的借贷关系，同时对于恶意串通进行虚假诉讼意图损害他人合法权益的行为，应当依法制裁。本案争议的焦点问题有两个，一是欧宝公司与特莱维公司之间是否存在关联关系；二是欧宝公司和特莱维公司就争议的8650万元是否存在真实的借款关系。

（一）欧宝公司与特莱维公司是否存在关联关系的问题

《公司法》第二百一十七条规定，关联关系，是指公司控股股东、实际控制人、董事、监事、高级管理人员与其直接或间接控制的企业之间的关系，以及可能导致公司利益转移的其他关系。可见，公司法所称的关联公司，既包括公司股东的相互交叉，也包括公司共同由第三人直接或者间接控制，或者股东之间、公司的实际控制人之间存在直系血亲、姻亲、共同投资等可能导致利益转移的其他关系。

本案中，曲叶丽为欧宝公司的控股股东，王作新是特莱维公司的原法定代表人，也是案涉合同签订时特莱维公司的控股股东翰皇公司的控股股东和法定代表人，王作新与曲叶丽系夫妻关系，说明欧宝公司与特莱维公司由夫妻二人控制。欧宝公司称两人已经离婚，却未提供民政部门的离婚登记或者人民法院的生效法律文书。虽然辽宁高院受理本案诉讼后,特莱维公司的法定代表人由王作新变更为姜雯琪,但王作新仍是特莱维公司的实际控制人。同时,欧宝公司股东兼法定代表人宗惠光、王奇等人,与特莱维公司的实际控制人王作新、法定代表人姜雯琪、目前的控股股东王阳共同投资设立了上海特莱维,说明欧宝公司的股东与特莱维公司的控股股东、实际控制人存在其他的共同利益关系。另外,沈阳特莱维是欧宝公司控股的公司,沙琪公司的股东是王作新的父亲和母亲。可见,欧宝公司与特莱维公司之间、前述两公司与沙琪公司、上海特莱维、沈阳特莱维之间均存在关联关系。

欧宝公司与特莱维公司及其他关联公司之间还存在人员混同的问题。首先,高管人员之间存在混同。姜雯琪既是欧宝公司的股东和董事,又是特莱维公司的法定代表人,同时还参与翰皇公司的清算。宗惠光既是欧宝公司的法定代表人,又是翰皇公司的工作人员,虽然欧宝公司称宗惠光自 2008 年 5 月即从翰皇公司辞职,但从上海市第一中级人民法院(2008)沪一中民三(商)终字第 426 号民事判决载明的事实看,该案 2008 年 8 月至 12 月审理期间,宗惠光仍以翰皇公司工作人员的身份参与诉讼。王奇既是欧宝公司的监事,又是上海特莱维的董事,还以该公司工作人员的身份代理相关行政诉讼。王阳既是特莱维公司的监事,又是上海特莱维的董事。王作新是特莱维公司原法定代表人、实际控制人,还曾先后代表欧宝公司、翰皇公司与案外第三人签订连锁加盟(特许)合同。其次,普通员工也存在混同。霍静是欧宝公司的工作人员,在本案中作为欧宝公司原一审诉讼的代理人,2007 年 2 月 23 日代表特莱维公司与世安公司签订建设施工合同,又同时兼任上海特莱维的董事。崔秀芳是特莱维公司的会计,2010 年 1 月 7 日代特莱维公司开立银行账户,2010 年 8 月 20 日本案诉讼之后又代欧宝公司开立银行账户。欧宝公司当庭自述魏亚丽系特莱维公司的工作人员,2010 年 5 月魏亚丽经特莱维公司授权办理银行账户开户,2011 年 9 月诉讼之后又经欧宝公司授权办理该公司在中国建设银行沈阳马路湾支行的开户,且该银行账户的联系人为魏亚丽。刘静君是欧宝公司的工作人员,在本案原一审和执行程序中作为欧宝公司的代理人,2009 年 3 月 17 日又代特莱维公司办理企业登记等相关事项。刘洋以特莱维公司员工名义代理本案诉讼,又受王作新的指派代理上海特莱维的相关诉讼。

上述事实充分说明,欧宝公司、特莱维公司以及其他关联公司的人员之间并未严格区分,上述人员实际上服从王作新一人的指挥,根据不同的工作任务，随时转换为不同关联公司的工作人员。欧宝公司在上诉状中称，在2007年借款之初就派相关人员进驻特莱维公司，监督该公司对投资款的使用并协助工作，但早在欧宝公司所称的向特莱维公司转入首笔借款之前5个月，霍静即参与该公司的合同签订业务。而且从这些所谓的"派驻人员"在特莱维公司所起的作用看，上述人员参与了该公司的合同签订、财务管理到诉讼代理的全面工作，而不仅是监督工作，欧宝公司的辩解，不足为信。辽宁高院关于欧宝公司和特莱维公司系由王作新、曲叶丽夫妇控制之关联公司的认定，依据充分。

（二）欧宝公司和特莱维公司就争议的8650万元是否存在真实借款关系的问题

根据《最高人民法院关于适用〈中华人民共和国民事诉讼法〉的解释》第九十条规定，当事人对自己提出的诉讼请求所依据的事实或者反驳对方诉讼请求所依据的事实，应当提供证据加以证明；当事人未能提供证据或者证据不足以证明其事实主张的，由负有举证证明责任的当事人承担不利的后果。第一百零八条规定："对负有举证证明责任的当事人提供的证据，人民法院经审查并结合相关事实，确信待证事实的存在具有高度可能性的，应当认定该事实存在。对一方当事人为反驳负有举证责任的当事人所主张的事实而提供的证据，人民法院经审查并结合相关事实，认为待证事实真伪不明的，应当认定该事实不存在。"在当事人之间存在关联关系的情况下，为防止恶意串通提起虚假诉讼，损害他人合法权益，人民法院对其是否存在真实的借款法律关系，必须严格审查。

欧宝公司提起诉讼，要求特莱维公司偿还借款8650万元及利息，虽然提供了借款合同及转款凭证，但其自述及提交的证据和其他在案证据之间存在无法消除的矛盾，当事人在诉讼前后的诸多言行违背常理，主要表现为以下7个方面：

第一，从借款合意形成过程来看，借款合同存在虚假的可能。欧宝公司和特莱维公司对借款法律关系的要约与承诺的细节事实陈述不清，尤其是作为债权人欧宝公司的法定代表人、自称是合同经办人的宗惠光，对所有借款合同的签订时间、地点、每一合同的己方及对方经办人等细节，语焉不详。案涉借款每一笔均为大额借款，当事人对所有合同的签订细节，甚至大致情形均陈述不清，于理不合。

第二，从借款的时间上看，当事人提交的证据前后矛盾。欧宝公司的自述及其提交的借款合同表明,欧宝公司自2007年7月开始与特莱维公司发生借款关系。向本院提起上诉后,其提交的自行委托形成的审计报告又载明,自2006年12月份开始向特莱维公司借款,但从特莱维公司和欧宝公司的银行账户交易明细看,在2006年12月之前,仅欧宝公司8115账户就发生过两笔高达1100万元的转款,其中,2006年3月8日以"借款"名义转入特莱维公司账户300万元,同年6月12日转入801万元。

第三,从借款的数额上看,当事人的主张前后矛盾。欧宝公司起诉后,先主张自2007年7月起累计借款金额为5850万元,后在诉讼中又变更为8650万元,上诉时又称借款总额1.085亿元,主张的借款数额多次变化,但只能提供8650万元的借款合同。而谢涛当庭提交的银行转账凭证证明,在欧宝公司所称的1.085亿元借款之外,另有4400多万元的款项以"借款"名义打入特莱维公司账户。对此,欧宝公司自认,这些多出的款项是受王作新的请求帮忙转款,并非真实借款。该自认说明,欧宝公司在相关银行凭证上填写的款项用途极其随意。从本院调取的银行账户交易明细所载金额看,欧宝公司以借款名义转入特莱维公司账户的金额远远超出欧宝公司先后主张的上述金额。此外,还有其他多笔以"借款"名义转入特莱维公司账户的巨额资金,没有列入欧宝公司所主张的借款数额范围。

第四,从资金往来情况看,欧宝公司存在单向统计账户流出资金而不统计流入资金的问题。无论是案涉借款合同载明的借款期间,还是在此之前,甚至诉讼开始以后,欧宝公司和特莱维公司账户之间的资金往来,既有欧宝公司转入特莱维公司账户款项的情况,又有特莱维公司转入欧宝公司账户款项的情况,但欧宝公司只计算己方账户转出的借方金额,而对特莱维公司转入的贷方金额只字不提。

第五,从所有关联公司之间的转款情况看,存在双方或多方账户循环转款问题。如上所述,将欧宝公司、特莱维公司、翰皇公司、沙琪公司等公司之间的账户对照检查,存在特莱维公司将己方款项转入翰皇公司账户过桥欧宝公司账户后,又转回特莱维公司账户,造成虚增借款的现象。特莱维公司与其他关联公司之间的资金往来也存在此种情况。

第六,从借款的用途看,与合同约定相悖。借款合同第二条约定,借款限用于特莱维国际花园房地产项目,但是案涉款项转入特莱维公司账户后,该公司随即将大部分款项以"借款""还款"等名义分别转给翰皇公司和沙琪公司，最终又流向欧宝公司和欧宝公司控股的沈阳特莱维。至于欧宝公司辩称，特莱维公司将款项打入翰皇公司是偿还对翰皇公司借款的辩解，由于其提供的翰皇公司和特莱维公司之间的借款数额与两公司银行账户交易的实际数额互相矛盾，且从流向上看大部分又流回了欧宝公司或者其控股的公司，其辩解不足为凭。

第七，从欧宝公司和特莱维公司及其关联公司在诉讼和执行中的行为来看，与日常经验相悖。欧宝公司提起诉讼后，仍与特莱维公司互相转款；特莱维公司不断向欧宝公司账户转入巨额款项，但在诉讼和执行程序中却未就还款金额对欧宝公司的请求提出任何抗辩；欧宝公司向辽宁高院申请财产保全，特莱维公司的股东王阳却以其所有的房产为本应是利益对立方的欧宝公司提供担保；欧宝公司在原一审诉讼中另外提供担保的上海市青浦区房产的所有权，竟然属于王作新任法定代表人的上海特莱维；欧宝公司和特莱维公司当庭自认，欧宝公司开立在中国建设银行东港支行、中国建设银行沈阳马路湾支行的银行账户都由王作新控制。

对上述矛盾和违反常理之处，欧宝公司与特莱维公司均未作出合理解释。由此可见，欧宝公司没有提供足够的证据证明其就案涉争议款项与特莱维公司之间存在真实的借贷关系。且从调取的欧宝公司、特莱维公司及其关联公司账户的交易明细发现，欧宝公司、特莱维公司以及其他关联公司之间、同一公司的不同账户之间随意转款，款项用途随意填写。结合在案其他证据，法院确信，欧宝公司诉请之债权系截取其与特莱维公司之间的往来款项虚构而成，其以虚构债权为基础请求特莱维公司返还8650万元借款及利息的请求不应支持。据此，辽宁高院再审判决驳回其诉讼请求并无不当。

至于欧宝公司与特莱维公司提起本案诉讼是否存在恶意串通损害他人合法权益的问题。首先，无论欧宝公司，还是特莱维公司，对特莱维公司与一审申诉人谢涛及其他债权人的债权债务关系是明知的。从案涉判决执行的过程看，欧宝公司申请执行之后，对查封的房产不同意法院拍卖，而是继续允许该公司销售，特莱维公司每销售一套，欧宝公司即申请法院解封一套。在接受法院当庭询问时，欧宝公司对特莱维公司销售了多少查封房产，偿还了多少债务陈述不清，表明其提起本案诉讼并非为实现债权，而是通过司法程序进行保护性查封以阻止其他债权人对特莱维公司财产的受偿。虚构债权，恶意串通，损害他人合法权益的目的明显。其次,从欧宝公司与特莱维公司人员混同、银行账户同为王作新控制的事实可知,两公司同属一人,均已失去公司法人所具有的独立人格。《民事诉讼法》第一百一十二条规定:"当事人之间恶意串通,企图通过诉讼、调解等方式侵害他人合法权益的,人民法院应当驳回其请求,并根据情节轻重予以罚款、拘留;构成犯罪的,依法追究刑事责任。"一审申诉人谢涛认为欧宝公司与特莱维公司之间恶意串通提起虚假诉讼损害其合法权益的意见,以及对有关当事人和相关责任人进行制裁的请求,于法有据,应予支持。

第一百五十五条　【无效、被撤销的民事法律行为自始无效】无效的或者被撤销的民事法律行为自始没有法律约束力。

一、相关法律条文

《民法典》(2021年1月1日起施行)

第五百四十二条　债务人影响债权人的债权实现的行为被撤销的,自始没有法律约束力。

第一千零五十四条　无效的或者被撤销的婚姻自始没有法律约束力,当事人不具有夫妻的权利和义务。同居期间所得的财产,由当事人协议处理;协议不成的,由人民法院根据照顾无过错方的原则判决。对重婚导致的无效婚姻的财产处理,不得侵害合法婚姻当事人的财产权益。当事人所生的子女,适用本法关于父母子女的规定。

婚姻无效或者被撤销的,无过错方有权请求损害赔偿。

二、相关司法解释规定

《最高人民法院关于适用〈中华人民共和国民法典〉婚姻家庭编的解释(一)》(法释〔2020〕22号)

第十二条　人民法院受理离婚案件后,经审理确属无效婚姻的,应当将婚姻无效的情形告知当事人,并依法作出确认婚姻无效的判决。

第十三条　人民法院就同一婚姻关系分别受理了离婚和请求确认婚姻无效案件的,对于离婚案件的审理,应当待请求确认婚姻无效案件作出判决后进行。

第二十条　民法典第一千零五十四条所规定的"自始没有法律约

束力”，是指无效婚姻或者可撤销婚姻在依法被确认无效或者被撤销时，才确定该婚姻自始不受法律保护。

第二十一条　人民法院根据当事人的请求，依法确认婚姻无效或者撤销婚姻的，应当收缴双方的结婚证书并将生效的判决书寄送当地婚姻登记管理机关。

第一百五十六条　【民事法律行为部分无效】民事法律行为部分无效，不影响其他部分效力的，其他部分仍然有效。

一、相关法律条文

1.《民法典》(2021年1月1日起施行)

第五百零七条　合同不生效、无效、被撤销或者终止的，不影响合同中有关解决争议方法的条款的效力。

第七百零五条　租赁期限不得超过二十年。超过二十年的，超过部分无效。

租赁期限届满，当事人可以续订租赁合同；但是，约定的租赁期限自续订之日起不得超过二十年。

2.《保险法》(2015年4月24日修正)

第五十五条　投保人和保险人约定保险标的的保险价值并在合同中载明的，保险标的发生损失时，以约定的保险价值为赔偿计算标准。

投保人和保险人未约定保险标的的保险价值的，保险标的发生损失时，以保险事故发生时保险标的的实际价值为赔偿计算标准。

保险金额不得超过保险价值。超过保险价值的，超过部分无效，保险人应当退还相应的保险费。

保险金额低于保险价值的，除合同另有约定外，保险人按照保险金额与保险价值的比例承担赔偿保险金的责任。

3.《海商法》(1993年7月1日起施行)

第二百二十条　保险金额由保险人与被保险人约定。保险金额不得超过保险价值；超过保险价值的，超过部分无效。

4.《劳动法》(2018年12月29日修正)

第十八条　下列劳动合同无效：

(一)违反法律、行政法规的劳动合同;

(二)采取欺诈、威胁等手段订立的劳动合同。

无效的劳动合同,从订立的时候起,就没有法律约束力。确认劳动合同部分无效的,如果不影响其余部分的效力,其余部分仍然有效。

劳动合同的无效,由劳动争议仲裁委员会或者人民法院确认。

5.《劳动合同法》(2012年12月28日修正)

第二十七条 劳动合同部分无效,不影响其他部分效力的,其他部分仍然有效。

二、相关司法解释规定

1.《最高人民法院关于适用〈中华人民共和国民法典〉继承编的解释(一)》(法释〔2020〕23号)

第三条 被继承人生前与他人订有遗赠扶养协议,同时又立有遗嘱的,继承开始后,如果遗赠扶养协议与遗嘱没有抵触,遗产分别按协议和遗嘱处理;如果有抵触,按协议处理,与协议抵触的遗嘱全部或者部分无效。

2.《最高人民法院关于审理存单纠纷案件的若干规定》(法释〔1997〕8号)(2020年12月23日修正)

第七条 对存单纠纷案件中存在的委托贷款关系和信托贷款关系的认定和纠纷的处理

(一)认定

存单纠纷案件中,出资人与金融机构、用资人之间按有关委托贷款的要求签订有委托贷款协议的,人民法院应认定出资人与金融机构间成立委托贷款关系。金融机构向出资人出具的存单或进账单、对账单或与出资人签订的存款合同,均不影响金融机构与出资人间委托贷款关系的成立。出资人与金融机构间签订委托贷款协议后,由金融机构自行确定用资人的,人民法院应认定出资人与金融机构间成立信托贷款关系。

委托贷款协议和信托贷款协议应当用书面形式。口头委托贷款或信托贷款,当事人无异议的,人民法院可予以认定;有其他证据能够证明金融机构与出资人之间确系委托贷款或信托贷款关系的,人民法院亦予以认定。

（二）处理

构成委托贷款的，金融机构出具的存单或进账单、对账单或与出资人签订的存款合同不作为存款关系的证明，借款方不能偿还贷款的风险应当由委托人承担。如有证据证明金融机构出具上述凭证是对委托贷款进行担保的，金融机构对偿还贷款承担连带担保责任。委托贷款中约定的利率超过人民银行规定的部分无效。构成信托贷款的，按人民银行有关信托贷款的规定处理。

3.《最高人民法院关于审理城镇房屋租赁合同纠纷案件具体应用法律若干问题的解释》（法释〔2009〕11号）（2020年12月23日修正）

第三条 出租人就未经批准或者未按照批准内容建设的临时建筑，与承租人订立的租赁合同无效。但在一审法庭辩论终结前经主管部门批准建设的，人民法院应当认定有效。

租赁期限超过临时建筑的使用期限，超过部分无效。但在一审法庭辩论终结前经主管部门批准延长使用期限的，人民法院应当认定延长使用期限内的租赁期间有效。

第一百五十七条 【民事法律行为无效、被撤销及确定不发生效力的后果】民事法律行为无效、被撤销或者确定不发生效力后，行为人因该行为取得的财产，应当予以返还；不能返还或者没有必要返还的，应当折价补偿。有过错的一方应当赔偿对方由此所受到的损失；各方都有过错的，应当各自承担相应的责任。法律另有规定的，依照其规定。

一、相关法律条文

《民法典》（2021年1月1日起施行）

第一千零五十四条 无效的或者被撤销的婚姻自始没有法律约束力，当事人不具有夫妻的权利和义务。同居期间所得的财产，由当事人协议处理；协议不成的，由人民法院根据照顾无过错方的原则判决。对重婚导致的无效婚姻的财产处理，不得侵害合法婚姻当事人的财产权益。当事人所生的子女，适用本法关于父母子女的规定。

婚姻无效或者被撤销的，无过错方有权请求损害赔偿。

二、相关司法解释规定

1.《最高人民法院关于适用〈中华人民共和国民法典〉总则编若干问题的解释》(法释〔2022〕6号)

第二十三条 民事法律行为不成立,当事人请求返还财产、折价补偿或者赔偿损失的,参照适用民法典第一百五十七条的规定。

2.《最高人民法院关于适用〈中华人民共和国民法典〉合同编通则若干问题的解释》(法释〔2023〕13号)

第五条 第三人实施欺诈、胁迫行为,使当事人在违背真实意思的情况下订立合同,受到损失的当事人请求第三人承担赔偿责任的,人民法院依法予以支持;当事人亦有违背诚信原则的行为的,人民法院应当根据各自的过错确定相应的责任。但是,法律、司法解释对当事人与第三人的民事责任另有规定的,依照其规定。

第十二条 合同依法成立后,负有报批义务的当事人不履行报批义务或者履行报批义务不符合合同的约定或者法律、行政法规的规定,对方请求其继续履行报批义务的,人民法院应予支持;对方主张解除合同并请求其承担违反报批义务的赔偿责任的,人民法院应予支持。

人民法院判决当事人一方履行报批义务后,其仍不履行,对方主张解除合同并参照违反合同的违约责任请求其承担赔偿责任的,人民法院应予支持。

合同获得批准前,当事人一方起诉请求对方履行合同约定的主要义务,经释明后拒绝变更诉讼请求的,人民法院应当判决驳回其诉讼请求,但是不影响其另行提起诉讼。

负有报批义务的当事人已经办理申请批准等手续或者已经履行生效判决确定的报批义务,批准机关决定不予批准,对方请求其承担赔偿责任的,人民法院不予支持。但是,因迟延履行报批义务等可归责于当事人的原因导致合同未获批准,对方请求赔偿因此受到的损失的,人民法院应当依据民法典第一百五十七条的规定处理。

第十四条第二款 依据前款规定认定被隐藏合同无效或者确定不发生效力的,人民法院应当以被隐藏合同为事实基础,依据民法典第一百五十七条的规定确定当事人的民事责任。但是,法律另有规定的除外。

第二十条第一款 法律、行政法规为限制法人的法定代表人或者非法人组织的负责人的代表权，规定合同所涉事项应当由法人、非法人组织的权力机构或者决策机构决议，或者应当由法人、非法人组织的执行机构决定，法定代表人、负责人未取得授权而以法人、非法人组织的名义订立合同，未尽到合理审查义务的相对人主张该合同对法人、非法人组织发生效力并由其承担违约责任的，人民法院不予支持，但是法人、非法人组织有过错的，可以参照民法典第一百五十七条的规定判决其承担相应的赔偿责任。相对人已尽到合理审查义务，构成表见代表的，人民法院应当依据民法典第五百零四条的规定处理。

第二十一条第一款　法人、非法人组织的工作人员就超越其职权范围的事项以法人、非法人组织的名义订立合同，相对人主张该合同对法人、非法人组织发生效力并由其承担违约责任的，人民法院不予支持。但是，法人、非法人组织有过错的，人民法院可以参照民法典第一百五十七条的规定判决其承担相应的赔偿责任。前述情形，构成表见代理的，人民法院应当依据民法典第一百七十二条的规定处理。

第二十三条第一款　法定代表人、负责人或者代理人与相对人恶意串通，以法人、非法人组织的名义订立合同，损害法人、非法人组织的合法权益，法人、非法人组织主张不承担民事责任的，人民法院应予支持。法人、非法人组织请求法定代表人、负责人或者代理人与相对人对因此受到的损失承担连带赔偿责任的，人民法院应予支持。

第二十四条　合同不成立、无效、被撤销或者确定不发生效力，当事人请求返还财产，经审查财产能够返还的，人民法院应当根据案件具体情况，单独或者合并适用返还占有的标的物、更正登记簿册记载等方式；经审查财产不能返还或者没有必要返还的，人民法院应当以认定合同不成立、无效、被撤销或者确定不发生效力之日该财产的市场价值或者以其他合理方式计算的价值为基准判决折价补偿。

除前款规定的情形外，当事人还请求赔偿损失的，人民法院应当结合财产返还或者折价补偿的情况，综合考虑财产增值收益和贬值损失、交易成本的支出等事实，按照双方当事人的过错程度及原因力大小，根据诚信原则和公平原则，合理确定损失赔偿额。

合同不成立、无效、被撤销或者确定不发生效力，当事人的行为涉嫌违法且未经处理，可能导致一方或者双方通过违法行为获得不当利益的，人民法院应当向有关行政管理部门提出司法建议。当事人的行为涉嫌犯罪的，应当将案件线索移送刑事侦查机关；属于刑事自诉案件的,应当告知当事人可以向有管辖权的人民法院另行提起诉讼。

第二十五条 合同不成立、无效、被撤销或者确定不发生效力,有权请求返还价款或者报酬的当事人一方请求对方支付资金占用费的,人民法院应当在当事人请求的范围内按照中国人民银行授权全国银行间同业拆借中心公布的一年期贷款市场报价利率(LPR)计算。但是,占用资金的当事人对于合同不成立、无效、被撤销或者确定不发生效力没有过错的,应当以中国人民银行公布的同期同类存款基准利率计算。

双方互负返还义务,当事人主张同时履行的,人民法院应予支持;占有标的物的一方对标的物存在使用或者依法可以使用的情形,对方请求将其应支付的资金占用费与应收取的标的物使用费相互抵销的,人民法院应予支持,但是法律另有规定的除外。

第二十九条第一款 民法典第五百二十二条第二款规定的第三人请求债务人向自己履行债务的,人民法院应予支持;请求行使撤销权、解除权等民事权利的,人民法院不予支持,但是法律另有规定的除外。

第四十六条第一款 债权人在撤销权诉讼中同时请求债务人的相对人向债务人承担返还财产、折价补偿、履行到期债务等法律后果的,人民法院依法予以支持。

3.《最高人民法院关于审理与企业改制相关的民事纠纷案件若干问题的规定》(法释〔2003〕1号)(2020年12月23日修正)

第二十三条 企业出售合同被确认无效或者被撤销的,企业售出后买受人经营企业期间发生的经营盈亏,由买受人享有或者承担。

4.《最高人民法院关于审理商品房买卖合同纠纷案件适用法律若干问题的解释》(法释〔2003〕7号)(2020年12月23日修正)

第二十一条 以担保贷款为付款方式的商品房买卖合同的当事人一方请求确认商品房买卖合同无效或者撤销、解除合同的,如果担保权人作为有独立请求权第三人提出诉讼请求,应当与商品房担保贷款合同纠纷合并审理;未提出诉讼请求的,仅处理商品房买卖合同纠纷。担保权人就商品房担保贷款合同纠纷另行起诉的,可以与商品房买卖合同纠纷合并审理。

商品房买卖合同被确认无效或者被撤销、解除后,商品房担保贷款合同也被解除的、出卖人应当将收受的购房贷款和购房款的本金及利息分别返还担保权人和买受人。

5.《最高人民法院关于审理民事案件适用诉讼时效制度若干问题的规定》(法释〔2008〕11号)(2020年12月23日修正)

第五条　享有撤销权的当事人一方请求撤销合同的,应适用民法典关于除斥期间的规定。对方当事人对撤销合同请求权提出诉讼时效抗辩的,人民法院不予支持。

合同被撤销,返还财产、赔偿损失请求权的诉讼时效期间从合同被撤销之日起计算。

6.《最高人民法院关于审理行政协议案件若干问题的规定》(法释〔2019〕17号)

第十五条　行政协议无效、被撤销或者确定不发生效力后,当事人因行政协议取得的财产,人民法院应当判决予以返还;不能返还的,判决折价补偿。

因被告的原因导致行政协议被确认无效或者被撤销,可以同时判决责令被告采取补救措施;给原告造成损失的,人民法院应当判决被告予以赔偿。

7.《最高人民法院关于审理外商投资企业纠纷案件若干问题的规定(一)》(法释〔2010〕9号)(2020年12月23日修正)

第二十条　实际投资者与外商投资企业名义股东之间的合同因恶意串通,损害国家、集体或者第三人利益,被认定无效的,人民法院应当将因此取得的财产收归国家所有或者返还集体、第三人。

8.《最高人民法院关于审理技术合同纠纷案件适用法律若干问题的解释》(法释〔2004〕20号)(2020年12月23日修正)

第十一条　技术合同无效或者被撤销后,技术开发合同研究开发人、技术转让合同让与人、技术许可合同许可人、技术咨询合同和技术服务合同的受托人已经履行或者部分履行了约定的义务,并且造成合同无效或者被撤销的过错在对方的,对其已履行部分应当收取的研究开发经费、技术使用费、提供咨询服务的报酬,人民法院可以认定为因对方原因导致合同无效或者被撤销给其造成的损失。

技术合同无效或者被撤销后,因履行合同所完成新的技术成果或者在他人技术成果基础上完成后续改进技术成果的权利归属和利益分享,当事人不能重新协议确定的,人民法院可以判决由完成技术成果的一方享有。

9.《最高人民法院关于印发〈全国法院民商事审判工作会议纪要〉的通知》(法〔2019〕254 号)

32.【合同不成立、无效或者被撤销的法律后果】《合同法》第 58 条就合同无效或者被撤销时的财产返还责任和损害赔偿责任作了规定,但未规定合同不成立的法律后果。考虑到合同不成立时也可能发生财产返还和损害赔偿责任问题,故应当参照适用该条的规定。

在确定合同不成立、无效或者被撤销后财产返还或者折价补偿范围时,要根据诚实信用原则的要求,在当事人之间合理分配,不能使不诚信的当事人因合同不成立、无效或者被撤销而获益。合同不成立、无效或者被撤销情况下,当事人所承担的缔约过失责任不应超过合同履行利益。比如,依据《最高人民法院关于审理建设工程施工合同纠纷案件适用法律问题的解释》第 2 条规定,建设工程施工合同无效,在建设工程经竣工验收合格情况下,可以参照合同约定支付工程款,但除非增加了合同约定之外新的工程项目,一般不应超出合同约定支付工程款。

33.【财产返还与折价补偿】合同不成立、无效或者被撤销后,在确定财产返还时,要充分考虑财产增值或者贬值的因素。双务合同不成立、无效或者被撤销后,双方因该合同取得财产的,应当相互返还。应予返还的股权、房屋等财产相对于合同约定价款出现增值或者贬值的,人民法院要综合考虑市场因素、受让人的经营或者添附等行为与财产增值或者贬值之间的关联性,在当事人之间合理分配或者分担,避免一方因合同不成立、无效或者被撤销而获益。在标的物已经灭失、转售他人或者其他无法返还的情况下,当事人主张返还原物的,人民法院不予支持,但其主张折价补偿的,人民法院依法予以支持。折价时,应当以当事人交易时约定的价款为基础,同时考虑当事人在标的物灭失或者转售时的获益情况综合确定补偿标准。标的物灭失时当事人获得的保险金或者其他赔偿金,转售时取得的对价,均属于当事人因标的物而获得的利益。对获益高于或者低于价款的部分,也应当在当事人之间合理分配或者分担。

34.【价款返还】双务合同不成立、无效或者被撤销时,标的物返还与价款返还互为对待给付,双方应当同时返还。关于应否支付利息问题,只要一方对标的物有使用情形的,一般应当支付使用费,该费用可与占有价款一方应当支付的资金占用费相互抵销，故在一方返还原物前，另一方仅须支付本金，而无须支付利息。

35.【损害赔偿】合同不成立、无效或者被撤销时，仅返还财产或者折价补偿不足以弥补损失，一方还可以向有过错的另一方请求损害赔偿。在确定损害赔偿范围时，既要根据当事人的过错程度合理确定责任，又要考虑在确定财产返还范围时已经考虑过的财产增值或者贬值因素，避免双重获利或者双重受损的现象发生。

36.【合同无效时的释明问题】在双务合同中，原告起诉请求确认合同有效并请求继续履行合同，被告主张合同无效的，或者原告起诉请求确认合同无效并返还财产，而被告主张合同有效的，都要防止机械适用“不告不理”原则，仅就当事人的诉讼请求进行审理，而应向原告释明变更或者增加诉讼请求，或者向被告释明提出同时履行抗辩，尽可能一次性解决纠纷。例如，基于合同有给付行为的原告请求确认合同无效，但并未提出返还原物或者折价补偿、赔偿损失等请求的，人民法院应当向其释明，告知其一并提出相应诉讼请求；原告请求确认合同无效并要求被告返还原物或者赔偿损失，被告基于合同也有给付行为的，人民法院同样应当向被告释明，告知其也可以提出返还请求；人民法院经审理认定合同无效的，除了要在判决书“本院认为”部分对同时返还作出认定外，还应当在判项中作出明确表述，避免因判令单方返还而出现不公平的结果。

第一审人民法院未予释明，第二审人民法院认为应当对合同不成立、无效或者被撤销的法律后果作出判决的，可以直接释明并改判。当然，如果返还财产或者赔偿损失的范围确实难以确定或者双方争议较大的，也可以告知当事人通过另行起诉等方式解决，并在裁判文书中予以明确。

当事人按照释明变更诉讼请求或者提出抗辩的，人民法院应当将其归纳为案件争议焦点，组织当事人充分举证、质证、辩论。

第四节　民事法律行为的附条件和附期限

第一百五十八条　【附条件的民事法律行为】民事法律行为可以附条件，但是根据其性质不得附条件的除外。附生效条件的民事法律行为，自条件成就时生效。附解除条件的民事法律行为，自条件成就时失效。

一、相关法律条文

1.《民法典》（2021 年 1 月 1 日起施行）

第五百六十八条　当事人互负债务，该债务的标的物种类、品质相同的，任何一方可以将自己的债务与对方的到期债务抵销；但是，根据债务性质、按照当事人约定或者依照法律规定不得抵销的除外。

当事人主张抵销的，应当通知对方。通知自到达对方时生效。抵销不得附条件或者附期限。

2.《保险法》（2015 年 4 月 24 日修正）

第十三条　投保人提出保险要求，经保险人同意承保，保险合同成立。保险人应当及时向投保人签发保险单或者其他保险凭证。

保险单或者其他保险凭证应当载明当事人双方约定的合同内容。当事人也可以约定采用其他书面形式载明合同内容。

依法成立的保险合同，自成立时生效。投保人和保险人可以对合同的效力约定附条件或者附期限。

3.《企业破产法》（2007 年 6 月 1 日起施行）

第四十七条　附条件、附期限的债权和诉讼、仲裁未决的债权，债权人可以申报。

4.《票据法》（2004 年 8 月 28 日修正）

第三十三条　背书不得附有条件。背书时附有条件的，所附条件不具有汇票上的效力。

将汇票金额的一部分转让的背书或者将汇票金额分别转让给二人以上的背书无效。

第四十三条　付款人承兑汇票，不得附有条件；承兑附有条件的，视为拒绝承兑。

第四十八条　保证不得附有条件；附有条件的，不影响对汇票的保证责任。

二、相关司法解释规定

《最高人民法院关于适用〈中华人民共和国民法典〉总则编若干问题的解释》(法释〔2022〕6号)

第二十四条　民事法律行为所附条件不可能发生,当事人约定为生效条件的,人民法院应当认定民事法律行为不发生效力;当事人约定为解除条件的,应当认定未附条件,民事法律行为是否失效,依照民法典和相关法律、行政法规的规定认定。

第一百五十九条　【条件成就和不成就的拟制】附条件的民事法律行为,当事人为自己的利益不正当地阻止条件成就的,视为条件已经成就;不正当地促成条件成就的,视为条件不成就。

第一百六十条　【附期限的民事法律行为】民事法律行为可以附期限,但是根据其性质不得附期限的除外。附生效期限的民事法律行为,自期限届至时生效。附终止期限的民事法律行为,自期限届满时失效。

相关法律条文

1.《民法典》(2021年1月1日起施行)

第五百六十八条　当事人互负债务,该债务的标的物种类、品质相同的,任何一方可以将自己的债务与对方的到期债务抵销;但是,根据债务性质、按照当事人约定或者依照法律规定不得抵销的除外。

当事人主张抵销的,应当通知对方。通知自到达对方时生效。抵销不得附条件或者附期限。

2.《保险法》(2015年4月24日修正)

第十三条　投保人提出保险要求,经保险人同意承保,保险合同成立。保险人应当及时向投保人签发保险单或者其他保险凭证。

保险单或者其他保险凭证应当载明当事人双方约定的合同内容。当事人也可以约定采用其他书面形式载明合同内容。

依法成立的保险合同,自成立时生效。投保人和保险人可以对合同的效力约定附条件或者附期限。

3.《企业破产法》(2007年6月1日起施行)

第四十七条 附条件、附期限的债权和诉讼、仲裁未决的债权,债权人可以申报。

第七章 代 理

第一节 一般规定

第一百六十一条 【代理适用范围】民事主体可以通过代理人实施民事法律行为。

依照法律规定、当事人约定或者民事法律行为的性质,应当由本人亲自实施的民事法律行为,不得代理。

一、相关法律条文

1.《民法典》(2021年1月1日起施行)

第一千零四十九条 要求结婚的男女双方应当亲自到婚姻登记机关申请结婚登记。符合本法规定的,予以登记,发给结婚证。完成结婚登记,即确立婚姻关系。未办理结婚登记的,应当补办登记。

第一千零七十六条 夫妻双方自愿离婚的,应当签订书面离婚协议,并亲自到婚姻登记机关申请离婚登记。

离婚协议应当载明双方自愿离婚的意思表示和对子女抚养、财产以及债务处理等事项协商一致的意见。

第一千零七十七条 自婚姻登记机关收到离婚登记申请之日起三十日内,任何一方不愿意离婚的,可以向婚姻登记机关撤回离婚登记申请。

前款规定期限届满后三十日内,双方应当亲自到婚姻登记机关申请发给离婚证;未申请的,视为撤回离婚登记申请。

第一千一百零九条 外国人依法可以在中华人民共和国收养子女。

外国人在中华人民共和国收养子女,应当经其所在国主管机关依照该国法律审查同意。收养人应当提供由其所在国有权机构出具的有关其年龄、婚姻、职业、财产、健康、有无受过刑事处罚等状况的证明材料，并与送养人签订书面协议，亲自向省、自治区、直辖市人民政府民政部门登记。

前款规定的证明材料应当经收养人所在国外交机关或者外交机关授权的机构认证，并经中华人民共和国驻该国使领馆认证，但是国家另有规定的除外。

2.《海关法》(2021 年 4 月 29 日修正)

第十一条 进出口货物收发货人、报关企业办理报关手续，应当依法向海关备案。

报关企业和报关人员不得非法代理他人报关。

3.《医师法》(2022 年 3 月 1 日起施行)

第二十四条 医师实施医疗、预防、保健措施，签署有关医学证明文件，必须亲自诊查、调查，并按照规定及时填写病历等医学文书，不得隐匿、伪造、篡改或者擅自销毁病历等医学文书及有关资料。

医师不得出具虚假医学证明文件以及与自己执业范围无关或者与执业类别不相符的医学证明文件。

4.《公司法》(2023 年 12 月 29 日修订)

第一百三十九条 上市公司董事与董事会会议决议事项所涉及的企业或者个人有关联关系的，该董事应当及时向董事会书面报告。有关联关系的董事不得对该项决议行使表决权，也不得代理其他董事行使表决权。该董事会会议由过半数的无关联关系董事出席即可举行，董事会会议所作决议须经无关联关系董事过半数通过。出席董事会会议的无关联关系董事人数不足三人的，应当将该事项提交上市公司股东会审议。

二、相关行政法规条文

1.《婚姻登记条例》(2003 年 10 月 1 日起施行)

第四条 内地居民结婚，男女双方应当共同到一方当事人常住户口所在地的婚姻登记机关办理结婚登记。

中国公民同外国人在中国内地结婚的，内地居民同香港居民、澳门居民、台湾居民、华侨在中国内地结婚的，男女双方应当共同到内地居民常住户口所在地的婚姻登记机关办理结婚登记。

第十条 内地居民自愿离婚的,男女双方应当共同到一方当事人常住户口所在地的婚姻登记机关办理离婚登记。

中国公民同外国人在中国内地自愿离婚的,内地居民同香港居民、澳门居民、台湾居民、华侨在中国内地自愿离婚的,男女双方应当共同到内地居民常住户口所在地的婚姻登记机关办理离婚登记。

2.《中国公民收养子女登记办法》(2023 年 7 月 20 日修订)

第五条 收养关系当事人应当亲自到收养登记机关办理成立收养关系的登记手续。

夫妻共同收养子女的,应当共同到收养登记机关办理登记手续;一方因故不能亲自前往的,应当书面委托另一方办理登记手续,委托书应当经过村民委员会或者居民委员会证明或者经过公证。

3.《外国人在中华人民共和国收养子女登记办法》(1999 年 5 月 25 日起施行)

第八条 外国人来华收养子女,应当亲自来华办理登记手续。夫妻共同收养的,应当共同来华办理收养手续;一方因故不能来华的,应当书面委托另一方。委托书应当经所在国公证和认证。

第一百六十二条 【代理效力】代理人在代理权限内,以被代理人名义实施的民事法律行为,对被代理人发生效力。

一、相关法律条文

《民法典》(2021 年 1 月 1 日起施行)

第九百二十五条 受托人以自己的名义,在委托人的授权范围内与第三人订立的合同,第三人在订立合同时知道受托人与委托人之间的代理关系的,该合同直接约束委托人和第三人;但是,有确切证据证明该合同只约束受托人和第三人的除外。

第九百二十六条 受托人以自己的名义与第三人订立合同时,第三人不知道受托人与委托人之间的代理关系的,受托人因第三人的原因对委托人不履行义务,受托人应当向委托人披露第三人,委托人因此可以行使受托人对第三人的权利。但是,第三人与受托人订立合同时如果知道该委托人就不会订立合同的除外。

受托人因委托人的原因对第三人不履行义务，受托人应当向第三人披露委托人，第三人因此可以选择受托人或者委托人作为相对人主张其权利，但是第三人不得变更选定的相对人。

委托人行使受托人对第三人的权利的，第三人可以向委托人主张其对受托人的抗辩。第三人选定委托人作为其相对人的，委托人可以向第三人主张其对受托人的抗辩以及受托人对第三人的抗辩。

二、相关司法解释规定

《最高人民法院关于审理海上货运代理纠纷案件若干问题的规定》（法释〔2012〕3号）（2020年12月23日修正）

第四条 货运代理企业在处理海上货运代理事务过程中以自己的名义签发提单、海运单或者其他运输单证，委托人据此主张货运代理企业承担承运人责任的，人民法院应予支持。

货运代理企业以承运人代理人名义签发提单、海运单或者其他运输单证，但不能证明取得承运人授权，委托人据此主张货运代理企业承担承运人责任的，人民法院应予支持。

第一百六十三条 【代理类型】代理包括委托代理和法定代理。

委托代理人按照被代理人的委托行使代理权。法定代理人依照法律的规定行使代理权。

一、相关法律条文

《民法典》（2021年1月1日起施行）

第九百一十九条 委托合同是委托人和受托人约定，由受托人处理委托人事务的合同。

第九百二十条 委托人可以特别委托受托人处理一项或者数项事务，也可以概括委托受托人处理一切事务。

第九百二十一条 委托人应当预付处理委托事务的费用。受托人为处理委托事务垫付的必要费用，委托人应当偿还该费用并支付利息。

第九百二十二条 受托人应当按照委托人的指示处理委托事务。

需要变更委托人指示的,应当经委托人同意;因情况紧急,难以和委托人取得联系的,受托人应当妥善处理委托事务,但是事后应当将该情况及时报告委托人。

第九百二十三条 受托人应当亲自处理委托事务。经委托人同意,受托人可以转委托。转委托经同意或者追认的,委托人可以就委托事务直接指示转委托的第三人,受托人仅就第三人的选任及其对第三人的指示承担责任。转委托未经同意或者追认的,受托人应当对转委托的第三人的行为承担责任;但是,在紧急情况下受托人为了维护委托人的利益需要转委托第三人的除外。

第九百二十四条 受托人应当按照委托人的要求,报告委托事务的处理情况。委托合同终止时,受托人应当报告委托事务的结果。

第九百二十五条 受托人以自己的名义,在委托人的授权范围内与第三人订立的合同,第三人在订立合同时知道受托人与委托人之间的代理关系的,该合同直接约束委托人和第三人;但是,有确切证据证明该合同只约束受托人和第三人的除外。

第九百二十六条 受托人以自己的名义与第三人订立合同时,第三人不知道受托人与委托人之间的代理关系的,受托人因第三人的原因对委托人不履行义务,受托人应当向委托人披露第三人,委托人因此可以行使受托人对第三人的权利。但是,第三人与受托人订立合同时如果知道该委托人就不会订立合同的除外。

受托人因委托人的原因对第三人不履行义务,受托人应当向第三人披露委托人,第三人因此可以选择受托人或者委托人作为相对人主张其权利,但是第三人不得变更选定的相对人。

委托人行使受托人对第三人的权利的,第三人可以向委托人主张其对受托人的抗辩。第三人选定委托人作为其相对人的,委托人可以向第三人主张其对受托人的抗辩以及受托人对第三人的抗辩。

第九百二十七条 受托人处理委托事务取得的财产,应当转交给委托人。

第九百二十八条 受托人完成委托事务的,委托人应当按照约定向其支付报酬。

因不可归责于受托人的事由,委托合同解除或者委托事务不能完成的,委托人应当向受托人支付相应的报酬。当事人另有约定的,按照其约定。

第九百二十九条 有偿的委托合同,因受托人的过错造成委托人损失的,委托人可以请求赔偿损失。无偿的委托合同,因受托人的故意或者重大过失造成委托人损失的,委托人可以请求赔偿损失。

受托人超越权限造成委托人损失的,应当赔偿损失。

第九百三十条 受托人处理委托事务时,因不可归责于自己的事由受到损失的,可以向委托人请求赔偿损失。

第九百三十一条 委托人经受托人同意,可以在受托人之外委托第三人处理委托事务。因此造成受托人损失的,受托人可以向委托人请求赔偿损失。

第九百三十二条 两个以上的受托人共同处理委托事务的,对委托人承担连带责任。

第九百三十三条 委托人或者受托人可以随时解除委托合同。因解除合同造成对方损失的,除不可归责于该当事人的事由外,无偿委托合同的解除方应当赔偿因解除时间不当造成的直接损失,有偿委托合同的解除方应当赔偿对方的直接损失和合同履行后可以获得的利益。

第九百三十四条 委托人死亡、终止或者受托人死亡、丧失民事行为能力、终止的,委托合同终止;但是,当事人另有约定或者根据委托事务的性质不宜终止的除外。

第九百三十五条 因委托人死亡或者被宣告破产、解散,致使委托合同终止将损害委托人利益的,在委托人的继承人、遗产管理人或者清算人承受委托事务之前,受托人应当继续处理委托事务。

第九百三十六条 因受托人死亡、丧失民事行为能力或者被宣告破产、解散,致使委托合同终止的,受托人的继承人、遗产管理人、法定代理人或者清算人应当及时通知委托人。因委托合同终止将损害委托人利益的,在委托人作出善后处理之前,受托人的继承人、遗产管理人、法定代理人或者清算人应当采取必要措施。

二、相关司法解释规定

《最高人民法院关于适用〈中华人民共和国民法典〉总则编若干问题的解释》(法释〔2022〕6号)

第四条 涉及遗产继承、接受赠与等胎儿利益保护,父母在胎儿娩出前作为法定代理人主张相应权利的,人民法院依法予以支持。

第一百六十四条 【不当履职与恶意串通的民事责任】代理人不履行或者不完全履行职责,造成被代理人损害的,应当承担民事责任。

代理人和相对人恶意串通,损害被代理人合法权益的,代理人和相对人应当承担连带责任。

一、相关法律条文

《民法典》(2021年1月1日起施行)

第九百二十九条 有偿的委托合同,因受托人的过错造成委托人损失的,委托人可以请求赔偿损失。无偿的委托合同,因受托人的故意或者重大过失造成委托人损失的,委托人可以请求赔偿损失。

受托人超越权限造成委托人损失的,应当赔偿损失。

二、相关司法解释规定

《最高人民法院关于审理海上货运代理纠纷案件若干问题的规定》(法释〔2012〕3号)(2020年12月23日修正)

第十条 委托人以货运代理企业处理海上货运代理事务给委托人造成损失为由,主张由货运代理企业承担相应赔偿责任的,人民法院应予支持,但货运代理企业证明其没有过错的除外。

第二节 委托代理

第一百六十五条 【授权委托书】委托代理授权采用书面形式的,授权委托书应当载明代理人的姓名或者名称、代理事项、权限和期限,并由被代理人签名或者盖章。

相关法律条文

《公司法》(2023年12月29日修订)

第一百一十八条 股东委托代理人出席股东会会议的,应当明确代理人代理的事项、权限和期限;代理人应当向公司提交股东授权委托书,并在授权范围内行使表决权。

第一百六十六条 【共同代理】数人为同一代理事项的代理人的,应当共同行使代理权,但是当事人另有约定的除外。

相关法律条文

1.《民法典》(2021 年 1 月 1 日起施行)

第九百三十二条 两个以上的受托人共同处理委托事务的,对委托人承担连带责任。

2.《信托法》(2001 年 10 月 1 日起施行)

第三十一条 同一信托的受托人有两个以上的,为共同受托人。

共同受托人应当共同处理信托事务,但信托文件规定对某些具体事务由受托人分别处理的,从其规定。

共同受托人共同处理信托事务,意见不一致时,按信托文件规定处理;信托文件未规定的,由委托人、受益人或者其利害关系人决定。

第一百六十七条 【代理违法的民事责任】代理人知道或者应当知道代理事项违法仍然实施代理行为,或者被代理人知道或者应当知道代理人的代理行为违法未作反对表示的,被代理人和代理人应当承担连带责任。

相关司法解释规定

《最高人民法院关于印发〈全国法院民商事审判工作会议纪要〉的通知》(法〔2019〕254 号)

74.【责任主体】金融产品发行人、销售者未尽适当性义务,导致金融消费者在购买金融产品过程中遭受损失的,金融消费者既可以请求金融产品的发行人承担赔偿责任,也可以请求金融产品的销售者承担赔偿责任,还可以根据《民法总则》第 167 条的规定,请求金融产品的发行人、销售者共同承担连带赔偿责任。发行人、销售者请求人民法院明确各自的责任份额的,人民法院可以在判决发行人、销售者对金融消费者承担连带赔偿责任的同时,明确发行人、销售者在实际承担了赔偿责任后,有权向责任方追偿其应当承担的赔偿份额。

金融服务提供者未尽适当性义务,导致金融消费者在接受金融服务后参与高风险等级投资活动遭受损失的,金融消费者可以请求金融服务提供者承担赔偿责任。

第一百六十八条 【自己代理与双方代理】代理人不得以被代理人

的名义与自己实施民事法律行为,但是被代理人同意或者追认的除外。

代理人不得以被代理人的名义与自己同时代理的其他人实施民事法律行为,但是被代理的双方同意或者追认的除外。

相关法律条文

1.《信托法》(2001 年 10 月 1 日起施行)

第二十八条 受托人不得将其固有财产与信托财产进行交易或者将不同委托人的信托财产进行相互交易,但信托文件另有规定或者经委托人或者受益人同意,并以公平的市场价格进行交易的除外。

受托人违反前款规定,造成信托财产损失的,应当承担赔偿责任。

2.《公司法》(2023 年 12 月 29 日修订)

第一百八十一条 董事、监事、高级管理人员不得有下列行为:

(一)侵占公司财产、挪用公司资金;

(二)将公司资金以其个人名义或者以其他个人名义开立账户存储;

(三)利用职权贿赂或者收受其他非法收入;

(四)接受他人与公司交易的佣金归为己有;

(五)擅自披露公司秘密;

(六)违反对公司忠实义务的其他行为。

3.《保险法》(2015 年 4 月 24 日修正)

第一百零八条 保险公司应当按照国务院保险监督管理机构的规定,建立对关联交易的管理和信息披露制度。

第一百零九条 保险公司的控股股东、实际控制人、董事、监事、高级管理人员不得利用关联交易损害公司的利益。

第一百六十九条 【复代理】代理人需要转委托第三人代理的,应当取得被代理人的同意或者追认。

转委托代理经被代理人同意或者追认的,被代理人可以就代理事务直接指示转委托的第三人,代理人仅就第三人的选任以及对第三人的指示承担责任。

转委托代理未经被代理人同意或者追认的,代理人应当对转委托的第三人的行为承担责任;但是,在紧急情况下代理人为了维护被代理人的利益需要转委托第三人代理的除外。

一、相关法律条文

1.《民法典》(2021 年 1 月 1 日起施行)

第九百二十三条　受托人应当亲自处理委托事务。经委托人同意,受托人可以转委托。转委托经同意或者追认的,委托人可以就委托事务直接指示转委托的第三人,受托人仅就第三人的选任及其对第三人的指示承担责任。转委托未经同意或者追认的,受托人应当对转委托的第三人的行为承担责任;但是,在紧急情况下受托人为了维护委托人的利益需要转委托第三人的除外。

2.《信托法》(2001 年 10 月 1 日起施行)

第三十条　受托人应当自己处理信托事务,但信托文件另有规定或者有不得已事由的,可以委托他人代为处理。

受托人依法将信托事务委托他人代理的,应当对他人处理信托事务的行为承担责任。

3.《个人信息保护法》(2021 年 11 月 1 日起施行)

第二十一条第三款　未经个人信息处理者同意,受托人不得转委托他人处理个人信息。

二、相关司法解释规定

1.《最高人民法院关于适用〈中华人民共和国民法典〉总则编若干问题的解释》(法释〔2022〕6 号)

第二十六条　由于急病、通讯联络中断、疫情防控等特殊原因,委托代理人自己不能办理代理事项,又不能与被代理人及时取得联系,如不及时转委托第三人代理,会给被代理人的利益造成损失或者扩大损失的,人民法院应当认定为民法典第一百六十九条规定的紧急情况。

2.《最高人民法院关于审理海上货运代理纠纷案件若干问题的规定》(法释〔2012〕3 号)(2020 年 12 月 23 日修正)

第五条　委托人与货运代理企业约定了转委托权限,当事人就权限范围内的海上货运代理事务主张委托人同意转委托的,人民法院应予支持。

没有约定转委托权限,货运代理企业或第三人以委托人知道货运代理企业将海上货运代理事务转委托或部分转委托第三人处理而未表示反对为由,主张委托人同意转委托的,人民法院不予支持,但委托人的行为明确表明其接受转委托的除外。

第一百七十条　【职务代理】执行法人或者非法人组织工作任务的人员,就其职权范围内的事项,以法人或者非法人组织的名义实施的民事法律行为,对法人或者非法人组织发生效力。

法人或者非法人组织对执行其工作任务的人员职权范围的限制,不得对抗善意相对人。

相关法律条文

1.《民法典》(2021年1月1日起施行)

第五百零四条　法人的法定代表人或者非法人组织的负责人超越权限订立的合同,除相对人知道或者应当知道其超越权限外,该代表行为有效,订立的合同对法人或者非法人组织发生效力。

2.《合伙企业法》(2006年8月27日修订)

第二十六条　合伙人对执行合伙事务享有同等的权利。

按照合伙协议的约定或者经全体合伙人决定,可以委托一个或者数个合伙人对外代表合伙企业,执行合伙事务。

作为合伙人的法人、其他组织执行合伙事务的,由其委派的代表执行。

第二十七条　依照本法第二十六条第二款规定委托一个或者数个合伙人执行合伙事务的,其他合伙人不再执行合伙事务。

不执行合伙事务的合伙人有权监督执行事务合伙人执行合伙事务的情况。

第二十八条　由一个或者数个合伙人执行合伙事务的,执行事务合伙人应当定期向其他合伙人报告事务执行情况以及合伙企业的经营和财务状况,其执行合伙事务所产生的收益归合伙企业,所产生的费用和亏损由合伙企业承担。

合伙人为了解合伙企业的经营状况和财务状况,有权查阅合伙企业会计账簿等财务资料。

第二十九条　合伙人分别执行合伙事务的,执行事务合伙人可以对其他合伙人执行的事务提出异议。提出异议时,应当暂停该项事务的执行。如果发生争议,依照本法第三十条规定作出决定。

受委托执行合伙事务的合伙人不按照合伙协议或者全体合伙人的决定执行事务的，其他合伙人可以决定撤销该委托。

第三十条 合伙人对合伙企业有关事项作出决议，按照合伙协议约定的表决办法办理。合伙协议未约定或者约定不明确的，实行合伙人一人一票并经全体合伙人过半数通过的表决办法。

本法对合伙企业的表决办法另有规定的，从其规定。

第三十一条 除合伙协议另有约定外，合伙企业的下列事项应当经全体合伙人一致同意：

（一）改变合伙企业的名称；

（二）改变合伙企业的经营范围、主要经营场所的地点；

（三）处分合伙企业的不动产；

（四）转让或者处分合伙企业的知识产权和其他财产权利；

（五）以合伙企业名义为他人提供担保；

（六）聘任合伙人以外的人担任合伙企业的经营管理人员。

第三十二条 合伙人不得自营或者同他人合作经营与本合伙企业相竞争的业务。

除合伙协议另有约定或者经全体合伙人一致同意外，合伙人不得同本合伙企业进行交易。

合伙人不得从事损害本合伙企业利益的活动。

第三十三条 合伙企业的利润分配、亏损分担，按照合伙协议的约定办理；合伙协议未约定或者约定不明确的，由合伙人协商决定；协商不成的，由合伙人按照实缴出资比例分配、分担；无法确定出资比例的，由合伙人平均分配、分担。

合伙协议不得约定将全部利润分配给部分合伙人或者由部分合伙人承担全部亏损。

第三十四条 合伙人按照合伙协议的约定或者经全体合伙人决定，可以增加或者减少对合伙企业的出资。

第三十五条 被聘任的合伙企业的经营管理人员应当在合伙企业授权范围内履行职务。

被聘任的合伙企业的经营管理人员，超越合伙企业授权范围履行职务，或者在履行职务过程中因故意或者重大过失给合伙企业造成损失的，依法承担赔偿责任。

第三十六条 合伙企业应当依照法律、行政法规的规定建立企业财务、会计制度。

第三十七条　合伙企业对合伙人执行合伙事务以及对外代表合伙企业权利的限制,不得对抗善意第三人。

第七十六条　第三人有理由相信有限合伙人为普通合伙人并与其交易的,该有限合伙人对该笔交易承担与普通合伙人同样的责任。

有限合伙人未经授权以有限合伙企业名义与他人进行交易,给有限合伙企业或者其他合伙人造成损失的,该有限合伙人应当承担赔偿责任。

第一百七十一条　【无权代理】行为人没有代理权、超越代理权或者代理权终止后,仍然实施代理行为,未经被代理人追认的,对被代理人不发生效力。

相对人可以催告被代理人自收到通知之日起三十日内予以追认。被代理人未作表示的,视为拒绝追认。行为人实施的行为被追认前,善意相对人有撤销的权利。撤销应当以通知的方式作出。

行为人实施的行为未被追认的,善意相对人有权请求行为人履行债务或者就其受到的损害请求行为人赔偿。但是,赔偿的范围不得超过被代理人追认时相对人所能获得的利益。

相对人知道或者应当知道行为人无权代理的,相对人和行为人按照各自的过错承担责任。

一、相关法律条文

《民法典》(2021年1月1日起施行)

第五百零三条　无权代理人以被代理人的名义订立合同,被代理人已经开始履行合同义务或者接受相对人履行的,视为对合同的追认。

二、相关司法解释规定

1.《最高人民法院关于适用〈中华人民共和国民法典〉总则编若干问题的解释》(法释〔2022〕6号)

第二十五条　数个委托代理人共同行使代理权,其中一人或者数人未与其他委托代理人协商,擅自行使代理权的,依据民法典第一百七十一条、第一百七十二条等规定处理。

第二十七条 无权代理行为未被追认，相对人请求行为人履行债务或者赔偿损失的，由行为人就相对人知道或者应当知道行为人无权代理承担举证责任。行为人不能证明的，人民法院依法支持相对人的相应诉讼请求；行为人能够证明的，人民法院应当按照各自的过错认定行为人与相对人的责任。

第二十九条 法定代理人、被代理人依据民法典第一百四十五条、第一百七十一条的规定向相对人作出追认的意思表示的，人民法院应当依据民法典第一百三十七条的规定确认其追认意思表示的生效时间。

2.《最高人民法院关于适用〈中华人民共和国保险法〉若干问题的解释（二）》（法释〔2013〕14号）（2020年12月23日修正）

第三条 投保人或者投保人的代理人订立保险合同时没有亲自签字或者盖章，而由保险人或者保险人的代理人代为签字或者盖章的，对投保人不生效。但投保人已经交纳保险费的，视为其对代签字或者盖章行为的追认。

保险人或者保险人的代理人代为填写保险单证后经投保人签字或者盖章确认的，代为填写的内容视为投保人的真实意思表示。但有证据证明保险人或者保险人的代理人存在保险法第一百一十六条、第一百三十一条相关规定情形的除外。

第一百七十二条 【表见代理】行为人没有代理权、超越代理权或者代理权终止后，仍然实施代理行为，相对人有理由相信行为人有代理权的，代理行为有效。

一、相关法律条文

《保险法》（2015年4月24日修正）

第一百二十七条 保险代理人根据保险人的授权代为办理保险业务的行为，由保险人承担责任。

保险代理人没有代理权、超越代理权或者代理权终止后以保险人名义订立合同，使投保人有理由相信其有代理权的，该代理行为有效。保险人可以依法追究越权的保险代理人的责任。

二、相关司法解释规定

1.《最高人民法院关于适用〈中华人民共和国民法典〉总则编若干问题的解释》(法释〔2022〕6号)

第二十八条 同时符合下列条件的,人民法院可以认定为民法典第一百七十二条规定的相对人有理由相信行为人有代理权:

(一)存在代理权的外观;

(二)相对人不知道行为人行为时没有代理权,且无过失。

因是否构成表见代理发生争议的,相对人应当就无权代理符合前款第一项规定的条件承担举证责任;被代理人应当就相对人不符合前款第二项规定的条件承担举证责任。

2.《最高人民法院关于适用〈中华人民共和国民法典〉合同编通则若干问题的解释》(法释〔2023〕13号)

第二十一条第一款 法人、非法人组织的工作人员就超越其职权范围的事项以法人、非法人组织的名义订立合同,相对人主张该合同对法人、非法人组织发生效力并由其承担违约责任的,人民法院不予支持。但是,法人、非法人组织有过错的,人民法院可以参照民法典第一百五十七条的规定判决其承担相应的赔偿责任。前述情形,构成表见代理的,人民法院应当依据民法典第一百七十二条的规定处理。

第二十二条 法定代表人、负责人或者工作人员以法人、非法人组织的名义订立合同且未超越权限,法人、非法人组织仅以合同加盖的印章不是备案印章或者系伪造的印章为由主张该合同对其不发生效力的,人民法院不予支持。

合同系以法人、非法人组织的名义订立,但是仅有法定代表人、负责人或者工作人员签名或者按指印而未加盖法人、非法人组织的印章,相对人能够证明法定代表人、负责人或者工作人员在订立合同时未超越权限的,人民法院应当认定合同对法人、非法人组织发生效力。但是,当事人约定以加盖印章作为合同成立条件的除外。

合同仅加盖法人、非法人组织的印章而无人员签名或者按指印,相对人能够证明合同系法定代表人、负责人或者工作人员在其权限范围内订立的,人民法院应当认定该合同对法人、非法人组织发生效力。

在前三款规定的情形下,法定代表人、负责人或者工作人员在订立合同时虽然超越代表或者代理权限,但是依据民法典第五百零四条的规定构成表见代表，或者依据民法典第一百七十二条的规定构成表见代理的，人民法院应当认定合同对法人、非法人组织发生效力。

3.《最高人民法院关于审理海上货运代理纠纷案件若干问题的规定》（法释〔2012〕3号）（2020年12月23日修正）

第六条　一方当事人根据双方的交易习惯，有理由相信行为人有权代表对方当事人订立海上货运代理合同，该方当事人依据民法典第一百七十二条的规定主张合同成立的，人民法院应予支持。

4.《最高人民法院关于审理期货纠纷案件若干问题的规定》（法释〔2003〕10号）（2020年12月23日修正）

第九条　期货公司授权非本公司人员以本公司的名义从事期货交易行为的，期货公司应当承担由此产生的民事责任；非期货公司人员以期货公司名义从事期货交易行为，具备民法典第一百七十二条所规定的表见代理条件的，期货公司应当承担由此产生的民事责任。

5.《最高人民法院关于印发〈全国法院民商事审判工作会议纪要〉的通知》（法〔2019〕254号）

41.【盖章行为的法律效力】司法实践中，有些公司有意刻制两套甚至多套公章，有的法定代表人或者代理人甚至私刻公章，订立合同时恶意加盖非备案的公章或者假公章，发生纠纷后法人以加盖的是假公章为由否定合同效力的情形并不鲜见。人民法院在审理案件时，应当主要审查签约人于盖章之时有无代表权或者代理权，从而根据代表或者代理的相关规则来确定合同的效力。

法定代表人或者其授权之人在合同上加盖法人公章的行为，表明其是以法人名义签订合同，除《公司法》第16条等法律对其职权有特别规定的情形外，应当由法人承担相应的法律后果。法人以法定代表人事后已无代表权、加盖的是假章、所盖之章与备案公章不一致等为由否定合同效力的，人民法院不予支持。

代理人以被代理人名义签订合同，要取得合法授权。代理人取得合法授权后，以被代理人名义签订的合同，应当由被代理人承担责任。被代理人以代理人事后已无代理权、加盖的是假章、所盖之章与备案公章不一致等为由否定合同效力的，人民法院不予支持。

第三节 代理终止

第一百七十三条 【委托代理终止】有下列情形之一的,委托代理终止:

(一)代理期限届满或者代理事务完成;

(二)被代理人取消委托或者代理人辞去委托;

(三)代理人丧失民事行为能力;

(四)代理人或者被代理人死亡;

(五)作为代理人或者被代理人的法人、非法人组织终止。

相关法律条文

1.《民法典》(2021年1月1日起施行)

第九百三十四条 委托人死亡、终止或者受托人死亡、丧失民事行为能力、终止的,委托合同终止;但是,当事人另有约定或者根据委托事务的性质不宜终止的除外。

2.《信托法》(2001年10月1日起施行)

第十五条 信托财产与委托人未设立信托的其他财产相区别。设立信托后,委托人死亡或者依法解散、被依法撤销、被宣告破产时,委托人是唯一受益人的,信托终止,信托财产作为其遗产或者清算财产;委托人不是唯一受益人的,信托存续,信托财产不作为其遗产或者清算财产;但作为共同受益人的委托人死亡或者依法解散、被依法撤销、被宣告破产时,其信托受益权作为其遗产或者清算财产。

第五十二条 信托不因委托人或者受托人的死亡、丧失民事行为能力、依法解散、被依法撤销或者被宣告破产而终止,也不因受托人的辞任而终止。但本法或者信托文件另有规定的除外。

第五十三条 有下列情形之一的,信托终止:

(一)信托文件规定的终止事由发生;

(二)信托的存续违反信托目的;

(三)信托目的已经实现或者不能实现;

(四)信托当事人协商同意;

（五）信托被撤销；
（六）信托被解除。

第一百七十四条　【委托代理终止例外】被代理人死亡后，有下列情形之一的，委托代理人实施的代理行为有效：

（一）代理人不知道且不应当知道被代理人死亡；

（二）被代理人的继承人予以承认；

（三）授权中明确代理权在代理事务完成时终止；

（四）被代理人死亡前已经实施，为了被代理人的继承人的利益继续代理。

作为被代理人的法人、非法人组织终止的，参照适用前款规定。

相关法律条文

《民法典》（2021年1月1日起施行）

第九百三十五条　因委托人死亡或者被宣告破产、解散，致使委托合同终止将损害委托人利益的，在委托人的继承人、遗产管理人或者清算人承受委托事务之前，受托人应当继续处理委托事务。

第一百七十五条　【法定代理终止】有下列情形之一的，法定代理终止：

（一）被代理人取得或者恢复完全民事行为能力；

（二）代理人丧失民事行为能力；

（三）代理人或者被代理人死亡；

（四）法律规定的其他情形。

第173—176条

第八章　民事责任

第一百七十六条　【民事主体承担民事责任】民事主体依照法律规定或者按照当事人约定，履行民事义务，承担民事责任。

相关法律条文

《民法典》(2021 年 1 月 1 日起施行)

第五百零九条 当事人应当按照约定全面履行自己的义务。

当事人应当遵循诚信原则,根据合同的性质、目的和交易习惯履行通知、协助、保密等义务。

当事人在履行合同过程中,应当避免浪费资源、污染环境和破坏生态。

第九百七十九条 管理人没有法定的或者约定的义务,为避免他人利益受损失而管理他人事务的,可以请求受益人偿还因管理事务而支出的必要费用;管理人因管理事务受到损失的,可以请求受益人给予适当补偿。

管理事务不符合受益人真实意思的,管理人不享有前款规定的权利;但是,受益人的真实意思违反法律或者违背公序良俗的除外。

第九百八十五条 得利人没有法律根据取得不当利益的,受损失的人可以请求得利人返还取得的利益,但是有下列情形之一的除外:

(一)为履行道德义务进行的给付;

(二)债务到期之前的清偿;

(三)明知无给付义务而进行的债务清偿。

第一千一百六十五条 行为人因过错侵害他人民事权益造成损害的,应当承担侵权责任。

依照法律规定推定行为人有过错,其不能证明自己没有过错的,应当承担侵权责任。

第一千一百六十六条 行为人造成他人民事权益损害,不论行为人有无过错,法律规定应当承担侵权责任的,依照其规定。

第一千一百六十七条 侵权行为危及他人人身、财产安全的,被侵权人有权请求侵权人承担停止侵害、排除妨碍、消除危险等侵权责任。

第一百七十七条 【按份责任】二人以上依法承担按份责任,能够确定责任大小的,各自承担相应的责任;难以确定责任大小的,平均承担责任。

一、相关法律条文

《民法典》(2021 年 1 月 1 日起施行)

第一千一百七十二条 二人以上分别实施侵权行为造成同一损害,能够确定责任大小的,各自承担相应的责任;难以确定责任大小的,平均承担责任。

第一千二百三十一条 两个以上侵权人污染环境、破坏生态的,承担责任的大小,根据污染物的种类、浓度、排放量,破坏生态的方式、范围、程度,以及行为对损害后果所起的作用等因素确定。

二、相关司法解释规定

《最高人民法院关于审理道路交通事故损害赔偿案件适用法律若干问题的解释》(法释〔2012〕19 号)(2020 年 12 月 23 日修正)

第十条 多辆机动车发生交通事故造成第三人损害,当事人请求多个侵权人承担赔偿责任的,人民法院应当区分不同情况,依照民法典第一千一百七十条、第一千一百七十一条、第一千一百七十二条的规定,确定侵权人承担连带责任或者按份责任。

第一百七十八条 【连带责任】二人以上依法承担连带责任的,权利人有权请求部分或者全部连带责任人承担责任。

连带责任人的责任份额根据各自责任大小确定;难以确定责任大小的,平均承担责任。实际承担责任超过自己责任份额的连带责任人,有权向其他连带责任人追偿。

连带责任,由法律规定或者当事人约定。

相关法律条文

《民法典》(2021 年 1 月 1 日起施行)

第一千一百六十八条 二人以上共同实施侵权行为,造成他人损害的,应当承担连带责任。

第一千一百六十九条 教唆、帮助他人实施侵权行为的,应当与行为人承担连带责任。

教唆、帮助无民事行为能力人、限制民事行为能力人实施侵权行为的,应当承担侵权责任;该无民事行为能力人、限制民事行为能力人的监护人未尽到监护职责的,应当承担相应的责任。

第一千一百七十条 二人以上实施危及他人人身、财产安全的行为,其中一人或者数人的行为造成他人损害,能够确定具体侵权人的,由侵权人承担责任;不能确定具体侵权人的,行为人承担连带责任。

第一千一百七十一条 二人以上分别实施侵权行为造成同一损害,每个人的侵权行为都足以造成全部损害的,行为人承担连带责任。

第一百七十九条 【民事责任方式】 承担民事责任的方式主要有:

(一)停止侵害;

(二)排除妨碍;

(三)消除危险;

(四)返还财产;

(五)恢复原状;

(六)修理、重作、更换;

(七)继续履行;

(八)赔偿损失;

(九)支付违约金;

(十)消除影响、恢复名誉;

(十一)赔礼道歉。

法律规定惩罚性赔偿的,依照其规定。

本条规定的承担民事责任的方式,可以单独适用,也可以合并适用。

一、相关法律条文

1.《民法典》(2021年1月1日起施行)

第一千一百八十五条 故意侵害他人知识产权,情节严重的,被侵权人有权请求相应的惩罚性赔偿。

第一千二百零七条 明知产品存在缺陷仍然生产、销售,或者没有依据前条规定采取有效补救措施,造成他人死亡或者健康严重损害的,被侵权人有权请求相应的惩罚性赔偿。

第一千二百三十二条　侵权人违反法律规定故意污染环境、破坏生态造成严重后果的，被侵权人有权请求相应的惩罚性赔偿。

2.《消费者权益保护法》(2013年10月25日修正)

第五十五条　经营者提供商品或者服务有欺诈行为的，应当按照消费者的要求增加赔偿其受到的损失，增加赔偿的金额为消费者购买商品的价款或者接受服务的费用的三倍；增加赔偿的金额不足五百元的，为五百元。法律另有规定的，依照其规定。

经营者明知商品或者服务存在缺陷，仍然向消费者提供，造成消费者或者其他受害人死亡或者健康严重损害的，受害人有权要求经营者依照本法第四十九条、第五十一条等法律规定赔偿损失，并有权要求所受损失二倍以下的惩罚性赔偿。

3.《食品安全法》(2021年4月29日修正)

第一百四十八条　消费者因不符合食品安全标准的食品受到损害的，可以向经营者要求赔偿损失，也可以向生产者要求赔偿损失。接到消费者赔偿要求的生产经营者，应当实行首负责任制，先行赔付，不得推诿；属于生产者责任的，经营者赔偿后有权向生产者追偿；属于经营者责任的，生产者赔偿后有权向经营者追偿。

生产不符合食品安全标准的食品或者经营明知是不符合食品安全标准的食品，消费者除要求赔偿损失外，还可以向生产者或者经营者要求支付价款十倍或者损失三倍的赔偿金；增加赔偿的金额不足一千元的，为一千元。但是，食品的标签、说明书存在不影响食品安全且不会对消费者造成误导的瑕疵的除外。

二、相关司法解释规定

1.《最高人民法院关于审理侵害知识产权民事案件适用惩罚性赔偿的解释》(法释〔2021〕4号)

为正确实施知识产权惩罚性赔偿制度，依法惩处严重侵害知识产权行为，全面加强知识产权保护，根据《中华人民共和国民法典》《中华人民共和国著作权法》《中华人民共和国商标法》《中华人民共和国专利法》《中华人民共和国反不正当竞争法》《中华人民共和国种子法》《中华人民共和国民事诉讼法》等有关法律规定，结合审判实践，制定本解释。

第一条 原告主张被告故意侵害其依法享有的知识产权且情节严重,请求判令被告承担惩罚性赔偿责任的,人民法院应当依法审查处理。

本解释所称故意,包括商标法第六十三条第一款和反不正当竞争法第十七条第三款规定的恶意。

第二条 原告请求惩罚性赔偿的,应当在起诉时明确赔偿数额、计算方式以及所依据的事实和理由。

原告在一审法庭辩论终结前增加惩罚性赔偿请求的,人民法院应当准许;在二审中增加惩罚性赔偿请求的,人民法院可以根据当事人自愿的原则进行调解,调解不成的,告知当事人另行起诉。

第三条 对于侵害知识产权的故意的认定,人民法院应当综合考虑被侵害知识产权客体类型、权利状态和相关产品知名度、被告与原告或者利害关系人之间的关系等因素。

对于下列情形,人民法院可以初步认定被告具有侵害知识产权的故意:

(一)被告经原告或者利害关系人通知、警告后,仍继续实施侵权行为的;

(二)被告或其法定代表人、管理人是原告或者利害关系人的法定代表人、管理人、实际控制人的;

(三)被告与原告或者利害关系人之间存在劳动、劳务、合作、许可、经销、代理、代表等关系,且接触过被侵害的知识产权的;

(四)被告与原告或者利害关系人之间有业务往来或者为达成合同等进行过磋商,且接触过被侵害的知识产权的;

(五)被告实施盗版、假冒注册商标行为的;

(六)其他可以认定为故意的情形。

第四条 对于侵害知识产权情节严重的认定,人民法院应当综合考虑侵权手段、次数,侵权行为的持续时间、地域范围、规模、后果,侵权人在诉讼中的行为等因素。

被告有下列情形的,人民法院可以认定为情节严重:

(一)因侵权被行政处罚或者法院裁判承担责任后,再次实施相同或者类似侵权行为;

(二)以侵害知识产权为业;

(三)伪造、毁坏或者隐匿侵权证据;

（四）拒不履行保全裁定；

（五）侵权获利或者权利人受损巨大；

（六）侵权行为可能危害国家安全、公共利益或者人身健康；

（七）其他可以认定为情节严重的情形。

第五条　人民法院确定惩罚性赔偿数额时，应当分别依照相关法律，以原告实际损失数额、被告违法所得数额或者因侵权所获得的利益作为计算基数。该基数不包括原告为制止侵权所支付的合理开支；法律另有规定的，依照其规定。

前款所称实际损失数额、违法所得数额、因侵权所获得的利益均难以计算的，人民法院依法参照该权利许可使用费的倍数合理确定，并以此作为惩罚性赔偿数额的计算基数。

人民法院依法责令被告提供其掌握的与侵权行为相关的账簿、资料，被告无正当理由拒不提供或者提供虚假账簿、资料的，人民法院可以参考原告的主张和证据确定惩罚性赔偿数额的计算基数。构成民事诉讼法第一百一十一条规定情形的，依法追究法律责任。

第六条　人民法院依法确定惩罚性赔偿的倍数时，应当综合考虑被告主观过错程度、侵权行为的情节严重程度等因素。

因同一侵权行为已经被处以行政罚款或者刑事罚金且执行完毕，被告主张减免惩罚性赔偿责任的，人民法院不予支持，但在确定前款所称倍数时可以综合考虑。

第七条　本解释自2021年3月3日起施行。最高人民法院以前发布的相关司法解释与本解释不一致的，以本解释为准。

2.《最高人民法院关于审理涉及计算机网络域名民事纠纷案件适用法律若干问题的解释》（法释〔2001〕24号）（2020年12月23日修正）

第七条　人民法院认定域名注册、使用等行为构成侵权或者不正当竞争的，可以判令被告停止侵权、注销域名，或者依原告的请求判令由原告注册使用该域名；给权利人造成实际损害的，可以判令被告赔偿损失。

侵权人故意侵权且情节严重，原告有权向人民法院请求惩罚性赔偿。

3.《最高人民法院关于审理旅游纠纷案件适用法律若干问题的规定》(法释〔2010〕13号)(2020年12月23日修正)

第十五条 旅游经营者违反合同约定,有擅自改变旅游行程、遗漏旅游景点、减少旅游服务项目、降低旅游服务标准等行为,旅游者请求旅游经营者赔偿未完成约定旅游服务项目等合理费用的,人民法院应予支持。

旅游经营者提供服务时有欺诈行为,旅游者依据消费者权益保护法第五十五条第一款规定请求旅游经营者承担惩罚性赔偿责任的,人民法院应予支持。

4.《最高人民法院关于审理医疗损害责任纠纷案件适用法律若干问题的解释》(法释〔2017〕20号)(2020年12月23日修正)

第二十三条 医疗产品的生产者、销售者、药品上市许可持有人明知医疗产品存在缺陷仍然生产、销售,造成患者死亡或者健康严重损害,被侵权人请求生产者、销售者、药品上市许可持有人赔偿损失及二倍以下惩罚性赔偿的,人民法院应予支持。

5.《最高人民法院关于审理食品安全民事纠纷案件适用法律若干问题的解释(一)》(法释〔2020〕14号)

第七条 消费者认为生产经营者生产经营不符合食品安全标准的食品同时构成欺诈的,有权选择依据食品安全法第一百四十八条第二款或者消费者权益保护法第五十五条第一款规定主张食品生产者或者经营者承担惩罚性赔偿责任。

第十条 食品不符合食品安全标准,消费者主张生产者或者经营者依据食品安全法第一百四十八条第二款规定承担惩罚性赔偿责任,生产者或者经营者以未造成消费者人身损害为由抗辩的,人民法院不予支持。

第十一条 生产经营未标明生产者名称、地址、成分或者配料表,或者未清晰标明生产日期、保质期的预包装食品,消费者主张生产者或者经营者依据食品安全法第一百四十八条第二款规定承担惩罚性赔偿责任的,人民法院应予支持,但法律、行政法规、食品安全国家标准对标签标注事项另有规定的除外。

6.《最高人民法院关于涉网络知识产权侵权纠纷几个法律适用问题的批复》(法释〔2020〕9号)

四、因恶意提交声明导致电子商务平台经营者终止必要措施并造成知识产权权利人损害,权利人依照有关法律规定请求相应惩罚性赔偿的,人民法院可以依法予以支持。

三、相关指导性案例

指导性案例219号:广州天某高新材料股份有限公司、九江天某高新材料有限公司诉安徽纽某精细化工有限公司等侵害技术秘密纠纷案

(最高人民法院审判委员会讨论通过 2023年12月15日发布)

【关键词】民事 侵害技术秘密 以侵害知识产权为业 惩罚性赔偿 损害赔偿数额

【裁判要点】

1.判断侵害知识产权行为是否构成情节严重并适用惩罚性赔偿时,可以综合考量被诉侵权人是否以侵害知识产权为业、是否受到刑事或者行政处罚、是否构成重复侵权、诉讼中是否存在举证妨碍行为,以及侵权行为造成的损失或者侵权获利数额、侵权规模、侵权持续时间等因素。

2.行为人明知其行为构成侵权,已实际实施侵权行为且构成其主营业务的,可以认定为以侵害知识产权为业。对于以侵害知识产权为业,长期、大规模实施侵权行为的,可以依法从高乃至顶格适用惩罚性赔偿倍数确定损害赔偿数额。

【基本案情】

2000年6月6日,广州天某高新材料股份有限公司(以下简称广州天某公司)登记成立。2007年10月30日,九江天某高新材料有限公司(以下简称九江天某公司)登记成立,独资股东是广州天某公司。两天某公司为证明两者之间存在卡波技术的许可使用关系,提交了两份授权书。第一份授权书于2008年9月30日出具,记载:现将广州天某公司自主研发的卡波姆产品生产技术及知识产权授予九江天某公司无偿使用,授权期限为十年,从2008年10月1日至2018年9月30日止。在授权期间内,九江天某公司拥有该项技术的使用权,其权利包括但不限于:利用该技术生产、制造、销售产品,利用该技术改善其目前的产业流程,对该技术成果进行后续改进形成新的技术成果等。未经双方书面同意与确认,广州天某公司和九江天某公司不得将该项技术授予其他任何单位或个人使用。授权期满后,授予的使用权将归还广州天某公司所有。第二份授权书于2018年9月15日出具,授权期限自2018年10月1日至2028年9月30日,授权内容同第一份授权书。本案案涉产品即为卡波,也称卡波姆(Carbomer),中文别名聚丙烯酸、羧基乙烯共聚物,中和后的卡波是优秀的凝胶基质,广泛应用于乳液、膏霜、凝胶中。

2011年8月29日,安徽纽某精细化工有限公司(以下简称安徽纽某公司)登记成立,成立时法定代表人是刘某,刘某出资比例为70%,后法定代表人变更为吴某成。

华某于2004年3月30日入职广州天某公司,2013年11月8日离职。2007年12月30日至离职,华某先后与广州天某公司签订《劳动合同》及《商业保密、竞业限制协议》《员工手册》《专项培训协议》等文件,就商业秘密的保密义务、竞业限制等方面进行了约定。朱某良、胡某春曾就职于广州天某公司,在职期间均与广州天某公司签订了《劳动合同》《商业保密、竞业限制协议》《商业技术保密协议》等。2012年至2013年期间,华某利用其卡波产品研发负责人的身份,以撰写论文为由向九江天某公司的生产车间主任李某某索取了卡波生产工艺技术的反应釜和干燥机设备图纸,还违反广州天某公司管理制度,多次从其在广州天某公司的办公电脑里将卡波生产项目工艺设备的资料拷贝到外部存储介质中。华某非法获取两天某公司卡波生产技术中的生产工艺资料后,先后通过U盘拷贝或电子邮件发送的方式将两天某公司的卡波生产工艺原版图纸、文件发送给刘某、朱某良、胡某春等人,并且华某、刘某、朱某良、胡某春对两天某公司卡波生产工艺技术的原版图纸进行了使用探讨。在此过程中,胡某春与朱某良均提出是否会侵犯九江天某公司的相关权利,华某则要求胡某春根据两天某公司卡波生产工艺技术的原版图设计安徽纽某公司的生产工艺,并交代胡某春设计时不要与两天某公司做得一模一样等。于是胡某春按照华某的要求对广州天某公司卡波工艺设计图进行修改,最后将修改后的图纸委托山东某工程设计有限公司合肥分院作出设计,委托江苏某机械有限公司制造反应釜,并向与两天某公司有合作关系的上海某粉体机械制造公司订购与两天某公司一样的粉碎机械设备,再委托江苏无锡某搅拌设备有限公司根据江苏某机械有限公司的技术方案设计总装图,进而按照总装图生产搅拌器。

至迟自2014年起，安徽纽某公司利用华某从两天某公司非法获取的卡波生产工艺、设备技术生产卡波产品，并向国内外公司销售，销售范围多达二十余个国家和地区。生产卡波产品为安徽纽某公司的主要经营业务，无证据证明其还生产其他产品。2018年1月，安徽纽某公司原法定代表人刘某等因侵犯商业秘密罪被追究刑事责任，在相关刑事判决已经认定华某、刘某等实施了侵犯权利人技术秘密行为的情况下，安徽纽某公司仍未停止侵权。依据相关证据，安徽纽某公司自2014年起，直至2019年8月，始终持续销售卡波产品。

广州天某公司、九江天某公司于2017年以安徽纽某公司、华某、刘某、胡某春、朱某良等侵害其卡波技术秘密为由诉至法院，请求判令各被告停止侵权、赔偿损失、赔礼道歉。

【裁判结果】

广州知识产权法院于2019年7月19日作出（2017）粤73民初2163号民事判决：一、华某、刘某、胡某春、朱某良、安徽纽某公司于本判决生效之日起立即停止侵害广州天某公司、九江天某公司涉案技术秘密，并销毁记载涉案技术秘密的工艺资料。二、安徽纽某公司于本判决生效之日起十日内赔偿广州天某公司、九江天某公司经济损失3000万元及合理开支40万元，华某、刘某、胡某春、朱某良对前述赔偿数额分别在500万元、500万元、100万元、100万元范围内承担连带责任。三、驳回广州天某公司、九江天某公司其他诉讼请求。一审宣判后，广州天某公司、九江天某公司、安徽纽某公司、华某、刘某向最高人民法院提起上诉。

最高人民法院于2020年11月24日作出（2019）最高法知民终562号民事判决：一、维持广州知识产权法院（2017）粤73民初2163号民事判决第一项、第三项。二、变更广州知识产权法院（2017）粤73民初2163号民事判决第二项为：安徽纽某公司于本判决生效之日起十日内赔偿广州天某公司、九江天某公司经济损失3000万元及合理开支40万元，华某、刘某、胡某春、朱某良对前述赔偿数额分别在500万元、3000万元、100万元、100万元范围内承担连带责任。三、驳回广州天某公司、九江天某公司的其他上诉请求。四、驳回华某、刘某、安徽纽某公司的上诉请求。二审宣判后，安徽纽某公司、华某、刘某向最高人民法院提起再审申请。

最高人民法院于2021年10月12日作出（2021）最高法民申4025号民事裁定：驳回华某、刘某、安徽纽某公司的再审申请。

【裁判理由】

最高人民法院认为:《中华人民共和国反不正当竞争法》(以下简称反不正当竞争法)第十七条第三款规定,因不正当竞争行为受到损害的经营者的赔偿数额,按照其因被侵权所受到的实际损失确定;实际损失难以计算的,按照侵权人因侵权所获得的利益确定。经营者恶意实施侵犯商业秘密行为,情节严重的,可以按照上述方法确定数额的一倍以上五倍以下确定赔偿数额。赔偿数额还应当包括经营者为制止侵权行为所支付的合理开支。

本案中,两天某公司的实际损失无法查清,故根据已查明的安徽纽某公司的部分销售情况进行计算得出其侵权获利。安徽纽某公司生产的卡波产品,其工艺、流程和部分设备侵害了两天某公司的涉案技术秘密,但其卡波配方并未被认定侵害两天某公司的技术秘密。原审法院在确定侵权获利时未考虑涉案技术秘密在卡波生产中的作用,同时也未充分考虑除涉案技术秘密信息之外的其他生产要素在卡波产品生产过程中的作用,以安徽纽某公司自认的3700余万元销售额乘以精细化工行业毛利率32.26%,得到安徽纽某公司可以查实的部分侵权获利近1200万元。现综合考虑涉案被侵害技术秘密在卡波产品生产过程中所起的作用,酌情确定涉案技术秘密的贡献程度为50%,因此对于安徽纽某公司的侵权获利相应酌减取整数确定为600万元。关于利润率的选择,由于安徽纽某公司未根据法院要求提供原始会计凭证、账册、利润表,也未举证证明其卡波产品的利润率,应承担举证不利的法律后果,故按照广州天某公司年报公布的精细化工行业毛利率确定其产品利润率。

安徽纽某公司虽在二审阶段向法院提交营业执照等证据佐证其经营范围不止卡波产品的生产。但营业执照记载的经营范围系安徽纽某公司申请注册成立时的选择,其实际经营范围既可能大于也可能小于营业执照记载的经营范围。且根据已查明的事实,安徽纽某公司除卡波产品外,并没有生产其他产品,安徽纽某公司也未进一步举证证明其除卡波产品以外生产其他产品的事实。本案中,华某被诉披露技术秘密的侵权行为发生于2012年至2013年期间,安徽纽某公司利用华某从两天某公司非法获取的卡波生产工艺、设备技术生产卡波产品,并向国内外销售。此外,安徽纽某公司明确陈述其所生产的卡波产品均为相同设备所产。界定行为人是否以侵权为业,可从主客观两方面进行判断。就客观方面而言,行为人已实际实施侵害行为,并且系其公司的主营业务、构成主要利润来源;从主观方面看,行为人包括公司实际控制人及管理层等,明知其行为构成侵权而仍予以实施。本案中安徽纽某公司以及刘某等人的行为,即属此类情形。

反不正当竞争法第十七条第三款规定了判处惩罚性赔偿的条件以及惩罚性赔偿的倍数范围。可见,若经营者存在恶意侵害他人商业秘密的行为且情节严重的,权利人可请求侵权人承担赔偿金额相应倍数的惩罚性赔偿。因此,本案应在判断安徽纽某公司是否存在恶意侵权、情节是否严重的基础上确定是否适用惩罚性赔偿。根据本案业已查明的事实,安徽纽某公司自成立以来,便以生产卡波产品为经营业务,其虽辩称也生产其他产品,但并未提交证据加以佐证,且其所生产的卡波产品名称虽有差别,但均由同一套设备加工完成。此外,当其前法定代表人刘某因侵犯商业秘密罪被追究刑事责任,被认定实施了侵犯权利人技术秘密行为后,安徽纽某公司仍未停止生产,销售范围多至二十余个国家和地区,同时在本案原审阶段无正当理由拒不提供相关会计账册和原始凭证,构成举证妨碍,足见其侵权主观故意之深重、侵权情节之严重。鉴于本案被诉侵权行为跨越反不正当竞争法修改施行的2019年4月23日前后,安徽纽某公司拒绝提供财务账册等资料构成举证妨碍,所认定的侵权获利系基于安徽纽某公司自认的销售额确定,仅系其部分侵权获利;侵权人在本案中并未提交证据证明其法律修改前后的具体获利情况,导致无法以2019年4月23日为界进行分段计算;现有证据显示安徽纽某公司在一审判决之后并未停止侵权行为,其行为具有连续性,其侵权规模巨大、持续时间长。鉴于此,导致依据在案证据客观上难以分段计算赔偿数额。反不正当竞争法设立惩罚性赔偿制度的初衷在于强化法律威慑力,打击恶意严重侵权行为,威慑、阻吓未来或潜在侵权人,有效保护创新活动,对长期恶意从事侵权活动应从重处理,故本案可以依据所认定的安徽纽某公司侵权获利从高确定本案损害赔偿数额。

第一百八十条 【不可抗力】因不可抗力不能履行民事义务的,不承担民事责任。法律另有规定的,依照其规定。

不可抗力是不能预见、不能避免且不能克服的客观情况。

相关法律条文

1.《民法典》(2021年1月1日起施行)

第五百六十三条 有下列情形之一的,当事人可以解除合同:

(一)因不可抗力致使不能实现合同目的;

(二)在履行期限届满前,当事人一方明确表示或者以自己的行为表明不履行主要债务;

(三)当事人一方迟延履行主要债务,经催告后在合理期限内仍未履行;

(四)当事人一方迟延履行债务或者有其他违约行为致使不能实现合同目的;

(五)法律规定的其他情形。

以持续履行的债务为内容的不定期合同,当事人可以随时解除合同,但是应当在合理期限之前通知对方。

第五百九十条 当事人一方因不可抗力不能履行合同的,根据不可抗力的影响,部分或者全部免除责任,但是法律另有规定的除外。因不可抗力不能履行合同的,应当及时通知对方,以减轻可能给对方造成的损失,并应当在合理期限内提供证明。

当事人迟延履行后发生不可抗力的,不免除其违约责任。

第八百三十二条 承运人对运输过程中货物的毁损、灭失承担赔偿责任。但是,承运人证明货物的毁损、灭失是因不可抗力、货物本身的自然性质或者合理损耗以及托运人、收货人的过错造成的,不承担赔偿责任。

第八百三十五条 货物在运输过程中因不可抗力灭失,未收取运费的,承运人不得请求支付运费;已经收取运费的,托运人可以请求返还。法律另有规定的,依照其规定。

第一千二百三十九条 占有或者使用易燃、易爆、剧毒、高放射性、强腐蚀性、高致病性等高度危险物造成他人损害的,占有人或者使用人应当承担侵权责任;但是,能够证明损害是因受害人故意或者不可抗力造成的,不承担责任。被侵权人对损害的发生有重大过失的,可以减轻占有人或者使用人的责任。

第一千二百四十条 从事高空、高压、地下挖掘活动或者使用高速轨道运输工具造成他人损害的,经营者应当承担侵权责任;但是,能够证明损害是因受害人故意或者不可抗力造成的,不承担责任。被侵权人对损害的发生有重大过失的,可以减轻经营者的责任。

2.《水污染防治法》(2017 年 6 月 27 日修正)

第九十六条　因水污染受到损害的当事人,有权要求排污方排除危害和赔偿损失。

由于不可抗力造成水污染损害的,排污方不承担赔偿责任;法律另有规定的除外。

水污染损害是由受害人故意造成的,排污方不承担赔偿责任。水污染损害是由受害人重大过失造成的,可以减轻排污方的赔偿责任。

水污染损害是由第三人造成的,排污方承担赔偿责任后,有权向第三人追偿。

3.《旅游法》(2018 年 10 月 26 日修正)

第六十七条　因不可抗力或者旅行社、履行辅助人已尽合理注意义务仍不能避免的事件,影响旅游行程的,按照下列情形处理:

(一)合同不能继续履行的,旅行社和旅游者均可以解除合同。合同不能完全履行的,旅行社经向旅游者作出说明,可以在合理范围内变更合同;旅游者不同意变更的,可以解除合同。

(二)合同解除的,组团社应当在扣除已向地接社或者履行辅助人支付且不可退还的费用后,将余款退还旅游者;合同变更的,因此增加的费用由旅游者承担,减少的费用退还旅游者。

(三)危及旅游者人身、财产安全的,旅行社应当采取相应的安全措施,因此支出的费用,由旅行社与旅游者分担。

(四)造成旅游者滞留的,旅行社应当采取相应的安置措施。因此增加的食宿费用,由旅游者承担;增加的返程费用,由旅行社与旅游者分担。

第七十五条　住宿经营者应当按照旅游服务合同的约定为团队旅游者提供住宿服务。住宿经营者未能按照旅游服务合同提供服务的,应当为旅游者提供不低于原定标准的住宿服务,因此增加的费用由住宿经营者承担;但由于不可抗力、政府因公共利益需要采取措施造成不能提供服务的,住宿经营者应当协助安排旅游者住宿。

4.《慈善法》(2023 年 12 月 29 日修正)

第一百零六条　慈善服务过程中,因慈善组织或者志愿者过错造成受益人、第三人损害的,慈善组织依法承担赔偿责任;损害是由志愿者故意或者重大过失造成的,慈善组织可以向其追偿。

志愿者在参与慈善服务过程中,因慈善组织过错受到损害的,慈善组织依法承担赔偿责任;损害是由不可抗力造成的,慈善组织应当给予适当补偿。

5.《电力法》(2018年12月29日修正)

第六十条 因电力运行事故给用户或者第三人造成损害的,电力企业应当依法承担赔偿责任。

电力运行事故由下列原因之一造成的,电力企业不承担赔偿责任:

(一)不可抗力;

(二)用户自身的过错。

因用户或者第三人的过错给电力企业或者其他用户造成损害的,该用户或者第三人应当依法承担赔偿责任。

6.《招标投标法》(2017年12月27日修正)

第六十条 中标人不履行与招标人订立的合同的,履约保证金不予退还,给招标人造成的损失超过履约保证金数额的,还应当对超过部分予以赔偿;没有提交履约保证金的,应当对招标人的损失承担赔偿责任。

中标人不按照与招标人订立的合同履行义务,情节严重的,取消其二年至五年内参加依法必须进行招标的项目的投标资格并予以公告,直至由工商行政管理机关吊销营业执照。

因不可抗力不能履行合同的,不适用前两款规定。

7.《铁路法》(2015年4月24日修正)

第十八条 由于下列原因造成的货物、包裹、行李损失的,铁路运输企业不承担赔偿责任:

(一)不可抗力。

(二)货物或者包裹、行李中的物品本身的自然属性,或者合理损耗。

(三)托运人、收货人或者旅客的过错。

第五十八条 因铁路行车事故及其他铁路运营事故造成人身伤亡的,铁路运输企业应当承担赔偿责任;如果人身伤亡是因不可抗力或者由于受害人自身的原因造成的,铁路运输企业不承担赔偿责任。

违章通过平交道口或者人行过道,或者在铁路线路上行走、坐卧造成的人身伤亡,属于受害人自身的原因造成的人员伤亡。

第一百八十一条　【正当防卫】因正当防卫造成损害的，不承担民事责任。

正当防卫超过必要的限度，造成不应有的损害的，正当防卫人应当承担适当的民事责任。

相关司法解释规定

1.《最高人民法院关于适用〈中华人民共和国民法典〉总则编若干问题的解释》（法释〔2022〕6号）

第三十条　为了使国家利益、社会公共利益、本人或者他人的人身权利、财产权利以及其他合法权益免受正在进行的不法侵害，而针对实施侵害行为的人采取的制止不法侵害的行为，应当认定为民法典第一百八十一条规定的正当防卫。

2.《最高人民法院印发〈关于深入推进社会主义核心价值观融入裁判文书释法说理的指导意见〉的通知》（法〔2021〕21号）

四、下列案件的裁判文书，应当强化运用社会主义核心价值观释法说理：

（一）涉及国家利益、重大公共利益，社会广泛关注的案件；

（二）涉及疫情防控、抢险救灾、英烈保护、见义勇为、正当防卫、紧急避险、助人为乐等，可能引发社会道德评价的案件；

（三）涉及老年人、妇女、儿童、残疾人等弱势群体以及特殊群体保护，诉讼各方存在较大争议且可能引发社会广泛关注的案件；

（四）涉及公序良俗、风俗习惯、权利平等、民族宗教等，诉讼各方存在较大争议且可能引发社会广泛关注的案件；

（五）涉及新情况、新问题，需要对法律规定、司法政策等进行深入阐释，引领社会风尚、树立价值导向的案件；

（六）其他应当强化运用社会主义核心价值观释法说理的案件。

第一百八十二条　【紧急避险】因紧急避险造成损害的，由引起险情发生的人承担民事责任。

危险由自然原因引起的，紧急避险人不承担民事责任，可以给予适当补偿。

紧急避险采取措施不当或者超过必要的限度，造成不应有的损害的，紧急避险人应当承担适当的民事责任。

一、相关司法解释规定

《最高人民法院关于适用〈中华人民共和国民法典〉总则编若干问题的解释》(法释〔2022〕6号)

第三十二条 为了使国家利益、社会公共利益、本人或者他人的人身权利、财产权利以及其他合法权益免受正在发生的急迫危险,不得已而采取紧急措施的,应当认定为民法典第一百八十二条规定的紧急避险。

第三十三条 对于紧急避险是否采取措施不当或者超过必要的限度,人民法院应当综合危险的性质、急迫程度、避险行为所保护的权益以及造成的损害后果等因素判断。

二、相关行政法规条文

《海洋倾废管理条例》(2017年3月1日修订)

第十五条 倾倒废弃物的船舶、航空器、平台和其他载运工具,凡属《中华人民共和国海洋环境保护法》第八十九条、第九十一条规定的情形,可免于承担赔偿责任。

为紧急避险或救助人命,未按许可证规定的条件和区域进行倾倒时,应尽力避免或减轻因倾倒而造成的污染损害,并在事后尽快向主管部门报告。倾倒单位和紧急避险或救助人命的受益者,应对由此所造成的污染损害进行补偿。

由于第三者的过失造成污染损害的,倾倒单位应向主管部门提出确凿证据,经主管部门确认后责令第三者承担赔偿责任。

在海上航行和作业的船舶、航空器、平台和其他载运工具,因不可抗拒的原因而弃置时,其所有人应向主管部门和就近的港务监督报告,并尽快打捞清理。

第一百八十三条 【因保护他人民事权益使自己受损时的责任承担】 因保护他人民事权益使自己受到损害的,由侵权人承担民事责任,受益人可以给予适当补偿。没有侵权人、侵权人逃逸或者无力承担民事责任,受害人请求补偿的,受益人应当给予适当补偿。

一、相关司法解释规定

1.《最高人民法院关于适用〈中华人民共和国民法典〉总则编若干问题的解释》(法释〔2022〕6号)

第三十四条　因保护他人民事权益使自己受到损害,受害人依据民法典第一百八十三条的规定请求受益人适当补偿的,人民法院可以根据受害人所受损失和已获赔偿的情况、受益人受益的多少及其经济条件等因素确定受益人承担的补偿数额。

2.《最高人民法院关于人民法院办理财产保全案件若干问题的规定》(法释〔2016〕22号)(2020年12月23日修正)

第九条　当事人在诉讼中申请财产保全,有下列情形之一的,人民法院可以不要求提供担保:

(一)追索赡养费、扶养费、抚育费、抚恤金、医疗费用、劳动报酬、工伤赔偿、交通事故人身损害赔偿的;

(二)婚姻家庭纠纷案件中遭遇家庭暴力且经济困难的;

(三)人民检察院提起的公益诉讼涉及损害赔偿的;

(四)因见义勇为遭受侵害请求损害赔偿的;

(五)案件事实清楚、权利义务关系明确,发生保全错误可能性较小的;

(六)申请保全人为商业银行、保险公司等由金融监管部门批准设立的具有独立偿付债务能力的金融机构及其分支机构的。

法律文书生效后,进入执行程序前,债权人申请财产保全的,人民法院可以不要求提供担保。

二、相关指导性案例

指导案例98号:张庆福、张殿凯诉朱振彪生命权纠纷案(最高人民法院审判委员会讨论通过　2018年12月19日发布)

【关键词】民事　生命权　见义勇为

【裁判要点】

行为人非因法定职责、法定义务或约定义务,为保护国家、社会公共利益或者他人的人身、财产安全,实施阻止不法侵害者逃逸的行为,人民法院可以认定为见义勇为。

【基本案情】

原告张庆福、张殿凯诉称:2017年1月9日,被告朱振彪驾驶奥迪小轿车追赶骑摩托车的张永焕。后张永焕弃车在前面跑,被告朱振彪也下车在后面继续追赶,最终导致张永焕在迁曹线90公里495米处(滦南路段)撞上火车身亡。朱振彪在追赶过程中散布和传递了张永焕撞死人的失实信息;在张永焕用语言表示自杀并撞车实施自杀行为后,朱振彪仍然追赶,超过了必要限度;追赶过程中,朱振彪手持木凳、木棍,对张永焕的生命造成了威胁,并数次谩骂张永焕,对张永焕的死亡存在主观故意和明显过错,对张永焕死亡应承担赔偿责任。

被告朱振彪辩称:被告追赶交通肇事逃逸者张永焕的行为属于见义勇为行为,主观上无过错,客观上不具有违法性,该行为与张永焕死亡结果之间不存在因果关系,对张永焕的意外死亡不承担侵权责任。

法院经审理查明:2017年1月9日上午11时许,张永焕由南向北驾驶两轮摩托车行驶至古柳线青坨鹏盛水产门口,与张雨来无证驾驶同方向行驶的无牌照两轮摩托车追尾相撞,张永焕跌倒、张雨来倒地受伤、摩托车受损,后张永焕起身驾驶摩托车驶离现场。此事故经曹妃甸交警部门认定:张永焕负主要责任,张雨来负次要责任。

事发当时,被告朱振彪驾车经过肇事现场,发现肇事逃逸行为即驾车追赶。追赶过程中,朱振彪多次向柳赞边防派出所、曹妃甸公安局110指挥中心等公安部门电话报警。报警内容主要是:柳赞镇一道档北两辆摩托车相撞,有人受伤,另一方骑摩托车逃逸,报警人正在跟随逃逸人,请出警。朱振彪驾车追赶张永焕过程中不时喊"这个人把人怼了逃跑呢"等内容。张永焕驾驶摩托车行至滦南县胡各庄镇西梁各庄村内时,弃车从南门进入该村村民郑如深家,并从郑如深家过道屋拿走菜刀一把,从北门走出。朱振彪见张永焕拿刀,即从郑如深家中拿起一个木凳,继续追赶。后郑如深赶上朱振彪,将木凳讨回,朱振彪则拿一木棍继续追赶。追赶过程中,有朱振彪喊"你怼死人了往哪跑!警察马上就来了",张永焕称"一会儿我就把自己砍了",朱振彪说"你把刀扔了我就不追你了"之类的对话。

走出西梁各庄村后,张永焕跑上滦海公路,有向过往车辆冲撞的行为。在被李江波驾驶的面包车撞倒后,张永焕随即又站起来,在路上行走一段后,转向铁路方向的开阔地跑去。在此过程中,曹妃甸区交通局路政执法大队副大队长郑作亮等人加入,与朱振彪一起继续追赶,并警告路上车辆,小心慢行,这个人想往车上撞。

张永焕走到迁曹铁路时,翻过护栏,沿路堑而行,朱振彪亦翻过护栏继续跟随。朱振彪边追赶边劝阻张永焕说：被撞到的那个人没事儿，你也有家人，知道了会惦记你的，你自首就中了。2017年1月9日11时56分，张永焕自行走向两铁轨中间，51618次火车机车上的视频显示，朱振彪挥动上衣，向驶来的列车示警。2017年1月9日12时02分，张永焕被由北向南行驶的51618次火车撞倒，后经检查被确认死亡。

在朱振彪跟随张永焕的整个过程中，两人始终保持一定的距离，未曾有过身体接触。朱振彪有劝张永焕投案的语言，也有责骂张永焕的言辞。

另查明，张雨来在与张永焕发生交通事故受伤后，当日先后被送到曹妃甸区医院、唐山市工人医院救治，于当日回家休养，至今未进行伤情鉴定。张永焕死亡后其第一顺序法定继承人有二人，即其父张庆福、其子张殿凯。

2017年10月11日，大秦铁路股份有限公司大秦车务段滦南站作为甲方，与原告张殿凯作为乙方，双方签订《铁路交通事故处理协议》，协议内容"2017年1月9日12时02分，51618次列车运行在曹北站至滦南站之间90公里495处，将擅自进入铁路线路的张永焕撞死，构成一般B类事故；死者张永焕负事故全部责任；铁路方在无过错情况下，赔偿原告张殿凯4万元"。

【裁判结果】

河北省滦南县人民法院于2018年2月12日作出(2017)冀0224民初3480号民事判决：驳回原告张庆福、张殿凯的诉讼请求。一审宣判后，原告张庆福、张殿凯不服，提出上诉。审理过程中，上诉人张庆福、张殿凯撤回上诉。河北省唐山市中级人民法院于2018年2月28日作出(2018)冀02民终2730号民事裁定：准许上诉人张庆福、张殿凯撤回上诉。一审判决已发生法律效力。

【裁判理由】

法院生效裁判认为：张庆福、张殿凯在本案二审审理期间提出撤回上诉的请求，不违反法律规定，准许撤回上诉。

本案焦点问题是被告朱振彪行为是否具有违法性；被告朱振彪对张永焕的死亡是否具有过错；被告朱振彪的行为与张永焕的死亡结果之间是否具备法律上的因果关系。

首先，案涉道路交通事故发生后张雨来受伤倒地昏迷，张永焕驾驶摩托车逃离。被告朱振彪作为现场目击人,及时向公安机关电话报警,并驱车、徒步追赶张永焕,敦促其投案,其行为本身不具有违法性。同时,根据《中华人民共和国道路交通安全法》第七十条规定,交通肇事发生后,车辆驾驶人应当立即停车、保护现场、抢救伤者,张永焕肇事逃逸的行为违法。被告朱振彪作为普通公民,挺身而出,制止正在发生的违法犯罪行为,属于见义勇为,应予以支持和鼓励。

其次,从被告朱振彪的行为过程看,其并没有侵害张永焕生命权的故意和过失。根据被告朱振彪的手机视频和机车行驶影像记录,双方始终未发生身体接触。在张永焕持刀声称自杀意图阻止他人追赶的情况下,朱振彪拿起木凳、木棍属于自我保护的行为。在张永焕声称撞车自杀,意图阻止他人追赶的情况下,朱振彪和路政人员进行了劝阻并提醒来往车辆。考虑到交通事故事发突然,当时张雨来处于倒地昏迷状态,在此情况下被告朱振彪未能准确判断张雨来伤情,在追赶过程中有时喊话传递的信息不准确或语言不文明,但不构成民事侵权责任过错,也不影响追赶行为的性质。在张永焕为逃避追赶,跨越铁路围栏、进入火车运行区间之后,被告朱振彪及时予以高声劝阻提醒,同时挥衣向火车司机示警,仍未能阻止张永焕死亡结果的发生。故该结果与朱振彪的追赶行为之间不具有法律上的因果关系。

综上,原告张庆福、张殿凯一审中提出的诉讼请求理据不足,不予支持。

第一百八十四条 【自愿实施紧急救助行为】因自愿实施紧急救助行为造成受助人损害的,救助人不承担民事责任。

第一百八十五条 【侵害英烈人格权的民事责任】侵害英雄烈士等的姓名、肖像、名誉、荣誉,损害社会公共利益的,应当承担民事责任。

一、相关法律条文

1.《英雄烈士保护法》(2018年5月1日起施行)

第二十二条 禁止歪曲、丑化、亵渎、否定英雄烈士事迹和精神。

英雄烈士的姓名、肖像、名誉、荣誉受法律保护。任何组织和个人不得在公共场所、互联网或者利用广播电视、电影、出版物等,以侮辱、诽谤或者其他方式侵害英雄烈士的姓名、肖像、名誉、荣誉。任何组织和个人不得将英雄烈士的姓名、肖像用于或者变相用于商标、商业广告，损害英雄烈士的名誉、荣誉。

公安、文化、新闻出版、广播电视、电影、网信、市场监督管理、负责英雄烈士保护工作的部门发现前款规定行为的，应当依法及时处理。

第二十三条　网信和电信、公安等有关部门在对网络信息进行依法监督管理工作中，发现发布或者传输以侮辱、诽谤或者其他方式侵害英雄烈士的姓名、肖像、名誉、荣誉的信息的，应当要求网络运营者停止传输，采取消除等处置措施和其他必要措施；对来源于中华人民共和国境外的上述信息，应当通知有关机构采取技术措施和其他必要措施阻断传播。

网络运营者发现其用户发布前款规定的信息的，应当立即停止传输该信息，采取消除等处置措施，防止信息扩散，保存有关记录，并向有关主管部门报告。网络运营者未采取停止传输、消除等处置措施的，依照《中华人民共和国网络安全法》的规定处罚

第二十四条　任何组织和个人有权对侵害英雄烈士合法权益和其他违反本法规定的行为，向负责英雄烈士保护工作的部门、网信、公安等有关部门举报，接到举报的部门应当依法及时处理。

第二十五条　对侵害英雄烈士的姓名、肖像、名誉、荣誉的行为，英雄烈士的近亲属可以依法向人民法院提起诉讼。

英雄烈士没有近亲属或者近亲属不提起诉讼的，检察机关依法对侵害英雄烈士的姓名、肖像、名誉、荣誉，损害社会公共利益的行为向人民法院提起诉讼。

负责英雄烈士保护工作的部门和其他有关部门在履行职责过程中发现第一款规定的行为，需要检察机关提起诉讼的，应当向检察机关报告。

英雄烈士近亲属依照第一款规定提起诉讼的，法律援助机构应当依法提供法律援助服务。

第二十六条　以侮辱、诽谤或者其他方式侵害英雄烈士的姓名、肖像、名誉、荣誉，损害社会公共利益的，依法承担民事责任；构成违反治安管理行为的，由公安机关依法给予治安管理处罚；构成犯罪的，依法追究刑事责任。

2.《刑法》(2023 年 12 月 29 日修正)

第二百九十九条之一 侮辱、诽谤或者以其他方式侵害英雄烈士的名誉、荣誉,损害社会公共利益,情节严重的,处三年以下有期徒刑、拘役、管制或者剥夺政治权利。

二、相关司法解释规定

1.《最高人民法院、最高人民检察院关于检察公益诉讼案件适用法律若干问题的解释》(法释〔2018〕6 号)(2020 年 12 月 28 日修正)

第十三条 人民检察院在履行职责中发现破坏生态环境和资源保护,食品药品安全领域侵害众多消费者合法权益,侵害英雄烈士等的姓名、肖像、名誉、荣誉等损害社会公共利益的行为,拟提起公益诉讼的,应当依法公告,公告期间为三十日。

公告期满,法律规定的机关和有关组织、英雄烈士等的近亲属不提起诉讼的,人民检察院可以向人民法院提起诉讼。

人民检察院办理侵害英雄烈士等的姓名、肖像、名誉、荣誉的民事公益诉讼案件,也可以直接征询英雄烈士等的近亲属的意见。

第二十条 人民检察院对破坏生态环境和资源保护,食品药品安全领域侵害众多消费者合法权益,侵害英雄烈士等的姓名、肖像、名誉、荣誉等损害社会公共利益的犯罪行为提起刑事公诉时,可以向人民法院一并提起附带民事公益诉讼,由人民法院同一审判组织审理。

人民检察院提起的刑事附带民事公益诉讼案件由审理刑事案件的人民法院管辖。

2.《最高人民法院关于适用〈中华人民共和国民法典〉时间效力的若干规定》(法释〔2020〕15 号)

第六条 《中华人民共和国民法总则》施行前,侵害英雄烈士等的姓名、肖像、名誉、荣誉,损害社会公共利益引起的民事纠纷案件,适用民法典第一百八十五条的规定。

三、相关指导性案例

指导案例 99 号:葛长生诉洪振快名誉权、荣誉权纠纷案(最高人民法院审判委员会讨论通过 2018 年 12 月 19 日发布)

【关键词】民事 名誉权 荣誉权 英雄烈士 社会公共利益

【裁判要点】

1. 对侵害英雄烈士名誉、荣誉等行为，英雄烈士的近亲属依法向人民法院提起诉讼的，人民法院应予受理。

2. 英雄烈士事迹和精神是中华民族的共同历史记忆和社会主义核心价值观的重要体现，英雄烈士的名誉、荣誉等受法律保护。人民法院审理侵害英雄烈士名誉、荣誉等案件，不仅要依法保护相关个人权益，还应发挥司法彰显公共价值功能，维护社会公共利益。

3. 任何组织和个人以细节考据、观点争鸣等名义对英雄烈士的事迹和精神进行污蔑和贬损，属于歪曲、丑化、亵渎、否定英雄烈士事迹和精神的行为，应当依法承担法律责任。

【基本案情】

原告葛长生诉称：洪振快发表的《小学课本〈狼牙山五壮士〉有多处不实》一文以及《"狼牙山五壮士"的细节分歧》一文，以历史细节考据、学术研究为幌子，以细节否定英雄，企图达到抹黑"狼牙山五壮士"英雄形象和名誉的目的，请求判令洪振快停止侵权、公开道歉、消除影响。

被告洪振快辩称：案涉文章是学术文章，没有侮辱性的言词，关于事实的表述有相应的根据，不是凭空捏造或者歪曲，不构成侮辱和诽谤，不构成名誉权的侵害，不同意葛长生的全部诉讼请求。

法院经审理查明：1941 年 9 月 25 日，在易县狼牙山发生了著名的狼牙山战斗。在这场战斗中，"狼牙山五壮士"英勇抗敌的基本事实和舍生取义的伟大精神，赢得了全中国人民的高度认同和广泛赞扬。新中国成立后，五壮士的事迹被编入义务教育教科书，五壮士被人民视为当代中华民族抗击外敌入侵的民族英雄。

2013 年 9 月 9 日，时任《炎黄春秋》杂志社执行主编的洪振快在财经网发表《小学课本〈狼牙山五壮士〉有多处不实》一文。文中写道：据《南方都市报》2013 年 8 月 31 日报道，广州越秀警方于 8 月 29 日晚间将一位在新浪微博上"污蔑狼牙山五壮士"的网民抓获，以虚构信息、散布谣言为由予以行政拘留 7 日。所谓"污蔑狼牙山五壮士"的"谣言"原本就有。据媒体报道，该网友实际上是传播了 2011 年 12 月 14 日百度贴吧里一篇名为《狼牙山五壮士真相原来是这样!》的帖子的内容，该帖子说五壮士"5 个人中有 3 个是当场被打死的，后来清理战场把尸体丢下悬崖。另两个当场被活捉，只是后来不知道什么原因又从日本人手上逃了出来。”2013年第11期《炎黄春秋》杂志刊发洪振快撰写的《“狼牙山五壮士”的细节分歧》一文，亦发表于《炎黄春秋》杂志网站。该文分为“在何处跳崖”“跳崖是怎么跳的”“敌我双方战斗伤亡”“‘五壮士’是否拔了群众的萝卜”等部分。文章通过援引不同来源、不同内容、不同时期的报刊资料等，对“狼牙山五壮士”事迹中的细节提出质疑。

【裁判结果】

北京市西城区人民法院于2016年6月27日作出(2015)西民初字第27841号民事判决：一、被告洪振快立即停止侵害葛振林名誉、荣誉的行为；二、本判决生效后三日内，被告洪振快公开发布赔礼道歉公告，向原告葛长生赔礼道歉，消除影响。该公告须连续刊登五日，公告刊登媒体及内容需经本院审核，逾期不执行，本院将在相关媒体上刊登判决书的主要内容，所需费用由被告洪振快承担。一审宣判后，洪振快向北京市第二中级人民法院提起上诉，北京市第二中级人民法院于2016年8月15日作出(2016)京02民终6272号民事判决：驳回上诉，维持原判。

【裁判理由】

法院生效裁判认为：1941年9月25日，在易县狼牙山发生的狼牙山战斗，是被大量事实证明的著名战斗。在这场战斗中，“狼牙山五壮士”英勇抗敌的基本事实和舍生取义的伟大精神，赢得了全国人民高度认同和广泛赞扬，是五壮士获得“狼牙山五壮士”崇高名誉和荣誉的基础。“狼牙山五壮士”这一称号在全军、全国人民中已经赢得了普遍的公众认同，既是国家及公众对他们作为中华民族的优秀儿女在反抗侵略、保家卫国中作出巨大牺牲的褒奖，也是他们应当获得的个人名誉和个人荣誉。“狼牙山五壮士”是中国共产党领导的八路军在抵抗日本帝国主义侵略伟大斗争中涌现出来的英雄群体，是中国共产党领导的全民抗战并取得最终胜利的重要事件载体。“狼牙山五壮士”的事迹经由广泛传播，已成为激励无数中华儿女反抗侵略、英勇抗敌的精神动力之一；成为人民军队誓死捍卫国家利益、保障国家安全的军魂来源之一。在和平年代，“狼牙山五壮士”的精神，仍然是我国公众树立不畏艰辛、不怕困难、为国为民奋斗终身的精神指引。这些英雄烈士及其精神，已经获得全民族的广泛认同，是中华民族共同记忆的一部分，是中华民族精神的内核之一，也是社会主义核心价值观的重要内容。而民族的共同记忆、民族精神乃至社会主义核心价值观，无论是从我国的历史看，还是从现行法上看，都已经是社会公共利益的一部分。

案涉文章对于“狼牙山五壮士”在战斗中所表现出的英勇抗敌的事迹和舍生取义的精神这一基本事实，自始至终未作出正面评价。而是以考证“在何处跳崖”“跳崖是怎么跳的”“敌我双方战斗伤亡”以及“‘五壮士’是否拔了群众的萝卜”等细节为主要线索，通过援引不同时期的材料、相关当事者不同时期的言论，全然不考虑历史的变迁，各个材料所形成的时代背景以及各个材料的语境等因素。在无充分证据的情况下，案涉文章多处作出似是而非的推测、质疑乃至评价。因此，尽管案涉文章无明显侮辱性的语言，但通过强调与基本事实无关或者关联不大的细节，引导读者对“狼牙山五壮士”这一英雄烈士群体英勇抗敌事迹和舍生取义精神产生质疑，从而否定基本事实的真实性，进而降低他们的英勇形象和精神价值。洪振快的行为方式符合以贬损、丑化的方式损害他人名誉和荣誉权益的特征。

案涉文章通过刊物发行和网络传播，在全国范围内产生了较大影响，不仅损害了葛振林的个人名誉和荣誉，损害了葛长生的个人感情，也在一定范围和程度上伤害了社会公众的民族和历史情感。在我国，由于“狼牙山五壮士”的精神价值已经内化为民族精神和社会公共利益的一部分，因此，也损害了社会公共利益。洪振快作为具有一定研究能力和熟练使用互联网工具的人，应当认识到案涉文章的发表及其传播将会损害到“狼牙山五壮士”的名誉及荣誉，也会对其近亲属造成感情和精神上的伤害，更会损害到社会公共利益。在此情形下，洪振快有能力控制文章所可能产生的损害后果而未控制，仍以既有的状态发表，在主观上显然具有过错。

第一百八十六条 【违约责任与侵权责任竞合】因当事人一方的违约行为，损害对方人身权益、财产权益的，受损害方有权选择请求其承担违约责任或者侵权责任。

相关司法解释规定

1.《最高人民法院关于审理旅游纠纷案件适用法律若干问题的规定》（法释〔2010〕13号）（2020年12月23日修正）

第三条 因旅游经营者方面的同一原因造成旅游者人身损害、财产损失,旅游者选择请求旅游经营者承担违约责任或者侵权责任的,人民法院应当根据当事人选择的案由进行审理。

2.《最高人民法院关于审理利用信息网络侵害人身权益民事纠纷案件适用法律若干问题的规定》(法释〔2014〕11号)(2020年12月23日修正)

第五条 其发布的信息被采取删除、屏蔽、断开链接等措施的网络用户,主张网络服务提供者承担违约责任或者侵权责任,网络服务提供者以收到民法典第一千一百九十五条第一款规定的有效通知为由抗辩的,人民法院应予支持。

3.《最高人民法院关于审理著作权民事纠纷案件适用法律若干问题的解释》(法释〔2002〕31号)(2020年12月23日修正)

第二十三条 出版者将著作权人交付出版的作品丢失、毁损致使出版合同不能履行的,著作权人有权依据民法典第一百八十六条、第二百三十八条、第一千一百八十四条等规定要求出版者承担相应的民事责任。

第一百八十七条 【民事责任优先原则】民事主体因同一行为应当承担民事责任、行政责任和刑事责任的,承担行政责任或者刑事责任不影响承担民事责任;民事主体的财产不足以支付的,优先用于承担民事责任。

相关法律条文

1.《食品安全法》(2021年4月29日修正)

第一百四十七条 违反本法规定,造成人身、财产或者其他损害的,依法承担赔偿责任。生产经营者财产不足以同时承担民事赔偿责任和缴纳罚款、罚金时,先承担民事赔偿责任。

2.《产品质量法》(2018年12月29日修正)

第六十四条 违反本法规定,应当承担民事赔偿责任和缴纳罚款、罚金,其财产不足以同时支付时,先承担民事赔偿责任。

3.《公司法》(2023年12月29日修订)

第二百六十三条 公司违反本法规定,应当承担民事赔偿责任和缴纳罚款、罚金的,其财产不足以支付时,先承担民事赔偿责任。

4.《证券投资基金法》(2015年4月24日修正)

第一百五十条　违反本法规定，应当承担民事赔偿责任和缴纳罚款、罚金，其财产不足以同时支付时，先承担民事赔偿责任。

5.《消费者权益保护法》(2013年10月25日修正)

第五十八条　经营者违反本法规定，应当承担民事赔偿责任和缴纳罚款、罚金，其财产不足以同时支付的，先承担民事赔偿责任。

6.《合伙企业法》(2006年8月27日修订)

第一百零六条　违反本法规定，应当承担民事赔偿责任和缴纳罚款、罚金，其财产不足以同时支付的，先承担民事赔偿责任。

第九章　诉讼时效

第一百八十八条　【诉讼时效一般规定】向人民法院请求保护民事权利的诉讼时效期间为三年。法律另有规定的，依照其规定。

诉讼时效期间自权利人知道或者应当知道权利受到损害以及义务人之日起计算。法律另有规定的，依照其规定。但是，自权利受到损害之日起超过二十年的，人民法院不予保护，有特殊情况的，人民法院可以根据权利人的申请决定延长。

一、相关法律条文

1.《民法典》(2021年1月1日起施行)

第六百九十四条　一般保证的债权人在保证期间届满前对债务人提起诉讼或者申请仲裁的，从保证人拒绝承担保证责任的权利消灭之日起，开始计算保证债务的诉讼时效。

连带责任保证的债权人在保证期间届满前请求保证人承担保证责任的，从债权人请求保证人承担保证责任之日起，开始计算保证债务的诉讼时效。

2.《专利法》(2020年10月17日修正)

第七十四条　侵犯专利权的诉讼时效为三年，自专利权人或者利害关系人知道或者应当知道侵权行为以及侵权人之日起计算。

发明专利申请公布后至专利权授予前使用该发明未支付适当使用费的，专利权人要求支付使用费的诉讼时效为三年，自专利权人知道或者应当知道他人使用其发明之日起计算，但是，专利权人于专利权授予之日前即已知道或者应当知道的，自专利权授予之日起计算。

3.《民用航空法》(2021年4月29日修正)

第一百三十五条 航空运输的诉讼时效期间为二年，自民用航空器到达目的地点、应当到达目的地点或者运输终止之日起计算。

第一百七十一条 地面第三人损害赔偿的诉讼时效期间为二年，自损害发生之日起计算；但是，在任何情况下，时效期间不得超过自损害发生之日起三年。

4.《拍卖法》(2015年4月24日修正)

第六十一条 拍卖人、委托人违反本法第十八条第二款、第二十七条的规定，未说明拍卖标的的瑕疵，给买受人造成损害的，买受人有权向拍卖人要求赔偿；属于委托人责任的，拍卖人有权向委托人追偿。

拍卖人、委托人在拍卖前声明不能保证拍卖标的的真伪或者品质的，不承担瑕疵担保责任。

因拍卖标的存在瑕疵未声明的，请求赔偿的诉讼时效期间为一年，自当事人知道或者应当知道权利受到损害之日起计算。

因拍卖标的存在缺陷造成人身、财产损害请求赔偿的诉讼时效期间，适用《中华人民共和国产品质量法》和其他法律的有关规定。

5.《保险法》(2015年4月24日修正)

第二十六条 人寿保险以外的其他保险的被保险人或者受益人，向保险人请求赔偿或者给付保险金的诉讼时效期间为二年，自其知道或者应当知道保险事故发生之日起计算。

人寿保险的被保险人或者受益人向保险人请求给付保险金的诉讼时效期间为五年，自其知道或者应当知道保险事故发生之日起计算。

6.《产品质量法》(2018年12月29日修正)

第四十五条 因产品存在缺陷造成损害要求赔偿的诉讼时效期间为二年，自当事人知道或者应当知道其权益受到损害时起计算。

因产品存在缺陷造成损害要求赔偿的请求权，在造成损害的缺陷产品交付最初消费者满十年丧失；但是，尚未超过明示的安全使用期的除外。

7.《环境保护法》(2014年4月24日修订)

第六十六条　提起环境损害赔偿诉讼的时效期间为三年，从当事人知道或者应当知道其受到损害时起计算。

8.《票据法》(2004年8月28日修正)

第十七条　票据权利在下列期限内不行使而消灭：

(一)持票人对票据的出票人和承兑人的权利，自票据到期日起二年。见票即付的汇票、本票，自出票日起二年；

(二)持票人对支票出票人的权利，自出票日起六个月；

(三)持票人对前手的追索权，自被拒绝承兑或者被拒绝付款之日起六个月；

(四)持票人对前手的再追索权，自清偿日或者被提起诉讼之日起三个月。

票据的出票日、到期日由票据当事人依法确定。

第十八条　持票人因超过票据权利时效或者因票据记载事项欠缺而丧失票据权利的，仍享有民事权利，可以请求出票人或者承兑人返还其与未支付的票据金额相当的利益。

9.《涉外民事关系法律适用法》(2011年4月1日起施行)

第七条　诉讼时效，适用相关涉外民事关系应当适用的法律。

10.《民事诉讼法》(2023年9月1日修正)

第五十七条　诉讼标的是同一种类、当事人一方人数众多在起诉时人数尚未确定的，人民法院可以发出公告，说明案件情况和诉讼请求，通知权利人在一定期间向人民法院登记。

向人民法院登记的权利人可以推选代表人进行诉讼；推选不出代表人的，人民法院可以与参加登记的权利人商定代表人。

代表人的诉讼行为对其所代表的当事人发生效力，但代表人变更、放弃诉讼请求或者承认对方当事人的诉讼请求，进行和解，必须经被代表的当事人同意。

人民法院作出的判决、裁定，对参加登记的全体权利人发生效力。未参加登记的权利人在诉讼时效期间提起诉讼的，适用该判决、裁定。

第二百零四条　判决认定财产无主后，原财产所有人或者继承人出现，在民法典规定的诉讼时效期间可以对财产提出请求，人民法院审查属实后，应当作出新判决，撤销原判决。

第二百五十条 申请执行的期间为二年。申请执行时效的中止、中断,适用法律有关诉讼时效中止、中断的规定。

11.《海商法》(1993 年 7 月 1 日起施行)

第二百五十七条 就海上货物运输向承运人要求赔偿的请求权,时效期间为一年,自承运人交付或者应当交付货物之日起计算;在时效期间内或者时效期间届满后,被认定为负有责任的人向第三人提起追偿请求的,时效期间为九十日,自追偿请求人解决原赔偿请求之日起或者收到受理对其本人提起诉讼的法院的起诉状副本之日起计算。

有关航次租船合同的请求权,时效期间为二年,自知道或者应当知道权利被侵害之日起计算。

第二百五十八条 就海上旅客运输向承运人要求赔偿的请求权,时效期间为二年,分别依照下列规定计算:

(一)有关旅客人身伤害的请求权,自旅客离船或者应当离船之日起计算;

(二)有关旅客死亡的请求权,发生在运送期间的,自旅客应当离船之日起计算;因运送期间内的伤害而导致旅客离船后死亡的,自旅客死亡之日起计算,但是此期限自离船之日起不得超过三年;

(三)有关行李灭失或者损坏的请求权,自旅客离船或者应当离船之日起计算。

第二百五十九条 有关船舶租用合同的请求权,时效期间为二年,自知道或者应当知道权利被侵害之日起计算。

第二百六十条 有关海上拖航合同的请求权,时效期间为一年,自知道或者应当知道权利被侵害之日起计算。

第二百六十一条 有关船舶碰撞的请求权,时效期间为二年,自碰撞事故发生之日起计算;本法第一百六十九条第三款规定的追偿请求权,时效期间为一年,自当事人连带支付损害赔偿之日起计算。

第二百六十二条 有关海难救助的请求权,时效期间为二年,自救助作业终止之日起计算。

第二百六十三条 有关共同海损分摊的请求权,时效期间为一年,自理算结束之日起计算。

第二百六十四条 根据海上保险合同向保险人要求保险赔偿的请

求权，时效期间为二年，自保险事故发生之日起计算。

第二百六十五条　有关船舶发生油污损害的请求权，时效期间为三年，自损害发生之日起计算；但是，在任何情况下时效期间不得超过从造成损害的事故发生之日起六年。

第二百六十六条　在时效期间的最后六个月内，因不可抗力或者其他障碍不能行使请求权的，时效中止。自中止时效的原因消除之日起，时效期间继续计算。

第二百六十七条　时效因请求人提起诉讼、提交仲裁或者被请求人同意履行义务而中断。但是，请求人撤回起诉、撤回仲裁或者起诉被裁定驳回的，时效不中断。

请求人申请扣船的，时效自申请扣船之日起中断。

自中断时起，时效期间重新计算。

12.《国家赔偿法》(2012年10月26日修正)

第三十九条　赔偿请求人请求国家赔偿的时效为两年，自其知道或者应当知道国家机关及其工作人员行使职权时的行为侵犯其人身权、财产权之日起计算，但被羁押等限制人身自由期间不计算在内。在申请行政复议或者提起行政诉讼时一并提出赔偿请求的，适用行政复议法、行政诉讼法有关时效的规定。

赔偿请求人在赔偿请求时效的最后六个月内，因不可抗力或者其他障碍不能行使请求权的，时效中止。从中止时效的原因消除之日起，赔偿请求时效期间继续计算。

二、相关司法解释规定

1.《最高人民法院关于适用〈中华人民共和国民法典〉总则编若干问题的解释》(法释〔2022〕6号)

第三十五条　民法典第一百八十八条第一款规定的三年诉讼时效期间，可以适用民法典有关诉讼时效中止、中断的规定，不适用延长的规定。该条第二款规定的二十年期间不适用中止、中断的规定。

第三十六条　无民事行为能力人或者限制民事行为能力人的权利受到损害的，诉讼时效期间自其法定代理人知道或者应当知道权利受到损害以及义务人之日起计算，但是法律另有规定的除外。

第三十七条　无民事行为能力人、限制民事行为能力人的权利受到原法定代理人损害,且在取得、恢复完全民事行为能力或者在原法定代理终止并确定新的法定代理人后,相应民事主体才知道或者应当知道权利受到损害的,有关请求权诉讼时效期间的计算适用民法典第一百八十八条第二款、本解释第三十六条的规定。

2.《最高人民法院关于审理民事案件适用诉讼时效制度若干问题的规定》(法释〔2008〕11号)(2020年12月23日修正)

第四条 未约定履行期限的合同,依照民法典第五百一十条、第五百一十一条的规定,可以确定履行期限的,诉讼时效期间从履行期限届满之日起计算;不能确定履行期限的,诉讼时效期间从债权人要求债务人履行义务的宽限期届满之日起计算,但债务人在债权人第一次向其主张权利之时明确表示不履行义务的,诉讼时效期间从债务人明确表示不履行义务之日起计算。

第六条 返还不当得利请求权的诉讼时效期间,从当事人一方知道或者应当知道不当得利事实及对方当事人之日起计算。

第七条 管理人因无因管理行为产生的给付必要管理费用、赔偿损失请求权的诉讼时效期间,从无因管理行为结束并且管理人知道或者应当知道本人之日起计算。

本人因不当无因管理行为产生的赔偿损失请求权的诉讼时效期间,从其知道或者应当知道管理人及损害事实之日起计算。

3.《最高人民法院关于适用〈中华人民共和国民法典〉婚姻家庭编的解释(一)》(法释〔2020〕22号)

第八十四条 当事人依据民法典第一千零九十二条的规定向人民法院提起诉讼,请求再次分割夫妻共同财产的诉讼时效期间为三年,从当事人发现之日起计算。

4.《最高人民法院关于审理商标民事纠纷案件适用法律若干问题的解释》(法释〔2002〕32号)(2020年12月23日修正)

第十八条 侵犯注册商标专用权的诉讼时效为三年,自商标注册人或者利害权利人知道或者应当知道权利受到损害以及义务人之日起计算。商标注册人或者利害关系人超过三年起诉的,如果侵权行为在起诉时仍在持续,在该注册商标专用权有效期限内,人民法院应当判决被告停止侵权行为,侵权损害赔偿数额应当自权利人向人民法院起诉之日起向前推算三年计算。

5.《最高人民法院关于审理专利纠纷案件适用法律问题的若干规定》(法释〔2001〕21号)(2020年12月23日修正)

第十七条　侵犯专利权的诉讼时效为三年,自专利权人或者利害关系人知道或者应当知道权利受到损害以及义务人之日起计算。权利人超过三年起诉的,如果侵权行为在起诉时仍在继续,在该项专利权有效期内,人民法院应当判决被告停止侵权行为,侵权损害赔偿数额应当自权利人向人民法院起诉之日起向前推算三年计算。

6.《最高人民法院关于审理侵犯专利权纠纷案件应用法律若干问题的解释(二)》(法释〔2016〕1号)(2020年12月23日修正)

第二条　权利人在专利侵权诉讼中主张的权利要求被国务院专利行政部门宣告无效的,审理侵犯专利权纠纷案件的人民法院可以裁定驳回权利人基于该无效权利要求的起诉。

有证据证明宣告上述权利要求无效的决定被生效的行政判决撤销的,权利人可以另行起诉。

专利权人另行起诉的,诉讼时效期间从本条第二款所称行政判决书送达之日起计算。

7.《最高人民法院关于审理著作权民事纠纷案件适用法律若干问题的解释》(法释〔2002〕31号)(2020年12月23日修正)

第二十七条　侵害著作权的诉讼时效为三年,自著作权人知道或者应当知道权利受到损害以及义务人之日起计算。权利人超过三年起诉的,如果侵权行为在起诉时仍在持续,在该著作权保护期内,人民法院应当判决被告停止侵权行为;侵权损害赔偿数额应当自权利人向人民法院起诉之日起向前推算三年计算。

8.《最高人民法院关于适用〈中华人民共和国保险法〉若干问题的解释(二)》(法释〔2013〕14号)(2020年12月23日修正)

第十六条　保险人应以自己的名义行使保险代位求偿权。

根据保险法第六十条第一款的规定,保险人代位求偿权的诉讼时效期间应自其取得代位求偿权之日起算。

9.《最高人民法院关于适用〈中华人民共和国保险法〉若干问题的解释(四)》(法释〔2018〕13号)(2020年12月23日修正)

第十八条　商业责任险的被保险人向保险人请求赔偿保险金的诉讼时效期间,自被保险人对第三者应负的赔偿责任确定之日起计算。

10.《最高人民法院关于审理垄断民事纠纷案件适用法律若干问题的解释》(法释〔2024〕6号)

第四十九条 因垄断行为产生的损害赔偿请求权诉讼时效期间,从原告知道或者应当知道权益受到损害以及义务人之日起计算。

原告向反垄断执法机构举报被诉垄断行为的,诉讼时效从其举报之日起中断。反垄断执法机构决定不立案、撤销案件或者决定终止调查的,诉讼时效期间从原告知道或者应当知道该事由之日起重新计算。

反垄断执法机构调查后认定构成垄断行为的,诉讼时效期间从原告知道或者应当知道反垄断执法机构认定构成垄断行为的处理决定确定发生法律效力之日起重新计算。

11.《最高人民法院关于适用〈中华人民共和国民法典〉有关担保制度的解释》(法释〔2020〕28号)

第二十八条 一般保证中,债权人依据生效法律文书对债务人的财产依法申请强制执行,保证债务诉讼时效的起算时间按照下列规则确定:

(一)人民法院作出终结本次执行程序裁定,或者依照民事诉讼法第二百五十七条第三项、第五项的规定作出终结执行裁定的,自裁定送达债权人之日起开始计算;

(二)人民法院自收到申请执行书之日起一年内未作出前项裁定的,自人民法院收到申请执行书满一年之日起开始计算,但是保证人有证据证明债务人仍有财产可供执行的除外。

一般保证的债权人在保证期间届满前对债务人提起诉讼或者申请仲裁,债权人举证证明存在民法典第六百八十七条第二款但书规定情形的,保证债务的诉讼时效自债权人知道或者应当知道该情形之日起开始计算。

12.《最高人民法院关于审理无正本提单交付货物案件适用法律若干问题的规定》(法释〔2009〕1号)(2020年12月23日修正)

第十四条 正本提单持有人以承运人无正本提单交付货物为由提起的诉讼,适用海商法第二百五十七条的规定,时效期间为一年,自承运人应当交付货物之日起计算。

正本提单持有人以承运人与无正本提单提取货物的人共同实施无正本提单交付货物行为为由提起的侵权诉讼,诉讼时效适用本条前款规定。

13.《最高人民法院关于在民事审判工作中适用〈中华人民共和国工会法〉若干问题的解释》（法释〔2003〕11 号）（2020 年 12 月 23 日修正）

第七条　对于企业、事业单位无正当理由拖延或者拒不拨缴工会经费的，工会组织向人民法院请求保护其权利的诉讼时效期间，适用民法典第一百八十八条的规定。

14.《最高人民法院关于审理融资租赁合同纠纷案件适用法律问题的解释》（法释〔2014〕3 号）（2020 年 12 月 23 日修正）

第十四条　当事人因融资租赁合同租金欠付争议向人民法院请求保护其权利的诉讼时效期间为三年，自租赁期限届满之日起计算。

15.《最高人民法院关于审理道路交通事故损害赔偿案件适用法律若干问题的解释》（法释〔2012〕19 号）（2020 年 12 月 23 日修正）

第十五条　有下列情形之一导致第三人人身损害，当事人请求保险公司在交强险责任限额范围内予以赔偿，人民法院应予支持：

（一）驾驶人未取得驾驶资格或者未取得相应驾驶资格的；

（二）醉酒、服用国家管制的精神药品或者麻醉药品后驾驶机动车发生交通事故的；

（三）驾驶人故意制造交通事故的。

保险公司在赔偿范围内向侵权人主张追偿权的，人民法院应予支持。追偿权的诉讼时效期间自保险公司实际赔偿之日起计算。

16.《最高人民法院关于印发〈全国法院民商事审判工作会议纪要〉的通知》（法〔2019〕254 号）

16.【诉讼时效期间】公司债权人请求股东对公司债务承担连带清偿责任，股东以公司债权人对公司的债权已经超过诉讼时效期间为由抗辩，经查证属实的，人民法院依法予以支持。

公司债权人以公司法司法解释（二）第 18 条第 2 款为依据，请求有限责任公司的股东对公司债务承担连带清偿责任的，诉讼时效期间自公司债权人知道或者应当知道公司无法进行清算之日起计算。

17.《最高人民法院关于印发〈第八次全国法院民事商事审判工作会议（民事部分）纪要〉的通知》（法〔2016〕399 号）

18. 买受人请求出卖人支付逾期办证的违约金，从合同约定或者法定期限届满之次日起计算诉讼时效期间。

合同没有约定违约责任或者损失数额难以确定的,可参照《最高人民法院关于审理民间借贷案件适用法律若干问题的规定》第二十九条第二款规定处理。

18.《最高人民法院关于审理民事、行政诉讼中司法赔偿案件适用法律若干问题的解释》(法释〔2016〕20号)

第十九条　公民、法人或者其他组织依据国家赔偿法第三十八条规定申请赔偿的,应当在民事、行政诉讼程序或者执行程序终结后提出,但下列情形除外:

(一)人民法院已依法撤销对妨害诉讼的强制措施的;

(二)人民法院采取对妨害诉讼的强制措施,造成公民身体伤害或者死亡的;

(三)经诉讼程序依法确认不属于被保全人或者被执行人的财产,且无法在相关诉讼程序或者执行程序中予以补救的;

(四)人民法院生效法律文书已确认相关行为违法,且无法在相关诉讼程序或者执行程序中予以补救的;

(五)赔偿请求人有证据证明其请求与民事、行政诉讼程序或者执行程序无关的;

(六)其他情形。

赔偿请求人依据前款规定,在民事、行政诉讼程序或者执行程序终结后申请赔偿的,该诉讼程序或者执行程序期间不计入赔偿请求时效。

19.《最高人民法院关于人民法院办理自赔案件程序的规定》(法释〔2013〕19号)

第九条　人民法院作出决定前,赔偿请求人撤回赔偿申请的,人民法院应当准许。

赔偿请求人撤回赔偿申请后,在国家赔偿法第三十九条规定的时效内又申请赔偿,并有证据证明其撤回申请确属违背真实意思表示或者有其他正当理由的,人民法院应予受理。

20.《最高人民法院关于适用〈中华人民共和国民事诉讼法〉执行程序若干问题的解释》(法释〔2008〕13号)(2020年12月23日修正)

第二十一条　生效法律文书规定债务人负有不作为义务的,申请执行时效期间从债务人违反不作为义务之日起计算。

21.《最高人民法院关于适用〈中华人民共和国民法典〉合同编通则若干问题的解释》（法释〔2023〕13号）

第五十八条　当事人互负债务，一方以其诉讼时效期间已经届满的债权通知对方主张抵销，对方提出诉讼时效抗辩的，人民法院对该抗辩应予支持。一方的债权诉讼时效期间已经届满，对方主张抵销的，人民法院应予支持。

22.《最高人民法院关于买受人在交易时未支付价款向出卖人出具没有还款日期的欠款条诉讼时效期间应从何时开始计算问题的请示的答复》（〔2005〕民二他字第35号）

广东省高级人民法院：

你院粤高法民一请字［2005］1号《关于买受人在交易时未支付价款向出卖人出具没有还款日期的欠款条诉讼时效期间应从何时开始计算问题的请示》收悉。经研究，答复如下：

根据你院报告所述情况，冯树根向广州市白云农业综合服务有限公司（以下简称白云农业公司）购买农药，双方并未签订书面买卖合同，也无证据证明双方对合同的履行期限进行约定，因此，该合同属于未定履行期限的合同。根据《中华人民共和国合同法》第六十二条第一款第（四）项及《中华人民共和国民法通则》第八十八条第二款第（二）项、第一百三十七条的规定，本案诉讼时效期间应从白云农业公司向冯树根主张权利时起算。本案不符合法复［1994］3号批复适用的条件，故同意你院审判委员会多数意见。

此复。

23.《最高人民法院民二庭关于债权人主张公司股东承担清算赔偿责任诉讼时效问题请示的答复》（〔2014〕民二他字第16号）

上海市高级人民法院：

你院《关于债权人主张公司股东承担清算赔偿责任诉讼时效问题的请示》收悉。经研究，答复如下：

依据《最高人民法院关于适用〈中华人民共和国公司法〉若干问题的规定（二）》第十八条的规定，作为清算义务人的公司股东怠于履行清算义务导致公司债权人损失的，公司债权人有权请求公司股东承担赔偿责任。该赔偿请求权在性质上属于债权请求权，依据《最高人民法院关于审理民事案件适用诉讼时效制度若干问题的规定》第一条规定，债权人行使该项权利,应受诉讼时效制度约束。

依据《中华人民共和国民法通则》第一百三十七条的规定,该赔偿请求权的诉讼时效期间应从债权人知道或者应当知道因公司股东不履行清算义务而致其债权受到损害之日起计算。

综上,同意你院审委会的多数意见。

以上意见仅供参考。

24.《最高人民法院关于如何确定沿海、内河货物运输赔偿请求权时效期间问题的批复》(法释〔2001〕18号)

浙江省高级人民法院:

你院浙高法[2000]267号《关于沿海、内河货物运输赔偿请求权诉讼时效期间如何计算的请示》收悉。经研究,答复如下:

根据《中华人民共和国海商法》第二百五十七条第一款规定的精神,结合审判实践,托运人、收货人就沿海、内河货物运输合同向承运人要求赔偿的请求权,或者承运人就沿海、内河货物运输向托运人、收货人要求赔偿的请求权,时效期间为一年,自承运人交付或者应当交付货物之日起计算。

此复。

25.《最高人民法院关于海上保险合同的保险人行使代位请求赔偿权利的诉讼时效期间起算日的批复》(法释〔2014〕15号)

上海市高级人民法院:

你院《关于海事诉讼中保险人代位求偿的诉讼时效期间起算日相关法律问题的请示》(沪高法〔2014〕89号)收悉。经研究,批复如下:

依照《中华人民共和国海商法》及《最高人民法院关于审理海上保险纠纷案件若干问题的规定》关于保险人行使代位请求赔偿权利的相关规定,结合海事审判实践,海上保险合同的保险人行使代位请求赔偿权利的诉讼时效期间起算日,应按照《中华人民共和国海商法》第十三章规定的相关请求权之诉讼时效起算时间确定。

此复。

三、相关指导性案例

指导案例65号:上海市虹口区久乐大厦小区业主大会诉上海环亚实业总公司业主共有权纠纷案(最高人民法院审判委员会讨论通过 2016年9月19日发布)

【关键词】民事　业主共有权　专项维修资金　法定义务　诉讼时效

【裁判要点】

专项维修资金是专门用于物业共用部位、共用设施设备保修期满后的维修和更新、改造的资金,属于全体业主共有。缴纳专项维修资金是业主为维护建筑物的长期安全使用而应承担的一项法定义务。业主拒绝缴纳专项维修资金,并以诉讼时效提出抗辩的,人民法院不予支持。

【基本案情】

2004年3月,被告上海环亚实业总公司(以下简称环亚公司)取得上海市虹口区久乐大厦底层、二层房屋的产权,底层建筑面积691.36平方米、二层建筑面积910.39平方米。环亚公司未支付过上述房屋的专项维修资金。2010年9月,原告久乐大厦小区业主大会(以下简称久乐业主大会)经征求业主表决意见,决定由久乐业主大会代表业主提起追讨维修资金的诉讼。久乐业主大会向法院起诉,要求环亚公司就其所有的久乐大厦底层、二层的房屋向原告缴纳专项维修资金57566.9元。被告环亚公司辩称,其于2004年获得房地产权证,至本案诉讼有6年之久,原告从未主张过维修资金,该请求已超过诉讼时效,不同意原告诉请。

【裁判结果】

上海市虹口区人民法院于2011年7月21日作出(2011)虹民三(民)初字第833号民事判决:被告环亚公司应向原告久乐业主大会缴纳久乐大厦底层、二层房屋的维修资金57566.9元。宣判后,环亚公司向上海市第二中级人民法院提起上诉。上海市第二中级人民法院于2011年9月21日作出(2011)沪二中民二(民)终字第1908号民事判决:驳回上诉,维持原判。

【裁判理由】

法院生效裁判认为:《中华人民共和国物权法》(以下简称《物权法》)第七十九条规定,"建筑物及其附属设施的维修资金,属于业主共有。经业主共同决定,可以用于电梯、水箱等共有部分的维修。"《物业管理条例》第五十四条第二款规定,"专项维修资金属于业主所有,专项用于物业保修期满后物业共用部位、共用设施设备的维修和更新、改造,不得挪作他用"。《住宅专项维修资金管理办法》(建设部、财政部令第165号)(以下简称《办法》)第二条第二款规定,"本办法所称住宅专项维修资金,是指专项用于住宅共用部位、共用设施设备保修期满后的维修和更新、改造的资金。”依据上述规定,维修资金性质上属于专项基金,系为特定目的,即为住宅共用部位、共用设施设备保修期满后的维修和更新、改造而专设的资金。它在购房款、税费、物业费之外,单独筹集、专户存储、单独核算。由其专用性所决定,专项维修资金的缴纳并非源于特别的交易或法律关系,而是为了准备应急性地维修、更新或改造区分所有建筑物的共有部分。由于共有部分的维护关乎全体业主的共同或公共利益,所以维修资金具有公共性、公益性。

《物业管理条例》第七条第四项规定,业主在物业管理活动中,应当履行按照国家有关规定交纳专项维修资金的义务。第五十四条第一款规定:“住宅物业、住宅小区内的非住宅物业或者与单幢住宅楼结构相连的非住宅物业的业主,应当按照国家有关规定交纳专项维修资金。”依据上述规定,缴纳专项维修资金是为特定范围的公共利益,即建筑物的全体业主共同利益而特别确立的一项法定义务,这种义务的产生与存在仅仅取决于义务人是否属于区分所有建筑物范围内的住宅或非住宅所有权人。因此,缴纳专项维修资金的义务是一种旨在维护共同或公共利益的法定义务,其只存在补缴问题,不存在因时间经过而可以不缴的问题。

业主大会要求补缴维修资金的权利,是业主大会代表全体业主行使维护小区共同或公共利益之职责的管理权。如果允许某些业主不缴纳维修资金而可享有以其他业主的维修资金维护共有部分而带来的利益,其他业主就有可能在维护共有部分上支付超出自己份额的金钱,这违背了公平原则,并将对建筑物的长期安全使用,对全体业主的共有或公共利益造成损害。

基于专项维修资金的性质和业主缴纳专项维修资金义务的性质,被告环亚公司作为久乐大厦的业主,不依法自觉缴纳专项维修资金,并以业主大会起诉追讨专项维修资金已超过诉讼时效进行抗辩,该抗辩理由不能成立。原告根据被告所有的物业面积,按照同期其他业主缴纳专项维修资金的计算标准算出的被告应缴纳的数额合理,据此判决被告应当按照原告诉请支付专项维修资金。

第一百八十九条 【分期履行债务的诉讼时效】当事人约定同一债务分期履行的,诉讼时效期间自最后一期履行期限届满之日起计算。

相关司法解释规定

1.《最高人民法院关于分期履行的合同中诉讼时效应如何计算问题的答复》(法函〔2004〕23号)

云南省高级人民法院：

你院《云南省高级人民法院关于继续性租金债权的诉讼时效期间如何计算的请示》收悉。经研究，答复如下：

对分期履行合同的每一期债务发生争议的，诉讼时效期间自该期债务履行期届满之日的次日起算。

此复。

2.《最高人民法院关于借款合同中约定借款分期偿还应如何计算诉讼时效期间的答复》(法经〔2000〕244号)

山东省高级人民法院：

你院鲁法经(1999)25号《关于借款合同中约定分期偿还应如何计算诉讼时效期间的问题的请示》收悉。经研究，答复如下：

在借款、买卖合同中，当事人约定分期履行合同债务的，诉讼时效应当从最后一笔债务履行期届满之次日开始计算。

此复。

第一百九十条　【对法定代理人请求权的诉讼时效】无民事行为能力人或者限制民事行为能力人对其法定代理人的请求权的诉讼时效期间，自该法定代理终止之日起计算。

相关司法解释规定

《最高人民法院关于适用〈中华人民共和国民法典〉总则编若干问题的解释》(法释〔2022〕6号)

第三十七条　无民事行为能力人、限制民事行为能力人的权利受到原法定代理人损害，且在取得、恢复完全民事行为能力或者在原法定代理终止并确定新的法定代理人后，相应民事主体才知道或者应当知道权利受到损害的，有关请求权诉讼时效期间的计算适用民法典第一百八十八条第二款、本解释第三十六条的规定。

第一百九十一条 【未成年人遭受性侵的损害赔偿请求权诉讼时效】未成年人遭受性侵害的损害赔偿请求权的诉讼时效期间,自受害人年满十八周岁之日起计算。

第一百九十二条 【诉讼时效期间届满的法律后果】诉讼时效期间届满的,义务人可以提出不履行义务的抗辩。

诉讼时效期间届满后,义务人同意履行的,不得以诉讼时效期间届满为由抗辩;义务人已经自愿履行的,不得请求返还。

一、相关法律条文

《民法典》(2021年1月1日起施行)

第四百一十九条 抵押权人应当在主债权诉讼时效期间行使抵押权;未行使的,人民法院不予保护。

二、相关司法解释规定

1.《最高人民法院关于适用〈中华人民共和国民事诉讼法〉的解释》(法释〔2015〕5号)(2022年3月22日修正)

第二百一十九条 当事人超过诉讼时效期间起诉的,人民法院应予受理。受理后对方当事人提出诉讼时效抗辩,人民法院经审理认为抗辩事由成立的,判决驳回原告的诉讼请求。

第四百八十一条 申请执行人超过申请执行时效期间向人民法院申请强制执行的,人民法院应予受理。被执行人对申请执行时效期间提出异议,人民法院经审查异议成立的,裁定不予执行。

被执行人履行全部或者部分义务后,又以不知道申请执行时效期间届满为由请求执行回转的,人民法院不予支持。

2.《最高人民法院关于人民法院赔偿委员会适用质证程序审理国家赔偿案件的规定》(法释〔2013〕27号)

第七条 下列情形,由赔偿义务机关负举证责任:

(一)属于法定免责情形;

(二)赔偿请求超过法定时效;

(三)具有其他抗辩事由。

3.《最高人民法院关于审理票据纠纷案件若干问题的规定》(法释〔2000〕32号)(2020年12月23日修正)

第十五条　票据债务人依照票据法第九条、第十七条、第十八条、第二十二条和第三十一条的规定,对持票人提出下列抗辩的,人民法院应予支持:

(一)欠缺法定必要记载事项或者不符合法定格式的;

(二)超过票据权利时效的;

(三)人民法院作出的除权判决已经发生法律效力的;

(四)以背书方式取得但背书不连续的;

(五)其他依法不得享有票据权利的。

4.《最高人民法院关于印发〈全国法院民商事审判工作会议纪要〉的通知》(法〔2019〕254号)

59.【主债权诉讼时效届满的法律后果】抵押权人应当在主债权的诉讼时效期间内行使抵押权。抵押权人在主债权诉讼时效届满前未行使抵押权,抵押人在主债权诉讼时效届满后请求涂销抵押权登记的,人民法院依法予以支持。

以登记作为公示方法的权利质权,参照适用前款规定。

5.《最高人民法院关于审理民事案件适用诉讼时效制度若干问题的规定》(法释〔2008〕11号)(2020年12月23日修正)

第十八条　主债务诉讼时效期间届满,保证人享有主债务人的诉讼时效抗辩权。

保证人未主张前述诉讼时效抗辩权,承担保证责任后向主债务人行使追偿权的,人民法院不予支持,但主债务人同意给付的情形除外。

第十九条　诉讼时效期间届满,当事人一方向对方当事人作出同意履行义务的意思表示或者自愿履行义务后,又以诉讼时效期间届满为由进行抗辩的,人民法院不予支持。

当事人双方就原债务达成新的协议,债权人主张义务人放弃诉讼时效抗辩权的,人民法院应予支持。

超过诉讼时效期间,贷款人向借款人发出催收到期贷款通知单,债务人在通知单上签字或者盖章,能够认定借款人同意履行诉讼时效期间已经届满的义务的,对于贷款人关于借款人放弃诉讼时效抗辩权的主张,人民法院应予支持。

6.《最高人民法院关于适用〈中华人民共和国民法典〉有关担保制度的解释》(法释〔2020〕28号)

第三十五条 保证人知道或者应当知道主债权诉讼时效期间届满仍然提供保证或者承担保证责任,又以诉讼时效期间届满为由拒绝承担保证责任或者请求返还财产的,人民法院不予支持;保证人承担保证责任后向债务人追偿的,人民法院不予支持,但是债务人放弃诉讼时效抗辩的除外。

第四十四条 主债权诉讼时效期间届满后,抵押权人主张行使抵押权的,人民法院不予支持;抵押人以主债权诉讼时效期间届满为由,主张不承担担保责任的,人民法院应予支持。主债权诉讼时效期间届满前,债权人仅对债务人提起诉讼,经人民法院判决或者调解后未在民事诉讼法规定的申请执行时效期间内对债务人申请强制执行,其向抵押人主张行使抵押权的,人民法院不予支持。

主债权诉讼时效期间届满后,财产被留置的债务人或者对留置财产享有所有权的第三人请求债权人返还留置财产的,人民法院不予支持;债务人或者第三人请求拍卖、变卖留置财产并以所得价款清偿债务的,人民法院应予支持。

主债权诉讼时效期间届满的法律后果,以登记作为公示方式的权利质权,参照适用第一款的规定;动产质权、以交付权利凭证作为公示方式的权利质权,参照适用第二款的规定。

第一百九十三条 【人民法院不得主动适用诉讼时效】人民法院不得主动适用诉讼时效的规定。

相关司法解释规定

《最高人民法院关于审理民事案件适用诉讼时效制度若干问题的规定》(法释〔2008〕11号)(2020年12月23日修正)

第二条 当事人未提出诉讼时效抗辩,人民法院不应对诉讼时效问题进行释明。

第三条 当事人在一审期间未提出诉讼时效抗辩,在二审期间提出的,人民法院不予支持,但其基于新的证据能够证明对方当事人的请求权已过诉讼时效期间的情形除外。

当事人未按照前款规定提出诉讼时效抗辩，以诉讼时效期间届满为由申请再审或者提出再审抗辩的，人民法院不予支持。

第一百九十四条　【诉讼时效中止】在诉讼时效期间的最后六个月内，因下列障碍，不能行使请求权的，诉讼时效中止：

（一）不可抗力；

（二）无民事行为能力人或者限制民事行为能力人没有法定代理人，或者法定代理人死亡、丧失民事行为能力、丧失代理权；

（三）继承开始后未确定继承人或者遗产管理人；

（四）权利人被义务人或者其他人控制；

（五）其他导致权利人不能行使请求权的障碍。

自中止时效的原因消除之日起满六个月，诉讼时效期间届满。

一、相关法律条文

1.《国家赔偿法》（2012 年 10 月 26 日修正）

第三十九条　赔偿请求人请求国家赔偿的时效为两年，自其知道或者应当知道国家机关及其工作人员行使职权时的行为侵犯其人身权、财产权之日起计算，但被羁押等限制人身自由期间不计算在内。在申请行政复议或者提起行政诉讼时一并提出赔偿请求的，适用行政复议法、行政诉讼法有关时效的规定。

赔偿请求人在赔偿请求时效的最后六个月内，因不可抗力或者其他障碍不能行使请求权的，时效中止。从中止时效的原因消除之日起，赔偿请求时效期间继续计算。

2.《国防动员法》（2010 年 7 月 1 日起施行）

第六十七条　因国家发布动员令，诉讼、行政复议、仲裁活动不能正常进行的，适用有关时效中止和程序中止的规定，但法律另有规定的除外。

3.《突发事件应对法》（2024 年 6 月 28 日修订）

第十三条　因依法采取突发事件应对措施，致使诉讼、监察调查、行政复议、仲裁、国家赔偿等活动不能正常进行的，适用有关时效中止和程序中止的规定，法律另有规定的除外。

二、相关司法解释规定

1.《最高人民法院关于适用〈中华人民共和国民事诉讼法〉执行程序若干问题的解释》(法释〔2008〕13号)(2020年12月23日修正)

第十九条 在申请执行时效期间的最后六个月内,因不可抗力或者其他障碍不能行使请求权的,申请执行时效中止。从中止时效的原因消除之日起,申请执行时效期间继续计算。

2.《最高人民法院印发〈关于依法妥善审理涉新冠肺炎疫情民事案件若干问题的指导意见(一)〉的通知》(法发〔2020〕12号)

六、依法中止诉讼时效。在诉讼时效期间的最后六个月内,因疫情或者疫情防控措施不能行使请求权,权利人依据《中华人民共和国民法总则》第一百九十四条第一款第一项规定主张诉讼时效中止的,人民法院应予支持。

3.《最高人民法院印发〈关于依法妥善审理涉新冠肺炎疫情民事案件若干问题的指导意见(三)〉的通知》(法发〔2020〕20号)

5.根据《中华人民共和国民事诉讼法》第二百三十九条和《最高人民法院关于适用〈中华人民共和国民事诉讼法〉的解释》第五百四十七条的规定,当事人申请承认和执行外国法院作出的发生法律效力的判决、裁定或者外国仲裁裁决的期间为二年。在时效期间的最后六个月内,当事人因疫情或者疫情防控措施不能提出承认和执行申请,依据《中华人民共和国民法总则》第一百九十四条第一款第一项规定主张时效中止的,人民法院应予支持。

4.《最高人民法院印发〈关于依法妥善办理涉新冠肺炎疫情执行案件若干问题的指导意见〉的通知》(法发〔2020〕16号)

二、依法中止申请执行时效。在申请执行时效期间的最后六个月内,因疫情或者疫情防控措施不能行使请求权,债权人依据《最高人民法院关于适用〈中华人民共和国民事诉讼法〉执行程序若干问题的解释》第二十七条规定主张申请执行时效中止的,人民法院应予支持。

第一百九十五条 【诉讼时效中断】 有下列情形之一的,诉讼时效中断,从中断、有关程序终结时起,诉讼时效期间重新计算:

(一)权利人向义务人提出履行请求;

(二)义务人同意履行义务;

（三）权利人提起诉讼或者申请仲裁；

（四）与提起诉讼或者申请仲裁具有同等效力的其他情形。

相关司法解释规定

1.《最高人民法院关于适用〈中华人民共和国民法典〉总则编若干问题的解释》（法释〔2022〕6号）

第三十八条　诉讼时效依据民法典第一百九十五条的规定中断后，在新的诉讼时效期间内，再次出现第一百九十五条规定的中断事由，可以认定为诉讼时效再次中断。

权利人向义务人的代理人、财产代管人或者遗产管理人等提出履行请求的，可以认定为民法典第一百九十五条规定的诉讼时效中断。

2.《最高人民法院关于审理民事案件适用诉讼时效制度若干问题的规定》（法释〔2008〕11号）（2020年12月23日修正）

第八条　具有下列情形之一的，应当认定为民法典第一百九十五条规定的"权利人向义务人提出履行请求"，产生诉讼时效中断的效力：

（一）当事人一方直接向对方当事人送交主张权利文书，对方当事人在文书上签名、盖章、按指印或者虽未签名、盖章、按指印但能够以其他方式证明该文书到达对方当事人的；

（二）当事人一方以发送信件或者数据电文方式主张权利，信件或者数据电文到达或者应当到达对方当事人的；

（三）当事人一方为金融机构，依照法律规定或者当事人约定从对方当事人账户中扣收欠款本息的；

（四）当事人一方下落不明，对方当事人在国家级或者下落不明的当事人一方住所地的省级有影响的媒体上刊登具有主张权利内容的公告的，但法律和司法解释另有特别规定的，适用其规定。

前款第（一）项情形中，对方当事人为法人或者其他组织的，签收人可以是其法定代表人、主要负责人、负责收发信件的部门或者被授权主体；对方当事人为自然人的，签收人可以是自然人本人、同住的具有完全行为能力的亲属或者被授权主体。

第九条　权利人对同一债权中的部分债权主张权利，诉讼时效中断的效力及于剩余债权，但权利人明确表示放弃剩余债权的情形除外。

第十条 当事人一方向人民法院提交起诉状或者口头起诉的,诉讼时效从提交起诉状或者口头起诉之日起中断。

第十一条 下列事项之一,人民法院应当认定与提起诉讼具有同等诉讼时效中断的效力:

(一)申请支付令;

(二)申请破产、申报破产债权;

(三)为主张权利而申请宣告义务人失踪或死亡;

(四)申请诉前财产保全、诉前临时禁令等诉前措施;

(五)申请强制执行;

(六)申请追加当事人或者被通知参加诉讼;

(七)在诉讼中主张抵销;

(八)其他与提起诉讼具有同等诉讼时效中断效力的事项。

第十二条 权利人向人民调解委员会以及其他依法有权解决相关民事纠纷的国家机关、事业单位、社会团体等社会组织提出保护相应民事权利的请求,诉讼时效从提出请求之日起中断。

第十三条 权利人向公安机关、人民检察院、人民法院报案或者控告,请求保护其民事权利的,诉讼时效从其报案或者控告之日起中断。

上述机关决定不立案、撤销案件、不起诉的,诉讼时效期间从权利人知道或者应当知道不立案、撤销案件或者不起诉之日起重新计算;刑事案件进入审理阶段,诉讼时效期间从刑事裁判文书生效之日起重新计算。

第十四条 义务人作出分期履行、部分履行、提供担保、请求延期履行、制定清偿债务计划等承诺或者行为的,应当认定为民法典第一百九十五条规定的"义务人同意履行义务"。

第十五条 对于连带债权人中的一人发生诉讼时效中断效力的事由,应当认定对其他连带债权人也发生诉讼时效中断的效力。

对于连带债务人中的一人发生诉讼时效中断效力的事由,应当认定对其他连带债务人也发生诉讼时效中断的效力。

第十六条 债权人提起代位权诉讼的,应当认定对债权人的债权和债务人的债权均发生诉讼时效中断的效力。

第十七条 债权转让的,应当认定诉讼时效从债权转让通知到达债务人之日起中断。

债务承担情形下,构成原债务人对债务承认的,应当认定诉讼时效从债务承担意思表示到达债权人之日起中断。

3.《最高人民法院关于适用〈中华人民共和国企业破产法〉若干问题的规定(二)》(法释〔2013〕22号)(2020年12月23日修正)

第十九条　债务人对外享有债权的诉讼时效,自人民法院受理破产申请之日起中断。

债务人无正当理由未对其到期债权及时行使权利,导致其对外债权在破产申请受理前一年内超过诉讼时效期间的,人民法院受理破产申请之日起重新计算上述债权的诉讼时效期间。

4.《最高人民法院关于审理无正本提单交付货物案件适用法律若干问题的规定》(法释〔2009〕1号)(2020年12月23日修正)

第十五条　正本提单持有人以承运人无正本提单交付货物为由提起的诉讼,时效中断适用海商法第二百六十七条的规定。

正本提单持有人以承运人与无正本提单提取货物的人共同实施无正本提单交付货物行为为由提起的侵权诉讼,时效中断适用本条前款规定。

5.《最高人民法院关于在审理经济纠纷案件中涉及经济犯罪嫌疑若干问题的规定》(法释〔1998〕7号)(2020年12月23日修正)

第九条　被害人请求保护其民事权利的诉讼时效在公安机关、检察机关查处经济犯罪嫌疑期间中断。如果公安机关决定撤销涉嫌经济犯罪案件或者检察机关决定不起诉的,诉讼时效从撤销案件或决定不起诉之次日起重新计算。

6.《最高人民法院关于审理行政协议案件若干问题的规定》(法释〔2019〕17号)

第二十五条　公民、法人或者其他组织对行政机关不依法履行、未按照约定履行行政协议提起诉讼的,诉讼时效参照民事法律规范确定;对行政机关变更、解除行政协议等行政行为提起诉讼的,起诉期限依照行政诉讼法及其司法解释确定。

7.《最高人民法院关于审理票据纠纷案件若干问题的规定》(法释〔2000〕32号)(2020年12月23日修正)

第十九条　票据法第十七条规定的票据权利时效发生中断的,只对发生时效中断事由的当事人有效。

8.《最高人民法院关于适用〈中华人民共和国民事诉讼法〉执行程序若干问题的解释》(法释〔2008〕13号)(2020年12月23日修正)

第二十条　申请执行时效因申请执行、当事人双方达成和解协议、当事人一方提出履行要求或者同意履行义务而中断。从中断时起,申请执行时效期间重新计算。

9.《最高人民法院关于审理海上保险纠纷案件若干问题的规定》(法释〔2006〕10号)(2020年12月23日修正)

第十五条　保险人取得代位请求赔偿权利后,以被保险人向第三人提起诉讼、提交仲裁、申请扣押船舶或者第三人同意履行义务为由主张诉讼时效中断的,人民法院应予支持。

10.《最高人民法院关于印发〈全国法院贯彻实施民法典工作会议纪要〉的通知》(法〔2021〕94号)

5.民法典第一百八十八条第一款规定的普通诉讼时效期间,可以适用民法典有关诉讼时效中止、中断的规定,不适用延长的规定。民法典第一百八十八条第二款规定的"二十年"诉讼时效期间可以适用延长的规定,不适用中止、中断的规定。

诉讼时效根据民法典第一百九十五条的规定中断后,在新的诉讼时效期间内,再次出现第一百九十五条规定的中断事由,可以认定诉讼时效再次中断。权利人向义务人的代理人、财产代管人或者遗产管理人主张权利的,可以认定诉讼时效中断。

11.《最高人民法院关于超过诉讼时效期间借款人在催款通知单上签字或者盖章的法律效力问题的批复》(法释〔1999〕7号)

河北省高级人民法院:

你院〔1998〕冀经一请字第38号《关于超过诉讼时效期间信用社向借款人发出的"催收到期贷款通知单"是否受法律保护的请示》收悉。经研究,答复如下:

根据《中华人民共和国民法通则》第四条、第九十条规定的精神,对于超过诉讼时效期间,信用社向借款人发出催收到期贷款通知单,债务人在该通知单上签字或者盖章的,应当视为对原债务的重新确认,该债权债务关系应受法律保护。

此复。

12.《最高人民法院关于债务人在约定的期限届满后未履行债务而出具没有还款日期的欠款条诉讼时效期间应从何时开始计算问题的批复》(法释〔2020〕17号)

山东省高级人民法院:

你院鲁高法〔1992〕70号请示收悉。关于债务人在约定的期限届满后未履行债务,而出具没有还款日期的欠款条,诉讼时效期间应从何时开始计算的问题,经研究,答复如下:

据你院报告称,双方当事人原约定,供方交货后,需方立即付款。需方收货后因无款可付,经供方同意写了没有还款日期的欠款条。根据民法典第一百九十五条的规定,应认定诉讼时效中断。如果供方在诉讼时效中断后一直未主张权利,诉讼时效期间则应从供方收到需方所写欠款条之日起重新计算。

此复。

第一百九十六条　【不适用诉讼时效的请求权】下列请求权不适用诉讼时效的规定:

(一)请求停止侵害、排除妨碍、消除危险;

(二)不动产物权和登记的动产物权的权利人请求返还财产;

(三)请求支付抚养费、赡养费或者扶养费;

(四)依法不适用诉讼时效的其他请求权。

一、相关法律条文

《民法典》(2021年1月1日起施行)

第九百九十五条　人格权受到侵害的,受害人有权依照本法和其他法律的规定请求行为人承担民事责任。受害人的停止侵害、排除妨碍、消除危险、消除影响、恢复名誉、赔礼道歉请求权,不适用诉讼时效的规定。

二、相关司法解释规定

1.《最高人民法院关于审理民事案件适用诉讼时效制度若干问题的规定》(法释〔2008〕11号)(2020年12月23日修正)

第一条　当事人可以对债权请求权提出诉讼时效抗辩,但对下列债权请求权提出诉讼时效抗辩的，人民法院不予支持：

(一)支付存款本金及利息请求权；

(二)兑付国债、金融债券以及向不特定对象发行的企业债券本息请求权；

(三)基于投资关系产生的缴付出资请求权；

(四)其他依法不适用诉讼时效规定的债权请求权。

2.《最高人民法院关于适用〈中华人民共和国公司法〉若干问题的规定(三)》(法释〔2011〕3号)(2020年12月23日修正)

第十九条　公司股东未履行或者未全面履行出资义务或者抽逃出资，公司或者其他股东请求其向公司全面履行出资义务或者返还出资，被告股东以诉讼时效为由进行抗辩的，人民法院不予支持。

公司债权人的债权未过诉讼时效期间，其依照本规定第十三条第二款、第十四条第二款的规定请求未履行或者未全面履行出资义务或者抽逃出资的股东承担赔偿责任，被告股东以出资义务或者返还出资义务超过诉讼时效期间为由进行抗辩的，人民法院不予支持。

3.《最高人民法院关于适用〈中华人民共和国企业破产法〉若干问题的规定(二)》(法释〔2013〕22号)(2020年12月23日修正)

第二十条　管理人代表债务人提起诉讼，主张出资人向债务人依法缴付未履行的出资或者返还抽逃的出资本息，出资人以认缴出资尚未届至公司章程规定的缴纳期限或者违反出资义务已经超过诉讼时效为由抗辩的，人民法院不予支持。

管理人依据公司法的相关规定代表债务人提起诉讼，主张公司的发起人和负有监督股东履行出资义务的董事、高级管理人员，或者协助抽逃出资的其他股东、董事、高级管理人员、实际控制人等，对股东违反出资义务或者抽逃出资承担相应责任，并将财产归入债务人财产的，人民法院应予支持。

第一百九十七条　【诉讼时效法定及不可预先放弃】诉讼时效的期间、计算方法以及中止、中断的事由由法律规定，当事人约定无效。

当事人对诉讼时效利益的预先放弃无效。

第一百九十八条　【仲裁时效】法律对仲裁时效有规定的，依照其规定；没有规定的，适用诉讼时效的规定。

一、相关法律条文

1.《仲裁法》(2017年9月1日修正)

第七十四条 法律对仲裁时效有规定的,适用该规定。法律对仲裁时效没有规定的,适用诉讼时效的规定。

2.《劳动争议调解仲裁法》(2008年5月1日起施行)

第二十七条 劳动争议申请仲裁的时效期间为一年。仲裁时效期间从当事人知道或者应当知道其权利被侵害之日起计算。

前款规定的仲裁时效,因当事人一方向对方当事人主张权利,或者向有关部门请求权利救济,或者对方当事人同意履行义务而中断。从中断时起,仲裁时效期间重新计算。

因不可抗力或者有其他正当理由,当事人不能在本条第一款规定的仲裁时效期间申请仲裁的,仲裁时效中止。从中止时效的原因消除之日起,仲裁时效期间继续计算。

劳动关系存续期间因拖欠劳动报酬发生争议的,劳动者申请仲裁不受本条第一款规定的仲裁时效期间的限制;但是,劳动关系终止的,应当自劳动关系终止之日起一年内提出。

3.《农村土地承包经营纠纷调解仲裁法》(2010年1月1日起施行)

第十八条 农村土地承包经营纠纷申请仲裁的时效期间为二年,自当事人知道或者应当知道其权利被侵害之日起计算。

二、相关司法解释规定

1.《最高人民法院关于审理涉及农村土地承包经营纠纷调解仲裁案件适用法律若干问题的解释》(法释〔2014〕1号)(2020年12月23日修正)

第一条 农村土地承包仲裁委员会根据农村土地承包经营纠纷调解仲裁法第十八条规定,以超过申请仲裁的时效期间为由驳回申请后,当事人就同一纠纷提起诉讼的,人民法院应予受理。

2.《最高人民法院关于人事争议申请仲裁的时效期间如何计算的批复》(法释〔2013〕23号)

四川省高级人民法院:

你院《关于事业单位人事争议仲裁时效如何计算的请示》(川高法

〔2012〕430号)收悉。经研究,批复如下:

依据《中华人民共和国劳动争议调解仲裁法》第二十七条第一款、第五十二条的规定,当事人自知道或者应当知道其权利被侵害之日起一年内申请仲裁,仲裁机构予以受理的,人民法院应予认可。

3.《最高人民法院关于对国外仲裁机构的裁决申请承认和申请执行是否应一并提出问题的请示的复函》(〔2013〕民四他字第43号)

陕西省高级人民法院:

你院(2013)陕民三他字第1号《关于对国外仲裁机构的裁决申请承认和申请执行是否应一并提出问题的请示》收悉。经研究,答复如下:

1. 对于外国仲裁裁决,法律没有规定当事人必须一并申请承认和执行,当事人可以选择仅申请人民法院承认,也可以选择申请人民法院承认和执行。当事人先申请人民法院承认外国仲裁裁决,人民法院经审查裁定予以承认的,当事人还可以申请人民法院执行该仲裁裁决。

2. 根据《最高人民法院关于人民法院处理与涉外仲裁及外国仲裁事项有关问题的通知》(法发〔1995〕18号)的精神,泰王国泰普克沥青(大众)有限公司(以下简称泰普克公司)申请执行涉案外国仲裁裁决,西安市中级人民法院在拟裁定不予受理前,应当逐级上报最高人民法院,待最高人民法院答复后作出相应裁定。

3. 西安市中级人民法院于2009年12月7日裁定承认涉案外国仲裁裁决,泰普克公司于2010年1月27日申请执行该仲裁裁决,西安市中级人民法院审查是否执行该仲裁裁决,应当适用当时施行的《中华人民共和国民事诉讼法(2007)》。依照《中华人民共和国民事诉讼法(2007)》第二百一十五条第一款的规定,申请执行的期间为二年;申请执行时效的中止、中断,适用法律有关诉讼时效中止、中断的规定。西安市中级人民法院裁定承认仲裁裁决后,泰普克公司申请执行该仲裁裁决的期限从该裁定生效之日起重新计算。泰普克公司申请执行该仲裁裁决,并未超过《中华人民共和国民事诉讼法(2007)》规定的二年申请执行期限。西安市中级人民法院以泰普克公司申请执行超过《中华人民共和国民事诉讼法(2007)》规定的申请执行期限为由,裁定不予受理,适用法律不当,应予纠正。

此复。

第一百九十九条　【除斥期间】法律规定或者当事人约定的撤销权、解除权等权利的存续期间，除法律另有规定外，自权利人知道或者应当知道权利产生之日起计算，不适用有关诉讼时效中止、中断和延长的规定。存续期间届满，撤销权、解除权等权利消灭。

一、相关司法解释规定

1.《最高人民法院关于审理民事案件适用诉讼时效制度若干问题的规定》（法释〔2008〕11号）（2020年12月23日修正）

第五条　享有撤销权的当事人一方请求撤销合同的，应适用民法典关于除斥期间的规定。对方当事人对撤销合同请求权提出诉讼时效抗辩的，人民法院不予支持。

合同被撤销，返还财产、赔偿损失请求权的诉讼时效期间从合同被撤销之日起计算。

2.《最高人民法院关于适用〈中华人民共和国民法典〉婚姻家庭编的解释（一）》（法释〔2020〕22号）

第十九条　民法典第一千零五十二条规定的“一年”，不适用诉讼时效中止、中断或者延长的规定。

受胁迫或者被非法限制人身自由的当事人请求撤销婚姻的，不适用民法典第一百五十二条第二款的规定。

3.《最高人民法院关于适用〈中华人民共和国民事诉讼法〉的解释》（法释〔2015〕5号）（2022年3月22日修正）

第一百二十七条　民事诉讼法第五十九条第三款、第二百一十二条以及本解释第三百七十二条、第三百八十二条、第三百九十九条、第四百二十条、第四百二十一条规定的六个月，民事诉讼法第二百三十条规定的一年，为不变期间，不适用诉讼时效中止、中断、延长的规定。

4.《最高人民法院关于审理买卖合同纠纷案件适用法律问题的解释》（法释〔2012〕8号）（2020年12月23日修正）

第十二条　人民法院具体认定民法典第六百二十一条第二款规定的“合理期限”时，应当综合当事人之间的交易性质、交易目的、交易方式、交易习惯、标的物的种类、数量、性质、安装和使用情况、瑕疵的性质、买受人应尽的合理注意义务、检验方法和难易程度、买受人或者检验人所处的具体环境、自身技能以及其他合理因素，依据诚实信用原则进行判断。

民法典第六百二十一条第二款规定的“二年”是最长的合理期限。该期限为不变期间,不适用诉讼时效中止、中断或者延长的规定。

二、相关指导性案例

指导案例171号:中天建设集团有限公司诉河南恒和置业有限公司建设工程施工合同纠纷案(最高人民法院审判委员会讨论通过 2021年11月9日发布)

【关键词】 民事 建设工程施工合同 优先受偿权 除斥期间

【裁判要点】

执行法院依其他债权人的申请,对发包人的建设工程强制执行,承包人向执行法院主张其享有建设工程价款优先受偿权且未超过除斥期间的,视为承包人依法行使了建设工程价款优先受偿权。发包人以承包人起诉时行使建设工程价款优先受偿权超过除斥期间为由进行抗辩的,人民法院不予支持。

【基本案情】

2012年9月17日,河南恒和置业有限公司与中天建设集团有限公司签订一份《恒和国际商务会展中心工程建设工程施工合同》约定,由中天建设集团有限公司对案涉工程进行施工。2013年6月25日,河南恒和置业有限公司向中天建设集团有限公司发出《中标通知书》,通知中天建设集团有限公司中标位于洛阳市洛龙区开元大道的恒和国际商务会展中心工程。2013年6月26日,河南恒和置业有限公司和中天建设集团有限公司签订《建设工程施工合同》,合同中双方对工期、工程价款、违约责任等有关工程事项进行了约定。合同签订后,中天建设集团有限公司进场施工。施工期间,因河南恒和置业有限公司拖欠工程款,2013年11月12日、11月26日、2014年12月23日中天建设集团有限公司多次向河南恒和置业有限公司送达联系函,请求河南恒和置业有限公司立即支付拖欠的工程款,按合同约定支付违约金并承担相应损失。2014年4月、5月,河南恒和置业有限公司与德汇工程管理(北京)有限公司签订《建设工程造价咨询合同》,委托德汇工程管理(北京)有限公司对案涉工程进行结算审核。2014年11月3日,德汇工程管理(北京)有限公司出具《恒和国际商务会展中心结算审核报告》。河南恒和置业有限公司、中天建设集团有限公司和德汇工程管理(北京)有限公司分别在审核报告中的审核汇总表上加盖公章并签字确认。2014年11月24日，中天建设集团有限公司收到通知，河南省焦作市中级人民法院依据河南恒和置业有限公司其他债权人的申请将对案涉工程进行拍卖。2014年12月1日，中天建设集团有限公司第九建设公司向河南省焦作市中级人民法院提交《关于恒和国际商务会展中心在建工程拍卖联系函》中载明，中天建设集团有限公司系恒和国际商务会展中心在建工程承包方，自项目开工，中天建设集团有限公司已完成产值2.87亿元工程，中天建设集团有限公司请求依法确认优先受偿权并参与整个拍卖过程。中天建设集团有限公司和河南恒和置业有限公司均认可案涉工程于2015年2月5日停工。

2018年1月31日，河南省高级人民法院立案受理中天建设集团有限公司对河南恒和置业有限公司的起诉。中天建设集团有限公司请求解除双方签订的《建设工程施工合同》并请求确认河南恒和置业有限公司欠付中天建设集团有限公司工程价款及优先受偿权。

【裁判结果】

河南省高级人民法院于2018年10月30日作出(2018)豫民初3号民事判决：一、河南恒和置业有限公司与中天建设集团有限公司于2012年9月17日、2013年6月26日签订的两份《建设工程施工合同》无效；二、确认河南恒和置业有限公司欠付中天建设集团有限公司工程款288428047.89元及相应利息(以288428047.89元为基数，自2015年3月1日起至2018年4月10日止，按照中国人民银行公布的同期贷款利率计付)；三、中天建设集团有限公司在工程价款288428047.89元范围内，对其施工的恒和国际商务会展中心工程折价或者拍卖的价款享有行使优先受偿权的权利；四、驳回中天建设集团有限公司的其他诉讼请求。宣判后，河南恒和置业有限公司提起上诉，最高人民法院于2019年6月21日作出(2019)最高法民终255号民事判决：驳回上诉，维持原判。

【裁判理由】

最高人民法院认为：《最高人民法院关于审理建设工程施工合同纠纷案件适用法律问题的解释(二)》第二十二条规定："承包人行使建设工程价款优先受偿权的期限为六个月，自发包人应当给付建设工程价款之日起算。"根据《最高人民法院关于建设工程价款优先受偿权问题的批复》第一条规定，建设工程价款优先受偿权的效力优先于设立在建设工程上的抵押权和发包人其他债权人所享有的普通债权。人民法院依据发包人的其他债权人或抵押权人申请对建设工程采取强制执行行为,会对承包人的建设工程价款优先受偿权产生影响。此时,如承包人向执行法院主张其对建设工程享有建设工程价款优先受偿权的,属于行使建设工程价款优先受偿权的合法方式。河南恒和置业有限公司和中天建设集团有限公司共同委托的造价机构德汇工程管理(北京)有限公司于2014年11月3日对案涉工程价款出具《审核报告》。2014年11月24日,中天建设集团有限公司收到通知,河南省焦作市中级人民法院依据河南恒和置业有限公司其他债权人的申请将对案涉工程进行拍卖。2014年12月1日,中天建设集团有限公司第九建设公司向河南省焦作市中级人民法院提交《关于恒和国际商务会展中心在建工程拍卖联系函》,请求依法确认对案涉建设工程的优先受偿权。2015年2月5日,中天建设集团有限公司对案涉工程停止施工。2015年8月4日,中天建设集团有限公司向河南恒和置业有限公司发送《关于主张恒和国际商务会展中心工程价款优先受偿权的工作联系单》,要求对案涉工程价款享有优先受偿权。2016年5月5日,中天建设集团有限公司第九建设公司又向河南省洛阳市中级人民法院提交《优先受偿权参与分配申请书》,依法确认并保障其对案涉建设工程价款享有的优先受偿权。因此,河南恒和置业有限公司关于中天建设集团有限公司未在6个月除斥期间内以诉讼方式主张优先受偿权,其优先受偿权主张不应得到支持的上诉理由不能成立。

第十章 期间计算

第二百条 【期间计算单位】 民法所称的期间按照公历年、月、日、小时计算。

第二百零一条 【期间起算】 按照年、月、日计算期间的,开始的当日不计入,自下一日开始计算。

按照小时计算期间的,自法律规定或者当事人约定的时间开始计算。

第二百零二条 【期间结束】 按照年、月计算期间的,到期月的对应日为期间的最后一日;没有对应日的,月末日为期间的最后一日。

第二百零三条　【期间结束日顺延与末日结束点】期间的最后一日是法定休假日的，以法定休假日结束的次日为期间的最后一日。

期间的最后一日的截止时间为二十四时；有业务时间的，停止业务活动的时间为截止时间。

第二百零四条　【期间的法定或约定】期间的计算方法依照本法的规定，但是法律另有规定或者当事人另有约定的除外。

参 考 文 献

一、法律

1.《宪法》(2018 年 3 月 11 日修正)

2.《公司法》(2023 年 12 月 29 日修订)

3.《个人独资企业法》(2000 年 1 月 1 日起施行)

4.《合伙企业法》(2006 年 8 月 27 日修订)

5.《企业破产法》(2007 年 6 月 1 日起施行)

6.《票据法》(2004 年 8 月 28 日修正)

7.《保险法》(2015 年 4 月 24 日修正)

8.《证券法》(2019 年 12 月 28 日修订)

9.《证券投资基金法》(2015 年 4 月 24 日修正)

10.《信托法》(2001 年 10 月 1 日起施行)

11.《海商法》(1993 年 7 月 1 日起施行)

12.《商业银行法》(2015 年 8 月 29 日修正)

13.《全民所有制工业企业法》(2009 年 8 月 27 日修正)

14.《企业国有资产法》(2009 年 5 月 1 日起施行)

15.《乡镇企业法》(1997 年 1 月 1 日起施行)

16.《农民专业合作社法》(2017 年 12 月 27 日修订)

17.《慈善法》(2023 年 12 月 29 日修正)

18.《民事诉讼法》(2023 年 9 月 1 日修正)

19.《仲裁法》(2017 年 9 月 1 日修正)

20.《劳动争议调解仲裁法》(2008 年 5 月 1 日起施行)

21.《农村土地承包经营纠纷调解仲裁法》(2010 年 1 月 1 日起施行)

22.《涉外民事关系法律适用法》(2011 年 4 月 1 日起施行)

23.《教育法》(2021 年 4 月 29 日修正)

24.《高等教育法》(2018 年 12 月 29 日修正)

25.《义务教育法》(2018 年 12 月 29 日修正)
26.《反家庭暴力法》(2016 年 3 月 1 日起施行)
27.《母婴保健法》(2017 年 11 月 4 日修正)
28.《妇女权益保障法》(2022 年 10 月 30 日修订)
29.《未成年人保护法》(2024 年 4 月 26 日修正)
30.《预防未成年人犯罪法》(2020 年 12 月 26 日修订)
31.《老年人权益保障法》(2018 年 12 月 29 日修正)
32.《消费者权益保护法》(2013 年 10 月 25 日修正)
33.《著作权法》(2020 年 11 月 11 日修正)
34.《专利法》(2020 年 10 月 17 日修正)
35.《商标法》(2019 年 4 月 23 日修正)
36.《科学技术进步法》(2021 年 12 月 24 日修订)
37.《劳动法》(2018 年 12 月 29 日修正)
38.《劳动合同法》(2012 年 12 月 28 日修正)
39.《医师法》(2022 年 3 月 1 日起施行)
40.《红十字会法》(2017 年 2 月 24 日修订)
41.《残疾人保障法》(2018 年 10 月 26 日修正)
42.《精神卫生法》(2018 年 4 月 27 日修正)
43.《民办教育促进法》(2018 年 12 月 29 日修正)
44.《工会法》(2021 年 12 月 24 日修正)
45.《拍卖法》(2015 年 4 月 24 日修正)
46.《环境保护法》(2014 年 4 月 24 日修订)
47.《水污染防治法》(2017 年 6 月 27 日修正)
48.《种子法》(2021 年 12 月 24 日修正)
49.《邮政法》(2015 年 4 月 24 日修正)
50.《民用航空法》(2021 年 4 月 29 日修正)
51.《广告法》(2021 年 4 月 29 日修正)
52.《公证法》(2017 年 9 月 1 日修正)
53.《海关法》(2021 年 4 月 29 日修正)
54.《境外非政府组织境内活动管理法》(2017 年 11 月 4 日修正)
55.《注册会计师法》(2014 年 8 月 31 日修正)
56.《律师法》(2017 年 9 月 1 日修正)
57.《网络安全法》(2017 年 6 月 1 日起施行)
58.《反不正当竞争法》(2019 年 4 月 23 日修正)

59.《旅游法》(2018 年 10 月 26 日修正)
60.《建筑法》(2019 年 4 月 23 日修正)
61.《食品安全法》(2021 年 4 月 29 日修正)
62.《产品质量法》(2018 年 12 月 29 日修正)
63.《村民委员会组织法》(2018 年 12 月 29 日修正)
64.《城市居民委员会组织法》(2018 年 12 月 29 日修正)
65.《土地管理法》(2019 年 8 月 26 日修正)
66.《农村土地承包法》(2018 年 12 月 29 日修正)
67.《城市房地产管理法》(2019 年 8 月 26 日修正)
68.《招标投标法》(2017 年 12 月 27 日修正)
69.《电力法》(2018 年 12 月 29 日修正)
70.《农业法》(2012 年 12 月 28 日修正)
71.《国防法》(2020 年 12 月 26 日修订)
72.《国防交通法》(2017 年 1 月 1 日起施行)
73.《国防动员法》(2010 年 7 月 1 日起施行)
74.《军事设施保护法》(2021 年 6 月 10 日修订)
75.《渔业法》(2013 年 12 月 28 日修正)
76.《草原法》(2021 年 4 月 29 日修正)
77.《森林法》(2019 年 12 月 28 日修订)
78.《居民身份证法》(2011 年 10 月 29 日修正)
79.《电子签名法》(2019 年 4 月 23 日修正)
80.《护照法》(2007 年 1 月 1 日起施行)
81.《统计法》(2024 年 9 月 13 日修正)
82.《戒严法》(1996 年 3 月 1 日起施行)
83.《国家情报法》(2018 年 4 月 27 日修正)
84.《反恐怖主义法》(2018 年 4 月 27 日修正)
85.《反间谍法》(2023 年 4 月 26 日修订)
86.《突发事件应对法》(2024 年 6 月 28 日修订)
87.《传染病防治法》(2013 年 6 月 29 日修正)
88.《行政许可法》(2019 年 4 月 23 日修正)
89.《行政强制法》(2012 年 1 月 1 日起施行)
90.《国家赔偿法》(2012 年 10 月 26 日修正)
91.《立法法》(2023 年 3 月 13 日修正)
92.《治安管理处罚法》(2012 年 10 月 26 日修正)

93.《刑法》(2023 年 12 月 29 日修正)
94.《外商投资法》(2020 年 1 月 1 日起施行)
95.《基本医疗卫生与健康促进法》(2020 年 6 月 1 日起施行)
96.《人民武装警察法》(2020 年 6 月 20 日修订)
97.《社区矫正法》(2020 年 7 月 1 日起施行)
98.《电子商务法》(2019 年 1 月 1 日起施行)
99.《台湾同胞投资保护法》(2019 年 12 月 28 日修正)
100.《固体废物污染环境防治法》(2020 年 4 月 29 日修订)
101.《英雄烈士保护法》(2018 年 5 月 1 日起施行)
102.《疫苗管理法》(2019 年 12 月 1 日起施行)
103.《行政处罚法》(2021 年 1 月 22 日修订)
104.《铁路法》(2015 年 4 月 24 日修正)
105.《个人信息保护法》(2021 年 11 月 1 日起施行)
106.《农村集体经济组织法》(2025 年 5 月 1 日起施行)

二、行政法规

1.《促进个体工商户发展条例》(2022 年 11 月 1 日起施行)
2.《婚姻登记条例》(2003 年 10 月 1 日起施行)
3.《中国公民收养子女登记办法》(2023 年 7 月 20 日修订)
4.《外国人在中华人民共和国收养子女登记办法》(1999 年 5 月 25 日起施行)
5.《市场主体登记管理条例》(2022 年 3 月 1 日起施行)
6.《著作权集体管理条例》(2013 年 12 月 7 日修订)
7.《事业单位登记管理暂行条例》(2004 年 6 月 27 日修订)
8.《基金会管理条例》(2004 年 6 月 1 日起施行)
9.《期货交易管理条例》(2017 年 3 月 1 日修订)
10.《宗教事务条例》(2017 年 6 月 14 日修订)
11.《国有土地上房屋征收与补偿条例》(2011 年 1 月 21 日起施行)
12.《著作权法实施条例》(2013 年 1 月 30 日修订)
13.《集成电路布图设计保护条例》(2001 年 10 月 1 日起施行)
14.《植物新品种保护条例》(2014 年 7 月 29 日修订)
15.《社会团体登记管理条例》(2016 年 2 月 6 日修订)
16.《乡村集体所有制企业条例》(2011 年 1 月 8 日修订)
17.《城镇集体所有制企业条例》(2016 年 2 月 6 日修订)
18.《医疗机构管理条例》(2022 年 3 月 29 日修订)

19.《残疾预防和残疾人康复条例》(2018 年 9 月 18 日修正)
20.《残疾人教育条例》(2017 年 1 月 11 日修订)
21.《保安服务管理条例》(2022 年 3 月 29 日修订)
22.《金融机构撤销条例》(2001 年 12 月 15 日起施行)
23.《烟花爆竹安全管理条例》(2016 年 2 月 6 日修订)
24.《现金管理暂行条例》(2011 年 1 月 8 日修订)
25.《中外合作办学条例》(2019 年 3 月 2 日修订)
26.《博物馆条例》(2015 年 3 月 20 日起施行)
27.《禁止传销条例》(2005 年 11 月 1 日起施行)
28.《导游人员管理条例》(2017 年 10 月 7 日修订)
29.《征信业管理条例》(2013 年 3 月 15 日起施行)
30.《缺陷汽车产品召回管理条例》(2019 年 3 月 2 日修订)
31.《戒毒条例》(2018 年 9 月 18 日修订)
32.《彩票管理条例》(2009 年 7 月 1 日起施行)
33.《地图管理条例》(2016 年 1 月 1 日起施行)
34.《居住证暂行条例》(2016 年 1 月 1 日起施行)
35.《社会救助暂行办法》(2019 年 3 月 2 日修订)
36.《企业所得税法实施条例》(2019 年 4 月 23 日修订)
37.《儿童福利机构管理办法》(2019 年 1 月 1 日起施行)
38.《国务院关于在线政务服务的若干规定》(2019 年 4 月 26 日起施行)
39.《人力资源市场暂行条例》(2018 年 10 月 1 日起施行)
40.《海洋倾废管理条例》(2017 年 3 月 1 日修订)
41.《国务院办公厅关于进一步完善国有企业法人治理结构的指导意见》(国办发〔2017〕36 号)
42.《关于建立和完善事业单位法人治理结构的意见》(国办发〔2011〕37 号)
43.《关于创新事业单位机构编制管理的意见》(国办发〔2011〕37 号)
44.《国务院机构及简称》(国办秘函〔2013〕12 号)
45.《医疗器械监督管理条例》(2021 年 2 月 9 日修订)

三、司法解释

1.《最高人民法院关于适用〈中华人民共和国民事诉讼法〉的解释》(法释〔2015〕5 号)(2022 年 3 月 22 日修正)
2.《最高人民法院关于审理买卖合同纠纷案件适用法律问题的解释》(法释〔2012〕8 号)(2020 年 12 月 23 日修正)

3.《最高人民法院关于适用〈中华人民共和国企业破产法〉若干问题的规定(一)》(法释〔2011〕22 号)

4.《最高人民法院关于审理海上保险纠纷案件若干问题的规定》(法释〔2006〕10 号)(2020 年 12 月 23 日修正)

5.《最高人民法院关于审理票据纠纷案件若干问题的规定》(法释〔2000〕32 号)(2020 年 12 月 23 日修正)

6.《最高人民法院关于适用〈中华人民共和国民事诉讼法〉执行程序若干问题的解释》(法释〔2008〕13 号)(2020 年 12 月 23 日修正)

7.《最高人民法院关于审理道路交通事故损害赔偿案件适用法律若干问题的解释》(法释〔2012〕19 号)(2020 年 12 月 23 日修正)

8.《最高人民法院关于确定民事侵权精神损害赔偿责任若干问题的解释》(法释〔2001〕7 号)(2020 年 12 月 23 日修正)

9.《最高人民法院关于审理人身损害赔偿案件适用法律若干问题的解释》(法释〔2003〕20 号)(2022 年 2 月 15 日修正)

10.《最高人民法院关于审理利用信息网络侵害人身权益民事纠纷案件适用法律若干问题的规定》(法释〔2014〕11 号)(2020 年 12 月 23 日修正)

11.《最高人民法院关于债务人在约定的期限届满后未履行债务而出具没有还款日期的欠款条诉讼时效期间应从何时开始计算问题的批复》(法释〔2020〕17 号)

12.《最高人民法院、最高人民检察院关于办理侵犯公民个人信息刑事案件适用法律若干问题的解释》(法释〔2017〕10 号)

13.《最高人民法院关于人民法院在互联网公布裁判文书的规定》(法释〔2016〕19 号)

14.《最高人民检察院关于印发〈人民检察院案件信息公开工作规定〉的通知》(2021 年 9 月 28 日)

15.《最高人民法院关于审理融资租赁合同纠纷案件适用法律问题的解释》(法释〔2014〕3 号)(2020 年 12 月 23 日修正)

16.《最高人民法院关于人民法院办理自赔案件程序的规定》(法释〔2013〕19 号)

17.《最高人民法院关于审理专利纠纷案件适用法律问题的若干规定》(法释〔2001〕21 号)(2020 年 12 月 23 日修正)

18.《最高人民法院关于审理侵犯专利权纠纷案件应用法律若干问题的解释(二)》(法释〔2016〕1 号)(2020 年 12 月 23 日修正)

19.《最高人民法院关于审理商标民事纠纷案件适用法律若干问题的解

释》(法释〔2002〕32 号)(2020 年 12 月 23 日修正)

20.《最高人民法院关于审理著作权民事纠纷案件适用法律若干问题的解释》(法释〔2002〕31 号)(2020 年 12 月 23 日修正)

21.《最高人民法院关于审理旅游纠纷案件适用法律若干问题的规定》(法释〔2010〕13 号)(2020 年 12 月 23 日修正)

22.《最高人民法院关于审理垄断民事纠纷案件适用法律若干问题的解释》(法释〔2024〕6 号)

23.《最高人民法院关于审理无正本提单交付货物案件适用法律若干问题的规定》(法释〔2009〕1 号)(2020 年 12 月 23 日修正)

24.《最高人民法院、香港特别行政区政府关于内地与香港特别行政区法院相互认可和执行婚姻家庭民事案件判决的安排》(2017 年 6 月 20 日签署于香港)

25.《最高人民法院关于在民事审判工作中适用〈中华人民共和国工会法〉若干问题的解释》(法释〔2003〕11 号)(2020 年 12 月 23 日修正)

26.《最高人民法院、中央综治办、最高人民检察院等关于建立家事审判方式和工作机制改革联席会议制度的意见》(法〔2017〕18 号)

27.《最高人民检察院关于印发〈未成年人刑事检察工作指引(试行)〉的通知》(高检发未检字〔2017〕1 号)

28.《最高人民法院关于审理涉及农村土地承包经营纠纷调解仲裁案件适用法律若干问题的解释》(法释〔2014〕1 号)(2020 年 12 月 23 日修正)

29.《最高人民法院印发〈关于执行款物管理工作的规定〉的通知》(法发〔2017〕6 号)

30.《最高人民法院关于军事法院管辖民事案件若干问题的规定》(法释〔2012〕11 号)(2020 年 12 月 23 日修正)

31.《最高人民法院关于办理申请人民法院强制执行国有土地上房屋征收补偿决定案件若干问题的规定》(法释〔2012〕4 号)

32.《最高人民法院印发〈关于进一步加强民事送达工作的若干意见〉的通知》(法发〔2017〕19 号)

33.《最高人民法院关于人民法院赔偿委员会适用质证程序审理国家赔偿案件的规定》(法释〔2013〕27 号)

34.《最高人民法院关于审理民事、行政诉讼中司法赔偿案件适用法律若干问题的解释》(法释〔2016〕20 号)

35.《最高人民法院关于民事执行中变更、追加当事人若干问题的规定》(法释〔2016〕21 号)(2020 年 12 月 23 日修正)

36.《最高人民法院关于适用〈中华人民共和国涉外民事关系法律适用法〉若干问题的解释(一)》(法释〔2012〕24号)(2020年12月23日修正)

37.《人民检察院刑事诉讼规则》(高检发释字〔2019〕4号)

38.《最高人民法院印发〈关于案例指导工作的规定〉的通知》(法发〔2010〕51号)

39.《最高人民法院关于审理企业破产案件若干问题的规定》(法释〔2002〕23号)

40.《最高人民法院关于在审理经济纠纷案件中涉及经济犯罪嫌疑若干问题的规定》(法释〔1998〕7号)(2020年12月23日修正)

41.《最高人民法院关于适用〈中华人民共和国民法典〉继承编的解释(一)》(法释〔2020〕23号)

42.《最高人民法院关于适用〈中华人民共和国民法典〉婚姻家庭编的解释(一)》(法释〔2020〕22号)

43.《最高人民法院关于适用〈中华人民共和国保险法〉若干问题的解释(三)》(法释〔2015〕21号)(2020年12月23日修正)

44.《最高人民法院关于审理劳动争议案件适用法律问题的解释(一)》(法释〔2020〕26号)

45.《最高人民法院关于适用〈中华人民共和国企业破产法〉若干问题的规定(二)》(法释〔2013〕22号)(2020年12月23日修正)

46.《最高人民法院关于适用〈中华人民共和国民法典〉有关担保制度的解释》(法释〔2020〕28号)

47.《最高人民法院关于适用〈中华人民共和国公司法〉若干问题的规定(二)》(法释〔2008〕6号)(2020年12月23日修正)

48.《最高人民法院关于适用〈中华人民共和国公司法〉若干问题的规定(三)》(法释〔2011〕3号)(2020年12月23日修正)

49.《最高人民法院关于适用〈中华人民共和国公司法〉若干问题的规定(四)》(法释〔2017〕16号)(2020年12月23日修正)

50.《最高人民法院关于适用〈中华人民共和国公司法〉若干问题的规定(五)》(法释〔2019〕7号)(2020年12月23日修正)

51.《最高人民法院关于审理与企业改制相关的民事纠纷案件若干问题的规定》(法释〔2003〕1号)(2020年12月23日修正)

52.《最高人民法院关于机关法人作为被执行人在执行程序中变更问题的复函》(法函〔2005〕65号)

53.《最高人民法院关于审理涉及农村土地承包纠纷案件适用法律问题

的解释》(法释〔2005〕6号)(2020年12月23日修正)

54.《最高人民法院关于适用简易程序审理民事案件的若干规定》(法释〔2003〕15号)(2020年12月23日修正)

55.《最高人民法院关于正确确定县级以上地方人民政府行政诉讼被告资格若干问题的规定》(法释〔2021〕5号)

56.《最高人民法院关于审理行政协议案件若干问题的规定》(法释〔2019〕17号)

57.《最高人民法院关于审理外商投资企业纠纷案件若干问题的规定(一)》(法释〔2010〕9号)(2020年12月23日修正)

58.《最高人民法院关于人民法院网络司法拍卖若干问题的规定》(法释〔2016〕18号)

59.《最高人民法院关于审理技术合同纠纷案件适用法律若干问题的解释》(法释〔2004〕20号)(2020年12月23日修正)

60.《最高人民法院关于审理食品安全民事纠纷案件适用法律若干问题的解释(一)》(法释〔2020〕14号)

61.《最高人民法院关于民事诉讼证据的若干规定》(法释〔2001〕33号)(2019年10月14日修正)

62.《最高人民法院关于适用〈中华人民共和国民法典〉时间效力的若干规定》(法释〔2020〕15号)

63.《最高人民法院关于审理期货纠纷案件若干问题的规定》(法释〔2003〕10号)(2020年12月23日修正)

64.《最高人民法院关于审理矿业权纠纷案件适用法律若干问题的解释》(法释〔2017〕12号)(2020年12月23日修正)

65.《最高人民法院关于审理生态环境损害赔偿案件的若干规定(试行)》(法释〔2019〕8号)(2020年12月23日修正)

66.《最高人民法院关于审理民间借贷案件适用法律若干问题的规定》(法释〔2015〕18号)(2020年12月23日修正)

67.《最高人民法院关于证券纠纷代表人诉讼若干问题的规定》(法释〔2020〕5号)

68.《最高人民法院关于公证债权文书执行若干问题的规定》(法释〔2018〕18号)

69.《最高人民法院关于国有土地开荒后用于农耕的土地使用权转让合同纠纷案件如何适用法律问题的批复》(法释〔2012〕14号)(2020年12月23日修正)

70.《最高人民法院关于人民法院办理执行异议和复议案件若干问题的规定》(法释〔2015〕10号)(2020年12月23日修正)

71.《最高人民法院关于人民法院民事执行中拍卖、变卖财产的规定》(法释〔2004〕16号)(2020年12月23日修正)

72.《最高人民法院关于审理商标授权确权行政案件若干问题的规定》(法释〔2017〕2号)(2020年12月23日修正)

73.《最高人民法院关于审理商品房买卖合同纠纷案件适用法律若干问题的解释》(法释〔2003〕7号)(2020年12月23日修正)

74.《最高人民法院关于人民法院确定财产处置参考价若干问题的规定》(法释〔2018〕15号)

75.《最高人民法院关于审理存单纠纷案件的若干规定》(法释〔1997〕8号)(2020年12月23日修正)

76.《最高人民法院关于审理城镇房屋租赁合同纠纷案件具体应用法律若干问题的解释》(法释〔2009〕11号)(2020年12月23日修正)

77.《最高人民法院关于审理海上货运代理纠纷案件若干问题的规定》(法释〔2012〕3号)(2020年12月23日修正)

78.《最高人民法院关于适用〈中华人民共和国保险法〉若干问题的解释(二)》(法释〔2013〕14号)(2020年12月23日修正)

79.《最高人民法院关于适用〈中华人民共和国保险法〉若干问题的解释(四)》(法释〔2018〕13号)(2020年12月23日修正)

80.《最高人民法院关于审理侵害知识产权民事案件适用惩罚性赔偿的解释》(法释〔2021〕4号)

81.《最高人民法院关于审理涉及计算机网络域名民事纠纷案件适用法律若干问题的解释》(法释〔2001〕24号)(2020年12月23日修正)

82.《最高人民法院关于审理医疗损害责任纠纷案件适用法律若干问题的解释》(法释〔2017〕20号)(2020年12月23日修正)

83.《最高人民法院关于涉网络知识产权侵权纠纷几个法律适用问题的批复》(法释〔2020〕9号)

84.《最高人民法院印发〈关于深入推进社会主义核心价值观融入裁判文书释法说理的指导意见〉的通知》(法〔2021〕21号)

85.《最高人民法院关于人民法院办理财产保全案件若干问题的规定》(法释〔2016〕22号)(2020年12月23日修正)

86.《最高人民法院、最高人民检察院关于检察公益诉讼案件适用法律若干问题的解释》(法释〔2018〕6号)(2020年12月28日修正)

87.《最高人民法院关于印发〈全国法院贯彻实施民法典工作会议纪要〉的通知》(法〔2021〕94 号)

88.《最高人民法院关于印发〈全国法院民商事审判工作会议纪要〉的通知》(法〔2019〕254 号)

89.《最高人民法院关于印发〈第八次全国法院民事商事审判工作会议(民事部分)纪要〉的通知》(法〔2016〕399 号)

90.《最高人民法院印发〈关于依法妥善审理涉新冠肺炎疫情民事案件若干问题的指导意见(一)〉的通知》(法发〔2020〕12 号)

91.《最高人民法院印发〈关于依法妥善审理涉新冠肺炎疫情民事案件若干问题的指导意见(三)〉的通知》(法发〔2020〕20 号)

92.《最高人民法院印发〈关于依法妥善办理涉新冠肺炎疫情执行案件若干问题的指导意见〉的通知》(法发〔2020〕16 号)

93.《最高人民法院关于海上保险合同的保险人行使代位请求赔偿权利的诉讼时效期间起算日的批复》(法释〔2014〕15 号)

94.《最高人民法院关于中国中化集团公司诉海里公司海上货物运输合同货损赔偿纠纷所涉仲裁条款效力问题的请示的复函》(2009 年 4 月 24 日〔2009〕民四他字第 12 号)

95.《最高人民法院关于成都优邦文具有限公司、王国建申请撤销深圳仲裁委员会(2011)深仲裁字第 601 号仲裁裁决一案的请示的复函》(2013 年 3 月 20 日　〔2013〕民四他字第 9 号)

96.《最高人民法院关于申请人番禺珠江钢管有限公司与被申请人深圳市泛邦国际货运代理有限公司申请确认仲裁协议效力一案的请示的复函》(2009 年 5 月 5 日　〔2009〕民四他字第 7 号)

97.《最高人民法院关于人民法院赔偿委员会依照〈中华人民共和国国家赔偿法〉第三十条规定纠正原生效的赔偿委员会决定应如何适用人身自由赔偿标准问题的批复》(法释〔2014〕7 号)

98.《最高人民法院关于征收国有土地上房屋时是否应当对被征收人未经登记的空地和院落予以补偿的答复》(2013 年 5 月 15 日　〔2012〕行他字第 16 号)

99.《最高人民法院关于超过诉讼时效期间借款人在催款通知单上签字或者盖章的法律效力问题的批复》(法释〔1999〕7 号)

100.《最高人民法院关于人事争议申请仲裁的时效期间如何计算的批复》(法释〔2013〕23 号)

101.《最高人民法院关于对国外仲裁机构的裁决申请承认和申请执行是

否应一并提出问题的请示的复函》(2013 年 7 月 30 日 〔2013〕民四他字第 43 号)

102.《最高人民法院民事审判庭关于监护责任两个问题的电话答复》(1990 年 5 月 4 日)

103.《最高人民法院关于如何确定沿海、内河货物运输赔偿请求权时效期间问题的批复》(法释〔2001〕18 号)

104.《最高人民法院经济审判庭关于人民法院不宜以一方当事人公司营业执照被吊销,已丧失民事诉讼主体资格为由,裁定驳回起诉问题的复函》(2000 年 1 月 29 日 法经〔2000〕23 号函)

105.《最高人民法院关于买受人在交易时未支付价款向出卖人出具没有还款日期的欠款条诉讼时效期间应从何时开始计算问题的请示的答复》(〔2005〕民二他字第 35 号)

106.《最高人民法院民二庭关于债权人主张公司股东承担清算赔偿责任诉讼时效问题请示的答复》(〔2014〕民二他字第 16 号)

107.《最高人民法院关于分期履行的合同中诉讼时效应如何计算问题的答复》(法函〔2004〕23 号)

108.《最高人民法院关于借款合同中约定借款分期偿还应如何计算诉讼时效期间的答复》(法经〔2000〕244 号)

109.《最高人民法院关于审理民事案件适用诉讼时效制度若干问题的规定》(法释〔2008〕11 号)(2020 年 12 月 23 日修正)

110.《最高人民法院关于适用〈中华人民共和国民法典〉合同编通则若干问题的解释》(法释〔2023〕13 号)

111.《最高人民法院印发〈全国法院破产审判工作会议纪要〉的通知》(法〔2018〕53 号)

112.《最高人民法院关于适用〈中华人民共和国民法典〉总则编若干问题的解释》(法释〔2022〕6 号)

113.《最高人民法院关于适用〈中华人民共和国民法典〉侵权责任编的解释(一)》(法释〔2024〕12 号)

四、指导性案例

1. 指导案例 8 号:林方清诉常熟市凯莱实业有限公司、戴小明公司解散纠纷案(2012 年 4 月 9 日发布)

2. 指导案例 9 号:上海存亮贸易有限公司诉蒋志东、王卫明等买卖合同纠纷案(2012 年 9 月 18 日发布)

3. 指导案例 10 号:李建军诉上海佳动力环保科技有限公司公司决议撤销

纠纷案(2012 年 9 月 18 日发布)

4. 指导案例 15 号:徐工集团工程机械股份有限公司诉成都川交工贸有限责任公司等买卖合同纠纷案(2013 年 1 月 31 日发布)

5. 指导案例 17 号:张莉诉北京合力华通汽车服务有限公司买卖合同纠纷案(2013 年 11 月 8 日发布)

6. 指导案例 23 号:孙银山诉南京欧尚超市有限公司江宁店买卖合同纠纷案(2014 年 1 月 26 日发布)

7. 指导案例 33 号:瑞士嘉吉国际公司诉福建金石制油有限公司等确认合同无效纠纷案(2014 年 12 月 18 日发布)

8. 指导案例 50 号:李某、郭某阳诉郭某和、童某某继承纠纷案(2015 年 4 月 15 日发布)

9. 指导案例 57 号:温州银行股份有限公司宁波分行诉浙江创菱电器有限公司等金融借款合同纠纷案(2016 年 5 月 20 日发布)

10. 指导案例 64 号:刘超捷诉中国移动通信集团江苏有限公司徐州分公司电信服务合同纠纷案(2016 年 6 月 30 日发布)

11. 指导案例 65 号:上海市虹口区久乐大厦小区业主大会诉上海环亚实业总公司业主共有权纠纷案(2016 年 9 月 19 日发布)

12. 指导案例 67 号:汤长龙诉周士海股权转让纠纷案(2016 年 9 月 19 日发布)

13. 指导案例 68 号:上海欧宝生物科技有限公司诉辽宁特莱维置业发展有限公司企业借贷纠纷案(2016 年 9 月 19 日发布)

14. 指导案例 75 号:中国生物多样性保护与绿色发展基金会诉宁夏瑞泰科技股份有限公司环境污染公益诉讼案(2016 年 12 月 28 日发布)

15. 指导案例 82 号:王碎永诉深圳歌力思服饰股份有限公司、杭州银泰世纪百货有限公司侵害商标权纠纷案(2017 年 3 月 6 日发布)

16. 指导案例 89 号:"北雁云依"诉济南市公安局历下区分局燕山派出所公安行政登记案(2017 年 11 月 15 日发布)

17. 指导案例 94 号:重庆市涪陵志大物业管理有限公司诉重庆市涪陵区人力资源和社会保障局劳动和社会保障行政确认案(2018 年 6 月 20 日发布)

18. 指导案例 98 号:张庆福、张殿凯诉朱振彪生命权纠纷案(2018 年 12 月 19 日发布)

19. 指导案例 107 号:中化国际(新加坡)有限公司诉蒂森克虏伯冶金产品有限责任公司国际货物买卖合同纠纷案(2019 年 2 月 25 日发布)

20. 指导案例 113 号:迈克尔·杰弗里·乔丹与国家工商行政管理总局商

标评审委员会、乔丹体育股份有限公司“乔丹”商标争议行政纠纷案(2019 年 12 月 24 日发布)

21. 指导案例 128 号:李劲诉华润置地(重庆)有限公司环境污染责任纠纷案(2019 年 12 月 26 日发布)

22. 指导案例 149 号:长沙广大建筑装饰有限公司诉中国工商银行股份有限公司广州粤秀支行、林传武、长沙广大建筑装饰有限公司广州分公司等第三人撤销之诉案(2021 年 2 月 19 日发布)

23. 指导案例 163 号:江苏省纺织工业(集团)进出口有限公司及其五家子公司实质合并破产重整案(2021 年 9 月 18 日发布)

24. 指导案例 170 号:饶国礼诉某物资供应站等房屋租赁合同纠纷案(2021 年 11 月 9 日发布)

25. 指导案例 171 号:中天建设集团有限公司诉河南恒和置业有限公司建设工程施工合同纠纷案(2021 年 11 月 9 日发布)

26. 指导案例 179 号:聂美兰诉北京林氏兄弟文化有限公司确认劳动关系案(2022 年 7 月 4 日发布)

27. 指导性案例 192 号:李开祥侵犯公民个人信息刑事附带民事公益诉讼案(2022 年 12 月 26 日发布)

28. 指导性案例 219 号:广州天某高新材料股份有限公司、九江天某高新材料有限公司诉安徽纽某精细化工有限公司等侵害技术秘密纠纷案(2023 年 12 月 15 日发布)

29. 指导性案例 222 号:广州德某水产设备科技有限公司诉广州宇某水产科技有限公司、南某水产研究所财产损害赔偿纠纷案(2023 年 12 月 15 日发布)

30. 指导性案例 228 号:张某诉李某、刘某监护权纠纷案(2024 年 5 月 30 日发布)

31. 指导性案例 229 号:沙某某诉袁某某探望权纠纷案(2024 年 5 月 30 日发布)